兵 庫 県

〈収録内容〉

※国語の大問四は、問題に使用された作品の著作権者が二次使用の許可を出していないため、問題を掲載しておりません。

便利な DL コンテンツは右の QR コードから

解答用紙　過去年度　リスニング ⇒

※データのダウンロードは 2025 年 3 月末日まで。
※データへのアクセスには、右記のパスワードの入力が必要となります。 ⇒ 891417

〈各教科の受検者平均点〉

	数 学	英 語	理 科	社 会	国 語
2024年度	56.2	56.1	48.4	59.5	49.8
2023年度	57.3	55.3	48.9	57.7	55.4
2022年度	51.8	55.6	41.4	56.3	56.3
2021年度	52.6	52.1	51.7	60.1	53.2
2020年度	52.3	54.2	55.1	53.4	48.5
2019年度	51.7	53.9	43.4	62.8	57.4

本書の特長

POINT 1	解答は全問を掲載、解説は全問に対応！
POINT 2	英語の長文は全訳を掲載！
POINT 3	リスニング音声の台本、英文の和訳を完全掲載！
POINT 4	出題傾向が一目でわかる「年度別出題分類表」は、約 10 年分を掲載！

実戦力がつく入試過去問題集

▶ 問題 …………… 実際の入試問題を見やすく再編集。
▶ 解答用紙 …… 実戦対応仕様で収録。
▶ 解答解説 …… 重要事項が太字で示された、詳しくわかりやすい解説。
※採点に便利な配点も掲載。

合格への対策、実力錬成のための内容が充実

▶ 各科目の出題傾向の分析、最新年度の出題状況の確認で、入試対策を強化！
▶ その他、志願状況、公立高校難易度一覧など、学習意欲を高める要素が満載！

解答用紙 ダウンロード	解答用紙はプリントアウトしてご利用いただけます。弊社ＨＰの商品詳細ページよりダウンロードしてください。トビラのＱＲコードからアクセス可。
リスニング音声 ダウンロード	英語のリスニング問題については、弊社オリジナル作成により音声を再現。弊社ＨＰの商品詳細ページで全収録年度分を配信対応しております。トビラのＱＲコードからアクセス可。
famima PRINT	原本とほぼ同じサイズの解答用紙は、全国のファミリーマートに設置しているマルチコピー機のファミマプリントで購入いただけます。※一部の店舗で取り扱いがない場合がございます。詳細はファミマプリント（http://fp.famima.com/）をご確認ください。
UD FONT	見やすく読みまちがえにくいユニバーサルデザインフォントを採用しています。

～2025年度兵庫県公立高校入試の日程（予定）～

☆推薦入学・特色選抜・多部制Ⅰ期試験・外国人生徒にかかわる特別枠選抜

適性検査、面接等	2／17 （一部の学校は18日も実施）

↓

合格者発表	2／21

☆学力検査

学力検査	3／12

↓

合格者発表	3／19

※募集および選抜に関する最新の情報は兵庫県教育委員会のホームページなどで必ずご確認ください。

[redacted]

2024年度/兵庫県公立高校入学者選抜受検状況(全日制)

学校名・学科		定員	受検者数	倍率	前年度倍率
東灘	普通	200	130	0.65	0.98
御影	普通	280	359	1.28	1.19
神戸	普通	320	374	1.17	1.12
夢野台	普通	240	242	1.01	0.88
兵庫	普通	280	417	1.49	1.32
神戸鈴蘭台	普通	240	243	1.01	0.91
神戸北	普通	142	123	0.87	0.94
長田	普通	280	306	1.09	1.13
須磨東	普通	216	238	1.10	1.19
星陵	普通	240	281	1.17	1.06
舞子	普通	190	268	1.41	1.03
伊川谷北	普通	204	170	0.83	0.74
伊川谷	普通	170	180	1.06	0.95
神戸高塚	普通	170	192	1.13	0.81
洲本	普通	223	221	0.99	1.06
津名	普通	120	101	0.84	0.90
淡路三原	普通	160	155	0.97	0.96
市葺合	普通	280	296	1.06	1.13
北須磨	普通（単）	154	86	0.56	0.75
芦屋	普通（単）	140	215	1.54	1.38
市六甲アイランド	普通（単）	180	254	1.41	1.59
神戸甲北	総合	111	98	0.88	0.88
須磨友が丘	総合	120	113	0.94	1.35
淡路	総合	60	49	0.82	0.90
市須磨翔風	総合	140	173	1.24	1.78
兵庫工業	建築	22	27	1.23	0.86
	都市環境工学	27	25	0.93	0.74
	デザイン	20	27	1.35	0.95
	総合理化学	21	21	1.00	0.62
	機械工学	41	45	1.10	1.02
	電気工学	24	24	1.00	0.70
	情報技術	20	22	1.10	1.10
洲本実業	機械 電気	42	35	0.83	0.71
	地域商業	20	19	0.95	0.68
神戸商業	商業	100	111	1.11	0.92
市科学技術	機械工学	60	74	1.23	1.18
	電気情報工学	40	59	1.48	1.30
	都市工学	40	60	1.50	1.18
	科学工学	40	45	1.13	1.28
市神港橘	みらい商学	160	177	1.11	1.66
尼崎小田	普通	160	223	1.39	1.70
尼崎	普通	240	227	0.95	0.82
尼崎北	普通	240	263	1.10	1.30
尼崎西	普通	204	199	0.98	1.09
伊丹	普通	280	272	0.97	1.09
伊丹西	普通	252	328	1.30	1.06
川西緑台	普通	240	249	1.04	1.07
川西明峰	普通	274	140	0.51	0.61
川西北陵	普通	200	192	0.96	0.85
猪名川	普通	145	125	0.86	1.10

学校名・学科		定員	受検者数	倍率	前年度倍率
鳴尾	普通	240	306	1.28	1.02
西宮北	普通	180	196	1.09	0.76
西宮甲山	普通	136	78	0.57	0.69
西宮南	普通	216	180	0.83	1.01
宝塚	普通	221	187	0.85	0.88
宝塚東	普通	224	181	0.81	0.72
宝塚北	普通	240	224	0.93	0.93
宝塚西	普通	200	204	1.02	1.34
北摂三田	普通	200	231	1.16	0.94
三田西陵	普通	160	181	1.13	1.13
柏原	普通	160	168	1.05	0.97
篠山鳳鳴	普通	120	74	0.62	0.73
市尼崎	普通	204	246	1.21	1.35
市尼崎双星	普通	170	235	1.38	1.11
	ものづくり機械	20	23	1.15	0.90
	電気情報	20	24	1.20	0.75
	商業学	40	58	1.45	0.98
市伊丹	普通	160	209	1.31	1.23
	商業	20	34	1.70	1.05
市西宮	普通	240	322	1.34	1.33
市西宮東	普通	200	290	1.45	1.44
尼崎稲園	普通（単）	140	201	1.44	1.42
西宮	普通（単）	140	152	1.09	1.33
三田祥雲館	普通（単）	120	121	1.01	1.23
武庫荘総合	総合	140	168	1.20	1.17
伊丹北	総合	140	196	1.40	0.83
西宮今津	総合	121	81	0.67	0.85
有馬	総合	100	114	1.14	1.28
	人と自然	20	15	0.75	1.40
氷上	生産ビジネス	32	9	0.28	0.46
	食品ビジネス	20	18	0.90	0.90
	生活ビジネス	25	6	0.24	0.55
篠山東雲	地域農業	36	11	0.31	0.44
尼崎工業	機械	40	50	1.25	0.95
	電気	20	25	1.25	0.70
	電子	20	22	1.10	0.71
	建築	20	23	1.15	0.83
篠山産業	農と食	20	12	0.60	0.90
	機械工学	20	18	0.90	0.70
	電気建設工学	20	15	0.75	0.95
	総合ビジネス	20	19	0.95	0.78
氷上西	普通	10	10	1.00	1.10
明石	普通	240	278	1.16	1.30
明石北	普通	280	287	1.03	0.98
明石城西	普通	280	327	1.17	1.09
明石清水	普通	280	273	0.98	0.98
明石西	普通	240	234	0.98	1.08
加古川東	普通	280	347	1.24	1.20
加古川西	普通	240	249	1.04	1.13
高砂	普通	160	177	1.11	1.37
高砂南	普通	200	189	0.95	0.81

学校名・学科		定員	受検者数	倍率	前年度倍率
松陽	普通	102	113	1.11	0.95
	商業	20	25	1.25	1.20
	生活文化	20	24	1.20	1.25
東播磨	普通	200	205	1.03	0.95
播磨南	普通	136	120	0.88	1.01
西脇	普通	182	178	0.98	1.01
	生活情報	20	21	1.05	0.85
三木	普通	200	196	0.98	0.94
三木北	普通	102	85	0.83	0.68
小野	普通	160	170	1.06	1.13
	ビジネス探究	40	39	0.98	0.70
吉川	普通	72	53	0.74	0.63
社	普通	141	124	0.88	1.11
	生活科学	20	21	1.05	1.00
多可	普通	69	29	0.42	0.46
北条	普通	80	55	0.69	0.88
加古川北	普通(単)	100	136	1.36	1.02
明石南	総合	140	153	1.09	1.25
加古川南	総合	120	115	0.96	1.14
三木東	総合	100	102	1.02	1.20
農業	農業	20	26	1.30	0.81
	園芸	20	29	1.45	1.00
	動物科学	20	31	1.55	1.60
	食品科学	20	28	1.40	0.95
	農業環境工学	20	24	1.20	0.91
	造園	20	28	1.40	1.00
	生物工学	20	23	1.15	1.25
播磨農業	農業経営	21	12	0.57	1.00
	園芸	30	19	0.63	0.93
	畜産	26	9	0.35	0.95
東播工業	機械	44	44	1.00	0.88
	電気	49	53	1.08	0.87
	建築	21	26	1.24	0.84
	土木	28	29	1.04	0.40
西脇工業	機械	40	40	1.00	0.80
	電気	22	19	0.86	0.75
	ロボット工学	20	18	0.90	0.47
	総合技術	20	20	1.00	0.95
小野工業	機械工学	46	37	0.80	1.00
	電子	25	23	0.92	0.85
	生活創造	20	21	1.05	1.20
市明石商業	商業	120	163	1.36	1.29
姫路別所	普通	102	107	1.05	0.98
姫路西	普通	240	285	1.19	1.14
姫路飾西	普通	160	170	1.06	1.18
姫路南	普通	175	166	0.95	0.91
網干	普通	148	138	0.93	0.80
家島	普通	32	4	0.13	0.07
相生	普通	160	201	1.26	1.03
龍野	普通	240	245	1.02	0.95
赤穂	普通	184	167	0.91	0.87
福崎	普通	120	119	0.99	0.86

学校名・学科		定員	受検者数	倍率	前年度倍率
神崎	普通	74	56	0.76	0.89
夢前	普通	72	48	0.67	0.68
伊和	普通	39	20	0.51	0.51
上郡	普通	107	78	0.73	0.63
	農業生産	20	18	0.90	1.05
	地域環境	20	19	0.95	0.71
佐用	普通	120	66	0.55	0.53
	農業科学	24	17	0.71	0.95
	家政	23	3	0.13	0.35
山崎	普通	149	138	0.93	0.80
	森と食	20	15	0.75	0.68
市姫路	普通	200	197	0.99	1.31
市琴丘	普通	200	210	1.05	1.40
市飾磨	普通	200	204	1.02	1.08
姫路東	普通(単)	140	150	1.07	1.19
太子	総合	100	125	1.25	1.06
香寺	総合	100	94	0.94	1.11
飾磨工業	機械工学(単)	40	37	0.93	0.69
	電気情報工学(単)	20	22	1.10	0.87
	エネルギー環境工学(単)	26	25	0.96	0.73
姫路工業	機械	40	35	0.88	0.88
	電気	20	20	1.00	0.95
	工業化学	20	18	0.90	0.80
	デザイン	20	20	1.00	1.15
	溶接	20	22	1.10	1.00
相生産業	機械	40	35	0.88	0.90
	電気	20	16	0.80	1.05
	商業	40	39	0.98	1.05
龍野北	電気情報システム	40	40	1.00	1.00
	環境建設工学	20	23	1.15	0.85
	総合デザイン	20	26	1.30	1.35
姫路商業	商業	100	119	1.19	1.01
千種	普通	34	29	0.85	1.04
豊岡	普通	160	150	0.94	0.96
出石	普通	73	59	0.81	0.81
浜坂	普通	76	69	0.91	0.83
村岡	普通	65	18	0.28	0.33
八鹿	普通	160	123	0.77	0.91
生野	普通	59	22	0.37	0.44
香住	普通	80	53	0.66	0.61
	海洋科学	20	20	1.00	0.60
豊岡総合	総合	60	70	1.17	1.32
	電機応用工学	24	20	0.83	0.70
	環境建設工学	28	23	0.82	0.88
和田山	総合	105	60	0.57	0.66
但馬農業	みのりと食	30	30	1.00	0.82
	総合畜産	37	29	0.78	0.50

(注)「定員」は、推薦合格者・特色選抜合格者を除いた募集定員。

数学 出題傾向の分析と合格への対策

出題傾向とその内容

〈最新年度の出題状況〉

今年度の出題数は，大問が6題，小問数にして34問と昨年と同じであった。難易度は，昨年より少し難しくなったと思われる。例年と変わらず難易度は高く，上位層でも差が付きやすい内容であることに変わりはない。

出題内容は，大問1が数・式の計算，平方根，2次方程式，反比例，絶対値，空間図形，平行線と角度から基本的小問が8問，大問2はグラフを利用した関数の応用問題，大問3は文字式の利用と確率の応用問題，大問4は関数と図形，大問5は円が主体の平面図形，大問6は資料とデータを主とした数学的思考の必要な問題となっている。昨年と出題内容は少し変化があったが，出題傾向はあまり変化なく，来年もそれなりに高めの難易度での対策を考えておいたほうがよい。

〈出題傾向〉

問題の出題数は，ここ数年，大問数で6～7題，小問数で27問～34問前後が定着しており，難易度が高めの年が多い。問題数に比べて，解答時間が比較的少ないので，スピードが要求される。出題の傾向は大きくは変わっていない。以前同様に，中学数学全般から，標準～応用的な問題を中心に構成されており，思考力が必要な，かなり練られた問題も含まれている。とはいえ，基礎をしっかりと固め，応用力を養えば高得点がとれるような問題であるともいえる。

ここ数年の出題内容を見ると，大問1では，数・式の計算，平方根，二次方程式，関数，角度・面積・体積の計量，作図，資料の散らばり・代表値から，計算問題を含む基本的小問が7～8問出題されている。これらの問題は確実に得点したい。大問2以降では方程式の応用問題，データの整理，図形と関数・グラフ，関数・グラフと確率など，複数の単元にわたる数学的理解度を問う融合問題がよく出題され，図形分野では選択肢形式の証明問題，長さ・面積の計量，作図など平面図形の総合問題が多く，難しめのものも含まれる。また，数学的思考が必要な大問がさまざまな分野から出題され，1つの傾向といえる。出題の順は，入れかわっていくが，全体的に思考力の必要な問題が多く，普段から内容を理解した上で数学を学んでいるかが問われている。この数年，難易度がやや高くなっており，内申点だけではなく，本番の入試でも差がつきやすくなっている。しっかりとした学力を身につけて臨んで欲しい。

来年度の予想と対策

来年度も，問題の量・質に大きな変化はないだろう。出題範囲が広いので，まずは教科書を中心に，各分野の基本事項をしっかりとおさえておこう。標準レベルの問題であれば，すらすら解いていけるよう，基礎力を固めておくことが大切である。

大問2以降の対策としては，関数とグラフ，平面図形，空間図形をまんべんなく練習した上で，最後の大問で出題されているような，数学的洞察力が試される問題にも慣れておく必要がある。とにかく，パターンをあてはめるものだけでなく，日常生活と絡めるような思考力を問うものが非常に多いので，場合の数や規則性など条件を整理して解いていく問題，図形の応用問題，ダイヤグラムと速さなど，過去の問題を参考にしながら様々な問題で思考力を養っておくこと。また，難易度も，公立としては少し高いうえに，量が多いので，スピードが必要である。多くの問題パターンを頭に入れておこう。

⇨学習のポイント

- 基本的な小問群は確実に得点できるよう，基礎的な練習問題はまんべんなくこなしておこう。
- 過去問や問題集を使って新傾向の問題への対策を立てよう。

年度別出題内容の分析表　数学

※　　は出題範囲縮小の影響がみられた内容

出題内容			27年	28年	29年	30年	2019年	2020年	2021年	2022年	2023年	2024年
数と式	数の性質								○	○	○	○
	数・式の計算		○	○	○	○	○	○	○	○	○	○
	因数分解			○					○	○	○	
	平方根		○	○	○	○	○	○	○	○	○	○
方程式・不等式	一次方程式							○	○			
	二次方程式		○	○	○	○	○	○	○	○		○
	不等式		○			○						
	方程式の応用		○	○	○	○	○	○	○	○	○	○
関数	一次関数		○	○		○	○		○	○	○	○
	関数 $y = ax^2$		○	○	○	○	○	○	○	○	○	○
	比例関数		○	○	○	○	○	○	○	○	○	○
	関数とグラフ		○	○	○	○	○	○	○	○	○	○
	グラフの作成											
図形	平面図形	角度	○	○	○	○	○	○	○	○	○	○
		合同・相似	○	○	○	○	○	○	○	○	○	○
		三平方の定理	○	○	○	○	○	○	○	○	○	○
		円の性質	○	○		○	○	○	○	○	○	○
	空間図形	合同・相似										
		三平方の定理		○			○					
		切断		○								
	計量	長さ	○	○	○	○	○	○	○	○	○	○
		面積	○	○	○	○	○	○	○	○	○	
		体積		○			○	○	○	○		○
	証明		○	○	○	○	○	○	○	○	○	○
	作図						○					
	動点						○				○	
データの活用	場合の数			○	○	○	○		○	○		
	確率		○	○	○	○	○	○	○	○	○	○
	資料の散らばり・代表値(箱ひげ図を含む)		○	○	○	○		○	○	○	○	○
	標本調査											
融合問題	図形と関数・グラフ		○		○	○	○	○	○	○	○	○
	図形と確率		○							○		
	関数・グラフと確率				○							
	その他			○	○	○		○	○		○	○
その他			○		○	○	○	○	○	○	○	○

英語 出題傾向の分析と合格への対策

出題傾向とその内容

〈最新年度の出題状況〉

本年度の大問構成は，聞き取り問題1題，高校1年生と留学生の会話を読む問題1題，長文読解問題1題，発表文を読む読解問題1題，語句補充の文法と語い問題1題の5題構成だった。

聞き取り問題は，会話に続く応答を答えるもの，会話内容についての質問に答えるもの，英語の説明についての質問に答えるものが出題された。配点は100点満点中24点で，昨年と同じ配点であった。

留学プログラムに応募した高校生と留学生の会話を読む問題は，語句補充と語句並べ換え問題などであった。読解問題は2題であったが，語句補充，内容真偽など本文の内容を問うものが中心で，記号選択式問題の割合が高かった。語句補充の文法，語い問題は，語形変化やポスターを見ながら会話をしている表現の単語を答えるものであった。

〈出題傾向〉

出題内容には毎年若干の変化が見られる。しかしながら，語い力・文法力を必要とする問題と，英文の内容理解を問う問題を中心としている点は一貫している。

大問Ⅰの聞き取り問題は，聞き取りテスト2では絵とメッセージがついたカードの問題が新しく出題された。聞き取りテスト3は昨年と同様に説明のあとに選択肢を聞きとる問題であった。

大問Ⅱの会話問題では，空所にあてはまる語句を選ぶもので，内容の理解が問われることが多いが，単語を選んで並び換えて英文を完成させる問いもあった。

大問Ⅲ・Ⅳの読解問題は，語句補充により内容に合う英文を完成させるものなど，内容理解を問う設問が中心になっている。

大問Ⅴの語句補充の文法，語い問題では，基本的な知識が問われている。自由英作文の出題は本年もなかった。

来年度の予想と対策

来年度も，全体的な出題の傾向には大きな変化はないものと思われる。聞き取り，長文，対話文読解，文法問題を柱とするテスト形式が続くであろう。

聞き取り問題に関しては，音声ツールの使用による学習で耳を慣らしておく必要がある。全体的に適する語句を選ばせる問題が多いので，日頃から語い力の強化を心がけよう。読解問題のボリュームは標準的だが，全体の大問数が多いので，ある程度スピードも要求される。並べかえ問題はやや複雑な構造のものもあるので，個々の文法単元の学習にとどまらず，入試対策レベルの問題に多く触れることが重要である。

⇨学習のポイント

- まず何と言っても語い力をつけよう。「意味がわかる」だけでなく,「正確につづりが書ける」ようにもしておこう。
- 読解問題の練習を多く重ね，スピードアップを図ろう。

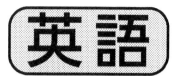

年度別出題内容の分析表　英語

※ ［網掛け］は出題範囲縮小の影響がみられた内容

		出題内容	27年	28年	29年	30年	2019年	2020年	2021年	2022年	2023年	2024年
設問形式	リスニング	絵・図・表・グラフなどを用いた問題	○	○	○	○	○	○	○	○	○	○
		適文の挿入										
		英語の質問に答える問題	○	○	○	○	○	○	○	○	○	○
		英語によるメモ・要約文の完成										
		日本語で答える問題										
		書き取り	○	○	○	○	○					
	語い	単語の発音										
		文の区切り・強勢										
		語句の問題	○	○	○	○	○	○	○	○	○	○
	読解	語句補充・選択（読解）	○	○	○	○	○	○	○	○	○	○
		文の挿入・文の並べ換え	○	○	○	○						
		語句の解釈・指示語	○	○	○	○	○	○	○			○
		英問英答（選択・記述）	○	○		○	○	○				
		日本語で答える問題										
		内容真偽	○	○	○	○	○	○	○			○
		絵・図・表・グラフなどを用いた問題	○	○	○	○	○	○		○	○	
		広告・メール・メモ・手紙・要約文などを用いた問題	○	○	○	○		○	○	○	○	○
	文法	語句補充・選択（文法）					○	○	○		○	○
		語形変化					○	○	○	○	○	○
		語句の並べ換え	○	○	○	○		○	○	○	○	○
		言い換え・書き換え										
		英文和訳										
		和文英訳										
		自由・条件英作文										
文法事項		現在・過去・未来と進行形	○	○	○	○	○	○	○	○	○	○
		助動詞	○	○	○	○		○			○	○
		名詞・冠詞・代名詞	○	○	○	○	○	○	○		○	○
		形容詞・副詞	○	○		○	○					○
		不定詞	○	○	○	○	○		○	○	○	○
		動名詞	○	○	○	○		○		○		
		文の構造（目的語と補語）	○	○	○							
		比較	○		○		○					
		受け身	○	○	○			○				○
		現在完了	○	○	○		○		○			○
		付加疑問文		○								
		間接疑問文	○	○								
		前置詞	○		○		○	○		○		○
		接続詞	○	○	○				○			○
		分詞の形容詞的用法				○	○					○
		関係代名詞	○	○	○					○		○
		感嘆文										
		仮定法										

―兵庫県公立高校―

理科　出題傾向の分析と合格への対策

出題傾向とその内容

〈最新年度の出題状況〉

大問数は4題，小問数は32問となっており，適量の出題といえるが，難易度は比較的高い。また，出題内容は生物・地学・化学・物理の各分野から偏りなく出題されている。大部分が記号選択問題である。

〈出題傾向〉

各分野の問題はかなりレベルが高いものもあるので，教科書をしっかりと理解し，何をどんな手順で求めればよいのかを見極める必要がある。教科書内容を暗記するだけの学習ではなく，きちんと理解して重要な用語や原理，公式などは簡潔に説明できるようにしておくことが大切である。本県の出題の特徴は，実験・観察データを利用し，科学的な思考力をもとに解法を展開する必要がある点などである。表やグラフ，資料の読みとりに時間を要するので，時間配分に注意し，得意な単元の問題から解答していくとよい。

物理的領域　表やグラフ，図をもとに，様々な条件の結果から，データを処理し，分析する力が求められる。提示されたデータの意味を考え，扱う値を適切に選べなければ，解答できないパターンもあり，解答に要する時間が長くなる。きちんとした知識を身に付けておかないと，まぎらわしい選択肢などに惑わされる可能性は高い。

化学的領域　基本～応用までを問う問題で構成された良問である。しくみをきちんと理解しないと正解は難しい。さまざまな問題演習を繰り返すことで，解法を身につけていこう。

生物的領域　比較的解きやすい良問である。正解を得るためのキーポイントは，予想したことを順序立てて考えることである。ミスのないよう解答に臨みたい。

地学的領域　多くの図表を検討するスタイルで，資料をもとにしながら検討する問題である。得られたデータを正しく活用し，正しく推測できないと，正解にたどり着くのが難しい問いが見られた。いろいろな演習問題をしっかり事前に練習しておきたい。

来年度の予想と対策

出題範囲が広く，解答に時間がかかるものもあるので，来年度の対策として，手際よく，苦手分野をつくらずにすべての分野の問題に手をつけておく必要がある。実験や観察に関する問題では，手順や注意しなければならない事項，結果を考察，実験器具や装置の使い方などを簡潔にまとめておくことが大切である。また，グラフでは目盛りに注意して，表では数値の増減を調べることを習慣にして，結果を予測できるように練習をする必要がある。物理分野・化学分野では計算問題が出題される傾向があるので，公式を使いこなせるように演習をくり返すことが重要である。

⇨学習のポイント

- 重要実験の方法や結果，まとめなどの内容は，必ず自分で再度まとめて内容を把握しておこう。
- 計算問題は手順よくこなせるよう，いろいろな問題を事前に練習しておこう。

年度別出題内容の分析表　理科

※★印は大問の中心となった単元／　　は出題範囲縮小の影響がみられた内容

分野	学年	出題内容	27年	28年	29年	30年	2019年	2020年	2021年	2022年	2023年	2024年
第一分野	第1学年	身のまわりの物質とその性質	○	○	○	○			○		○	
		気体の発生とその性質			○	○		○	○			○
		水溶液	○	○	○	○		○			○	
		状態変化		○							○	
		力のはたらき(2力のつり合いを含む)					○					○
		光と音	★	○			○	○	★			
	第2学年	物質の成り立ち	○		○	○	○	○	○			
		化学変化，酸化と還元，発熱・吸熱反応		○		○				○		○
		化学変化と物質の質量		○		○			○	○		○
		電流(電力，熱量，静電気，放電，放射線を含む)	○	○	○	★		★		○	○	
		電流と磁界		○					○	○	○	
	第3学年	水溶液とイオン，原子の成り立ちとイオン			○		○	○		○	○	
		酸・アルカリとイオン，中和と塩	○				★			○		○
		化学変化と電池，金属イオン	○		○					○		
		力のつり合いと合成・分解(水圧，浮力を含む)			○		○			○		○
		力と物体の運動(慣性の法則を含む)			○					○		○
		力学的エネルギー，仕事とエネルギー			○	○				○	○	
		エネルギーとその変換，エネルギー資源	○		○	○		○		○	○	
第二分野	第1学年	生物の観察と分類のしかた		○								
		植物の特徴と分類	○		○	○	○	○	○		○	
		動物の特徴と分類						○				○
		身近な地形や地層，岩石の観察		○				○				○
		火山活動と火成岩		○			○			○		
		地震と地球内部のはたらき			○			○		○		
		地層の重なりと過去の様子		○		○		★				○
	第2学年	生物と細胞(顕微鏡観察のしかたを含む)	○					○				
		植物の体のつくりとはたらき	○	○	○	○			○			
		動物の体のつくりとはたらき		★	○	○	★	○		★		○
		気象要素の観測，大気圧と圧力	○	○	○		★				○	
		天気の変化		○	○		○		○			
		日本の気象			○		○				○	
	第3学年	生物の成長と生殖	○		○	○	○	★			○	○
		遺伝の規則性と遺伝子			○				○			○
		生物の種類の多様性と進化										
		天体の動きと地球の自転・公転	○			★		○	○			○
		太陽系と恒星，月や金星の運動と見え方	○			○			○			
		自然界のつり合い		○							○	
自然の環境調査と環境保全，自然災害												
科学技術の発展，様々な物質とその利用												
探究の過程を重視した出題			○	○	○	○	○	○	○	○	○	○

—兵庫県公立高校—

社会 ●●●● 出題傾向の分析と合格への対策 ●●●●

出題傾向とその内容

〈最新年度の出題状況〉

本年度の出題数は例年同様，大問3題，小問39題である。解答形式は記号選択が34問で，語句記入は5題となっており，記述問題は出題されていない。大問数は，日本・世界地理1題，歴史1題，公民1題であり，小問数は各分野のバランスがとれていると言える。各設問は細かい知識を問うものではなく，基礎・基本の定着と，資料活用能力を試す総合的な問題が出題の中心となっている。

地理的分野では，略地図・表・グラフ・地形図を読み取り，諸地域の特色・産業・気候などを考える出題となっている。歴史的分野では，資料・写真・地図などをもとに，歴史を総合的に問う内容となっている。公民的分野では，政治経済に関する基礎的な知識が問われている。

〈出題傾向〉

地理的分野では，地図や表・グラフが用いられ，世界と日本の諸地域ごとの地図や地形図の見方，諸地域の特色，統計の読み取りなどが出題されている。

歴史的分野は，各時代の基本的事項を正確に理解しているかが問われている。テーマに沿った時代横断型の出題から，政治・経済・外交を中心に総合的に問われている。

公民的分野では，文章例やグラフや表を用いて，政治や経済のしくみについて，基本的事項を中心に幅広く問われている。

来年度の予想と対策

来年度も例年とあまり変わらない出題が予想される。出題数にも大きな変動はないと思われ，内容も基本的なものが中心となるであろう。しかし，語句記入で解答を求める問題も必ず出題されているので，基礎的な語句を正しく書けるようにしておく必要がある。

3分野とも教科書の基本用語を確実にマスターすることが重要である。その際に，本文の内容だけではなく，グラフや表，写真や図，地図なども一緒に考察し，資料や情報を活用できる力をつけておくようにしよう。また，教科書の範囲に限らず，それぞれの事項と現代社会の動きとの関わりに関心を持つようにしていこう。日ごろから，新聞やテレビやインターネットなどの報道にも目を向ける習慣をつけておこう。

⇨学習のポイント

・地理では，地形図の見方をマスターし，統計資料からの読み取り力をつけよう！
・歴史では，教科書の基礎的事項を整理して流れをつかみ，略年表の問題に慣れよう！
・公民では，政治の仕組み・経済・国際社会等の基礎を整理し，ニュースにも注目しよう！

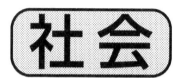

年度別出題内容の分析表　社会

※　　は出題範囲縮小の影響がみられた内容

分野	区分	出題内容	27年	28年	29年	30年	2019年	2020年	2021年	2022年	2023年	2024年
地理的分野	日本	地形図の見方	○	○	○	○	○	○	○	○	○	○
		日本の国土・地形・気候		○	○	○	○	○	○	○	○	○
		人口・都市		○		○					○	
		農林水産業	○	○	○	○	○	○	○	○		○
		工業		○				○		○	○	
		交通・通信			○		○					
		資源・エネルギー										
		貿易				○		○				
	世界	人々のくらし・宗教					○		○	○	○	○
		地形・気候			○	○	○	○	○	○	○	○
		人口・都市	○		○				○			
		産業	○	○	○		○	○	○		○	○
		交通・貿易	○	○	○	○	○	○		○	○	
		資源・エネルギー						○		○		
	地理総合											
歴史的分野	日本史―時代別	旧石器時代から弥生時代	○	○			○					
		古墳時代から平安時代	○	○	○	○	○	○	○	○	○	○
		鎌倉・室町時代	○	○	○	○	○	○	○	○	○	○
		安土桃山・江戸時代	○	○	○	○	○	○	○	○	○	○
		明治時代から現代	○	○	○	○	○	○	○	○	○	○
	日本史―テーマ別	政治・法律	○	○	○	○	○	○	○	○	○	○
		経済・社会・技術	○	○	○	○	○	○	○	○		○
		文化・宗教・教育	○	○	○		○	○	○	○		
		外交	○	○	○	○	○		○	○	○	○
	世界史	政治・社会・経済史	○	○	○		○	○	○		○	
		文化史			○		○					
		世界史総合										
	歴史総合											
公民的分野		憲法・基本的人権	○			○	○	○	○	○		○
		国の政治の仕組み・裁判	○	○	○	○			○	○		○
		民主主義										
		地方自治		○			○	○			○	
		国民生活・社会保障		○			○			○		
		経済一般	○	○	○	○	○	○	○	○	○	○
		財政・消費生活	○	○	○	○	○	○	○	○	○	
		公害・環境問題				○						
		国際社会との関わり	○		○	○		○				
時事問題												
その他												

―兵庫県公立高校―

国語 出題傾向の分析と合格への対策

出題傾向とその内容

〈最新年度の出題状況〉

本年度は，大問の数は5題で昨年と同じであった。

一は句会に向けての話し合いで，俳句や会話の内容について出題された。

二は書き下し文と漢文。返り点の知識や，本文の内容を問われた。

三は古文で，古語の意味や内容を問う問題があった。

四は小説からの出題。登場人物の心情を中心に出題され，丁寧な読み取りが求められた。合わせて，漢字の読みや語句の意味などの知識問題も出題された。

五は論説文。内容や理由などが問われた。知識問題として，漢字や文法が出題されている。

〈出題傾向〉

読解問題の形式は，選択問題と本文からの抜き出しがほとんどである。

論説文の読解では，筆者の考えや文章の展開を正確に把握する力などが求められている。

小説は，心情の読み取りや，心情を反映した情景・行動などについて問うものが中心である。

古文は，本年度は，掛詞に関する出題もみられた。部分的な口語訳にとどまらず，文章全体の内容を正しく読み取る力も求められる。

漢文は，返り点や書き下し文の知識が必要な問いが出題される。また，文章の流れをつかみ，内容を的確にとらえているかが問われる。

知識問題は，漢字が必出。本年度も，書き取りの代わりに同じ漢字を含むものを選ぶ問題が出題された。その他，文法，語句の意味，表現技法・形式など，基本的なものが幅広く出題されている。

来年度の予想と対策

読解問題は，現代文と古文・漢文の読解問題を中心に対策を立て，限られた時間を有効に使って内容を把握できるようにすることが必要となる。

現代文は説明的文章と文学的文章からそれぞれ一題ずつの出題が基本となろう。

説明的文章は，内容理解を中心に学習するのがよい。読解問題に多く取り組み，筆者の主張は何かを考えながら読み進めるようにする。

文学的文章は，心情把握を中心に学習する。登場人物の表情，行動などから心情を読み取れるようにしたい。

古文・漢文は，文語体に慣れることが大切である。文章を読む際は，主語が何であるかを意識し，部分訳や語句注などを参考にしながら大意を読み取れるようにしよう。仮名遣い，基本古語の意味，返り点と書き下し文の関係などの知識は，しっかりと身につけておきたい。

知識問題は，漢字の読みと書き取り，語句・文法の基本をしっかり身につけておく必要がある。詩・短歌・俳句の基本的な知識もおさえておこう。

⇨学習のポイント

- 論説文，小説，古文，漢文の読解問題の練習をしよう。
- さまざまな分野の知識問題に取り組もう。

年度別出題内容の分析表　国語

※　　は出題範囲縮小の影響がみられた内容

		出題内容	27年	28年	29年	30年	2019年	2020年	2021年	2022年	2023年	2024年
内容の分類	読解	主題・表題										
		大意・要旨	○		○	○						
		情景・心情	○	○	○	○	○	○	○	○	○	○
		内容吟味	○	○	○	○	○	○	○	○	○	○
		文脈把握	○	○	○	○	○	○	○	○	○	○
		段落・文章構成	○	○		○		○				
		指示語の問題				○	○			○	○	○
		接続語の問題			○	○	○	○				
		脱文・脱語補充	○	○	○	○	○	○	○	○	○	○
	漢字・語句	漢字の読み書き	○	○	○	○	○	○	○	○	○	○
		筆順・画数・部首										
		語句の意味	○	○	○	○	○	○	○	○	○	○
		同義語・対義語										
		熟語	○			○	○	○				
		ことわざ・慣用句・四字熟語	○	○	○			○			○	
		仮名遣い	○	○	○	○	○		○	○	○	
	表現	短文作成							○			
		作文(自由・課題)										
		その他	○									
	文法	文と文節							○	○	○	○
		品詞・用法		○	○	○	○	○		○	○	○
		敬語・その他	○	○	○	○		○	○	○	○	○
	古文の口語訳		○	○		○		○	○	○	○	○
	表現技法・形式			○			○	○	○			○
	文学史											
	書写											
問題文の種類	散文	論説文・説明文	○	○	○	○	○	○	○	○	○	○
		記録文・実用文										
		小説・物語・伝記	○	○	○	○	○	○	○	○	○	○
		随筆・紀行・日記										
	韻文	詩									○	
		和歌(短歌)						○				
		俳句・川柳		○								○
	古文		○	○	○	○	○	○	○	○	○	○
	漢文・漢詩		○	○	○	○	○	○	○	○	○	○
	会話・議論・発表						○	○	○	○	○	○
	聞き取り											

—兵庫県公立高校—

兵庫県公立高校難易度一覧

目安となる偏差値	公立高校名
75 ～ 73	
	神戸(総合理学)
	長田(人文･数理探究)，姫路西(国際理学)
72 ～ 70	兵庫(創造科学)
	小野(科学探究)，加古川東(理数)，長田
	宝塚北(グローバルサイエンス)，[市]西宮(グローバル･サイエンス)，姫路西
69 ～ 67	明石北(自然科学)，神戸，兵庫
	加古川東
	[市]西宮，[市]西宮東(科学探究)，姫路東，御影(文理探究)
66 ～ 64	星陵，龍野(総合自然科学)，北摂三田(人間科学)
	小野，加古川西(国際市民)，[市]西宮東(社会探究)，[市]姫路(探究科学)，[市]葺合(国際)
	北須磨，[公]神戸高専(機械工学／電気工学／電子工学／応用化学／都市工学)，御影
63 ～ 61	尼崎稲園，川西緑台(文理探究)，宝塚北，[市]姫路，北摂三田
	加古川西，豊岡(STEAM探究)，[市]西宮東，姫路飾西(STEAM探究)
	淡路三原(文理探究)，三田祥雲館，姫路飾西，[市]葺合，夢野台，八鹿(文理探究)
60 ～ 58	明石城西(グローバル探究)，明石西(国際人間)，柏原(地域科学探究)，川西緑台，篠山鳳鳴(STEAM探究)，龍野，西宮
	相生(自然科学)，明石北，津名(文理探究)，兵庫県立大学附属(総合科学)
	尼崎小田(サイエンスリサーチ)，伊川谷北，小野(ビジネス探究)，国際(国際)，須磨東，東播磨，姫路南
57 ～ 55	[市]琴丘(国際文化)，宝塚西(国際教養)，豊岡，鳴尾，西脇
	明石城西，芦屋，生野(地域探究)，伊丹，加古川北，神戸鈴蘭台(文理探究)，[市]琴丘，須磨友が丘(総合)，洲本，鳴尾(国際文化情報)，西宮(音楽)
	相生，神戸商業(情報)，神戸鈴蘭台，姫路工業(電子機械)，姫路商業(情報科学)，福崎(総合科学)，三木
54 ～ 51	尼崎北，宝塚西，姫路工業(電気)，福崎，北条(人間創造)
	明石(普／美術)，尼崎小田(国際探求)，[市]伊丹(グローバル共創)，伊丹北(総合)，宝塚北(演劇)，龍野北(看護)，舞子，三木(国際総合)，八鹿，[市]六甲アイランド
	西宮北，姫路工業(機械／工業化学)
	明石西，網干，有馬(総合)，神戸商業(会計)，[市]須磨翔風(総合)，高砂南，日高(看護)，姫路工業(デザイン)
50 ～ 47	[市]尼崎，[市]伊丹，[市]科学技術(科学工学)，加古川南(総合)，香寺(総合)，神戸甲北(総合)，[市]飾磨(普／健康福祉)，姫路商業(商業)，北条，舞子(環境防災)
	赤穂，淡路三原，柏原，[市]科学技術(機械工学／都市工学)，川西北陵，社
	尼崎小田，[市]科学技術(電気情報工学)，神戸高塚，三田西陵，太子(総合)，宝塚，津名，姫路工業(溶接)，兵庫工業(デザイン／情報技術)
	明石南(総合)，[市]尼崎(体育)，生野(観光･グローバル)，伊丹西，神戸商業(商業)，飾磨工業(機械工学／エネルギー環境工学)，篠山鳳鳴，高砂，龍野北(電気情報システム／総合福祉)，西宮今津(総合)，西宮南，農業(食品科学)，兵庫工業(建築／総合理化学／都市環境工学／機械工学／電気工学)，三木北，武庫荘総合(総合)，社(体育)，山崎
46 ～ 43	尼崎(教育と絆)，飾磨工業(電気情報工学)，[市]神港橘(みらい商学)，豊岡総合(総合)，西脇工業(総合技術)，農業(園芸／動物科学)，武庫荘総合(福祉探求)，社(生活科学)
	明石清水，[市]尼崎双星，有馬(人と自然)，伊川谷，松陽，龍野北(環境建設工学／総合デザイン)，西脇(生活情報)，西脇工業(機械)，農業(農業環境工学／生物工学)，播磨南
	猪名川，神崎，松陽(商業)，洲本実業(機械／電気)，東播工業(電気／建築)，豊岡総合(電機応用工学／環境建設工学)，西宮甲山，西脇工業(電気／ロボット工学)，農業(農業／造園)，姫路別所，三木東(総合)
	相生産業(機械／電気／商業)，尼崎，尼崎工業(機械／電気／電子／建築)，[市]尼崎双星(ものづくり機械／電気情報／商業)，尼崎西，出石，[市]伊丹(商業)，小野工業(機械工学／電子)，篠山産業(電気建設工学)，松陽(生活文化)，洲本実業(地域商業)，東播工業(機械／土木)，東灘，日高(福祉)
42 ～ 38	[市]明石商業(商業／福祉)，小野工業(生活創造)，香住，上郡，川西明峰，神戸北，篠山産業(機械工学)，宝塚東，浜坂，和田山(総合)
	佐用(普／家政)，播磨農業(農業経営／園芸／畜産)，山崎(森と食)，夢前
	淡路(総合)，香住(海洋科学)，上郡(農業生産／地域環境)，篠山産業(農と食／総合ビジネス)，篠山東雲(地域農業)，多可，氷上西
	家島，佐用(農業科学)，千種，村岡
	伊和，但馬農業(みのりと食／総合畜産)，氷上(生活ビジネス)，吉川
37 ～	氷上(生産ビジネス／食品ビジネス)

＊(　)内は学科･コース･類型等を示します。特に示していないものは普通科(普通･一般コース)，または全学科(全コース)を表します。[市]は市立を，[公]は神戸市公立大学法人の運営を意味します。

＊データが不足している高校，または学科・コースなどにつきましては掲載していない場合があります。

＊公立高校の入学者は，「学力検査の得点」のほかに，「調査書点」や「面接点」などが大きく加味されて選抜されます。上記の内容は想定した目安ですので，ご注意ください。

＊公立高校入学者の選抜方法や制度は変更される場合があります。また，統廃合による閉校や学校名の変更，学科の変更などが行われる場合もあります。教育委員会などの関係機関が発表する最新の情報を確認してください。

兵庫県公立高等学校

2024年度

★★★★★★★★★★★★★★★★★★★★★★★

入　試　問　題

2024
年
度

●くわしい解説……59ページ

＜数学＞　時間　50分　　満点　100点

【注意】 全ての問いについて，答えに$\sqrt{\ }$がふくまれる場合は，$\sqrt{\ }$を用いたままで答えなさい。

1　次の問いに答えなさい。

(1)　$6 \div (-2)$　を計算しなさい。

(2)　$3(2x+y)-(x-4y)$　を計算しなさい。

(3)　$3\sqrt{5}+\sqrt{20}$　を計算しなさい。

(4)　2次方程式 $x^2+5x+3=0$　を解きなさい。

(5)　y は x に反比例し，$x=-6$ のとき $y=3$ である。$x=2$ のときの y の値を求めなさい。

(6)　絶対値が2以下である整数すべての和を求めなさい。

(7)　図1のように，底面の半径が4 cm，高さが6 cmの円すいがある。この円すいの体積は何cm^{3}か，求めなさい。ただし，円周率はπとする。

図1

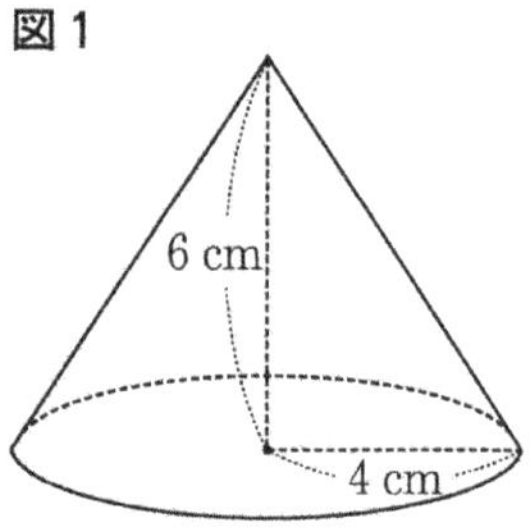

(8)　図2で，$\ell \parallel m$ のとき，$\angle x$ の大きさは何度か，求めなさい。

図2

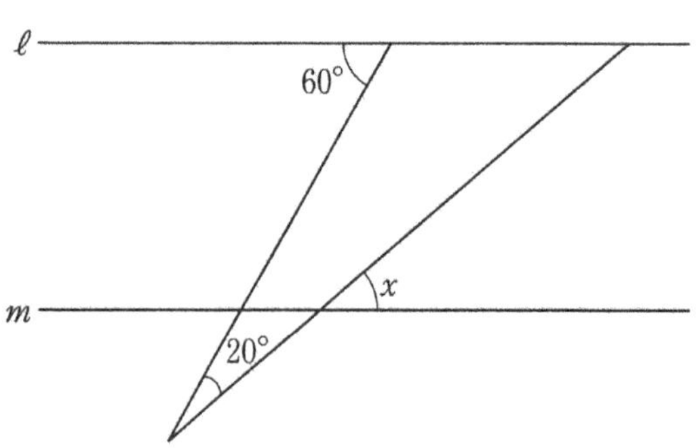

2　2つの駐輪場A，Bがあり，表1は自転車1台を駐輪場Aに駐輪する場合の料金の設定の一部を，表2は自転車1台を駝輪場Bに駐輪する場合の料金の設定を表したものである。図は自転車1台を駐輪場Aに駐輪する場合について，駐輪時間 x 分と料金 y 円の関係をグラフに表したものである。ただし，駐輪時間は連続する時間とする。

あとの問いに答えなさい。

表1

駐輪場A

駐輪時間	料金
60分まで	130円
180分まで	240円
300分まで	330円

表2

駐輪場B

基本料金を100円とする。
駐輪時間が20分を超えるごとに，20円ずつ基本料金に加算する。
例：駐輪時間を x 分とすると，料金は，
$0 < x \leqq 20$　のとき　100円
$20 < x \leqq 40$　のとき　120円
$40 < x \leqq 60$　のとき　140円

図

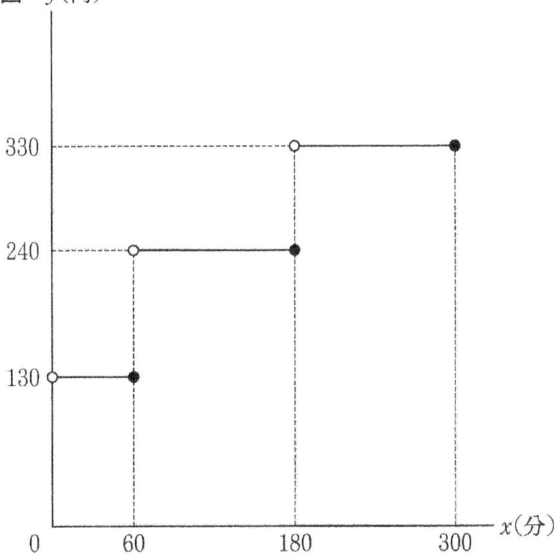

(1)　自転車1台を駐輪場Aに100分駐輪するときの料金は何円か，求めなさい。

(2)　自転車1台を駐輪場Bに駝輪する場合について，駐輪時間 x 分と料金 y 円の関係をグラフに表すと，そのグラフ上に2点P（20，100），Q（40，120）がある。直線PQの式を求めなさい。

(3)　自転車1台を180分までの時間で駐輪する。このとき，駐輪場Aに駐輪する場合の料金と，駐輪場Bに駐輪する場合の料金が等しくなるのは駐輪時間が何分のときか，適切なものを次の**ア**～**エ**から1つ選んで，その符号を書きなさい。

ア　120分を超えて140分まで
イ　140分を超えて160分まで
ウ　160分を超えて180分まで
エ　料金が等しくなる時間はない

(4)　自転車1台を180分を超えて300分までの時間で駐輪する。このとき，駐輪場Aに駐輪する場合の料金よりも，駐輪場Bに駐輪する場合の料金のほうが安くなる駐輪時間は最大で何分か，求めなさい。

3　次の問いに答えなさい。

(1)　数学の授業で，先生がAさんたち生徒に次の［問題］を出した。

> ［問題］
> 　２つの奇数の積は，偶数になるか，奇数になるか考えなさい。
> 　また，2つの偶数の積，偶数と奇数の積についても考えなさい。

　Aさんは，［問題］について，次のように考えた。[i] にあてはまる１以外の自然数，[ii] にあてはまる式をそれぞれ求めなさい。また，[iii]，[iv]，[v] にあてはまる語句の組み合わせとして適切なものを，あとの**ア**～**ク**から１つ選んで，その符号を書きなさい。

> まず，２つの奇数の積について考える。
> m，n を整数とすると，２つの奇数は $2m+1$，$2n+1$ と表される。
> この２つの奇数の積は，$(2m+1)(2n+1)$ と表すことができ，変形すると，
> 　$(2m+1)(2n+1) = 4mn + 2m + 2n + 1$
> 　　　　　　　　　　$=$ [i] ([ii]) $+1$
> [ii] は整数だから，[i] ([ii]) は [iii] である。
> したがって，２つの奇数の積は [iv] である。
> 同じようにして考えると，２つの偶数の積，偶数と奇数の積はどちらも [v] である。

	iii	iv	v		iii	iv	v
ア	偶数	偶数	偶数	**イ**	偶数	偶数	奇数
ウ	偶数	奇数	偶数	**エ**	偶数	奇数	奇数
オ	奇数	偶数	偶数	**カ**	奇数	偶数	奇数
キ	奇数	奇数	偶数	**ク**	奇数	奇数	奇数

(2)　大小２つのさいころを同時に１回投げ，大きいさいころの出た目の数を a，小さいさいころの出た目の数を b とする。次の確率を求めなさい。
　ただし，さいころの１から６までのどの目が出ることも同様に確からしいとする。

①　ab の値が奇数となる確率を求めなさい。

②　$ab+3b$ の値が偶数となる確率を求めなさい。

③　$a^2-5ab+6b^2$ の値が３以上の奇数となる確率を求めなさい。

4　図（次のページ）のように，関数 $y=ax^2$ のグラフ上に２点A，Bがあり，点Aの座標は $(-2,\ 1)$，点Bの x 座標は４である。また，y 軸上に y 座標が１より大きい点Cをとる。
　次の問いに答えなさい。

(1)　a の値を求めなさい。

(2)　次の [ア]，[イ] にあてはまる数をそれぞれ求めなさい。

関数 $y = ax^2$ について，x の変域が $-2 \leqq x \leqq 4$ のとき，y の変域は ［ア］ $\leqq y \leqq$ ［イ］ である。

(3) 直線ABの式を求めなさい。

(4) 線分AB，ACをとなり合う辺とする平行四辺形ABDCをつくると，点Dは関数 $y = ax^2$ のグラフ上の点となる。

① 点Dの座標を求めなさい。

② 直線 $y = 2x + 8$ 上に点Eをとる。△ABEの面積が平行四辺形ABDCの面積と等しくなるとき，点Eの座標を求めなさい。ただし，点Eの x 座標は正の数とする。

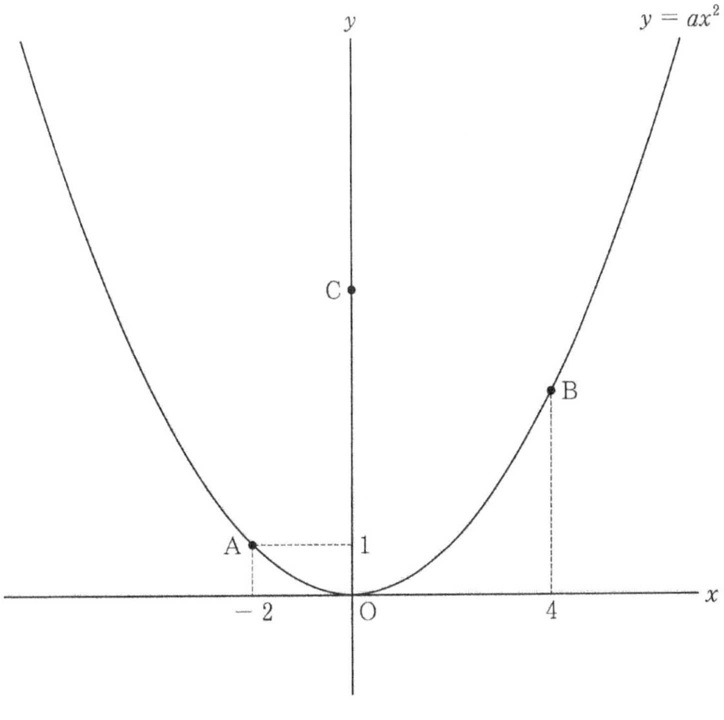

5 図1のように，∠ACB＝90°，AB＝4 cm，AC＝3 cm の直角三角形ABCがあり，辺AB上にBD＝1 cmとなる点Dをとる。2点A，Dを通り，辺BCに点Eで接する円Oがある。

次の問いに答えなさい。

図1

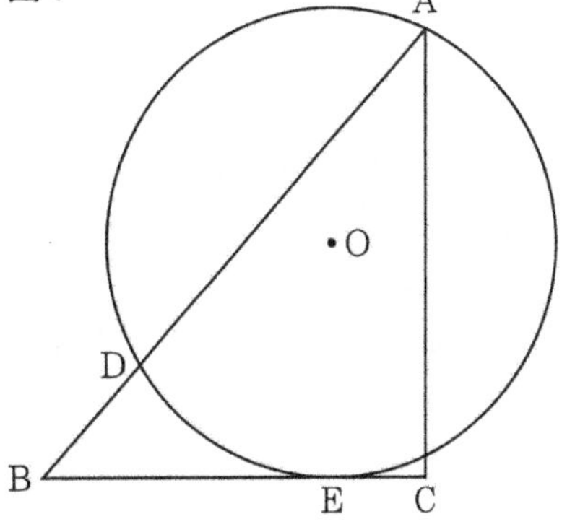

(1) 線分BEの長さを次のように求めた。[i]，[ii]，[iii] にあてはまる最も適切なものを，あとの**ア**～**キ**からそれぞれ1つ選んで，その符号を書きなさい。また，[iv] にあてはまる数を求めなさい。

図2

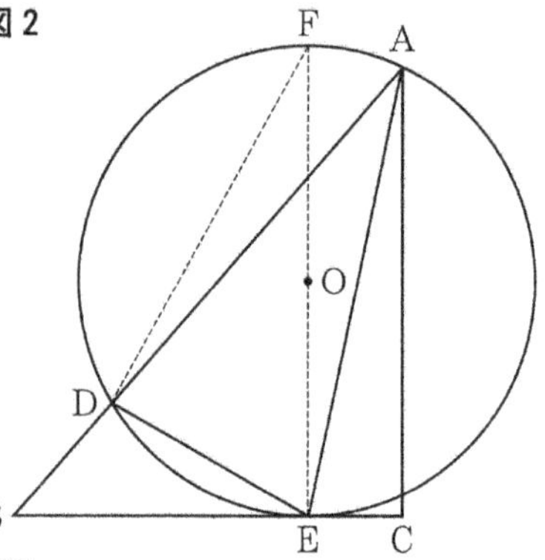

ア	ADE	**イ**	AEF
ウ	BED	**エ**	DFE
オ	BD：BE	**カ**	BE：BD
キ	BE：DE		

図2のように，
直線EOと円Oとの交点のうち，点Eと異なる点をFとし，
まず，△ABE ∽ △EBDであることを証明する。
△ABEと△EBDにおいて，
共通な角だから，
　∠ABE = ∠EBD　　　……①
弧DEに対する円周角は等しいから，
　∠DAE = ∠[i]　……②
△DEFは，辺EFを斜辺とする直角三角形であるから，
　∠[i] + ∠DEF = 90°　……③
また，OE ⊥ BCであるから，
　∠DEF + ∠[ii] = 90°　……④
③，④より，
　∠[i] = ∠[ii]　……⑤
②，⑤より，
　∠BAE　= ∠[ii]　……⑥
①，⑥より，2組の角がそれぞれ等しいから，
　△ABE ∽ △EBD
したがって，AB：EB = [iii]
このことから，　BE = [iv] cm

(2) 線分CEの長さは何cmか，求めなさい。

(3) 円Oの半径の長さは何cmか，求めなさい。

6　ゆうきさん，りょうさん，まことさんの3人は，兵庫県内のいくつかの市町における2022年1月から2022年12月までの，月ごとの降水日数（雨が降った日数）を調べた。

　次の問いに答えなさい。ただし，1日の降水量が1mm以上であった日を雨が降った日，1mm未満であった日を雨が降らなかった日とする。

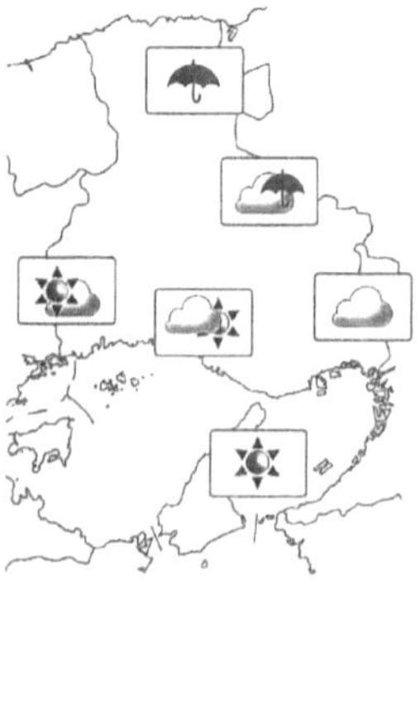

(1)　表1は西宮市の月ごとの降水日数のデータである。このデータの中央値（メジアン）は何日か，求めなさい。

表1

	1月	2月	3月	4月	5月	6月	7月	8月	9月	10月	11月	12月
降水日数(日)	2	2	9	8	10	7	14	10	11	4	7	5

（気象庁 Webページより作成）

(2)　図は，豊岡市，三田市，洲本市について，それぞれの市の月ごとの降水日数のデータを，ゆうきさんが箱ひげ図に表したものである。

図

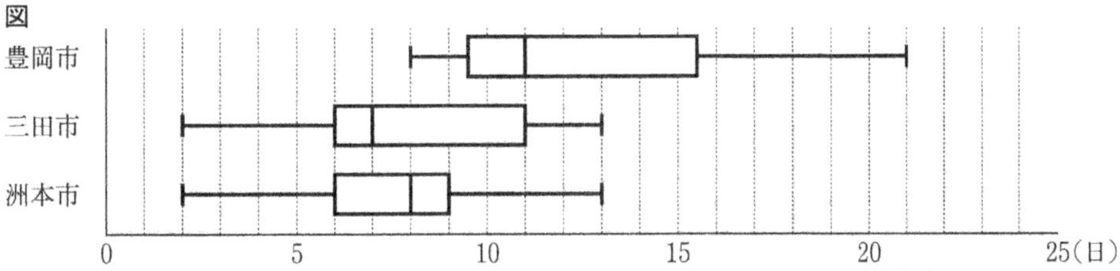

（気象庁 Webページより作成）

①　りょうさんは，図から次のように考えた。りょうさんの考えの下線部a，bは，それぞれ図から読みとれることとして正しいといえるか，最も適切なものを，あとの**ア**～**ウ**からそれぞれ1つ選んで，その符号を書きなさい。

> りょうさんの考え
> a三田市の範囲と洲本市の範囲は等しいが，b平均値は三田市より洲本市のほうが大きい。

ア　正しい　　**イ**　正しくない　　**ウ**　図からはわからない

②　まことさんは，調べた市町について，それぞれの市町の月ごとの降水日数のデータを度数分布表にまとめることにした。表2はその一部，豊岡市についての度数分布表である。表2の［i］にあてはまる数を，図から読みとり求めなさい。ただし，小数第2位までの小数で表すこと。

表2

階級(日)	豊岡市	
	度数(月)	累積相対度数
以上　未満 0 ～ 4	0	0.00
4 ～ 8		
8 ～ 12		
12 ～ 16		i
16 ～ 20		
20 ～ 24		
計	12	

(3)　3人は降水確率について興味をもち，さらに調べると「ブライアスコア」という値について知った。

＜ブライアスコア＞

降水確率の精度を評価する値の1つであり，表3のような表を用いて，あとのⅰ～ⅳの手順で求める。

表3

	1月1日	1月2日	1月3日	1月4日	1月5日
予報（降水確率）	0.2	0.6	0	0.1	1
降水の有無	0	1	0	1	1

(ⅰ)　それぞれの日の「予報（降水確率）」の欄には，降水確率を記入する。

(ⅱ)　それぞれの日の「降水の有無」の欄には，実際にその日に雨が降った場合は1，雨が降らなかった場合は0を記入する。

(ⅲ)　それぞれの日について，(ⅰ)，(ⅱ)で記入した数の差の2乗の値を求める。

(ⅳ)　(ⅲ)で求めた値の n 日間分の平均値が n 日間のブライアスコアとなる。

例1：表3の1月1日と1月2日の2日間のブライアスコアは，

$\{(0.2-0)^2+(0.6-1)^2\}\div 2=0.1$

例2：表3の5日間のブライアスコアは，

$\{(0.2-0)^2+(0.6-1)^2+(0-0)^2+(0.1-1)^2+(1-1)^2\}\div 5=0.202$

ある年の2月1日から9日の降水について調べると，表4のようであり，2月7日から9日の「降水の有無」はわからなかった。また，2月1日から3日までの3日間のブライアスコアと，2月4日から6日までの3日間のブライアスコアは等しかった。ただし，$0 \leqq x < 0.5$，$0 \leqq y \leqq 1$ とする。

表4

	1日	2日	3日	4日	5日	6日	7日	8日	9日
予報（降水確率）	x	y	0.5	x	y	0.5	x	y	0.5
降水の有無	0	0	0	1	1	1			

①　y を x の式で表しなさい。

②　2月1日から9日の降水について，さらに次のことがわかった。

・2月7日から9日の3日のうち，2日は雨が降り，1日は雨が降らなかった。
・2月7日から9日までの3日間のブライアスコアは，2月1日から6日までの6日間のブライアスコアより，$\frac{2}{15}$ だけ小さかった。

このとき，xの値を求めなさい。また，２月７日から９日の３日のうち，雨が降った日の組み合わせとして適切なものを，次の**ア**～**ウ**から１つ選んで，その符号を書きなさい。

ア　２月７日と８日　　**イ**　２月７日と９日　　**ウ**　２月８日と９日

＜英語＞ 時間 50分 満点 100点

Ⅰ 放送を聞いて，**聞き取りテスト１，２，３**の問題に答えなさい。答えは，全て解答用紙の指定された解答欄の符号を○で囲みなさい。

聞き取りテスト１ 会話を聞いて，その会話に続く応答として適切なものを選びなさい。会話のあとに放送される選択肢ａ～ｃから応答として適切なものを，それぞれ１つ選びなさい。（会話と選択肢は１回だけ読みます。）

No.1 （場面） バス停で会話している

No.2 （場面） 自分たちのコンサートについて会話している

No.3 （場面） 電話で会話している

聞き取りテスト２ 会話を聞いて，その内容についての質問に答えなさい。それぞれ会話のあとに質問が続きます。その質問に対する答えとして適切なものを，次のａ～ｄからそれぞれ１つ選びなさい。（会話と質問は２回読みます。）

No.1

ａ On Tuesday. ｂ On Wednesday.

ｃ On Saturday. ｄ On Sunday.

No.2

ａ They are cooking dinner.

ｂ They are eating breakfast.

ｃ They are growing vegetables.

ｄ They are talking to their mother.

No.3

ａ

ｂ

ｃ

ｄ

聞き取りテスト3　英語による説明を聞いて，その内容についての2つの質問Question 1，Question 2に答えなさい。英文と選択肢が放送されます。英文のあとに放送される選択肢a～dから質問に対する答えとして適切なものを，それぞれ1つ選びなさい。(英文と選択肢は2回読みます。)

（場面）ホテルのフロントで従業員が宿泊客であるあなたにホテルの説明をしている

Question 1　What floor do you need to go to eat special pancakes?

Question 2　What do you need to do for your safety before you enter your room?

Ⅱ　高校1年生のひなこさんとアメリカからの留学生のレオさんが，海外派遣留学生募集のポスターを見ながら，会話をしています。次の英文を読んで，あとの問いに答えなさい。

Leo: Hi, Hinako. What are you doing?

Hinako: I'm looking at this poster, Leo. According to the poster, we have a chance to study abroad next year. We can choose a country and plan some activities that we want to try there.

Leo: Oh, that's nice! Are you interested in this program?

Hinako: Yes. I visited a local hospital and had a career experience there this summer. I met a staff member from the Philippines. He told me that the medical care* was not enough in some Asian countries. After I heard his story, I wanted to become a nurse in the future and help patients in those countries. I think this program will help ①my future dream come true.

Leo: I see. Do you have any plans for your activities?

Hinako: I want to visit hospitals in those countries as a volunteer to see the real situation. Also, I'll make my English skills better by talking with local people and volunteers from other countries.

Leo: That means ②you can do two things on the program.

Hinako: That's right. By the way, I want to ask you a question about your experience as an exchange student*. Are there any interesting things that you've learned since you came to Japan?

Leo: Yes, let me tell you a story. I was confused when my teacher told me to clean our classroom with my classmates. In America, students don't usually clean their classrooms by themselves. After a few months, I thought that students learned an important thing from this activity. While we cleaned our classroom, we shared the same goal and supported each other. Thanks to this experience, I found that cleaning together at school helped the students learn the importance of cooperation. I didn't realize ③that until I cleaned our classroom in Japan.

Hinako: You've actually done things in real life. That's very important.

Leo: Exactly. In English, we say "[④]." I hope you can learn many things on the program next year.

Hinako: Thank you, Leo.

(注) medical care 医療 exchange student 交換留学生

1 下線部①の内容として適切なものを，次のア～エから１つ選んで，その符号を書きなさい。

ア to teach Japanese to many children in the Philippines

イ to work at a hospital which offers the latest medical technology

ウ to support patients in some Asian countries as a nurse

エ to make a program which gives students a chance to study abroad

2 下線部②の内容に合うように，次の [A]，[B] に入る適切なものを，あとのア～エからそれぞれ１つ選んで，その符号を書きなさい。

Hinako can see the [A] of the hospitals in some Asian countries. At the same time, she can [B] her English skills through communicating in English.

[A] ア future イ reality ウ audience エ origin

[B] ア teach イ accept ウ lose エ improve

3 下線部③の内容に合うように，次の [ ] に入る適切なものを，あとのア～エから１つ選んで，その符号を書きなさい。

Cleaning classrooms with classmates helped students [ ].

ア realize the importance of helping each other

イ understand the effects of having career experiences

ウ explain the difficulties of learning different languages

エ accept their teacher's advice about future dreams

4 文中の [④] に入る適切なものを，次のア～エから１つ選んで，その符号を書きなさい。

ア Time is money イ Mistakes make people

ウ Tomorrow is another day エ Experience is the best teacher

5 ひなこさんは，以下のような海外派遣に向けた応募書類を作成しました。本文の内容に合うように，次の [あ]，[い] に，あとのそれぞれの [ ] 内の語から４語を選んで並べかえ，英文を完成させなさい。

1 Place: Hospitals in Asian Countries
2 Date: July 26, 2024 - August 8, 2024
3 My Reason for Studying Abroad:
I want to become a [あ] overseas in the future.
So, it is [い] study abroad on this program to make my dream come true.
4 My Activity Plan:
1) To visit hospitals to work as a volunteer
2) To talk with many people in English

あ　work　can　who　teacher　nurse

い　for　to　me　helpful　impossible

Ⅲ　次の英文を読んで，あとの問いに答えなさい。

A man who worked at a bakery sent fresh bread to people who suffered from the Great Hanshin-Awaji Earthquake*. A lady said, “I’m glad I can eat your soft and delicious bread. It is hard for me to eat hardtack*. Unfortunately, because of the expiration date*, we can only enjoy your bread for a short time.” He thought, “What should I do to [①]?” It was a very difficult question. However, he thought that helping many people in need with his bread was an important job for him. He did more than 100 experiments and finally he made soft and delicious canned bread*.

The special canned bread was created from his many efforts, but it was difficult to sell it at the beginning. At that time, many people didn’t know about canned bread. “What should I do to [②]?”, he thought. So, he gave 500 cans of bread to the local government. A TV program introduced his special bread and many schools, companies, and local organizations ordered it.

One day, a city hall that bought many cans of bread before called him. The staff in the city hall said, “We’ll buy new cans of bread, so could you throw away the old ones?” He was sad to hear these words. The expiration date of the canned bread was three years. If customers didn’t eat it before the date, they needed to throw it away. He thought, “What should I do to [③]?” He faced another problem, but he never gave up. At that time, there was a big earthquake overseas, and he was asked to send the canned bread which he couldn’t sell. Then, he got an idea. He thought, “In the world, there are many people who suffer from disasters and food shortages*. If I collect canned bread from customers before the expiration date and send it to people in need, the bread will help them.”

He started ④<u>a new service</u>. In this service, people who buy the canned bread receive an email from the bakery before the bread’s expiration date. They can ask the bakery to collect the old bread or they can keep it for an emergency. If they ask the bakery to collect the old bread, they can buy new bread with a discount. After the bakery checks the collected bread’s safety, it is sent to people who suffer from disasters or food shortages. With this service, more than 200,000 cans of bread were sent around the world.

At the beginning of his challenge, his goal was to keep bread soft and delicious for a long time. After he achieved his goal, he still faced other problems. However, he kept trying different ways to solve these problems. As a result, he could make a system which helped many people. "I always kept ⑤my mission in my mind. That was the most important thing for the success of my mission.", he said.

（注） the Great Hanshin-Awaji Earthquake 阪神淡路大震災 hardtack 乾パン
expiration date 賞味期限 canned bread パンの缶詰 food shortages 食糧不足

1 文中の ① ～ ③ に入る適切なものを，次のア～エからそれぞれ１つ選んで，その符号を書きなさい。

ア buy the special bread from the customers
イ keep bread soft and delicious for a long time
ウ tell many people about the special bread
エ reduce the waste of old bread

2 下線部④の内容について，以下のようにまとめました。次の A ， B に入る適切なものを，あとのア～エからそれぞれ１つ選んで，その符号を書きなさい。

Customers receive an email before the canned bread's expiration date.

↓

The bakery A if customers want the bakery to send it to people in need.

↓

The bakery checks the safety of the collected bread.

↓

The bakery B people who need food around the world.

A
ア wastes the old bread
イ collects the old bread
ウ keeps the old bread
エ buys the old bread

B
ア sends the collected bread to
イ eats the collected bread with
ウ buys the collected bread from
エ orders the collected bread for

3 下線部⑤の内容として適切なものを，次のア～エから１つ選んで，その符号を書きなさい。

ア to make a new type of bread with big companies
イ to teach many people how to bake delicious bread
ウ to become an owner of a famous bakery
エ to help people who need support with my bread

Ⅳ　授業で地域の活性化に向けてグループで話し合ったことを，地元の企業に勤める外国人を招いて英語で発表することになりました。次の英文は，さとしさんとすずさんがそれぞれ発表した内容です。次の英文を読んで，あとの問いに答えなさい。

Satoshi

Today we'll talk about ways to make our town active. In our town, we had many visitors in the past. However, the number of visitors is now decreasing. We think that is a serious problem. The shopping area was once so crowded, but now [①]. According to our research, visitors were interested in original things like traditional cloths in our town. Some people came to our shopping area to get such things though it was far from their houses. We think we'll get more visitors if they can get information about the unique things in our town more easily. So, we suggest ② <u>two things</u>. One idea is to create a website about the shopping area. This will introduce a variety of original things sold there. Also, we should make the website in English for foreigners living in our town and people from foreign countries. The other idea is that we should plan activities which visitors can enjoy in the shopping area. For example, visitors can enjoy making original bags from our traditional cloths. They'll be interested in the unique things in our local area. We hope more visitors will come to our town and make good memories through such experiences.

Suzu

In our presentation, we'll suggest how to [③]. In our local area, the number of farmers is decreasing because farming is hard work. We also hear that fewer people are interested in agriculture. We discussed these problems and thought of ④ <u>two ideas</u>. One idea is to plan an event which gives people farming experiences. In our town, some companies develop machines with the latest technology for agriculture. We can borrow these machines for the event. If people try these machines, they'll realize that the machines can reduce the hard work of farming. Thanks to such machines, farmers can grow their vegetables without chemicals. At the event, we'll cook these vegetables and serve them to the visitors. The other idea is that we make posters with information about our local vegetables and the farmers who grow them. Visitors to our local area don't know much about our local vegetables. We'll also put some recipes on the poster. These recipes will give some ideas of dishes that use our local vegetables to people visiting our local area. They'll notice that eating more local vegetables will support local farmers. Because of these ideas, the visitors will be more interested in our local agriculture. We expect that more people will support our local farming.

1 文中の ① に入る適切なものを，次のア～エから１つ選んで，その符号を書きなさい。

ア it is very noisy

イ it is very quiet

ウ it becomes familiar

エ it becomes popular

2 下線部②に共通する目的として適切なものを，次のア～エから１つ選んで，その符号を書きなさい。

ア to introduce attractive things to the store

イ to hold active races among the local stores

ウ to remove useful information from the website

エ to attract more visitors to the local area

3 文中の ③ に入る適切なものを，次のア～エから１つ選んで，その符号を書きなさい。

ア improve technology for growing vegetables

イ remind people of hard work in agriculture

ウ get people's interest in local farming

エ spread information about the safety of chemicals

4 下線部④によって期待される効果として適切でないものを，次のア～エから１つ選んで，その符号を書きなさい。

ア People notice that the local farmers cannot grow vegetables without chemicals.

イ People realize that the latest technology in agriculture makes farming easier.

ウ People find that they can do something to help agriculture in the local area.

エ People learn the ways of cooking our local vegetables by the poster.

5 以下は，発表を聞いた外国人から集めたコメントシート（次のページ）です。さとしさんとすずさんのそれぞれに対するコメントとして適切なものを，次のア～エからそれぞれ１つ選んで，その符号を書きなさい。

ア

Comment Sheet

★ **Good points**

I think it is important to change people's image about the hard work of farming.

★ **Any other comments**

Why don't you hold a recipe contest? You can collect many recipes from people and put them on the poster.

イ

Comment Sheet

★ **Good points**

It is great to make guidebooks about the local shopping area and publish them in many foreign languages.

★ **Any other comments**

I want to eat a variety of dishes made by chefs from different countries.

ウ

Comment Sheet

★ **Good points**

It is nice to attract people to the shopping area through activities such as making original goods from local unique things.

★ **Any other comments**

How about asking customers which products they want to buy on the website?

エ

Comment Sheet

★ **Good points**

It is excellent to invite farmers from different countries and support local agriculture.

★ **Any other comments**

I'm sure an English website about local farming will become very popular among foreigners.

6　本文の内容に合うように，次の □ に入る適切なものを，あとのア～エから１つ選んで，その符号を書きなさい。

Both Satoshi and Suzu think that □.

ア　the information on the website is necessary to improve the local area

イ　the solution to the problem and the interests of visitors are related

ウ　it is difficult for people to know the fact of farmers' hard work in local area

エ　the products made by local people are famous among visitors

V　次の各問いに答えなさい。

1　次の英文は，高校生のけんじさんが，冬休みに経験したことを英語でレポートに書いた内容です。① ～ ③ に入る英語を，あとの語群からそれぞれ選び，必要に応じて適切な形に変えたり，不足している語を補ったりして，英文を完成させなさい。ただし，２語以内で答えること。

One day in winter vacation, while I was taking a walk along the beach, there was a lot of garbage ① away on the beach. I told my friends about it, and then we ② to clean the beach together. After that, we often went to the beach to pick up garbage. We spoke to many people at the beach and asked them to help us. They were pleased ③ us. I was glad that the number of people cleaning the beach increased. I want to continue this activity to keep our beach clean.

decide	decrease	join	refuse	throw

2　高校生のえみさんが留学生のニックさんに，マラソンイベントについて下のポスターを見せながら会話をしています。次の会話について，英文やポスターの内容に合うように，(①)～(⑤)にそれぞれ適切な英語１語を入れて，会話文を完成させなさい。

Emi: Hi, Nick. Are you interested in a marathon event?

Nick: Yes, I'm thinking about doing some exercise to keep my physical condition good.

Emi: Nice. Look at this poster. It says this is an event for people who want to run a marathon for their (①). The event welcomes people who will join it for the (②) time.

Nick: Really? When will it be held?

Emi: It'll be held on October 14. It's Sports Day and it's also a national (③) in Japan.

Nick: Oh, we don't have any classes on that day. Let's run together.

Emi: Sure. Then, please send your name, (④), and phone number by email.

Nick: OK, I will. By the way, what do the words in the circle mean?

Emi: It means that this is a (⑤) event. You don't have to pay any money. Let's enjoy running together!

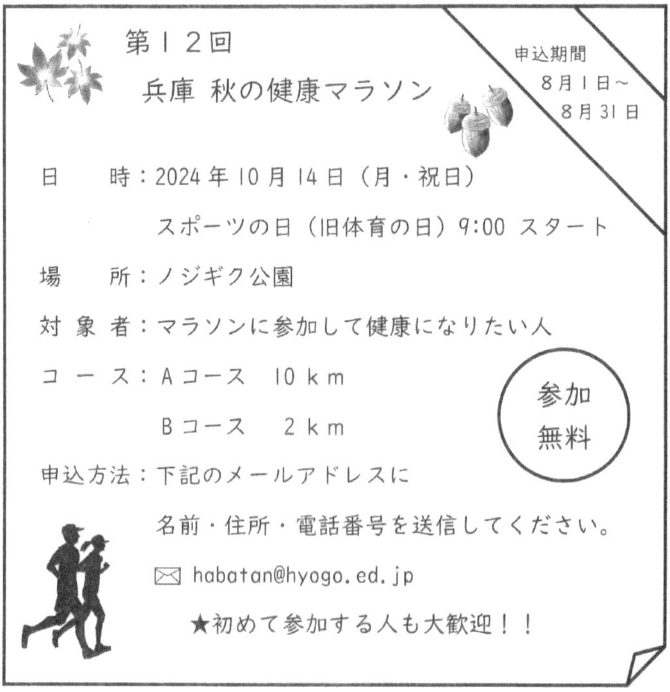

<理科>

時間　50分　　満点　100点

I　生物のふえ方と動物の体のつくりとはたらきに関する次の問いに答えなさい。

1　図1のA～Dはそれぞれの生物の親と子（新しい個体）にあたるものを表している。

図1

A　メダカ　　B　酵母　　C　イソギンチャク　　D　ペンギン

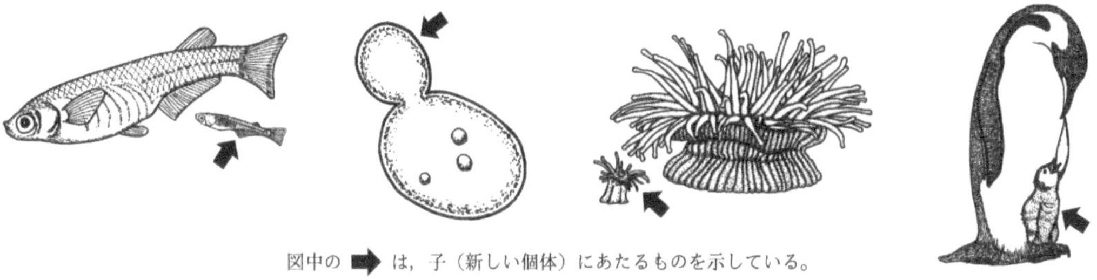

図中の ➡ は，子（新しい個体）にあたるものを示している。

(1)　次に示すふえ方の特徴を3つすべてもつ生物として適切なものを，図1のA～Dから1つ選んで，その符号を書きなさい。

○子（新しい個体）のもつ特徴のすべてが親と同じになるとは限らない。

○子（新しい個体）は2種類の生殖細胞が結びついてつくられる。

○かたい殻をもち，乾燥にたえられる卵を産む。

(2)　図2は，生殖や発生などに関する特徴をもとに脊椎動物を分類したものである。図中の ③ に入る動物として適切なものを，次のア～エから1つ選んで，その符号を書きなさい。

ア　フナ　　**イ**　ヤモリ　　**ウ**　コウモリ　　**エ**　カエル

図2

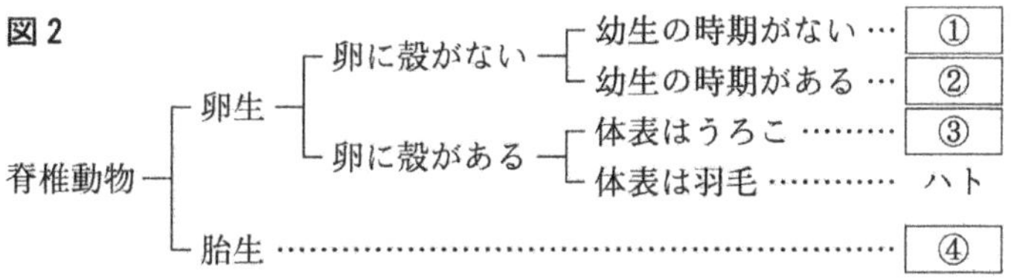

(3)　図3は，メダカの受精卵を表している。メダカの受精卵の形成や，成体になるまでの過程を説明した文として適切なものを，次のア～エから1つ選んで，その符号を書きなさい。

図3

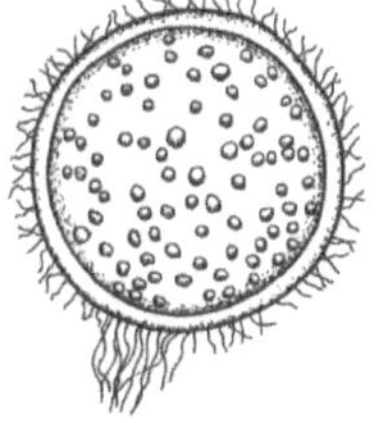

ア　受精卵は精子の核と卵の核が合体して形成される。

イ　受精卵には卵の中に入った複数の精子が見られる。

ウ　受精卵は細胞の数をふやして，1種類の細胞だけで成体になる。

エ　受精卵はこのあと幼生の時期を経て，変態の後に成体になる。

(4)　メダカの体色は，顕性形質である黒色の体色を現す遺伝子Rと，潜性形質である黄色の体色を現す遺伝子rの一組の遺伝子によって決まるとされている。図4（次のページ）の①～③の3匹のメダカをかけ合わせると，④，⑤のように，黒色または黄色の両方のメダカが複数生まれた。このとき，①，②，④の黒色のメダカのうち，遺伝子の組み合わせが推測できない個体

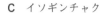

として適切なものを，あとのア～エから１つ選んで，その符号を書きなさい。ただし，メダカの親の雌雄のかけ合わせはすべての組み合わせで起きているものとする。

図４

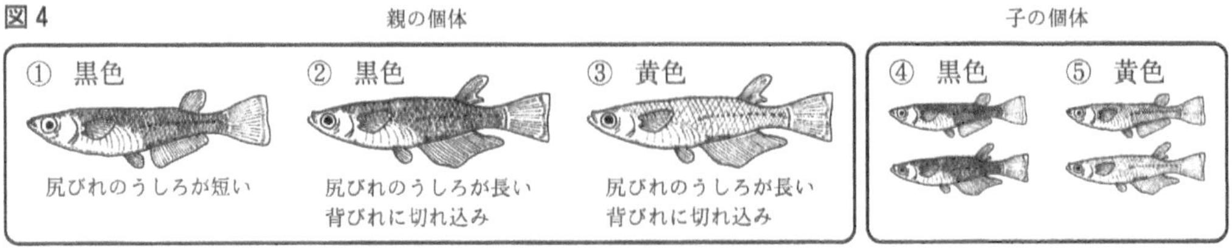

ア ①，②　イ ①，④　ウ ②，④　エ ①，②，④

2 シュウさんは所属する家庭科部で，フルーツを使ったゼリーと水まんじゅうの調理を計画した。

さまざまなフルーツを使ってつくってみたところ，缶づめのパイナップルを使ったゼリーや，缶づめのモモを使った水まんじゅうはうまく固めることができたが，生のキウイを使ったゼリーと，生のバナナを使った水まんじゅうは，同じつくり方でうまく固めることができなかった。

このことを疑問に思ったシュウさんは，その理由を確かめるために，次の実験を行い，レポートにまとめた。

＜実験１＞

【目的】

キウイを使ったゼリー，バナナを使った水まんじゅうは，どうすればうまく固まるのかを確かめる。

【方法】

(a) キウイ，バナナは，（A）生のままのもの，（B）冷凍したもの，（C）熱湯でじゅうぶんに加熱したものをそれぞれ用意した。

(b) 湯にゼラチンをとかしてつくったゼリーと，水にかたくり粉を混ぜて加熱してつくった水まんじゅうを用意した。

(c) (b)を冷やし，その上に，キウイ，バナナそれぞれの（A）～（C）を常温に戻してすりつぶしたものを置いて軽く混ぜ合わせ，しばらく涼しいところで放置した。

【結果】

実験の結果を次の表にまとめた。

表

組み合わせ	キウイ・バナナの処理条件		
	(A)生のままのもの	(B)冷凍したもの	(C)熱湯でじゅうぶんに加熱したもの
ゼリー＋キウイ	×	×	○
ゼリー＋バナナ	○	○	○
水まんじゅう＋キウイ	×	×	○
水まんじゅう＋バナナ	×	×	○

○：固めたものがとけなかった　×：固めたものがとけた

【考察】

○ゼリーを使った実験の結果から，ゼラチンの成分であるタンパク質を分解する消化酵素がかかわっていると考えられる。

○水まんじゅうを使った実験の結果から，かたくり粉の成分はわからないが，ゼリーを使った実験とよく似た結果になっていることから，何らかの消化酵素がかかわっていると考えられる。

(1)　ゼリーを使った実験の結果から，タンパク質を分解する消化酵素がふくまれると考えられるフルーツとして適切なものを，次の**ア**～**ウ**から１つ選んで，その符号を書きなさい。

ア　キウイとバナナ　　**イ**　キウイ　　**ウ**　バナナ

(2)　次の会話文は，実験１を行った後にシュウさんとセレンさんが，かたくり粉の成分について教室で話していたときの会話の一部である。

セレンさん：水まんじゅうは，加熱したキウイやバナナ以外では固まらないんだね。かたくり粉の成分って何なのかな。

シュウさん：成分はわからないけど，麻《マー》婆《ボー》豆《どう》腐《ふ》のとろみを出すのに使われているよ。

セレンさん：そういえば，できた直後の麻婆豆腐はとろみがあるのに，食べているとだんだんととろみがなくなっていくよね。何が起きているのかな。

シュウさん：セレンさんは，普段，麻婆豆腐をどうやって食べているの？

セレンさん：スプーンを使って直接食べているけど，いつも途中からとろみが少なくなるからよく覚えているよ。

シュウさん：その食べ方が原因で麻婆豆腐のとろみが少なくなったのかもしれないね。実際にかたくり粉のとろみが少なくなるのか，実験で確認してみよう。

＜実験２＞

よく洗い乾燥させたスプーンを，［　X　］でかたくり粉のとろみをかき混ぜる実験

セレンさん：かたくり粉のとろみが少なくなってきたね。かたくり粉の成分はきっとデンプンだね。

シュウさん：かたくり粉のとろみが何に変わったのかも，実験で確認しよう。

＜実験３＞

とけたかたくり粉のとろみを水でうすめたものに［　Y　］，色の変化を見る実験

セレンさん：色が変化したね。かたくり粉のデンプンは麦芽糖やブドウ糖に変わったんだね。生のバナナをまぜた水まんじゅうのデンプンでも同じことが起こったんじゃないかな。

シュウさん：きっとそうだね。バナナにデンプンを分解する消化酵素がふくまれているなんて意外だね。

セレンさん：バナナをほかの食物といっしょに食べると消化によさそうだね。

シュウさん：バナナの消化酵素は［　Z　］から分泌される消化酵素のはたらきを助けてく

　　　　　　れるんじゃないかな。
セレンさん：これからは，キウイもバナナも生のままで食べたほうがよさそうだね。

① 会話文中の X に入る文として適切なものを，次の**ア**～**エ**から１つ選んで，その符号を書きなさい。

ア　約０℃まで冷やしたもの　　**イ**　約40℃まで温めたもの
ウ　蒸留水につけたもの　　**エ**　口の中に入れたもの

② 会話文中の Y に入る文として適切なものを，次の**ア**～**エ**から１つ選んで，その符号を書きなさい。

ア　ヨウ素溶液を加えて加熱し
イ　ヨウ素溶液を加えて
ウ　ベネジクト溶液を加えて加熱し
エ　ベネジクト溶液を加えて

③ 図５は，ヒトの消化系を表したものである。会話文中の Z に入る器官として適切なものを，図５の**ア**～**エ**からすべて選んで，その符号を書きなさい。

図５

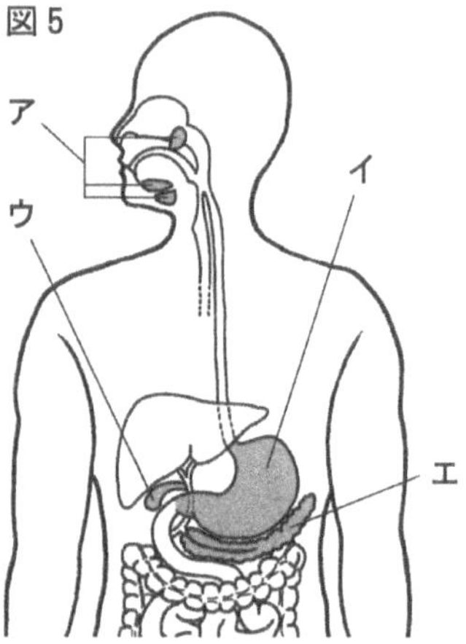

Ⅱ　地層の重なりと星座の星の動きに関する次の問いに答えなさい。

1　図１は，川の両岸に地層が露出している地形を，図２は，上空から見た露頭①～④の位置関係を，次のページの図３は，露頭①～④の地表から高さ4.5mまでの地層のようすを示した柱状図をそれぞれ表している。各露頭の地表の標高は，露頭①と露頭③，露頭②と露頭④でそれぞれ等しく，露頭②・④よりも露頭①・③が１m高くなっている。ただし，この問いの地層はいずれも断層やしゅう曲，上下の逆転がなく，地層の厚さも一定であるものとする。

図１

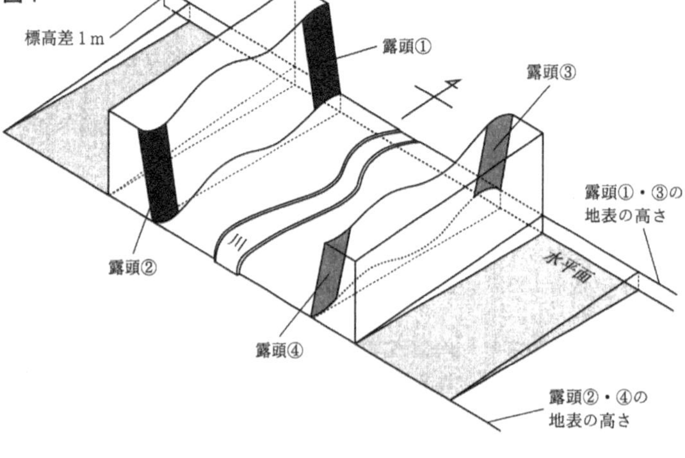

図２

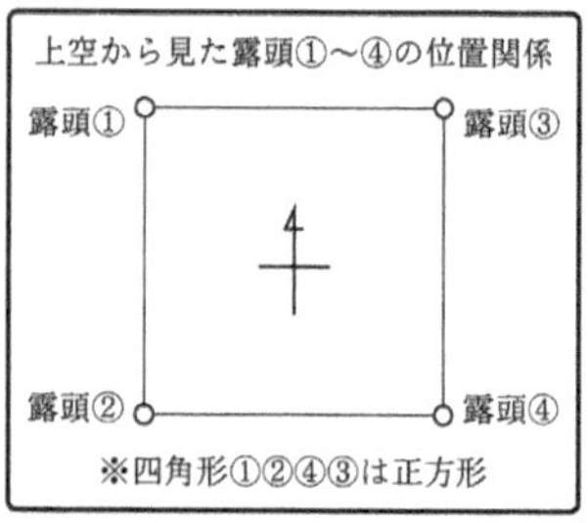

図３

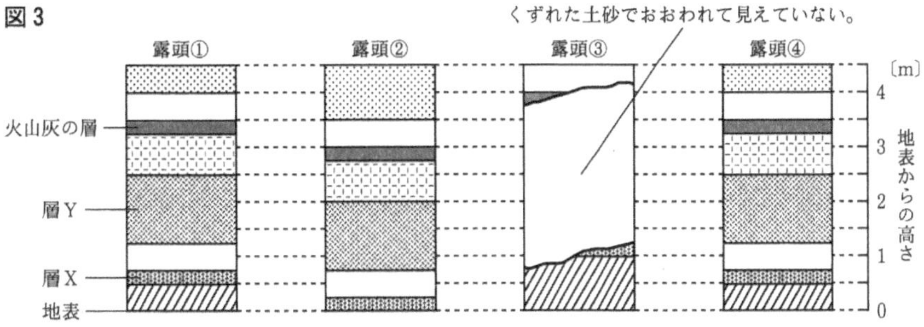

※柱状図は各露頭の地表の高さを０ｍとしている。

(1)　図３の露頭①～④の柱状図に見られる層Ｘを形成する岩石は，火山噴出物が堆積した後，固まったものでできていることがわかった。層Ｘの岩石の名称として適切なものを，次の**ア**～**エ**から１つ選んで，その符号を書きなさい。

ア　石灰岩　　**イ**　チャート　　**ウ**　安山岩　　**エ**　凝灰岩

(2)　図３の露頭③に見られるくずれた土砂を除いた場合の柱状図として適切なものを，次の**ア**～**エ**から１つ選んで，その符号を書きなさい。

ア

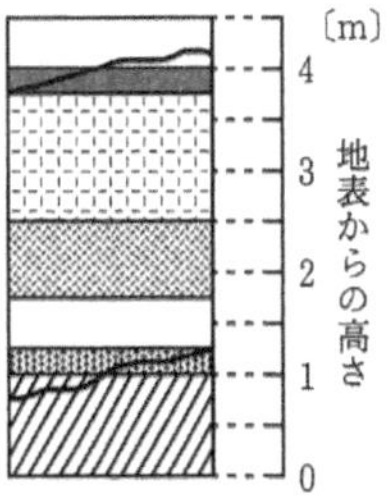

イ

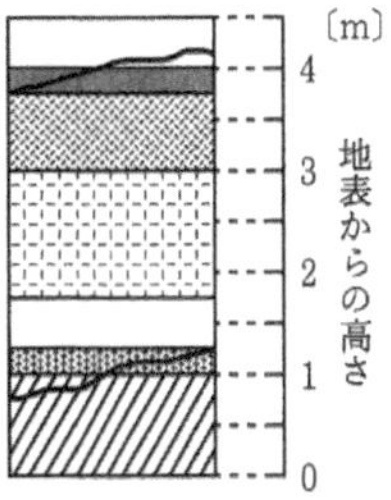

ウ

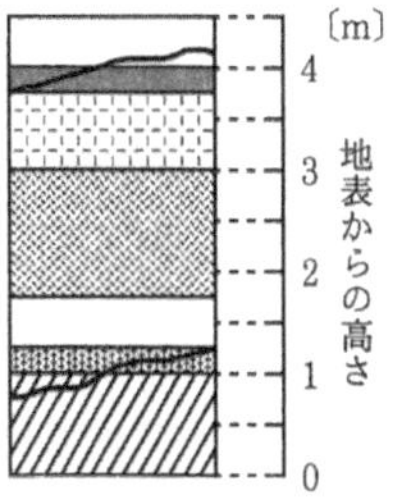

エ

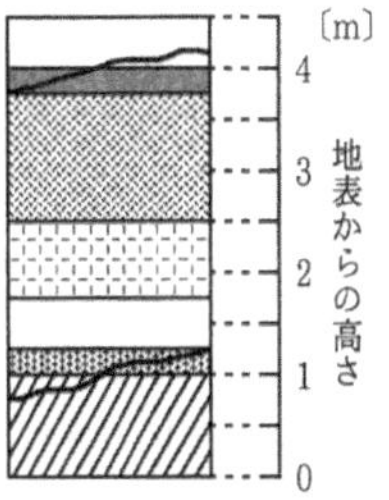

(3)　図３の露頭①～④の柱状図に見られる火山灰の層にある火山灰の特徴はすべて同じものであり，この火山灰と同じ特徴をもった火山灰の層が図１の地域から離れた場所に，図４のように観測された。図３の層Ｙと図４の層Ｚができた時期の関係を説明した文として適切なものを，次の**ア**～**エ**から１つ選んで，その符号を書きなさい。

図４

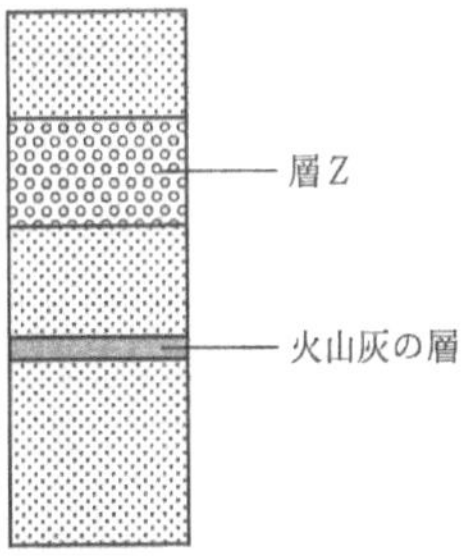

ア　層Ｙは層Ｚよりも前にできたと考えられる。

イ　層Ｙは層Ｚよりも後にできたと考えられる。

ウ　層Ｙは層Ｚと同じ時期にできたと考えられる。

エ　層Ｙと層Ｚができた時期の関係は火山灰の層からは判断できない。

(4)　露頭①～④の地層のようすから，この地域の層Ｘは水平ではなく，一方向に向かって傾いていると考えられる。層Ｘの傾きについて説明した次の文の［あ］に入る語句として最も適切なものを，あとの**ア**～**エ**から１つ選んで，その符号を書きなさい。また，［い］に入る数値として適切なものを，あとの**ア**～**エ**から１つ選んで，その符号を書きなさい。

露頭①～④で囲まれた区画の中において，層Ｘは［　あ　］の方角が最も高くなっており，その高さの差は最大で［　い　］ｍになる。

【あの語句】	ア　北東	イ　北西	ウ　南東	エ　南西
【いの数値】	ア　1	イ　2	ウ　3	エ　4

2　図5は，地球の公転と天球上の太陽・星座の動きを表している。

図5

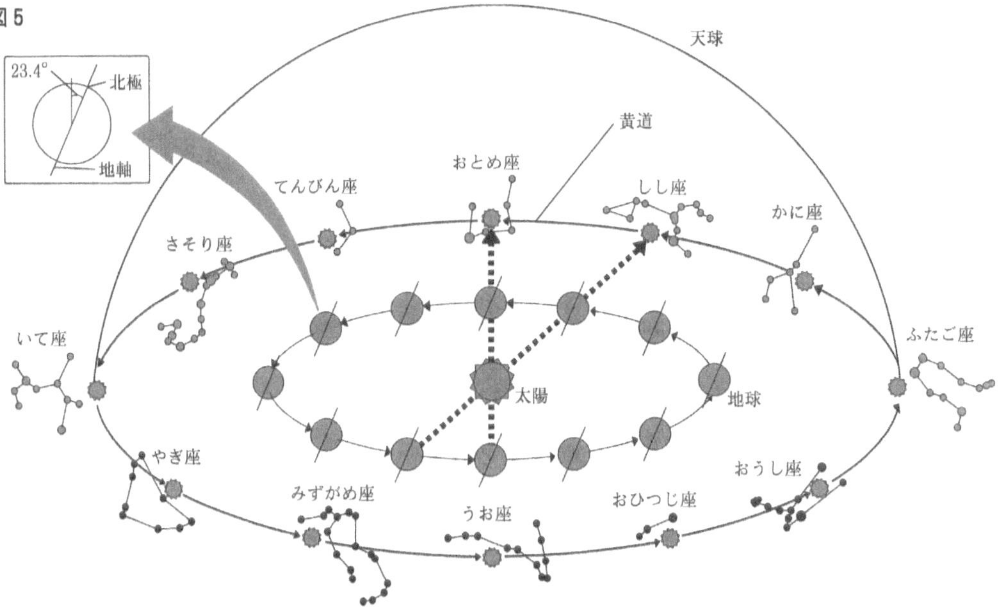

(1)　地球の公転と天球上の太陽・星座の動きについて説明した次の文の ① ， ② に入る語句として適切なものを，あとのア～エからそれぞれ1つ選んで，その符号を書きなさい。

星座の位置を基準にすると，地球から見た太陽は地球の公転によって，星座の中を動いていくように見える。この太陽の通り道にある12星座をまとめて黄道12星座と呼ぶ。図5のように，地球の公転軌道上の位置によって見える星座は変化する。日本では，冬至の真夜中，南の空高くには ① 座が観測できる。この ① 座は，1か月後の同じ時刻には ② 移動して見える。

【①の語句】	ア　おとめ	イ　いて	ウ　うお	エ　ふたご
【②の語句】	ア　東に約30°	イ　東に約15°	ウ　西に約30°	エ　西に約15°

(2)　オリオン座は冬至の真夜中に南の空高くに観測され，冬至の前後2か月ほどは夜間に南中するようすが観測される。次のページの図6は，冬至とその前後の太陽，地球，オリオン座の位置関係を表したものである。

①　北緯35°地点での，冬至の太陽の南中高度として適切なものを，次のア～エから1つ選んで，その符号を書きなさい。

ア　約90°　　イ　約78°　　ウ　約55°　　エ　約32°

②　北緯35°地点での太陽とオリオン座の，冬至とその前後の南中高度の変化を説明した文として最も適切なものを，次のア～エから1つ選んで，その符号を書きなさい。

ア　太陽，オリオン座ともに，冬至とその前後で南中高度が変化する。

イ　太陽は冬至とその前後で南中高度が変化するが，オリオン座はほぼ変わらない。

ウ　オリオン座は冬至とその前後で南中高度が変化するが，太陽はほぼ変わらない。

エ　太陽，オリオン座ともに，冬至とその前後で南中高度はほぼ変わらない。

図 6

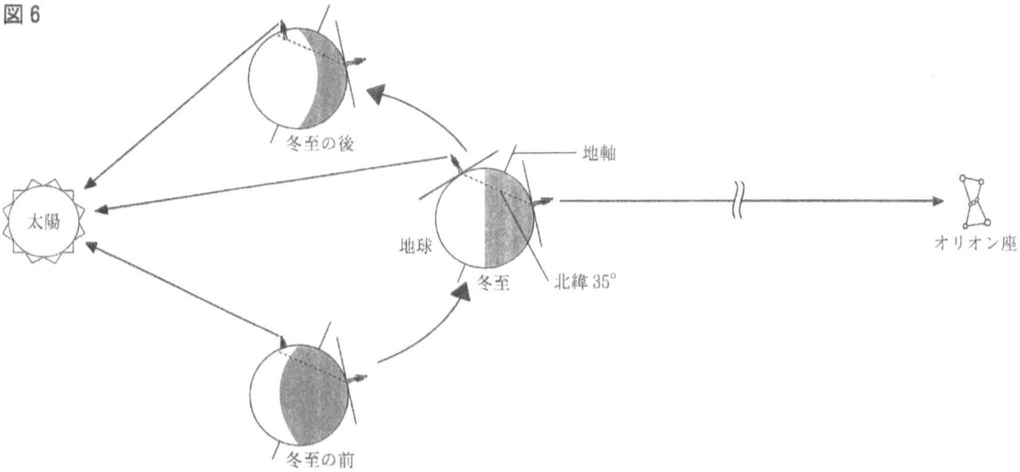

③　図 7 は，北緯35° 地点で用いる星座早見を表している。図 7 の星座早見に描かれる黄道として最も適切なものを，次の**ア**～**エ**から 1 つ選んで，その符号を書きなさい。

図 7

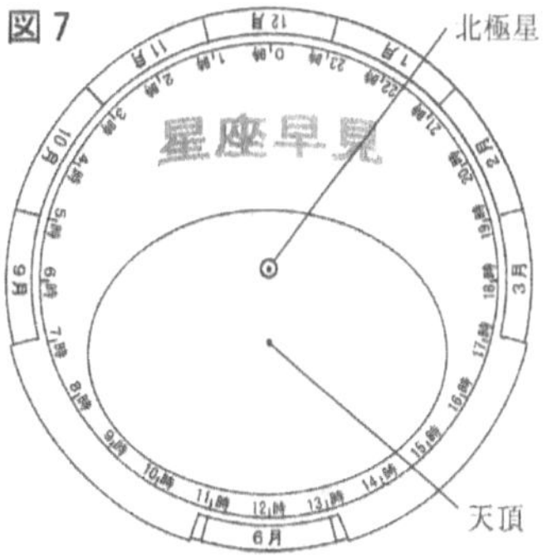

ア

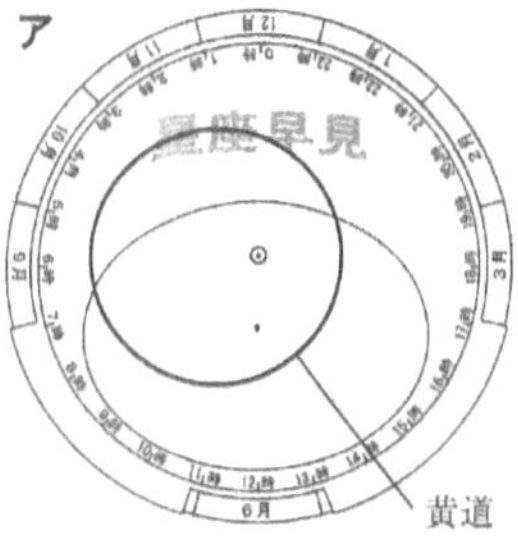

イ

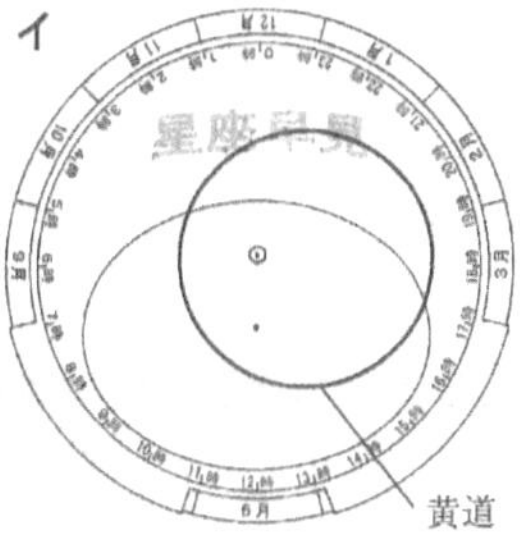

ウ

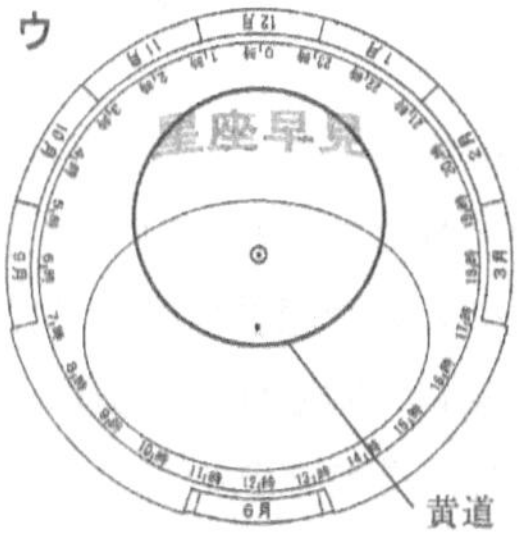

エ

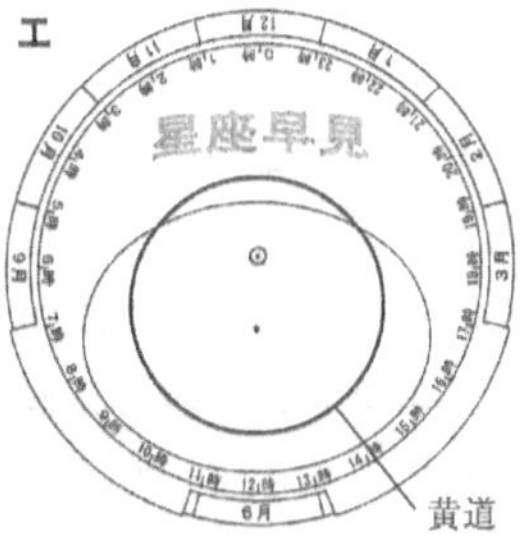

Ⅲ 化学変化に関する次の問いに答えなさい。

1 表は，気体の発生方法についてまとめたものである。気体A～Dは酸素，水素，二酸化炭素，アンモニアのいずれかである。

表

気 体	A	B	C	D
発生方法	亜鉛にうすい塩酸を加える。	二酸化マンガンにうすい過酸化水素水を加える。	石灰石にうすい塩酸を加える。	塩化アンモニウムと水酸化カルシウムの混合物を加熱する。

(1) 気体Aの集め方を表した模式図として最も適切なものを，次の**ア**～**ウ**から1つ選んで，その符号を書きなさい。

ア

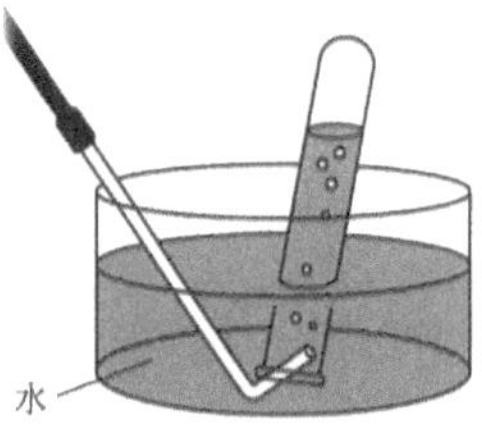

イ

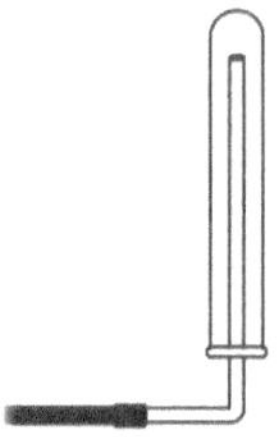

ウ

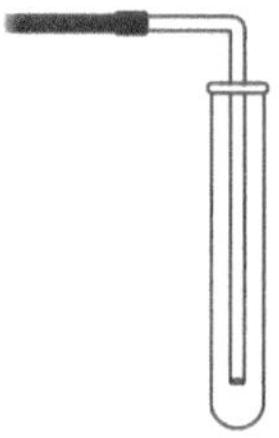

(2) 気体Bを身のまわりのものから発生させる方法として適切なものを，次の**ア**～**エ**から1つ選んで，その符号を書きなさい。

ア 卵の殻に食酢を加える。　**イ** ダイコンおろしにオキシドールを加える。

ウ 重そうを加熱する。　**エ** 発泡入浴剤に約60℃の湯を加える。

(3) 気体Cの水溶液について説明した文として適切なものを，次の**ア**～**エ**から1つ選んで，その符号を書きなさい。

ア 水溶液にフェノールフタレイン溶液を2，3滴加えると，水溶液の色は無色から赤色に変化する。

イ 水溶液にBTB溶液を2，3滴加えると，水溶液の色は青色に変化する。

ウ 水溶液を青色リトマス紙につけると，青色リトマス紙は赤色に変化する。

エ 水溶液をpH試験紙につけると，pH試験紙は青色に変化する。

(4) 気体A～Dについて説明した文として適切なものを，次の**ア**～**エ**からすべて選んで，その符号を書きなさい。

ア 気体Aを集めた試験管の口にマッチの火を近づけると，音を立てて燃える。

イ 気体B，Cをそれぞれ集めた試験管に，火のついた線香をそれぞれ入れると，気体Bを集めた試験管に入れた線香の火は消え，気体Cを集めた試験管に入れた線香は激しく燃える。

ウ 同じ大きさで同じ質量の乾いたポリエチレンの袋を2枚用意し，同じ体積の気体A，Cをそれぞれ別のポリエチレンの袋に入れてふくらませた。その後，それぞれのポリエチレンの袋を密閉し，手をはなすと，空気中に浮かび上がるのは，気体Cを入れたポリエチレンの袋である。

エ 1本の試験管に気体Dを集め，試験管の半分まで水を入れて気体Dをとかした後，フェノールフタレイン溶液を2，3滴加えると，水溶液の色は赤色に変化する。この気体Dの水溶液に気体Cをふきこみ続けると，液の赤色が消える。

2　マナブさんとリカさんは，銅の粉末を加熱し，酸化銅に変化させる実験を行った。図1は，加熱前の銅の質量と加熱後の酸化銅の質量の関係について表したグラフである。また，酸化銅と活性炭の混合物を加熱したときの質量の変化を調べるために，あとの(a)～(d)の手順で実験を行った。ただし，酸化銅と活性炭の混合物が入った試験管では，酸化銅と活性炭以外の反応は起こらないものとする。

図1
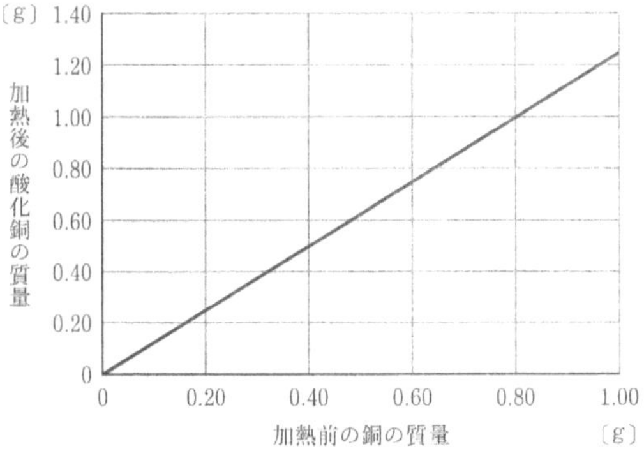

図2
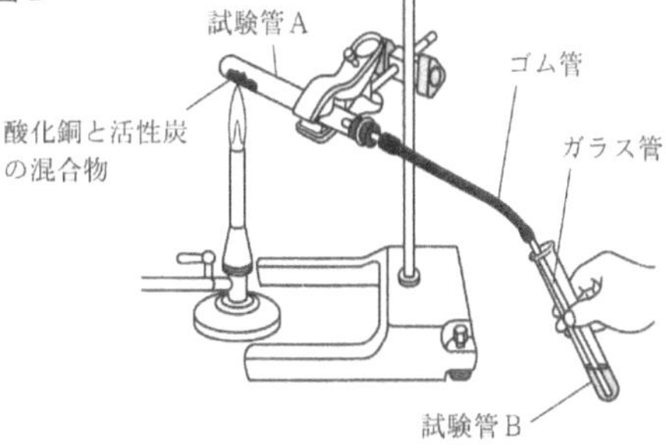

＜酸化銅と活性炭の混合物を加熱する実験＞

(a)　酸化銅4.00 g と活性炭0.30 g をはかりとり，よく混ぜ合わせた。

(b)　(a)の混合物を試験管Aに入れ，図2のように加熱したところ，試験管Bの液体が白くにごった。

(c)　反応が終わったところで，ガラス管を試験管Bの液体から引きぬき，火を消した。その後，目玉クリップでゴム管を閉じた。

(d)　試験管Aが冷めてから，試験管Aに残った加熱後の物質をとり出すとすべて赤色の物質であり，質量をはかると3.20 g であった。

(1)　試験管Bの液体として適切なものを，次の**ア**～**エ**から1つ選んで，その符号を書きなさい。

ア　水　　**イ**　石灰水　　**ウ**　エタノール　　**エ**　塩酸

(2)　次の会話文は，マナブさん，リカさんと先生が実験の結果について教室で話していたときの会話の一部である。

リカさん：試験管Aで起こる化学変化の化学反応式は［　X　］となるね。

マナブさん：加熱後の試験管Aに残った赤色の物質3.20 g はすべて銅であったと考えると，化学反応式から酸化銅4.00 g と活性炭0.30 g がどちらも残ることなく反応したと考えられるね。

リカさん：化学変化に関係する物質の質量の比はつねに一定であるから，酸化銅の質量は，活性炭の質量に比例しているんじゃないかな。

マナブさん：なるほど。図1から，加熱前の銅の質量は，加熱後の酸化銅の質量に比例していることが読みとれるね。

リカさん：そういえば，科学部で私の班では，酸化銅6.00 g と活性炭0.50 g を使って，同じ実験を行ったよ。そのときはわからなかったけど，加熱後の試験管には［　Y　］が化学変化せずにそのまま残っていたんだね。

マナブさん：加熱後の試験管に残った物質の質量を調べることで，加熱前の試験管に入れた酸化銅と活性炭の質量がわかるかもしれないね。

先　　生：おもしろい視点に気づきましたね。質量以外に加熱後の試験管に残った物質の色にも注目する必要がありますよ。

マナブさん：試験管に赤色と黒色の両方の物質が残る場合，その黒色の物質は，酸化銅と活性炭のどちらかが化学変化せずにそのまま残っていると考えたらいいね。

リカさん：科学部の先輩たちの班が実験した値で考えてみようよ。加熱後の試験管に残った物質の質量は2.56 g，加熱前の試験管に入れた活性炭の質量は0.18 gだったので，酸化銅が残るとすれば，加熱前の試験管に入れた酸化銅は［Z］gとわかるよ。

マナブさん：なるほど。他の条件でも調べてみたいね。

① 会話文中の［X］に入る化学反応式として適切なものを，次の**ア**～**エ**から１つ選んで，その符号を書きなさい。

ア $CuO + C \rightarrow Cu + CO_2$
イ $2CuO + C_2 \rightarrow Cu + 2CO_2$
ウ $2CuO + C \rightarrow 2Cu + CO_2$
エ $2CuO + C_2 \rightarrow 2Cu + 2CO_2$

② 会話文中の［Y］に入る物質名と質量の組み合わせとして適切なものを，次の**ア**～**カ**から１つ選んで，その符号を書きなさい。

ア 酸化銅0.05 g　**イ** 酸化銅0.10 g　**ウ** 酸化銅0.20 g
エ 活性炭0.05 g　**オ** 活性炭0.10 g　**カ** 活性炭0.20 g

③ 会話文中の［Z］に入る数値はいくらか，小数第２位まで求めなさい。

Ⅳ　力と圧力に関する次の問いに答えなさい。

1　物体の運動について，次の実験１，２を行った。ただし，摩擦や空気の抵抗，記録タイマー用のテープの質量は考えないものとする。

＜実験１＞

(a) 図１のように，１秒間に60回打点する記録タイマーを水平面上に固定して，記録タイマー用のテープを記録タイマーに通し，力学台車にはりつけた。

(b) 力学台車を図１のように置き，動かないように手でとめた後，おもりをつないだ糸を力学台車にとりつけ，クランプつき滑車にかけた。

(c) 記録タイマーのスイッチを入れ，力学台車から手をはなして力学台車の動きを記録タイマーで記録し，おもりが床に衝突した後も記録を続け，力学台車が滑車にぶつかる前に手でとめた。

図１

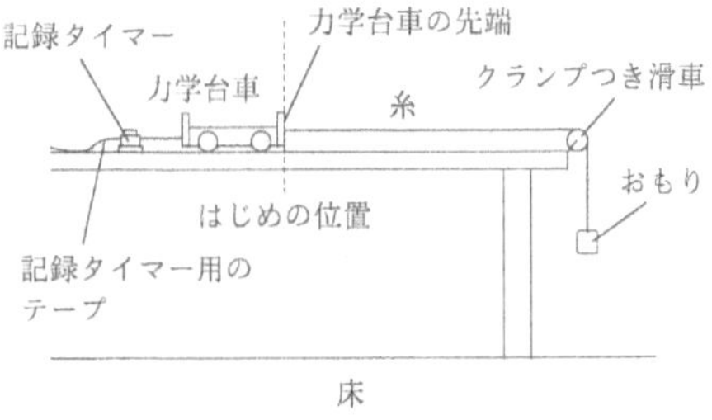

図２は，力学台車の動きが記録されたテープの一部であり，打点が重なり合って判別できない点を除いて，基準点を決めた。図３は，力学台車の動きが記録されたテープを基準点から0.1秒ごとに切り，グラフ用紙に並べてはりつけ，テープの基準点側から順に区間Ａ～Ｉとした。ただし，図３のテープの打点は省略してある。

図２

図３

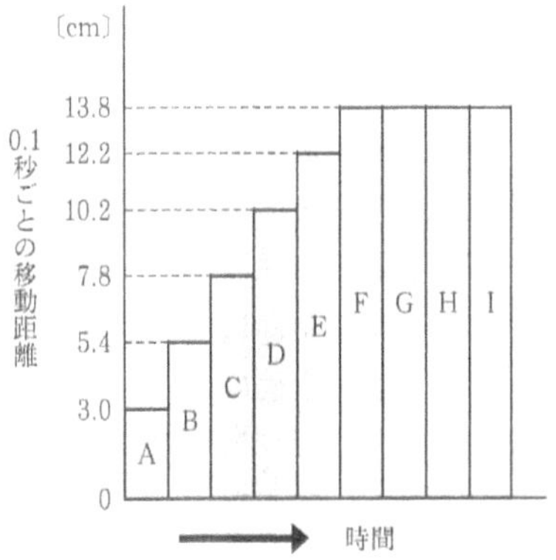

(1)　図２において，基準点から0.1秒後に記録された打点として適切なものを，図２の**ア**～**エ**から１つ選んで，その符号を書きなさい。

(2)　実験１の力学台車の運動について説明した次の文の ① に入る数値として適切なものを，あとの**ア**～**ウ**から１つ選んで，その符号を書きなさい。また，② ，③ に入る語句として適切なものを，あとの**ア**～**ウ**からそれぞれ１つ選んで，その符号を書きなさい。

区間Ａ～Ｄそれぞれの力学台車の平均の速さは， ① cm／ｓずつ大きくなっていく。おもりは ② の中で床に衝突し，その後，力学台車の速さは ③ 。

【①の数値】	**ア**　0.24　　**イ**　2.4　　**ウ**　24
【②の語句】	**ア**　区間Ｄ　　**イ**　区間Ｅ　　**ウ**　区間Ｆ
【③の語句】	**ア**　一定になる　　**イ**　小さくなっていく　　**ウ**　大きくなっていく

(3)　区間Ｈで力学台車にはたらいている力を図示したものとして適切なものを，次の**ア**～**エ**から１つ選んで，その符号を書きなさい。

ア

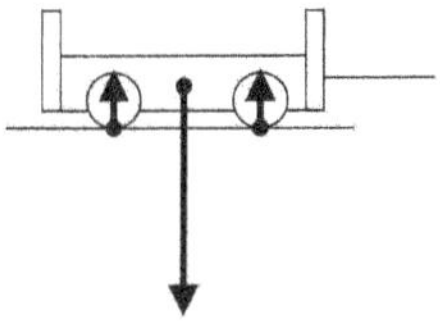

イ

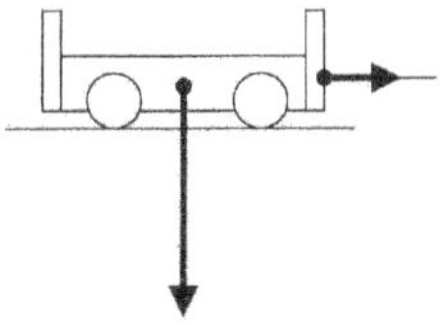

ウ

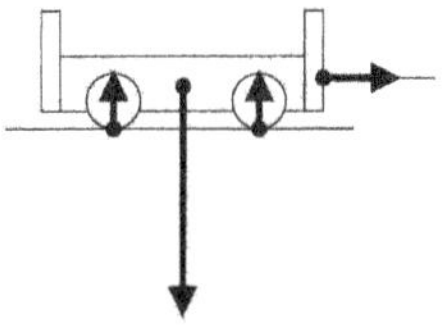

エ

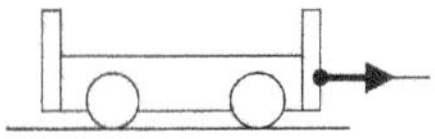

＜実験２＞

図１のように，力学台車をはじめの位置に戻し，力学台車は動かないように手でとめた。その後，力学台車とクランプつき滑車の間の水平面上のある位置に速さ測定器を置き，力学台車から手をはなして，力学台車の先端が速さ測定器を通過したときの速さを測定した。速さ測定器の示す値を読むと0.80m／ｓであった。

(4)　図３の区間Ｃ～Ｆのうち，力学台車の瞬間の速さが0.80m／ｓになる位置をふくむ区間として適切なものを，次の**ア**～**エ**から１つ選んで，その符号を書きなさい。

ア　区間Ｃ　　**イ**　区間Ｄ　　**ウ**　区間Ｅ　　**エ**　区間Ｆ

2　物体にはたらく力について，次の実験を行った。実験1，3ともに容器は常に水平を保ち，水中に沈めても水そうの底につかないものとする。ただし100gの物体にはたらく重力の大きさを1Nとする。

＜実験1＞

(a)　図4のように，円柱の形をした容器におもりを入れて密閉した。

(b)　図5のように，糸に容器をつるし，容器全体を水中に沈めた。

図4

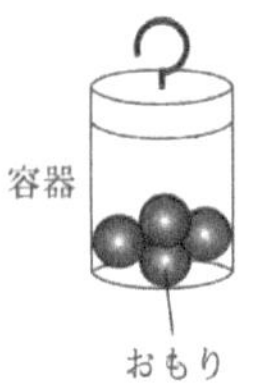

図5

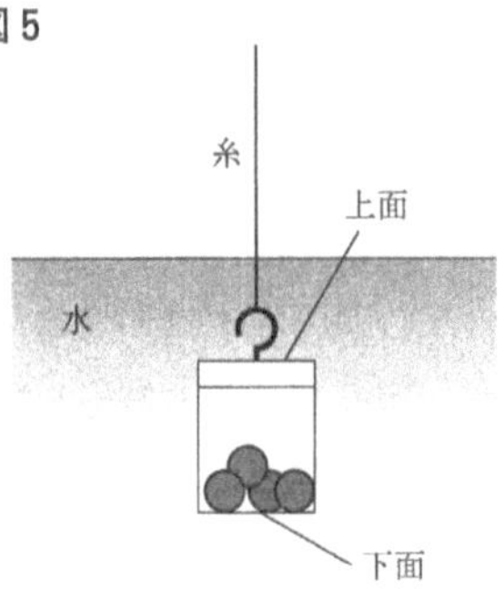

(1)　図5のとき，円柱の形をした容器の上面，下面にはたらく水圧の大きさについて説明した文として適切なものを，次の**ア**～**ウ**から1つ選んで，その符号を書きなさい。

ア　容器の上面にはたらく水圧は下面にはたらく水圧より大きい。

イ　容器の上面にはたらく水圧は下面にはたらく水圧より小さい。

ウ　容器の上面にはたらく水圧は下面にはたらく水圧と等しい。

＜実験2＞

図6のような容器とばねを用いて，容器の中のおもりの数を変えながら，ばねに容器をつるし，容器がばねに加えた力の大きさとばねののびをはかった。図7は，ばねに加えた力の大きさとばねののびの関係を表したものである。ただし，ばねはフックの法則にしたがうものとする。

図6

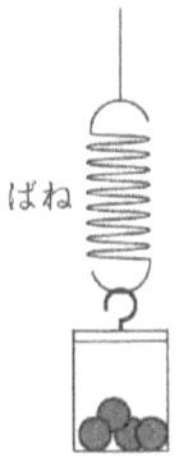

図7

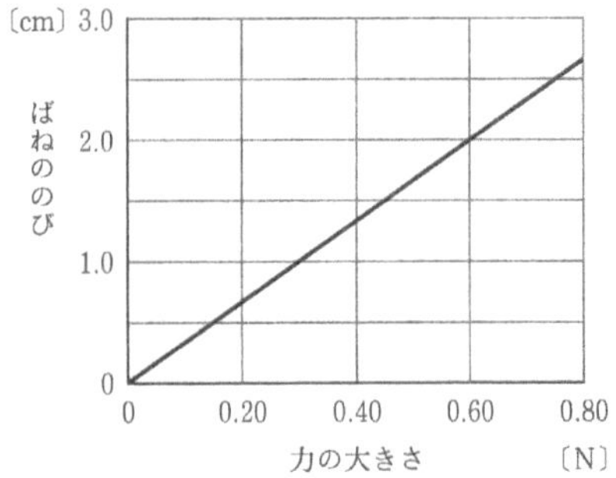

(2)　実験2で用いたばねが3.5cmのびているとき，ばねに加わる力の大きさは何Nか，小数第2位まで求めなさい。

＜実験3＞

(a)　図4の円柱の形をした同じ容器を2つ用意し，それぞれの容器に入れるおもりの数を変えて密閉し，容器A，Bとした。

(b)　図8のように，実験2のばねを用いて作成したばねばかりに容器をつるし，水中にゆっくりと沈めていき，水面から容器の下面までの距離とばねばかりが示した値を表（次のページ）にまとめた。

図8

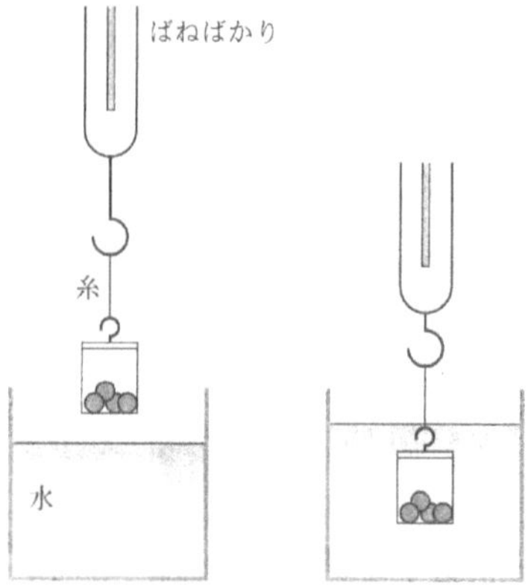

表

水面から容器の下面までの距離〔cm〕		0	1.0	2.0	3.0	4.0	5.0	6.0	7.0
ばねばかりが示す値〔N〕	容器A	0.60	0.53	0.46	0.39	0.32	0.25	0.25	0.25
	容器B	0.80	0.73	0.66	0.59	0.52	0.45	0.45	0.45

(3) 実験２，３からわかることを説明した文として適切なものを，次の**ア**～**エ**から１つ選んで，その符号を書きなさい。

ア　ばねばかりに容器Ａをつるし，容器Ａ全体を水中に沈めたとき，水面から容器の下面までの距離が大きいほど，容器Ａが受ける浮力の大きさは大きい。

イ　ばねばかりに容器Ａをつるし，水面から容器の下面までの距離が6.0㎝になるまで沈めたとき，容器Ａにはたらく力は重力と浮力のみである。

ウ　ばねばかりに容器Ａ，Ｂをそれぞれつるし，水面から容器の下面までの距離が6.0㎝になるまで沈めたとき，容器Ａが受ける浮力の大きさは容器Ｂが受ける浮力の大きさより小さい。

エ　容器Ｂのおもりを調節し，容器Ｂ全体の質量を30ｇにしたものをばねばかりにつるし，水中にゆっくりと沈めていくと，容器Ｂ全体が水中に沈むことはない。

(4) 容器Ａを実験２で用いたばねにつるし，水面から容器の下面までの距離が6.0㎝になるまで水中に沈めたとき，水面から容器の下面までの距離が０㎝のときと比べ，ばねは何㎝縮むか，四捨五入して小数第１位まで求めなさい。

<社会> 時間 50分 満点 100点

I 世界や日本の地理に関するあとの問いに答えなさい。

1 図1に関して，あとの問いに答えなさい。

(1) 図1のⒶの海洋の名称を書きなさい。

図1

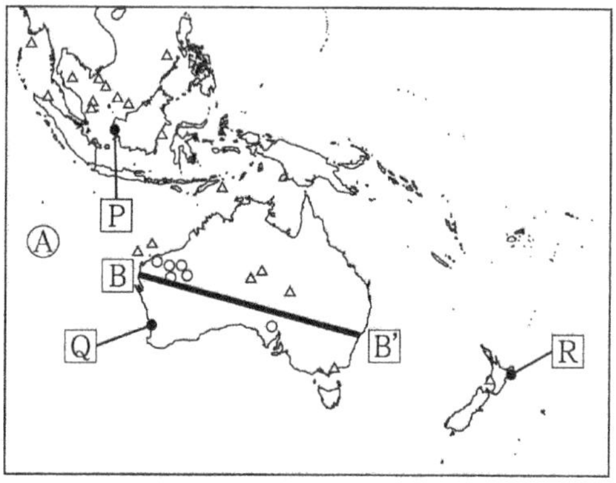

(2) 図1の[B]━[B']の断面図として適切なものを，次のア～エから1つ選んで，その符号を書きなさい。

ア

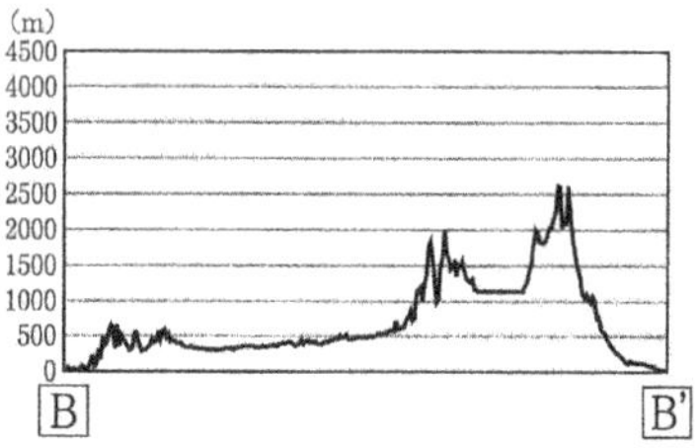

イ

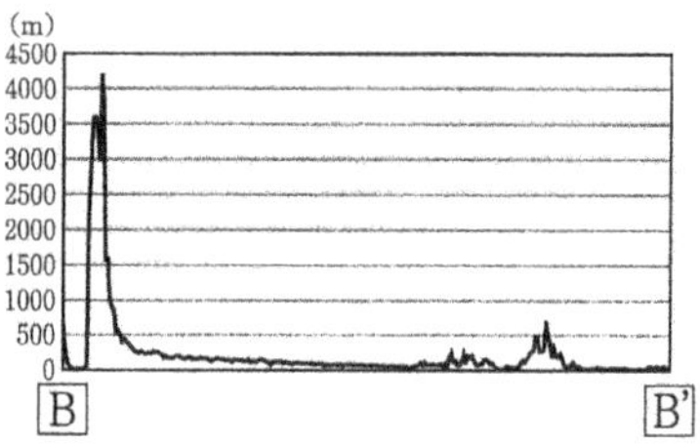

ウ

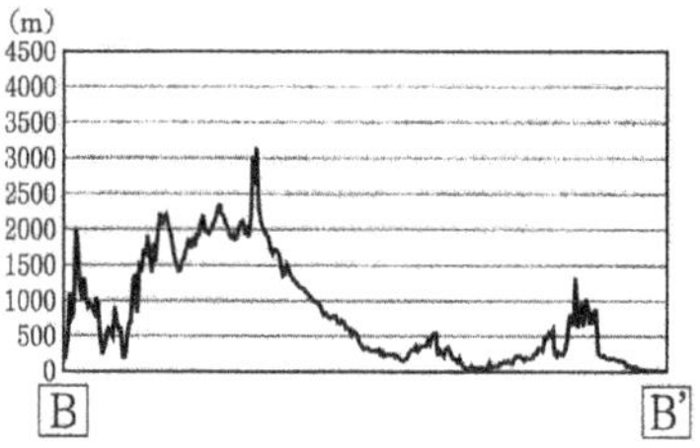

エ

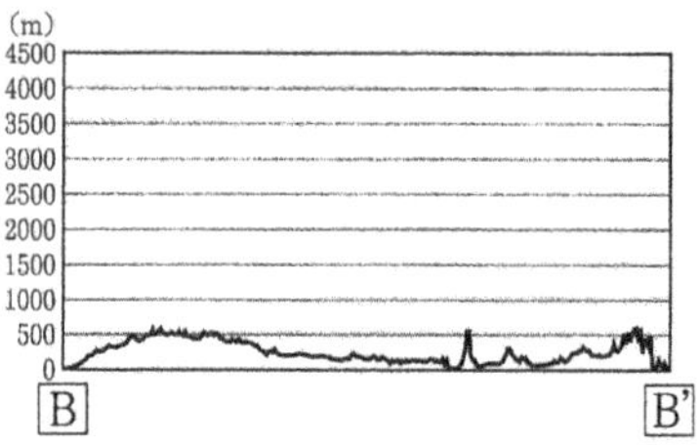

(3) 資料1は，国別の日本人訪問者数，資料2はそれぞれの国への日本人留学者数の推移を示している。これについて述べたあとの文X，Yについて，その正誤の組み合わせとして適切なものを，あとのア～エから1つ選んで，その符号を書きなさい。

資料1 (人)

	2017年	2018年	2019年
タイ	1,544,442	1,655,996	1,806,438
フィリピン	584,180	631,821	682,788
インドネシア	573,310	530,573	519,623
オーストラリア	434,500	469,230	498,640
ニュージーランド	102,048	99,784	97,682

(『観光白書』より作成)

資料2 (人)

	2017年	2018年	2019年
タイ	4,838	5,479	5,032
フィリピン	3,700	4,502	4,575
インドネシア	1,750	1,795	1,850
オーストラリア	9,879	10,038	9,594
ニュージーランド	2,665	2,906	2,929

(日本学生支援機構Webページより作成)

> X　英語を公用語とする国のうち，日本人訪問者数と日本人留学者数が増加し続けた国はない。
> Y　ASEANに加盟する国にも，オセアニア州に属する国にも，日本人訪問者数が減少し続け，日本人留学者数が増加し続けた国がある。

ア　X－正　Y－正　**イ**　X－正　Y－誤　**ウ**　X－誤　Y－正　**エ**　X－誤　Y－誤

(4)　図1の△及び○は，鉄鉱石，天然ガスのいずれかの資源の主な産出地を，資料3はそれぞれの資源の日本の輸入先上位3か国とその割合を示しており，資料4はそれぞれの資源について述べている。△を示すものを，資料3のⅰ，ⅱと資料4のあ，いから選び，その組み合わせとして適切なものを，あとの**ア**～**エ**から1つ選んで，その符号を書きなさい。

資料3

ⅰ	2000年	インドネシア 33.4%	マレーシア 20.3%	オーストラリア 13.6%
	2020年	オーストラリア 39.1%	マレーシア 14.2%	カタール 11.7%

ⅱ	2000年	オーストラリア 53.9%	ブラジル 20.5%	インド 12.6%
	2020年	オーストラリア 57.9%	ブラジル 26.9%	カナダ 6.0%

（『世界国勢図会』より作成）

資料4

> あ　世界最大の産出国であるオーストラリアでは，地表から直接掘り進む方法で採掘され，アジアを中心に輸出されている。
> い　世界最大の産出国はアメリカ合衆国であるが，日本企業などの外国企業が世界各地で新たな産出地を開発している。

ア　ⅰ－あ　**イ**　ⅰ－い　**ウ**　ⅱ－あ　**エ**　ⅱ－い

(5)　資料5のa～cは，図1のP～Rで示したいずれかの地域の，平均気温が最も高い月と最も低い月の平均気温の差と，降水量が最も多い月と最も少ない月の降水量の差を示している。P～R及び資料5のa～cについて，次の文で述べられた特徴を持つ地域の組み合わせとして適切なものを，あとの**ア**～**カ**から1つ選んで，その符号を書きなさい。

資料5

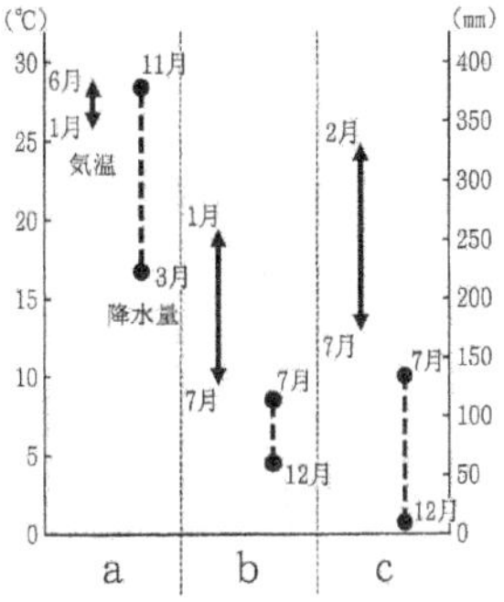

（気象庁Webページより作成）

> この地域の気候を生かし，せっけんやマーガリンの原料となる作物を大規模な農場で生産している。

ア　P－a　**イ**　P－b　**ウ**　Q－a　**エ**　Q－c
オ　R－b　**カ**　R－c

(6)　資料6（次のページ）のw～zはそれぞれフィリピン，マレーシア，シンガポール，ニュージーランドのいずれかの国における農業生産品，鉱産資源・燃料，工業製品の輸出額の推移を示している。これについて述べたあとの文の ⅰ ～ ⅳ に入る語句の組み合わせとして適切なものを，あとの**ア**～**カ**から1つ選んで，その符号を書きなさい。

資料6

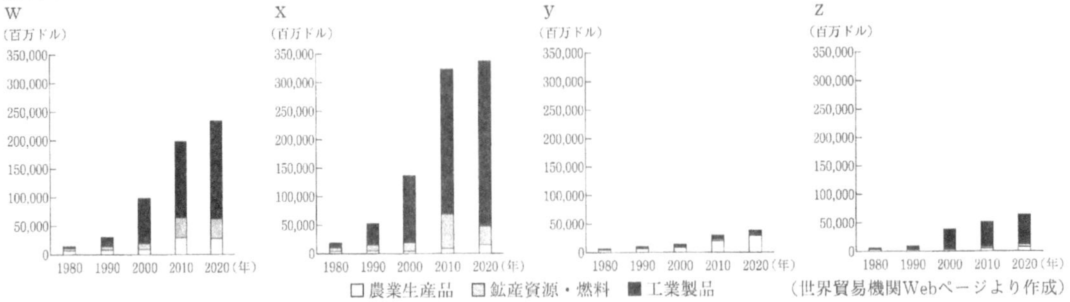

(世界貿易機関Webページより作成)

> 1980年において，4か国とも3品目の輸出額の合計が200億ドルを下回っていたが，[i]，1980年から1990年にかけて工業製品の輸出額が最も大きく増加したxが[ii]である。また，yとzは輸出額の伸びが緩やかであるが，[iii]を中心とした2020年の農業生産品の輸出額の割合が50％以上であるyが[iv]である。

ア	i	国内企業を国営化して	ii	シンガポール	iii	果物	iv	ニュージーランド
イ	i	国内企業を国営化して	ii	マレーシア	iii	牧畜	iv	フィリピン
ウ	i	国内企業を国営化して	ii	ニュージーランド	iii	穀物	iv	マレーシア
エ	i	外国企業を受け入れて	ii	マレーシア	iii	果物	iv	フィリピン
オ	i	外国企業を受け入れて	ii	フィリピン	iii	穀物	iv	マレーシア
カ	i	外国企業を受け入れて	ii	シンガポール	iii	牧畜	iv	ニュージーランド

2 図1に関して，あとの問いに答えなさい。

(1) 福岡市から神戸市までの直線距離は約450kmである。福岡市から図1のⓐ～ⓓで示したそれぞれの島までの直線距離について，福岡市から神戸市までの距離と最も近いものを，次の**ア**～**エ**から1つ選んで，その符号を書きなさい。

ア 福岡市からⓐまでの距離
イ 福岡市からⓑまでの距離
ウ 福岡市からⓒまでの距離
エ 福岡市からⓓまでの距離

図1

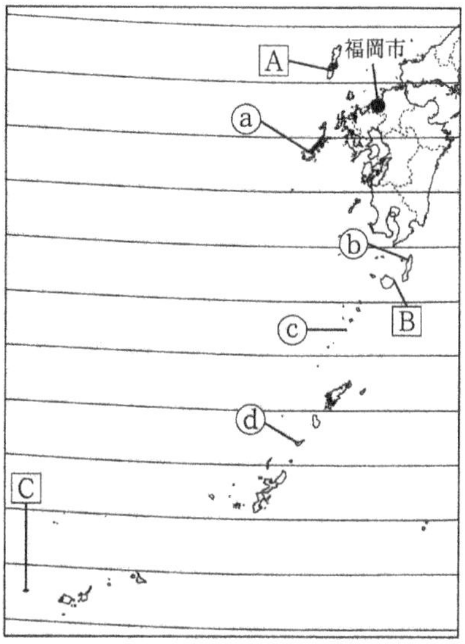

(緯線は1度ごとに描かれている)

(2) 次のページのx～zのグラフは，図1のA～Cで示したいずれかの地点の気温と降水量を示している。A～Cとx～zの組み合わせとして適切なものを，あとの**ア**～**カ**から1つ選んで，その符号を書きなさい。

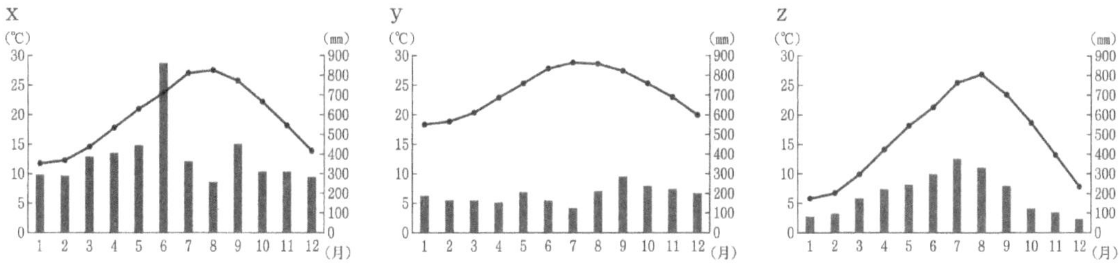

ア　A－x　B－y　C－z
イ　A－x　B－z　C－y
ウ　A－y　B－x　C－z
エ　A－y　B－z　C－x
オ　A－z　B－x　C－y
カ　A－z　B－y　C－x

(3)　資料１は，岩手県，茨城県，宮崎県の各県産の2022年の東京卸売市場でのピーマンの月別取扱量と，ピーマン１ kg あたりの全国平均価格を示している。これについて述べた次の文の i ～ iv に入る語句の組み合わせとして適切なものを，あとの**ア**～**カ**から１つ選んで，その符号を書きなさい。

資料１　東京卸売市場でのピーマン１kgあたりの全国平均価格と岩手県，茨城県，宮崎県産ピーマンの月別取扱量

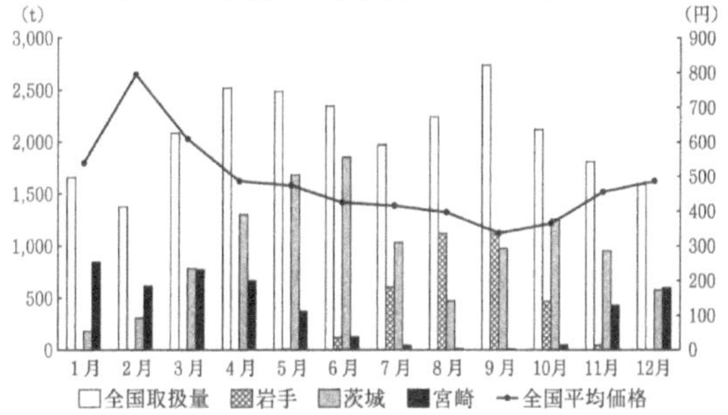

ピーマンは１年を通して購入できるが，産地ごとの取扱量が時期によって変動することがわかる。宮崎県では i 気候を利用してピーマンの促成栽培を行っており， ii 時期に取扱量が増えている。茨城県産は， iii にかかる時間や費用を抑えられる利点を生かして，１年中東京卸売市場で取り扱われているが， iv の時期は岩手県産の取扱量が３県のうち最も多くなっている。

（東京卸売市場Webページより作成）

ア　i　冬でも温暖な　ii　全国取扱量が多い　iii　輸送　iv　10～11月
イ　i　冬でも温暖な　ii　全国平均価格が高い　iii　輸送　iv　８～９月
ウ　i　冬でも温暖な　ii　全国平均価格が高い　iii　栽培　iv　10～11月
エ　i　冬に降水量が多い　ii　全国取扱量が多い　iii　栽培　iv　10～11月
オ　i　冬に降水量が多い　ii　全国取扱量が多い　iii　栽培　iv　８～９月
カ　i　冬に降水量が多い　ii　全国平均価格が高い　iii　輸送　iv　８～９月

(4)　図2を見て，あとの問いに答えなさい。

※編集の都合で85%に縮小してあります。

図2

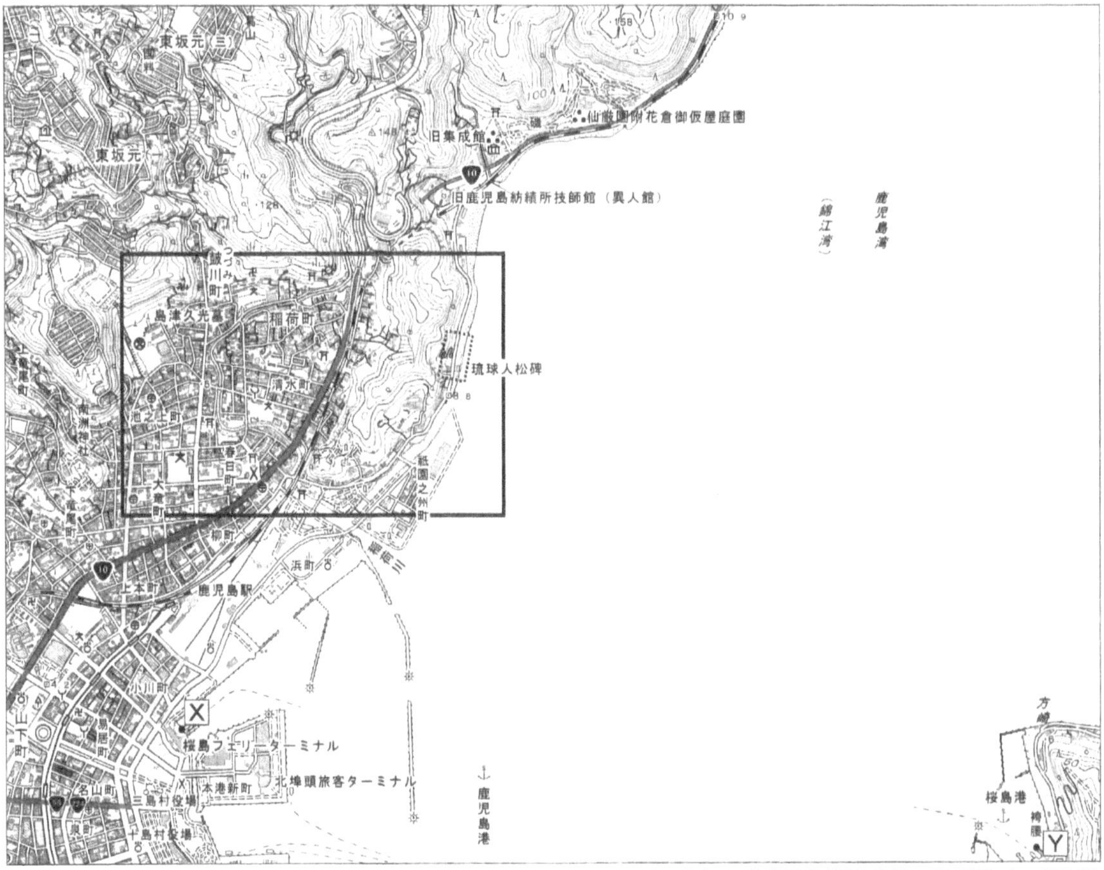

（2万5千分の1地形図「鹿児島北部」(2016年) を一部改変）

①　図2から読み取れることとして適切なものを，次のア～エから1つ選んで，その符号を書きなさい。

ア　旧集成館北側の斜面には針葉樹林が，稲荷町北側の斜面には茶畑が見られる。

イ　皷川町《つづみ》から東坂元の住宅地に向かう道は，急な下り坂になっている。

ウ　山下町にある市役所は，路面鉄道に面している。

エ　鹿児島駅の北側に，三島村と十島村の役場がある。

②　図2の桜島フェリーターミナル☒と桜島港🅈の地図上の長さは約14cmである。実際の距離に最も近いものを，次のア～エから1つ選んで，その符号を書きなさい。

ア　3.5km　　**イ**　7km　　**ウ**　14km　　**エ**　35km

③　資料2，資料3は桜島火山ハザードマップの一部，資料4は桜島フェリー時刻表である。これらの資料から読み取れることとして適切なものを，次のア～エから1つ選んで，その符号を書きなさい。

ア　避難するのにかかる想定時間が，避難手段別に算出されている。

イ　現在は噴火していないが，過去の溶岩流下範囲から，被害予想が記されている。

ウ　大規模噴火時は島内の避難所への避難が示されている。
エ　フェリーを使う島外避難が想定されており，どの時間帯でも運航されている。

資料2
避難手順

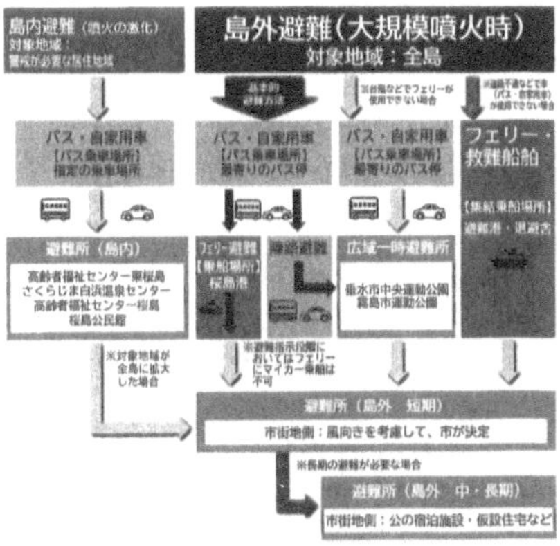

（「桜島火山ハザードマップ」より作成）

資料3

文明噴火 文明8年(1476年)	1471年に北東側から溶岩流出、大燃崎（黒神）を形成。1476年に大爆発、南西側から溶岩流出、燃崎（野尻）を形成
安永噴火 安永8年(1779年)	南側・北東側の山腹から噴火、溶岩流出。死者148名。北東で海底噴火、新島等を形成
大正噴火 大正3年(1914年)	西側・東側の両山腹から噴火。流出溶岩により、大隅半島と陸続きに。火山灰はカムチャツカ半島、小笠原諸島に達した。薩摩半島で震度6弱の大地震発生。死者・行方不明者58名
昭和噴火 昭和21年(1946年)	東側（昭和火口）から噴火。流出した溶岩は黒神・有村の海岸まで達した。死者1名
昭和30年(1955年)以降の噴火	2006～2017年は昭和火口において噴火。南岳山頂火口からの噴火は継続中。大きな噴石が集落に落下する事象のほか、火山灰、レキ、土石流の被害も多い。

（「桜島火山ハザードマップ」より作成）

資料4

桜島フェリー時刻表

【鹿児島港発】

時間	出港時間			
0	30			
1	30			
2	30			
3	30			
4	30			
5	30			
6	00	30		
7	00	20	40	
8	00	20	40	
9	00	20	40	
10	00	20	40	
11	00	20	40	
12	00	20	40	
13	00	20	40	
14	00	20	40	
15	00	20	40	
16	00	20	40	
17	00	20	40	
18	00	20	40	
19	00	30		
20	00	30		
21	30			
22	30			
23	30			

【桜島港発】

時間	出港時間			
0	00			
1	00			
2	00			
3	00			
4	00			
5	00			
6	05	25	45	
7	05	25	45	
8	05	25	45	
9	05	25	45	
10	05	25	45	
11	05	25	45	
12	05	25	45	
13	05	25	45	
14	05	25	45	
15	05	25	45	
16	05	25	45	
17	05	25	45	
18	05	25	45	
19	05	30		
20	00			
21	00			
22	00			
23	00			

（鹿児島市Webページより作成）

④　資料5，資料6について述べたあとの文の［ i ］，［ ii ］に入る語句の組み合わせとして適切なものを，あとの**ア**～**カ**から1つ選んで，その符号を書きなさい。

資料5　図2の［点線枠］の範囲のようす

資料6　図2の［　］の範囲の防災マップ

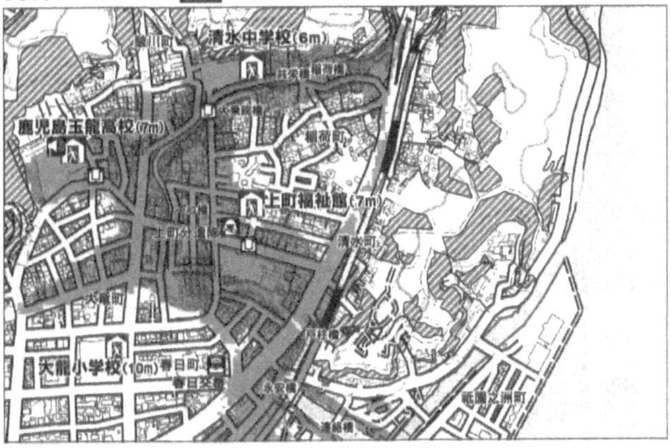

土砂災害特別警戒区域　洪水浸水想定区域

（「鹿児島市防災ガイドマップ」より作成）

> 資料5を見ると海岸線から急激に標高が高くなっており，崩れた斜面の一部に白っぽい地盤が見えている。火山の噴出物が積み重なったこの白っぽい地盤のあたりは［ i ］，大きな災害をもたらすことがあり，図2と資料6を見比べると，［ ii ］も土砂災害特別警戒区域に指定されていることがわかる。災害はいつ起こるかわからないため，避難所や避難経路の確認を行うなど，被害を最小限に抑えるために日ごろから備えておくことが大切である。

ア　i　高潮で浸水しやすく　　ii　国道10号線やJR線の東側の地域
イ　i　高潮で浸水しやすく　　ii　避難所に指定されている大龍小学校

ウ i 強い東風で飛散しやすく ii 国道10号線やJR線の東側の地域
エ i 強い東風で飛散しやすく ii 避難所に指定されている大龍小学校
オ i 大雨で崩れやすく ii 国道10号線やJR線の東側の地域
カ i 大雨で崩れやすく ii 避難所に指定されている大龍小学校

Ⅱ 歴史に関するあとの問いに答えなさい。

1 資料1～4に関して，あとの問いに答えなさい。

資料1

陸奥国名取郡○○布御贄壱籠○○ 天平元年十一月十五日

※「天平元年」は729年

資料2 昆布類の収獲量（養殖を除く）（2022年）

（100t）

	道県名	収獲量
1位	北海道	392
2位	青森県	13
3位	岩手県	4
	全国	409

（『海面漁業生産統計調査』より作成）

資料3 1世帯当たりの昆布の年間消費量（二人以上の世帯）（2020年～2022年平均）

（g）

	都市名	消費量
1位	青森市	454
2位	盛岡市	427
3位	山形市	420
4位	松江市	335
5位	富山市	330
6位	福井市	320
7位	前橋市	320
8位	川崎市	312
9位	新潟市	296
10位	秋田市	285
11位	福島市	273
12位	仙台市	269
13位	相模原市	268
14位	長崎市	257
15位	那覇市	255
	全国平均	214

（統計局Webページより作成）

(1) 資料1に関する次の問いに答えなさい。

① この資料について述べた次の文の［ i ］，［ ii ］に入る語句をそれぞれ漢字2字で書きなさい。

これは，木簡と呼ばれる遺物で，「天平元年」という文字が書かれていることから，いつの年代のものかが分かる。この木簡は，当時の都である［ i ］京跡から発見されており，［ ii ］天皇が治めていた頃のものと考えられる。傍線部の「○布」は，おそらく昆布であると推測されている。

資料4　東アジアと日本の交流の歴史　大陸から見た日本

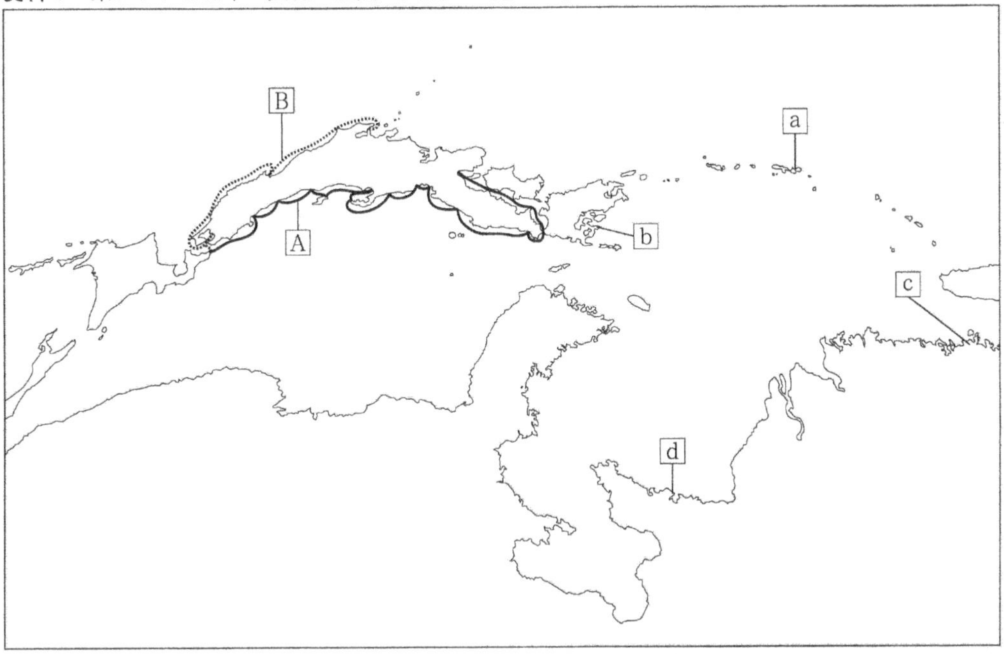

② この資料に示されている時代の税制について述べた次の文X，Yについて，その正誤の組み合わせとして適切なものを，あとの**ア**～**エ**から1つ選んで，その符号を書きなさい。

X　陸奥国の昆布のような特産物を，都に運んで納めていた。
Y　調は，6歳以上の男女にかかる税であった。

ア　X－正　Y－正　　**イ**　X－正　Y－誤

ウ　X－誤　Y－正　　**エ**　X－誤　Y－誤

(2) 資料2～4に関する次の問いに答えなさい。

① 次の文の [i]，[ii] に入る語句の組み合わせとして適切なものを，あとの**ア**～**エ**から1つ選んで，その符号を書きなさい。

現代の昆布の収獲量は，北海道が全国の9割以上を占めているが，消費量は，東北地方の都市だけでなく，松江市，富山市，福井市のような [i] 側の都市も上位を占めている。これは，資料4の，江戸時代に北前船が通った [ii] の航路の影響が残っていると考えられる。

ア　i　太平洋　ii　[A]　　**イ**　i　太平洋　ii　[B]

ウ　i　日本海　ii　[A]　　**エ**　i　日本海　ii　[B]

② 昆布と同様，江戸時代に北海道から運ばれた主要な産物として適切なものを，次の**ア**～**エ**から1つ選んで，その符号を書きなさい。

ア　にしん　　**イ**　砂糖　　**ウ**　酒　　**エ**　茶

③　琉球王国について述べた次の文の [i] ～ [iii] に入る語句の組み合わせとして適切なものを，あとの**ア**～**カ**から1つ選んで，その符号を書きなさい。

> [i] 時代に統一された琉球王国の首都は，資料4の [ii] にあり，資料4の中国の [iii] の港などとの間で盛んに交易を行った。

ア　i　鎌倉　ii　[a]　iii　[c]　　**イ**　i　室町　ii　[a]　iii　[d]
ウ　i　鎌倉　ii　[b]　iii　[c]　　**エ**　i　鎌倉　ii　[b]　iii　[d]
オ　i　室町　ii　[b]　iii　[d]　　**カ**　i　室町　ii　[a]　iii　[c]

④　那覇市の昆布に関して述べた次の文の [i] ～ [iii] に入る語句の組み合わせとして適切なものを，あとの**ア**～**カ**から1つ選んで，その符号を書きなさい。

> 昆布が [i] 那覇市で，昆布の消費量が全国平均を [ii] のは，北海道から大阪，九州，琉球，そして中国へと続く昆布を運んだ航路の存在が大きく，特に琉球の窓口となった [iii] 藩とのつながりが関係している。

ア　i　収獲されない　ii　上回っている　iii　対馬
イ　i　収獲される　ii　下回っている　iii　対馬
ウ　i　収獲されない　ii　上回っている　iii　薩摩
エ　i　収獲される　ii　上回っている　iii　薩摩
オ　i　収獲されない　ii　下回っている　iii　対馬
カ　i　収獲される　ii　下回っている　iii　薩摩

2　資料1～3に関して，あとの問いに答えなさい。ただし，資料は一部書き改めたところがある。

資料1　神戸海軍操練所の係に任命

> 本日神戸村土着之士操練局造艦所御取建掛
> 被仰付
> 勝　麟太郎

（『海舟日記抄』1863（文久3）年4月24日より作成）
※「勝麟太郎」は，勝海舟のこと

資料2　開城の会談

資料3　逓信《ていしん》大臣からの公文書

秘号外
本年十月二十四日英国商船「ノルマントン」号
紀州沖において難船沈没の際、同号
船長其職務を尽くさざるに起因し
日本船客二十五名を溺死せしめたる
事件に付同船長を被告とし求刑することに
決し、昨十二日午後三時内務大臣連署
別紙甲号写しの通り英文を以て兵庫
県知事へ電令致し置き候処乙号写
しの通り英国領事に於いて訴状受理
したる旨同知事より本日返電有
の候依て取りあえずこの旨報告す

明治十九年十一月十三日
逓信大臣　榎本武揚
内閣総理大臣　伯爵　伊藤博文殿

（国立公文書館Webページより作成）

※「逓信大臣」は，郵便，電信，船舶業務などを管理した大臣

(1)　資料1，資料2に関して述べた次の文の [i] ～ [iii] に入る語句の組み合わせとして適切なものを，あとの**ア**～**カ**から1つ選んで，その符号を書きなさい。

> 1863年の勝海舟の日記によると，開港地に定められた場所の1つである [i] の近くに海軍操練所を建設することが命じられた。この施設には，坂本龍馬や，第4代兵庫県知事となる陸奥宗光などの人物が入所した。のちに，[ii] の勝海舟は，西郷隆盛と会談し，欧米諸国の介入を防ぐためにも，戦うことなく [iii] 城を明けわたすことに決めた。

ア　i　兵庫　　ii　旧幕府軍　　iii　江戸
イ　i　神奈川　　ii　新政府軍　　iii　大阪
ウ　i　兵庫　　ii　新政府軍　　iii　江戸
エ　i　神奈川　　ii　旧幕府軍　　iii　大阪
オ　i　兵庫　　ii　旧幕府軍　　iii　大阪
カ　i　神奈川　　ii　旧幕府軍　　iii　江戸

(2)　資料3に関する次の問いに答えなさい。

①　この資料を説明した次の文の [i]，[ii] に入る語句の組み合わせとして適切なものを，あとの**ア**～**エ**から1つ選んで，その符号を書きなさい。

> 逓信《ていしん》大臣が，[i] 県沖でおこった海難事故について，[ii] 人船長を告訴することを兵庫県知事に求めたことについてのやりとりを記した公文書である。

ア　i　兵庫　　ii　イギリス　　**イ**　i　兵庫　　ii　日本
ウ　i　和歌山　　ii　イギリス　　**エ**　i　和歌山　　ii　日本

②　この資料が書かれた時期と最も近い出来事を，次の**ア**～**エ**から1つ選んで，その符号を書きなさい。

ア 天皇を補佐する内閣制度が確立された。

イ 士族・平民の区別なく，兵役を義務づけた。

ウ 千島列島を日本領とし，ロシアに樺太の領有を認めた。

エ 清と対等な内容の条約である日清修好条規を結んだ。

③ この資料の事件に関して述べた文として適切なものを，次の**ア**～**エ**から１つ選んで，その符号を書きなさい。

ア 日本人と外国人船客が合わせて25名亡くなった事件で，船長は日本側で裁かれた。

イ 日本人と外国人船客が合わせて25名亡くなった事件で，船長は日本側で裁くことができなかった。

ウ 日本人船客が25名亡くなった事件で，船長は日本側で裁かれた。

エ 日本人船客が25名亡くなった事件で，船長は日本側で裁くことができなかった。

④ この資料が書かれた頃に行われた外交の様子を述べた次の文の [i]，[ii] に入る語句の組み合わせとして適切なものを，あとの**ア**～**エ**から１つ選んで，その符号を書きなさい。

> 日本が欧米と対等な地位を築くためには，条約改正が最も大きな課題であり，鹿鳴館で舞踏会を開くなど [i] 政策を行い，交渉を進めたが，[ii]。

ア i 民主化 ii 国民の反発で，条約改正は実現しなかった

イ i 欧化 ii 国民の反発で，条約改正は実現しなかった

ウ i 民主化 ii 当時の外務大臣の反発で，条約改正は実現しなかった

エ i 欧化 ii 当時の外務大臣の反発で，条約改正は実現しなかった

(3) 条約改正の過程に関する次の問いに答えなさい。

① 司法に関する権利を回復した頃の外交の様子を述べた次の文の [i]，[ii] に入る語句の組み合わせとして適切なものを，あとの**ア**～**エ**から１つ選んで，その符号を書きなさい。

> [i]，国家体制の整備が進んだ後に外務大臣となった陸奥宗光は，まず，[ii] 条約改正を成功させたが。一部回復しない経済的な権利もあった。

ア i 大日本帝国憲法が発布され ii アメリカとの

イ i 大日本帝国憲法が発布され ii イギリスとの

ウ i 第一次護憲運動がおき ii アメリカとの

エ i 第一次護憲運動がおき ii イギリスとの

② 経済発展に必要な権利も完全に回復し，対等な条約を実現したときの外務大臣の名前を漢字で書きなさい。

Ⅲ 政治や経済のしくみと私たちの生活に関するあとの問いに答えなさい。

1 裁判に関する文章を読み，あとの問いに答えなさい。

> 日本の裁判は，a法律により定められた適正な手続きで進められ，公平で慎重な裁判を行うために，b三審制が採られている。裁判所は，c訴えた側と，訴えられた側の言い分を確かめ，それぞれの側から出された証拠を調べ，判決を言い渡す。また，裁判の内容に国民の視

点を反映し，司法に対する国民の理解を深めるために，d 裁判員制度が導入されている。

(1) 下線部aに関して，次の問いに答えなさい。

① 司法手続きに関して述べた次の文X，Yについて，その正誤の組み合わせとして適切なものを，あとの**ア**～**エ**から1つ選んで，その符号を書きなさい。

X 逮捕には，原則として逮捕令状が必要である。
Y 起訴された側が，経済的理由などで弁護人を依頼できない場合は，国が国選弁護人をつける。

ア X－正 Y－正　**イ** X－正 Y－誤
ウ X－誤 Y－正　**エ** X－誤 Y－誤

② 裁判の手続きに関して述べた次の文の [i]，[ii] に入る語句の組み合わせとして適切なものを，あとの**ア**～**エ**から1つ選んで，その符号を書きなさい。

刑事裁判においては，判決が確定するまで [i] と推定される。取り調べを受けるときは，質問に答えることを拒むことが [ii] 。

ア i 有罪 ii できない　**イ** i 無罪 ii できない
ウ i 有罪 ii できる　**エ** i 無罪 ii できる

(2) 下線部bに関して述べた文として適切なものを，次の**ア**～**エ**から1つ選んで，その符号を書きなさい。

ア 最高裁判所は東京に1つ，高等裁判所は各都道府県に1つずつ設置されている。
イ この制度は刑事裁判に適用され，民事裁判には適用されない。
ウ 刑事裁判で，第一審を簡易裁判所で行った場合の第二審は地方裁判所で行われる。
エ 第一審の判決に不服があれば，上級の裁判所に控訴し，さらに不服があれば上告できる。

(3) 下線部cに関して述べた次の文の [i]，[ii] に入る語句の組み合わせとして適切なものを，あとの**ア**～**エ**から1つ選んで，その符号を書きなさい。

刑事裁判は，原則として [i] が被疑者を [ii] として起訴することで始まる。

ア i 検察官 ii 被告　**イ** i 被害者 ii 被告
ウ i 検察官 ii 被告人　**エ** i 被害者 ii 被告人

(4) 下線部dに関して，次の問いに答えなさい。

① 裁判員制度について述べた次の文の [i]，[ii] に入る語句の組み合わせとして適切なものを，あとの**ア**～**エ**から1つ選んで，その符号を書きなさい。

裁判員制度では，[i] により候補者になった国民の中から，面接により裁判員が選ばれ，裁判官と協力して [ii] 裁判の第一審を扱う。

ア i 推薦 ii 刑事　**イ** i くじ ii 刑事
ウ i 推薦 ii 民事　**エ** i くじ ii 民事

② 資料に関して述べた次の文の［ i ］，［ ii ］に入る語句の組み合わせとして適切なものを，あとのア～エから１つ選んで，その符号を書きなさい。

資料　裁判員として裁判に参加した審理日数と感想

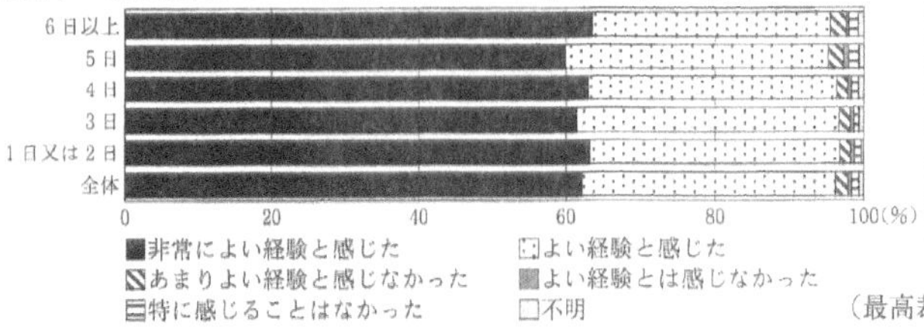

（最高裁判所Webページより作成）

裁判員は［ i ］歳以上の国民から選ばれる。選ばれた人の不安感が課題の１つであるが，この資料からは，審理の日数によらず，裁判員の経験を［ ii ］に捉えている人が多いことが読み取れる。

ア　i　20　ii　肯定的　　**イ**　i　20　ii　否定的
ウ　i　18　ii　肯定的　　**エ**　i　18　ii　否定的

2　経済に関する文章を読み，あとの問いに答えなさい。

日本では，憲法で a 経済活動の自由が保障されている。働くことは経済活動の一つであり，私たちは働くことで収入を得て生活を営むとともに，社会に参加して世の中を支えている。近年では，すべての人がいきいきと働けるよう，b 働き方や雇用方法が多様化してきている。c 誰もが暮らしやすい社会を実現するために，私たちには，社会環境の変化により生じる d 課題を解決していくことが求められている。

(1) 下線部 a に関して述べた次の文の［ i ］，［ ii ］に入る語句の組み合わせとして適切なものを，あとのア～エから１つ選んで，その符号を書きなさい。

市場経済では，価格は需要と供給の関係で決まるが，現実にはこのしくみにより価格が決まらない場合もある。売り手が少数に限られた場合，市場のしくみが機能せず，［ i ］価格が生じることがある。また，国や地方公共団体がこのしくみによらず価格を決めることもあり，たとえば，義務教育を除いた公立学校の授業料については［ ii ］が決定することが挙げられる。

ア　i　均衡　ii　地方公共団体　　**イ**　i　独占　ii　地方公共団体
ウ　i　均衡　ii　国　　**エ**　i　独占　ii　国

(2) 下線部 b に関して，次の問いに答えなさい。

① 働き方や雇用方法に関して述べた次の文X，Yについて，その正誤の組み合わせとして適切なものを，あとのア～エから１つ選んで，その符号を書きなさい。

X　新しい企業をつくることを起業といい，新たな商品の開発に取り組む人もいる。
Y　ひとつの企業に，定年まで雇用され続けることを終身雇用という。

ア　X－正　Y－正　　**イ**　X－正　Y－誤
ウ　X－誤　Y－正　　**エ**　X－誤　Y－誤

② 次のページの資料１，資料２に関して述べたあとの文X，Yについて，その正誤の組み合わせとして適切なものを，あとのア～エから１つ選んで，その符号を書きなさい。

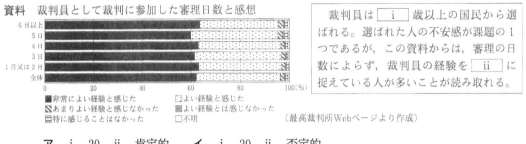

資料1　テレワークの形態別導入状況

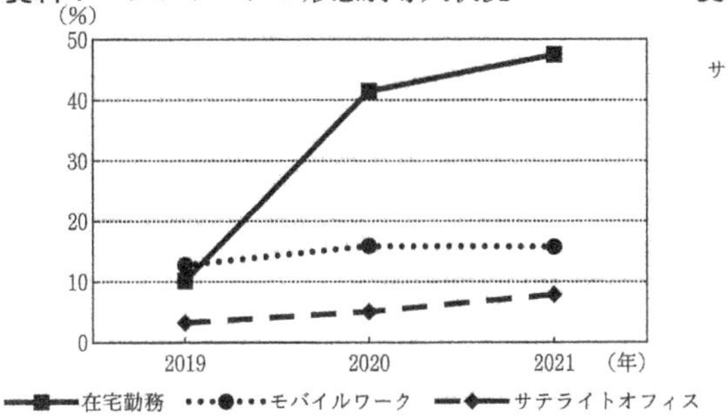

(『統計で見る日本』より作成)

※モバイルワークは，移動中や外出中に業務を行う勤務形態

※サテライトオフィスは，会社のオフィスとは別の場所につくられたオフィス

資料2　産業別テレワーク導入状況

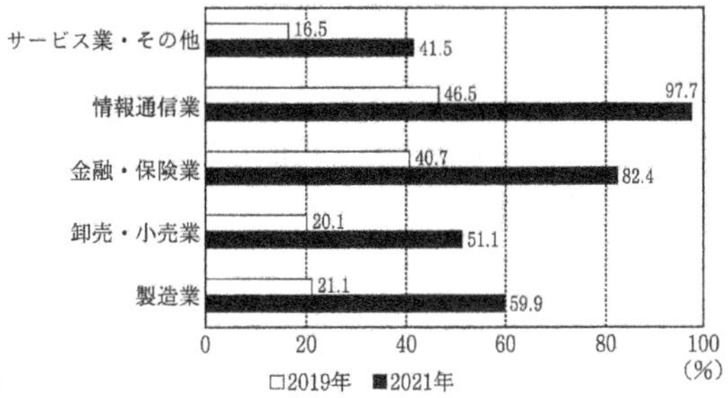

(『統計で見る日本』より作成)

X　2021年は在宅勤務の導入状況が40%以上であり，企業のテレワーク導入拡大と関連している。

Y　どの産業でも2019年に比べて2021年は導入状況が2倍以上になっており，最も増加の割合が高いのは情報通信業である。

ア　X－正　Y－正　　**イ**　X－正　Y－誤

ウ　X－誤　Y－正　　**エ**　X－誤　Y－誤

(3)　下線部cに関して述べた次の文の □ に入る語句を漢字2字で書きなさい。

日本国憲法第25条で保障されている，健康で文化的な最低限度の生活を営む権利は，社会権の1つである □ 権であり，その実現には国による積極的支援が必要である。

(4)　下線部dに関して，資料3～資料5を見て，あとの問いに答えなさい。

資料3　復旧後のJR肥薩線のあり方について

令和2年7月豪雨で被災した「JR肥《ひ》薩《さつ》線」について，熊本県は国，JR九州および地元12市町村とともに，まずは鉄道での復旧をめざし，復旧方法及び復旧後の肥薩線のあり方について協議を実施している。肥薩線の鉄道復旧に関しては，JR九州が試算した概算復旧費約235億円という膨大な復旧費とともに，被災前から年間9億円の赤字（八代～吉松間）が発生している路線であり，持続可能性も大きな課題である。

(国土交通省 Webページより作成)

資料4　肥薩線復旧に対する希望

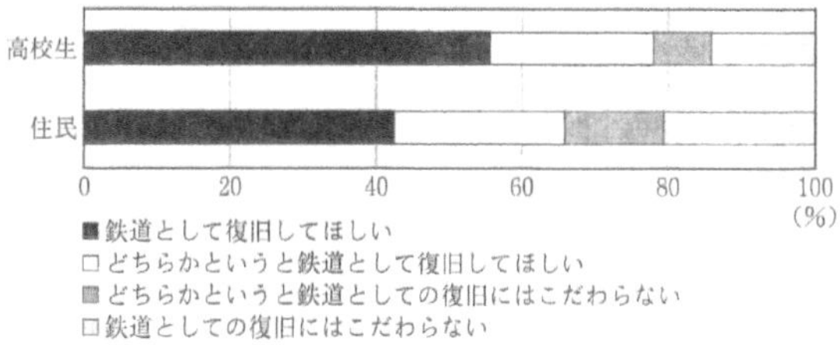

(国土交通省Webページより作成)

資料5　肥薩線の鉄道での復旧を希望する理由（複数回答）

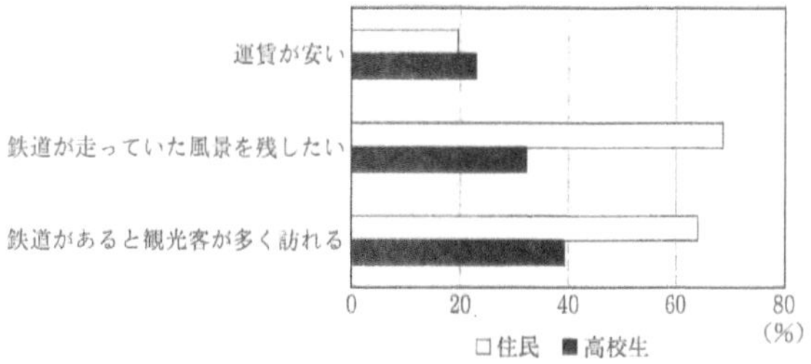

(国土交通省Webページより作成)

① 資料３～５について述べた次の文の［ i ］～［ iii ］に入る語句の組み合わせとして適切なものを，あとのア～カから１つ選んで，その符号を書きなさい。

> 豪雨災害以前の「JR肥薩線」は，［ i ］経営状態が続いていた。被災した鉄道について，鉄道として復旧してほしいと回答した割合は，［ ii ］の方が高い。鉄道での復旧を希望する理由としては，高校生は［ iii ］という理由が，資料５の中で最も多く，自身の移動手段としてだけでなく，地域の経済振興につながる役割を肥薩線に求めていることがわかる。

ア　i　利潤が出ない　ii　住民　iii　鉄道が走っていた風景を残したい
イ　i　利潤が出ない　ii　高校生　iii　鉄道が走っていた風景を残したい
ウ　i　利潤が出る　ii　住民　iii　鉄道が走っていた風景を残したい
エ　i　利潤が出る　ii　高校生　iii　鉄道があると観光客が多く訪れる
オ　i　利潤が出ない　ii　高校生　iii　鉄道があると観光客が多く訪れる
カ　i　利潤が出る　ii　住民　iii　鉄道があると観光客が多く訪れる

② 次の文の下線部w～zについて，それぞれの考え方にあてはまる語句の組み合わせとして適切なものを，あとのア～カから１つ選んで，その符号を書きなさい。

> 社会では，考え方や価値観の違いから，w問題や争いがおこる場合がある。被災した鉄道の復旧については，復旧によって得られるx効果が，それにかける時間や労力，費用に見合ったものになっているか，という考え方が必要である。一方で，利用者や地域住民など，y様々な立場の人々に最大限配慮されているか，という考え方も必要である。社会で起こる問題の解決には，この２つの考え方を大切にし，関係する人々がz協議した結果を納得して受け入れることができる結論を導き出す努力が重要である。

ア　w　効率　x　合意　y　公正　z　対立
イ　w　効率　x　対立　y　公正　z　合意
ウ　w　効率　x　公正　y　合意　z　対立
エ　w　対立　x　効率　y　公正　z　合意
オ　w　対立　x　公正　y　効率　z　合意
カ　w　対立　x　効率　y　合意　z　公正

エ　国民を一元的に管理する仕組みの導入に加え、個人が努力をすれば目的は達成できるという考え方が広まり、国民一人ひとりの役割や価値が突然強調され始めた。

問七　傍線部④の説明として最も適切なものを、次のア～エから一つ選んで、その符号を書きなさい。

ア　国家の成功は個人の成功の積み重ねであり、その利益は国家により個人に還元されるべきであるという考え方。

イ　国家の制度は個人の意思で決定されるものであり、それは個々人を尊重する制度でなければならないという考え方。

ウ　国家や社会は個人の集合であり、社会において個人の存在が何よりも優先されなければならないという考え方。

エ　国家と社会の担い手は個人であり、個人の努力によって社会の自由と権利は保障されるべきであるという考え方。

問八　傍線部⑦の内容を説明した次の文の空欄に入る最も適切なことばを、本文中から五字で抜き出して書きなさい。

合理的な個人が［　　］を優先させることへの疑問。

問九　傍線部⑧の説明として最も適切なものを、次のア～エから一つ選んで、その符号を書きなさい。

ア　対外的な競争を繰り返すことで、集団の一体性は強固になっていくことから、一般的に競争と協力は相反する関係にあると考えられているが、集団内部では互いに補完し合う関係にあること。

イ　協力的な環境の中には競争の要素があり、競争の一部は協力関係が成していることから、競争と協力は単純に二つに分けて整理できるものではなく、集団においては両方を内包していること。

ウ　現代社会では競争が成長や革新につながるものだと考えられていることから、対内的な小集団に協力を織り込むことで集団内に競争を生み出し、集団が常に活性化する構造になっていること。

エ　集団に所属する個人が互いに競争と協力を交互に繰り返すことが集団内の秩序の安定をもたらすことから、個人が多数所属する集団においては、協力と競争が重層的に折り重なっていること。

のように重層的な競争では、より上位レベルの競争に勝つことを目的に、下位組織のレベルで「協力」が促されることがある。

　競争の相手が自分の属する共同体の外に見出されるときには、普Ｃダンは競争している所属組織内部が一体性を意識するため、協力が強く促進されることがある。国内政治が不安定になった国が、対外的な脅威をことさらに強調するのは、このメカニズムを利用して国民の団結を促そうとする例である。

　このように対外的な競争と対内的な協力が重層的に織り込まれているのが⑧現代社会の諸集団の特徴である。　（佐藤仁《さとうじん》『争わない社会』）

（注）サミュエル・スマイルズ――英国の作家、医師。
　　矮小化――規模が小さくなること。

問一　二重傍線部Ａ～Ｃの漢字と同じ漢字を含むものを、次の各群のア～エからそれぞれ一つ選んで、その符号を書きなさい。

Ａ　ア　祝サイの準備をする。　イ　彼は医学界の俊サイだ。
　　ウ　森林を伐サイする。　エ　料理に根サイを使う。

Ｂ　ア　注意を喚キする。
　　イ　公共の交通キ関を利用する。
　　ウ　実力を発キする。
　　エ　キ急の事態に備える。

Ｃ　ア　らせん階ダンを上る。　イ　果ダンに富んだ性格。
　　ウ　友達とダン笑する。　エ　ダン房の適切な使用。

問二　傍線部⑤はどの文節に係るか。一文節で抜き出して書きなさい。

問三　傍線部⑥の本文中の意味として最も適切なものを、次のア～エから一つ選んで、その符号を書きなさい。

ア　広く認められて一般化した　イ　民衆の間で評判になった
ウ　誤って政治的に利用された　エ　特定の集団内で広まった

問四　傍線部①の説明として最も適切なものを、次のア～エから一つ選んで、その符号を書きなさい。

ア　産業化によって人々が豊かになったことで、社会の中の共同的な要素が必要ではなくなっていった。
イ　近代化に際し共同体解体を進めた国家のもとで、共同体からの自立を求める個人が増加していった。
ウ　社会秩序の安定により人々に富がもたらされると、社会における個人の役割も大きくなっていった。
エ　国家が強大になっていくと同時に、社会においては個人の自立に重きを置く風潮が強まっていった。

問五　傍線部②の理由を説明した次の文の空欄に入る適切なことばを、本文中から十四字で抜き出し最初の三字を書きなさい。

日本人は［　　　　］から。

問六　傍線部③の説明として最も適切なものを、次のア～エから一つ選んで、その符号を書きなさい。

ア　個々人の意思にかかわらず個人の存在が国家の中心に据えられたことにより、あらゆる事が個人の裁量に委ねられるようになり、「個人主義」が急に拡大され始めた。
イ　所属関係から解放された個人を国家が「国民」として一元的に統治しようとしたため、国と個人との間に緊張関係が生まれ、個人の独立心が突如として高まった。
ウ　近代化により所有財が人間の豊かさを象徴的に表す標識として認識されたことで、個々人が利己的に財産の所有を求めるようになり、社会の個人化が一気に進んだ。

いた。明治時代、そうした所属関係から離れてすべての人間を「国民」として一元的な戸籍に登録することが目指されたことは、個人の時代の到来を意味した。

夏目漱石が一九一四年（大正三年）に学習院大学で行った講演「私の個人主義」は、当時の日本で「個人主義」という発想がまだ新鮮な響きをもっていたことを象徴的に示している。その後の近代化は個人の豊かさを象徴する所有財を多様化し、車や家、学歴や会社名など他者との差を示す標識の種類を増やすことを通じて、社会の個人化を促進した。

ところで、日本で③個人の存在が急激に前景化した時代は、国家権力が強化された時代でもあった。明治政府は、それまで全国各地の藩に任されていた統治を一元的に行う各種のシステムを導入した。先に述べた、国民一人ひとりを出生関係により登録する戸籍制度の充実は、その典型である。

個人を前面に出す傾向は国が一方的におしつけたものではない。発足したばかりの明治政府が新しい修身の教科書としてAサイ用した(注)サミュエル・スマイルズの『自助論Self-Help』の訳書『西国立志編』がたどった道のりは、まさに国と個の緊張関係を物語っている。「天は自ら助くる者を助く」の有名な書き出しから始まるこの本は、個人の成功を、外部に頼らずに、内なる努力と工夫による独立した精神で成し遂げる重要性を訴えた作品である。家や村を生きる基盤にしてきた日本人にとって、④個人を真ん中におく発想はさぞかし新鮮であったに違いない。

スマイルズは個人の成功を「個人の努力」に還元し、国家の成功はそうした個人的な努力の積み重ねに過ぎないと考えていた。現在の日本人の視点からはイメージしにくいかもしれないが、彼の問題意識は、国家の制度に頼りきって個人の意思がもつ可能性を(注)矮小化《わいしょうか》してきた欧米社会への疑問から出発する。そこからスマイルズは、個々人の意思が国家の性質を決定するのだという結論に至る。「個人の尊重」は、⑤やがて人権という概念に成熟し、長い時間を経て、近年ではＳＤＧｓ（持続可能な開発目標）の掲げる「誰ひとり取り残さない」という理念へと展開してきた。個々人の自由こそ重要であるという理念は、とりわけ自由主義の社会においては⑥市民権を得たといってよい。

だが、一人ひとりの自由や権利を保障すれば、個々人が集まってつくられる社会の自由や権利も保障されるものだろうか。合理的な個人の集まりが集団の合理性を導くとは限らないという逆説は、長く社会科学者を魅了してきた。そして特に現代の経済学では、合理的な個人は自身の属する集団の効用よりも自分自身の効用を最大化すべく行動するという考え方が半ば常識になっている。個人化は、能力や富を他人と比較させて、競争意識に火をつける。そうであれば合理的な個人は、なぜ自分の利益を犠牲にしてまで互いに協力することがあるのだろうか。

⑦この疑問に対する答えは、人間が単なる「個々人の群れ」ではなく、有Bキ的なまとまりをもった集団に所属しながら生きていることを考えてみることで得られそうだ。人は複数の集団に同時に所属できるので、競争や合理性の意味もその都度変わってくる。たとえば会社の部署の中を覗《のぞ》いてみると、社員一人ひとりは互いに出世や給料をめぐって競争しているが、部署間の競争となれば、社員同士は競争相手から協力する仲間へと変化する。そして、これが会社間の競争となれば、部署同士はライバルではなく、協力相手となる。さらに、業界間の競争という視点でみると、「同業者」として会社間の協力が見られる。こ

て感情的になりひどい言葉をぶつけたことを後悔している。

問六　傍線部⑦の綾の様子として最も適切なものを、次のア～エから一つ選んで、その符号を書きなさい。

ア　自分の作品を完成させたことで湧き上がる心地よい興奮が覚めやらぬままに、自らの将来に真っすぐ向き合おうとしている。

イ　短時間で高度な技法を習得したことで生まれた自信を胸に、今まで考えもしなかった新しい道に挑戦する意欲を高めている。

ウ　父親を喜ばせる方法を思いついたことで気持ちが明るくなり、翌朝自分の進路希望を父親に伝えることを楽しみにしている。

エ　菱刺しに一生懸命取り組むことで新しい境地に到達し、その余韻の中で菱刺しを一生の仕事にできる幸せをかみ締めている。

問七　次の【図】は傍線部⑨の内容を整理した生徒のノートの一部である。【図】の空欄に入ることばを、本文中より一文で抜き出し、最初の三字を書きなさい。

【図】

綾＝素直に自分の気持ちを言えない。

※象徴的な発言

「　　　　」

似ている

父＝素直に気持ちを行動に表せないから、娘の前ではネクタイを絶対に締めないだろう。（綾の推測）

問八　傍線部⑩の綾の心情の説明として最も適切なものを、次のア～エから一つ選んで、その符号を書きなさい。

ア　父親の過去の言動を許す気持ちを伝えられたことで、菱刺しを通して自分が大人になったと実感すると同時に、これからも頑固な父親のことを受け入れていこうと思っている。

イ　自分の気持ちを堂々と伝えることで、成長した自分の姿を父親に見せることができたという充実感を感じると同時に、意地っ張りな父親を心から応援していきたいと思っている。

ウ　父親にネクタイを贈ることで、日頃の苦労をねぎらう気持ちを伝えられたという達成感を味わうと同時に、これで自分が決めた進路を父親は認めてくれるだろうと思っている。

エ　自分の宣言に対して父親が何も言わなかったことで、夢の実現に向かって歩み出せる喜びを抱くと同時に、会社で苦労をしている父親には困難を乗り越えてほしいと思っている。

五　次の文章を読んで、あとの問いに答えなさい。

長きにわたって他の民族や部族との争いを繰り返してきた人類は、その「戦利品」として生活の豊かさと秩序の安定を獲得してきた。特に十九世紀後半以降の近代化は、国家を強大にし、人々に豊かさをもたらすものとされたら、多くの国が、そのための産業化と生活の合理化に努めてきた。近代化は富だけでなく、社会における個人の役割を大きくする一方、近隣住民の助け合いを基盤にした、社会の中の共同的な要素を抑制する傾向をもつ。それは、とりわけ農村における伝統社会の息苦しさを打破しようとする内側からの動きと、国家と国民とを一対一でつなげようとする近代国家による外側からの働きかけの合成物であった。諸個人が①この流れの中で自らの置かれている共同体から切り離されていったのは半ば当然だったのである。

日本の場合、江戸時代までの社会は「～家の～助」や「～村の～太郎」などという形で、②所属する集団との関係の中で個人を同定して父は締めてくれるような気がした。残念なことに、⑨あたしと父は似ているから、あたしの前では一生締めないだろうけど。

藍《あい》色のネクタイに刺した模様は、（注）海のべこだ。ネクタイの剣先に刺した。淡い水色の（注）亀甲《きっこう》模様とくすんだピンク色の（注）べこの鞍《くら》。かわいい。（注）マーサさんの見本ではシックに見えたが、色遣いによってポップにもなるらしい。新発見だ。模様と色の組み合わせは無限だから、この菱刺しという物、一生飽きずに続けられそう。

厄介な上司はきっとネクタイに気づくだろう。揚げ足を取るような人なら見逃すはずがない。父とのギャップに驚き、話を振るだろう。笑うかもしれない。

⑩娘はできることはしました。あとはお父さん次第です。

結果を言えば、帰宅した父はスーツのまま、背筋を伸ばし無表情であたしと母の前を無意味に往復した。

（高森《たかもり》美由紀《みゆき》『藍色ちくちく』）

（注）菱刺し――青森県に伝わる刺しゅうの技法。

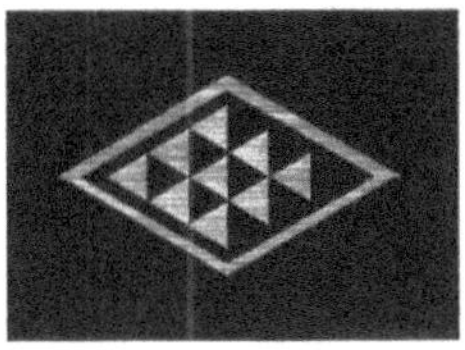

【菱刺しの例】

コングレス――目がはっきりわかる綿素材の布。

海のべこ・亀甲模様・べこの鞍――菱刺しの模様の種類。

マーサさん――菱刺しを扱ったブログの管理人。

問一　傍線部③・⑤・⑧の漢字の読み方を平仮名で書きなさい。

問二　二重傍線部にある付属語の数を、数字で書きなさい。

問三　傍線部④・⑥の本文中の意味として最も適切なものを、次の各群のア～エから一つ選んで、その符号を書きなさい。

④　ア　十分に　イ　すぐに　ウ　特に　エ　かりに

⑥　ア　尺度　イ　結果　ウ　手順　エ　技巧

問四　傍線部①のより子の心情の説明として最も適切なものを、次のア～エから一つ選んで、その符号を書きなさい。

ア　今の綾の姿と菱刺しを始めた当初の未熟な自分の姿とを重ね合わせて、綾にはぜひ自分と同じ道を歩んで欲しいと思っている。

イ　家族を思って刺したり仲の良い友だちと一緒に刺したりする楽しさを思い出し、菱刺しを始めた頃の新鮮な喜びに浸っている。

ウ　年齢を重ねた今だからこそ自分の下手な菱刺しの着物を着てくれた親の気持ちが分かり、その寛大さに頭が下がる思いでいる。

エ　長年続けてきた菱刺しが多くの人の人生を支えていたことに気付き、厳しい練習に励んだ日々が報われたことに満足している。

問五　傍線部②の綾の説明として最も適切なものを、次のア～エから一つ選んで、その符号を書きなさい。

ア　菱刺しを通して出会った人たちのことばを思い出し、自分が多くの人に助けられていたことに気づいた綾は、今まで見守ってくれた父親に対して身勝手な態度をとった自分を恥じている。

イ　自分を満たしてくれる菱刺しの魅力について考えることで、それが人と人との絆を深めるものだと気づいた綾は、菱刺しを続けることでいつか自分も家族に優しくなれると期待している。

ウ　菱刺しは単なる針仕事ではなく、家族への愛を表現するためのものだと気づいた綾は、深く考えずに人を傷つける言葉を吐いてしまう自分には菱刺しを続ける資格がないと反省している。

エ　自分が菱刺しに夢中になる理由を考えることで、自分の心の奥底にあった家族を大切に思う気持ちに気づいた綾は、父親に対し

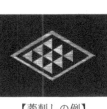

「アッパは擦《す》り切れるまで着てけだもんで、我は大満足だったし、友だちともおしゃべりしながら刺すのは本当に楽しかったねえ」

　アッパとは、母親のことらしい。父親のことはダダと呼んだそうだ。菱刺しは貧しく苦しい生活のせいで、やむなく刺したというような仄暗《ほのぐら》い印象があったけど、こうして実際刺したり、より子さんの表情を目《ま》の当たりにしていると、そればかりじゃなかったのかもしれないと思えてくる。

　確か、田向井さんは「おいしい物をずーっと食べていたいような感じ」とたとえていた。それはある。加えて、菱刺しは単なる針仕事ってわけじゃない。家族や大切な人に温かな着物を着せたい。どうせなら色や柄を楽しみたい。そういう想《おも》いがある。

　だからか。だから菱刺しをやっている間じゅう、満たされているのか。

　②それなのに。

　お父さん、パワハラ――。

　ガッチガチの頭してると――。

　あの時の父の顔が目に浮かぶ。

　いつも通り表情はほぼ動かなかった。だからこそ、うろたえているのが③透けて見えてしまった。

　父と似ている指先を見る。針で突いた時の痛みを覚えている。

　何も知らない癖に、あたしは頭に浮かんだ言葉をそのまま吐いたのだ。スマホの予測変換で出てきた言葉を④ろくに意味も分からずにそれらしいからと反射的に使うみたいに。あたしはスマホじゃなく、人間のはずなのに。父がどう思うかなんて考えちゃいなかった。

　とはいえ、改めて謝るのもなあ。他人相手ならできることが、親だとなぜか難しくなる。

　視線をさまよわせたあたしの目を引き寄せたのは――。

「より子さん、そこに飾ってあるような財布とかバッグのような目の細かい布に刺す方法を教えてください」

　(注)コングレスを、本来刺したい生地にあてがってその上から一緒に刺す方法を教わった。

　要するに目の⑤粗い布を目印にするのだ。

　刺し終わったらコングレスの糸を切って一本一本引き抜くと、生地に菱刺しが残るという⑥寸法だ。

　ワンポイントの模様はその夜のうちにできあがった。

　ハサミを置くと、ゴツッと大きな音が出た。静かで慎み深い菱刺しの時間がぶつりとたち切られる。

　改めて持ち上げて、ハサミが机の上にのってから手を放してみる。音はせず、時間はつながり、余韻が残った。

　あたしは通学用のリュックを引き寄せ、進路調査票を取り出した。テーブルの上の菱刺しの道具を脇に寄せ、⑦調査票の折り目を丁寧に伸ばす。

　翌朝。

「お父さん、これ」

　洗面所で出勤準備をしている父に、昨夜完成させた菱刺しを⑧施したネクタイを渡す。

　父は鉄製であるかのような堅牢《けんろう》な眼鏡を押し上げて、まじまじとネクタイを見た。相変わらず鉄壁の無表情だ。

「気に入らなかったら、無理にしてかなくていいから。それから、あたし、八戸《はちのへ》の工業大学で伝統デザイン勉強しようと思う。進路調査票にはそう書くつもり」

　宣言すると、洗面所を出た。

薄様――薄くすいた和紙。
道心――仏道を修めようと思う心。
物――食物、米。
雑色男――召し使いの男。

問一　「女」が「鏡の箱」を持ち歩いて売っていた季節として最も適切なものを、次の**ア**～**エ**から一つ選んで、その符号を書きなさい。

ア　春　**イ**　夏　**ウ**　秋　**エ**　冬

問二　傍線部①の意味として最も適切なものを、次の**ア**～**エ**から一つ選んで、その符号を書きなさい。

ア　珍しい模様　**イ**　幼い筆跡
ウ　しなやかな手　**エ**　美しい字

問三　傍線部②の表現について説明した次の文章の空欄に入る適切なことばを、漢字と送り仮名の二字で書きなさい。

「涙のます鏡」という表現に、歌の作者は「涙が［　　］」という意味と、「澄んではっきり映る鏡」である「真澄《ます》鏡」の二通りの意味を込めている。

問四　傍線部③の理由として最も適切なものを、次の**ア**～**エ**から一つ選んで、その符号を書きなさい。

ア　今日限りの命である自分が鏡の中で生き続けることは口外してはならないという持ち主の忠告が書かれた和歌を見て、三河の入道は恐ろしく感じたから。
イ　生活のために鏡を手放したことを人には言わないで欲しいという持ち主の強い自尊心を感じる和歌を見て、三河の入道はその心の持ちように感服したから。
ウ　鏡に映してきた今までの自分の姿を他の人には伝えないで欲しいという持ち主の切実な願いがこもった和歌を見て、三河の入道は強く心を動かされたから。
エ　昔から慣れ親しんだ鏡と別れる気持ちは言葉にできないという持ち主の深い悲しみが表された和歌を見て、三河の入道にはあわれみの心が芽生えたから。

四　次の文章を読んで、あとの問いに答えなさい。

青森県に住む高校二年生の武田綾《たけだあや》は、やりたいことが見つからず、進路調査票を提出できずにいた。そんなある日、公民館職員の田向井《たむかい》さんに誘われて、(注)菱刺《ひしざ》しの工房を訪れ、より子さんから手ほどきを受けることになった。

間違えたところの糸を引き抜いていると、
「綾ちゃんば見てると、初心ば思い出すねえ」
と、より子さんが言った。あたしの手元を見つめてほほえんでいる。
「より子さんは何がきっかけで始めたんですか？」
「服のおつくろいだな。おはじきだのあやとりだのと同じく、遊びの延長でやったもんだ。友だち集めてさ。我も最初は裏から刺すのが苦手での。布っこば持ち上げて覗《のぞ》き込んで刺したもんだ。別なこと考えながら刺して妙な形さなるのはしょっちゅうだった。だども、何べんもやり直しできる。気楽に失敗できたんだ。家族の着物っこさ刺してせ、喜んでもらえるのは嬉《うれ》しかったねえ」
「へえ。着てくれましたか？」
「ん。上手でねかったどもな。我だって、子どもや孫が、我のために菱刺ししてければ、どんな物でも嬉しいもんだよ」
より子さんは、①好物を食べたみたいな顔をして目を閉じた。

（注）　某甲――ある人。　門人――召し使い。　孔文挙――孔子の子孫。

問一　傍線部①の「暴」と同じ意味の「暴」を用いた熟語を、次のア～エから一つ選んで、その符号を書きなさい。

ア　暴風　イ　暴食　ウ　暴露　エ　暴落

問二　書き下し文の読み方になるように、傍線部②に返り点をつけなさい。

問三　二重傍線部a・bの主語として適切なものを、次のア～エからそれぞれ一つ選んで、その符号を書きなさい。

ア　某甲　イ　門人　ウ　孔文挙　エ　作者

問四　次の【資料】の内容を踏まえた本文の説明として最も適切なものを、次のア～エから一つ選んで、その符号を書きなさい。

> 【資料】
> 文章に通じ、文字学にすぐれた学者として知られる人物であった邯鄲淳が、後漢末期にまとめた笑い話集が『笑林』である。どの話にも笑いがあり、なかには教訓的な意義が読み取れるものもある。
> （参考　中国古典小説選12『笑林・笑賛・笑府』）

ア　主人の命令に素直に従わない召し使いと、召し使いの言い分を理解しようとしない主人とのすれ違いに面白さがあり、人を責めるには、相手の考えを理解すべきであるという教訓が述べられている。

イ　自分の主張が状況と矛盾しているにもかかわらず、怒って主人に意見する召し使いの様子に面白さがあり、人を責めるには、理屈の通った主張をしなければならないという教訓が述べられている。

ウ　主人が意図的に無理な要求をしたことに対し、召し使いが無理な要求を仕返すやり取りに面白さがあり、人を責めるには、要望の実現の可否を見極めなければならないという教訓が述べられている。

エ　自分の立場をわきまえず、主人の命令に対して当然のごとく反論する召し使いの様子に面白さがあり、人を責めるには、自分の立場を考慮に入れなければならないという教訓が述べられている。

三　次の文章を読んで、あとの問いに答えなさい。

今は昔、世のいたくわろかりける年《（大ききんで世の中がひどくすさんでいた年）》、五月長雨の頃、鏡の箱を、女、持て歩きて売りけるを、三河《みかは》の入道のもとに、持て来たりければ、沃《い》懸地《かけぢ》に蒔《ま》きたる箱なり。内に薄様《うすやう》を引き破《や》りて、①をかしげなる手にて書きたり。

今日までと見るに②涙のます鏡馴《な》れにし影を人に語るな

とあるを見て、道心発《をこ》りける頃なりければ、いみじくあはれに覚えて、うち泣きて、物十石車に入れて、③鏡は返しとらせてやりてけり。雑色男《ざうしきおとこ》帰りて、「五条町の辺に、荒れたりける所に、やがて下《をろ》しつ」となむ語りける。誰といふとも知らず。

（『古本説話集《こほんせつわしゅう》』）

（注）　三河の入道――大江定基《おおえのさだもと》（寂照《じゃくしょう》）。
沃懸地に蒔きたる――金や銀の粉を散らして装飾した。

ア　「春風」に「や」が付いておらず、季語には「や」を付けるという俳句の原則を無視した句となっている。
イ　「春風」と「たんぽぽ」は春の風物であり、「春風にたんぽぽゆれる」がありきたりの情景となっている。
ウ　「春風」と「ゆれる」は意味が重なっており、両者を一緒に詠むことで無駄がある表現となっている。
エ　「春風」に「たんぽぽゆれる」と詠んだことで、事の経緯を全部書いた報告文のような句となっている。

(2)　(1)を踏まえて改善した句として最も適切なものを、次のア～エから一つ選んで、その符号を書きなさい。
ア　春風に桜がゆれる通学路
イ　春風がたんぽぽゆらす帰り道
ウ　春風や蝶《ちょう》の舞いたる通学路
エ　春風やはずむ歌声帰り道

問六　**【会話文】**の内容として最も適切なものを、次の**ア**～**エ**から一つ選んで、その符号を書きなさい。
ア　Ⅰの句が詠まれた背景についての**生徒A**の説明が、**生徒B**の俳句における「間」についての解説の根拠となった。
イ　Ⅱの句の説明を聞いた**生徒D**の気づきによって、**生徒C**の俳句についての知識の深さが賞賛されることになった。
ウ　**生徒C**が具体的なことばを用いた改善案を助言したことで、**生徒B**の詠んだ句はグループ全員が納得する良い句となった。
エ　**生徒B**が句会用の自作の句に対して助言を求めたことによって、**生徒A**は次回全員で句を推敲し合うことを提案した。

二　次の書き下し文と漢文を読んで、あとの問いに答えなさい。

〔書き下し文〕

某甲《ぼうこう》夜暴《には》かに疾《や》み、門人に命じて火を鑽《さん》せしむ。其《そ》の夜陰瞑《いんめい》にして、未《いま》だ火を得ず。之《これ》を催すこと急なり。門人憤然として曰《い》はく、「君人を責むること亦《ま》た大いに道理無し。今暗きこと漆《うるし》のごとし。何ぞ以て火を把《と》りて我を照らさざる。我当《まさ》に火を鑽するの具を求め得べし。然《しか》る後に得易《やす》きのみ。」と。孔文挙《こうぶんきょ》之を聞きて曰はく、「人を責むるには当に其の方を以てすべきなり。」と。

〔漢文〕

某甲夜①暴カニ疾ミ、②命ジテ門人ニ鑽セシム火ヲ。其ノ夜陰瞑ニシテ、未レダ得レ火ヲ。a催レスコト之ヲ急ナリ。門人憤然トシテ曰ハク、「君責レムルコト人ヲ亦タ大イニ無二シ道理一。今暗キコト如レシ漆ノ。何ゾ以テ不二ル把レリテ火ヲ照レラサ我ヲ。我当レニシ得レb求二メ鑽レスルノ火ヲ具一ヲ。然ル後ニ易レキ得耳ト。」孔文挙聞レキテ之ヲ曰ハク、「責レムルニハ人ヲ当レニキ以二テス其ノ方一ヲ也ト。」

（邯鄲淳《かんたんじゅん》『笑林《しょうりん》』）

生徒D　一言変えるだけで、良い句になるのは驚きだよ。句を詠むときのことば選びって、本当に難しいなあ。

生徒A　私は、句を詠むとき、意味の重なりにも気をつけているよ。例えば、「山に多くの登山客」は、無駄な表現の典型だね。詠み込む内容をしっかり選別して、限られた十七音を有効に使うことが句作には必要なんだ。

生徒C　それなら、参考になる句があるよ。Ⅲの句を見てごらん。季語が「永き日」で春の句だね。ある春の日に友人と長く語り合い、別れぎわに友人があくびをし、それがうつったように自分もあくびをして友人と別れたという句なんだ。こう考えると、この句では、「欠伸うつして別れゆく」という［④］だけが詠まれ、［⑤］が省略されているから、それを鑑賞者が想像する余裕が生まれ、余情のある句になるんだよ。事の経緯を全部書いてしまうと、報告文のようになるからね。

生徒B　なるほど、伝えたいことはたくさんあっても、その内容を厳選しなければならないんだね。句会に出す句を詠むときの参考にするよ。

生徒D　今日は、とっても勉強になったね。実は、私も句会用に⑥「春風にたんぽぽゆれる帰り道」という句を詠んでいるんだけど、今日の話し合いの内容を踏まえて改善してみるよ。

生徒C　良い句になったら、みんなで鑑賞しようよ。私も一句詠んでくるよ。

生徒A　それはいいね。今日の話し合いを踏まえて詠んだ句について、みんなで推敲《すいこう》し合うことにしよう。次は、一人一句詠んで集まろう。

問一　空欄①に入ることばとして適切なものを、現代仮名遣いの平仮名で書きなさい。

問二　空欄②に入ることばとして適切なものを、次の**ア**～**エ**から一つ選んで、その符号を書きなさい。

ア　切れ字　**イ**　置き字　**ウ**　接尾語　**エ**　接続語

問三　傍線部③の説明として最も適切なものを、次の**ア**～**エ**から一つ選んで、その符号を書きなさい。

ア　「春雨はどこに降るかわからない」という表現で、「春雨」が「牛の目」にも降ることを表した。

イ　「春雨が降ったかもしれない」という表現で、「牛の目」が常にぬれている状態であることを表した。

ウ　「春雨が降っているのかわからない」という表現で、「春雨」の細かく静かに降る様子を表した。

エ　「春雨が知らないうちに降っていた」という表現で、「春雨」に動じない「牛」の姿を表した。

問四　空欄④・⑤に入ることばの組み合わせとして最も適切なものを、次の**ア**～**エ**から一つ選んで、その符号を書きなさい。

ア　④過程　⑤情景

イ　④結果　⑤過程

ウ　④感想　⑤情景

エ　④結果　⑤感想

問五　傍線部⑥について、次の問いに答えなさい。

(1)　**【会話文】**の内容を踏まえた句の改善点として最も適切なものを、次の**ア**～**エ**から一つ選んで、その符号を書きなさい。

＜国語＞

時間　五〇分　満点　一〇〇点

一　Aさんの学級では国語の授業で行う句会に向けて、グループで話し合いをすることになった。Ⅰ～ⅢはAさんたちが参考にした句、【会話文】はグループ活動の場面である。Ⅰ～Ⅲの句と【会話文】を読んで、あとの問いに答えなさい。

Ⅰ　夏草や　① 　どもが夢の跡　松尾芭蕉《まつおばしょう》

Ⅱ　春雨《はるさめ》や降るとも知らず牛の目に　小西来山《こにしらいざん》

Ⅲ　永き日や欠伸《あくび》うつして別れゆく　夏目漱石《なつめそうせき》

【会話文】

生徒A　Ⅰの句は、授業で鑑賞した句だね。俳人の松尾芭蕉が平泉を訪れ、草が生いしげっている高館《たかだち》で詠《よ》んだんだ。

生徒B　眼前に広がる夏草を眺めながら、昔その地で戦った武士の姿に思いをはせているんだよね。この句では、 ② の「や」によって、句に「間」が生まれ、鑑賞者の想像を膨らませていると私は思うよ。また、この「間」が、眼前の景色と想像の世界を違和感なく結びつけているのも素晴らしいね。

生徒C　Ⅱの句でも「や」があることによって、情景を鮮明に思い描くことができるね。でも、この句の見事なところは、季語である「春雨」の様子を「降るとも知らず」と表しているところだよ。句作においては、③表現の工夫によって、季語がきわ立つこともあるんだよ。

生徒D　そうか。直接的な表現を避けることで、味わいのある句になるんだ。原則として一句に一つ入れる季語をうまく生かすことも大切なんだね。

生徒B　私も「雨」で句を詠んだことがあるんだ。「冬の雨街を彩《いろど》る傘の花」という句で、「冬の雨」という季語を使って、一雨ごとに春が近づいてくるうれしさを詠んだつもりなんだけど、どうかな。

生徒C　うーん。「雨」が降って「傘」が開くという景色は、月並みなものだから、句に深みを生む表現とは言えないな。「冬の雨」を「春近し」にするのはどうかな。

生徒A　それはいいね。春がやってくるわくわく感と、色とりどりの傘が開く華やかな街の様子が「花」でつながり、句に深みが生まれるね。

生徒B　うん、「春近し街を彩る傘の花」の方が良い句になった気がするよ。ありがとう。

MEMO

大切なことはメモしておこうネ！

2024年度

解　答　と　解　説

《2024年度の配点は解答用紙集に掲載してあります。》

＜数学解答＞

1　(1)　-3　(2)　$5x+7y$　(3)　$5\sqrt{5}$　(4)　$(x=)\dfrac{-5\pm\sqrt{13}}{2}$　(5)　$(y=)-9$
(6)　0　(7)　32π (cm^3)　(8)　40(度)

2　(1)　240(円)　(2)　$y=x+80$ $[x-y+80=0]$　(3)　イ　(4)　240(分)

3　(1)　i　2　ii　$2mn+m+n$　iii・iv・v　ウ　(2)　①　$\dfrac{1}{4}$　②　$\dfrac{3}{4}$　③　$\dfrac{2}{9}$

4　(1)　$(a=)\dfrac{1}{4}$　(2)　ア　0　イ　4　(3)　$y=\dfrac{1}{2}x+2$ $[x-2y+4=0]$
(4)　①　(6, 9)　②　$\left(\dfrac{4}{3},\ \dfrac{32}{3}\right)$

5　(1)　i　エ　ii　ウ　iii　カ　iv　2　(2)　$\sqrt{7}-2$(cm)　(3)　$\dfrac{10-2\sqrt{7}}{3}$(cm)

6　(1)　7.5(日)　(2)　①　a　ア　b　ウ　②　0.75　(3)　①　$(y=)-x+1$
②　$(x=)0.3$　(符号)　ウ

＜数学解説＞

1　(小問群—数・式の計算，文字式の計算，根号を含む計算，2次方程式，反比例，絶対値，円すいの体積，平行線と角度の求値)

(1)　$6\div(-2)=-(6\div2)=-3$

(2)　(与式)$=6x+3y-x+4y=5x+7y$

(3)　$3\sqrt{5}+\sqrt{20}=3\sqrt{5}+\sqrt{2^2\times5}=3\sqrt{5}+2\sqrt{5}=5\sqrt{5}$

(4)　2次方程式の解の公式を利用する。$x=\dfrac{-5\pm\sqrt{5^2-4\times1\times3}}{2\times1}=\dfrac{-5\pm\sqrt{13}}{2}$

(5)　**yはxに反比例するので，$y=\dfrac{a}{x}$**と表せる。これに$x=-6$，$y=3$を代入すると，$3=\dfrac{a}{-6}$　すなわち，$a=-18$　よって、反比例の式は$y=-\dfrac{18}{x}$となり，$x=2$のとき$y=-\dfrac{18}{2}=-9$

(6)　絶対値が2以下である整数は，-2，-1，0，1，2の5個あり，5個の数字の和は0

(7)　**円すいの体積は，(底面積)×(高さ)÷3**で求めることができるので，$4^2\times\pi\times6\times\dfrac{1}{3}=32\pi$ (cm^3)

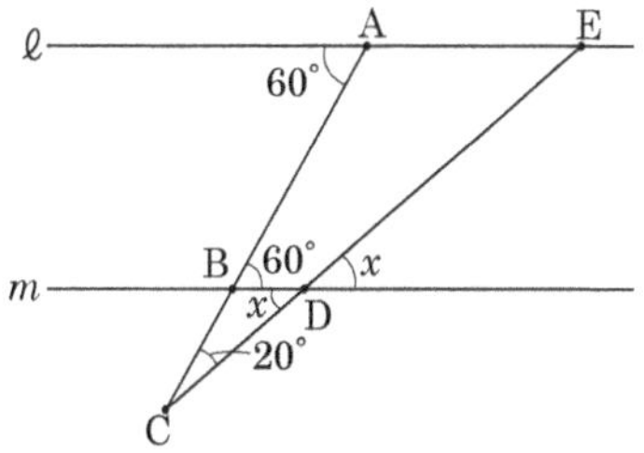

(8)　右図のように点を考える。平行線の錯角は等しいので，$\angle\text{ABD}=60^\circ$　対頂角は等しいので$\angle\text{BDC}=x$　$\triangle\text{BCD}$の内角と外角の関係から，$\angle x+20^\circ=60^\circ$　したがって，$\angle x=40^\circ$

2　(関数とグラフの利用—グラフの読み取り，直線の式の求値，料金体系表と数学的思考の利用)

(1)　駐輪場Aのグラフより，$x=100$のとき$y=240$なので，240円

(2)　直線PQの傾きはP(20, 100)，Q(40, 120)より　(yの増加量)÷(xの増加量)$=\dfrac{120-100}{40-20}=1$

よって，$y=x+b$とおける。これにP(20，100)を代入すると，$100=20+b$　$b=80$　となり，直線PQの式は$y=x+80$と決まる。

(3)　駐輪場Bの料金は，基本料金100円でその後20分ごとに20円ずつ増えていくので，必ず100以上の20の倍数となる。すると，問題の図より，駐輪場Aの料金が$x\leqq 180$において20の倍数となるのは240円しかないので，駐輪場Aと駐輪場Bの料金は240円で等しくなる。以上より，駐輪場Bの料金が240円となるときを考える。$(240-100)\div 20=7$より，基本料金100円から20円ずつ7回料金が上がると240円となるので，$20\times 7=140$(分)を過ぎてから20分間は料金が240円である。したがって，$140<x\leqq 160$の間は駐輪場Aと駐輪場Bの料金は等しい。ゆえに，選択肢イの140分を超えて160分までとなる。

(4)　(3)より$140<x\leqq 160$は，駐輪場A：240円，駐輪場B：240円で等しい。以下，20分ごとの料金を比較してみると，

$160<x\leqq 180$は，駐輪場A：240円，駐輪場B：260円でA<B
$180<x\leqq 200$は，駐輪場A：330円，駐輪場B：280円でA>B
$200<x\leqq 220$は，駐輪場A：330円，駐輪場B：300円でA>B
$220<x\leqq 240$は，駐輪場A：330円，駐輪場B：320円でA>B
$240<x\leqq 260$は，駐輪場A：330円，駐輪場B：340円でA<B
$260<x\leqq 280$は，駐輪場A：330円，駐輪場B：360円でA<B
$280<x\leqq 300$は，駐輪場A：330円，駐輪場B：380円でA<B

となるので，駐輪場Bのほうが駐輪場Aより安くなる駐輪時間は最大で240分といえる。

(補足)　駐輪場Bの料金が駐輪場Aよりも安く、その中で最大の料金は320円であることに気づけば，駐輪場Bが320円となるxの範囲が$(320-100)\div 20=11$　より，$20\times 11=220$なので，$220<x\leqq 240$であることがわかる。これより，240分と求めてもよい。

3 (文字式を利用した証明問題，さいころの出る目と確率)

(1)　i　奇数であることを示したいので，$4mn+2m+2n+1=2(2mn+m+n)+1$と変形する。　ii　m，nはともに整数なので，$2mn+m+n$も整数といえる。　iii　$2(2mn+m+n)$は2×(整数)なので，これは偶数といえる。　iv　$2(2mn+m+n)+1$は(偶数)+1となるので，奇数といえる。　v　2つの偶数の積で同様に考える。m，nを整数として，2つの偶数を$2m$，$2n$とすると，その積は，$2m\times 2n=2\times 2mn$　となり，$2mn$は整数なので，$2\times 2mn$は偶数である。また，偶数と奇数の積も同様に考える。m，nを整数として，偶数を$2m$，奇数を$2n+1$とすると、その積は，$2m\times(2n+1)=2(2mn+m)$　となり，$2mn+m$は整数なので，$2(2mn+m)$は偶数である。

(2)　①　**積abの値が奇数となるのは，a，bともに奇数でなければならない。**したがって，a，bともに奇数である「1か3か5」の3通りのいずれかの目が出ればよいので，a，bの目の出方は全部で$3\times 3=9$(通り)　2つのさいころの目の出方は全部で$6\times 6=36$(通り)あるので，求める確率は$\frac{9}{36}=\frac{1}{4}$

【参考】　積abの値が奇数になるa，bの目の組み合わせをすべて書き出すと，$(a,\ b)=(1,\ 1)$，$(1,\ 3)$，$(1,\ 5)$，$(3,\ 1)$，$(3,\ 3)$，$(3,\ 5)$，$(5,\ 1)$，$(5,\ 3)$，$(5,\ 5)$の9通りである。

②　$ab+3b=b(a+3)$より，$b(a+3)$の値が奇数となる確率を考えると，「bが奇数，かつ，$a+3$が奇数」となればよい。よって，まずはこのときの確率を求める。①と同様にすると，bの値が奇数なので「1か3か5」のいずれかの目が出ればよい。また，$(a+3)$の値が奇数となるためにはaの値が奇数でないといけないので「1か3か5」のいずれかの目が出ればよい。したがって，①と同様の確率となり，$b(a+3)$の値が奇数となる確率は$\frac{1}{4}$とわかる。これより，$b(a+3)$の

値が偶数となる確率は，奇数となるとき以外を考えるので，$1-\frac{1}{4}=\frac{3}{4}$

③　$a^2-5ab+6b^2=a(a-5b)+6b^2$と変形すると，$6b^2$は偶数なので，$a(a-5b)+6b^2$が奇数となるためには，$a(a-5b)$が奇数となる必要がある。これより，$a$と$a-5b$はともに奇数とならなければならないので，$a$の値は「1か3か5」の奇数の目のいずれかとなり，そのうえで，$a-5b$が奇数となるには$5b$の値が偶数，すなわち，bが偶数となる必要があり，bの値は「2，4，6」の偶数の目のいずれかとなる。ここまでで，$(a,\ b)$の目の組み合わせは，$(a,\ b)=(1,\ 2)$，$(1,\ 4)$，$(1,\ 6)$，$(3,\ 2)$，$(3,\ 4)$，$(3,\ 6)$，$(5,\ 2)$，$(5,\ 4)$，$(5,\ 6)$の9組のいずれかである。この中で，$a^2-5ab+6b^2$が3以上となるものを考える。$a^2-5ab+6b^2=(a-2b)(a-3b)$より，$a-2b$と$a-3b$はともに整数で，かつ，$a-2b\neq a-3b$なので，$(a-2b)(a-3b)=1$となることはあり得ない。($1\times1$となることはないから。)　したがって，$(a-2b)(a-3b)$が負にならなければ、その値は3以上の奇数であるとわかる。$a-3b<a-2b$なので，$a-3b<0$かつ$a-2b>0$であるとき，$(a-2b)(a-3b)$は負となる。これを満たす$(a,\ b)$の組み合わせは，$(a,\ b)=(5,\ 2)$しかなく，このとき$(a-2b)(a-3b)$の値を3以上の奇数にできない。以上より，残り8組の$(a,\ b)$の組み合わせはすべて問題の条件を満たすことから，求める確率は，$\frac{8}{36}=\frac{2}{9}$

4　(関数とグラフ，図形―放物線とその利用，比例定数の求値，放物線と変域，直線の式，座標と平行四辺形，等積変形)

(1)　$y=ax^2$のグラフ上に点A$(-2,\ 1)$はあるので，これを代入すると，$1=a\times(-2)^2$　$4a=1$　$a=\frac{1}{4}$

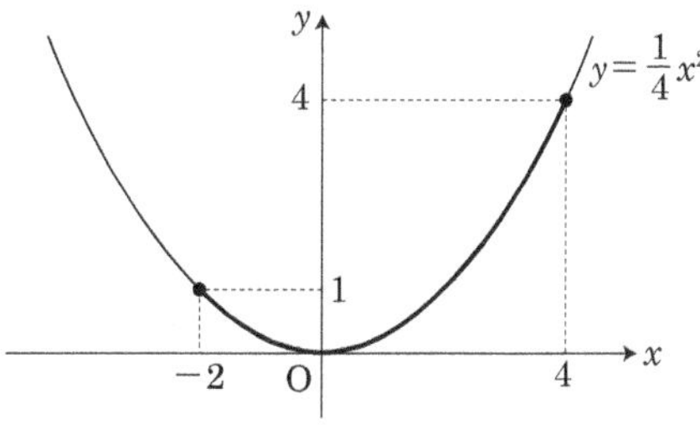

(2)　(1)より$a=\frac{1}{4}$なので，$y=\frac{1}{4}x^2$についてxの変域が$-2\leqq x\leqq 4$のときを考える。**$x=0$を変域に含む**のでこのときyは最小となり，$y=0$　**軸から最も遠い**$x=4$のときyは最大となり，$y=\frac{1}{4}\times4^2=4$　したがって，$0\leqq y\leqq 4$

(3)　点A$(-2,\ 1)$，B$(4,\ 4)$より，直線ABの**変化の割合(傾き)は，(yの増加量)÷(xの増加量)**$=(4-1)\div(4-(-2))=\frac{1}{2}$　なので，直線ABの式は$y=\frac{1}{2}x+b$とおける。これに，点A$(-2,\ 1)$を代入すると，$1=\frac{1}{2}\times(-2)+b$　$1=-1+b$　$b=2$　よって，直線ABの式は$y=\frac{1}{2}+2$

(4)　①　四角形ABCDは平行四辺形なので，AB//CDかつAB＝CDである。これより，2点A，Bのx座標の差が$4-(-2)=6$なので，2点C，Dのx座標の差も同じく6となる。点Cのx座標は0であることから，点Dのx座標は6とわかり，点Dは$y=\frac{1}{4}x^2$のグラフ上にあるので，そのy座標は$y=\frac{1}{4}\times6^2=9$　よって，D$(6,\ 9)$

②　△ABCの面積は平行四辺形ABCDの面積の半分なので，△ABEの面積が△ABCの面積の2倍となる点Eを考えればよい。右図のように直線ABと

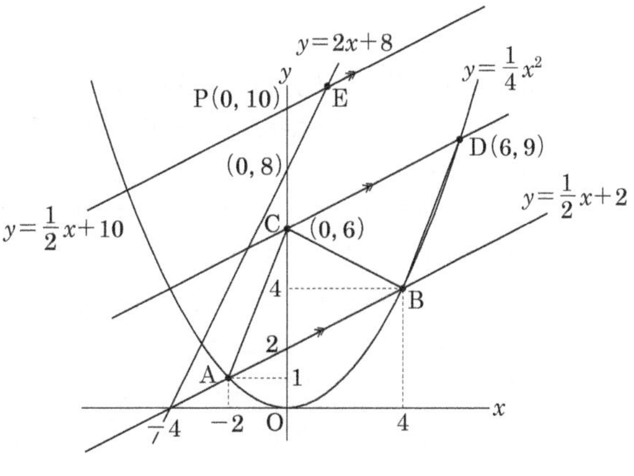

平行な直線を考えると，点Eは直線$y=\frac{1}{2}x+10$上，もしくは，$y=\frac{1}{2}x-6$上にあるといえるが，点Eのx座標が正の数で直線$y=2x+8$上にあるので，$y=\frac{1}{2}x+10$上にあるとわかる。したがって，$y=\frac{1}{2}x+10$と$y=2x+8$の交点を考える。2式からyを消去すると，$\frac{1}{2}x+10=2x+8$　$\frac{3}{2}x=2$　$x=\frac{4}{3}$　となり，これが点Eのx座標となる。y座標は$y=2x+8$に代入すると，$y=2\times\frac{4}{3}+8=\frac{8}{3}+8=\frac{32}{3}$となり，点E$\left(\frac{4}{3},\ \frac{32}{3}\right)$

5　**(平面図形―三角形の相似の証明(穴埋め)，円の性質の利用，線分の長さの求値，三平方の定理，相似な図形の性質)**

(1)　i　弧DEに対する円周角が等しいことを利用するので，∠DAE＝∠DFE　(エ)　ii　∠BEF＝90°より，∠DEF＋∠BED＝90°　(ウ)　iii　△ABE∽△EBDを用いて，対応する辺の比は等しいので，AB：EB＝EB：DB　選択肢に合わせると，EB：DB＝BE：BD　(カ)
iv　iiiより，4：EB＝BE：1　これより，$BE^2=4\times1$　BE＞0より，BE＝2

(2)　△ABCはAB＝4cm，AC＝3cm，∠ACB＝90°の直角三角形なので，三平方の定理より，$AB^2=AC^2+BC^2$だから，$4^2=3^2+BC^2$　$BC^2=16-9=7$　BC＞0より，BC＝$\sqrt{7}$cm　よって，CE＝BC－BE＝$\sqrt{7}-2$(cm)

(3)　点Dから線分EFに垂線DHを，点Dから線分BCに垂線DIをひく。△BDI∽△BACなので，BD：BA＝DI：AC　すなわち，1：4＝DI：3　4×DI＝3　DI＝$\frac{3}{4}$cm　BD：BA＝BI：BC　すなわち，1：4＝BI：$\sqrt{7}$　4×BI＝$\sqrt{7}$　BI＝$\frac{\sqrt{7}}{4}$cm　ここで，四角形DIEHは長方形なので，HE＝DI＝$\frac{3}{4}$(cm)…(ア)　また，EI＝BE－BI＝$2-\frac{\sqrt{7}}{4}$(cm)なので，四角形DIEHが長方形であることから，DH＝IE＝$2-\frac{\sqrt{7}}{4}$(cm)　さらに，(1)より，∠DFE＝∠BEDなので，∠DFH＝∠DEIといえるので，これに∠DHF＝∠DIE＝90°であることを用いると，△DHF∽△DIEとわかる。したがって，対応する辺の比は等しく，DH：DI＝FH：EI　すなわち，$\left(2-\frac{\sqrt{7}}{4}\right):\frac{3}{4}=FH:\left(2-\frac{\sqrt{7}}{4}\right)$　これを解いて，$\frac{3}{4}\times FH=\left(2-\frac{\sqrt{7}}{4}\right)^2$　$FH=\frac{4}{3}\left(4-\sqrt{7}+\frac{7}{16}\right)=\frac{71-16\sqrt{7}}{12}$(cm)…(イ)　以上より，(ア)，(イ)を用いると，円Oの直径である線分EFの長さは，$EF=HE+FH=\frac{3}{4}+\frac{71-16\sqrt{7}}{12}=\frac{20-4\sqrt{7}}{3}$　ゆえに，円Oの半径は線分EFの半分の長さなので，$\frac{20-4\sqrt{7}}{3}\times\frac{1}{2}=\frac{10-2\sqrt{7}}{3}$(cm)

6　**(資料の整理とデータの分析―中央値(メジアン)，箱ひげ図，度数分布表，累積相対度数，データの読み取りと数学的思考，文字式の利用とその応用，2次方程式の応用)**

(1)　表1のデータを小さい順に並べると2，2，4，5，7，7，8，9，10，10，11，14となり，データは全部で12個なので，小さい方から6番目と7番目の平均値が中央値になる。したがって，(7＋8)÷2＝7.5が中央値となる。

(2)　①　a：三田市の範囲は13－2＝11，洲本市の範囲は13－2＝11なので，範囲は等しい。
b：箱ひげ図からは平均値はわからない。
②　豊岡市の第3四分位数は15.5なので，15日以下が9月，16日以上が3月あることがわかる。したがって，16日未満の累積相対度数は$\frac{9}{12}=0.75$

(3)　①　2月1日から3日までのブライアスコアは，$\{(x-0)^2+(y-0)^2+(0.5-0)^2\}\div 3=\frac{1}{3}(x^2+y^2+0.25)$　2月4日から6日までのブライアスコアは，$\{(x-1)^2+(y-1)^2+(0.5-1)^2\}\div 3=\frac{1}{3}(x^2-2x+y^2-2y+2.25)$　これらが等しいので，$x^2+y^2+0.25=x^2-2x+y^2-2y+2.25$　$2x+2y=2$　よって，$y=-x+1$

②　前問①の結果より，$y=-x+1$…㋐　2月7日から9日の「降水の有無」をそれぞれa，b，cとすると，2月7日から9日までの3日間のブライアスコアは，$\{(x-a)^2+(y-b)^2+(0.5-c)^2\}\div 3$…㋑　ここで，$c$の値は0か1のどちらかであり，どちらの値をとっても，$(0.5-c)^2=0.5^2=0.25$だから，㋑$=\{(x-a)^2+(y-b)^2+0.25\}\div 3=\frac{x^2-2ax+a^2+y^2-2by+b^2+0.25}{3}$…㋒　2月1日から6日までの6日間のブライアスコアは，$\{(x-0)^2+(y-0)^2+(0.5-0)^2+(x-1)^2+(y-1)^2+(0.5-1)^2\}\div 6=\frac{x^2+y^2+0.25+x^2-2x+1+y^2-2y+1+0.25}{6}=\frac{x^2+y^2-x-y+1.25}{3}$…㋓　2月7日から9日までの3日間のブライアスコアは，2月1日から6日までの6日間のブライアスコアより，$\frac{2}{15}$だけ小さかったから，㋒，㋓より，$\frac{x^2-2ax+a^2+y^2-2by+b^2+0.25}{3}=\frac{x^2+y^2-x-y+1.25}{3}-\frac{2}{15}$　$\frac{-2ax+a^2-2by+b^2+x+y-1}{3}=-\frac{2}{15}$　これに㋐を代入して，$\frac{-2ax+a^2-2b(-x+1)+b^2+x+(-x+1)-1}{3}=-\frac{2}{15}$　$2(a-b)x=a^2+b^2-2b+0.4$…㋔　考えられる$(a,\ b,\ c)$の値の組は，$(1,\ 1,\ 0)$，$(1,\ 0,\ 1)$，$(0,\ 1,\ 1)$の3通り。$(a,\ b,\ c)=(1,\ 1,\ 0)$のとき，㋔より，$2(1-1)x=1^2+1^2-2\times1+0.4$　$0\times x=0.4$　これを満たすxの解はない。$(a,\ b,\ c)=(1,\ 0,\ 1)$のとき，㋔より，$2(1-0)x=1^2+0^2-2\times0+0.4$　$2x=1.4$　$x=0.7$　これは$0\leqq x<0.5$を満たさない。$(a,\ b,\ c)=(0,\ 1,\ 1)$のとき，㋔より，$2(0-1)x=0^2+1^2-2\times1+0.4$　$-2x=-0.6$　$x=0.3$　これは$0\leqq x<0.5$を満たす。以上より，2月7日から9日の3日のうち，雨が降った日の組み合わせは，2月8日と9日である。

＜英語解答＞

Ⅰ　1　No.1　c　No. 2　b　No. 3　a　2　No. 1　b　No. 2　a　No. 3　d　3　1　c　2　d

Ⅱ　1　ウ　2　A　イ　B　エ　3　ア　4　エ　5　あ　nurse who can work　い　helpful for me to

Ⅲ　1　①　イ　②　ウ　③　エ　2　A　イ　B　ア　3　エ

Ⅳ　1　イ　2　エ　3　ウ　4　ア　5　さとしさん　ウ　すずさん　ア　6　イ

Ⅴ　1　①　thrown　②　decided　③　to join　2　①　health[fitness]　②　first　③　holiday[vacation]　④　address[residence]　⑤　free

＜英語解説＞

Ⅰ　(リスニング)

放送台本の和訳は，69ページに掲載。

Ⅱ (会話文読解問題：内容理解・適語補充・適文選択・適語選択並べかえ)

(全訳) レオ：やあ，ひなこ。何をしているの？

ひなこ：このポスターを見ているのよ，レオ。ポスターによると，私たちは来年留学するチャンスがあるわ。一か国を選んで，そこでやってみたい活動を計画することができるの。

レオ ：わあ，それはいいね！ 君はこのプログラムに興味があるの？

ひなこ：ええ。私は今年の夏に地方の病院に行って，そこで職業体験をしたの。フィリピン出身のスタッフに会ったわ。彼によると，アジアには医療が十分ではない国々があるそうよ。私は彼の話を聞いてから，将来看護師になって，そういう国の患者たちを助けたいと思ったの。このプログラムは，私の①将来の夢が実現する助けになると思うの。

レオ ：そうだね。活動計画はあるの？

ひなこ：実際の状況を見るために，ボランティアとしてそういう国の病院を訪ねたいと思う。また，地元の人たちやほかの国からのボランティアと話をすることによって，私の英語力を向上させようと思うのよ。

レオ ：つまり，そのプログラムで②君は二つのことができるということだね。

ひなこ：そのとおり。ところで，私はあなたに交換留学生としての経験について質問したいの。日本に来てから学んだ興味深いことはあるの？

レオ ：うん，一つ話をするね。先生が同級生たちと一緒に教室を掃除するようにとおっしゃったとき，僕は当惑したんだよ。アメリカではふつう，生徒たちが自分たちで教室を掃除することがないんだ。数か月たって，僕は生徒たちがこの活動から大事なことを学ぶんだと思った。教室を掃除する間に，僕たちは同じ目標を持って，お互いに助け合ったんだ。この経験のおかげで，学校で一緒に掃除をすることは生徒たちが協力の重要さを学ぶ上で役に立つということを発見した。僕は日本で教室の掃除をするまでそのことがわからなかったんだ。

ひなこ：あなたは本当に，実生活で経験したのね。それはとても重要だわ。

レオ ：そうだね。英語では「④経験は最良の教師である」と言うよ。来年君がプログラムでたくさんのことを学べるといいね。

ひなこ：ありがとう，レオ。

1 ア フィリピンでたくさんの子供達に日本語を教えること(×) イ 最新の医療技術を提供する病院で働くこと(×) ウ 看護師としていくつかのアジアの国々で患者を支援すること(○) ひなこの2つ目の発言の第4，5文の内容と一致。 エ 学生に留学するチャンスを与えるプログラムを作ること(×)

2 (訳)ひなこはアジアの数か国の病院のAイ現実を見ることができる。同時に，英語でのコミュニケーションを通して英語力をBエ向上させることができる。 future「将来」，audience「聴衆」，origin「起源」，accept「～を受け入れる」

3 **③のthatは前の文の内容を受ける代名詞**なので，前文のthat節の内容(cleaning together at ... importance of cooperation)を指す。本文中のlearn，importance of cooperationが，アではそれぞれrealize，helping each otherと言い換えられていることに注意。
(訳)同級生たちと一緒に教室を掃除することで，生徒達はア互いに助け合うことの重要性を知ることになった。

4 (選択肢訳) ア 時は金なり イ 失敗が人を作る ウ 明日は明日の風が吹く エ 経験は最上の教師である

レオはひなこにExactly. と相づちを打っているので，④にはひなこのYou've ...done

things in real life. という言葉に合う英語のことわざが入る。よって正解はエに決まる。

5 （書類の訳） 1 場所：アジアの国の病院　2 日付：2024年6月26日－2024年8月8日
3 留学理由：私は将来外国で(あ)働くことができる看護師になりたいです。それで，自分の夢を実現するために，このプログラムで海外で学ぶ(い)ことが私にとって役立つと思います。
4. 活動計画：1) ボランティアとして働くために病院を訪ねること　2) 英語でたくさんの人と話すこと　(あ)の正解：nurse who can work　**who**は関係代名詞で，who can work ... in the futureが先行詞nurseを修飾。　(い)の正解：helpful for me to　it is helpful for me to study abroad on this programが<**it is**＋形容詞＋ **for** ＋人＋ **to** ＋動詞の原形>「(人)にとって～することは…だ」の構文。

Ⅲ (長文読解問題：語句の選択挿入，内容理解，該当語句の選択)

（全訳） パン屋で働いていた男性が阪神淡路大震災で被災した人々に新鮮なパンを送った。「あなたのやわらかくて美味しいパンを食べられてうれしいです。私にとって乾パンを食べるのは大変なんです。残念なことに，賞味期限のせいで，短い期間しかあなたのパンを美味しく食べられません」とある女性が言った。彼は「①イパンを長期間やわらかく美味しく保つには何をすればよいだろう」と考えた。それはとてもむずかしい問題だった。しかし，困っているたくさんの人たちを自分のパンで助けることは，彼にとって重要な仕事だと思った。彼は100回以上も実験して，ついにやわらかくておいしいパンの缶詰を作った。

その特別なパンの缶詰は彼の多くの努力によって作られたが，最初はなかなか売れなかった。その当時，人々はパンの缶詰についてあまり知らなかった。「②ウたくさんの人に特別なパンについて知らせるにはどうするべきだろう」と彼は考えた。そして，パンの缶詰500個を地方自治体に配った。あるテレビ番組が彼の特別なパンを紹介して，多くの学校，企業，地方自治体が注文した。

ある日，以前にたくさんのパンの缶詰を買った市役所が彼に電話をかけてきた。市役所のスタッフは，「新しいパンの缶詰を買うので，古いものを廃棄していただけますか」と言った。彼はこの言葉を聞いて悲しかった。パンの缶詰の賞味期限は3年だった。もし消費者がその日までに食べなければ，捨てる必要があった。彼は「③エ古いパンの廃棄量を減らすために何をするべきだろうか」と考えた。彼はまた一つの問題に直面したが，けっしてあきらめなかった。その時，海外で大きな地震が起こり，売れなかったパンの缶詰を送るように頼まれた。そして彼に考えが浮かんだ。「世界には災害や食糧不足に苦しんでいる人たちがたくさんいる。もし賞味期限の前に消費者からパンの缶詰を集めて，必要な人々に送るなら，パンが彼らを助けるだろう」と考えたのだ。

彼は④新しい業務を始めた。この業務では，パンの缶詰を買う人はパンの賞味期限の前にパン屋からEメールをもらう。彼らはパン屋に古いパンの回収を頼むか，非常事態に備えて取っておくことができる。もしパン屋に古いパンの回収を頼むと，新しいパンを値引き価格で買うことができる。パン屋が回収したパンは，安全を点検してから災害や食糧不足に苦しむ人々に送られる。この業務で，20万個以上のパンの缶詰が世界中に送られた。

彼の挑戦の始まりでは，目標はパンのやわらかさと美味しさを長期間保つことだった。目標を達成した後，彼はさらに別の問題に直面した。しかし，問題を解決するためにいろいろな方法を試し続けた。その結果，彼は多くの人々を助けるシステムを作ることができた。「私はいつも心に使命感を持ってやってきました。それが私の業務の成功のために最も重要なことでした」と彼は言った。

1 （選択肢訳） ア 客から特別なパンを買う　イ パンを長期間，やわらかく美味しく保つ
ウ たくさんの人に特別なパンについて知らせる　エ 古いパンの廃棄量を減らす
①～③の空所を含む疑問文は，すべて**What should I do to ～?**「～するにはどうすればよ

いか」である。いずれもその直前の文で述べられている内容にどう対応するかと考える文である。①は，女性の「美味しいパンを短期間しか食べられない」との不満に対処することを考えているので，選択肢の中で①に適するのはイである。②は，直前の文でパンの缶詰がまだ人に知られていないことが述べられている。よって②に適するのはウ。③は，直前の文でパンを賞味期限の日までに食べなければ，捨てる必要があったと述べてられているで，③にはエを入れて「廃棄量を減らすには」という内容にする。

2 （まとめの訳） 客はパンの缶詰の賞味期限の前にEメールをもらう。→ もし客がパン屋にそれを必要のある人々に送ることを望むなら，パン屋は $_{A}$イ古いパンを回収する。→ パン屋は回収したパンの安全を点検する。→ パン屋は食糧を必要とする世界中の人々$_{B}$アに回収したパンを送る。 **<want +人+ to+動詞の原形>「(人)に/が～することを望む」**

第4段落で述べられている事実関係をつかむようにする。ポイントは，「客がEメールを見て古いパンの回収をパン屋に頼む→パン屋が回収する→回収したパンの安全チェック→それを必要な人に送る」である。回収した後の業務はすべてパン屋がすることに注意。

3 ア 大企業と共に新しいタイプのパンを作ること(×) イ 多くの人に美味しいパンの焼き方を教えること(×) ウ 有名なパン屋の所有者になること(×) エ 助けを必要としている人々を自分のパンで助けること(○) 第1段落7つ目の文の内容と一致。

Ⅳ （読解問題・発表文：適文選択挿入，内容理解，適するコメントの選択）

（さとしの発表文訳） 今日は私たちの町を活性化させる方法について話します。過去には私たちの町にたくさんの訪問客がいました。しかし今は訪問客の数が減っています。それは大きな問題だと私たちは考えます。商店街はかつてかなりにぎやかでしたが，今は①かなり静かです。私たちの調査によると，訪問客は私たちの町の伝統的な布地のような独自のものに興味がありました。そのような物を買うために，自宅から遠くても私たちの商店街に来る人たちがいました。もし私たちの町の独自のものについての情報がもっと簡単に得られたら，よりたくさんの訪問客を迎えられると思います。そこで，私たちは②2つのことを提案します。1つの考えは商店街についてのウェブサイトを作ることです。ここでは商店街で売られているさまざまな独自のものを紹介します。また，私たちの町に住んでいる外国人や，外国から来る人たちのために英語でウェブサイトを作るべきです。もう一つの考えは，商店街で訪問客が楽しむことのできる催しを計画することです。例えば，訪問客は私たちの伝統的な布地から手作りのバッグを作って楽しむことができます。彼らは私たちの地域のユニークなものに興味を持つだろうと思います。もっと多くの人たちが私たちの町に来て，そのような経験を通して楽しい思い出を作ることを私たちは願っています。

（すずの発表文訳） 私たちの発表では，人々に③地元の農業に興味を持ってもらう方法を提案します。また私たちの地域では，農業が大変な仕事なので農業に興味のある人の数が減っていると聞いています。私たちはこれらの問題について議論をして，④2つの提案を検討しました。一つの提案は，人々に農業体験をしてもらうことです。私たちの町には，最新の科学技術を使って農業機械を開発する会社がいくつかあります。私たちはイベントのためにこれらの機械を借りることができます。これらの機械を使ってみれば，農業の仕事の大変さを軽減することができるとわかるでしょう。そのような機械のおかげで，農業従事者は野菜を化学薬品を使わずに育てることができます。イベントでは，私たちがこれらの野菜を調理して，来訪者に提供します。もう一つの提案は，地元の野菜とそれを栽培する農業従事者についての情報を伝えるポスターを私たちが作成することです。私たちの地元地域を訪れる人たちは地元の野菜をよく知りません。私たちはポスターにいくつかのレシピものせるつもりです。これらのレシピは私たちの地元の野菜を使う料理のアイデアを，地元を訪れる人たちに提供します。その人たちは，地元の野菜を食べることが地元の農業従事者を支援することになるということに気づくと思います。これらの提案によって，訪問者たちは私たちの地元の野菜にもっと興味を持つでしょう。もっと多くの人たちが私たちの地元の農業を支援することを私たちは期待します。

1　The shopping area ...の文と空所①を含む文が，**but「しかし」(前の文との対比を示す接続詞)**でつながれているので，so crowded(かなりにぎやか)との対比で①にはイ「とても静かである」が入る。

2　(選択肢訳)　ア　店に魅力的な品を紹介すること　イ　地元商店間で活発な競争をしてもらうこと　ウ　ウェブサイトから役立つ情報を削除すること　エ　地元地域により多くの訪問客を引き付けること　**introduce A to B「AをBに紹介する，remove A from B「AをBから削除する」，attract A to B「AをBに引き付ける」**　②の「二つのこと」は，一つは直後のOne idea is to ～ で始まる文で，商店街に関するウェブサイトをつくることが述べられている。もう一つはその3つ後の The other idea is that ... の文の内容で，商店街で楽しい催しをする計画であるとわかる。これら2つに共通する目的に該当するのはエである。

3　(選択肢訳)　ア　野菜を栽培するための技術を改良する　イ　人々に農業の仕事の大変さに気付いてもらう　ウ　人々に地元の農業に興味を持ってもらう　エ　薬品の安全性についての情報を広める　**remind A of B「AにBのことを気付かせる」**　＜how to＋③＞は提案の具体的内容である。あとの2文では，農業従事者の数が減っていることと農業に関心のある人がほとんどいないことが述べられている。よって③として適切なのはウとわかる。　**＜疑問詞how ＋ to ＋動詞の原形＞「～のしかた，方法＞**

4　(選択肢訳)　ア　地元の農業従事者は薬品を使わずに野菜を育てることができないということに人々は気づいている。(×)　すずの発表文の第9文の内容に反する。　イ　農業の最新技術は農作業をよりやりやすくするということを人々は理解する。　第8文の内容と一致。　ウ　人々は地元の農業を支援するためにできることがあるということを知る。　第15文の内容と一致。ここでは「地元の野菜を食べること」が支援する方法として挙げられている。　エ　人々はポスターによって地元の野菜を調理する方法を学ぶ。　第13，14文の内容と一致。

5　(コメントシートの訳)　ア　(良い点)農作業が大変だという人々のイメージを変えることは重要だと思う。　(ほかのコメント)レシピコンテストをやったらどうか。　みんなからたくさんのレシピをもらってポスターにのせることができる。　イ　(良い点)地元商店街のガイドブックを作って多くの外国語で出版することはすばらしい。　(ほかのコメント)いろいろな国のシェフが作るさまざまな料理を食べたいと思う。　ウ　(良い点)地元のユニークなものから独自の商品を作るような催しを通して，人々を商店街に引き付けることはすばらしい。　(ほかのコメント)顧客にウェブサイトでどの商品を買いたいかたずねるのはどうですか？　エ　(良い点)農業従事者をさまざまな国から招いて地元の農業を支援することはすばらしい。　(ほかのコメント)地元農業についての英語のウェブサイトは，きっと外国人の間でとても人気が出ると思います。
＜さとしに対するコメントとして適切なもの＞：ウ　伝統的な布地から手作りのバッグを作る催しを提案している(第14，15文)ことに対するコメント。ウェブサイト作成にふれているのもさとしの発表文。

＜すずに対するコメントとして適切なもの＞：ア　機械を使った農作業体験によって，農作業のイメージを変える提案(第8文)に対するコメント。ポスターにレシピをのせることの提案もすず。

6　ア　ウェブサイトの情報は地元地域を改善するために必要である(×)　さとしは地域活性化のためにウェブサイト立ち上げの提案をしているが，ウェブサイトの情報が必要だとは述べていない。　イ　問題の解決と訪問客の興味は関係がある(○)　さとしは商店街の訪問客減少を解決するために，情報発信や催しを通じて訪問客に興味を持ってもらうことを考えている。すずは農業従事者の数が減っていることを問題にし，農業体験やイベントを通じて農業に興味を持ってもらうことを考えている。　ウ　人々は地元の農業従事者の仕事が大変だという事実をあまり知らない。(×)　すずが農業従事者数の減少理由に農業の仕事の大変さを上げているが，人々が農業の仕事の大変さをあまり知らないという記述はない。　エ　地元の人々が作る製品は訪問客の間で有名である。(×)　このような記述はない。

V　(英文完成問題：語句選択補充，語形変化，適語補充)

1　(全訳)　冬休みのある日，私が海辺に沿って散歩していたとき，①捨てられたたくさんのごみが海辺にあった。私はそのことを友達に話し，それから私たちは一緒に砂浜を掃除することに②決めた。その後，私たちはたびたび砂浜へごみを拾いに行った。私たちは砂浜で多くの人たちに話して，手伝ってくれるように頼んだ。彼らは喜んで私たちに③加わってくれた。私は砂浜を掃除する人たちの数が増えてうれしかった。私たちの砂浜をきれいに保つためにこの活動を続けたいと思う。

①　garbage「ごみ」の後ろに続くものを語群から選ぶが，後にawayがあるのでまずthrowを選び，throw away「～を捨てる」とする。さらに「捨てられたごみ」とするにはthrowを過去分詞thrown「捨てられた」にして，**名詞garbageを過去分詞が後ろから修飾する形(分詞の後置修飾)**にする。

②　後ろにto cleanがあるので，あとにto不定詞をとるdecideを選ぶ。**decide to doで「～することに決める」の意味**になる。さらに，全体が過去を表す文なのでdecideを過去形decidedにする。

③　**were pleasedは後ろにto不定詞を続けて「喜んで～する」の意味**になるので，語群からjoinを選び，to joinというto不定詞にする。

2　(会話文全訳)　エミ：こんにちは，ニック。マラソン行事に興味がある？

ニック：うん。身体の状態を良くしておくために何か運動をしようと考えているよ。

エミ　：すばらしい。このポスターを見て。これは①健康のためにマラソンを走りたい人のための行事よ。②初めてこれに参加する人たちも歓迎だそうよ。

ニック：本当？　いつ開催されるの？

エミ　：10月14日よ。スポーツの日で，日本では国の③祝日よ。

ニック：わあ，その日は授業がないね。一緒に走ろう。

エミ　：いいわ。では，あなたの名前，④住所，電話番号をメールで送ってね。

ニック：OK，そうするよ。ところで，その円の中の言葉はどういう意味？

エミ　：これは⑤無料の行事という意味よ。お金を払う必要がないの。一緒に走るのを楽しみましょう！

対象者の箇所を見ると，「マラソンに参加して健康になりたい人」とあるので，①には健康の意味の health を入れて，run a marathon for their health「健康のためにマラソンを走る」とする。

最後の行に「初めて参加する人も大歓迎!!」とあるので，② にはforを入れて，people who will join it for the first time「初めてそれに参加する人たち」とする。

日時を見ると，スポーツの日で祝日だとわかるので，③にはholidayを入れてnational holiday「国民の休日，祝日」とする。

申込方法の箇所に「名前・住所・電話番号を送信」とあるので，④にはaddress「住所」を入れる。

ポスターにあるcircle「円，丸」の中の言葉は「参加無料」なので，⑤にはfree「無料の」を入れる。

2024年度英語　聞き取りテスト

〔放送台本〕

これから聞き取りテストを行います。問題は聞き取りテスト1，2，3の3つがあります。

(聞き取りテスト1)

聞き取りテスト1は，会話を聞いて，その会話に続く応答として適切なものを選ぶ問題です。それぞれの会話の場面が問題用紙に書かれています。会話のあとに放送される選択肢a～cの中から応答として適切なものを，それぞれ1つ選びなさい。会話と選択肢は1回だけ読みます。では，始めます。

No. 1　A: Excuse me. Does the next bus go to the station?
B: Yes. It'll arrive here soon.
A: Thanks. How long will it take to get to the station?
(a) About ten kilometers.
(b) About ten dollars.
(c) About ten minutes.

No. 2　A: I'm not confident about tomorrow's concert.
B: Don't worry. We have practiced a lot.
A: Can you listen to my part again?
(a) See you.
(b) Of course.
(c) Good advice.

No. 3　A: Hello, this is Nojigiku company. May I help you?
B: Hello, my name is Maeda. Can I speak to Mr. Thompson?
A: I'm sorry. He is not in the office now.
(a) OK. I'll call back.
(b) Sure. I agree with you.
(c) Good. I'll ask him.

〔英文の訳〕

1番　A：すみません。次のバスは駅に行きますか？
B：はい。すぐここに来ますよ。
A：ありがとう。駅に着くのにどのくらいかかりますか？
B：c　約10分です。

2番　A：私は明日のコンサートに自信がないの。
B：心配しないで。僕たちはたくさん練習したよ。
A：私のパートをもう一度聴いてくれる？
B：b　もちろん，いいよ。

3番　A：もしもし，こちらはノジギクカンパニーです。ご用件を承ります。
B：もしもし，前田と申します。トンプソンさんはいらっしゃいますか？
A：申し訳ありません。席をはずしております。
B：a　わかりました。またお電話します。

〔放送台本〕
(聞き取りテスト2)

聞き取りテスト2は，会話を聞いて，その内容についての質問に答える問題です。

それぞれ会話のあとに質問が続きます。その質問に対する答えとして適切なものを，問題用紙のa～dの中からそれぞれ1つ選びなさい。会話と質問は2回読みます。では，始めます。

No. 1　A: Bob, have you finished your homework for next Tuesday?
B: No, I haven't. How about you, Linda?
A: I did it after school on Wednesday. Have you been busy recently?
B: Yes. I practiced a lot for my club activity this week.
A: Then do you have free time this weekend?
B: No, I need to help my father.
(Question) When did Linda do her homework?

No. 2　A: Mika, have you finished cutting the vegetables?
B: Yes, I have. Anything else?
A: Please pass me the salt and spices. I'll mix them with the vegetables.
B: I hope my mom will like this salad.
A: Yes. We need to hurry.
B: You're right. Dinner will start at 7:00.
(Question) What are they doing now?

No. 3　A: Shall we send Emily a birthday card?
B: Sure. We can draw a sunflower on the card.
A: Nice. But I think that her favorite flower is a rose.
B: Really? I didn't know that. Then, how about drawing both flowers?
A: That's a good idea. I think we should write our message below the pictures.
B: I agree. Let's make the card.
(Question) Which birthday card will they make?

〔英文の訳〕
1番　A：ボブ，次の火曜日に出す宿題をやってしまった？
B：いや，まだだよ。リンダ，君はどう？
A：私は水曜日の放課後にやったわ。あなたは最近忙しいの？
B：うん。今週はクラブ活動ですごく練習したんだ。
A：では，今週末なら暇な時間があるの？
B：いいや，父の手伝いをする必要があるんだよ。
質問：リンダはいつ宿題をしましたか？
答え：b　水曜日に。

2番　A：ミカ，野菜を切り終わった？

B：はい，終わりました。ほかに何か？
A：塩と香辛料を取ってください。野菜に混ぜますから
B：お母さんがこのサラダを気に入ってくれるといいな。
A：そうだね。僕たちは急がなくちゃ。
B：あなたの言う通りね。夕食は7時に始まるわ。
質問：彼らは今何をしていますか？
答え：a　彼らは夕食を作っています。

3番　A：エミリーに誕生日カードを送りましょうか？
B：そうだね。カードにヒマワリを描くことができるよ。
A：すてきね。でも，彼女が大好きな花はバラだと思うわ。
B：本当に？　それは知らなかったよ。では，両方の花を描くのはどう？
A：それは良い考えね。私は絵の下にメッセージを書くべきだと思うわ。
B：そうだね。カードを作ろう。
質問：彼らはどの誕生日カードを作るでしょうか？
答え：d　(ヒマワリとバラの花の下に)お誕生日おめでとう，エミリー。すてきな1年を！

〔放送台本〕

(聞き取りテスト3)

聞き取りテスト3は，英語による説明を聞いて，その内容についての2つの質問に答える問題です。問題用紙に書かれている，場面，Question1と2を見てください。これから英文と選択肢が放送されます。英文のあとに放送される選択肢a～dの中から質問に対する答えとして適切なものを，それぞれ1つ選びなさい。英文と選択肢は2回読みます。では，始めます。

Here is your room key and a ticket for your breakfast. There are two restaurants in this hotel. You can choose a Japanese or Western style breakfast. These restaurants are on the 1st and 3rd floor. If you want to have a Japanese breakfast, you need to go to the 1st floor. You can see a beautiful garden from there. The Western restaurant is on the 3rd floor. It serves special pancakes for breakfast. Then, your room is on the 4th floor. The emergency exit is at the end of the hallway. Please check it before you enter the room for your safety. Please enjoy your stay.

(Question 1　Answer)
(a)　1st floor　(b)　2nd floor　(c)　3rd floor　(d)　4th floor

(Question 2　Answer)
(a)　To go to the garden.　(b)　To choose the restaurant.
(c)　To receive your room key.　(d)　To check the emergency exit.

これで聞き取りテストを終わります。次の問題に移りなさい。

〔英文の訳〕

あなたの部屋の鍵と朝食券です。このホテルには2つのレストランがあります。和式か洋式の朝食を選ぶことができます。これらのレストランは1階と3階にあります。もし和式の朝食を食べたければ，1階に行く必要があります。そこから美しい庭を見ることができます。洋式のレストランは3階にあります。朝食にスペシャル・パンケーキを提供しています。そして，お部屋は4階にあります。非常口は廊下の突き当りです。安全のために入室前に確かめてください。滞在をお楽しみください。

(質問1 答え) a 1階 b 2階 c 3階(○) d 4階
(質問2 答え) a 庭へ行くこと。 b レストランを選ぶこと。
c 部屋の鍵を受け取ること。 d 非常口を確かめること。(○)

<理科解答>

Ⅰ 1 (1) D (2) イ (3) ア (4) ウ 2 (1) イ (2) ① エ
② ウ ③ ア，エ
Ⅱ 1 (1) エ (2) ウ (3) ア (4) (あ) ア (い) イ 2 (1) ① エ
② ウ (2) ① エ ② イ ③ ウ
Ⅲ 1 (1) ア (2) イ (3) ウ (4) ア，エ 2 (1) イ (2) ① ウ
② エ ③ 3.04〔g〕
Ⅳ 1 (1) ウ (2) ① ウ ② イ ③ ア (3) ア (4) ア 2 (1) イ
(2) 1.05〔N〕 (3) エ (4) 1.2〔cm〕

<理科解説>

Ⅰ **(生物のふえ方，動物の体のつくりとはたらき)**

1 (1) 有性生殖を行い，殻のある卵を産む生物は，A～Dの中では鳥類のペンギンである。

(2) 脊椎動物のうち，殻のある卵を産むのは鳥類とは虫類である。このうち③はは虫類に当たるので，ヤモリが適切である。

(3) 受精卵は，1個の卵に対し，1個の精子が受精することで生じる。受精卵は細胞分裂を繰り返して胚となり，様々な種類の細胞から組織，器官をつくっていく。

(4) 顕性形質は黒色であるため，**黒色のメダカの遺伝子の組み合わせにはRRまたはRr**の2種類が考えられる。**黄色のメダカの遺伝子の組み合わせは**rrの1種類である。また，雌は①のメダカ，雄は②，③のメダカである。子に黄色のメダカがあることから，母親の①のメダカはrの遺伝子をもつことがわかる。よって，①の遺伝子の組み合わせはRrである。したがって，①(Rr)と③(rr)のかけ合わせで生じる子は，Rrとrrの2種類となる。また，②はRrまたはRRのどちらかであると考えられるが，Rrであった場合には，①との子にはRRとRrとrrが考えられ，②がRRであった場合には，子はRRかRrのどちらかになる。よって，②と④の遺伝子の組み合わせは特定できない。

2 (1) タンパク質を含むゼリーが固まらなかった(A)と(B)のキウイは，タンパク質を分解する消化酵素を含む可能性がある。

(2) ① とろみの成分はデンプンと予想し，とろみがなくなるのはスプーンについただ液が原因と考えている。 ② 麦芽糖やブドウ糖が生じていることを色の変化によって調べているので，ベネジクト液が適切である。 ③ ゼリーが固まるのにバナナは影響をあたえないが，水まんじゅうが固まることには影響をあたえる。実験からかたくり粉の成分はデンプンであることがわかるので，バナナはデンプンにはたらく消化酵素が含まれると考えられる。デンプンにはたらく消化液は，アのだ液せんから出るだ液，エのすい臓から出るすい液，小腸の壁の消化酵素である。

Ⅱ　（地層，天体）

1　(1)　火山灰をもとにしてできた堆積岩を，凝灰岩という。

(2)　露頭③の各層の地表からの高さは，露頭①に比べてすべて0.5mずつ高くなっている。

(3)　層Yは火山灰の層よりも前に堆積し，層Zは火山灰の層よりも後に堆積している。よって，層Yより層Zのほうが新しい。

(4)　露頭②の地表を基準に火山灰の層の上面の標高について考える。東西方向にある露頭の地表の標高は等しいことから，火山灰の層の上面の高さは，露頭②では地表から3m，露頭④では地表から3.5mである。南北方向にある露頭の場合，地表の標高が北側のほうが1m高い。このことから，露頭②の火山灰の層の上面が地表から3mであるのに対し，露頭①では，露頭②の地表の高さに対し，3.5＋1＝4.5〔m〕となる。(2)より，露頭③の火山灰の層の上面は露頭②の地表の位置と比べて，1＋4＝5〔m〕　よって，露頭①～④の火山灰の層の上面は露頭③(北東)が最も高くなっており，最も低い露頭②と比べると，5－3＝2〔m〕の高さの差がある。

2　(1)　**北極側の地軸が太陽と逆の方向を向いている地球が，冬至のころの地球**である。この地球から見て，太陽と反対の方向にあるふたご座が，真夜中に南中する星座である。このふたご座は，1か月後の同じ時刻には，30°西に移動して見える。

(2)　①　冬至の日の南中高度は，**90°－(緯度＋23.4°)**＝90°－(35°＋23.4°)＝31.6°　②　太陽の南中高度は，1年間で冬至の日が最も低い。星座の南中高度は，ほとんど変わらない。
③　冬至のころの地球から見て，真夜中に南中する黄道12星座は図5よりふたご座であるが，北緯35° 付近から見たふたご座は南の地平線と北極星の間の空高くに見られる。また，同時に東の地平線にはおとめ座，西の地平線にはうお座が見られる。図7の星座早見上で，この3つの星座の位置関係を正しく表しているのはウである。

Ⅲ　（気体の性質，化学変化）

1　(1)　**気体Aは水素**である。水素は水に溶けにくい気体であるため，水上置換法で集める。

(2)　**気体Bは酸素**である。ア，ウ，エは二酸化炭素の発生方法である。

(3)　**気体Cは二酸化炭素**である。二酸化炭素の水溶液は炭酸水で酸性である。青色リトマス紙は酸性の水溶液にふれると赤色に変化する。

(4)　気体Aは水素で，空気中で火をつけると音を立てて燃える。気体Bは酸素で，火のついた線香を入れると激しく燃える。気体Cは二酸化炭素で，ものを燃やすはたらきはなく，水溶液は酸性を示す。**気体Dはアンモニア**で，水溶液はアルカリ性を示す。よって，気体Dの水溶液に気体Cをふきこみ続けると，溶液は中和によってアルカリ性から中性，酸性へと徐々に変化する。空気よりも密度が小さいのは気体Aと気体Dである。

2　(1)　酸化銅と活性炭(炭素)の混合物を加熱すると，二酸化炭素が発生する。よって，この気体を石灰水に通すと，石灰水は白くにごる。

(2)　①　**酸化銅＋炭素→銅＋二酸化炭素**の反応となる。化学反応式では，矢印の左右で原子の種類と数が等しくなるようにする。　②　酸化銅：活性炭＝4.00：0.30の質量の比で過不足なく反応することから，酸化銅6.00gと過不足なく反応する活性炭の質量をxgとすると，4.00：0.30＝6.00：x　x＝0.45〔g〕　よって，0.50－0.45＝0.05〔g〕の活性炭が未反応のまま残る。
③　0.18gの活性炭が過不足なく反応する酸化銅の質量をxgとすると，4.00：0.30＝x：0.18　x＝2.40〔g〕　図1より，銅の質量：酸化銅の質量＝0.80：1.00であることから，2.40gの酸化銅から得られる銅の質量をygとすると，0.80：1.00＝y：2.40　y＝1.92〔g〕　加熱後の試験管の中に残った2.56gの物質のうち，1.92gは反応によって生じた銅の質量であるため，未反応の酸

化銅の質量は，2.56－1.92＝0.64〔g〕　したがって，実験前に試験管に入れた酸化銅の質量は，2.40＋0.64＝3.04〔g〕

Ⅳ　(運動とエネルギー，力と圧力)

1　(1)　1打点打つのにかかる時間は$\frac{1}{60}$秒なので，0.1秒間で打つ打点数は，0.1〔s〕÷$\frac{1}{60}$〔s〕＝6〔打点〕

(2)　A～Dの区間では，0.1秒経過するごとに，テープは5.4－3.0＝2.4〔cm〕ずつ一定の割合で長さが増加している。よって，2.4〔cm〕÷0.1〔s〕＝24〔cm/s〕ずつ速さが大きくなっている。また，Eでは，速さの増加が2.4cmよりも小さくなっている。よって，Eのテープを記録している間におもりが床に衝突し，速さが増えなくなったと考えられる。その後，力学台車は運動方向に引かれなくなるので，**等速直線運動**をするようになる。

(3)　等速直線運動をしている力学台車には，重力と床から台車にはたらく垂直抗力がはたらいている。運動の方向に力ははたらいていない。

(4)　それぞれの速さを求めると，次のようになる。

・区間Cの平均の速さ(0.25秒の瞬間の速さ)…7.8〔cm〕÷0.1〔s〕＝78〔cm/s〕→0.78m/s

・区間Dの平均の速さ(0.35秒の瞬間の速さ)…10.2〔cm〕÷0.1〔s〕＝102〔cm/s〕→1.02m/s

以上の値から，0.25～0.35秒の間で，瞬間の速さが0.80m/sになったと考えられる。そこで，0.30秒の瞬間の速さ(0.2～0.4秒の間の平均の速さ)を求める。(7.8＋10.2)〔cm〕÷0.2〔s〕＝90〔cm/s〕→0.9m/s　0.30秒の瞬間の速さは0.80m/sより大きいことから，瞬間の速さが0.80m/sに達したのは，0.25秒～0.30秒の間であることがわかる。したがって，区間Cが当てはまる。

2　(1)　**水圧は，水深が深くなるほど大きくなる。**

(2)　ばねは，0.60Nの力が加わると2.0cmのびるので，3.5cmのびたときにばねに加わる力の大きさをxNとすると，0.60：2.0＝x：3.5　x＝1.05〔N〕

(3)　水面から容器の下面までの距離が5.0cm以上にすると，ばねばかりが示す値が変化しなくなっている。これは，容器全体が水中に沈んだために，浮力が一定になったことを表している。よって，容器B全体が水中に沈んだときにはたらく浮力は，0.80－0.45＝0.35〔N〕　したがって，容器全体の重さが0.3Nの場合，容器全体が水に沈むと容器Bの重力よりも浮力のほうが大きくなるので，容器は浮き上がる。

(4)　重さが0.60Nの容器Aを空気中でばねにつるすと，ばねののびは図7より，2.0cmである。水面から容器の下面までの距離が6.0cmのとき，ばねばかりは0.25Nの力で引かれているので，このとき容器Aをばねにつるしたときののびを$x$cmとすると，0.60：2.0＝0.25：x　x＝0.833…〔cm〕　よって，ばねが縮む長さは，2.0－0.83＝1.17→1.2〔cm〕

＜社会解答＞

Ⅰ　1　(1)　インド洋　(2)　エ　(3)　ウ　(4)　イ　(5)　ア　(6)　カ
2　(1)　ウ　(2)　オ　(3)　イ　(4)　①　ウ　②　ア　③　エ　④　オ

Ⅱ　1　(1)　①　ⅰ　平城　ⅱ　聖武　②　イ　(2)　①　ウ　②　ア　③　カ
④　ウ　2　(1)　ア　(2)　①　ウ　②　ア　③　エ　④　イ　(3)　①　イ
②　小村寿太郎

Ⅲ　1　(1)　①　ア　②　エ　(2)　エ　(3)　ウ　(4)　①　イ　②　ウ
2　(1)　イ　(2)　①　ア　②　イ　(3)　生存(権)　(4)　①　オ　②　エ

＜社会解説＞

I　(地理的分野―日本―地形図の見方，日本の国土・地形・気候，農林水産業，世界―人々のくらし，地形・気候，産業)

1 (1)　図1に描かれている東南アジアやオセアニア州の西側に位置することから判断する。

(2)　オーストラリア大陸には**造山帯が分布していない**ため，ア～ウにあるような数千mの険しい高地は見られない。

(3)　X…英語を公用語とするフィリピン，オーストラリア，ニュージーランドのうち，フィリピンの日本人訪問者数と日本人留学者数が増加し続けたことが読み取れる。Y…ASEANに加盟するのがタイ，フィリピン，インドネシア。オセアニア州に属するのがオーストラリア，ニュージーランド。インドネシア，ニュージーランドの日本人訪問者数が減少し続け，日本人留学者数が増加し続けたことが読み取れる。

(4)　図1で示された地域のうち，東南アジアやオーストラリア大陸での産出が見られる△が天然ガス，**オーストラリア大陸西部**に集中して産出が見られる○が鉄鉱石であるとわかる。資料3について，**カタール**からの輸入が多いⅰが天然ガス，**ブラジル**からの輸入が多いⅱが鉄鉱石とわかる。資料4について，あの文中の「地表から直接掘り進む方法」が鉄鉱石の採掘方法の一つである**露天掘り**のことだとわかる。

(5)　各地の気候について，インドネシアの赤道直下に位置する図1中のPが熱帯の熱帯雨林気候，オーストラリア大陸西岸に位置するQが温帯の地中海性気候，ニュージーランドに位置するRが温帯の西岸海洋性気候となる。資料5について，年間通して高温多雨なaが熱帯雨林気候のP，**南半球において12月の降水量が非常に少ない**cが地中海性気候のQ，残ったbがPの気候を示している。また，文中の「せっけんやマーガリンの原料」は，東南アジアでの生産がさかんなあぶらやしから作られる**パーム油**を，文中の「大規模な農場」は**プランテーション**を指している。

(6)　ⅰ　「国内企業を国営化」は**社会主義**体制の国が行う計画経済について述べているが，問題中の4か国に社会主義体制の国はない。東南アジア諸国は外国企業の工場誘致を行い，工業団地が形成された。　ⅱ　シンガポールはアジア**NIES**の一つに数えられている。wがマレーシア，zがフィリピン。

2 (1)　緯度1度あたりの距離は，約40000km÷360＝約111.1…(km)。図1の緯線は1度ごとに描かれているので，福岡市から4度ほどの位置であると判断する。

(2)　冬の気温が最も温暖なyが低緯度，冬の気温が最も寒冷なzが高緯度と判断する。

(3)　ⅰ　文中の「**促成栽培**」から判断する。　ⅱ　宮崎県産の取扱量が多い12～3月は全国取扱量が少ないため，全国平均価格が高いことが読み取れる。ⅲ…茨城県は，大消費地の近くで野菜などを生産する**近郊農業**がさかんであることから判断する。

(4)　①　ア　稲荷町北側の斜面は荒地や広葉樹林が広がっており，茶畑は見られない。　イ　鼓川町より東坂元の標高が高いので，上り坂になっている。　エ　三島村と十島村の役場は図2の最も下に描かれているため，鹿児島駅よりも南側に位置する。　②　図2は2万5千分の1地形図なので，実際の距離は14cm×25000＝350000cm＝3500m＝3.5(km)。　③　ア　避難にかかる想定時間は記されていない。　イ　被害予想は記されていない。　ウ　大規模噴火時は島外の避難所への避難が示されている。　④　ⅰ　文中の「［ⅱ］も土砂災害特別警戒区域に…」から判断する。　ⅱ　資料6から，大龍小学校が土砂災害特別警戒区域に指定されていないことが読み取れる。

Ⅱ　**(歴史的分野—日本史—時代別—古墳時代から平安時代，鎌倉・室町時代，安土桃山・江戸時代，明治時代から現代，日本史—テーマ別—政治・法律，経済・社会・技術，外交)**

1　(1)　①　文中の「木簡」「天平」などから，**奈良時代**に関する内容と判断する。　②　調は成人男性にかかる税。6歳以上の男女にかかるのは**租**。

(2)　①　文中の「松江市，富山市，福井市」「北前船」から判断する。北前船はおもに**西回り航路**を通り，蝦夷地と大阪を結んだ。　②　にしんは**リマン海流**に乗って回流している。ア～ウは，大阪から蝦夷地に下る北前船に積んで運ばれた。　③　1429年，尚巴志によって統一された琉球王国は，**首里**に首都がおかれ，中国の福州から北京に赴いて明と朝貢貿易を行った。資料4中のbは長崎，dは青島。　④　ｉ・ⅱ　文中の「北海道から…(中略)…昆布を運んだ航路の存在が大きく」から判断する。　ⅲ　**薩摩藩**は琉球王国を支配した。対馬藩は**朝鮮**への窓口を担当した。

2　(1)　ｉ　資料1中の「神戸」，文中の「第4代兵庫県知事」などから判断する。　ⅱ　文中の「西郷隆盛と会談し」などから判断する。西郷隆盛は**薩摩藩**出身で，明治新政府の中心人物の一人。　ⅲ　勝海舟が旧幕府側の立場であることから判断する。

(2)　①　資料3中の「英国商船」「紀州沖」などから判断する。　②　資料3中に「明治十九年」とあり，1878年が明治初年であることから時期を判断する。アが1885年，イが**徴兵令**の内容なので1873年，ウが**樺太・千島交換条約**の内容なので1875年，エが1871年の出来事。

③　資料3は**ノルマントン号事件**についての内容で，これをきっかけに不平等条約の改正を求める世論が高まり，1894年に**領事裁判権(治外法権)の撤廃**が実現した。　④　自由民権運動によって民衆の政治への関心が高まっていた時期に行われた**欧化政策**は，当時の日本人からはなじみのない欧米の文化を迎合しているように見え，反発を招いた。

(3)　①　ｉ　条約改正は明治時代後期に達成された。大日本帝国憲法の発布が1889年，第一次護憲運動は大正時代の1912年。　ⅱ　問題文中の「司法に関する権利」や文中の「陸奥宗光」「回復しない経済的な権利もあった」から，ここでいう条約改正の内容が**領事裁判権(治外法権)の撤廃**であることがわかる。これは前問(2)①で述べられた**イギリス**との間でおこったノルマントン号事件が発端となって実現したことから判断する。　②　問題文中の「経済発展に必要な権利」とは**関税自主権**のことを指す。

Ⅲ　**(公民的分野—憲法・基本的人権，国の政治の仕組み・裁判，経済一般)**

1　(1)　①　例外として，現行犯は裁判所が発行する令状なしで逮捕できる。　②　推定無罪の原則と黙秘権に関する内容。

(2)　ア　高等裁判所は**北海道に4つ**，それ以外の都府県には1つずつ設置されている。　イ　三審制は民事裁判にも適用される。　ウ　**刑事裁判の第三審は最高裁判所で行う**ため，第一審を簡易裁判所で行った場合の第二審は高等裁判所で行われる。

(3)　被告は，民事裁判における訴えられた側。

(4)　①　裁判員制度は，**重大事件を扱う刑事裁判の第一審**のみに適用される。　②　資料から，「非常によい経験と感じた」「よい経験と感じた」という感想を持った人が9割を超えていることが読み取れる。

2　(1)　ｉ　文中の「売り手が少数に限られた場合」が**寡占**状態を指すことから判断する。

ⅱ　公立学校が都道府県立や市町村立の学校であることから判断する。文中の「国や地方公共団体がこのしくみ(市場経済の原理)によらず価格を決める」とは**公共料金**のことを指す。

(2)　①　近年では，年功序列賃金制度をやめて成果主義や能力主義を採用する企業も多く，転職する労働者も増加しており，終身雇用のしくみは崩れてきている。　②　Y　産業別テレワークの増加の割合について，サービス業・その他が約2.51倍，情報通信業が約2.10倍，金融・保険業が約2.02倍，卸売・小売業が約2.54倍，製造業が約2.84倍。

(3)　文中の「**25条**」「**健康で文化的な最低限度の生活を営む権利**」などから判断する。生存権を保障するために，社会保障制度が整備されている。

(4)　①　ⅰは資料3中の「被災前から年間9億円の赤字」から，ⅱは資料4から，ⅲは資料5から，それぞれ判断する。　②　対立と合意，効率と公正がそれぞれ対義語となる。

＜国語解答＞

一　問一　つわもの　　問二　ア　　問三　ウ　　問四　イ　　問五　(1)　イ　　(2)　エ
問六　ウ

二　問一　エ　　問二　命ジテ㆓門人ニ㆒鑽セシムㇾ火ヲ。　　問三　a　ア　　b　イ　　問四　イ

三　問一　イ　　問二　エ　　問三　増す　　問四　ウ

四　問一　③　す(け)　　⑤　あら(い)　　⑧　ほどこ(し)　　問二　4　　問三　④　ア
⑥　ウ　　問四　イ　　問五　エ　　問六　ア　　問七　気に入　　問八　イ

五　問一　A　ウ　　B　イ　　C　ア　　問二　成熟し　　問三　ア　　問四　エ
問五　家や村　　問六　エ　　問七　ウ　　問八　集団の効用　　問九　イ

＜国語解説＞

一　**(俳句・会話・議論・発表─内容吟味，脱文・脱語補充，表現技法・形式)**

問一　Ⅰの俳句は，「夏草や**兵**どもが夢の跡」というものである。俳句は五・七・五なので，「兵」を平仮名で書くと歴史的仮名遣いでは「つはもの」，現代仮名遣いでは「**つわもの**」となる。

問二　Ⅰの句やⅡの句の「や」は意味の切れ目を表す**切れ字**で，詠嘆を表す。イの「置き字」は，漢文で訓読するときに読まない字のことである。

問三　Ⅱの句の感動の中心は「**春雨や**」である。「降るとも知らず」は，「**降るということも知らないで**」ということ。牛は顔を背けたり目をつぶったりしていないので，春雨が細かく静かに降っていることがわかる。ウが正解となる。アは「どこに降るかわからない」が「降るとも知らず」と合わない。イとエは感動の中心が「牛の目」「牛」にあるとして説明しているので，不適当である。

問四　④はⅢの句で詠まれているもの，⑤は省略されているものである。「欠伸うつして別れゆく」は，「永き日」の最後の情景を描写したものなので，④は「**結果**」が入る。空欄の後の文に「事の経緯を全部書いてしまうと」とあり，「事の経緯」が省略されていることがわかるので，⑤は似た意味の「**経過**」が入る。したがって，両方を満たすイが正解となる。

問五　(1)　アは，「季語には『や』を付ける」という原則は俳句にないので不適切。イは，俳句では一句に一つの季語を使うのが基本であるが，「春風」と「たんぽぽ」という**二つの季語を重ねたために「ありきたりの情景」になっている**ので，適切な説明である。ウは，「春風」と「ゆれる」は意味が重なっていると言えないので不適切。エは，「春風」に「たんぽぽゆれる」だけでは事の経緯を全部書いたことにはならないので，不適切である。　(2)　アの「桜」，ウの「蝶」は春の季語である。ア・イ・ウはいずれも季語が重なり，ありきたりの情景になっているので不

適切。季語を一つにする代わりに「はずむ歌声」という聴覚に訴える表現を入れて**内容を豊かにした**エの句が適切である。

問六　アは，生徒Aの説明は生徒Bの解説の根拠になっていないので誤り。イは，「賞賛」にあたる内容がないので不適切。ウは，生徒Cの「冬の雨」を「春近し」にするという**改善案によって生徒Bの句が良い句になった**ので，適切な説明である。エは，生徒Dは句会用の句に助言を求めたのではなく，自分で「改善してみる」と言っているので，不適切である。

二　(漢文—内容吟味，語句の意味，その他)

〈口語訳〉　ある人が夜急に具合が悪くなり，召し使いに命令して火をおこさせた。その夜は暗くて，まだ火が得られなかった。これを激しく催促した。召し使いが怒って言うことには，「あなたは人を責めることにおいて非常に道理にかなっていない。今は漆のように暗い。どうして火を掲げて私を照らさないのだ。私は火をおこす道具を探さなければならない。そうしたら得やすいというだけだ。」孔文挙がこれを聞いて言うことには，「人を責めるには，当然それなりの(理屈が通った)方法でするべきである。」と。

問一　傍線部①の「暴」は，**突然，急に**，という意味。選択肢の「暴」の意味は，ア「暴風」—荒々しい，イ「暴食」—むやみに，ウ「暴露」—あばく，エ「**暴落**」—急に，という意味なので，エを選ぶ。

問二　漢文は「命門人鑽火」，漢字を読む順序は「門人命火鑽」なので，**「命」に二点，「門人」に一点，「鑽」にレ点**をつける。返り点は漢字の左下につけること。

問三　a　アの「**某甲**」が「門人」に対して火をおこすよう催促している。　b　イの「**門人**」が火をおこす道具を探している。

問四　主人は暗いから火をおこせと言ったのに，召し使いは火をおこす道具を見つけられるように明るくしてほしいと言っている。**召し使いは，自分の主張が状況と矛盾していることに気づかずに主人に怒りをぶつけている**のである。正解はイ。召し使いは主人の命令に従っているので，アは誤り。主人は「意図的」に無理な要求をしたのではないので，ウは不適切。エは，孔文挙が言及した「其方」は，立場や身分のことではないので，不適切である。

三　(古文—内容吟味，古文の口語訳，表現技法・形式)

〈口語訳〉　今となっては昔のことであるが，大ききんで世の中がひどくすさんでいた年，五月の長雨の頃，鏡の箱を，女が持ち歩いて売ったのを，三河の入道のところに持って来ると，金や銀の粉を散らして装飾した箱である。中に薄い紙を破ったものが入っていて，美しい字で書いている。

　(もう手放してしまうので自分の姿を映すのも)今日までと見ると涙が増す　澄んではっきり映る鏡よ，これまで映してきた私の姿を他の人に語らないでほしい

とあるのを見て，仏道を修めようと思う心がおこった頃であったので，たいそう気の毒に思われて，泣いて，米十石を車に入れて，鏡は返してやった。召し使いの男が帰って，「五条町のあたりで，荒れている所に，そのまま下ろしました」と言った。誰ということもわからない。

問一　旧暦の「五月」は**夏**である。

問二　この場合の「をかしげ」は趣がある様子，「手」は筆跡を表しており，エの「**美しい字**」が正解。書いてあるものが和歌なので，アは不適切。イの「幼い」の意味は「をかしげ」にはない。書いているところを実際に見たわけではないので，ウは不適切である。

問三　この和歌には**掛詞**という表現技法が使われており，「(涙が)**増す**」と「真澄鏡」の二つの意味が込められている。

問四　和歌の「**馴れにし影を人に語るな**」は，「これまで映してきた私の姿を他の人に語らないでほしい」ということである。入道は，この和歌を見て「**いみじくあはれ**」に思った。和歌の内容と入道の感動を正しく説明したウが正解。アは「今日限りの命」が誤り。イは，「強い自尊心」が「涙のます鏡」と合わない。エは，和歌の「人に語るな」の解釈を誤っている。

四　(小説－情景・心情，文脈把握，漢字の読み書き，語句の意味，品詞・用法)

問一　③「**透**」の音読みは「トウ」で，「透明」「浸透」などの熟語を作る。　⑤「目の**粗い**布」は，織り目が大きく，針を通したり布の糸を引き抜いたりしやすい布のこと。　⑧　この場合の「**施す**」は，行う，加えるという意味である。

問二　二重傍線部を単語で区切ると「間違え(動詞)／**た**(助動詞)／ところ(名詞)／**の**(助詞)／糸(名詞)／**を**(助詞)／引き抜い(動詞)／**て**(助詞)／いる(動詞)」となる。付属語は助動詞と助詞なので，「た」「の」「を」「て」の四つである。

問三　④「ろくに」は後に打ち消しの言葉をともなって「**十分に**(……しない)」という意味で用いる。　⑥「寸法」には，長さや大きさという意味のほか，「**手順**」という意味もある。

問四　より子さんは，菱刺しを始めた頃の「**初心**」を思い出している。家族が喜んでくれて「**大満足**」だったことや友だちとおしゃべりしながら刺すときの「本当に**楽しかった**」気持ちがよみがえり，それを味わっているのである。正解はイ。アは「ぜひ自分と同じ道を歩んで欲しい」が言い過ぎ。ウは，親に「頭が下がる」が「我だって……嬉しいもんだよ」という言葉と合わない。エの「多くの人の人生」については，より子さんの言葉や態度から読み取ることができない。

問五　綾は，菱刺しには**楽しさ**に加えて**家族や大切な人への想い**が込められているから，やっている間じゅう「満たされている」ということに気づくとともに，父に「パワハラ」などと言ってしまったことを思い出し，**後悔**している。菱刺しへの思いと父に対する気持ちを適切に説明しているエが正解。アは菱刺しそのものではなく「ことば」に注目しているので不適切。イの「期待」は，本文から読み取れない。綾は反省しているが，ウの「菱刺しを続ける資格がない」とまでは思っていない。

問六　傍線部⑦の「調査票」は，綾が希望する進路を問うものである。その折り目を丁寧に伸ばすという行為は，綾が**真剣に将来のことを考えよう**としていることを示す。正解はア。イは，綾はまだ菱刺しを始めたばかりであり，「自信」を持つほどの技術はないので不適切。ウは，「父親を喜ばせる方法」が不適切。綾は，父親を喜ばせるために進路を決めたのではない。エは，「菱刺しを一生の仕事にできる」かどうかはまだわからないので，不適切である。

問七　父親と同様，自分の気持ちを素直に表現することが苦手な綾は，本当は自分が菱刺しをしたネクタイを父親にして欲しいのに，「**気に入**らなかったら，無理にしてかなくていいから」と言っている。

問八　綾が進路に悩んでいたころ，父親は職場の上司との関係に悩んでいた。菱刺しのネクタイには，綾の**宣言**と同時に，**父親に対する想い**が込められている。父親への想いを「応援」と説明したイが正解。アは「父親の過去の言動を許す」が不適切。綾のほうが自分の過去の言動を後悔している。ウは，「これで……認めてくれるだろう」が不適切。これまではやりたいことが見つかっていなかったことがあらすじに書かれている。エは，「父親が何も言わなかった」ことに焦点を当てている点が不適切である。

五　（論説文―内容吟味，文脈把握，指示語の問題，漢字の読み書き，語句の意味，文と文節）

問一　二重傍線部を含む熟語を漢字で書くと，次のようになる。

A　**採用**　ア　祝祭　イ　俊才　ウ　**伐採**　エ　根菜
B　**有機的**　ア　喚起　イ　**交通機関**　ウ　発揮　エ　危急
C　**普段**　ア　**階段**　イ　果断　ウ　談笑　エ　暖房

問二　傍線部⑤「やがて」と「人権という概念に」は，いずれも「**成熟し**」に係っている。

問三　「市民権」は社会の一員として政治に参加したり保護を受けたりする権利のことであるが，「市民権を得る」は，**広く認められる**という意味で用いられる。

問四　「この流れ」は，近代化が「**国家を強大にし**」たことと「社会における個人の役割を大きくする一方，……共同的な要素を抑制する傾向」をもつことを指している。人々は共同体の成員として役割を果たすことよりも**個人として自立すること**を求められたのである，国家の強大化と個人の自立に言及したエが正解。アとウは，国家に言及していないので不十分。イは，「共同体解体を進めた国家」が不適切。国家は個人との結びつきを強めることを主眼としたのであり，共同体解体はその副産物である。

問五　日本人と共同体との関係を端的に表した14字の部分を探すと，傍線部④の直前に「**家や村を生きる基盤にしてきた**日本人にとって，」とあるので，ここから抜き出し最初の3字を書く。

問六　傍線部③は，具体的には「国民一人ひとりを……**戸籍制度**の充実」「個人の成功を『**個人の努力**』に還元」などと説明されているので，この内容と合致するエが正解。アの「あらゆる事が個人の裁量に委ねられるようになり」は言い過ぎ。イの「緊張関係」は，国による一元的な統治から生まれたものではない。ウは「財産」に限定した説明であり，不適切である。

問七　明治政府は，人々を家や村などの共同体から切り離し，**国家を「国民」という個人によって構成する**ために戸籍制度を作った。つまり，**国家にとって重要なのは個人だ**という考え方で統治しようとしたのである。このことをふまえたウが正解。アは，「その利益は国家により個人に還元されるべき」が本文にない内容。イは，スマイルズの考え方であり，傍線部④の発想と完全に一致するものではない。エは，「個人の努力によって社会の自由と権利は保障されるべき」が不適当である。

問八　傍線部⑦は，前の段落の「合理的な個人は，なぜ**自分の利益**を犠牲にしてまで**互いに協力すること**があるのだろうか」という疑問を指している。これは「合理的な個人は自身の属する**集団の効用**よりも**自分自身の効用**を最大化すべく行動する」という考え方を「半ば常識」とするところから出てきた疑問なので，「合理的な個人は，なぜ自分自身の効用を犠牲にしてまで自身の属する**集団の効用**を優先させることがあるのだろうか」と言い換えることができる。

問九　小さな集団の中で競争する個人は，別の集団と競争する場合は協力相手になる。上位の集団と競争する場合は，小集団内での**競争相手が協力相手となる**のである。このことを「競争と協力は……集団においては両方を内包している」と説明するイが正解。アは，集団内の競争を説明していないので不十分。ウとエは対外的な競争についての説明がない。

兵庫県公立高等学校

2023年度

★★★★★★★★★★★★★★★★★★★★★★★★

入　試　問　題

2023年度

●くわしい解説……55ページ

＜数学＞

時間　50分　　満点　100点

【注意】　全ての問いについて，答えに$\sqrt{}$が含まれる場合は，$\sqrt{}$を用いたままで答えなさい。

1　次の問いに答えなさい。

(1)　$-3-(-9)$ を計算しなさい。

(2)　$20xy^2\div(-4xy)$ を計算しなさい。

(3)　$4\sqrt{3}-\sqrt{12}$　を計算しなさい。

(4)　x^2+2x-8　を因数分解しなさい。

(5)　y は x に反比例し，$x=-6$ のとき $y=2$ である。$y=3$ のときの x の値を求めなさい。

(6)　図１のように，底面の半径が３㎝，母線の長さが６㎝の円すいがある。この円すいの側面積は何㎠か，求めなさい。ただし，円周率は π とする。

図１

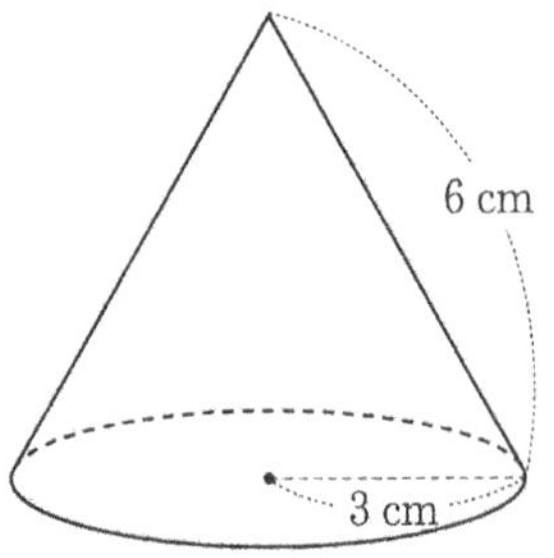

(7)　図２で，$\ell /\!/ m$ のとき，$\angle x$ の大きさは何度か，求めなさい。

図２

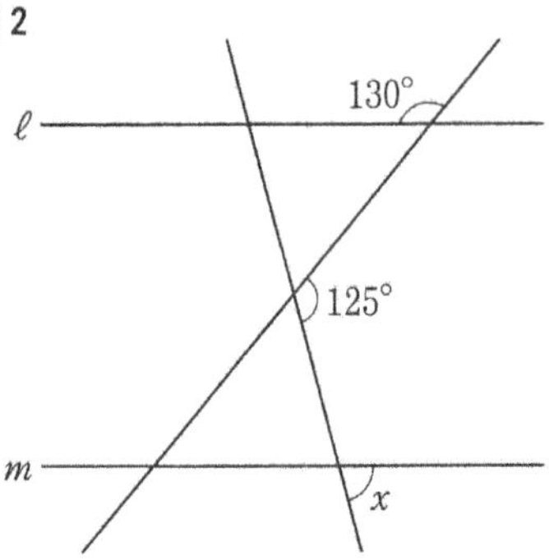

(8)　表は，ある農園でとれたイチジク1000個から，無作為に抽出したイチジク50個の糖度を調べ，その結果を度数分布表に表したものである。この結果から，この農園でとれたイチジク1000個のうち，糖度が10度以上14度未満のイチジクは，およそ何個と推定されるか，最も適切なものを，あとの**ア**～**エ**から１つ選んで，その符号を書きなさい。

ア　およそ150個　　**イ**　およそ220個

表　　イチジクの糖度

階級(度)	度数(個)
以上　　未満 10　～　12	4
12　～　14	11
14　～　16	18
16　～　18	15
18　～　20	2
計	50

ウ　およそ300個　　**エ**　およそ400個

2　図1のように，OA＝2㎝，AB＝4㎝，∠OAB＝90°の直角三角形OABがある。2点P，Qは同時にOを出発し，それぞれ次のように移動する。

図1

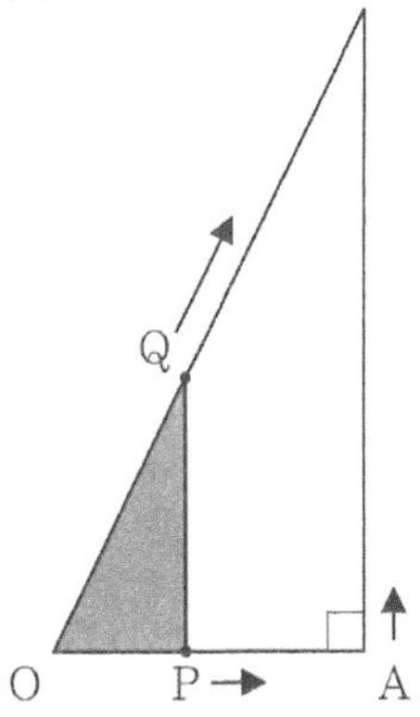

点P
・辺OA上をOからAまで秒速1㎝の速さで移動する。 ・Aに着くと，辺OA上を移動するときとは速さを変えて，辺AB上をAからBまで一定の速さで移動し，Bに着くと停止する。
点Q
・辺OB上をOからBまで，線分PQが辺OAと垂直になるように移動し，Bに着くと停止する。

2点P，QがOを出発してからx秒後の△OPQの面積をy㎠とする。ただし，2点P，QがOにあるとき，および，2点P，QがBにあるとき，△OPQの面積は0㎠とする。

次の問いに答えなさい。

(1)　2点P，QがOを出発してから1秒後の線分PQの長さは何㎝か，求めなさい。

(2)　$0 \leqq x \leqq 2$のとき，xとyの関係を表したグラフとして最も適切なものを，次の**ア**～**エ**から1つ選んで，その符号を書きなさい。

ア

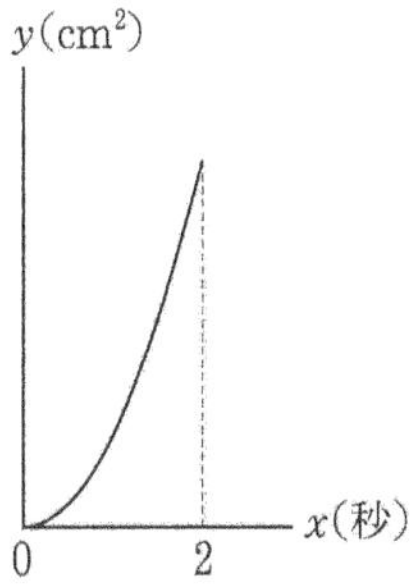

イ

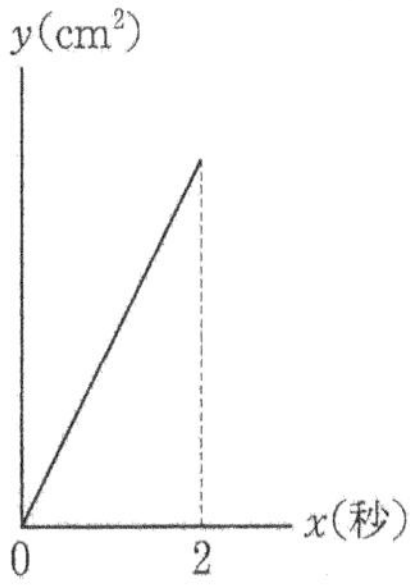

ウ

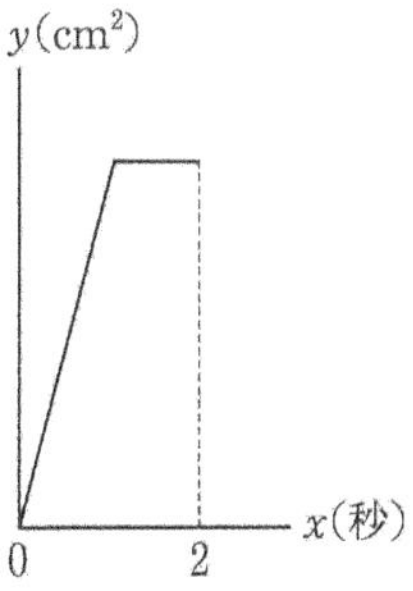

エ

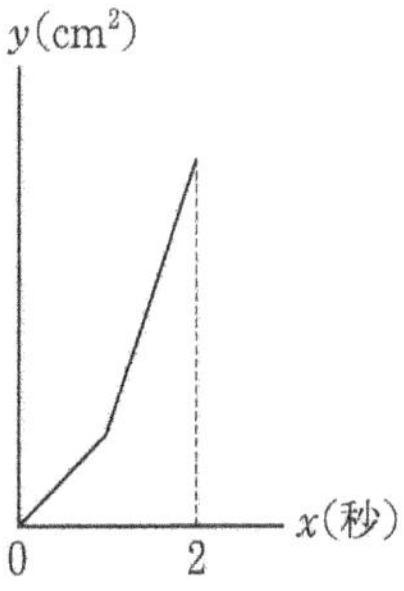

(3)　$2 \leqq x \leqq 10$のとき，xとyの関係を表したグラフは図2（次のページ）のようになる。

①　図2の［ i ］にあてはまる数を求めなさい。

②　点Pが辺AB上を移動するとき，点Pの速さは秒速何㎝か，求めなさい。

③　2点P，QがOを出発してからt秒後の△OPQの面積と，$(t+4)$秒後の△OPQの面積が等しくなる。このとき，tの値を求めなさい。ただし，$0 < t < 6$とする。

図 2

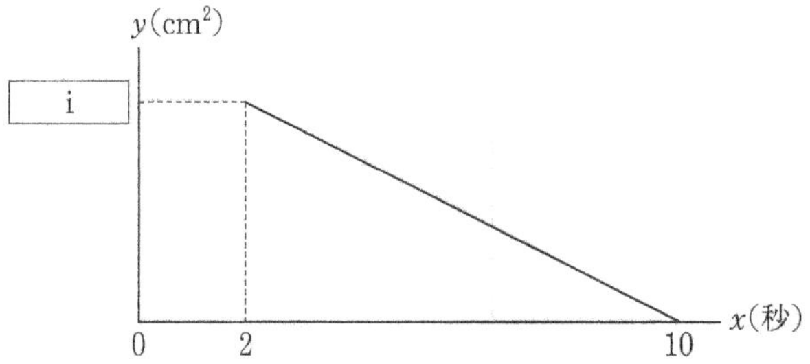

3　図のように，AB＝12cm，BC＝18cmの△ABCがある。∠BACの二等分線と辺BCの交点をDとすると，BD＝8cmとなる。

あとの問いに答えなさい。

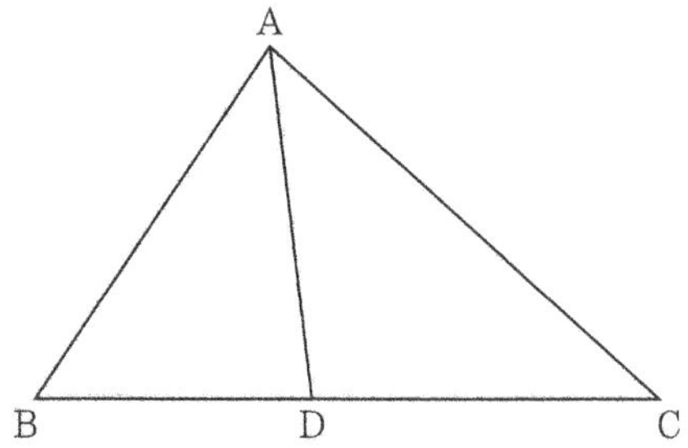

(1)　∠ACD＝∠CADであることを次のように証明した。

［ i ］，［ ii ］にあてはまるものを，あとの**ア**～**カ**からそれぞれ1つ選んでその符号を書き，この証明を完成させなさい。

<証明>

まず，△ABC∽△DBAであることを証明する。

△ABCと△DBAにおいて，

仮定から，AB：DB＝3：2　……①

［ i ］＝3：2……②

①，②より，

AB：DB＝［ i ］　……③

共通な角だから，

∠ABC＝∠DBA　……④

③，④より，

2組の辺の比とその間の角がそれぞれ等しいから，

△ABC∽△DBA

したがって，　∠ACB ＝∠［ ii ］　……⑤

仮定から，　∠［ ii ］＝∠DAC　……⑥

⑤，⑥より，　∠ACD ＝∠CAD

ア	BC：BA	**イ**	BA：BC	**ウ**	BC：DB
エ	ABD	**オ**	DAB	**カ**	ADB

(2)　線分ADの長さは何cmか，求めなさい。

(3)　線分ACの長さは何cmか，求めなさい。

(4)　辺AB上に，DE＝８cmとなるように，点Bと異なる点Eをとる。また，辺AC上に点Fをとり，AE，AFをとなり合う辺とするひし形をつくる。このひし形の面積は，△ABCの面積の何倍か，求めなさい。

4　右図のように，関数 $y = x^2$ のグラフ上に異なる２点A，Bがあり，関数 $y = ax^2$ のグラフ上に点Cがある。点Cの座標は(２，－１)であり，点Aと点Bの y 座標は等しく，点Bと点Cの x 座標は等しい。

次の問いに答えなさい。ただし，座標軸の単位の長さは１cmとする。

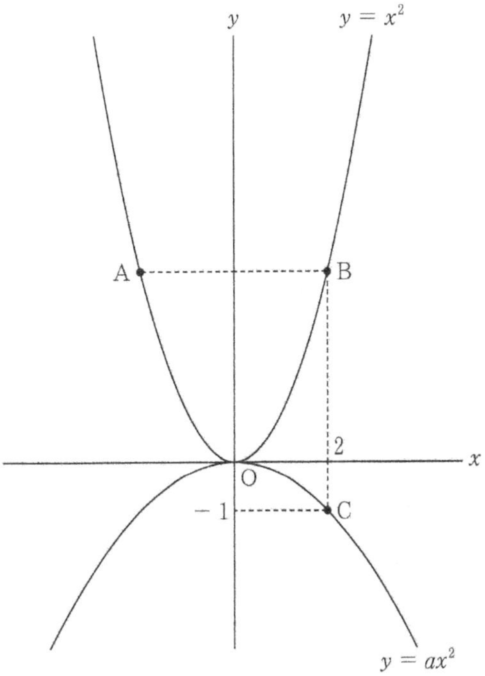

(1)　点Aの x 座標を求めなさい。

(2)　a の値を求めなさい。

(3)　直線ACの式を求めなさい。

(4)　３点A，B，Cを通る円を円O′とする。

①　円O′の直径の長さは何cmか，求めなさい。

②　円O′と x 軸との交点のうち，x 座標が正の数である点をDとする。点Dの x 座標を求めなさい。

5　さいころが１つと大きな箱が１つある。また，1，2，3，4，5，6の数がそれぞれ１つずつ書かれた玉がたくさんある。箱の中が空の状態から，次の［操作］を何回か続けて行う。そのあいだ，箱の中から玉は取り出さない。

次のページの問いに答えなさい。ただし，玉は［操作］を続けて行うことができるだけの個数があるものとする。また，さいころの１から６までのどの目が出ることも同様に確からしいとする。

［操作］

(i)　さいころを１回投げ，出た目を確認する。

(ii)　出た目の約数が書かれた玉を，それぞれ１個ずつ箱の中に入れる。

例：(i)で４の目が出た場合は，(ii)で １，２，４ が書かれた玉をそれぞれ１個ずつ箱の中に入れる。

(1)　(i)で６の目が出た場合は，(ii)で箱の中に入れる玉は何個か，求めなさい。

(2)　［操作］を２回続けて行ったとき，箱の中に４個の玉がある確率を求めなさい。

(3)　［操作］を n 回続けて行ったとき，次のようになった。

・n 回のうち，１の目が２回，２の目が５回出た。３の目が出た回数と５の目が出た回数は等しかった。
・箱の中には，全部で52個の玉があり，そのうち１が書かれた玉は21個であった。４が書かれた玉の個数と６が書かれた玉の個数は等しかった。

①　n の値を求めなさい。

②　５の目が何回出たか，求めなさい。

③　52個の玉のうち，５が書かれた玉を箱の中から全て取り出す。その後，箱の中に残った玉をよくかき混ぜてから，玉を１個だけ取り出すとき，その取り出した玉に書かれた数が６の約数である確率を求めなさい。ただし，どの玉が取り出されることも同様に確からしいとする。

6

数学の授業中に先生が手品を行い，ゆうりさんたち生徒は手品の仕掛けについて考察した。あとの問いに答えなさい。

先　生：ここに３つの空の箱，箱Ａ，箱Ｂ，箱Ｃと，たくさんのコインがあります。ゆうりさん，先生に見えないように，黒板に示している作業１～４を順に行ってください。

作業１：箱Ａ，箱Ｂ，箱Ｃに同じ枚数ずつコインを入れる。ただし，各箱に入れるコインの枚数は20以上とする。
作業２：箱Ｂ，箱Ｃから８枚ずつコインを取り出し，箱Ａに入れる。
作業３：箱Ｃの中にあるコインの枚数を数え，それと同じ枚数のコインを箱Ａから取り出し，箱Ｂに入れる。
作業４：箱Ｂから１枚コインを取り出し，箱Ａに入れる。

ゆうり：はい。できました。
先　生：では，箱Ａの中にコインが何枚あるか当ててみましょう。$\boxed{\text{a}}$ 枚ですね。どうですか。
ゆうり：数えてみます。1，2，3，……，すごい！　確かにコインは $\boxed{\text{a}}$ 枚あります。

(1)　作業１で，箱Ａ，箱Ｂ，箱Ｃに20枚ずつコインを入れた場合，$\boxed{\text{a}}$ にあてはまる数を求めなさい。

⑵　授業後，ゆうりさんは「授業振り返りシート」を作成した。$\boxed{\mathrm{i}}$ にあてはまる数，$\boxed{\mathrm{ii}}$ ，$\boxed{\mathrm{iii}}$ にあてはまる式をそれぞれ求めなさい。

> 業振り返りシート
>
> 授業日：３月10日（金）
>
> Ⅰ　授業で行ったこと
>
> 先生が手品をしてくれました。その手品の仕掛けを数学的に説明するために，グループで話し合いました。
>
> Ⅱ　わかったこと
>
> 作業１で箱Ａ，箱Ｂ，箱Ｃに20枚ずつコインを入れても，21枚ずつコインを入れても，作業４の後に箱Ａの中にあるコインは $\boxed{\mathrm{a}}$ 枚となります。
>
> なぜそのようになるかは，次のように説明できます。
>
> ・作業４の後に箱Ａの中にコインが $\boxed{\mathrm{a}}$ 枚あるということは，作業３の後に箱Ａの中にコインが $\boxed{\mathrm{i}}$ 枚あるということです。
>
> ・作業１で箱Ａ，箱Ｂ，箱Ｃに x 枚ずつコインを入れた場合，作業２の後に箱Ａの中にあるコインは x を用いて $\boxed{\mathrm{ii}}$ 枚，箱Ｃの中にあるコインは x を用いて $\boxed{\mathrm{iii}}$ 枚と表すことができます。つまり，作業３では $\boxed{\mathrm{iii}}$ 枚のコインを箱Ａから取り出すので，$\boxed{\mathrm{ii}}$ から $\boxed{\mathrm{iii}}$ をひくと，x の値に関係なく $\boxed{\mathrm{i}}$ になります。
>
> これらのことから，作業１で各箱に入れるコインの枚数に関係なく，先生は $\boxed{\mathrm{a}}$ 枚と言えばよかったということです。

⑶　ゆうりさんは，作業２で箱Ｂ，箱Ｃから取り出すコインの枚数を変えて何回かこの手品を行い，作業３の後に箱Ａの中にあるコインの枚数は必ず n の倍数となることに気がついた。ただし，作業２では箱Ｂ，箱Ｃから同じ枚数のコインを取り出し，箱Ａに入れることとし，作業２以外は変更しない。また，各作業中，いずれの箱の中にあるコインの枚数も０になることはないものとする。

①　n の値を求めなさい。ただし，n は１以外の自然数とする。

②　次の**ア**～**ウ**のうち，作業４の後に箱Ａの中にあるコインの枚数として適切なものを，ゆうりさんの気づきをもとに１つ選んで，その符号を書きなさい。また，その枚数にするためには，作業２で箱Ｂ，箱Ｃから何枚ずつコインを取り出せばよいか，求めなさい。

ア　35　　**イ**　45　　**ウ**　55

＜英語＞

時間　50分　　満点　100点

I　放送を聞いて，聞き取りテスト1，2，3の問題に答えなさい。答えは，全て解答用紙の指定された解答欄の符号を○で囲みなさい。

聞き取りテスト1　会話を聞いて，その会話に続く応答として適切なものを選びなさい。会話のあとに放送される選択肢 a ～ c から応答として適切なものを，それぞれ１つ選びなさい。（会話と選択肢は１回だけ読みます。）

No. 1　（場面）翌日の天候について会話している

No. 2　（場面）図書館で会話している

No. 3　（場面）ミーティングを始める前に会話している

聞き取りテスト2　会話を聞いて，その内容についての質問に答えなさい。それぞれ会話のあとに質問が続きます。その質問に対する答えとして適切なものを，次の a ～ d からそれぞれ１つ選びなさい。（会話と質問は２回読みます。）

No. 1

a　Eggs.

b　Dishes.

c　Eggs and chopsticks.

d　Chopsticks and dishes.

No. 2

a　To her classroom.

b　To the hospital.

c　To Mike's house.

d　To Mr. Brown's room.

No. 3

a　He wants to graduate from school.

b　He wants to introduce Japanese food.

c　He wants to be the owner of a restaurant.

d　He wants to travel all over the world.

聞き取りテスト3　英語による説明を聞いて，その内容についての２つの質問 Question 1, Question 2 に答えなさい。英文と選択肢が放送されます。英文のあとに放送される選択肢 a ～ d から質問に対する答えとして適切なものを，それぞれ１つ選びなさい。（英文と選択肢は２回読みます。）

（場面）動物園でガイドがスケジュールの説明をしている

Question 1　How many activities can the visitors do in the afternoon today?

Question 2　What did the guide say to the visitors about the activity of the baby tiger?

図

Schedule

Activities

◆ Touching rabbits

10:00～11:30　　13:00～15:00

◆ Feeding a baby tiger

10:00～10:30

◆ Riding a horse

10:00～11:30　　13:00～14:30

◆ Taking pictures with a big snake

10:00～11:30　　13:00～15:00

Ⅱ　地域のカルチャーセンターで開催される，多文化交流フェスティバルに参加する３つのグループの代表生徒とカルチャーセンターのスティーブさんが，インターネットでミーティングをしています。あなたは，実行委員会の一員としてそのミーティングに参加しています。次の英文を読んで，あとの問いに答えなさい。

Steve

Five groups will join the festival in total. Two of them are groups of foreign people living in this city. The Chinese group will play traditional instruments in the morning. The Australian group will give some traditional sweets to visitors. Tell me about your group plans and the places you would like to use.

Aoi

My group will put some flowers at the entrance and give them to visitors. Also, we want them to try *ikebana* in the small room next to the entrance.

Riku

We would like to use the cooking room. My group will make rice cakes there in the morning, and give them to visitors.

Sakura

My group will introduce how to make traditional Japanese paper. Visitors can make postcards. We need some water. Can we use water in the cooking room?

Steve

Then, Sakura, please use the larger room next to the entrance. You can use water in that room.

Sakura

OK. That's better for us because it has enough space to dry the paper.

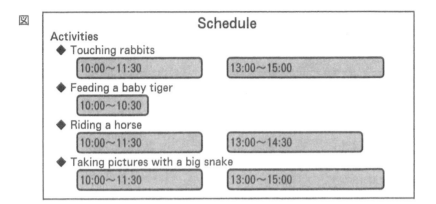

Riku
By the way, will the Australian group use the cooking room, too?

Steve
No, they won't use the cooking room. They'll bring their sweets from home.

Riku
I see. We also want to play traditional Japanese drums somewhere.

Steve
You can use the music hall in the afternoon. I'll tell the Chinese group to use it in the morning, and the Australian group to use the room next to the cooking room. OK. Let's do our best!

1 ミーティングの内容に合うように，次の [ ] に入る適切なものを，あとのア～エからそれぞれ１つ選んで，その符号を書きなさい。

(1) If visitors want to enjoy music in the morning, they should join the event of [ ].

(2) If visitors want something to eat, they should join the events of the Australian group or [ ].

ア the Chinese group　　イ Aoi's group
ウ Riku's group　　エ Sakura's group

2 あなたは，ミーティングの内容をもとに，次の図を見ながら，表を使ってイベントの場所をまとめています。表の [①] ～ [③] に入るものを，あとのア～ウからそれぞれ１つ選んで，その符号を書きなさい。

図

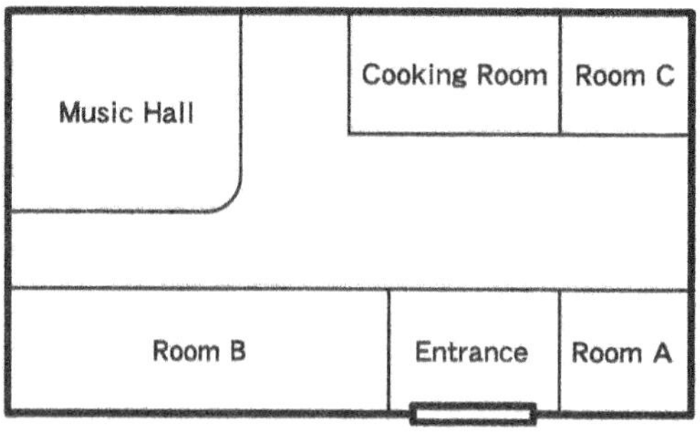

表

Place	Event
Entrance	Giving Flowers
Room A	[①]
Room B	[②]
Room C	[③]
Cooking Room	Cooking Rice Cakes
Music Hall	Listening to Instruments

ア Enjoying Sweets　　イ Trying *Ikebana*　　ウ Making Japanese Paper

3 あなたは，地域に住んでいる外国人に向けて招待状を作成しました。次の [あ]，[い] に，あとのそれぞれの [ ] 内の語から４語を選んで並べかえ，英文を完成させなさい。

（招待状は次のページにあります。）

[あ] | enjoy　able　many　can　to |

[い] | looking　need　seeing　forward　to |

Welcome to the Culture Festival!

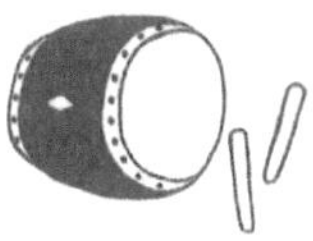

- Date : Friday, March 24, 2023
- Place : City Culture Center
- Events : You will be [あ] events!

(Traditional Instruments, Sweets, *Ikebana*, Japanese Paper, Rice Cakes)

★Please visit this website for more information.

https://www.habatan.or.jp

We are [い] you!

Ⅲ 次の英文を読んで，あとの問いに答えなさい。

[1] At the train station, we check information on electric bulletin boards*. For example, if the train does not come on time, we will look at them to check where the train is and how [①] it is. We also get information from the speakers*. For example, when a train is coming to the station, we will hear the message, "The train is [②]. Please stand behind the yellow blocks for your safety." Like these examples, we [③] to know the situation at the station, and such information is helpful for us.

[2] One day, a student missed some information from the speakers. It was difficult for him to hear sounds. He said, "I once had a dangerous experience at the station. When I was just getting on the train, the train closed the door. I didn't notice that because I couldn't hear the sound of the departure bell*. To get the information, I must look at the people around me, and then [④]. I wish there was a machine that could change* sounds into letters and images, and show them on a screen!"

[3] His wish became a real thing. A company listened to his experience, and made the machine for him. It was put on the platform*. There, when the message, "Thank you for using our train," was announced from the speakers, he could see it on the screen. Also, he saw the sound of the closing door on the screen. Because of this machine, he learned the sound of the closing door for the first time. He said, "Now, I can enjoy a sound that I didn't notice before."

[4] People who experienced this machine said, "It's wonderful and convenient. I think children can enjoy the machine. For example, when the train is moving,

they can see the letters of its sounds on the screen. In addition, foreigners can understand information more easily because English is shown to attract their attention there. I hope this machine will [⑤]."

[5] One student's idea has given us a chance to think about other people. The student said, "When we had meetings for the machine, I talked a lot with many people. By sharing my opinions with them, the station became more friendly to more people. Like this, if we [⑥], I think we can make our society better."

(注) electric bulletin boards 電光掲示板 speakers スピーカー（装置）
departure bell 発車ベル change ~ into… ~を…に変える
platform （駅の）プラットホーム

1 文中の [①]，[②] に入る語の組み合わせとして適切なものを，次のア～エから1つ選んで，その符号を書きなさい。

ア ① late ② arriving　　イ ① late ② leaving
ウ ① much ② arriving　　エ ① much ② leaving

2 文中の [③] ～ [⑥] に入る適切なものを，次のア～オからそれぞれ1つ選んで，その符号を書きなさい。

ア accept and respect different ideas
イ enjoy announcing information by myself
ウ judge what I should do
エ see and hear information
オ spread to other stations in Japan, too

3 次のA～Dのイラストは，段落 [3] と [4] で示されている内容を表したものです。文中で具体的に示されている順序として適切なものを，次のページのア～カから1つ選んで，その符号を書きなさい。

A

B
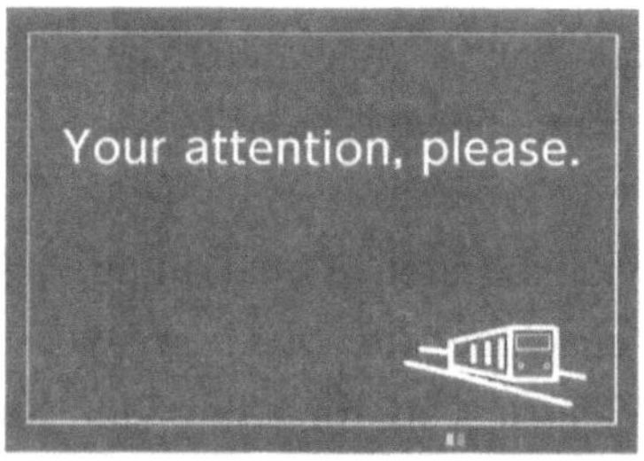

C
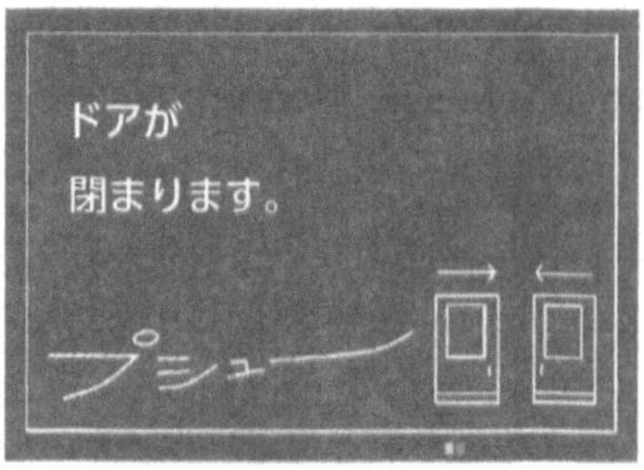

D

ア　A→B→C→D　　イ　A→B→D→C　　ウ　A→C→B→D
エ　A→C→D→B　　オ　A→D→B→C　　カ　A→D→C→B

Ⅳ　高校１年生のあかりさんとイギリスからの留学生のコーリーさんが，地域学習の発表について，話をしています。次の英文を読んで，あとの問いに答えなさい。

Cory : Hello, Akari. What are you doing?

Akari : Hi, Cory. I'm preparing for a presentation* next month.

Cory : A presentation?

Akari : In my class, we have studied about our city. I'm going to make a tour plan about my town, but it's difficult.

Cory : Do you have any interesting plans?

Akari : [　①　].

Cory : I've lived here for only two months, and I really enjoy my life here.

Akari : Some big cities in Kyoto and Hokkaido are famous for sightseeing. A lot of people visit there every year. They have many interesting things, but there is nothing special to attract people in my small town....

Cory : Is that true, Akari? I think your town can attract many people. In England, it's becoming popular to stay in a small town and enjoy unique experiences there.

Akari : Really?

Cory : Last year, I stayed at a farm in England and made some cheese during summer vacation. It was a lot of fun. If you look at things carefully, you can find something wonderful.

Akari : I didn't think that [　②　]. Oh, I've just remembered a fun experience in my town. How about tea picking*? Many farmers grow green tea here. I love drinking it with Japanese sweets.

Cory : Sounds cool. I've seen pictures of tea picking before. People wore *kimono* in those pictures.

Akari : In my town, we have a traditional *kimono* for tea picking.

Cory : Really? I want to wear it and take pictures of myself during tea picking.

Akari : That'll be a good memory.

Cory : Yes. If I could drink green tea with Japanese sweets in a traditional house, that would be nice.

Akari : Oh, you can do that. These days, people reuse traditional houses for restaurants and some of them are very famous. There are many traditional houses in my town.

Cory : Nice. I like it.

Akari : As you said, I could find special things around us.

Cory : That's good. You discovered [　③　] by seeing things from a different point of view.

Akari : Thank you for your advice. Now, I can introduce an interesting tour plan for my presentation.

（注） presentation プレゼンテーション，発表　picking 摘むこと

1 文中の ① に入る適切なものを，次のア～エから1つ選んで，その符号を書きなさい。

ア Yes, I know many things　イ No, I have no idea

ウ Oh, I think it's interesting　エ Well, I haven't visited there

2 下線部について，コーリーさんがこの質問で言いたいこととして適切なものを，次のア～エから1つ選んで，その符号を書きなさい。

ア Akari has been to a lot of places for sightseeing.

イ Akari wants more people to visit her town.

ウ There are some interesting things in Akari's town.

エ There are many people who enjoy tours in big cities.

3 文中の ② に入る適切なものを，次のア～エから1つ選んで，その符号を書きなさい。

ア I could make a unique tour plan about England

イ I could find great things in small towns

ウ you could enjoy staying in Hokkaido

エ you could stay there for more than two months

4 文中の ③ に入る適切なものを，次のア～エから1つ選んで，その符号を書きなさい。

ア clothes you should wear

イ secrets of your favorite restaurants

ウ customs to follow in traditional houses

エ treasures in your daily life

5 あかりさんは，コーリーさんとの会話のあと，発表する内容を英語でまとめました。本文の内容に合うように，あ ～ う に入る適切な英語を，本文中からそれぞれ1語を抜き出して書き，英文を完成させなさい。

An interesting tour plan about my town

Visitors can…

・enjoy drinking green あ } in traditional houses.
・eat Japanese sweets

・try on *kimono* and take their own い for memories.

These unique activities will make visitors happy.

⇩

They want to come to my town again.

Point!

The things around us will become something wonderful for visitors.
So, it is important to watch things in our daily lives more う .

V　次の各問いに答えなさい。

1　次の英文は，高校２年生の生徒が，家庭科の授業で体験したことを英語の授業で発表したものです。

[①] ～ [③] に入る英語を，あとの語群から選び，必要に応じて適切な形に変えたり，不足している語を補ったりして，英文を完成させなさい。ただし，２語以内で答えること。

Now, I will tell you about my experience. Last week, I went to a nursery school for the first time. In the morning, a boy came and asked me [①] songs together. We enjoyed it very much. After that, when I played with the children outside, a girl fell down* and started to cry. When I [②] down and talked to her slowly, she stopped crying and smiled. I had a very good time at the nursery school. I will never [③] this experience.

（注） fell down　転んだ

become	forget	rest	sing	sit

2　高校生のみずきさんとひかるさんが，授業で作ったポスターを留学生のフレッドさんに説明しています。次の会話について，英文や次のページのポスターの内容に合うように，(①) ～ (⑤) にそれぞれ適切な英語１語を入れて，会話文を完成させなさい。

Fred : Wow, you're good at drawing pictures, Mizuki and Hikaru!

Mizuki : Thank you.

Fred : What is your message written in Japanese, Mizuki? I can't read it.

Mizuki : The message is "Stop global (①)." A lot of rain (②) are disappearing from the earth. This is one of the causes of it, so I want to protect them.

Fred : Nice. How about yours, Hikaru? I can see bananas, chocolate, and coffee in your poster.

Hikaru: Yes. Many companies buy these things from developing (③). However, these things are bought at a low (④). I think that's not fair, so I added a picture of shaking (⑤) to express a better world.

Fred : I often hear the news about these problems. It's difficult to solve them, but I believe we can do it.

止めよう地球温暖化!
～守ろう熱帯雨林～

発展途上国との
フェアトレードを！
適正な価格で購入しよう

＜理科＞

時間　50分　　満点　100点

Ⅰ　植物の特徴と生物のつながりに関するあとの問いに答えなさい。

1　図1は，ゼニゴケ，イヌワラビ，サクラ，イチョウの4種類の植物の体の一部を表している。

図1

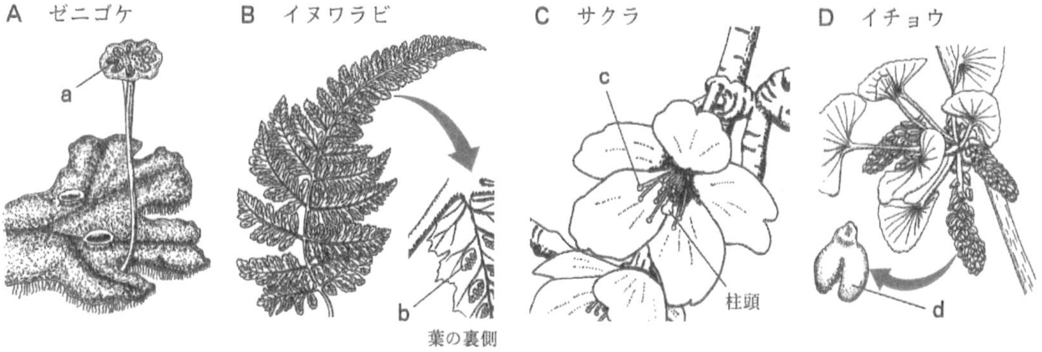

(1)　図1の植物のうち，葉・茎・根の区別がない植物として適切なものを，図1のA～Dから1つ選んで，その符号を書きなさい。

(2)　胞子がつくられる部分として適切なものを，図1のa～dから1つ選んで，その符号を書きなさい。

(3)　サクラのめしべの柱頭で，花粉管がのびた後の精細胞の移動について説明した文として適切なものを，次のア～エから1つ選んで，その符号を書きなさい。

ア　花粉管の外を精細胞の核のみが移動する。　イ　花粉管の外を精細胞が移動する。
ウ　花粉管の中を精細胞の核のみが移動する。　エ　花粉管の中を精細胞が移動する。

(4)　受粉後に，サクラは図2のようなサクランボを実らせ，イチョウは図3のようなギンナンを実らせる。図4は，サクランボ，ギンナンのどちらかの断面を表した模式図である。

サクラとイチョウのつくりについて説明した次の文の ① ， ② に入る語句として適切なものを，それぞれ次のページのア～ウから1つ選んで，その符号を書きなさい。また， ③ に入る語句として適切なものを，次のページのア，イから1つ選んで，その符号を書きなさい。

サクラの花には ① があり，イチョウの花には ① がない。 ② は ① が成長したものであることから，図4は， ③ の断面を表した模式図である。

図2

図3

図4

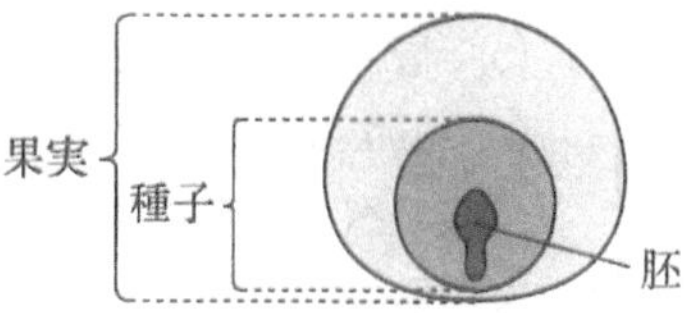

【①の語句】	**ア**　胚珠	**イ**　花粉のう	**ウ**　子房
【②の語句】	**ア**　種子	**イ**　果実	**ウ**　胚
【③の語句】	**ア**　サクランボ	**イ**　ギンナン	

2　ショウさんは，理科の授業で，食物連鎖と，図5のような，生物の活動を通じた炭素をふくむ物質の循環について学び，土の中の小動物や微生物のはたらきを確かめるための観察，実験を行った。

図5

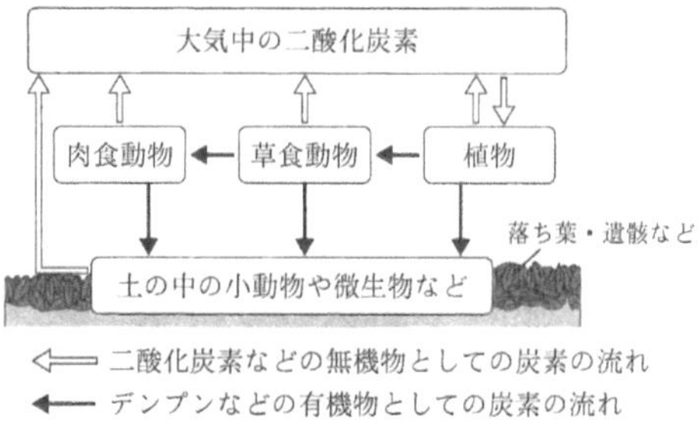

(1)　図5の植物，草食動物，肉食動物のうち，草食動物の個体数が増加しているときの，植物，肉食動物の個体数の変化を表したグラフとして適切なものを，次の**ア**～**エ**から1つ選んで，その符号を書きなさい。

ア

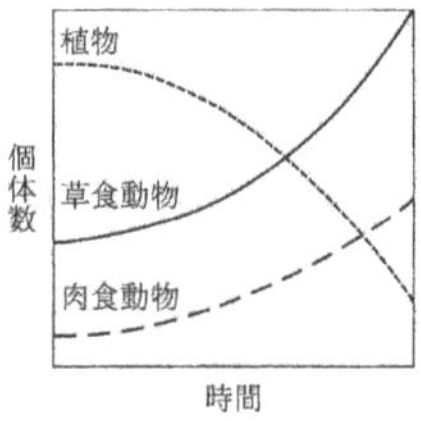

イ

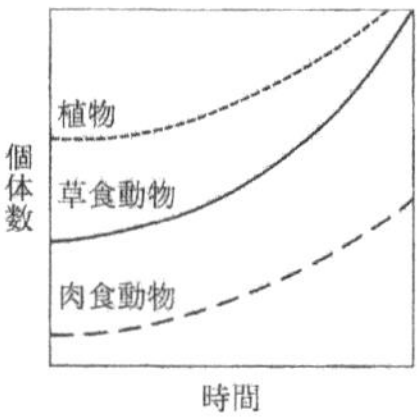

ウ

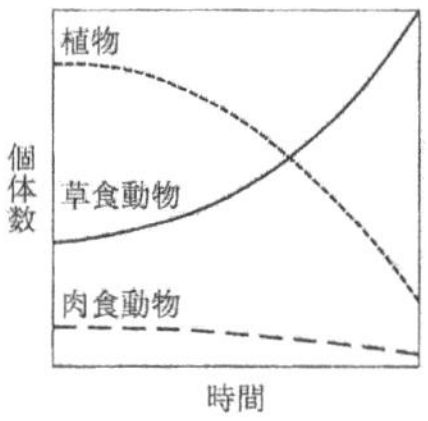

エ

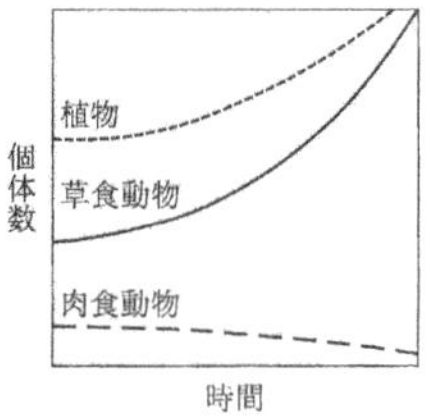

(2)　ショウさんは，土の中の小動物や微生物のはたらきについて，次の観察，実験を行い，レポートにまとめた。

【目的】
土の中の小動物や微生物が，落ち葉や有機物を変化させることを確かめる。

【方法】
図6のように，ある地点において，地表から順に層A，層B，層Cとし，それぞれの層の小動物や微生物について，次の観察，実験を行った。

図6

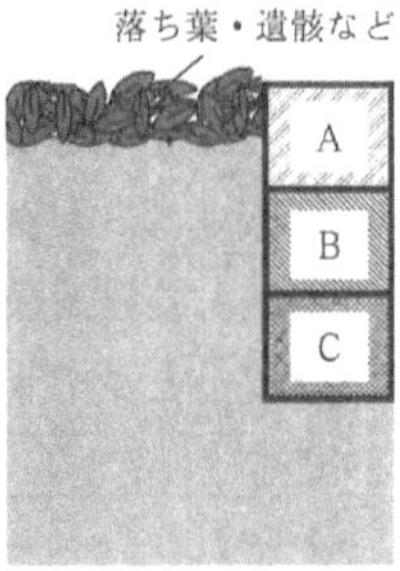

<観察>
(a)　それぞれの層で小動物をさがし，見つけた小動物と層を記録した後に，その小動物をスケッチした。
(b)　層Aで見つけたダンゴムシを落ち葉とともに採集した。
(c)　(b)で採集したダンゴムシと落ち葉を，湿らせたろ紙をしいたペトリ皿に入れ，数日後，ペトリ皿の中のようすを観察した。

<実験>
(a)　同じ体積の水が入ったビーカーを3つ用意し，層Aの土，層Bの土，層Cの土をそ

れぞれ別のビーカーに同じ質量入れ，かき混ぜた。

(b)　図７のように，層Ａ～Ｃそれぞれの土が入ったビーカーの上澄み液をそれぞれ２本の試験管に分け，一方の試験管をガスバーナーで加熱し，沸騰させた。

(c)　図８のように，脱脂粉乳とデンプンをふくむ寒天培地の上に，それぞれの試験管の上澄み液をしみこませた直径数mmの円形ろ紙を３枚ずつそれぞれ置き，ふたをして温かい場所で数日間保った。

(d)　ヨウ素溶液を加える前後の寒天培地のようすを記録した。

図７

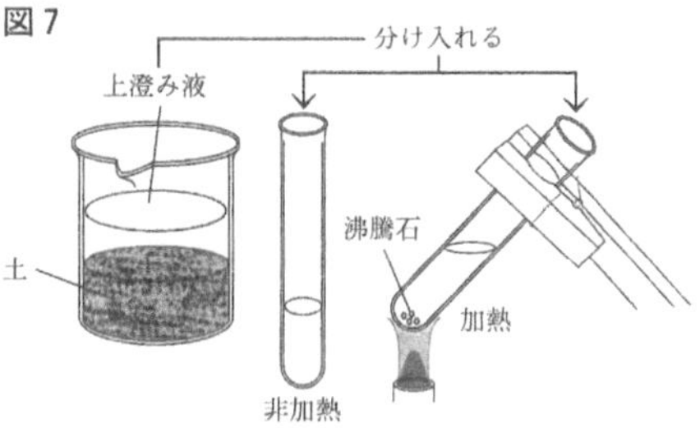

図８

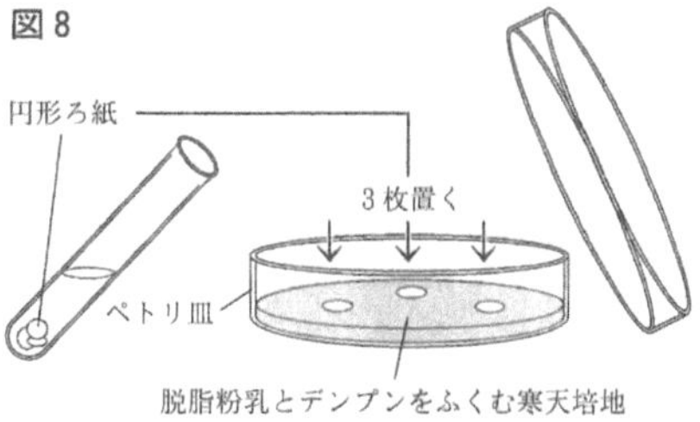

【結果】

＜観察＞

○ダンゴムシが層Ａで見つかり，ミミズやムカデが層Ａ，Ｂで見つかった（図９）。

○数日後，ペトリ皿の中の落ち葉は細かくなり，ダンゴムシのふんが増えていた。

＜実験＞

○寒天培地のようすを次の表にまとめた。

図９　見つけた小動物のスケッチ

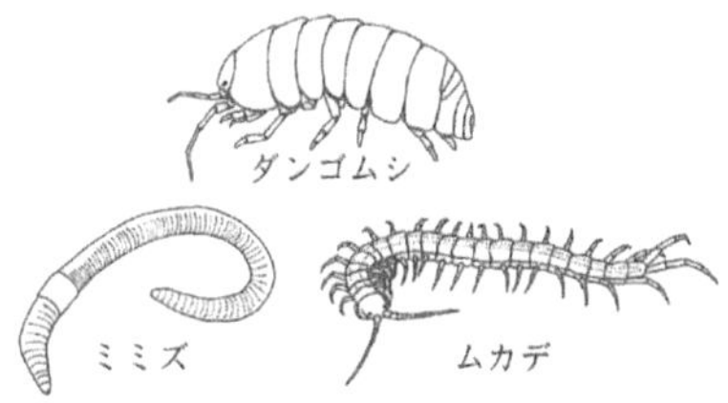

表　　▭脱脂粉乳により白濁した部分　□透明な部分

	ヨウ素溶液	層Ａの上澄み液	層Ｂの上澄み液	層Ｃの上澄み液
非加熱処理	加える前	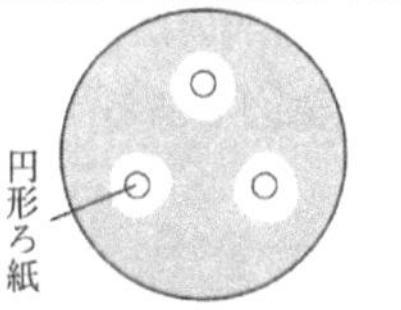	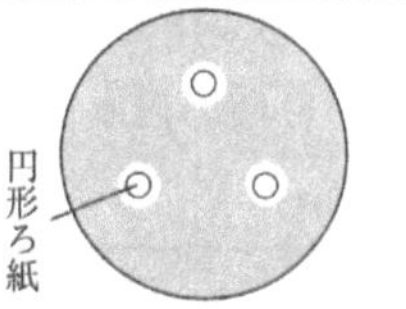	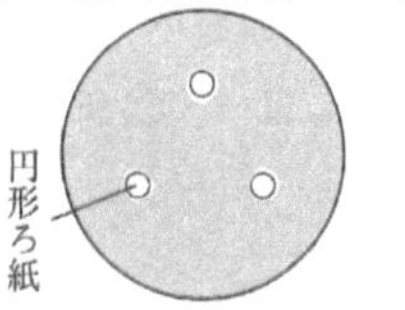
	加えた後	あ	い	う
加熱処理	加える前	脱脂粉乳により白濁した部分は変わらなかった		
	加えた後	ヨウ素溶液の反応が寒天培地全体に見られた		

○土の中の微生物のはたらきによって有機物が分解されることが確認できた。

【考察】

○ダンゴムシは，層Ａに食べ残した落ち葉やふんなどの有機物を残す。また，ミミズは［え］を食べ，ムカデは［お］を食べ，どちらも層Ａ，Ｂにふんなどの有機物を残すと考えられる。

○実験より，土の中の微生物は層Ａから層Ｃにかけてしだいに［か］していると考えられる。それぞれの層において，微生物の数量と有機物の量がつり合っているとすると，有機物は層Ａから層Ｃにかけてしだいに［き］していると考えられる。

① 実験(b)において，上澄み液を沸騰させた理由を説明した文として適切なものを，次の**ア**～**エ**から１つ選んで，その符号を書きなさい。

ア　微生物の生育に最適な温度にするため。

イ　微生物に悪影響をおよぼす物質を除去するため。

ウ　微生物を殺すため。

エ　水を蒸発させ，実験に最適な水分量にするため。

② 【結果】の中の［あ］に入る寒天培地のようすとして適切なものを，次の**ア**～**エ**から１つ選んで，その符号を書きなさい。

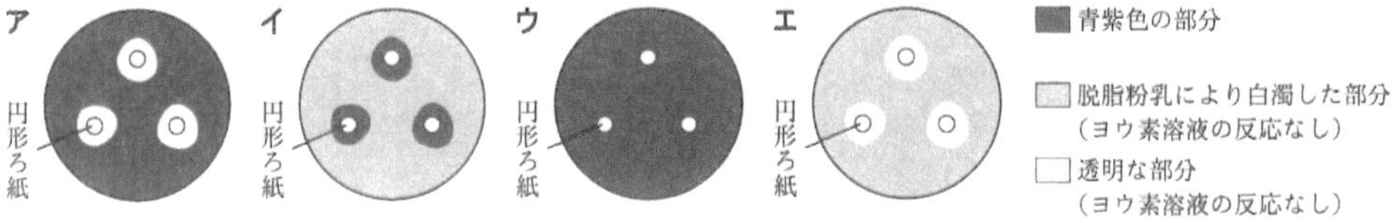

③ 【考察】の中の［え］，［お］に入る語句として適切なものを，それぞれ次の**ア**，**イ**から１つ選んで，その符号を書きなさい。また，［か］，［き］に入る語句の組み合わせとして適切なものを，次の**ア**～**エ**から１つ選んで，その符号を書きなさい。

【(え)の語句】	**ア**　ダンゴムシ	**イ**　落ち葉
【(お)の語句】	**ア**　ダンゴムシやミミズ	**イ**　落ち葉
【(か)・(き)の語句の組み合わせ】	**ア**　(か)増加　(き)増加 **ウ**　(か)減少　(き)減少	**イ**　(か)減少　(き)増加 **エ**　(か)増加　(き)減少

Ⅱ　天気の変化と空気中の水の変化に関するあとの問いに答えなさい。

1　図１は，2021年10月５日９時の日本付近の天気図である。

図１

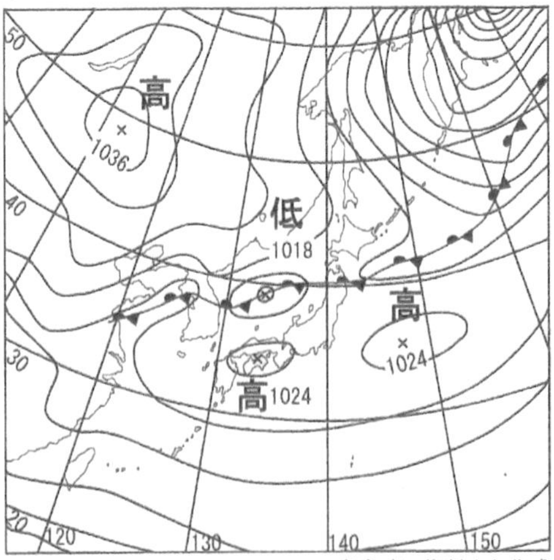

気象庁の資料より作成

(1) ある地点の天気は晴れ，風向は東，風力は2であった。このときの天気図記号として適切なものを，次のア～エから1つ選んで，その符号を書きなさい。

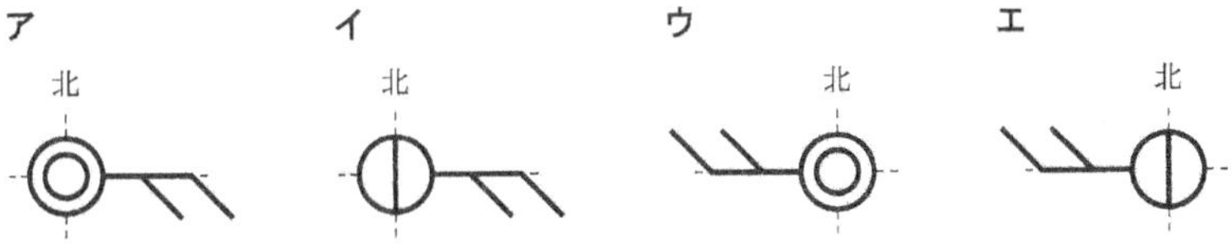

(2) 気圧と大気の動きについて説明した文として適切なものを，次のア～エから1つ選んで，その符号を書きなさい。

ア 低気圧の中心から風が時計回りに吹き出し，高気圧のまわりでは，高気圧の中心に向かって風が反時計回りに吹きこむ。

イ 低気圧の中心から風が反時計回りに吹き出し，高気圧のまわりでは，高気圧の中心に向かって風が時計回りに吹きこむ。

ウ 高気圧の中心から風が時計回りに吹き出し，低気圧のまわりでは，低気圧の中心に向かって風が反時計回りに吹きこむ。

エ 高気圧の中心から風が反時計回りに吹き出し，低気圧のまわりでは，低気圧の中心に向かって風が時計回りに吹きこむ。

(3) 図1の季節の日本付近の天気について説明した次の文の ① ～ ③ に入る語句の組み合わせとして適切なものを，次のア～クから1つ選んで，その符号を書きなさい。

9月ごろになると，東西に長くのびた ① 前線の影響で，くもりや雨の日が続く。10月中旬になると， ① 前線は南下し， ② の影響を受けて，日本付近を移動性高気圧と低気圧が交互に通過するため，天気は周期的に変化する。11月中旬をすぎると， ③ が少しずつ勢力を強める。

ア ①停滞　②偏西風　③シベリア高気圧
イ ①停滞　②台風　③シベリア高気圧
ウ ①停滞　②偏西風　③オホーツク海高気圧
エ ①停滞　②台風　③オホーツク海高気圧
オ ①寒冷　②偏西風　③シベリア高気圧
カ ①寒冷　②台風　③シベリア高気圧
キ ①寒冷　②偏西風　③オホーツク海高気圧
ク ①寒冷　②台風　③オホーツク海高気圧

(4) 図2（次のページ）のア～エは，2021年10月，12月，2022年6月，7月のいずれかの日本付近の天気図である。これらの天気図を10月，12月，6月，7月の順に並べ，その符号を書きなさい。なお，図2のア～エには，図1の前日の天気図がふくまれている。

図2

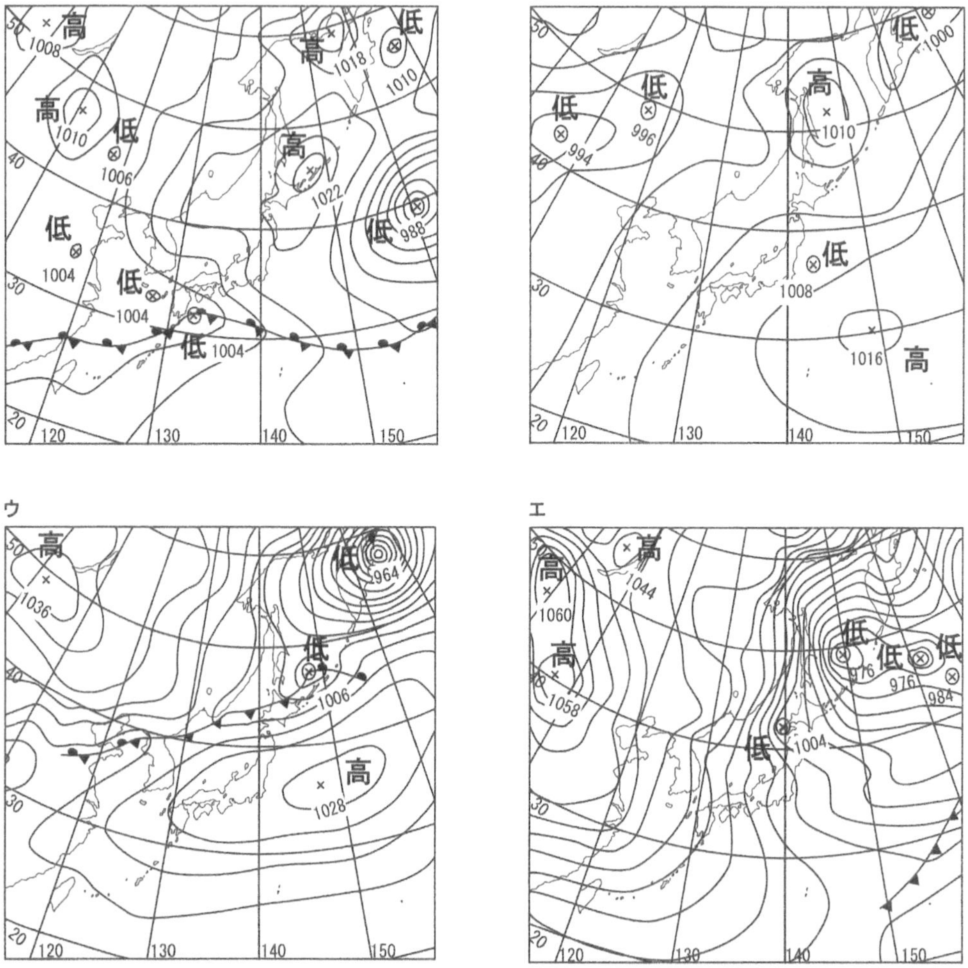

2　神戸市の学校に通うリンさんとユウキさんは，スキー教室で豊岡市に行ったとき，気温や湿度が神戸市とは違うと感じた。後日，両市の気温と湿度について調べ，観測結果を手に入れた。次の会話は，このことについて教室で話していたときの一部である。なお，図3は，やかんの水が沸騰しているようす，表1は，温度と飽和水蒸気量の関係，表2は，両市の同じ日の観測結果である。

図3

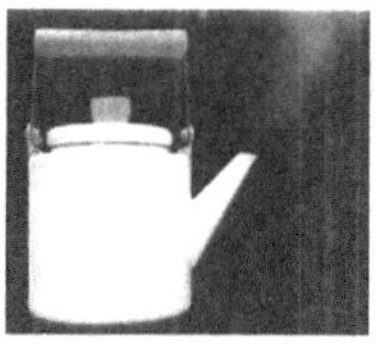

リンさん：スキー教室に行ったとき，ロビーで，やかんのお湯が沸いているのを見たんだけど，部屋の温度を上げるためだったのかな。

ユウキさん：乾燥を防ぐためでもあるんじゃないかな。

リンさん：やかんの口の先をよく見ていると，少し離れたところから白く見えはじめて，さらに離れたところでは見えなくなっていたんだけど，この白く見えたものは何か知ってる？

ユウキさん：それは ① だと思うよ。
先　　生：よく知っていましたね。では，白く見えたものを消えにくくするためには，部屋の温度と湿度をどのようにすればよいか分かりますか？
リンさん：② します。
先　　生：その通りです。
リンさん：温度と湿度の関係といえば，両市の観測結果の9時を比較すると，湿度に差がありました。
先　　生：兵庫県の北部と南部では，同じ日でも気温，湿度に違いがありますね。それでは，観測結果の気温と湿度をもとに，水蒸気量について考えてみましょう。両市の9時の屋外の空気を比べたとき，1 m^3中にふくむことができる水蒸気量の差は，何 g になりますか。
ユウキさん：はい，計算してみます。③ g になります。
先　　生：そうですね。正解です。

(1) 会話文中の ① に入る語句として適切なものを，次の**ア**～**エ**から1つ選んで，その符号を書きなさい。

ア 酸素　**イ** 水蒸気　**ウ** 空気　**エ** 小さな水滴

(2) 会話文中の ② に入る語句として適切なものを，次の**ア**～**エ**から1つ選んで，その符号を書きなさい。

ア 温度，湿度ともに高く
イ 温度を高くし，湿度を低く
ウ 温度を低くし，湿度を高く
エ 温度，湿度ともに低く

(3) 会話文中の下線部について，温度21℃，湿度48%の空気の露点として最も適切なものを，次の**ア**～**エ**から1つ選んで，その符号を書きなさい。

ア 5℃　**イ** 9℃　**ウ** 13℃　**エ** 17℃

(4) 会話文中の ③ に入る数値はいくらか，四捨五入して小数第1位まで求めなさい。

表1

温度〔℃〕	飽和水蒸気量〔g/m³〕	温度〔℃〕	飽和水蒸気量〔g/m³〕
0	4.8	11	10.0
1	5.2	12	10.7
2	5.6	13	11.4
3	6.0	14	12.1
4	6.4	15	12.9
5	6.8	16	13.6
6	7.3	17	14.5
7	7.8	18	15.4
8	8.3	19	16.3
9	8.8	20	17.3
10	9.4	21	18.4

表2

神戸市			豊岡市		
時	気温〔℃〕	湿度〔%〕	時	気温〔℃〕	湿度〔%〕
1	1	59	1	−2	96
5	0	52	5	−2	97
9	1	48	9	1	72
13	4	36	13	0	93
17	3	49	17	1	87
21	1	71	21	1	81

Ⅲ 混合物の分け方に関するあとの問いに答えなさい。

1 ワインの成分は，おもに水とエタノールであり，かつてはワインを蒸留し，とり出したエタノールを医療用として利用していた。図1の実験器具を用いて，赤ワインからエタノールをとり出すために，次のページの(a)～(c)の手順で実験を行い，結果を表1にまとめた。

（図1，表1は次のページにあります。）

＜実験＞

(a)　枝つきフラスコに赤ワイン30 cm^3 と沸騰石を入れて，温度計をとりつけた。

(b)　赤ワインを加熱し，出てきた気体を氷水に入れた試験管で冷やし，再び液体にした。この液体を試験管A～Cの順に約２ cm^3 ずつ集め，加熱をやめた。

(c)　試験管にたまった液体の体積と質量をはかった後，液体をそれぞれ蒸発皿に移し，マッチの火を近づけたときのようすを観察した。

図１

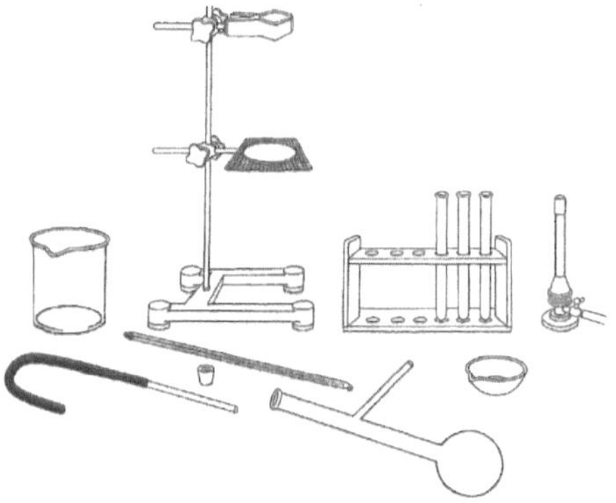

表１

試験管	A	B	C
体積〔cm^3〕	2.0	2.1	1.9
質量〔g〕	1.64	1.89	1.84
火を近づけたときのようす	火がついて，しばらく燃えた	火がついたが，すぐに消えた	火がつかなかった

(1)　図２は，手順(a)で用いた実験器具の一部を表している。手順(a)の温度計のとりつけ方として適切なものを，次の**ア～エ**から１つ選んで，その符号を書きなさい。

図２

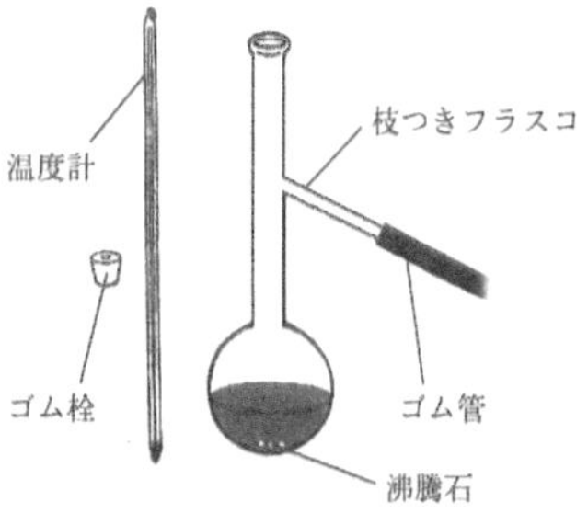

ア

イ

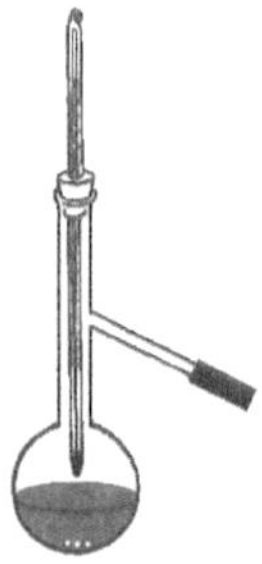

ウ

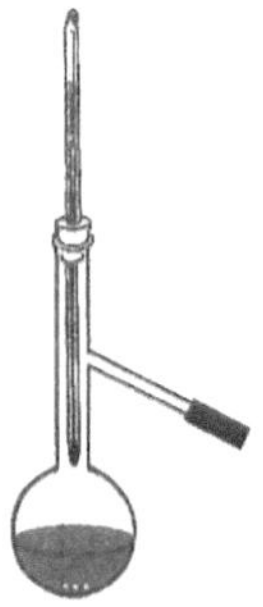

エ

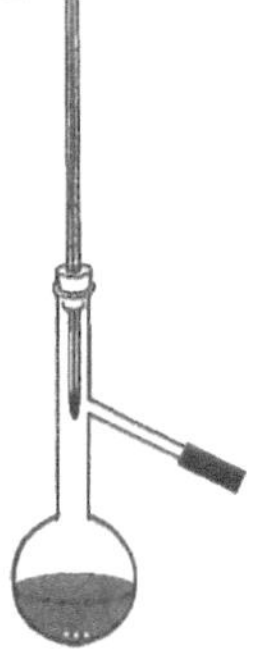

(2)　水とエタノールの混合物を加熱したときの温度変化を表したグラフとして適切なものを，次の**ア～エ**から１つ選んで，その符号を書きなさい。

ア

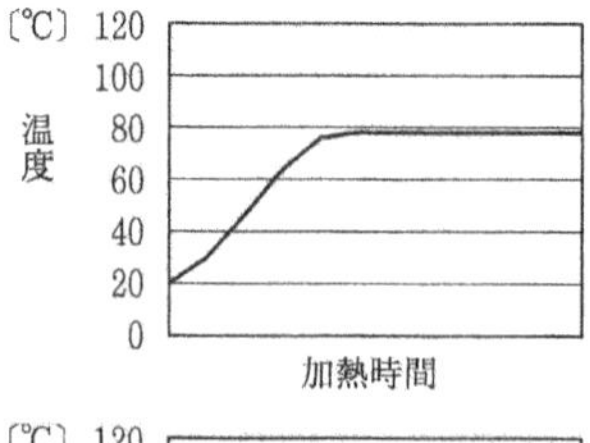

イ

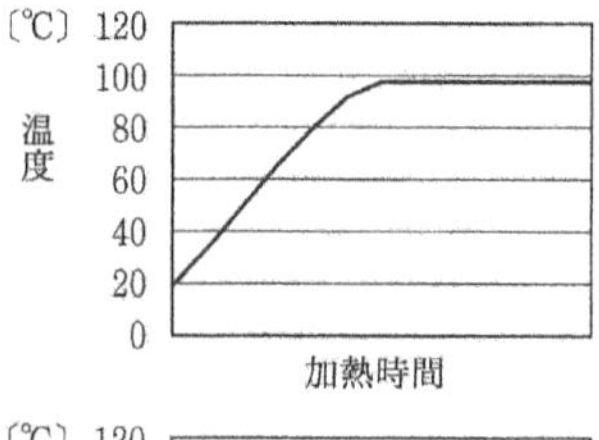

ウ

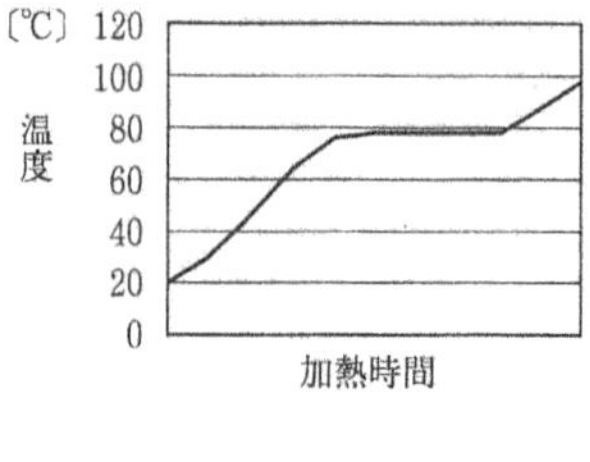

エ

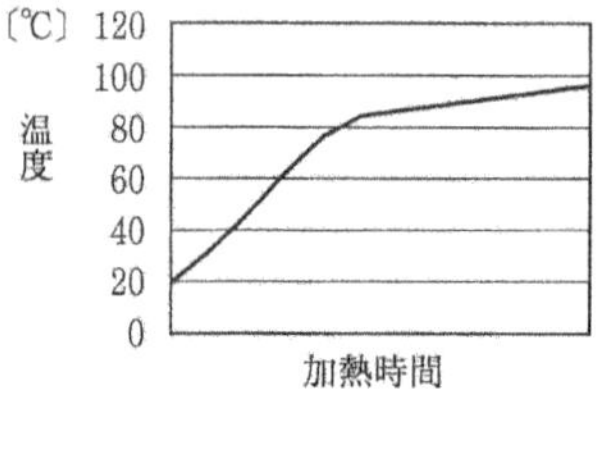

(3)　この実験で，試験管A～Cにたまった液体について説明した次の文の ① ～ ③ に入る語句の組み合わせとして適切なものを，あとの**ア～ク**から１つ選んで，その符号を書きなさい。

試験管A～Cにたまった液体の色は全て ① であり，表１の結果から，試験管A～Cの液体にふくまれるエタノールの割合は，試験管A，B，Cの順に ② くなると考えられる。また，塩化コバルト紙を試験管A～Cのそれぞれの液体につけると，塩化コバルト紙の色が全て ③ に変化することで，試験管A～Cの液体には水がふくまれていることが確認できる。

ア　①赤色　②低　③赤色　　**イ**　①赤色　②低　③青色
ウ　①赤色　②高　③赤色　　**エ**　①赤色　②高　③青色
オ　①無色　②低　③赤色　　**カ**　①無色　②低　③青色
キ　①無色　②高　③赤色　　**ク**　①無色　②高　③青色

(4)　図３は，水とエタノールの混合物の密度と質量パーセント濃度の関係を表したものである。試験管A～Cの液体のうち，エタノールの割合が２番目に高い液体の質量パーセント濃度として最も適切なものを，次の**ア～オ**から１つ選んで，その符号を書きなさい。ただし，赤ワインの成分は水とエタノールのみとする。

ア　21%　　**イ**　31%
ウ　61%　　**エ**　81%
オ　91%

図３

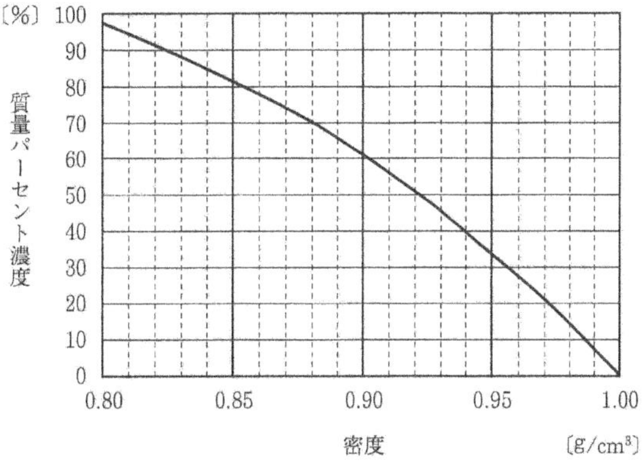

2　水にとけた物質をとり出すために，温度が20℃の部屋で，次の(a)～(d)の手順で実験を行った。表２は，100 gの水にとける物質の質量の限度と水の温度の関係を表したものである。

<実験>

(a)　ビーカーA～Cにそれぞれ80℃の水150 gを入れ，ビーカーAには塩化ナトリウム，ビーカーBにはミョウバン，ビーカーCには硝酸カリウムをそれぞれ50 gずつ入れてとかした。

(b)　ビーカーA～Cの水溶液をゆっくり20℃まで冷やしたところ，結晶が出てきた水溶液があった。

(c)　結晶が出てきた水溶液をろ過して，とり出した結晶の質量をはかった。

(d)　とり出した結晶を薬さじで少量とり，スライドガラスの上にのせて，顕微鏡で観察した。

表２

水の温度〔℃〕／物質	20	40	60	80
塩化ナトリウム　〔g〕	35.8	36.3	37.1	38.0
ミョウバン　〔g〕	11.4	23.8	57.4	321.6
硝酸カリウム　〔g〕	31.6	63.9	109.2	168.8

(1)　ビーカーAにおいて，塩化ナトリウムの電離を表す式として適切なものを，次のページの**ア**

～エから１つ選んで，その符号を書きなさい。

ア　$NaCl \rightarrow Na^{-} + Cl^{+}$　　　イ　$2NaCl \rightarrow Na_2^{+} + Cl_2^{-}$

ウ　$NaCl \rightarrow Na^{+} + Cl^{-}$　　　エ　$2NaCl \rightarrow Na^{2+} + Cl^{2-}$

(2)　この実験において，結晶が出てきた水溶液をろ過しているとき，ろ紙の穴，水の粒子，結晶の粒子の大きさの関係を表した模式図として適切なものを，次のア～エから１つ選んで，その符号を書きなさい。ただし，水の粒子は○，結晶の粒子は●で表す。

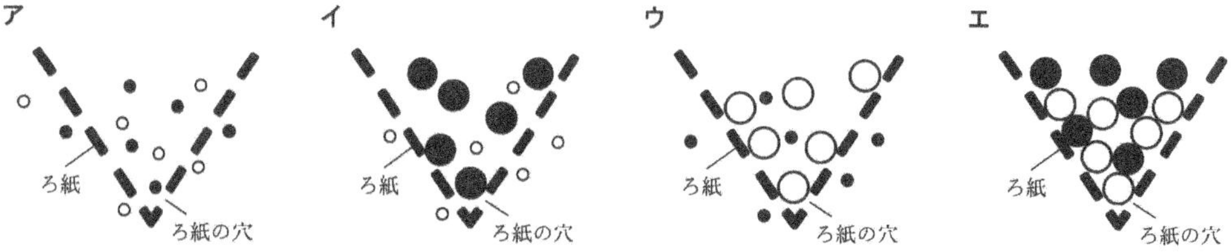

(3)　顕微鏡で図４のように観察した結晶について，手順(c)ではかった質量として最も適切なものを，次のア～オから１つ選んで，その符号を書きなさい。

ア　2.6 g　　イ　11.4 g　　ウ　14.2 g　　エ　18.4 g

オ　31.6 g

図４

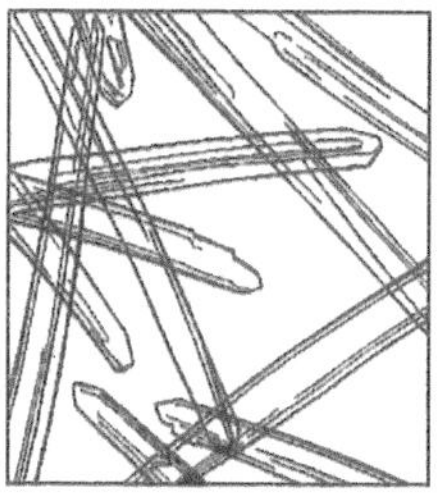

(4)　手順(c)において，結晶をとり出した後の水溶液の質量パーセント濃度を求めた。このとき，求めた値が最も小さい水溶液の質量パーセント濃度は何％か，四捨五入して小数第１位まで求めなさい。

Ⅳ　電気に関するあとの問いに答えなさい。

1　回路に加わる電圧と流れる電流について，次の実験を行った。

＜実験１＞

図１のような回路をつくり，電源装置で電圧を変化させ，抵抗器Ａ，Ｂの順に加えた電圧と流れた電流をはかった。図２は，抵抗器Ａ，Ｂのそれぞれについて，抵抗器に加えた電圧と流れた電流の大きさの関係を表したものである。

図１

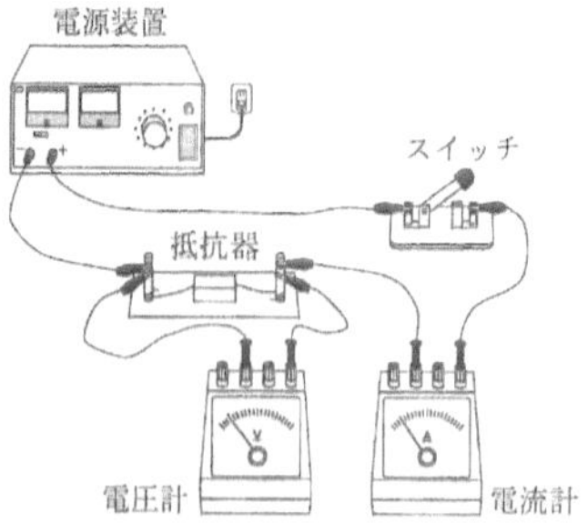

図２

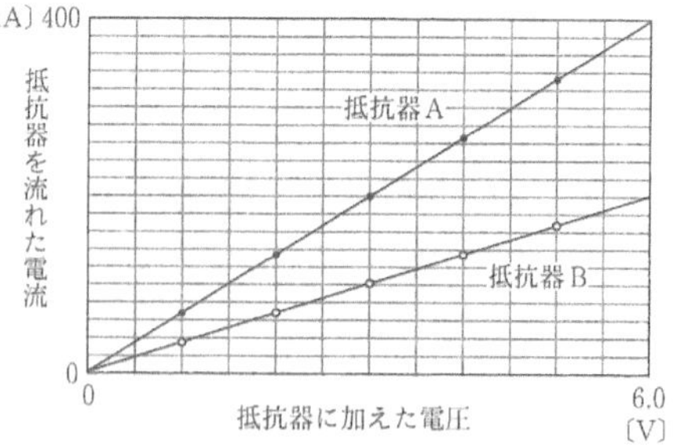

(1)　電圧計の使い方について説明した文として適切なものを，あとのア～エから１つ選んで，その符号を書きなさい。

ア　電圧をはかりたい区間に直列につなぐ。

イ　最小目盛りの$\frac{1}{100}$まで目分量で読みとる。

ウ　指針の振れが小さければ，－端子と＋端子につないだ導線を，逆につなぎかえる。

エ　電圧の大きさが予想できないときは，いちばん大きい電圧がはかれる－端子につなぐ。

(2)　図２のグラフから読みとれることに関して説明した次の文①，②について，その正誤の組み合わせとして適切なものを，あとの**ア**～**エ**から１つ選んで，その符号を書きなさい。

①　グラフの傾きは抵抗器Ａより抵抗器Ｂのほうが小さく，同じ電圧を加えたとき，抵抗器Ａより抵抗器Ｂのほうが流れる電流が小さい。

②　いずれの抵抗器においても，抵抗器を流れた電流は，抵抗器に加えた電圧に反比例する。

ア　①－正　②－正　　**イ**　①－正　②－誤　　**ウ**　①－誤　②－正　　**エ**　①－誤　②－誤

＜実験２＞

図３のように，実験１で用いた抵抗器Ａ，Ｂと，抵抗器Ｃを用いて回路をつくった。電流計は，500ｍＡの－端子を使用し，はじめ電流は流れていなかった。電源装置の電圧を6.0Ｖにしてスイッチを入れると，電流計の目盛りは，図４のようになった。スイッチを切り，クリップＰを端子Ｘからはずしてからスイッチを入れ，電流計の目盛りを読み，スイッチを切った。その後，クリップＰを端子Ｚにつなげてからスイッチを入れ，電流計の目盛りを読んだ。

図３

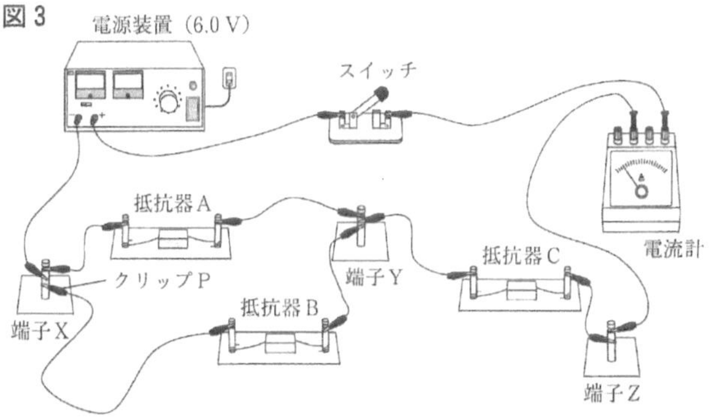

図４

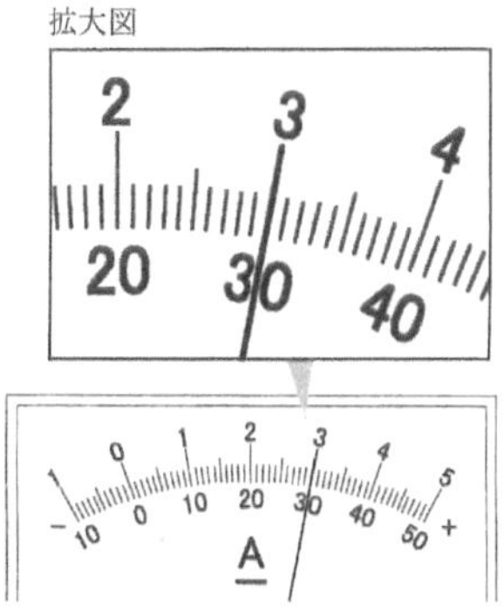

(3)　抵抗器Ｃの電気抵抗として最も適切なものを，次の**ア**～**エ**から１つ選んで，その符号を書きなさい。

ア　10Ω　　**イ**　15Ω　　**ウ**　20Ω　　**エ**　30Ω

(4)　この実験において，電流計が示す値を表したグラフとして適切なものを，次の**ア**～**オ**から１つ選んで，その符号を書きなさい。

ア

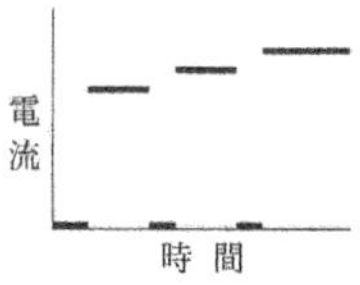

イ

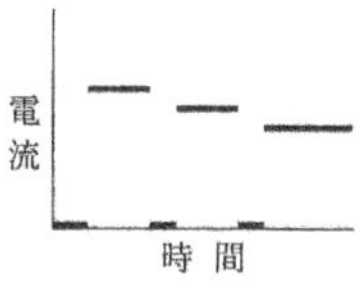

ウ

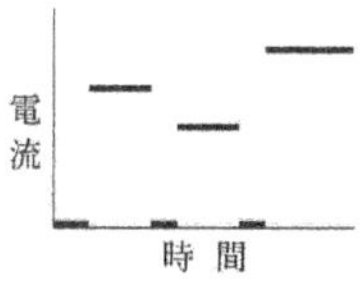

エ

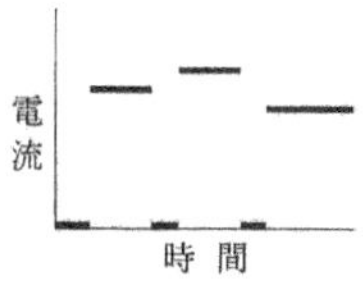

オ

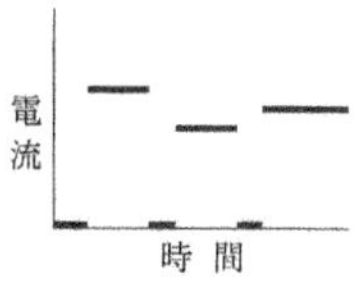

2　エネルギーの変換について，次の実験を行った。

＜実験１＞

図５（次のページ）のように，コンデンサーと手回し発電機をつないで，一定の速さで20回ハンドルを回した後，手回し発電機をはずし，コンデンサーに豆電球をつなぐと，点灯して消え

た。同じ方法で，コンデンサーにLED豆電球をつなぐと，LED豆電球のほうが豆電球よりも長い時間点灯して消えた。次に，同じ方法で，コンデンサーにモーターをつなぐと，モーターが回り，しばらくすると回らなくなった。

図５

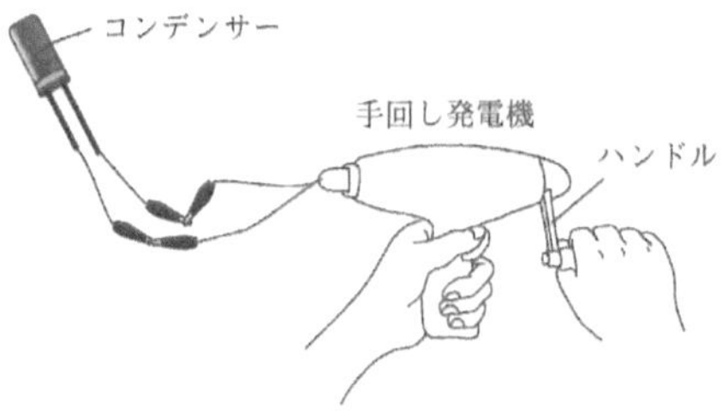

(1)　豆電球，LED豆電球が点灯したことについて説明した次の文の ① ～ ③ に入る語句の組み合わせとして適切なものを，あとの**ア**～**エ**から１つ選んで，その符号を書きなさい。

この実験において，コンデンサーには ① エネルギーが蓄えられており，豆電球やLED豆電球では ① エネルギーが ② エネルギーに変換されている。LED豆電球のほうが点灯する時間が長かったことから，豆電球とLED豆電球では， ③ のほうが変換効率が高いと考えられる。

ア　①力学的　②電気　③LED豆電球　　**イ**　①力学的　②電気　③豆電球
ウ　①電気　②光　③LED豆電球　　**エ**　①電気　②光　③豆電球

(2)　図６は，モーターが回転するしくみを表したものである。このことについて説明した文として適切でないものを，次の**ア**～**エ**から１つ選んで，その符号を書きなさい。

図６

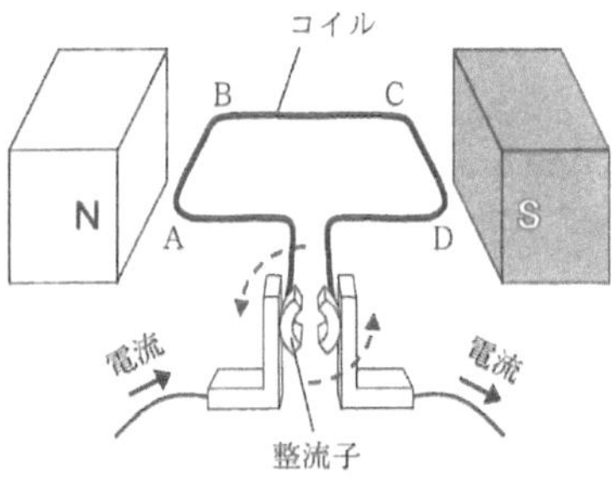

ア　整流子のはたらきにより，半回転ごとにコイルに流れる電流の向きが入れかわり，同じ向きに回転を続ける。
イ　コイルのＡＢの部分にはたらく力の向きは，電流と磁界の両方の向きに垂直である。
ウ　電流の大きさは一定にしたまま，磁界を強くすると，コイルにはたらく力は大きくなる。
エ　コイルのＡＢの部分とＢＣの部分には，大きさの等しい力がいつもはたらく。

＜実験２＞

図７（次のページ）のような回路をつくり，滑車つきモーターの軸に重さ0.12Nのおもりを糸でとりつけた。

次に，手回し発電機のハンドルを時計回りに１秒間に１回の速さで回して発電し，おもりを持ち上げ，LED豆電球と豆電球のようすを観察した。また，おもりを80㎝持ち上げるのにかかった時間，おもりが持ち上げられている間の電流と電圧をはかった。表１（次のページ）は，この実験を複数回行った結果をまとめたものである。ただし，数値は平均の値を示している。

図7

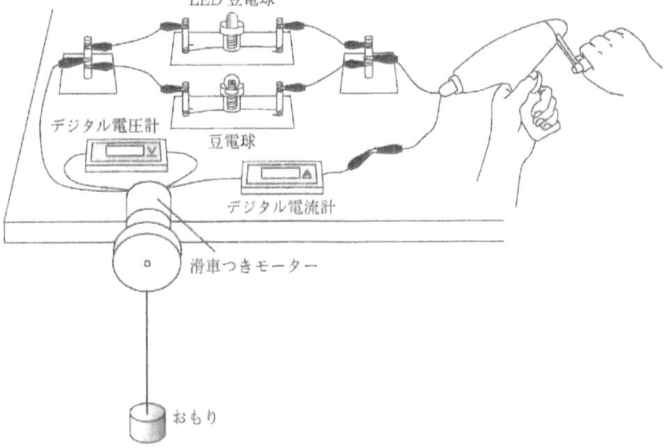

表1

LED 豆電球，豆電球のようす	どちらも点灯した
持ち上げるのにかかった時間〔s〕	2.0
電流〔A〕	1.0
電圧〔V〕	0.70

(3)　この実験におけるモーターの変換効率は何％か，四捨五入して小数第１位まで求めなさい。

(4)　手回し発電機を反時計回りに１秒間に１回の速さで回したとき，LED豆電球，豆電球，モーターとおもりそれぞれのようすについてまとめた表２の X ， Y に入る語句として適切なものを，それぞれ次の**ア**，**イ**から１つ選んで，その符号を書きなさい。また， Z に入る語句として適切なものを，次の**ア**～**ウ**から１つ選んで，その符号を書きなさい。

表2

LED 豆電球のようす	X
豆電球のようす	Y
モーターとおもりのようす	Z

【Xの語句】	**ア**　点灯した　　**イ**　点灯しなかった
【Yの語句】	**ア**　点灯した　　**イ**　点灯しなかった
【Zの語句】	**ア**　モーターは実験２と同じ向きに回転し，おもりは持ち上がった **イ**　モーターは実験２と逆向きに回転し，おもりは持ち上がった **ウ**　モーターは回転せずに，おもりは持ち上がらなかった

＜社会＞

時間　50分　　満点　100点

Ⅰ　世界や日本の地理に関するあとの問いに答えなさい。

1　次の図1～3は，すべて緯線と経線が直角に交わる図法の地図であり，緯線・経線が15度ごとに描かれている。世界の地理に関するあとの問いに答えなさい。

図1

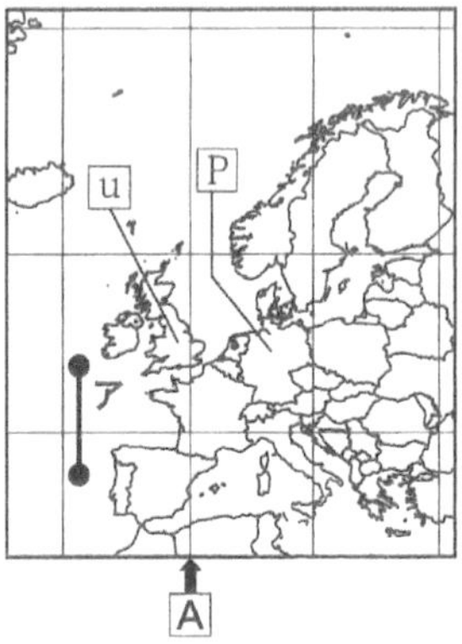

図2

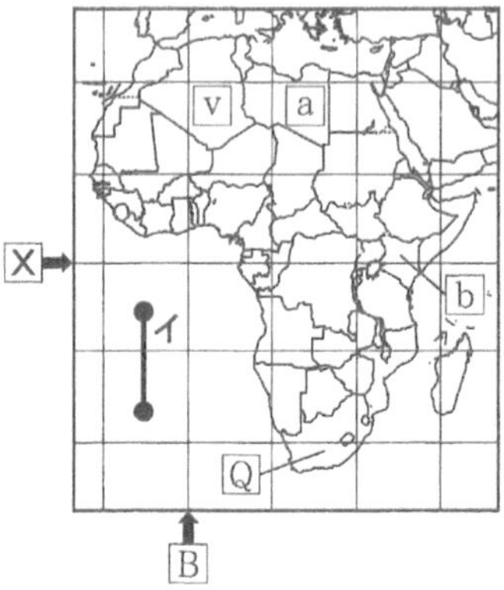

図3

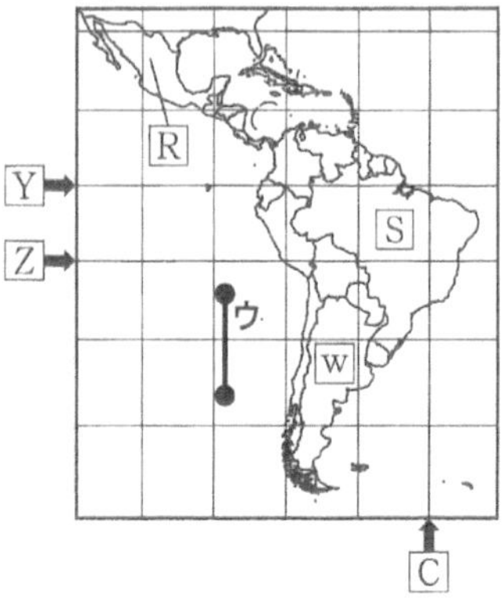

(1)　図1のAと同じ経度の経線を図2，3のB，Cから，図2のXと同じ緯度の緯線を図3のY，Zからそれぞれ選び，その組み合わせとして適切なものを，次の**ア**～**エ**から1つ選んで，その符号を書きなさい。

ア　B・Y　　**イ**　B・Z　　**ウ**　C・Y　　**エ**　C・Z

(2)　図1～3の●で結ばれた2点間を示した**ア**～**ウ**は，すべて経線と平行であり，図中ではすべて1㎝である。このうち実際の距離が最も短いものを，図中の**ア**～**ウ**から1つ選んで，その符号を書きなさい。

(3)　図2のaで示された国で見られる特徴的な景観として適切なものを，次の**ア**～**エ**から1つ選んで，その符号を書きなさい。

ア

イ

ウ

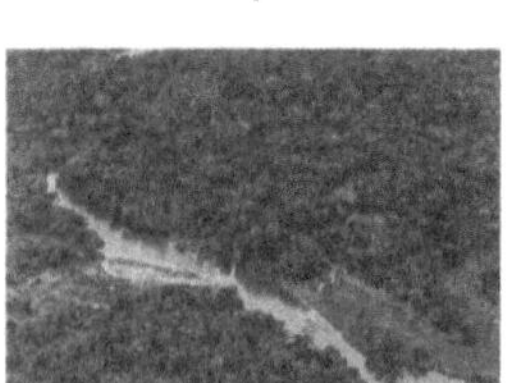

エ

(4)　図２の[b]で示された国に関する次の文Ｘ，Ｙについて，その正誤の組み合わせとして適切なものを，あとのア～エから１つ選んで，その符号を書きなさい。

> Ｘ　主な輸出品は金とカカオ豆で，特定の鉱産資源や商品作物の生産と輸出に依存するモノカルチャー経済になっている。
> Ｙ　野生生物を観察するなど，地域固有の自然環境や文化などを体験しながら学ぶ観光が行われている。

ア　Ｘ－正　Ｙ－正
イ　Ｘ－正　Ｙ－誤
ウ　Ｘ－誤　Ｙ－正
エ　Ｘ－誤　Ｙ－誤

(5)　表１は，図１～３の[u]～[w]で示された国の輸出上位５品目と輸出額に占める割合を，表２はそれぞれの国の輸出相手上位５か国を示している。表１のあ～う，表２のⅰ～ⅲのうち図２の[v]にあたるものの組み合わせとして適切なものを，次のア～カから１つ選んで，その符号を書きなさい。

表１　（2017年）（％）

あ	大豆油かす 15.6	自動車 9.9	とうもろこし 6.7	大豆油 6.4	野菜・果実 4.8
い	機械類 22.1	自動車 11.7	医薬品 7.5	航空機 4.6	原油 4.3
う	原油 36.1	天然ガス 20.3	石油製品 18.3	液化天然ガス 10.4	液化石油ガス 9.0

（『データブック　オブ・ザ・ワールド』より作成）

表２　（2017年）

	1位	2位	3位	4位	5位
ⅰ	アメリカ	ドイツ	フランス	オランダ	アイルランド
ⅱ	イタリア	フランス	スペイン	アメリカ	ブラジル
ⅲ	ブラジル	アメリカ	中国	チリ	ベトナム

（『データブック　オブ・ザ・ワールド』より作成）

ア　あ・ⅰ　　**イ**　あ・ⅲ　　**ウ**　い・ⅰ
エ　い・ⅱ　　**オ**　う・ⅱ　　**カ**　う・ⅲ

(6)　表３は，図１～３の[P]～[S]で示された国における在留邦人数，海外進出日系企業拠点総数とそのうちの主要業種別の拠点数を示している。図３の[S]にあたるものとして適切なものを，表３のア～エから１つ選んで，その符号を書きなさい。

表３　（2018年）

	在留邦人数（人）	海外進出日系企業拠点総数	主要業種別の海外進出日系企業拠点数			
			農業，林業，漁業	鉱業，採石業，砂利採集業	製造業	電気，ガス，熱供給，水道業
ア	45,416	1,870	1	0	938	2
イ	11,775	1,299	2	5	691	23
ウ	51,307	654	13	3	255	2
エ	1,408	272	8	2	93	3

※「在留邦人数」とは，３か月以上海外に滞在している日本人で，永住者を含む数　（外務省ホームページより作成）

2　図１（次のページ）に関する次のページの問いに答えなさい。

(1)　表1のa～cは，図1のⓐ～ⓤで示されたいずれかの県におけるため池の数を示しており，図2のd～fは，それぞれの県庁所在地における降水量の月別平均値を示している。ⓘ県にあたるものの組み合わせとして適切なものを，あとの**ア**～**ケ**から1つ選んで，その符号を書きなさい。

図1

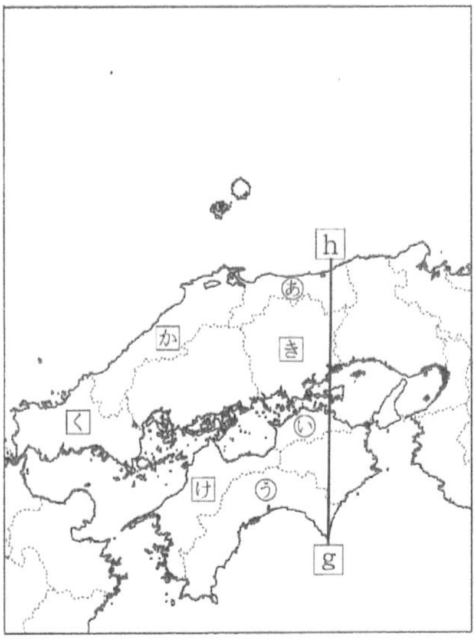

表1　（2022年）

	ため池の数
兵庫県	22,107
a	985
b	12,269
c	393

（農林水産省ホームページより作成）

図2

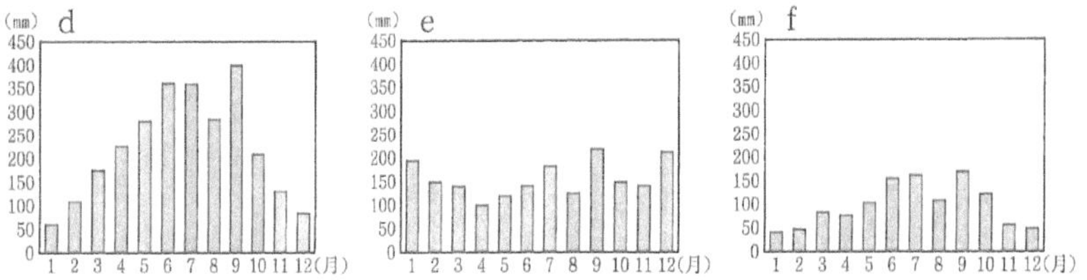

（気象庁ホームページより作成）

ア　a・d　**イ**　a・e　**ウ**　a・f　**エ**　b・d　**オ**　b・e
カ　b・f　**キ**　c・d　**ク**　c・e　**ケ**　c・f

(2)　図1のg―hの断面を示した模式図として適切なものを，次の**ア**～**エ**から1つ選んで，その符号を書きなさい。

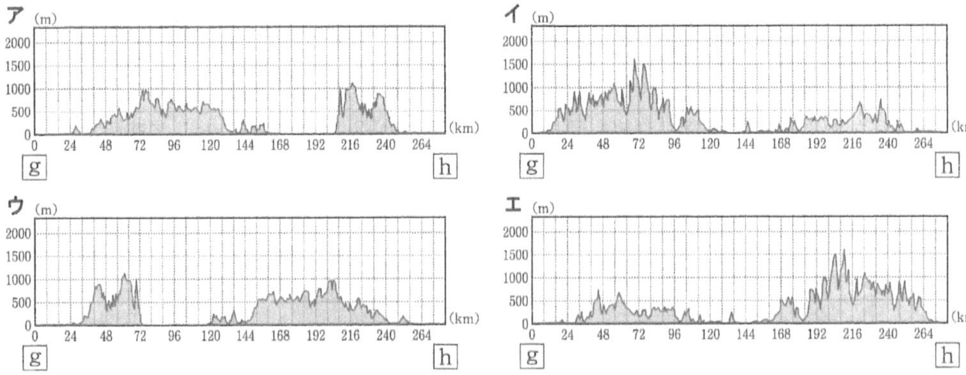

(3)　表2（次のページ）のA～Dは，図1のか～けで示されたいずれかの県であり，2019年における化学工業と繊維工業の製造品出荷額と，各工業の製造品出荷額の2013年からの増減を示している。これについて述べたあとの文X，Yについて，その正誤の組み合わせとして適切なものを，次のページの**ア**～**エ**から1つ選んで，その符号を書きなさい。

（億円）

表2

	化学工業		繊維工業	
	2019年	2013年からの増減	2019年	2013年からの増減
A	19,791	3,686	565	-112
B	333	63	333	-11
C	11,023	-1,543	2,361	-291
D	3,440	-363	1,919	300
全国	293,105	18,422	38,740	-319

（『データでみる県勢』より作成）

X　AとBは，2013年と2019年を比較して化学工業の出荷額が増加しており，その増加の割合もほぼ同じである。このうち，2019年において化学工業の出荷額が４県の中で最も多いAが，石油化学コンビナートを背景に化学工業が発展した[か]県であるとわかる。

Y　2019年の繊維工業の全国出荷額が2013年より減少している中，2019年におけるCとDを合わせた繊維工業の出荷額は，全国出荷額の１割以上を占めている。このうち，繊維工業の出荷額が2013年より増加したDが，特産品のタオルをブランド化して生産を伸ばした[け]県であるとわかる。

ア　X－正　Y－正　　**イ**　X－正　Y－誤
ウ　X－誤　Y－正　　**エ**　X－誤　Y－誤

(4)　図３の[さ]～[す]は，広島市，呉市，大崎上島町のいずれかの位置を示している。また，表3，表４はそれぞれの市町の，2010年と2020年における総人口に占める65歳以上の割合と，一般世帯数に占める１人世帯の割合を示している。表３のあ～う，表４のⅰ～ⅲのうち[す]にあたるものの組み合わせとして適切なものを，あとの**ア**～**ケ**から１つ選んで，その符号を書きなさい。

図3

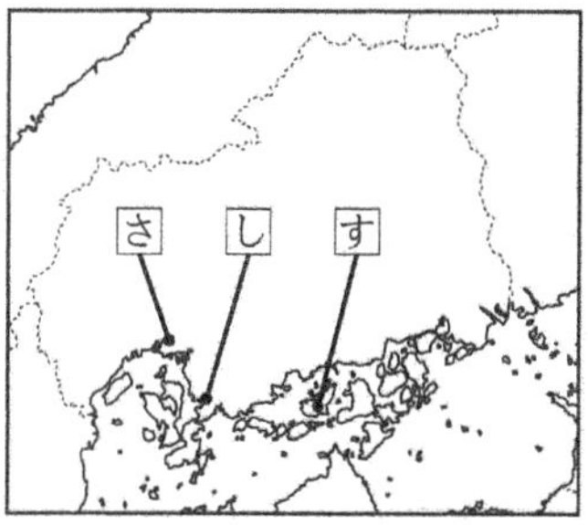

表3　総人口に占める65歳以上の割合　（%）

	2010年	2020年
あ	20.0	25.8
い	29.3	35.5
う	42.8	46.6

（『国勢調査資料』より作成）

表4　一般世帯数に占める１人世帯の割合　（%）

	2010年	2020年
ⅰ	37.4	45.5
ⅱ	29.9	35.3
ⅲ	36.9	40.5

（『国勢調査資料』より作成）

ア　あ・ⅰ　　**イ**　あ・ⅱ　　**ウ**　あ・ⅲ　　**エ**　い・ⅰ　　**オ**　い・ⅱ
カ　い・ⅲ　　**キ**　う・ⅰ　　**ク**　う・ⅱ　　**ケ**　う・ⅲ

(5)　図４，図５を見て，あとの問いに答えなさい。
（図４，図５は次のページにあります。）

①　次のページの写真[た]，[ち]は，図４の[E]～[H]のいずれかの地点から矢印の方向に向けて撮影されたものである。写真[た]，[ち]と撮影した場所[E]～[H]の組み合わせとして適切なものを，あとの**ア**～**カ**から１つ選んで，その符号を書きなさい。

ア　[た]・[F]，[ち]・[E]　　**イ**　[た]・[F]，[ち]・[G]　　**ウ**　[た]・[F]，[ち]・[H]
エ　[た]・[H]，[ち]・[E]　　**オ**　[た]・[H]，[ち]・[F]　　**カ**　[た]・[H]，[ち]・[G]

図4

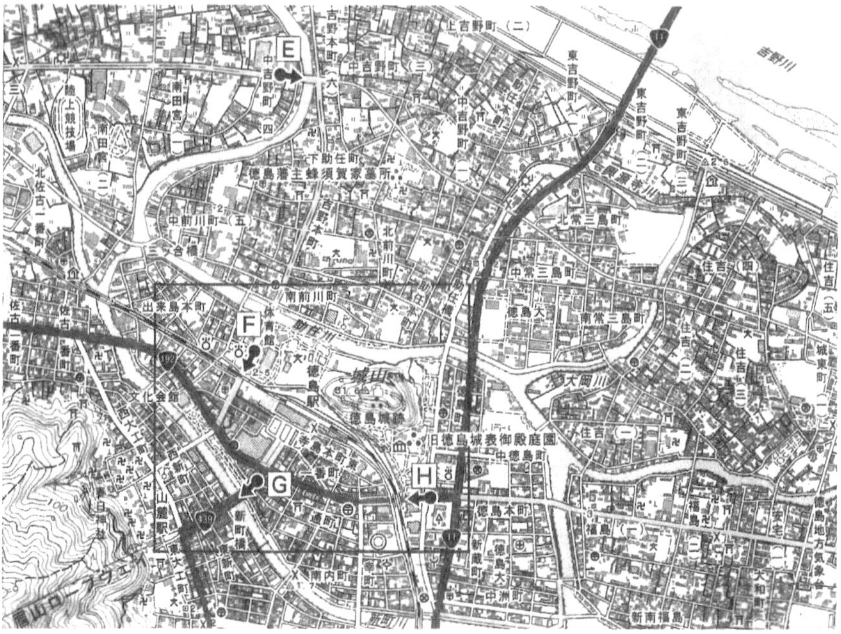

（2万5千分の1地形図「徳島」(2019年）を一部改変）

た

ち

② 次のページの図5は，図4の［　　］で示した範囲の地震・津波避難支援マップである。これについて述べたあとの文の［ i ］，［ ii ］に入る語句の組み合わせとして適切なものを，次のページの**ア**～**エ**から1つ選んで，その符号を書きなさい。

図５

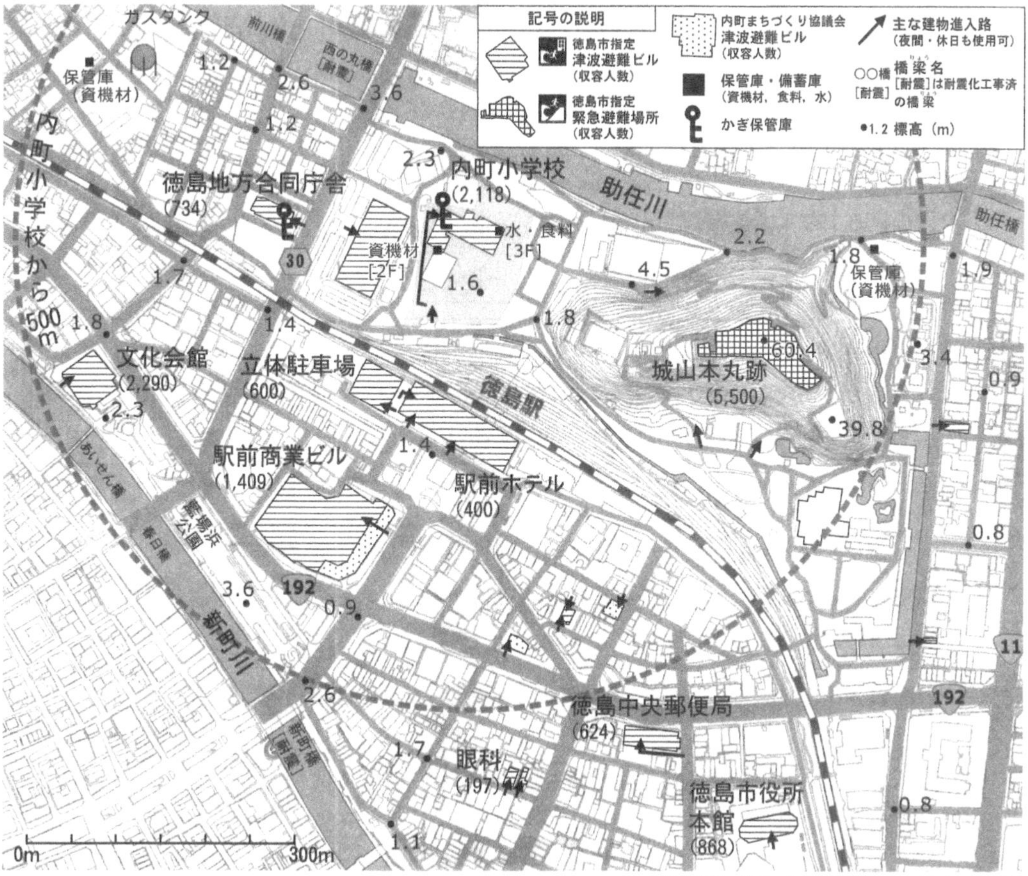

（「内町地区　地震・津波避難支援マップ」を一部改変）

> 　図５は，避難先に指定されている津波避難ビルや緊急避難場所の位置等を示している。図５の中で最も標高が高い避難先は［ i ］だとわかる。また，［ ii ］などにあるかぎの記号は，その建物のかぎの保管庫の位置を示しており，一定震度以上の地震が発生すると保管庫のロックが自動的に解除され，建物のかぎを取り出して，建物の中に避難できるようになっている。

ア　i　城山本丸跡　ii　徳島駅　　**イ**　i　文化会館　ii　徳島地方合同庁舎

ウ　i　文化会館　ii　徳島駅　　**エ**　i　城山本丸跡　ii　徳島地方合同庁舎

③　図４，図５から読み取れることとして適切なものを，次の**ア**～**エ**から１つ選んで，その符号を書きなさい。

ア　徳島市役所本館は，内町小学校から500m以内に立地している。

イ　旧徳島城表御殿庭園に隣接する博物館は，最も多くの人数を収容できる津波避難ビルである。

ウ　徳島駅前の駅前ホテルは，徳島市指定津波避難ビルである。

エ　助任川と新町川に架かる橋は，すべて耐震化工事済である。

Ⅱ　歴史に関するあとの問いに答えなさい。

1　次の資料Ａ～Ｄに関して，あとの問いに答えなさい。

> 【資料Ａ】
> 三に曰く，詔《みことのり》（天皇の命令）を承りては，必ず謹め。

> 【資料Ｂ】
> 一　諸国の □ の職務は，頼朝公の時代に定められたように，国内の御家人を京都の警備にあたらせること，謀反《むほん》や殺人などの犯罪人を取りしまることである。

> 【資料Ｃ】
> 一　本拠である朝倉館のほか，国内に城を構えてはならない。全ての有力な家臣は，一乗谷に引っ越し，村には代官を置くようにしなさい。

> 【資料Ｄ】
> 一　人を殺し，盗みをした者は，市中を引き回したうえ獄門とする。
> 一　領主に対して一揆を起こし，集団になって村から逃げ出したときは，指導者は死刑，名主（庄屋）は村から追放する。

⑴　【資料Ａ】が出された頃の様子として適切なものを，次の**ア**～**エ**から１つ選んで，その符号を書きなさい。

ア　個人の才能によって役人に採用する，冠位十二階の制度を定めた。
イ　戸籍に登録された人々に，身分に応じて口分田が与えられた。
ウ　民衆には租・庸・調という税がかけられ，重い負担になっていた。
エ　地方武士が土地開発を進め，皇族や貴族，寺社に寄進した。

⑵　【資料Ｂ】に関して，あとの問いに答えなさい。

①　資料中の □ に入る役職名として適切なものを，次の**ア**～**エ**から１つ選んで，その符号を書きなさい。

ア　国司　　**イ**　郡司　　**ウ**　守護　　**エ**　地頭

②　この法令が作成された時の執権と，この法令の説明の組み合わせとして適切なものを，あとの**ア**～**エ**から１つ選んで，その符号を書きなさい。

> **当時の執権**
> Ａ　北条泰時　　Ｂ　北条時宗

> **法令の説明**
> あ　天皇や公家を統制することが定められており，京都所司代が置かれるようになった。
> い　軍事や国内の警察を行うことが定められており，その後の武家政治に影響を与えた。

ア　Ａ・あ　　**イ**　Ａ・い　　**ウ**　Ｂ・あ　　**エ**　Ｂ・い

③　この時代に関して述べた文Ｐ～Ｒについて，古いものから順に並べたものを，次のページ

の**ア**～**カ**から１つ選んで，その符号を書きなさい。

P　困窮した御家人に対して，幕府は徳政令を出した。
Q　幕府は文永の役の後に防塁を築き，再度の侵攻を防いだ。
R　フビライは，朝鮮半島に軍勢を送り，高麗を服属させた。

ア　P－Q－R　**イ**　P－R－Q　**ウ**　Q－P－R
エ　Q－R－P　**オ**　R－P－Q　**カ**　R－Q－P

(3)　【資料C】に関して，あとの問いに答えなさい。

①　図の[か]～[く]は，戦国大名の拠点を示している。資料中の下線部の場所と，資料を説明した次の文A，Bの組み合わせとして適切なものを，あとの**ア**～**カ**から１つ選んで，その符号を書きなさい。

A　朝倉氏は惣の自治のために，おきてを定めた。
B　朝倉氏は領国支配を進めるために，分国法を定めた。

図

ア　[か]・A　**イ**　[き]・A　**ウ**　[く]・A　**エ**　[か]・B　**オ**　[き]・B　**カ**　[く]・B

②　【資料C】を説明した次の文の[i]，[ii]に入る語句の組み合わせとして適切なものを，あとの**ア**～**エ**から１つ選んで，その符号を書きなさい。

これは城下町に家臣を集める命令であるが，裏を返せば，それまで[i]ということである。このような政策は，豊臣秀吉などが[ii]兵農分離への流れをつくることにつながった。

ア　i　領内に城は１つだった　ii　参勤交代をさせて，主従関係を確認する
イ　i　領内に城は１つだった　ii　刀狩を行い，武士だけが武器を持つ
ウ　i　有力な家臣も農村に住んでいた　ii　参勤交代をさせて，主従関係を確認する
エ　i　有力な家臣も農村に住んでいた　ii　刀狩を行い，武士だけが武器を持つ

(4)　【資料D】は江戸時代に出された法令の一部である。この時代に関するあとの問いに答えなさい。

①　この法令を定めた人物の政策と，この法令の内容の組み合わせとして適切なものを，次のページの**ア**～**エ**から１つ選んで，その符号を書きなさい。

法令を定めた人物の政策
A　民衆の意見を取り入れる目安箱を設置した。
B　出版を厳しく統制する寛政の改革を行った。

法令の内容
あ　この法令により都市に出稼ぎにきた農民を村に返した。
い　この法令により裁判や刑の基準を定めた。

ア　A・あ　**イ**　A・い　**ウ**　B・あ　**エ**　B・い

② この時代に関して述べた文P～Rについて，古いものから順に並べたものを，あとの**ア**～**カ**から1つ選んで，その符号を書きなさい。

P　幕府は，ロシアを警戒して蝦夷地を調査し，樺太が島であることを確認した。
Q　幕府は，スペインやポルトガルの侵略をおそれ，全国でキリスト教を禁止した。
R　オランダ商館が出島に移され，風説書が幕府に提出されるようになった。

ア　P－Q－R　**イ**　P－R－Q　**ウ**　Q－P－R
エ　Q－R－P　**オ**　R－P－Q　**カ**　R－Q－P

2　次の日本とアメリカの2人の政治家A，Bに関する資料を見て，あとの問いに答えなさい。

日本の政治家A	アメリカの政治家B
1856年　生まれる	1856年　生まれる
1860年代　内戦に敗れた地域で育つ	1860年代　内戦に敗れた地域で育つ
1883年　外交官になる	1890年　プリンストン大学教授になる
1900年　立憲政友会幹事長になる 1902年　衆議院議員に初当選する	1911年　ニュージャージー州知事になる 1913年　大統領になる
1914年　第一次世界大戦がはじまる	
1918年　内閣総理大臣になる	1918年　民族自決を提唱する
1919年　パリ講和会議が開かれる	
1921年　亡くなる	1924年　亡くなる

(1) 日本とアメリカで起きた内戦を説明した次の文の[i]，[ii]に入る語句の組み合わせとして適切なものを，あとの**ア**～**エ**から1つ選んで，その符号を書きなさい。

約62万人が亡くなるという大きな被害が出たアメリカの[i]戦争が，1865年に終わった。日本では，会津など[ii]地方を拠点とした旧幕府軍が，新政府軍に敗れた。

ア　i　独立　ii　九州
イ　i　独立　ii　東北
ウ　i　南北　ii　九州
エ　i　南北　ii　東北

(2) 日本とアメリカの社会の動きを説明した次のページの文の[i]，[ii]に入る語句の組み合わせとして適切なものを，次のページの**ア**～**エ**から1つ選んで，その符号を書きなさい。

1860年代のアメリカでは，[i] 政策が打ち出され，1870年代の日本では人口の９割以上の人が [ii] となる政策がとられた。

ア　i　奴隷を解放する　ii　平民　　**イ**　i　労働組合を保護する　ii　士族
ウ　i　奴隷を解放する　ii　士族　　**エ**　i　労働組合を保護する　ii　平民

(3)　この資料に示された期間のできごとに関して述べた次の文X，Yについて，その正誤の組み合わせとして適切なものを，あとの**ア**～**エ**から１つ選んで，その符号を書きなさい。

X　岩倉使節団が訪米し，条約改正交渉を行ったが，この使節団は条約を改正できなかった。
Y　中国に対して影響力を強めたアメリカは，満州に軍隊をとどめるようになった。

ア　X－正　Y－正　**イ**　X－正　Y－誤　**ウ**　X－誤　Y－正　**エ**　X－誤　Y－誤

(4)　第一次世界大戦とその後の経緯を説明した次の文の [i] ～ [iii] に入る語句の組み合わせとして適切なものを，あとの**ア**～**カ**から１つ選んで，その符号を書きなさい。

日本は，日露戦争の前に結ばれていた [i] を理由に第一次世界大戦に参戦し，[ii] 参戦した。大戦後のパリ講和会議では，日本の政治家Aの内閣がベルサイユ条約を結び，ドイツの有していた権益を得た。さらに，アメリカの政治家Bの提案で国際連盟が設立されたが，アメリカは議会の反対で加盟しなかった。

この後，ワシントン会議が開かれ，次の図の [iii] することや [i] の廃止が決定され，アジア・太平洋地域における新しい国際関係の枠組みが定まることになった。

図

ア　i　三国協商　ii　アメリカは途中から　iii　[P]の地域の権益をドイツに返還
イ　i　三国協商　ii　アメリカも最初から　iii　[P]の地域の権益を中国に返還
ウ　i　三国協商　ii　アメリカも最初から　iii　[Q]の地域の権益をドイツに返還
エ　i　日英同盟　ii　アメリカも最初から　iii　[P]の地域の権益を中国に返還
オ　i　日英同盟　ii　アメリカは途中から　iii　[Q]の地域の権益を中国に返還
カ　i　日英同盟　ii　アメリカは途中から　iii　[Q]の地域の権益をドイツに返還

(5)　日本の内閣総理大臣であった政治家Aの人物名を，漢字で書きなさい。

(6)　アメリカの大統領であった政治家Bの人物名を，カタカナで書きなさい。

Ⅲ　政治や経済のしくみと私たちの生活に関するあとの問いに答えなさい。

1　経済に関する文章を読み，あとの問いに答えなさい。

> 人間は，aなぜ貨幣を用いるようになったのだろうか。世界の多くの国で，貨幣は必要不可欠なものとなっており，b中央銀行が通貨を発行している国が多い。そして，c家計や企業の間でお金を貸し借りする金融が営まれ，中央銀行が通貨量を調整し，物価の安定をはかるd金融政策を行っている。また，自国通貨と外国通貨を交換するe為替相場も経済に大きな影響を与えている。

(1)　下線部aに関する考えを説明した次の文の［ i ］，［ ii ］に入る語句の組み合わせとして適切なものを，あとの**ア**～**エ**から1つ選んで，その符号を書きなさい。

> モノを［ i ］する際，円滑に取引を行うため，そのモノの価値を表す目安として貨幣が使われるようになった。しかし，近年では様々な支払方法が用いられ，［ ii ］を使う場面が少なくなる傾向にある。

ア　i　自給　ii　電子マネー　　**イ**　i　自給　ii　現金
ウ　i　交換　ii　電子マネー　　**エ**　i　交換　ii　現金

(2)　下線部bに関する次の文の［ i ］に入る適切な語句と，［ ii ］に入る適切な国名を書きなさい。

> 日本の中央銀行である日本銀行は，日本銀行券を発行することができる唯一の銀行である。ＥＵでは，ヨーロッパ中央銀行が創られ，加盟27か国のうち20か国（2023年1月時点）で共通通貨［ i ］を導入しているが，各国の財政状況は異なっている。
> 資料1の国のうち，共通通貨［ i ］を導入している国の2020年6月時点と2021年10月時点のGDPに対する追加的財政支援の割合を比べると，ドイツの割合がいずれの時点においても最も高いが，［ ii ］の追加的財政支援の割合が最も拡大していることがわかる。通貨の信用には財政の安定が欠かせず，課題もある。

資料1　感染症対応時における2020年1月以降の各国の追加的財政支援の割合（対GDP比）（2020年6月時点と2021年10月時点の比較）

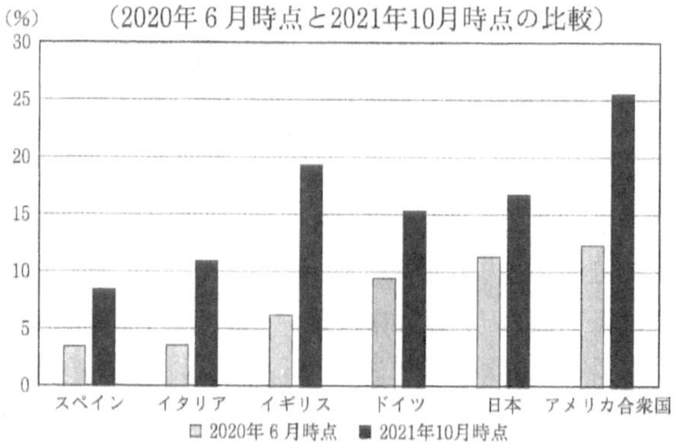

（経済産業省ホームページより作成）

(3)　下線部cに関して，次のページの資料2を説明したあとの文の［ i ］，［ ii ］に入る語句の組み合わせとして適切なものを，あとのア～エから１つ選んで，その符号を書きなさい。

資料２　株式を購入したことがある人の割合　(％)

		2016年	2022年
購入したことがある	1 商品性について，人に教えられるくらい詳しく理解していた	4.0	4.6
	2 商品性について，ある程度は理解していた	20.0	20.9
	3 商品性については，あまり理解していなかった	5.5	6.1
	4 商品性については，理解していなかった	2.2	2.3
購入したことはない	5 購入したことはない	68.4	66.2

※「商品性」とは，手数料の有無，どんなリスクがあるか等のこと　（金融広報中央委員会『金融リテラシー調査』より作成）
※四捨五入の関係で100％にはならない

> 株式を購入したことがある人の割合は，2016年から2022年にかけて [i] している。また，株式の商品性について2016年と2022年の割合を比べると，[ii] 傾向にある。

ア　i　減少　ii　理解して購入した人の割合は増え，理解せずに購入した人の割合が減少する
イ　i　増加　ii　理解して購入した人の割合は減り，理解せずに購入した人の割合が増加する
ウ　i　減少　ii　理解して購入した人の割合も，理解せずに購入した人の割合も減少する
エ　i　増加　ii　理解して購入した人の割合も，理解せずに購入した人の割合も増加する

(4)　下線部ｄに関して，日本銀行の公開市場操作を説明した次の文Ａ～Ｄのうち，日本銀行が一般の銀行から国債を買い取る場合に目的としていることの組み合わせとして適切なものを，あとのア～エから１つ選んで，その符号を書きなさい。

> Ａ　一般の銀行の資金量を増やす。
> Ｂ　一般の銀行の資金量を減らす。
> Ｃ　一般の銀行の貸し出し金利を下げ，一般の銀行から企業への貸し出しを増加させる。
> Ｄ　一般の銀行の貸し出し金利を上げ，一般の銀行から企業への貸し出しを減少させる。

ア　Ａ・Ｃ　**イ**　Ａ・Ｄ　**ウ**　Ｂ・Ｃ　**エ**　Ｂ・Ｄ

(5)　下線部ｅに関して説明した次の文の [i]，[ii] に入る語句の組み合わせとして適切なものを，あとのア～エから１つ選んで，その符号を書きなさい。

> 円高が進むと，日本の [i] 中心の企業は，競争上不利になることが多く，[ii] 企業が増え，産業が空洞化するおそれもある。

ア　i　輸入　ii　海外工場を国内に移転する
イ　i　輸出　ii　海外工場を国内に移転する
ウ　i　輸出　ii　国内工場を海外に移転する
エ　i　輸入　ii　国内工場を海外に移転する

2　日本の地方政治に関する文章を読み，次のページの問いに答えなさい。

> 近年の新型コロナウイルス感染症の流行は，国による一律の対策とともに，地域の実情に応じた地方公共団体独自の対策も求められ，a<u>国と地方の政治のあり方</u>が議論となった。地方では，地域住民がb<u>政治参加</u>する機会が多く，住民みずからの意思と責任による合意形成が求められる場面が多いが，c<u>地方政治の活性化</u>には課題もある。

(1)　下線部ａに関して，地方政治の変遷を説明した次の文の［ i ］，［ ii ］に入る語句の組み合わせとして適切なものを，あとの**ア**～**エ**から１つ選んで，その符号を書きなさい。

> 明治時代に置かれた知事は，［ i ］されることになっていた。第二次世界大戦が終わると，［ ii ］には明記されていなかった地方自治の規定が定められ，知事も選挙で選ばれるようになった。

ア　i　中央政府から派遣　　ii　大日本帝国憲法
イ　i　中央政府から派遣　　ii　日本国憲法
ウ　i　地方議会で指名　　ii　大日本帝国憲法
エ　i　地方議会で指名　　ii　日本国憲法

(2)　下線部ｂに関して，次の問いに答えなさい。

①　被選挙権が与えられる年齢について，次の表中のＡ～Ｃに入る数字の組み合わせとして適切なものを，あとの**ア**～**カ**から１つ選んで，その符号を書きなさい。

都道府県知事	都道府県・市（区）町村議会議員	市（区）町村長
（　Ａ　）歳以上	（　Ｂ　）歳以上	（　Ｃ　）歳以上

ア　Ａ　25　Ｂ　20　Ｃ　20　　**イ**　Ａ　25　Ｂ　20　Ｃ　25
ウ　Ａ　25　Ｂ　25　Ｃ　25　　**エ**　Ａ　30　Ｂ　20　Ｃ　30
オ　Ａ　30　Ｂ　25　Ｃ　25　　**カ**　Ａ　30　Ｂ　25　Ｃ　30

②　首長と地方議会について述べた文として適切なものを，次の**ア**～**エ**から１つ選んで，その符号を書きなさい。

ア　首長は地方議会が議決した条例案について再審議を求めることはできない。
イ　地方議会は首長の不信任を決議することができ，首長は地方議会を解散することができる。
ウ　住民は，地方議員の解職を求めることができるが，首長の解職は請求できない。
エ　首長は予算の議決を行い，地方議会は決められた予算を実行するための行政権がある。

(3)　下線部ｃに関する資料１～３を見て，次のページの問いに答えなさい。

（資料３は次のページにあります。）

資料１　町村議会議員の定数の推移と統一地方選挙の町村議会議員改選定数に占める無投票当選者数の割合の推移

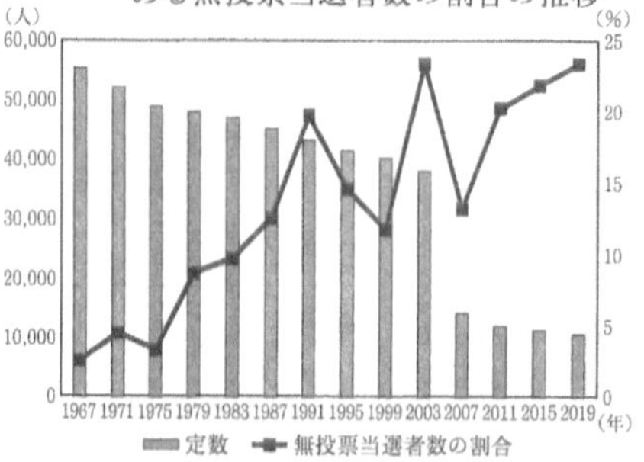

（総務省ホームページより作成）

資料２　2019年の統一地方選挙における人口段階別の町村議会議員選挙の無投票団体数

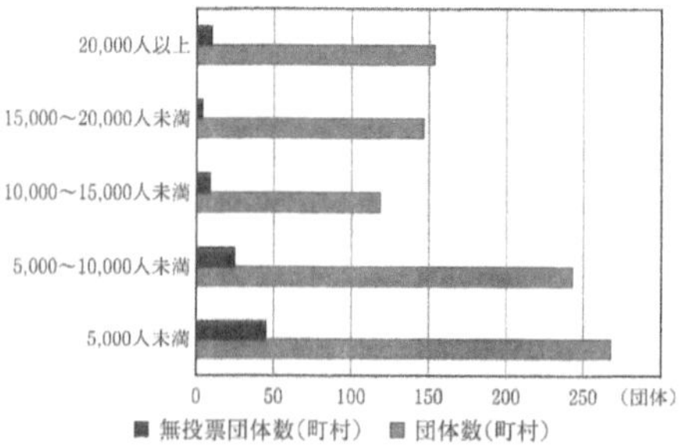

（総務省ホームページより作成）

資料3　町村議会議員の年齢別割合

(%)

	40歳未満	40歳以上50歳未満	50歳以上60歳未満	60歳以上70歳未満	70歳以上80歳未満	80歳以上
2011年	2.0	5.9	25.3	52.0	14.3	0.5
2021年	2.2	7.4	13.4	40.5	34.0	2.4

※四捨五入の関係で100%にはならない　（総務省ホームページより作成）

①　資料1で，町村議会議員の定数が最も減少した時期について，その理由を説明した次の文の［　］に入る適切な数字を書きなさい。

> 各都道府県や市町村の首長や議員を選ぶ地方選挙は，全国的に統一して4年ごとに行うように調整されており，統一地方選挙と呼ばれている。資料1において，［　］年の定数が，4年前より2万人以上大きく減少しているのは，1つの市町村では対応しにくい課題を解決し，行政能力を高めるために市町村合併が進んだことが大きな要因と考えられる。

②　町村議会の課題に関して述べた次の文X～Zについて，その正誤の組み合わせとして適切なものを，あとの**ア**～**カ**から1つ選んで，その符号を書きなさい。

> X　資料1を見ると，定数の推移と無投票当選者数の割合の推移に比例関係はなく，2019年は1967年と比べて無投票当選者数の割合が低くなっている。
> Y　資料2を見ると，人口5,000人未満の町村の団体数が最も多く，無投票となった団体数も，人口5,000人未満の町村が最も多くなっている。
> Z　資料3を見ると，60歳未満の議員の割合が，2011年は30%以上であったが，2021年は25%以下に減少している。

ア　X－正　Y－正　Z－誤　　**イ**　X－正　Y－誤　Z－正
ウ　X－正　Y－誤　Z－誤　　**エ**　X－誤　Y－正　Z－正
オ　X－誤　Y－正　Z－誤　　**カ**　X－誤　Y－誤　Z－正

③　地方自治に関して述べた次の文の［　］に入る語句を7字で書きなさい。

> 住民が政治参加のあり方を学ぶ場であることから，地方自治は「［　］」といわれる。

めて実現性の高い政策の立案が可能になるということ。

ウ　技術性の高いメディアを用いれば、多くの人に迫真性のある情報を一斉に伝えることができるので、訴える政策が同じ内容であっても、賛同を得る可能性が飛躍的に高まるということ。

エ　技術性の高いメディアを用いることにより、政策の内容そのものの説得力を高めることができるので、政敵が批判を大量に拡散したとしてもその影響が極めて小さくなるということ。

問七　傍線部⑥の説明として最も適切なものを、次の**ア**～**エ**から一つ選んで、その符号を書きなさい。

ア　インターネットの技術により、それまで政治的な発言をすることがなかった人々が匿名で意見を述べるようになり、政治家は何の資格も持たない一般人の意見を最重要視するようになった。

イ　インターネットの技術が人々に広く意見表明の場をもたらし、政治に関する専門的な知識や明確な考えを持つともいえない人々の意見が、政治家の判断を左右する事態が生じるようになった。

ウ　インターネットの技術によって、誰もが発信者となり得る社会が実現し、人々は、発言者が誰であるかに関係なく、政治的な主張の妥当性を発言の内容の正しさによって評価するようになった。

エ　インターネットの技術は、誰もが発信者となることができる伝達の構造を生み出し、政治的な意見を持つことがなかった人々が、知識人たちの代わりに政治家に対して発言するようになった。

問八　本文に述べられている内容として適切なものを、次の**ア**～**エ**から一つ選んで、その符号を書きなさい。

ア　メディアが伝える政治的なメッセージは、それを伝える媒体が何であれ、メッセージを受け取る人々に対して同等の影響力を持つが、このことは、メディアによる伝達全般に当てはまる。

イ　一方向的な伝達形式を特徴とするメディアは複数あるが、発信者と受信者の関係のあり方が似たようなものとなるため、メッセージを伝えることによる社会への影響力はどれも大差ない。

ウ　情報が単純か複雑か、また政治的な場面であるかどうかを問わず、メディアによる伝達においては、多くの場合、メッセージの内容そのものよりも、伝達の形態が影響力を持つことになる。

エ　同時かつ双方向的に情報をやりとりする高度な伝達に限れば、情報を発信する行為そのものが人々の考えの形成に影響するため、メディア自体がメッセージの意味合いを持つと言える。

では、政治家たちに対して発言するのは、政治的・経済的な有力者や知識人だけでなく、場合によっては、政治的な定見を必ずしももたない圧倒的多数のウェブ上の声のほうが、はるかに大きな影響力をもちうる。そしてまた、そのことを意識して政治が進められてゆく。⑥新聞の時代の政治、映画の時代の政治、テレビの時代の政治、そしてインターネットの時代の政治は、すべてそれぞれ異なるメディアの特質によって、異なるものに作り上げられてきた。「メディアこそがメッセージである」という言葉は、ここでも完全にあてはまる。

（山口裕之《やまぐちひろゆき》『現代メディア哲学』）

（注）マーシャル・マクルーハン――カナダ出身の英文学者・文明評論家。
medium――"media"と同じ意味。"media"は、"medium"の複数形。

問一　二重傍線部A～Cの漢字と同じ漢字を含むものを、次の各群のア～エからそれぞれ一つ選んで、その符号を書きなさい。

A　ア　地球ギを使って学ぶ。　イ　審ギを行う。
　　ウ　自己ギ牲の精神。　エ　ギ理と人情。

B　ア　馬の耳にネン仏。　イ　天ネン資源が豊富だ。
　　ウ　ネン俸制を導入する。　エ　費用をネン出する。

C　ア　一堂にカイする。　イ　一カイの市民にすぎない。
　　ウ　暗号をカイ読する。　エ　体力の限カイ。

問二　傍線部④はどの文節に係るか。一文節で抜き出して書きなさい。

問三　傍線部①を説明した次の文の空欄に入る適切なことばを、本文中から七字で抜き出して書きなさい。

□に関する議論の場。

問四　傍線部②の理由を説明した次の文の空欄a・bに入る適切なことばを、それぞれ本文中から抜き出して書きなさい。ただし、aは四字、bは八字のことばとする。

伝達において、伝達される内容は［a］役割を果たすにすぎない、というマクルーハンの考えは、伝達に対する［b］からあまりにもかけ離れているから。

問五　傍線部③が作り出される過程を、次の【図】のように整理した。【図】の空欄Ⅰ～Ⅳに入ることばの組み合わせとして適切なものを、あとのア～エから一つ選んで、その符号を書きなさい。

【図】

Ⅰ → Ⅱ → Ⅲ → Ⅳ
→異なる社会が作り出される。

ア　Ⅰ技術の革新　Ⅱ新たなメディアの出現
　　Ⅲコミュニケーションの変化　Ⅳ思考の枠組みの転換

イ　Ⅰ思考の枠組みの転換　Ⅱコミュニケーションの変化
　　Ⅲ技術の革新　Ⅳ新たなメディアの出現

ウ　Ⅰ技術の革新　Ⅱ新たなメディアの出現
　　Ⅲ思考の枠組みの転換　Ⅳコミュニケーションの変化

エ　Ⅰ思考の枠組みの転換　Ⅱ技術の革新
　　Ⅲ新たなメディアの出現　Ⅳコミュニケーションの変化

問六　傍線部⑤の説明として最も適切なものを、あとのア～エから一つ選んで、その符号を書きなさい。

ア　技術性の高いメディアを用いれば、人々はオリジナルのメッセージに触れることで政策を深く理解することができるため、政治に関して自分の意見を持つ人が飛躍的に増えるということ。

イ　技術性の高いメディアを用いることにより、短期間に多くの人の意見を集めることができるため、多様な考えを反映させた、極ない。

マーシャル・マクルーハン（注）のよく知られた言葉に、"The medium（注） is the message." というものがある。メディアこそがメッセージである、というこの表現は、メッセージとなっているのはメディアの伝える内容であるという一般的なイメージをBネン頭に置いたものであり、マクルーハンはそれを挑発的に否定した言い方をあえてしていることになる。ふつうはメディアの伝達内容こそがメッセージだと思われている。しかし、マクルーハンは、むしろ内容を伝達する媒体そのものがメッセージなのだと主張しているのである。

②これはずいぶん突飛な主張のようにもみえる。例えば、明日は晴れるという単純な情報を伝えてもらうとき、その情報の内容そのものが重要なのであって、直接会った人からそれを口頭で教えてもらうか、新聞に書いてある情報を読むか、テレビで知るか、あるいはスマホでSNSのやりとりをしているときに知るかというメディアのちがいなど、どうでもよいことかもしれない。しかし、メディアのちがいはもっと根本的な変化を人間のうちに生み出してゆく。直接に人と顔を合わせて話をすること、新聞を通じてメッセージを受け取ること、テレビを見ること、SNSを通じてさまざまな人と高度な技術をCカイしてつながることは、それぞれまったく異なる人間の関係のあり方をもたらす。異なる時間感覚、異なる社会のあり方がそれらのメディアによって生み出されるのである。

マクルーハンにとって、歴史の過程の中で西欧近代社会というものを作り出してきた、その最もおおもとの思考の枠組みは、活版印刷という技術によって生み出されてきた。活版印刷によって大量に普及することが可能になった「書物」というメディアが、西欧近代の政治・経済・社会・文化のあらゆる領域の土台になっている。その意味では、書物に書かれている内容よりも、「書物」というメディアそのものが西欧近代の政治・経済・社会・文化を表すものになっているということだ。同じように、「テレビ」というメディアは、③それまでの書物世界の価値や思考様式を根本的に塗り替え、それまでとは異なる社会を作り出すことになった。そして「コンピュータ」やそのうえで機能する「インターネット」、またその延長線上にあるスマートフォンによるコミュニケーションは、さらに徹底的に世界の枠組みと人々の思考のあり方、生活のあり方を作りかえている。④このような世界の根本的な変革を推し進めてきたのは、メディアによって伝達される情報よりも、むしろメディアそのものなのである。

もう一度、メディアと政治というテーマに焦点を移そう。メディアが発信する政治的メッセージはもちろん政治的にきわめて大きな力をもちうる。しかし、それとともに、あるいはそれ以上に、⑤そこで用いられているメディアは何かということが、政治的に決定的な意味をもつ。伝達の宛先となる人の数、速さ、イメージを喚起する力は、技術性がたかまるにつれて、圧倒的に増大する。ここでは技術的な複製のもつ二つの異なる意味のうち、同じものを大量に早く生み出すということがとりわけ重要になるが、それとともに、受け手に対してイメージを喚起する力についていえば、正確なオリジナルのコピーを生み出すという機能も無関係ではない。

また、コミュニケーションの形態も、メディアの技術性によってかなりの程度条件づけられている。新聞やテレビが、少数の力を持つ者から多数の人間への一方向的な伝達形式をもつのに対して、ウェブ上では多数者が双方向的につながっているだけでなく、誰もが発信者となりうる構造が生まれている。それ以前のメディアを特徴づけていた、発信者となるためのある種の資格が、そこには存在しない。現代から一つ選んで、その符号を書きなさい。

ア　さりげない声かけによって真由とミチルの実力を十分に引き出した、高尾の音楽家としての力量に感嘆している。

イ　高尾の意図を理解して、それぞれ自分に合ったパートで歌い始めた真由とミチルの対応力に感心している。

ウ　瞬時に真由とミチルの声域の特性を見抜いた高尾の直感の鋭さに、信じられないという思いを抱いている。

エ　高尾の助言があったとはいえ、おごそかな雰囲気の中で実力を発揮する真由とミチルのことを見直している。

問七　傍線部⑩からうかがえる、リハーサルでの真由とミチルの様子を見ていたときの桐絵の心情の説明として最も適切なものを、次のア～エから一つ選んで、その符号を書きなさい。

ア　真由とミチルの実力はよくわかっていたとはいえ、突然実現した大舞台で予想をはるかに上回るパフォーマンスを見せる二人の姿に、二人組歌手としての今後の活躍を想像し、目頭が熱くなっている。

イ　真由とミチルの奇跡的なパフォーマンスを多くの関係者に見せ、二人組歌手としての実力を認めさせたことで、二人を売り込むために積み重ねてきた努力を思い出し、感情がこみ上げてきている。

ウ　真由とミチルがステージ上で存分に実力を発揮する姿をまのあたりにして、二人が葛藤を抱えながらもこの日のために練習してきたことを察し、二人のけなげな努力に思いをはせて感極まっている。

エ　真由とミチルが多くの人を沸かせていることを誇らしく思うとともに、決して交わることがなかったこれまでの二人を知るだけに、心の底から歌うことを楽しむ二人の姿に胸が熱くなっている。

問八　傍線部⑫の説明として最も適切なものを、次のア～エから一つ選んで、その符号を書きなさい。

ア　どれほど仲良くなったとしても、ライバルであることを忘れず、互いに対抗心を持ち続ける関係。

イ　心から打ち解けることがなくても、互いの実力を認め合い、必要なときには協力を惜しまない関係。

ウ　実際は反目していても、人前に出る者として表向きは仲が良さそうに振る舞うことができる関係。

エ　厳しい世界を生き抜いていく仲間として、隠しごとをせず本音を言い合うことができる関係。

五　次の文章を読んで、あとの問いに答えなさい。

メディアは圧倒的な政治的影響力をもっている。二〇世紀以降の政治的リーダーたちは、どのような政治体制であれそのことを強く意識し、政権の維持・強化や政策の実現のためにメディアを掌握しようとしてきた。メディアは、政治成果を強調し、国民意識を強め、政敵を抑圧・攻撃するために、実際、圧倒的な影響力をもっている。

メディアと政治というテーマをかかげるとき、すぐに頭に浮かぶのは、メディアがかかわる特定の政治的メッセージや政治的立場だろう。ある政治体制や政策などに対する支持であれ批判であれ、メディアの発信する内容そのものが①そこでは問題となる。メディアというものが、その字Aギ通り、メッセージのなかだちとなるものだとすれば、重要なのはメッセージの中味であって、そのメッセージを伝えるメディアそのものが何であるかは、その場合、副次的な意味しかもた下りてくる真由とミチルを、桐絵は両腕を大きく広げて迎えた。

「素晴らしかったわよ、あなたたち！」

「ほんと？」とミチル。

「もちろんよ。二人とも、最高に光り輝いてた。⑩見てて涙が出ちゃった」

「何それ、親戚のオバサンじゃあるまいし」

さっそく憎まれ口を叩《たた》く真由も、そのじつ、晴れがましさを隠しきれずに小鼻がぴくぴくしている。

同じ代役でも、他の歌手の代わりでは決してこうはいかなかった。二人ともが［　　］のピンキーガールズ・ファンだからこそ、歌のパートも振り付けも完璧に覚えていて、皆の前で堂々と⑪披露することができたのだ。

「あなたたちこそ、どうだった？」二人を見比べながら、桐絵は訊《き》いた。

「スポットライトを浴びてみた感想は？」

「楽しかった！」と真由。

「もう、最高！」とミチル。

満面の笑みのまま隣に立つ相手を見やったかと思うと、慌てたように表情を引っこめて、ぷいっと顔を背ける。

ふだんでも、せめて⑫これくらいの距離感でいてくれたらいいのに、と桐絵は思った。

（村山由佳《むらやまゆか》『星屑《ほしくず》』）

（注）オケ――オーケストラの略。ここではテレビの音楽番組における伴奏の演奏者のこと。

峰岸――桐絵の上司。

問一　傍線部④・⑦・⑪の漢字の読み方を平仮名で書きなさい。

問二　傍線部①～③について、五段活用動詞の連用形が「た」「て」などに続くとき、活用語尾が「い」「っ」「ん」のように変化することを何というか。適切なことばを漢字二字で書きなさい。

問三　傍線部⑧の本文中の意味として最も適切なものを、次の**ア**～**エ**から一つ選んで、その符号を書きなさい。

ア　驚いて　　**イ**　緊張して

ウ　落ち着いて　　**エ**　うろたえて

問四　本文中の空欄に入る適切なことばを、次の**ア**～**エ**から一つ選んで、その符号を書きなさい。

ア　引く手あまた　　**イ**　付け焼き刃

ウ　筋金入り　　**エ**　札付き

問五　傍線部⑤・⑨における真由とミチルの心情の変化の説明として最も適切なものを、次の**ア**～**エ**から一つ選んで、その符号を書きなさい。

ア　はじめは、自信のなさを隠すことばかりに気をとられていたが、予想以上にうまく歌えたことで、歌う前の自分を恥じるとともに、より大きな舞台に立ちたいという思いがふくらんでいる。

イ　はじめは、ステージに立つ心の高ぶりで余裕がなかったが、周囲の人たちの温かい声援を意識したとき、その心配りに感謝の気持ちを抱くとともに、それに気づかずにいた自分を恥じている。

ウ　はじめは、気の合わない相手と同じステージに立つことに気まずさを感じていたが、歌い終えるころには、ぎこちなさを残しながらも、二人で力を合わせて歌うことに手応えを感じている。

エ　はじめは、代役とはいえ本番さながらのステージで歌い踊ることに対する遠慮があったが、周囲からの賞賛の中で歌い終えたとき、想像以上の充実感を得るとともに照れくささを感じている。

問六　傍線部⑥の説明として最も適切なものを、次のページの**ア**～**エ**

真由とミチルが、きょとんとした顔で、言われたとおり入れ替わる。

「よし、始めよう」高尾はおごそかに言った。「うまく歌おうなんて思わなくていいからね。ただ、できるだけ振りもつけて思いっきり歌ってくれると、僕らもカメラさんも、みんなが助かる。③頼んだよ」

オケのほうへ向き直った高尾が、スッとタクトを振り上げる。振り下ろすと同時に、耳に馴染《なじ》んだヒット曲のイントロが流れだした。

マイクを握った二人ともが、④緊張の面持ちで、けれど少し⑤はにかみながら踊り出す。

桐絵は、目を瞠《みは》った。まるでこの日のために練習してきたかのようだ。ステップも、手の動きも、振り付けを忠実になぞっている。

さらには歌いだしたとたん、周囲からどよめきと歓声が上がった。上のパートが真由、下がミチル、迷いもなく二声に分かれている。完璧なハーモニーと言っていい。

ピンキーガールズの二人のうち、観客席から見て左がユウ、右がマイ。マイのほうが低いパートを歌う。この並び順でなければ、真由もミチルも、こうまで迷いもなく自分の声に合ったパートを歌うことはできなかったはずだ。桐絵は⑥舌を巻いた。高尾がわざわざ立ち位置を入れ替わらせたのはこのためか。

互いにタイミングをはかろうと、二人ともマイク越しに何度も目と目を見交わす。周りの歓声が届くたび、緊張がほぐれて笑みがこぼれ出す。

サビまで含めてワンコーラスが終わり、どちらもが⑦名残惜しそうにマイクを持つ手を下ろしかけたのに、なんと、オケはそのまま続けて間奏を奏《かな》で始めた。おおー、と拍手が沸く中、高尾がニヤリとこちらをふり返り、戸惑う二人に向かって顎をしゃくってよこす。

はっきりと視線を交わし合った真由とミチルが、笑み崩れながら二番を歌い始めた。

信じがたい光景を、桐絵は⑧息を呑《の》んで見つめていた。まさかあの二人が——犬と猿とまで言われた真由とミチルが、ともに笑顔で歌って踊る場面がめぐってこようとは。

こんな奇跡のような出来事はもう二度と起こらない。後にも先にもこれっきりだ。間が悪いというのか何というのか、どうしてこういう時に限って(注)峰岸《みねぎし》はいないのか。あの尊大な男がこれを見たらどれほどびっくりしたことか、口をぽかんと開けてステージを見上げる横顔までありありと思い浮かんで、桐絵は、実際にそれを見られなかったことが悔しくてたまらなかった。

とうとう二番のサビまで完璧に歌い終えた少女達が、演奏終了に合わせてぴたりとポーズを決めたとたん、周りから今日一番の拍手が湧き起こった。⑨はにかみながら四方へお辞儀をする二人に、すごいすごい、良かったよ、とねぎらいの声も飛ぶ。

「ニクいねえ、高尾先生。フルコーラスのサービスとはこれまた」

プロデューサーが苦笑いしながらオケをふり向く。

「だって、きみたちも見たかったろう？　途中で止めたりしたらきっと大ブーイングだ」

指揮棒を手にした高尾が身体を揺らして笑った。

「二人とも、ご苦労さんだったね。素晴らしいパフォーマンスだった」

上気した頬の二人がそれぞれに強く頷《うなず》いて、頭を下げる。

「ありがとうございました！」

「はい、お疲れさん」

もう下がっていいよ、とプロデューサーに言われて舞台袖の階段をの鳴くとよみ合はせたる証歌あり、『武蔵野《むさしの》の篠《しの》を束《つか》ねて（篠竹を束ねたように激しく）ふる雨に蛍ならでは鳴く虫もなし』。」と③申されしかば、紹巴は大いに驚きて平伏し、太閤は大機嫌にてありし由《よし》。翌日、紹巴すなはち幽斎へ行きて、「さるにても（それにしても）昨日は不調法《ぶてうはふ》（粗相をして）にて、家の面目を失ひし。何の集（歌集）の歌なりや。」とうかがふ。幽斎、「④あれほどの人に何の証歌どころぞや、昨日の歌は、我らが自歌なり。」と申されし由なり。（山科道安《やましなどうあん》『槐記《かいき》』）

（注）付合――連歌で長句（五七五）・短句（七七）を付け合わせること。
紹巴――安土桃山時代の連歌師。
証歌――根拠として引用する和歌。
細川幽斎――安土桃山時代の武将・歌人。
武蔵野――今の東京都と埼玉県にわたる地域。歌によく詠《よ》まれた。

問一　二重傍線部を現代仮名遣いに改めて、全て平仮名で書きなさい。

問二　傍線部①の意味として最も適切なものを、次のア～エから一つ選んで、その符号を書きなさい。
ア　関心がない様子で　イ　悲しげな様子で
ウ　面白くない様子で　エ　悔しそうな様子で

問三　傍線部②・③の主語として適切なものを、次のア～オからそれぞれ一つ選んで、その符号を書きなさい。
ア　筆者　イ　秀吉　ウ　蛍　エ　紹巴　オ　幽斎

問四　傍線部④の意味として最も適切なものを、次のア～エから一つ選んで、その符号を書きなさい。
ア　秀吉のような連歌に未熟な人を相手に、証歌のささいな誤りをことさらに指摘するものではない。
イ　秀吉のような教養ある人物に、証歌を明らかにすることの意義を説くなど無礼な振る舞いである。
ウ　秀吉のように気が短い人には、遠回しな言い方をするのではなく証歌をはっきりと示した方がよい。
エ　秀吉のように権勢を誇示する人に対して、証歌の問題を取り上げてことを荒立てるのは得策でない。

四　次の文章を読んで、あとの問いに答えなさい。

芸能プロダクションのマネージャーである樋口桐絵《ひぐちきりえ》は、十六歳の篠塚未《しのづかみ》散《ちる》（ミチル）の才能を見いだし、博多《はかた》から上京させる。ミチルは、デビューが決まっている十四歳の有川真由《ありかわまゆ》を指導する作曲家の高尾良晃《たかおよしあき》から歌唱レッスンを受けるようになった。ある日、音楽番組の収録を見学しに来ていた真由とミチルの二人は、到着が遅れている人気歌手ピンキーガールズの代役として、リハーサルで歌うことになった。

マイクが二本、真由とミチルのそれぞれに手渡される。
プロデューサーがオケ（注）のほうを①ふり向いた。
「じゃあ、高尾先生！　お願いしますよ」
先ほどから、真由とミチルを眺めながらずっとにこにこしていた高尾が、二人に向かって人差し指を②振った。
「きみたち、並び順はそれでいいのかな」
え、と二人がまた顔を見合わせる。
「逆のほうがいいと思うよ」

書を受けて之《これ》を説きて曰はく、「燭を挙ぐとは、明を尚《たか》くするなり、明を尚くせよとは、賢を（賢者を）挙げて之に任ずるなり（ふさわしい職に任命する）。」と。燕の相、王に白《まう》す。大いに説《よろこ》び、国以《もつ》て治まる。

〔漢文〕

郢人ニ有リ下遺ル二燕ノ相国ニ書ヲ一者上。夜書シテ、火不《ず》レ明ラカナラ。因リテ①謂ヒテ持ツ燭ヲ者ニ曰ハク、「挙レゲヨト燭ヲ。」ᵃ云フ。而シテ過ツテ書クレ挙レゲヨト燭ヲ。挙レゲヨトハ燭ヲ非ザル二書ノ意ニ一也《なり》。燕ノ相、受ケテレ書ヲ而説キテレ之ヲ曰ハク、「挙レグト燭ヲ者《は》、尚クスルレ明ヲ也、尚クセヨトレ明ヲ也者、挙ゲテレ賢ヲ而任ズルナリトレ之ニ。」燕ノ相、②白スレ王ニ。大イニᵇ説ビ、国以テ治マル。

（韓非《かんぴ》『韓非子《かんぴし》』）

（注）郢——古代中国の楚の国の都。　燕——古代中国の国の名。
相国・相——総理大臣にあたる重臣。

問一　傍線部②の「白」と同じ意味の「白」を用いた熟語を、次のア～エから一つ選んで、その符号を書きなさい。
ア　敬白　イ　白紙　ウ　白昼　エ　空白

問二　書き下し文の読み方になるように、傍線部①に返り点をつけなさい。

問三　二重傍線部a・bの主語として適切なものを、次のア～エからそれぞれ一つ選んで、その符号を書きなさい。
ア　書を遺る者　イ　燕の相国
ウ　燭を持つ者　エ　燕の王

問四　本文の内容として最も適切なものを、次のア～エから一つ選んで、その符号を書きなさい。
ア　郢人は、わざと誤った内容の手紙を送って燕国を混乱させようとしたが、燕の相国がその意図を見破り、国を危機から救った。
イ　燕の相国は、手紙の記述が誤りだと気づかず、文字通りに実行するよう燕王に進言してしまったが、偶然にも国は治まった。
ウ　燕の相国は、手紙の中に間違って書き込まれた記述を深読みしたにすぎないが、結果的に国の安定をもたらすこととなった。
エ　郢人は、燕王に送る手紙の重要な言葉を書き間違えたが、燕の相国の機転により、国を治める心構えが燕王に正しく伝わった。

三　次の文章を読んで、あとの問いに答えなさい。

太閤秀吉《たいかふひでよし》の連歌の席にて、ふとその付合《つけあひ》にてこそあるべけれ（付合であったのだろうが）、「奥山に紅葉《もみぢ》ふみわけ鳴く蛍」とせられしを、紹巴《ぜうは》が、「蛍の鳴くといふ証歌はいざしらず。」と申し上げしに（申し上げたところ）、大いに①不興にてありしが、「なんでふ（何を言うか）、おれが②鳴かすに鳴かぬものは天《あめ》が下にあるまじ。」と広言せられしを、細川幽斎《ほそかはいうさい》、その席にゐて、紹巴に向かひて、「いさとよ（さあ、それがです）、蛍のア〜エから一つ選んで、その符号を書きなさい。

ア　二月　イ　五月　ウ　九月　エ　十二月

問二　【詩Ⅰ】・【詩Ⅱ】それぞれの特徴として適切なものを、次のア〜オから一つずつ選んで、その符号を書きなさい。

ア　興味の対象を指すことばを最初の部分で反復し、読者にその対象を印象づける。

イ　詩の後半で対句を効果的に用いて、語り手の心情の高まりを読者に印象づける。

ウ　詩の前半部分に隠喩を用いることで、読者に豊かなイメージを思い描かせる。

エ　語調をやわらげる終助詞を全ての連で用いて、やさしい響きを読者に感じさせる。

オ　連ごとに視点を切り替えることで、読者に奥行きのある情景を思い描かせる。

問三　【会話文】の空欄①、②に入ることばを、それぞれ【詩Ⅰ】から抜き出して書きなさい。ただし、①は二字、②は六字のことばとする。

問四　【会話文】の最初の生徒Aの発言を踏まえると、【詩Ⅰ】の空欄Xにはどのようなことばが入るか。そのことばとして適切なものを、次のア〜エから一つ選んで、その符号を書きなさい。

ア　すべすべしてゐるの

イ　お歌がきこえるの

ウ　ふしぎな香がするの

エ　とつてもかはいいの

問五　【詩Ⅱ】の空欄Zと【会話文】の空欄③にはいずれも同じことばが入る。そのことばとして適切なものを、次のア〜エから一つ選んで、その符号を書きなさい。

ア　さびしいけれど　イ　ひとりぼつちで

ウ　さびしくなんかないから　エ　ひとりだけれど

問六　【会話文】の内容として最も適切なものを、次のア〜エから一つ選んで、その符号を書きなさい。

ア　生徒Aは、【詩Ⅰ】について、読書を含め本にふれる楽しさを表現した詩であると捉えていたが、生徒Bの意見を聞いて、元の解釈を修正し、最初の発言を撤回した。

イ　【詩Ⅰ】についての生徒Bの発言が、生徒Cや生徒Aに気づきをもたらし、その後の話し合いを通じてグループの【詩Ⅰ】に対する理解が一層深まることとなった。

ウ　生徒Dが、【詩Ⅱ】の語り手は一人遊びで寂しさを紛らわせている、という解釈を示したことにより、生徒Bと生徒Cは【詩Ⅱ】の新しい解釈の可能性に気づいた。

エ　【詩Ⅱ】の表現効果に生徒Cが気づいたことをきっかけに、生徒Dが二つの詩に共通するリズムの特徴に言及したことで、詩を音読する楽しさが話題の中心となった。

二　次の書き下し文と漢文を読んで、あとの問いに答えなさい。

〔書き下し文〕

郢人《えいひと》に燕《えん》の相国《しやうこく》に書（手紙を）を遺《おく》る者有り。夜書して（その人は夜に手紙を書いていて）、火明らかならず。因《よ》りて燭《しよく》を（ろうそくを）持つ者に謂《い》ひて曰《い》はく、「燭を挙げよ。」と云《い》ふ。而《しかう》して過《あやま》つて燭を挙げよと書く。燭を挙げよとは書の意に非《あら》ざるなり。燕の相、

【会話文】

生徒A　【詩Ⅰ】は、読書の楽しさを表現した詩ではないかな。ただ本を読むだけでなく、視覚や嗅覚など身体で本を感じているところもおもしろいね。語り手である「私」の、本が好きだという気持ちが強く伝わってくる詩だね。

生徒B　「ほんとに好きなのよ」とあるように、語り手は本が好きなんだね。でも、この詩の語り手は、「[①]」のことを「もやうみたい」と言っているくらいだから、〝読書〟はしていないと思うよ。

生徒C　そうか。「お噺」を「こさへる」とあるので、〝本を見て想像の世界を作り上げている〟という感じだね。

生徒D　私は【詩Ⅰ】を読んで、幼い頃一人で留守番をしたときの寂しさを思い出したよ。詩の冒頭に「さびしいときは」とあるように、寂しさを紛らわせるために、読めない本で遊んでいたんじゃないかな。

生徒B　【詩Ⅰ】では、「父さん」の「お留守の部屋で」、「父さん」の「大きな御本」とあるように、本なら何でもいいのではなく、語り手にとって「父さん」の「部屋」で、「父さん」の「御本」を手に取ることに意味があったのかもしれないね。

生徒A　なるほど。「[②]」扱っているから、本を大切なものだと捉えていることがわかるけど、これも「父さん」の「御本」だからなんだね。本で寂しさを癒やしていたということか。

生徒C　「明るいお縁」とあるように、光が差し込む情景がよまれているということは、語り手は寂しさから解放されたんだよ。

生徒D　そうかな。〔【詩Ⅱ】を示しながら〕この詩を見てよ。これは、同じ作者の「独楽の実」という詩なんだ。時間がたつのを忘れて「独楽の実」に夢中になる様子からは、一人遊びの楽しさが伝わってくるけど、同時に寂しさを感じる詩でもあると思う。寂しいということばは一つもないのに語り手の寂しさが伝わってくるのが不思議だね。

生徒B　きっと、「[③]」の繰り返しが何とも言えない寂しさを感じさせているんだね。

生徒C　そうか、使われていることばが、そのままの意味を表しているとは限らないんだね。そう考えると、Bさんが指摘した繰り返しの部分が、逆接表現であることも効果を生んでいるのかもしれないね。

生徒A　つまり、【詩Ⅱ】からは、「独楽の実」に夢中になって遊ぶ楽しさの中に一人遊びの寂しさが、それと同じように、【詩Ⅰ】からは、本にふれる楽しさの中に「父さん」と遊べない寂しさが、それぞれ感じられるということだ。この二つの詩の共通点は〈心の奥に隠された寂しさを表現している〉ということだね。

生徒D　なるほど。それともう一つ共通点があるよ。二つの詩は、ともに七音と五音のことばの繰り返しが印象的だよね。声に出して読んでみたらわかるけど、軽快なリズムで詩の世界にすんなり入っていけると思うよ。

生徒C　そうか。だから、金子みすゞさんの詩は童謡になっているものが多いんだね。

問一　【詩Ⅰ】の空欄Yに入ることばとして適切なものを、次のページ

＜国語＞

時間 五〇分 満点 一〇〇点

一 次の【会話文】は金子《かねこ》みすゞ《(ず)》の詩についてグループで話し合っている場面である。【詩Ⅰ】・【詩Ⅱ】、【会話文】を読んで、あとの問いに答えなさい。

【詩Ⅰ】

御本

さびしいときは、父さんの、
お留守の部屋で、本棚の、
御本の背《せな》の金文字を、
ぢつと眺めて立つてるの。

ときにや、こつそり背のびして、
重たい御本をぬき出して、
人形のやうに、抱つこして、
明るいお縁へ出てゆくの。

なかは横文字ばかしなの、
カナはひとつもないけれど、
もやうみたいで、きれいなの。
それに、[X]。

お指なめなめ、つぎつぎに、
しろい、頁《ペイジ》をくりながら、
そこにかかれたお噺《はなし》を、
つぎからつぎへとこさへるの。

若葉のかげの文字にさす、
[Y]のお縁で父さんの、
大きな御本よむことが、
私ほんとに好きなのよ。

【詩Ⅱ】

独楽《こま》の実

赤くて小《ち》さい独楽の実よ
あまくて渋いこまの実よ。

お掌《てて》の上でこまの実を
ひとつ廻《まは》しちやひとつ食べ
みんななくなりやまた探す。

[Z]、草山に
赤いその実はかず知れず
茨のかげにのぞいてて、

[Z]、草山で
独楽を廻せば日も闌《た》ける。

2023年度

解答と解説

《2023年度の配点は解答用紙集に掲載してあります。》

＜数学解答＞

1　(1)　6　(2)　$-5y$　(3)　$2\sqrt{3}$　(4)　$(x-2)(x+4)$　(5)　$(x=)-4$
(6)　$18\pi(\mathrm{cm}^2)$　(7)　75(度)　(8)　ウ

2　(1)　2(cm)　(2)　ア　(3)　①　4　②　(秒速)$\frac{1}{2}$(cm)　③　$(t=)\frac{3}{2}$

3　(1)　i　ア　ii　オ　(2)　10(cm)　(3)　15(cm)　(4)　$\frac{1}{10}$(倍)

4　(1)　$(x=)-2$　(2)　$(a=)-\frac{1}{4}$　(3)　$y=-\frac{5}{4}x+\frac{3}{2}$　(4)　①　$\sqrt{41}$(cm)
②　$(x=)2\sqrt{2}$

5　(1)　4(個)　(2)　$\frac{11}{36}$　(3)　①　$(n=)21$　②　3(回)　③　$\frac{45}{49}$

6　(1)　25　(2)　i　24　ii　$x+16$　iii　$x-8$　(3)　①　$(n=)3$
②　(符号)ウ，18(枚)

＜数学解説＞

1　(小問群—数・式の計算，文字式の計算，根号を含む計算，因数分解，反比例，円錐の側面積，平行線と角度の求値，度数分布表の利用)

(1)　$-3-(-9)=-3+9=6$

(2)　$20xy^2\div(-4xy)=-\frac{20xy^2}{4xy}=-5y$

(3)　$4\sqrt{3}-\sqrt{12}=4\sqrt{3}-2\sqrt{3}=2\sqrt{3}$

(4)　**$x^2+(a+b)x+ab=(x+a)(x+b)$の公式**を利用する。$x^2+2x-8=x^2+(4-2)x+4\times(-2)=(x+4)(x-2)$

(5)　**yはxに反比例するので，$y=\frac{a}{x}$**と表せる。これに$x=-6$，$y=2$を代入すると，$2=\frac{a}{-6}$　すなわち，$a=-12$　よって，$y=-\frac{12}{x}$となり，$y=3$のとき　$3=-\frac{12}{x}$　すなわち，$x=-4$

(6)　$6^2\times\pi\times\frac{2\times3\times\pi}{2\times6\times\pi}=18\pi\,(\mathrm{cm}^2)$

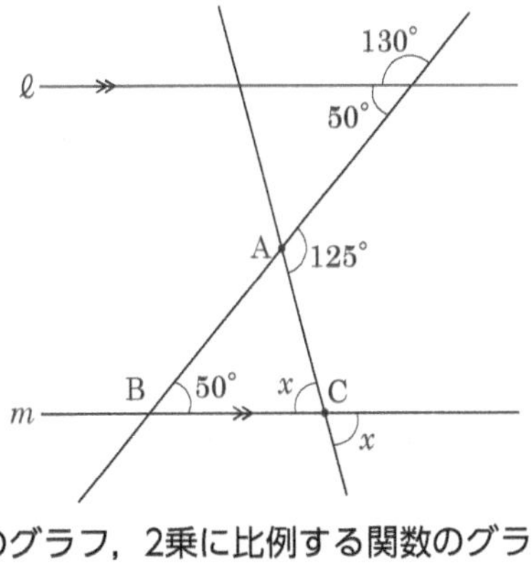

(7)　**対頂角は等しく，かつ，平行線の錯角は等しい**ので，右図のように角度は決まり，3点A，B，Cをとると，△ABCの内角と外角の関係から，$\angle x+50°=125°$　すなわち，$\angle x=75°$

(8)　糖度10度以上14度未満のイチジクの度数は$4+11=15$(個)　合計50個の糖度を調べているので，求めるイチジクの推定される個数は，$1000\times\frac{15}{50}=300$(個)

2　(動点と関数のグラフの利用—相似な図形の利用，1次関数のグラフ，2乗に比例する関数のグラ

フ，変化の割合の利用，二次方程式の応用)

(1)　$x=1$のとき，OP＝1cmであり，△OPQ∽△OABより，OP：PQ＝OA：AB　すなわち，1：PQ＝2：4　PQ＝2cm

(2)　$0\leqq x\leqq 2$のとき，OP＝$x$cm，PQ＝$2x$cmなので，$y=\frac{1}{2}\times x\times 2x=x^2$　となることから，グラフは放物線をえがき，アとなる。

(3)　①　(2)より，$y=x^2$に$x=2$を代入すると，$y=4$

②　問題の図2より，4cmを8秒で移動していることになるので，秒速$\frac{4}{8}=\frac{1}{2}$(cm)

③　図2より，$2\leqq x\leqq 10$のグラフは，2点(2，4)，(10，0)を通る直線なので，その式は$y=-\frac{1}{2}x+5$　である。よって，△OPQの面積において，**t秒後の面積と$(t+4)$秒後の面積が等しくなるとき，$t^2=-\frac{1}{2}(t+4)+5$が成り立つ**。よって，$t^2=-\frac{1}{2}t-2+5$　$t^2=-\frac{1}{2}t+3$　$2t^2+t-6=0$　**二次方程式の解の公式**を用いて，$t=\frac{-1\pm\sqrt{1^2-4\times 2\times(-6)}}{2\times 2}=\frac{-1\pm 7}{4}=\frac{3}{2}$，$-2$　$0<t<2$しかありえないので，$t=\frac{3}{2}$

3 (平面図形―2つの三角形が相似であることの証明の利用，線分の長さの求値，三平方の定理の利用，三角形の面積比)

(1)　i　BC：BA＝18：12＝3：2　であることを使う。　ii　**相似な図形の対応する角は等しい**ので，△ABC∽△DBAより，∠ACB＝∠DAB

(2)　(1)より，∠ACB＝∠DABなので，△DACは底角が等しく，DA＝DCの二等辺三角形となる。よって，DA＝DC＝18－8＝10(cm)

(3)　(1)より，△ABC∽△DBAなので，**対応する辺の比は等しく**，AC：DA＝AB：DB　すなわち，AC：10＝12：8　これを解いていくと，8AC＝120　AC＝15cm

(4)　右図①のように，点Aから辺BCに垂線AHをひき，BH＝$x$cmとすると，CH＝$(18-x)$cm　△ABHで三平方の定理より，$AH^2=12^2-x^2=144-x^2$　△ACHで三平方の定理より，$AH^2=15^2-(18-x)^2=225-(324-36x+x^2)=-99+36x-x^2$　よって，$144-x^2=-99+36x-x^2$　これを解いて，$x=\frac{27}{4}$　また，図②のように点Dから辺ABに垂線DIをひくと，△DBEはDB＝DEの二等辺三角形なので，BI＝EIであり，2組の角が等しいことから△ABH∽△DBIより，**対応する辺の比は等しく**なり，AB：DB＝BH：BI　すなわち，$12:8=\frac{27}{4}$：BI　これを解いて，BI＝$\frac{9}{2}$(cm)となり，BE＝BI＋EI＝$\frac{9}{2}+\frac{9}{2}=9$(cm)　ゆえに，AE＝12－9＝3(cm)となり，AE＝AF＝3(cm)　したがって，△ABCの面積をSとすると，△AEF＝$S\times\frac{AE}{AB}\times\frac{AF}{AC}=S\times\frac{3}{12}\times\frac{3}{15}=\frac{1}{20}S$　**ひし形の面積は対角線により二等分される**ので，△AEFの面積の2倍。すなわち，$\frac{1}{10}S$となる。よって，$\frac{1}{10}$倍。

図①

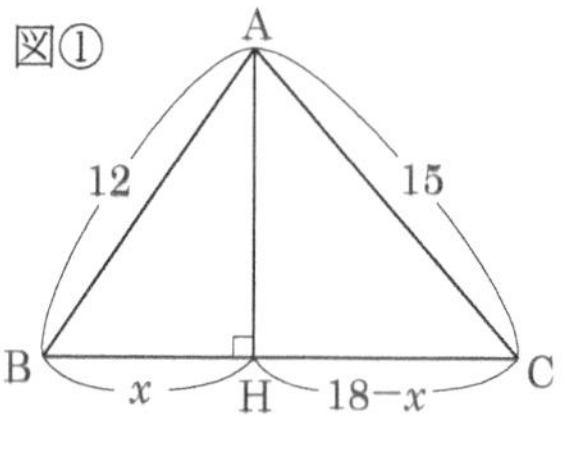

図②

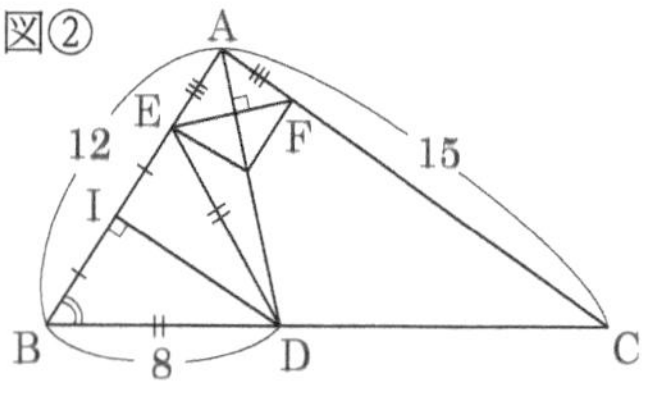

4 (関数とグラフ，図形―放物線とその利用，放物線上の座標，比例定数の求値，直線の式，円の性質の利用)

(1)　点Bのx座標は点Cのx座標と等しく$x=2$　よって，B(2，4)　また，**2点A，Bはy軸に対して**

対称な位置にあるので，点A(−2, 4)

(2)　点C(2, −1)は放物線$y=ax^2$上にあるので，これを代入し，$-1=4a$　$a=-\frac{1}{4}$

(3)　直線ACは2点A(−2, 4)，C(2, −1)を通ることから，その傾きは(yの増加量)÷(xの増加量)より，$\frac{-1-4}{2-(-2)}=-\frac{5}{4}$　よって，$y=-\frac{5}{4}x+b$とおける。これに，点A(−2, 4)を代入すると，$4=-\frac{5}{4}\times(-2)+b$　$b=\frac{3}{2}$　よって，直線ACの式は，$y=-\frac{5}{4}x+\frac{3}{2}$

(4)　①　∠ABC＝90°なので，線分ACは円O′の直径となる。ここで，△ABCにてAB＝4，BC＝5なので，三平方の定理より$AC^2=4^2+5^2=16+25=41$　よって，$AC=\sqrt{41}$(cm)

②　点D(d, 0)とする。円O′の中心を点MとするとMは2点A，Cの中点なので$M\left(0,\ \frac{3}{2}\right)$　また，点Dは円O'の周上にあるので，$MD=\frac{\sqrt{41}}{2}$　ここで，△MODにて三平方の定理より，$\left(\frac{\sqrt{41}}{2}\right)^2=\left(\frac{3}{2}\right)^2+d^2$　これを解いて，$d^2=\frac{41}{4}-\frac{9}{4}=8$　$d>0$なので，$d=\sqrt{8}=2\sqrt{2}$

5 (場合の数・確率と数学的思考―整数の約数，数学的思考の利用，確率の求値，連立方程式の応用)

以下，さいころの目1～6を[1]，[2]，[3]，[4]，[5]，[6]と表し，1～6の数字が書かれた玉を①，②，③，④，⑤，⑥と表すことにする。

(1)　6の正の約数は，1，2，3，6なので，箱の中に入れる玉は①，②，③，⑥の4個。

(2)　さいころの目と箱に入れる玉の個数の関係を考えると，出た目[1]のとき①が1個，出た目[2]のとき①，②の2個，出た目[3]のとき①，③の2個，出た目[4]のとき①，②，④の3個，出た目[5]のとき①，⑤の2個，出た目[6]のとき①，②，③，⑥の4個である。

[操作]を2回続けて行ったとき，箱の中に4個の玉があるのは，(1回目，2回目)＝([1], [4])，([2], [2])，([2], [3])，([2], [5])，([3], [2])，([3], [3])，([3], [5])，([4], [1])，([5], [2])，([5], [3])，([5], [5])の11通り。2回投げたときのさいころの目の出方は全部で6×6＝36(通り)なので，求める確率は$\frac{11}{36}$となる。

(3)　①　さいころでどの目が出ても①の玉は箱の中に入るので，①の玉の個数と[操作]を行った回数は等しい。よって，$n=21$

②　箱の中に④の玉の個数と⑥の玉の個数は等しく，④の玉も⑥の玉もそれぞれ[4]の目，[6]の目が出ないと箱の中に入らないので、[4]の目と[6]の目が出た回数は等しいとわかる。ここで，[1]の目が2回，[2]の目が5回，[3]の目と[5]の目が出た回数をx回，[4]の目と[6]の目が出た回数をy回とすると，$2+5+2x+2y=21$　すなわち，$x+y=7$…①　また，箱の中の玉の個数は52個なので，$2+10+2x+3y+2x+4y=52$　すなわち，$4x+7y=40$…②　①，②を連立して解くと，$x=3$，$y=4$　したがって，[5]の目は3回出たとわかる。

③　52個の玉の内訳は，②より，①が21個，②が13個，③が7個，④が4個，⑤が3個，⑥が4個である。ここから⑤を取り出すと全部で52−3＝49(個)で，6の約数は①，②，③，⑥なので21＋13＋7＋4＝45(個)　よって，求める確率は，$\frac{45}{49}$となる。

6 (数学的思考力の利用・整数の性質の利用)

(1)　それぞれの作業後のコインの枚数を順に考えていく。

[作業1]の後は，(A, B, C)＝(20, 20, 20)　[作業2]の後は，(A, B, C)＝(36, 12, 12)

[作業3]の後は，(A, B, C)＝(24, 24, 12)　[作業4]の後は，(A, B, C)＝(25, 23, 12)

となるので，箱Aには25枚のコインが入っている。

(2)　はじめに3つの箱に入れるコインの数をx枚として考えてみる。

[作業1]の後は，$(A, B, C)=(x, x, x)$　[作業2]の後は，$(A, B, C)=(x+16, x-8, x-8)$　[作業3]の後は，$(A, B, C)=(24, 2x-16, x-8)$　[作業4]の後は，$(A, B, C)=(25, 2x-17, x-8)$　となるので，箱Aのコインの数は常に25枚とわかる。これより，[i]は，24であり，[ii]は$x+16$であり，[iii]は$x-8$となる。

(3)　①　作業1で入れるコインをx枚，作業2で取り出すコインの枚数をy枚とすると，次のようになる。

[作業1]の後は，$(A, B, C)=(x, x, x)$　[作業2]の後は，$(A, B, C)=(x+2y, x-y, x-y)$　[作業3]の後は，$(A, B, C)=(3y, 2x-2y, x-y)$　[作業4]の後は，$(A, B, C)=(3y+1, 2x-2y-1, x-y)$となる。作業3の後に箱Aにあるコインの枚数は$3y$枚で，$y$は整数なのでこれは常に3の倍数といえる。よって，$n=3$

②　[作業4]の後に箱Aの中に入っているコインの枚数は3の倍数に1を加えた数なので，選択肢ウの55が適している。このとき，$3y+1=55$を解くと，$y=18$なので，[作業2]では18枚のコインを取り出せばよい。

＜英語解答＞

Ⅰ　1　No. 1　b　No. 2　a　No. 3　c　2　No. 1　a　No. 2　d　No. 3　c
3　1　b　2　d

Ⅱ　1　(1)　ア　(2)　ウ　2　①　イ　②　ウ　③　ア
3　あ　able to enjoy many　い　looking forward to seeing

Ⅲ　1　ア　2　③　エ　④　ウ　⑤　オ　⑥　ア　3　エ

Ⅳ　1　イ　2　ウ　3　イ　4　エ　5　あ　tea　い　pictures　う　carefully

Ⅴ　1　①　to sing　②　sat　③　forget　2　①　warming　②　forests
③　countries[nations]　④　price[cost]　⑤　hands

＜英語解説＞

Ⅰ　(リスニング)

放送台本の和訳は，62ページに掲載。

Ⅱ　(会話文読解問題：語句補充，語句の並べ換え)

(全訳)　スティーブ：合計で5グループがこのフェスティバルに参加します。そのうちの2つがこの市に住んでいる外国人のグループです。中国人のグループが午前中に伝統的な楽器を演奏します。オーストラリア人のグループは伝統的なスイーツを来訪者に渡します。あなた方のグループの予定と使いたい場所を教えてください。

アオイ　：私のグループは入り口に花を置いてそれを来訪者に渡します。また，入り口の隣の小さな部屋で彼らに*生け花*を試してもらいたいです。

リク　：私たちは調理室を使いたいです。私のグループは午前中そこでお餅を作って，来訪者に渡したいです。

サクラ　　：私のグループは伝統的な和紙の作り方を紹介します。来訪者ははがきを作ることができます。私たちはお水が必要です。調理室の水を使うことができますか？

スティーブ：では，サクラ，入り口の隣の大きめの部屋を使ってください。あなたたちは，その部屋の水を使えます。

サクラ　　：わかりました。紙を乾かす十分なスペースがあるので私たちにはより良いです。

リク　　　：ところで，オーストラリア人のグループも調理室を使うんですか？

スティーブ：いや，彼らは調理室を使いません。彼らは家からスイーツを持って来ます。

リク　　　：なるほど。私たちはどこかで伝統的な和太鼓も演奏したいです。

スティーブ：午後に音楽ホールを使えます。中国人のグループに午前中にそこを使うように，そしてオーストラリア人のグループに調理室の隣の部屋を使うように伝えます。オーケー。最善を尽くしましょう！

1 (1) ア「もし来訪者が午前中に音楽を楽しみたいなら中国人のグループのイベントに参加すべきだ」1つ目のスティーブの発話第3文参照。 (2) ウ「もし来訪者が何か食べ物が欲しいなら，オーストラリア人のグループかリクのグループに参加すべきだ」1つ目のスティーブの発話第4文，1つ目のリクの発話参照。

2 ① アオイの発話第2文参照。 ② 1つ目のサクラの発話，2つ目のスティーブの発話を参照。 ③ 最後のスティーブの発話第2文参照。

3 あ (You will be)able to enjoy many(events!)「たくさんのイベントを楽しむことができるでしょう」**be able to に動詞の原形を続けて「～できる」**。can が不要。 い (We are)looking forward to seeing(you!)「あなたにお会いできるのを楽しみにしております」**look forward to ～で「～を楽しみに待つ」**の意味。現在進行形<be 動詞＋動詞の～ ing形>でもよく使われる。need が不要。

Ⅲ (長文読解問題・説明文：語句補充)

(全訳) [1] 電車の駅で私たちは電光掲示板の情報をチェックします。例えば，もし電車が時間通りに来ないと，私たちはその電車が今どこへいるのか，どれくらい①遅れているかを確認するためにそれを見ます。私たちはまたスピーカーからも情報を得ます。例えば，電車が駅に来るとき，私たちは「電車が②到着します。安全のために黄色いブロックの内側に立ってください」というメッセージが聞こえます。これらの例のように，私たちは駅での状況を知るために③情報を見て聞いて，そしてそのような情報は私たちにとって役立ちます。

[2] ある日，ある生徒がスピーカーからの情報を聞き逃しました。彼にとって音を聞くことは困難なことでした。彼は「私はかつて駅で危険な経験をしました。ちょうど電車に乗ろうとしたとき，電車がドアを閉めました。私は発車ベルの音が聞こえなかったのでそれに気がつきませんでした。情報を得るために私は自分の周りの人たちを見て，そして④すべきことを判断しなくてはなりません。音を文字や画像に変えて，スクリーンに出してくれる機械があればいいのになあ！」と言いました。

[3] 彼の願いは現実になりました。ある会社が彼の経験を聞いて彼のために機械を作りました。それはプラットフォームに置かれました。そこで，メッセージ「電車をご利用いただきありがとうございます」がスピーカーからアナウンスされると，彼はそれをスクリーンで見ることができました。また彼は閉まるドアの音をスクリーンで見ました。この機械のおかげで彼は初めてドアが閉まる音を知りました。彼は「今私は以前は気がつかなかった音を楽しめます」と言いました。

[4] この機械を経験した人たちは「これは素晴らしく，便利です。子どもたちはこの機械を楽し

むことができると思います。例えば電車が動いているとき，その音の文字をスクリーンで見ることができます。それに加えて，そこには注意をひきつけるために英語が表示されているので，外国人がより簡単に情報を理解することができます。この機械が⑤日本の他の駅にも広がることを願っています」と言いました。

[5]　一人の生徒の考えが私たちに他の人たちについて考える機会を与えています。その生徒は「この機械のためのミーティングをしたとき，たくさんの人たちとたくさん話をしました。私の意見を彼らとシェアすることによって，駅はより多くの人たちにとってさらにフレンドリーになりました。このように，もし私たちが⑥違う考えを受け入れて尊重すれば，私たちは社会をよりよいものにできると思います。」と言いました。

1　①　how late で「どれくらい遅れて，遅く」，how much は「いくら，どのくらいの量」をたずねる表現。ここでは電車の遅延の話なので late がふさわしい。②arrive は「到着する」，leave は「出発する」の意味。電車が来るときのアナウンスは arriving がふさわしい。

2　③　第1段落は電光掲示板とスピーカーからの情報の話をしているのでエがふさわしい。
④　ある生徒が困りごとによりしなければならないことが述べられているのでウがふさわしい。
⑤　第4段落では機械のいい点が述べられているので他の駅に広がってほしいという内容がふさわしい。　⑥　第5段落では考えをシェアすることで他の人にとってもより状況がよくなることにつながるという内容なのでアがふさわしい。

3　Aは第3段落第4文，Cは第3段落第5文以降，Dは第4段落の発話内第3文，Bは第4段落の発話内第4文参照。

Ⅳ　(会話文問題：語句補充，適文補充)

(全訳)　コーリー：やあ，あかり。何をしているの？

あかり　：こんにちは，コーリー。来月のプレゼンテーションの準備をしているの。

コーリー：プレゼンテーション？

あかり　：私のクラスで，私たちの町について勉強したのよ。私はこの町のツアープランを作るつもりなんだけど，難しい。

コーリー：何か面白いプランがあるの？

あかり　：①いや，何もない。

コーリー：僕はここにたった2か月しか住んでないけど，ここの生活を本当に楽しんでいるよ。

あかり　：京都や北海道の大きな都市は観光で有名。多くの人たちが毎年そこを訪れる。そこには面白いものがたくさんあるけど，私の小さな町には人をひきつける特別なものが何もない…。

コーリー：それは本当，あかり？　あなたの町は多くの人たちをひきつけることができると思うよ。イギリスでは小さな町に泊まってそこで特有の経験を楽しむのが人気になってきているんだ。

あかり　：本当？

コーリー：昨年，夏休みの間にイギリスの農家に泊まって，チーズを作ったんだ。とても楽しかったよ。もし注意深く物事を見てみるとなにか素晴らしいものを見つけられるよ。

あかり　：②小さな町で素晴らしいことが発見できるとは思わなかった。ああ，この町での楽しい経験を一つ思い出した。茶摘みはどうかしら？　ここでは多くの農家が緑茶を育てているの。私は和菓子と一緒にそれを飲むのが大好きなのよ。

コーリー：かっこいいね。前に茶摘みの写真を見たことがある。その写真では*着物*を着ていたよ。

あかり　：私の町では茶摘みのための伝統的な*着物*があるの。
コーリー：本当？　それを着て茶摘みのときに自分の写真を撮りたいな。
あかり　：いい思い出になるね。
コーリー：うん。伝統的な家で和菓子と一緒に緑茶を飲めたら，いいだろうな。
あかり　：ああ，それできるよ。最近伝統的な家をレストランに再利用して，いくつかはとても有名なの。私たちの町には伝統的な家がたくさんあるのよ。
コーリー：いいね。僕は好きだな。
あかり　：あなたが言ったように，私たちの周りに特別なことを見つけられるね。
コーリー：いいね。あなたは様々な観点から物事を見ることで③日々の生活に宝物を発見したね。
あかり　：アドバイスをありがとう。もうプレゼンテーションで面白いツアープランを紹介できるよ。

1　直前のコーリーの質問に対しての返答。4つ目のあかりの発話からあかりにはプランがないことが読み取れる。

2　ウ「あかりの町には面白いものがある」直前のあかりの発話に対して疑問を投げかけている発話内容。　ア「あかりはたくさんの観光地に行ったことがある」　イ「あかりはもっと多くの人たちに彼女の町を訪れてもらいたい」　エ「大きな都市のツアーを楽しむ人たちがたくさんいる」は内容と合わない。

3　コーリーのイギリスでの話を聞いて小さな町の魅力に目を向けている。　ア「イギリスについての独特なツアープランを作ることができる」　ウ「北海道に滞在して楽しむことができる」　エ「そこに2か月以上滞在することができる」はここの内容に合っていない。

4　直前のあかりが言うように身近なことに目を向けてみたら特別なものが見つけられたという流れなので，エがふさわしい。　ア「あなたが着るべき服」　イ「あなたが好きなレストランの秘密」　ウ「伝統的な家で従うべき習慣」はここの流れに合わない。

5　あ「来訪者は伝統的な家で緑茶を飲んで楽しむことができる」あかりの発話6～9つ目までの対話を参照。　い「来訪者は*着物*を着て思い出のために自分の写真を撮ることができる」8つ目のコーリー，あかりの発話参照。　う「私たちの周りのものは来訪者にとって何か素晴らしいものになる。それなので日々の生活の物事をもっと注意深く見ることが大切だ」6つ目のコーリー，最後から2つ目のあかりの発話参照。

V　(語句補充，語い問題：語形変化，過去，不定詞，助動詞)

1（全訳）　さて，私の経験についてお話します。先週，私は初めて保育園へ行きました。午前中，一人の男の子が来て私に一緒に歌を①歌うように頼みました。私たちはそれをとても楽しみました。その後，子どもたちと外で遊んだ時，女の子が転び泣き始めました。私が②座って彼女にゆっくり話しかけたら泣くのをやめて微笑みました。私は保育園でとてもいい時間を過ごしました。私はこの経験を決して③忘れません。

①「午前中，一人の男の子が来て私に一緒に歌を歌うように頼みました」**<ask +人+ to + 動詞の原形>「(人)に～するように頼む」**　②「私が座って彼女にゆっくり話しかけたら泣くのをやめて微笑みました」sit down で「座る」。過去の話なので過去形 sat にする。

③「私はこの経験を決して忘れません」forget「忘れる」。助動詞 will に続く動詞は原形。

2（全訳）　フレッド：わあ，みずきとひかるは絵を描くのが上手だね！
みずき　：ありがとう。
フレッド：日本語で書かれているメッセージは何，みずき？　読めないんだ。

みずき ：このメッセージは「止めよう地球①(温暖化)」。たくさんの②(熱帯雨林)が地球から消えているの。これがその原因の一つだからそれらを守りたいのよ。

フレッド：いいね。ひかるのは何？ バナナとチョコレートとコーヒーがポスターに書いてあるのがわかるけど。

ひかる ：うん。多くの会社がこれらのものを発展途上③(国)から買うよね。でもこれらのものは低④(価格)で買われているの。これは公平ではないと思うから，私はよりよい世界を表現するために⑤(握手をする)絵を加えたのよ。

フレッド：これらの問題についてのニュースをよく聞くよ。解決するのは難しいけど，できると信じているよ。

① ポスターを参照。**global warming**「地球温暖化」 ② 「たくさんの熱帯雨林が地球から消えている」rain forest「熱帯雨林」ここでは a lot of「たくさんの」があるので forests と複数形になる。 ③ 右のポスターを参照する。「多くの会社がこれらのものを発展途上国から買います」**developing country**「発展途上国」ここでは developing の前に1つを表す a がないので countries と複数になると考える。nations「国家」と答えても良い。 ④ 「しかしこれらのものは低価格で買われています」価格は price や cost で表現する。 ⑤ 「これは公平ではないと思うので，私はよりよい世界を表現するために握手をする絵を加えました」shake hands「握手する」

2023年度英語　聞き取りテスト

〔放送台本〕

これから聞き取りテストを行います。問題は聞き取りテスト1，2，3の3つがあります。

(聞き取りテスト1)

聞き取りテスト1は，会話を聞いて，その会話に続く応答として適切なものを選ぶ問題です。それぞれの会話の場面が問題用紙に書かれています。会話のあとに放送される選択肢a～cの中から応答として適切なものをそれぞれ1つ選びなさい。会話と選択肢は1回だけ読みます。では，始めます。

No.1 A: What's the weather tomorrow?
B: The news says that it will rain.
A: Oh, no! I want to play tennis tomorrow.
(a) I'd love to.
(b) That's too bad.
(c) It's my turn.

No.2 A: Excuse me. Can I borrow five books?
B: Sorry, only three books at a time.
A: I see. How long can I keep them?
(a) For five days.
(b) About five books.
(c) On the fifth floor.

No.3 A: Now, it's time to start today's club meeting.
B: Wait, Tom isn't here.
A: It's OK. He said he would be late.
(a) Then, he didn't attend the meeting.
(b) Then, he must be on time.

(c)　Then, let's begin.

〔英文の訳〕

No. 1　A：明日の天気はどう？

B：ニュースで雨が降るって言っているよ。

A：ああ，いやだな！　明日はテニスをしたいんだ。

(a)　ぜひしたい。(×)　(b)　それは残念。(○)　(c)　私の順番です。(×)

No. 2　A：すみません。5冊借りられますか？

B：すみません，一度に3冊のみです。

A：なるほど。どれくらいの期間借りられますか？

(a)　5日間です。(○)　(b)　約5冊です。(×)　(c)　5階です。(×)

No. 3　A：さあクラブのミーティングを始める時間です。

B：待ってください，トムがいません。

A：大丈夫です。彼は遅れると言っていました。

(a)　では，彼はミーティングに参加しませんでした。(×)

(b)　では，彼は時間通りに違いありません。(×)

(c)　では，始めましょう。(○)

〔放送台本〕

(聞き取りテスト2)

聞き取りテスト2は，会話を聞いて，その内容についての質問に答える問題です。それぞれ会話のあとに質問が続きます。その質問に対する答えとして適切なものを，問題用紙の a～d の中からそれぞれ1つ選びなさい。会話と質問は2回読みます。では，始めます。

No. 1　A: Lucy, we need some eggs, chopsticks and dishes for tomorrow's party.

B: I'll buy them at the convenience store.

A: Can you buy the eggs at the supermarket in front of the station? There is a sale today.

B: OK.

A: Then, I'll buy the chopsticks and dishes.

B: Thank you. See you later.

(Question) What is Lucy going to buy?

No. 2　A: You look pale, Mike.

B: Hi, Kathy. I have a headache.

A: Oh, really? You need to go home.

B: I have to take my science report to Mr. Brown.

A: I'll take it to his room during the lunch break.

B: Thank you. Here is my report.

(Question) Where will Kathy go for Mike during the lunch break?

No. 3　A: Emily, what will you study after you graduate from high school?

B: I'm going to study Japanese food because I want to introduce it to the world. How about you, Koji?

A: I'd like to study business to be the owner of a restaurant overseas.

B: Sounds great! Then, you should keep studying English.

A: You're right. English will be useful.

B: You can do it!
(Question) Why does Koji want to study business?

〔英文の訳〕

No. 1 A：ルーシー，明日のパーティーのための玉子とお箸とお皿が必要だよ。
B：コンビニで買うね。
A：駅前のスーパーで卵を買える？　今日はセールなんだ。
B：オーケー。
A：じゃあ，僕がお箸とお皿を買うよ。
B：ありがとう。またあとで。
質問：ルーシーは何を買うつもりですか？
答え：a　玉子。

No. 2 A：顔色が悪いよ，マイク。
B：やあ，キャシー。頭痛がするんだ。
A：あら，本当？　家に帰る必要があるね。
B：ブラウン先生に理科のレポートを持って行かないといけないんだ。
A：お昼休みに彼の部屋に私が持って行くよ。
B：ありがとう。これが僕のレポート。
質問：お昼休みにマイクのためにキャシーはどこへ行きますか？
答え：d　ブラウン先生の部屋へ。

No. 3 A：エミリー，高校を卒業したら何を勉強するの？
B：私は日本料理を勉強するつもりなの，世界にそれを紹介したいから。コウジ，あなたは？
A：海外のレストランのオーナーになるためにビジネスを勉強したい。
B：すてきね！　じゃあ英語を勉強し続けないとね。
A：その通りだね。英語は役に立つだろうね。
B：あなたならできるよ！
質問：コウジがビジネスを勉強したいのはなぜですか？
答え：c　彼はレストランのオーナーになりたい。

〔放送台本〕

(聞き取りテスト3)

聞き取りテスト3は，英語による説明を聞いて，その内容についての2つの質問に答える問題です。問題用紙に書かれている，場面，Question 1と2および図を見てください。これから英文と選択肢が放送されます。英文のあとに放送される選択肢 a～d の中から質問に対する答えとして適切なものを，それぞれ1つ選びなさい。英文と選択肢は2回読みます。では，始めます。

Hello, welcome to Green Zoo. I'm John, a guide at this zoo. Please look at the schedule. Now, I'll explain today's activities from the top. First, you can touch many kinds of rabbits from many places in the world. When you touch the rabbits, please don't speak loudly or move suddenly. They'll be surprised and run away. Next, you can give milk to a baby tiger. It's afraid of the sound of cameras, so please don't take pictures during this activity. The next two activities are very popular among visitors. But today, you cannot ride the horses in the afternoon because we need to check their health.

[女性]

(Question 1　Answer)

(a)　One.

(b)　Two.

(c)　Three.

(d)　Four.

(Question 2　Answer)

(a)　They cannot check the schedule.

(b)　They cannot speak loudly.

(c)　They cannot move suddenly.

(d)　They cannot take pictures.

これで聞き取りテストを終わります。

〔英文の訳〕

こんにちは，グリーン動物園へようこそ。私はこの動物園のガイドのジョンです。このスケジュールを見てください。では上から今日の活動について説明します。まず，世界の多くの場所から来た多くの種類のうさぎを触ることができます。うさぎを触るとき，大きな声で話したり，突然動いたりしないでください。うさぎが驚いて逃げてしまいます。次に，虎の赤ちゃんにミルクをあげることができます。カメラの音を怖がるのでこの活動中は写真を撮らないでください。次の二つの活動はお客さんの間でとても人気です。でも今日は健康チェックをする必要があるので午後に馬に乗ることができません。

質問1：今日の午後，お客さんはいくつの活動ができますか？

答え　：b　二つ。

質問2：虎の赤ちゃんの活動についてガイドはお客さんに何と言いましたか？

答え　：d　写真を撮ることができない。

＜理科解答＞

Ⅰ　1　(1)　A　(2)　b　(3)　エ　(4)　①　ウ　②　イ　③　ア　2　(1)　ア
(2)　①　ウ　②　ア　③　㋓　イ　㋔　ア　㋕・㋖　ウ

Ⅱ　1　(1)　イ　(2)　ウ　(3)　ア　(4)　ウ→エ→ア→イ　2　(1)　エ　(2)　ウ
(3)　イ　(4)　1.2〔g〕

Ⅲ　1　(1)　エ　(2)　エ　(3)　オ　(4)　ウ　2　(1)　ウ　(2)　イ　(3)　ア
(4)　10.2〔%〕

Ⅳ　1　(1)　エ　(2)　イ　(3)　ア　(4)　オ　2　(1)　ウ　(2)　エ
(3)　6.9〔%〕　(4)　X　イ　Y　ア　Z　イ

＜理科解説＞

Ⅰ　(植物の特徴，生物のつながり)

1　(1)　葉，茎，根の区別がない植物は，コケ植物である。

(2)　コケ植物の雌株，シダ植物の葉の裏にできる胞子のうで胞子がつくられる。

(3)　花粉から出た精細胞は，花粉管の中を移動する。

(4)　サクラは**被子植物**であるため花のつくりに子房をもつ。よって，受粉後果実をつくるが，イチョウは**裸子植物**で子房をもたないため，受粉後果実はつくらない。

2 (1)　草食動物が増加すると，肉食動物の食べ物が増えるために肉食動物の個体数は増加を始める。植物は草食動物に大量に食べられてしまうため，個体数は減少を始める。

(2)　①　この実験では微生物のはたらきを調べるため，微生物が生きている上澄み液と，微生物を死滅させた上澄み液を用いる。　②　ヨウ素溶液を加える前に，脱脂粉乳による白濁がなくなっている部分は，微生物によってデンプンなどの有機物が分解されている。よって，透明な部分には，ヨウ素溶液は反応しない。　③　層Aから層Cへと深さが深くなるにしたがい，寒天培地の透明な部分が小さくなっている。つまり，深くなるごとに脱脂粉乳やデンプンの有機物を分解する微生物が少なくなっていると考えられる。微生物が少ないということは，土中の有機物量も少ないと考えられる。

Ⅱ　(天気の変化，空気中の水の変化)

1 (1)　晴れの記号は⦶である。また，風向を表す矢は東に立てる。

(2)　高気圧の中心付近には**下降気流**があるため，地表付近では高気圧の中心から時計回りに風が吹き出す。また，低気圧の中心付近には**上昇気流**があるため，地表付近では低気圧の中心に向かって反時計回りに風が吹きこむ。

(3)　梅雨や秋雨のころ，日本には東西にのびる停滞前線が見られるようになる。日本は冬になると，大陸上に発達する**シベリア高気圧**から吹き出す季節風の影響を受ける。

(4)　図1の1日前の天気図はウと考えられることから，ウが10月の天気図となる。12月は冬なので，シベリア高気圧が発達し，日本付近は等圧線が縦じま状になる(エ)。6月は梅雨なので，日本付近には停滞前線がのびる(ア)。7月は夏となり，**太平洋高気圧**が発達する(イ)。

2 (1)　水蒸気は目に見えない。白いものは水蒸気が液体になった小さな水滴である。

(2)　湿度を高くすれば，空気中に水蒸気をふくみにくくなるため，水蒸気が消えにくくなる。空気中の水蒸気量を変えずに湿度を高くするためには，温度を低くして，飽和水蒸気量を小さくすればよい。

(3)　空気1m^3あたりの水蒸気量は，18.4〔g/m^3〕×0.48＝8.832〔g/m^3〕　8.832g/m^3が飽和水蒸気量に等しくなるときの温度が露点である。

(4)　空気1m^3あたりの水蒸気量は，神戸市が5.2〔g/m^3〕×0.48＝2.496〔g/m^3〕，豊岡市が5.2〔g/m^3〕×0.72＝3.744〔g/m^3〕　よって，その差は，3.744－2.496＝1.248〔g/m^3〕

Ⅲ　(状態変化，水溶液)

1 (1)　温度計の球部(感温部)は，枝つきフラスコの枝の高さにそろえる。

(2)　水とエタノールでは，エタノールのほうが**沸点が低い**。よって，水の沸点100℃に達する前の約80℃付近でエタノールが沸騰を始めるため，温度の上昇のしかたが80℃付近でゆるやかになる。

(3)　赤ワインの中のエタノールと水が気体となって出てくるので，試験管に得られる液体は無色である。また，水よりもエタノールのほうが沸点が低いことから，先に得られた液体に，沸点の低いエタノールが多くふくまれている。

(4)　エタノールの濃度は，A>B>Cとなる。よって，試験管Bに集めた液体の**密度**を求めると，1.89〔g〕÷2.1〔cm^3〕＝0.9〔g/cm^3〕　図3より，密度が0.9g/cm^3の液体の濃度を読み取ると，約61％となる。

2 (1) 塩化ナトリウム(NaCl)は，水にとけるとナトリウムイオン(Na^{+})と塩化物イオン(Cl^{-})に電離する。

(2) ろ紙の穴を水の粒子は通り抜けるが，結晶の粒子は通り抜けることができない。

(3) 図4は，硝酸カリウムの結晶である。硝酸カリウムは80℃の水150gに，$168.8〔g〕\times\frac{150〔g〕}{100〔g〕}=253.2〔g〕$，20℃の水150gに，$31.6〔g〕\times\frac{150〔g〕}{100〔g〕}=47.4〔g〕$とける。硝酸カリウムはもともと50gとけていたので，結晶として現れた質量は，$50-47.4=2.6〔g〕$

(4) 20℃の水150gにとける物質の質量を求めると，塩化ナトリウムが$35.8〔g〕\times\frac{150〔g〕}{100〔g〕}=53.7〔g〕$，ミョウバンが$11.4〔g〕\times\frac{150〔g〕}{100〔g〕}=17.1〔g〕$，硝酸カリウムが$31.6〔g〕\times\frac{150〔g〕}{100〔g〕}=47.4〔g〕$　このうち，とける量が最も少ないのがミョウバンであることから，ミョウバンの質量パーセント濃度が最も小さい。$17.1〔g〕\div(150+17.1)〔g〕\times 100=10.23\cdots〔\%〕$

Ⅳ (電流とそのはたらき，エネルギー)

1 (1) 電圧計の針が振り切れて壊れるのを防ぐために，電圧の大きさが予想できないときは，いちばん大きい電圧がはかれる－端子を使用する。

(2) 同じ電圧を加えた場合，抵抗器Aのほうが大きな電流が流れることが図2からわかる。よって①は正しい。**オームの法則**より，電圧と電流は比例する。よって②は誤り。

(3) 図2より，抵抗器AとBに同じ電圧が加わると，抵抗器A：抵抗器B＝2：1の割合で電流が流れる。抵抗器Aの抵抗の値は，$6.0〔V〕\div 0.4〔A〕=15〔\Omega〕$であり，電流計が300mAを示していたことから，抵抗器Aに流れている電流の値は，$0.3〔A〕\times\frac{2}{3}=0.2〔A〕$　よって，抵抗器Aに加わる電圧は，$0.2〔A〕\times 15〔\Omega〕=3.0〔V〕$　よって，抵抗器Cに加わる電圧は，$6.0-3.0=3.0〔V〕$　このことから，抵抗器Cの抵抗の値は，$3.0〔V〕\div 0.3〔A〕=10〔\Omega〕$

(4) 図2より，抵抗器Bの抵抗の値は，$6.0〔V〕\div 0.2〔A〕=30〔\Omega〕$　図3の装置に流れる電流は0.3A。クリップPをはずすと，抵抗器A(15Ω)と抵抗器C(10Ω)の直列回路になるため，回路に流れる電流は，$6.0〔V〕\div(15+10)〔\Omega〕=0.24〔A〕$。クリップPを端子Zにつなぐと，抵抗器C(10Ω)と抵抗器B(30Ω)の並列部分の抵抗が，$\frac{1}{10}+\frac{1}{30}=\frac{4}{30}=\frac{1}{7.5}$より，7.5Ωと求められる。これに抵抗器A(15Ω)を直列につなぐので，回路の全抵抗は，$7.5+15=22.5〔\Omega〕$　よって，この回路に6.0Vの電圧を加えたときに流れる電流は，$6.0〔V〕\div 22.5〔\Omega〕=0.2666\cdots〔A〕\rightarrow 0.27A$　よって，0.3A→0.24A→0.27Aと変化する。

2 (1) 豆電球とLED豆電球で同じ量の電気を消費する時間(点灯時間)はLED豆電球のほうが長い。よってLED豆電球の方が，少量の電気で点灯することがわかり，電気エネルギーを目的のエネルギーに変換する効率が高いといえる。

(2) モーターでは，コイルの各部にはたらく力の大きさや向きは，たえず変化する。

(3) モーターが行った仕事は，$0.12〔N〕\times 0.8〔m〕=0.096〔J〕$　消費した電力量は，$1.0〔A〕\times 0.70〔V〕\times 2.0〔s〕=1.4〔J〕$　よって，エネルギーの変換効率は，$0.096\div 1.4\times 100=6.85\cdots〔\%〕$

(4) 手回し発電機のハンドルを反時計回りに回すと，**生じる電流の向きが逆になる**ので，LED豆電球は点灯しなくなる。また，モーターは逆向きに回転する。

<社会解答>

Ⅰ 1 (1) ア (2) ア (3) イ (4) ウ (5) オ (6) ウ 2 (1) カ
(2) イ (3) ウ (4) キ (5) ① カ ② エ ③ ウ
Ⅱ 1 (1) ア (2) ① ウ ② イ ③ カ (3) ① オ ② エ
(4) ① イ ② エ 2 (1) エ (2) ア (3) イ (4) オ (5) 原敬
(6) ウィルソン
Ⅲ 1 (1) エ (2) i ユーロ ii イタリア (3) エ (4) ア (5) ウ
2 (1) ア (2) ① オ ② イ (3) ① 2007 ② エ
③ 民主主義の学校

<社会解説>

Ⅰ (地理的分野―世界―人々のくらし・宗教，地形・気候，産業，交通・貿易，日本―地形図の見方，日本の国土・地形・気候，人口・都市，工業)

1 (1) 図1のAは経度0度の**本初子午線**，図2のXは緯度0度の**赤道**を示している。 (2) 図1～3が同じサイズの地図で緯線が15度ごとに描かれているにもかかわらず，図1に描かれた緯線の本数が最も少ないことから判断する。 (3) 図2のaの地域には世界最大の**サハラ砂漠**が広がる。 (4) 図2のbのケニアでは，茶の生産や輸出がさかん。 (5) uがイギリス，vがアルジェリア，wがアルゼンチン。表1について，アフリカ大陸北部で**原油**の産出・輸出がさかんであることから判断する。なお，あがアルゼンチン，いがイギリス。表2について，iはアイルランドが輸出上位国であることから国境を接するイギリス，iiiはブラジルやチリが輸出上位国であることから同じ南アメリカ州のアルゼンチン，残ったiiがアルジェリアと判断する。 (6) Pがフランス，Qが南アフリカ，Rがメキシコ，Sがブラジル。南アメリカ州には日本から移住した**日系人**が多く暮らすことから，在留邦人数が多くなると判断する。アがフランス，イがメキシコ，エが南アフリカ。

2 (1) 図1のあが鳥取県，いが香川県，うが高知県。香川県は年間降水量が少ない**瀬戸内気候区**に属する上，県内に目立った河川が存在しないため，水不足に悩まされることが多い。
(2) 中国山地の標高が低いことや瀬戸内海の位置関係から判断する。 (3) 図1のかが島根県，きが岡山県，くが山口県，けが愛媛県。 X か県ではなく，き県の岡山県。岡山県倉敷市水島地区には，大規模な**石油化学コンビナート**が存在する。 (4) 図3から，すが島しょ部に位置することがわかる。島しょ部は交通の便が悪く，働き口も少ないため，過疎化や高齢化が急速に進んでいることから判断する。 (5) ① た 写真右側に列車，写真左側に「←徳島市役所」の案内標識がみられることから，眼前に鉄道路線が横切るFまたはHのうち，左前方に市役所が位置する地点と判断する。 ち 手前に橋，奥に山がみられることから判断する。 ② 「城山本丸跡」の標高が60.4m，「文化会館」が約2mであることが読み取れる。 ③ ア 徳島市役所本館は，図5の「内町小学校から500m以内」の点線で描かれた円の外に位置している。 イ 図4で旧徳島城表御殿庭園の位置を確認する必要がある。 エ 耐震化工事済の橋は，助任川に架かる西の丸橋と新町川に架かる新町橋のみ。

Ⅱ (歴史的分野―日本史―時代別―古墳時代から平安時代，鎌倉・室町時代，安土桃山・江戸時代，明治時代から現代，日本史―テーマ別―政治・法律，外交，世界史―政治・社会・経済史)

1 (1) 資料Aは，聖徳太子(厩戸王)が定めた**十七条憲法**。 (2) ① 資料Bは，鎌倉幕府3代執権**北条泰時**が定めた**御成敗式目**。　②　京都所司代は江戸幕府の政治機構。　③　Pが1297年，Qの文中の文永の役が1274年，Rが文永の役以前のできごと。　(3)　①　資料Cは，越前(現在の福井県)の戦国大名が制定した分国法「朝倉孝景条々」。本拠地である一乗谷は「北陸の小京都」とよばれた。　②　i　**兵農分離**以前は，普段は農村で暮らして農作業を行い，戦がおこると召集される半農半兵の武士が一般的であった。　ii　文中の**豊臣秀吉**から判断する。参勤交代は，江戸幕府3代将軍徳川家光が武家諸法度に追加した。　(4)　①　資料Dは，江戸幕府8代将軍**徳川吉宗**が定めた**公事方御定書**。寛政の改革は老中松平定信が行った。　②　Qが鎖国前の1613年，Rが鎖国完成直後の1641年のできごと。Pは間宮林蔵によって1809年に達成された。

2　(1)　i　文中の「1865年に終わった」から判断する。独立戦争は18世紀後半。　ii　会津は現在の福島県。　(2)　i　1861年から始まった**南北戦争**の際に大統領であった**リンカン**が，**奴隷解放宣言**を出したことから判断する。　ii　文中の「人口の9割以上」から判断する。

(3)　X　岩倉使節団は1871年に出発し，条約改正に失敗した後に2年間欧米を外遊して帰国した。領事裁判権の撤廃が1894年，関税自主権の回復が1911年。　Y　アメリカは満州に勢力を伸ばしたがっていたが，日本やロシアなどの影響でそれが実現することはなかった。

(4)　i　**三国協商**はイギリス・フランス・ロシア。　ii　開戦当初中立を守っていたアメリカは，ドイツに無差別攻撃されたことで同盟国側に宣戦布告した。　iii　Pは**遼東半島**。二十一か条の要求で日本がドイツから獲得していた権益を中国に返還することになった。　(5)　政治家Aの資料中の「1918年　内閣総理大臣になる」などから判断する。1918年は**米騒動**がおこった年で，**原敬**はこのできごとの後に初の本格的な政党内閣を結成し，内閣総理大臣となった。

(6)　政治家Bの資料中の**民族自決**，(4)の文中の「政治家Bの提案で**国際連盟**が設立」などから判断する。

Ⅲ　(公民的分野―地方自治，経済一般，財政・消費生活)

1　(1)　貨幣の役割は交換，尺度，保存の3つ。近年では電子マネーを使う場面が多くなってきている。　(2)　ii　資料1の国のうち，ユーロを導入している国はスペイン，イタリア，ドイツの3か国。　(3)　ii　商品性について理解して購入した人の割合は，2016年が4.0＋20.0＝24.0(％)，2022年が4.6＋20.9＝25.5(％)と増加している。理解せずに購入した人の割合は，2016年が5.5＋2.2＝7.7(％)，2022年が6.1＋2.3＝8.4(％)と増加している。　(4)　日本銀行が国債を買い取るのは，通貨量を増やして経済を活性化させることを目的としており，**不景気**の際に取られる政策である。　(5)　i　**円高**が進むと，日本製品が海外で高価格となるため**輸出が減少**する。　ii　文中の「産業が空洞化する」から判断する。

2　(1)　i　1871年の**廃藩置県**で，府知事・県令を中央から派遣することとなった。　ii　文中の「明記されていなかった」などから判断する。　(2)　①　選挙権については，18歳以上に与えられる。　②　ア　首長は地方議会に再審議を求めることができる**再議権**をもつ。　ウ　住民は，有権者の**3分の1**以上の署名があれば地方議員や首長の解職を請求できる。　エ　予算の議決を行うのは地方議会，予算を実行するための行政権をもつのは首長。　(3)　①　資料1の棒グラフから判断する。　②　X　2019年は，1967年と比べて無投票当選者数の割合が高くなっている。　③　イギリスの政治学者ブライスの言葉。

＜国語解答＞

一　問一　イ　　問二　詩Ⅰ　エ　　詩Ⅱ　ア　　問三　①　文字　　②　人形のやうに
問四　ウ　　問五　エ　　問六　イ
二　問一　ア　　問二　謂ヒテ二持ツレ燭ヲ者ニ一曰ハク、　　問三　a　ア　　b　エ　　問四　ウ
三　問一　いて　　問二　ウ　　問三　②　イ　　③　オ　　問四　エ
四　問一　④　おもも(ち)　　⑦　なごり　　⑪　ひろう　　問二　音便　　問三　ア
問四　ウ　　問五　エ　　問六　ア　　問七　エ　　問八　イ
五　問一　A　エ　　B　ア　　C　イ　　問二　変革を　　問三　メディアと政治
問四　a　副次的な　　b　一般的なイメージ　　問五　ア　　問六　ウ　　問七　イ
問八　ウ

＜国語解説＞

一　(詩・会話・議論・発表―内容吟味，文脈把握，脱文・脱語補充)

問一　空欄Yの前の行に「**若葉**」とあるので，イ「五月」が入る。

問二　詩Ⅰ　すべての連に語調を和らげる**終助詞の「の」**が用いられているので，エが正解。
詩Ⅱ　「**独楽(こま)の実**」という語句を反復して読者に印象づけているので，アが正解である。

問三　①　詩に歴史的仮名遣いが用いられていることに注意する。語り手は，「横文字ばかし」のページを「もやうみたい」と言っている。「**2字**」という条件があるので，「**文字**」を抜き出す。
②　第二連に「重たい御本をぬき出して，／**人形のやうに**，抱つこして,」とあるので，ここから抜き出す。

問四　最初の生徒Aの発言に「視覚や**嗅覚**など身体で本を感じている」とある。視覚については「もやうみたいで，きれい」と言っているが，嗅覚については詩の他の部分になく，空欄Xに入ると考えられるので，ウの「**ふしぎな香**がするの」を選ぶ。

問五　生徒Bの発言から，空欄③には「寂しさ」を感じさせる表現が入ることがわかるので，ウ「さびしくなんかないから」は外れる。アは「さびしい」そのものなので不適切。第三連の「赤いその実はかず知れず」との対比から，イ「ひとりぼっちで」よりもエ「**ひとりだけれど**」のほうが適切である

問六　アは，生徒Aは「最初の発言を撤回」していないので誤り。イの**生徒Bの発言の内容とその効果**の説明は適当なので，これが正解である。ウの「【詩Ⅱ】の新しい解釈の可能性」にあたる内容は【会話文】にない。エは，「詩を音読する楽しさ」が「話題の中心」になっていないので，不適切である。

二　(漢文―内容吟味，語句の意味，その他)

〈口語訳〉　郢の人で燕の重臣に手紙を送った人がいた。その人は夜に手紙を書いていて，灯火が明るくなかった。そこで，ろうそくを持つ者に言うことには，「ろうそくを高く上げなさい」と言った。そして誤って「ろうそくを高く上げなさい」と書いた。「ろうそくを高く上げなさい」というのは，手紙の趣旨ではなかった。燕の重臣が，手紙を受け取ってこの内容を説明して言うことには，「ろうそくを高く上げるというのは，明るくすることです。明るくしなさいということは，賢者を登用してふさわしい職に任命することです」と。燕の重臣は，王に申し上げた。王はたいへん喜び，国はそれによって治まった。

問一　傍線部②「白」は，言うという意味。選択肢の「白」の意味は，ア「敬白」－言う，イ「白

紙」―何もない，ウ「白昼」―あかるい，エ「空白」―何もない，なので，アが正解。

問二　漢文は「謂持燭者曰」，漢字を読む順序は「燭持者謂曰」なので，**「謂」に二点，「持」にレ点，「者」に一点**をつける。返り点は漢字の左下につけること。

問三　a　ア**「書を遺る者」**が「燭を持つ者」に対して「燭を挙げよ」と言っている。　b　エ**「燕の王」**が「燕の相国」の言葉を喜んでいる。

問四　郢人は手紙の内容を誤ったが，「わざと」ではないのでアは不適切。燕の相国は手紙の記述を「文字通り」実行するように進言したのではないので，イは誤り。**燕の相国が手紙の記述を深読みして進言したことが国の安定をもたらした**ので，ウが正解である。燕の相国の進言は，機転によるものではなく，深読みによるものだったので，エは不適切である。

三　(古文―内容吟味，仮名遣い，口語訳)

〈口語訳〉　太閤秀吉の連歌の席で，ふとその付合であったのだろうが，「奥山に紅葉ふみわけ鳴く蛍」となさったのを，紹巴が，「蛍が鳴くという証歌はさあ知りません」と申し上げたところ，(秀吉は)たいへん面白くない様子で，「何を言うか，おれが鳴かせるのに鳴かないものは天下にあるはずがない」とおっしゃったのを，細川幽斎がその席にいて，紹巴に向かって，「さあ，それがです，蛍が鳴くと詠み合わせた証歌があります，『武蔵野の……(武蔵野の篠竹を束ねたように激しく降る雨の中で，蛍でなければ鳴く虫はいない)』。」と申されたので，紹巴はたいへん驚いて平伏し，太閤は上機嫌だったという次第。翌日，紹巴はすぐに幽斎の家に行き，「それにしても昨日は粗相をして，家の面目を失いました。(昨日の証歌は)どの歌集の歌ですか。」とお尋ねする。幽斎は，「あれほどの人に対しては，何の証歌どころか(証歌は問題にならない)，昨日の和歌は私が詠んだ歌だ。」と申されたということだ。

問一　**「ゐ」**を**「い」**に改めて**「いて」**とする。

問二　**「不興」**は，機嫌を損ねるということである。

問三　②　会話文の中の「おれ」は，**秀吉**のこと。　③　**幽斎**が紹巴に向かって申されたのである。

問四　紹巴は，秀吉に対して，「蛍が鳴く」ということに証歌はあるか，と尋ねている。根拠となる和歌がないのなら，蛍が鳴くと詠むのはおかしいと批判しているのである。これは正論ではあるが，**秀吉のように絶大な権勢を誇る人の機嫌を損ねれば罰せられるかもしれない**。そこで危険を回避するために，幽斎が即興で和歌を詠んだのである。このことをふまえたエが正解。アは「証歌のささいな誤り」が不適切。イは，この文章で秀吉は「教養ある人物」として描かれていないし，紹巴は「意義」を説いていないので誤り。ウは，紹巴が秀吉に証歌を示すということになっており，この文章の文脈に合わない。

四　(小説－情景・心情，内容吟味，脱文・脱語補充，漢字の読み書き，ことわざ・慣用句，品詞・用法)

問一　④　**「面持ち」**は，気持ちが表れている顔つきのこと。　⑦　**「名残**惜しい」は，過ぎ去る物事に心が引かれ，離れがたい様子をいう。　⑪　**「披露」**は，広く知らせたり見せたりすること。

問二　①　「ふり向いた」はイ音便，　②　「振った」は促音便，　③　「頼んだ」は撥音便である。**「漢字2字」**という指定があるので，**「音便」**と答える。

問三　「息を呑む」は，驚きや緊張などで一瞬息をするのを忘れた状態になることを表す。ここは，ふだん仲が悪い真由とミチルが笑顔で歌って踊っていることに桐絵が**驚いている**場面なので，アが正解。

問四　それぞれの語句の意味は，ア「引く手あまた」＝誘う人が多いこと，イ「付け焼き刃」＝にわか仕込みで身につけたこと，ウ「**筋金入り**」＝**鍛えられてしっかりした思想や実力をもっていること**，エ「札付き」＝悪い評判が世間に広まっていること，という意味である。ここでは，真由とミチルが熱烈なピンキーガールズ・ファンであることを言っているので，ウが正解となる。

問五 「はにかむ」は，恥ずかしそうにするという意味。収録を見学に来ていた真由とミチルは，思いがけずピンキーガールズの代役で歌うことになった。踊る前の傍線部⑤では**緊張**や**遠慮**があったが，夢中で踊り切った後の傍線部⑨では我に返った**照れくささ**と**達成感**を味わっている。このことを説明したエが正解となる。

問六 「舌を巻く」は，**感心する**という意味の慣用句。真由とミチルが実力を発揮できたのは二人の並び順が声に合っていたためであったが，その背景には，二人に歌を指導していた高尾が**さりげなく声をかけて**並び順を変えたことがある。桐絵は，そこに**高尾の音楽家としての力量**を感じているので，アが正解となる。桐絵が感心したのは真由とミチルに対してではないので，イとエは誤り。高尾は以前から真由とミチルの声域の特性を知っていたので，ウは不適切である。

問七 「**犬と猿とまで言われた真由とミチル**」とある。「犬猿の仲」(＝きわめて仲が悪いこと)という言葉があるように，それまで真由とミチルは非常に仲が悪かった。それなのに「**ともに笑顔で歌って踊る**」「**素晴らしいパフォーマンス**」をしたことに，桐絵は信じられないと思いながらも感動している。このことを説明したエが正解。アは，二人の仲の悪さを説明していないので不適切。イは「二人組歌手として……二人を売り込む」，ウは「この日のために」が本文の内容と合わない。

問八 桐絵が考える「これくらいの距離感」とは，真由とミチルが「**ともに笑顔で歌って踊る**」という代役としての役割を完璧に果たした直後に「満面の笑み……慌てたように表情を引っこめて，**ぷいっと顔を背ける。**」という状態である。桐絵としては，二人が特に仲良くならなくても，**パフォーマンスのときには協力してくれればいい**と思っているのである。正解はイ。これ以上の「対抗心」は求めていないので，アは誤り。桐絵は，二人に対して，表向きは仲が良さそうな振る舞いをしてほしいと思っているわけではないので，ウは不適切。エの「隠しごとをせず」は的外れな説明である。

五 (論説文—内容吟味，文脈把握，漢字の読み書き，文と文節)

問一 二重傍線部を含む熟語を漢字で書くと，次のようになる。

A 字義 ア 地球儀 イ 審議 ウ 自己犠牲 エ 義理
B 念頭 ア 念仏 イ 天然資源 ウ 年棒制 エ 捻出
C 介して ア 会する イ 一介 ウ 解読 エ 限界

問二 「このような」は「世界の根本的な変革を」に係るとも考えられるが，設問に「**一文節で**」という条件があるので，「**変革を**」に係るとする。

問三 第二段落の初めに「**メディアと政治**というテーマをかかげるとき」とあるので，ここから抜き出す。

問四 マクルーハンの主張は，「**一般的なイメージ**」を否定するものである。一般的なイメージでは，「重要なのはメッセージの中味」であり，メディアそのものは「副次的な意味しかもたない」と思われているが，マクルーハンは，重要なのはメディアそのものであり，メッセージの内容は**副次的な**意味しかもたないと主張している。

問五 傍線部③を含む段落から，「活版印刷という**技術**」→「『書物』という**メディア**」，「『テレビ』というメディア」→「『コンピュータ』『インターネット』『スマートフォン』による**コミュニケーション**」→「世界の枠組みと人々の**思考のあり方**，生活のあり方の変革」という流れを読み取る。これと合致するアが正解。

問六　メディアによる技術的な複製がもつ**「同じものを大量に早く生み出す」「正確なオリジナルのコピーを生み出す」**という二つの意味に言及しているウが正解。アは，「大量に早く」の要素が欠けているので不適切。傍線部⑤は「発信」という観点からの主張なので，イの「意見を集める」は合わない。エは，メディアの技術性が政策の内容そのものの説得力を高めるという説明に根拠がなく，不適切である。

問七　インターネットの特徴である**「多数者が双方向につながっている」「誰もが発信者となりうる」「政治的な定見を必ずしももたない圧倒的多数のウェブ上の声のほうが，はるかに大きな影響力をもちうる」「そのことを意識して政治が進められてゆく」**をふまえたイが正解。アの「一般人の意見を最重要視」は言い過ぎ。ウは，「発言の内容の正しさ」が必ずしも評価されるとは限らないので，不適切。エは，「知識人たちの代わりに」という部分が誤りである。

問八　アの「伝える媒体が何であれ」は，本文の「メディアこそがメッセージである」という主張に反する。イは，最終段落の「新聞の時代の政治，……すべてそれぞれ異なるメディアの特質によって，異なるものに作り上げられてきた」に合わない。ウの**「メッセージの内容そのものよりも，伝達の形態が影響力を持つ」**は，本文の「メディアこそがメッセージである」と合致する。エの「高度な伝達に限れば」は，あらゆる時代の政治がメディアの特質によって異なるという本文の主張と異なる。したがって，正解はウとなる。

MEMO

大切なことはメモしておこうネ！

2022年度

★★★★★★★★★★★★★★★★★★★★★★★★

入　試　問　題

●くわしい解説……51ページ

＜数学＞　時間　50分　　満点　100点

【注意】 全ての問いについて，答えに$\sqrt{}$が含まれる場合は，$\sqrt{}$を用いたままで答えなさい。

1　次の問いに答えなさい。

(1)　$3+(-7)$ を計算しなさい。

(2)　$2(2x+y)-(x-5y)$ を計算しなさい。

(3)　$2\sqrt{3}+\sqrt{27}$ を計算しなさい。

(4)　$9x^2-12x+4$ を因数分解しなさい。

(5)　2次方程式　$x^2-x-4=0$ を解きなさい。

(6)　y は x に反比例し，$x=-9$ のとき $y=2$ である。$x=3$ のときの y の値を求めなさい。

(7)　図1で，$\angle x$ の大きさは何度か，求めなさい。

図1

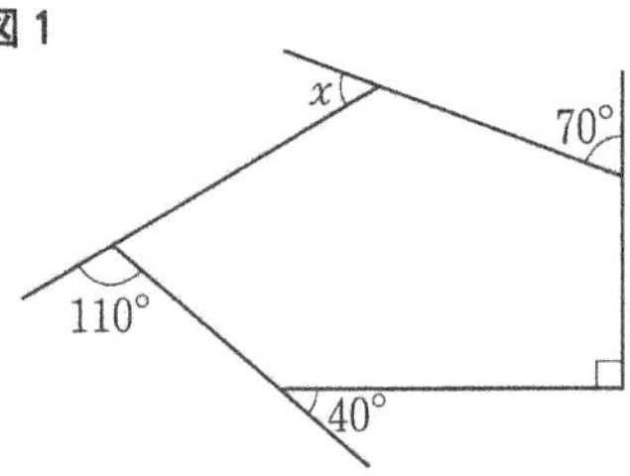

(8)　あるクラスの生徒35人が，数学と英語のテストを受けた。図2は，それぞれのテストについて，35人の得点の分布のようすを箱ひげ図に表したものである。この図から読み取れることとして正しいものを，あとの**ア**～**エ**から全て選んで，その符号を書きなさい。

図2

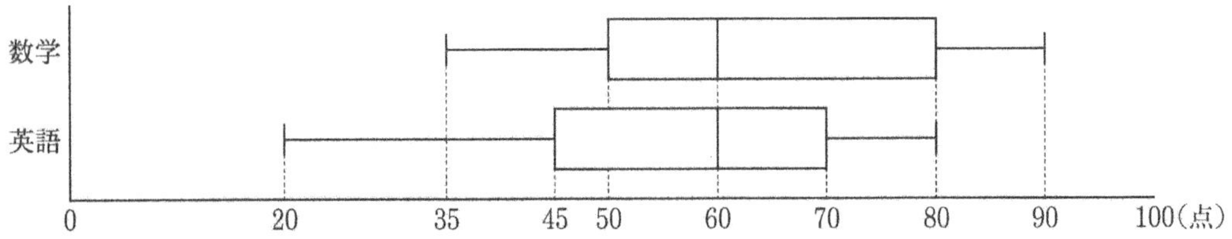

ア　数学，英語どちらの教科も平均点は60点である。
イ　四分位範囲は，英語より数学の方が大きい。
ウ　数学と英語の合計得点が170点である生徒が必ずいる。
エ　数学の得点が80点である生徒が必ずいる。

2　P地点とQ地点があり，この2地点は980m離れている。Aさんは9時ちょうどにP地点を出発してQ地点まで，Bさんは9時6分にQ地点を出発してP地点まで，同じ道を歩いて移動した。図は，AさんとBさんのそれぞれについて，9時x分におけるP地点からの距離をymとして，xとyの関係を表したグラフである。

次の問いに答えなさい。

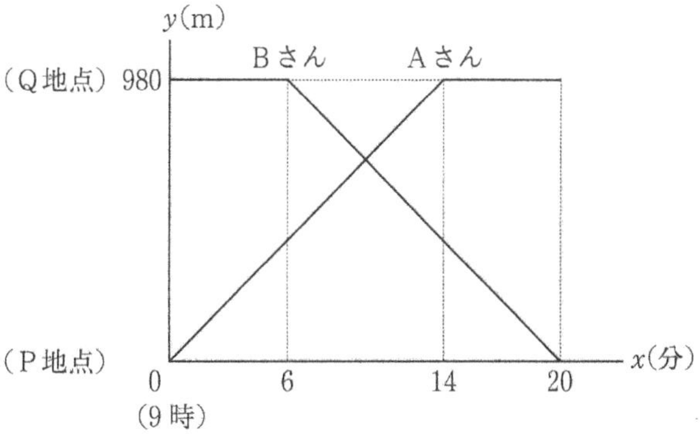

(1)　9時ちょうどから9時14分まで，Aさんは分速何mで歩いたか，求めなさい。

(2)　9時6分から9時20分までのBさんについて，yをxの式で表しなさい。ただし，xの変域は求めなくてよい。

(3)　AさんとBさんがすれちがったのは，P地点から何mの地点か，求めなさい。

(4)　Cさんは9時ちょうどにP地点を出発して，2人と同じ道を自転車に乗って分速300mでQ地点まで移動した。Cさんが出発してから2分後の地点に図書館があり，Cさんがその図書館に立ち寄ったので，9時12分にAさんからCさんまでの距離と，CさんからBさんまでの距離が等しくなった。Cさんが図書館にいた時間は何分何秒か，求めなさい。

3　図のように，長さ8㎝の線分ABを直径とする円Oの周上に，点CをAC＝6㎝となるようにとる。次に，点Cを含まない弧AB上に，点DをAC∥DOとなるようにとり，線分ABと線分CDの交点をEとする。

次の問いに答えなさい。

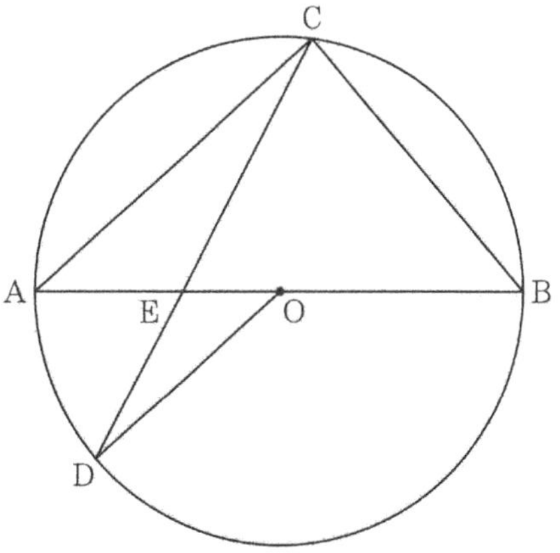

(1)　△ACE∽△ODEを次のページのように証明した。

[i]，[ii]にあてはまるものを，あとの**ア**～**カ**からそれぞれ1つ選んでその符号を書き，この証明を完成させなさい。

＜証明＞

△ACEと△ODEにおいて，

対頂角は等しいから，

∠AEC＝∠ $\boxed{\text{i}}$ ……①

仮定から，AC // DO ……②

平行線の $\boxed{\text{ii}}$ は等しいから，

②より，∠ACE＝∠ODE ……③

①，③より，２組の角がそれぞれ等しいから，

△ACE∽△ODE

ア DOE　**イ** OEC　**ウ** OED　**エ** 同位角　**オ** 錯角　**カ** 円周角

(2) 線分BCの長さは何cmか，求めなさい。

(3) △ACEの面積は何cm²か，求めなさい。

(4) 線分DEの長さは何cmか，求めなさい。

4 図のように，関数 $y = ax^2$ のグラフ上に２点A，Bがあり，関数 $y = \frac{1}{2}x^2$ のグラフ上に２点C，Dがある。点Aと点Cの x 座標は２，点Bの x 座標は４，点Cと点Dは y 座標が等しい異なる２点である。また，関数 $y = ax^2$ で，x の値が２から４まで増加するときの変化の割合は $\frac{3}{2}$ である。

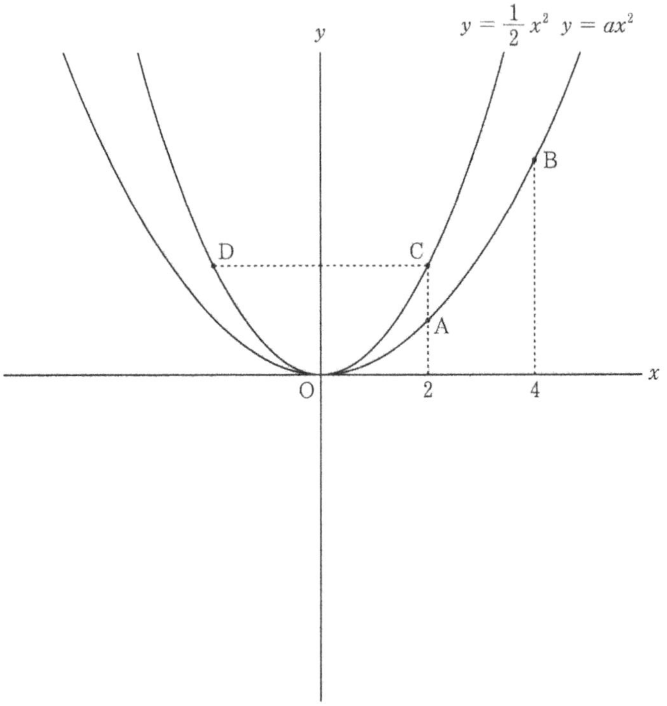

次の問いに答えなさい。

(1) 点Cの y 座標を求めなさい。

(2) a の値を求めなさい。

(3) 直線AB上に，点Dと x 座標が等しい点Eをとる。

① 点Eの座標を求めなさい。

② 四角形ACDEを，直線CDを軸として1回転させてできる立体の体積は何cm³か，求めなさい。ただし，座標軸の単位の長さは1cmとし，円周率は π とする。

5 異なる3つの袋があり，1つの袋には[A]，[B]，[C]，[D]，[E]の5枚のカード，残りの2つの袋にはそれぞれ[B]，[C]，[D]の3枚のカードが入っている。

それぞれの袋から1枚のカードを同時に取り出すとき，次の問いに答えなさい。

ただし，それぞれの袋において，どのカードが取り出されることも同様に確からしいものとする。

(1) 取り出したカードの文字が3枚とも同じ文字となる取り出し方は何通りあるか，求めなさい。

(2) 図のように，全ての辺の長さが2cmである正四角すいABCDEがある。

それぞれの袋から取り出したカードの文字に対応する正四角すいの点に印をつけ，印がついた点を結んでできる図形Xを考える。異なる3点に印がついた場合，図形Xは三角形，異なる2点に印がついた場合，図形Xは線分，1点に印がついた場合，図形Xは点となる。

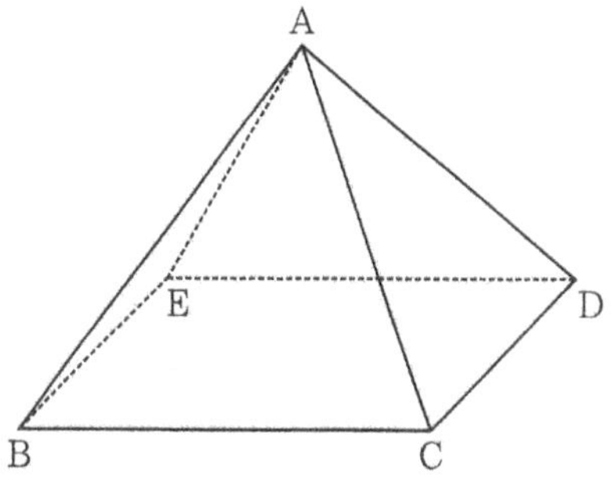

① 図形Xが，線分BCとなるカードの取り出し方は何通りあるか，求めなさい。

② 図形Xが線分となり，それを延長した直線と辺ABを延長した直線がねじれの位置にあるカードの取り出し方は何通りあるか，求めなさい。

③ 図形Xが，面積が2cm²の三角形となる確率を求めなさい。

6 あきらさんとりょうさんは，東京2020オリンピックで実施されたスポーツクライミングについて話をしている。

2人の会話に関して，あとの問いに答えなさい。

あきら：東京オリンピックで実施されたスポーツクライミングは見た？
りょう：見たよ。壁にあるホールドと呼ばれる突起物に手足をかけて，壁を登り，その速さや高さを競っていたね。
あきら：速さを競うのは「スピード」という種目で，高さを競うのは「リード」という種目だよ。他に「ボルダリング」という種目があって，この3種目の結果によって総合順位が決まるんだ。
りょう：どのようにして総合順位を決めていたの？
あきら：各種目で同じ順位の選手がいなければ，それぞれの選手について，3種目の順位をかけ算してポイントを算出するんだ。そのポイントの数が小さい選手が総合順位で上位になるよ。東京オリンピック男子決勝の結果を表にしてみたよ。7人の選手が決勝に出場したんだ。

総合順位	選手	スピード	ボルダリング	リード	ポイント
1位	ヒネス ロペス	1位	7位	4位	28
2位	コールマン	6位	1位	5位	30
3位	シューベルト	7位	5位	1位	35
4位	ナラサキ	2位	3位	6位	36
5位	マウェム	3位	2位	7位	[ア]
6位	オンドラ	4位	6位	2位	48
7位	ダフィー	5位	4位	3位	60

（国際スポーツクライミング連盟ホームページより作成）

りょう：総合順位1位のヒネス ロペス選手は，1 × 7 × 4で28ポイントということだね。
あきら：そのとおり。総合順位2位のコールマン選手は，6 × 1 × 5で30ポイントだよ。
りょう：総合順位3位のシューベルト選手が「リード」で仮に2位なら，総合順位はダフィー選手よりも下位だったね。面白い方法だね。

(1)　表の [ア] にあてはまる数を求めなさい。

(2)　2人は，総合順位やポイントについて話を続けた。[①]，[③] にあてはまる数，[②] にあてはまる式をそれぞれ求めなさい。ただし，n は $0 < n < 10$ を満たす整数とし，ポイントの差は大きい方から小さい方をひいて求めるものとする。また，各種目について同じ順位の選手はいないものとする。

りょう：3種目の順位をかけ算して算出したポイントを用いる方法以外に，総合順位を決定する方法はないのかな。例えば，それぞれの選手について，3種目の順位の平均値を出して，その値が小さい選手が上位になるという方法であれば，総合順位はどうだったのかな。
あきら：平均値を用いるその方法であれば，総合順位1位になるのは，東京オリンピック男子決勝で総合順位 [①] 位の選手だね。でも，順位の平均値は，多くの選手

　　　　が同じ値だよ。

りょう：順位の平均値が同じ値になる場合でも，3種目の順位をかけ算して算出したポイントには差が出るということかな。

あきら：順位の平均値が同じ値になる場合，3種目の順位をかけ算して算出したポイントにどれだけ差が出るか調べてみよう。

りょう：20人の選手が競技に出場したとして，ある選手が3種目とも10位だった場合と，3種目の順位がそれぞれ（10－n）位，10位，（10＋n）位だった場合で考えよう。

あきら：どちらの場合も3種目の順位の平均値は10だね。

りょう：3種目とも10位だった場合と，3種目の順位がそれぞれ（10－n）位，10位，（10＋n）位だった場合のポイントの差は，n を用いて，［　②　］ポイントと表すことができるね。

あきら：n のとる値の範囲で，［　②　］の最大値，つまりポイントの差の最大値を求めると［　③　］ポイントだね。

(3)　A選手，B選手を含む20人の選手が，東京オリンピックと同じ3種目で実施されたスポーツクライミングの大会に出場した。この大会の総合順位は，東京オリンピックと同様に，3種目の順位をかけ算して算出したポイントを用いて決定したものとし，A選手，B選手の種目の順位やポイントについて次のことが分かった。

- A選手は4位となった種目が1種目ある。
- B選手は15位となった種目が1種目ある。
- A選手，B選手どちらの選手もポイントは，401ポイント以上410ポイント以下である。

　このとき，総合順位はA選手，B選手のどちらの選手が下位であったか，求めなさい。また，その選手の残りの2種目の順位を求めなさい。ただし，各種目について同じ順位の選手はいないものとする。

＜英語＞

時間　50分　　満点　100点

Ⅰ　放送を聞いて，聞き取りテスト１，２，３の問題に答えなさい。答えは，全て解答用紙の指定された解答欄の符号を○で囲みなさい。

聞き取りテスト１　会話を聞いて，その会話に続く応答として適切なものを選びなさい。会話のあとに放送される選択肢 a ～ c から応答として適切なものを，それぞれ１つ選びなさい。

（会話と選択肢は１回だけ読みます。）

No.1　（場面）客が店員と会話している

No.2　（場面）駅の忘れ物センターで会話している

No.3　（場面）生徒と先生が会話している

聞き取りテスト２　会話を聞いて，その内容について質問に答えなさい。それぞれ会話のあとに質問が続きます。その質問に対する答えとして適切なものを，a ～ d からそれぞれ１つ選びなさい。（会話と質問は２回読みます。）

No.1

a　To have lunch at the cafeteria.

b　To talk with him after lunch.

c　To visit the cafeteria on weekends.

d　To enjoy English classes.

No.2

a　Kevin did.

b　Maria did.

c　Maria's sister did.

d　Kaito did.

No.3

a

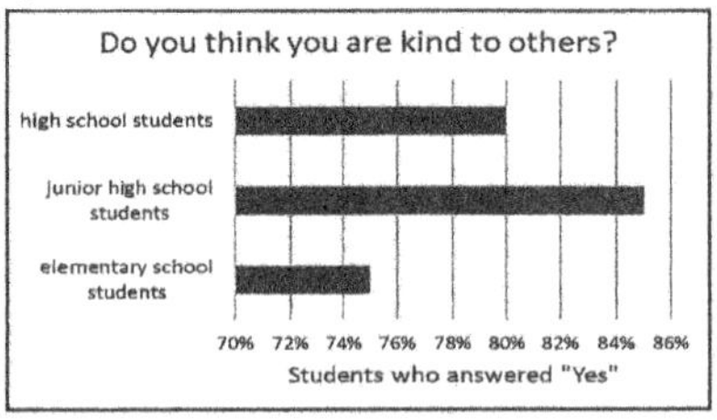

b

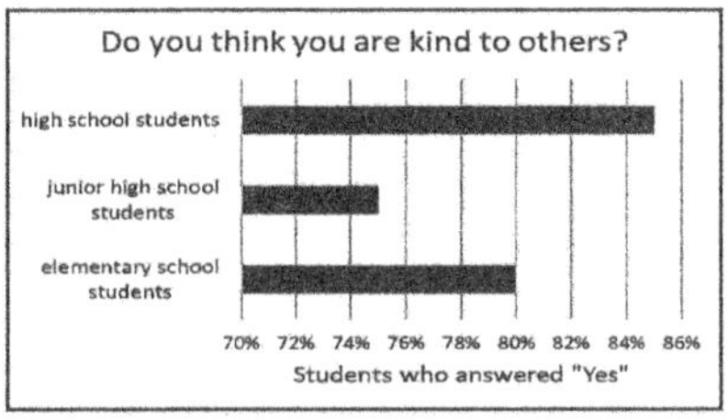

c

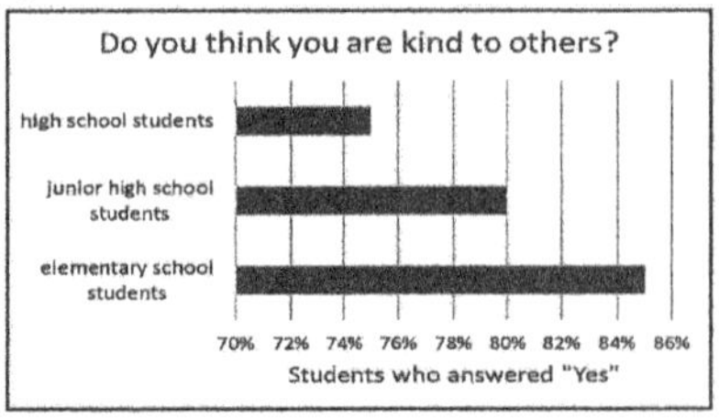

d

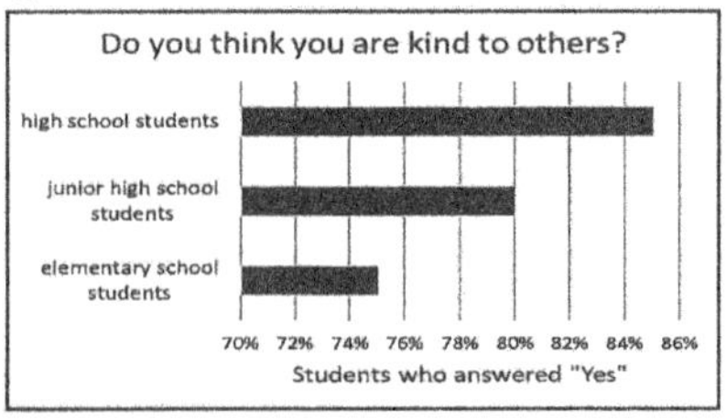

聞き取りテスト 3　英語による説明を聞いて，その内容についての 2 つの質問 Question 1, Question 2 に答えなさい。英文と選択肢が放送されます。英文のあとに放送される選択肢 **a** ～ **d** から質問に対する答えとして適切なものを，それぞれ 1 つ選びなさい。

（英文と選択肢は 2 回読みます。）

（場面）先生が高校 1 年生の生徒に話をしている

Question1　What is the teacher talking about?

Question2　Why is the teacher speaking to the students?

Ⅱ　あなたは，英語の授業で，テレビ会議システムを用いてシンガポールの高校生と交流をしています。次の英文は，生徒たちの発言とそれに対するあなたのコメントです。あとの問いに答えなさい。

Tan

Many foreigners visit Singapore for sightseeing. My favorite place is a hotel that has a big swimming pool on the roof. It's famous and you can see it in many movies. Singapore is a beautiful country. It's difficult to find garbage in public places. People who leave their garbage on the street have to pay a fine* I respect this rule. I hope you'll come here and enjoy our clean city.

Thank you, Tan. We also [①].

You

Kumar

Singapore is a country of diversity* Many people live together and create a rich culture. For example, many languages are spoken here. I usually speak English, but I speak Tamil* when I talk with my family. Also, our food is influenced by foreign recipes. We have a famous curry from India. There's a big fish head in the curry! You should try it!

Thank you, Kumar. We also [②].

You

Aisha

In Singapore, the new school year starts in January. We have summer vacation in June. My school starts at seven thirty in the morning. In class, students from different countries study together, and we learn several languages. After school, we do club activities. I belong to the homework club. In this club, I do my homework and often study with my friends to solve difficult questions.

Thank you, Aisha. We also [③].

You

（注） fine　罰金　　diversity　多様性　　Tamil　タミル語

1　発言の内容に合うように，次の[　　]に入る適切なものを，あとのア～カからそれぞれ１つ選んで，その符号を書きなさい。

(1) [　　] talking about school life.

(2) [　　] talking about language.

ア　Only Tan is

イ　Only Kumar is

ウ　Only Aisha is

エ　Tan and Kumar are

オ　Tan and Aisha are

カ　Kumar and Aisha are

2　あなたは，発言に対してコメントをしています。[①] ～ [③] に入る適切なものを，次のア～エからそれぞれ１つ選んで，その符号を書きなさい。

ア　have to do homework, but I don't do it as a club activity

イ　try to keep our city clean, but I'm surprised to hear about such a rule

ウ　study English, but I respect the rules for our clean city

エ　have many kinds of foods, but I've never seen a curry like that

3　あなたは，発言を聞きながら質問したいことについてメモを作成しています。次の[あ]，[い]に，あとのそれぞれの[　　]内の語から４語を選んで並べかえ，英文を完成させなさい。

- Tan, we will visit Singapore on our school trip next year. Can you introduce other [あ]?
- Kumar, please tell me about the culture. Do you have any chances to learn about it at school?
- Aisha, I think you study very hard! How [い] study at home in a day?

あ	I　places　visit　should　to
い	hours　you　do　often　many

Ⅲ　高校１年生の生徒が，英語の授業での発表に向けて，次の英文を読んでポスターを作成しました。あとの問いに答えなさい。

Do you know what a fishfinder* is? It is a machine fishers* use to find groups of fish in the sea. The first fishfinder was invented about 70 years ago. With this machine, they were able to catch more fish than before because they could see where the groups of fish were on the screen.

However, the old fishfinder caused a problem. Fishers sometimes caught too many young fish because they could not see the size of each fish. As a result, the number of fish became smaller in some areas, and fishers could not catch enough fish.

A Japanese man who used to study dolphins got an idea to improve this problem. He knew how dolphins could swim fast and were good at catching fish. They have a special skill for hunting with sound waves. Dolphins emit* sound waves many times very quickly. These sound waves will reach the fish and come back. So, dolphins can easily find where the fish are. They can see the shape, size, and speed of the fish, too.

He applied* the dolphins'skill to his fishfinder. It was a great success. Today, his new fishfinder can show the image more clearly than the old one. So, fishers can even see how large each fish is. When they find that the fish are too young, they can stop fishing and go to another place. This is helpful to save young fish in that area. Fishers can keep catching fish there for many years.

Poster

Inventing Useful Things from Nature

DOLPHINS

swim fast and are good at catching fish.

The new fishfinder uses [①] to catch fish like dolphins!

FISHFINDER

OLD	NEW
Fishers could only see the [②] of a fish group.	Fishers can see the [③] of each fish, too!
So, they sometimes caught too many young fish.	So, they can [B].
↓	↓
The number of fish became smaller.	They can stop catching young fish.
So, they could [A].	So, they can [C].

My Opinion

- A Japanese man got the idea of his new machine after [④]. That's amazing!
- We should share his message with more people!

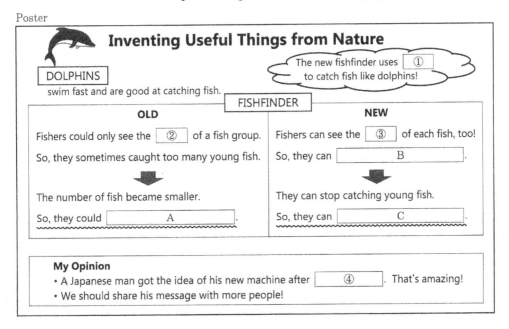

He said, "The sea has given us a lot of good things for a long time. I'd like to give something back to it. I believe we have to learn from nature around us. The dolphins'skill is one of the examples. From dolphins, I got the idea and invented the new fishfinder. I want to continue inventing useful machines for our daily lives. If more children like the sea because of my work, I'll be very happy."

(注) fishfinder　魚群探知機　fishers　漁師　emit　出す　apply　応用する

1　ポスターの [①] に入る適切なものを，次のア～エから１つ選んで，その符号を書きなさい。

ア　large screens　イ　old machines
ウ　swimming skills　エ　sound waves

2　ポスターの [②]，[③] に入る語の組み合わせとして適切なものを，次のア～エから１つ選んで，その符号を書きなさい。

ア　② place　③ speed
イ　② speed　③ place
ウ　② place　③ size
エ　② speed　③ shape

3　ポスターの [A] ～ [C] に入る適切なものを，次のア～エからそれぞれ１つ選んで，その符号を書きなさい。

ア　choose the fish they want to catch
イ　continue catching fish for many years
ウ　learn how to catch fish from dolphins
エ　catch only a small number of fish

4　ポスターの [④] に入る適切なものを，次のア～エから１つ選んで，その符号を書きなさい。

ア　inventing something useful in our daily lives
イ　paying attention to the hunting skills of dolphins
ウ　catching a lot of fish with the new machine
エ　improving the machine to get many kinds of fish

Ⅳ　高校２年生のかおるさんと留学生のトムさんが，かおるさんの家族とドライブの途中で立ち寄った施設で，話をしています。次の英文を読んで，あとの問いに答えなさい。

Kaoru: Let's have a break here.

Tom: OK. What's this place?

Kaoru: This is a roadside station*. It's a station for cars. We can use the toilets and take a rest.

Tom: Look! A lot of vegetables and fruits are sold here. They are very fresh and not so expensive.

Kaoru: Yes, farmers bring them from their fields near here. They can decide the prices of their products.

Tom: Nice! [①], what's printed on the box of tomatoes?

Kaoru: It's the name of a farmer, Mr. Tanaka. It also tells us that he grew his tomatoes without using agricultural chemicals*.

Tom: I see. I feel safe if I know [②] and how they were grown.

Kaoru: I think so, too.

Tom: Well, do farmers sell anything else?

Kaoru: Yes, they also sell their handmade products. For example, my grandmother sells her jam in all seasons. She makes it from blueberries* she grows in her field. It's popular and is sold quickly.

Tom: That's nice.

Kaoru: Roadside stations are good for local farmers because the farmers can [③].

Tom: I agree. We can buy original products sold only in this roadside station.

Kaoru: Also, we can enjoy original events planned to attract a lot of people at roadside stations.

Tom: Really? What kind of events do they have?

Kaoru: For example, this roadside station has a knife sharpening* event every month. Some companies in this town have made excellent knives since the *Edo* period. There is a museum about their products next to this building.

Tom: Oh, we can learn about the history, too.

Kaoru: In addition, people can get a lot of convenient information for their travels. Roadside stations spread information about their towns. Many people from other cities visit them, and they're always crowded on weekends. Local people become more cheerful.

Tom: That's true. Roadside stations attract many visitors. I think those visitors [④]. I want to visit many different roadside stations, too.

Kaoru: How about visiting another roadside station next week?

Tom: That sounds wonderful.

（注）roadside station(s)　道の駅　　agricultural chemicals　農薬　　blueberries　ブルーベリー
knife sharpening　刃物研ぎ

1　文中の [①] に入る適切なものを，次のア～エから１つ選んで，その符号を書きなさい。

ア　By the way　　イ　In total　　ウ　For example　　エ　Of course

2　文中の [②] に入る適切なものを，次のア～エから１つ選んで，その符号を書きなさい。

ア　who made them　　イ　why he grew them

ウ　when they were sold　　エ　what made the price low

3　文中の [③] に入る適切なものを，次のア～エから１つ選んで，その符号を書きなさい。

ア　have a break and learn about the history of the town

イ　grow their products and see the name of visitors

ウ　decide the price by themselves and sell their products

エ　visit other local museums and show more products

4 文中の [④] に入る適切なものを，次のア～エから１つ選んで，その符号を書きなさい。

ア have the chance to sell local products

イ help local farmers buy other products

ウ tell local people to go to other cities

エ make the local community more active

5 トムさんは，この日の出来事をメールに書きました。本文の内容に合うように，[あ] ～ [う] に入る適切な英語を，本文中からそれぞれ１語を抜き出して書き，英文を完成させなさい。

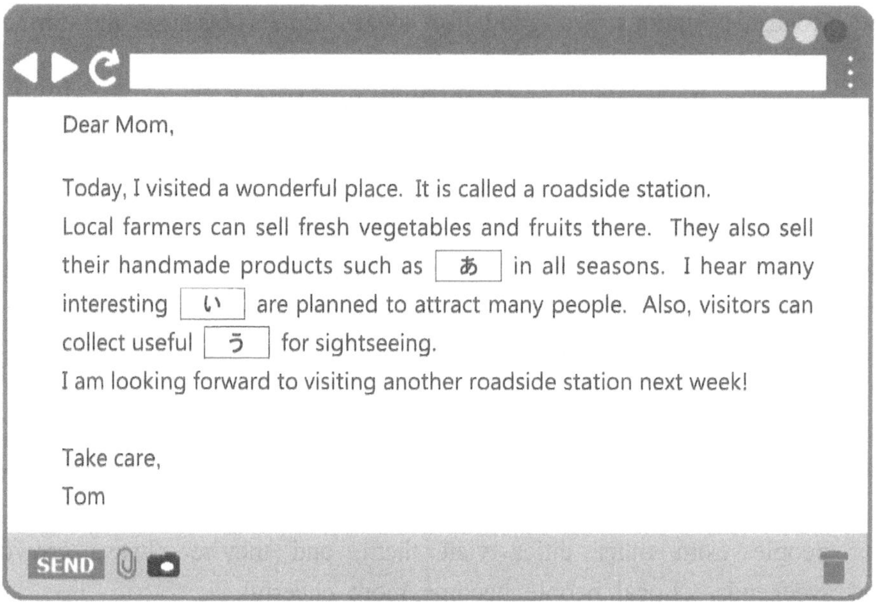
Dear Mom,

Today, I visited a wonderful place. It is called a roadside station.
Local farmers can sell fresh vegetables and fruits there. They also sell their handmade products such as [あ] in all seasons. I hear many interesting [い] are planned to attract many people. Also, visitors can collect useful [う] for sightseeing.
I am looking forward to visiting another roadside station next week!

Take care,
Tom

V 次の各問いに答えなさい。

1 次の英文は，高校１年生の生徒が，英語の授業について書いた感想です。
[①] ～ [③] に入る英語を，あとの語群から選び，必要に応じて適切な形に変えたり，不足している語を補ったりして，英文を完成させなさい。ただし，２語以内で答えること。

Our class had a speech contest. Before the contest, I needed [①] very hard for it. I felt relaxed when I finally [②] making my speech during the contest. By [③] to the speeches of my classmates, I learned how to make a better speech for the next time.

finish　get　listen　practice　receive

2 次の英文について，イラストの内容に合うように，(①) ～ (③) にそれぞれ適切な英語１語を入れて，英文を完成させなさい。

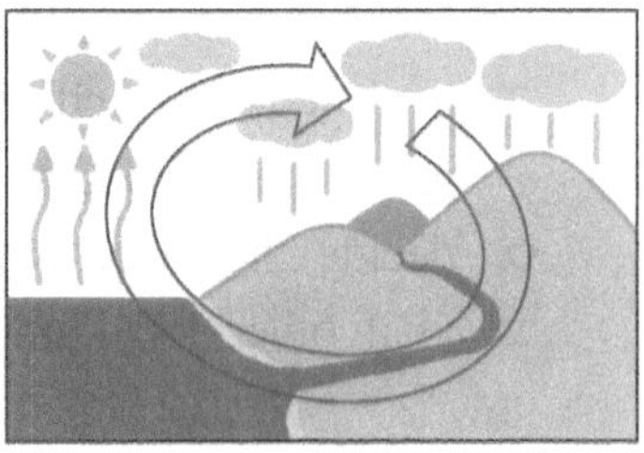

This picture shows how water goes around. When it rains on mountains, the water will go into a (　①　), and then to the sea. When the (　②　) heats the water, it will go up in the air. After that, the water becomes (　③　). From them, it will rain again.

3　次の会話について，下のチラシの内容に合うように，下線部①～③の（　）にそれぞれ適切な英語1語を入れて，会話文を完成させなさい。

A：Look! They want high school students to take ①(　　　)(　　　) the fashion contest.

B：How can we join it?

A：We have to send a design. They welcome students who ②(　　　)(　　　) in fashion.

B：Do you have any ideas about the design?

A：Yes, I got an idea from my grandmother's *kimono*.

B：That's so cool!

A：If we win the first contest in May, we'll be able to walk ③(　　　) the (　　　) in the final contest in August.

B：Sounds good!

＜理科＞

時間 50分 満点 100点

Ⅰ 感覚と運動のしくみに関する次の問いに答えなさい。

1 刺激を受けとってから，反応するまでの時間を調べるために実験を行った。

＜実験＞

(a) 図1のように，AさんからJさんの10人が手をつないで並び，Aさん以外は目を閉じた。

(b) Aさんが右手に持ったストップウォッチをスタートさせると同時に，左手でとなりのBさんの右手をにぎった。

(c) 右手をにぎられたBさんは左手で，となりのCさんの右手をにぎり，次々に，にぎっていく。

(d) 最後のJさんがIさんに右手をにぎられたところをAさんが目で見て確認すると同時に，持っていたストップウォッチを止めた。

(e) (a)~(d)の手順で3回実験を行い，その結果を表にまとめた。

図1

表

	1回目	2回目	3回目
ストップウォッチではかった時間〔秒〕	2.59	2.40	2.33

(1) Bさんは，右手をにぎられたことが脳に伝わると，脳から手を「にぎれ」という命令の信号が出され，左手をにぎる反応が起こる。このように，判断や命令などを行う神経を，次のア～エから1つ選んで，その符号を書きなさい。

ア 運動神経　イ 感覚神経　ウ 末しょう神経　エ 中枢神経

(2) 図2は，ヒトの神経の模式図である。実験(c)の下線部の反応が起こるとき，刺激や命令の信号が伝わる経路を，次のア～エから1つ選んで，その符号を書きなさい。

ア a→d→i→f

イ a→d→j→h

ウ f→i→d→a

エ f→i→e→c

図2

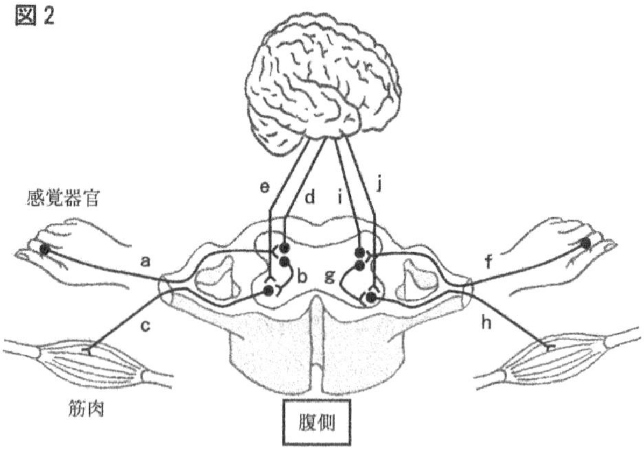

(3) となりの人に右手をにぎられてから別のとなりの人の右手をにぎるまでの1人あたりにかかる時間の平均として適切なものを，次のページのア～エから1つ選んで，その符号を書きなさい。ただし，JさんがIさんに右手をにぎられたところをAさんが確認してからストッ

プウォッチを止めるまでにかかる時間を0.20秒とする。

ア　0.22秒　　**イ**　0.25秒　　**ウ**　0.28秒　　**エ**　0.31秒

(4)　実験のように「手をにぎる」という反応は意識して行われるが，「熱いものに手がふれたとき，とっさに手を引っ込める」という反応は，意識とは無関係に起こる。意識とは無関係に起こり，生まれつきもっている反応として適切なものを，次の**ア**～**オ**から１つ選んで，その符号を書きなさい。

ア　映画を見ていると感動して涙が出た。

イ　目覚まし時計が鳴ったので，急いで止めた。

ウ　地震のゆれを感じたので，速やかに机の下に隠れた。

エ　皿の上に置かれた赤い梅干を見ると，口の中にだ液が出てきた。

オ　暗いところから明るいところへ移動すると，ひとみの大きさが変わった。

2　ヒトがさまざまな運動をすることができるのは，骨格が体を支えるとともに，筋肉とはたらき合うからである。図３は，ひじを曲げて荷物を点Ａで持ち上げて静止させているときの模式図である。

図３

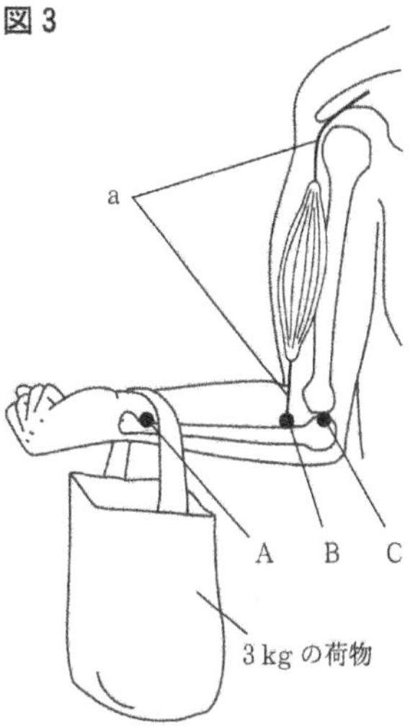

(1)　図３のａは，関節をへだてた２つの骨についている筋肉の両端の部分を示している。このａを何というか，書きなさい。

(2)　うでを使って荷物を持ち上げることができるのは，てこのはたらきを利用しているためである。点Ａから点Ｂまでの距離を22㎝，点Ｂから点Ｃまでの距離を３㎝とし，荷物の質量は３㎏とする。

①　てこを使っておもりを持ち上げることについて説明した次の文の［Ｘ］～［Ｚ］に入る語句の組み合わせとして適切なものを，あとの**ア**～**エ**から１つ選んで，その符号を書きなさい。

てこが水平につり合うとき，以下の式が成り立つ。

［おもりの重さ］×［［Ｘ］から［Ｚ］までの距離］

＝［［Ｙ］に加える力の大きさ］×［［Ｙ］から［Ｚ］までの距離］

なお，図３では，点Ａが［Ｘ］，点Ｂが［Ｙ］，点Ｃが［Ｚ］にあたる。

ア	Ｘ　作用点	Ｙ　力点	Ｚ　支点
イ	Ｘ　作用点	Ｙ　支点	Ｚ　力点
ウ	Ｘ　力点	Ｙ　支点	Ｚ　作用点
エ	Ｘ　支点	Ｙ　作用点	Ｚ　力点

②　図３のように，荷物を支えるとき，点Ｂにはたらく力は何Ｎか，求めなさい。ただし，うでの質量は考えないものとし，点Ａ～Ｃの３点は水平かつ同一直線上にある。また，質量100ｇの物体にはたらく重力の大きさを１Ｎとする。

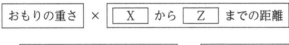

(3) 図4は，手首を伸ばしたまま，うでと指を曲げた状態の模式図であり，筋肉D～Iが関係している。この状態から，うで，手首，指を伸ばした状態にしたときに縮む筋肉とゆるむ筋肉を，それぞれD～Iから全て選んで，その符号を書きなさい。ただし，指の骨は複数の骨がつながっているが，1つの骨として描いている。

図4

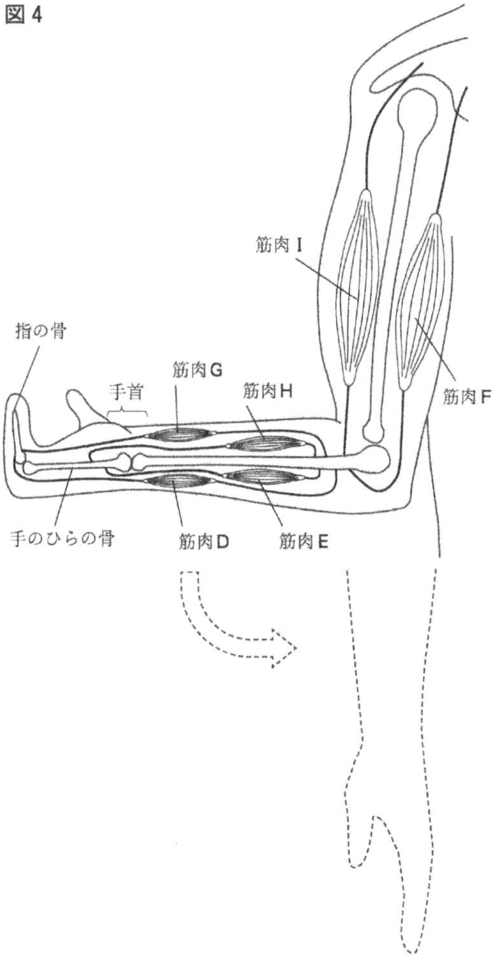

Ⅱ　岩石と地震に関する次の問いに答えなさい。

1　はなこさんは，自分の住んでいる地域の火成岩を観察し，まとめたレポートについて先生と話をした。

【目的】

見た目の異なる火成岩を観察し，鉱物の特徴を比較して，火成岩ができた当時の火山活動を推測する。

【方法】

○　2つの火成岩の表面をルーペで観察する。

○　火成岩の全体の色，有色の鉱物と白色・無色の鉱物の割合，鉱物の特徴を記録する。

○　観察結果と資料から，火成岩ができた当時の火山活動を推測する。

【結果】

○　特徴

＜火成岩Ａ＞

・白色・無色の鉱物の割合が多く，有色の鉱物は微量である。
・有色の鉱物は1種類で，黒色で形が板状である。
・比較的大きい鉱物である［①］が，細かい粒などでできた［②］の間にちらばる［③］組織が見られる。

＜火成岩B＞
・白色・無色の鉱物の割合が多く，有色の鉱物は微量である。
・有色の鉱物は2種類で，緑黒色で形が長い柱状の鉱物が含まれている。
・［②］の部分がなく，同じくらいの大きさの鉱物だけが，組み合わさってできている。

【考察】
○　火成岩Aは［④］であると考えられる。
○　火成岩のもとになったマグマのねばりけと主な鉱物の割合の関係を表した資料（図1）より，火成岩Bをつくったマグマのねばりけは［⑤］，噴火は［⑥］であり，噴火後にできた火山の形は図2のようであったと考えられる。

図1
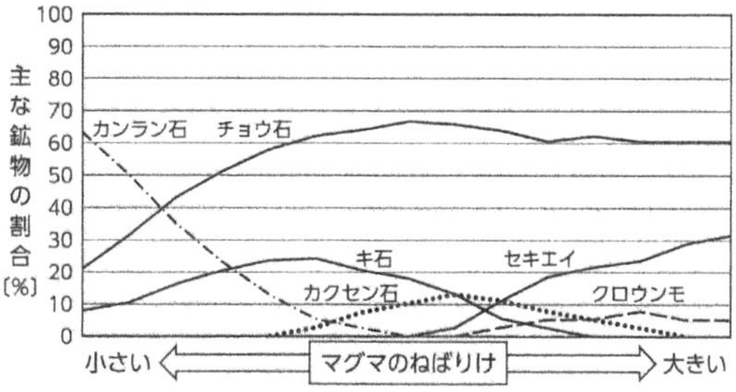

図2
火山の形の模式図
［⑦］

(1)　【結果】の中の［①］～［③］に入る語句の組み合わせとして適切なものを，次の**ア**～**エ**から1つ選んで，その符号を書きなさい。
ア　①斑晶　②石基　③斑状
イ　①石基　②斑晶　③斑状
ウ　①斑晶　②石基　③等粒状
エ　①石基　②斑晶　③等粒状

(2)　【考察】の中の［④］に入る岩石名として適切なものを，次の**ア**～**エ**から1つ選んで，その符号を書きなさい。
ア　花こう岩　**イ**　せん緑岩　**ウ**　斑れい岩　**エ**　流紋岩

(3)　【考察】の中の［⑤］，［⑥］に入る語句の組み合わせとして適切なものを，次の**ア**～**エ**から1つ選んで，その符号を書きなさい。また，［⑦］に入る火山の形の模式図として適切なものを，次の**ア**～**ウ**から1つ選んで，その符号を書きなさい。

【⑤・⑥の語句の組み合わせ】	**ア**　⑤大きく　⑥激しく爆発的　**イ**　⑤大きく　⑥比較的おだやか **ウ**　⑤小さく　⑥激しく爆発的　**エ**　⑤小さく　⑥比較的おだやか
【⑦の火山の形の模式図】	**ア** 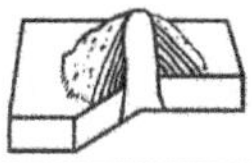　**イ** 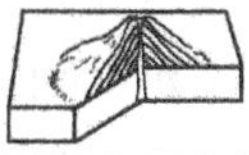　**ウ** 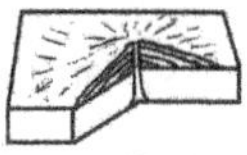

(4)　はなこさんと先生が，図1を見ながら話をしている。次のページの会話文の［⑧］に入る文として適切なものを，あとの**ア**～**エ**から1つ選んで，その符号を書きなさい。

> 先　生：図1は，主な鉱物の割合とマグマのねばりけの関係がわかりやすいですね。
> また，図1から，［ ⑧ ］ことが読み取れますけど，何か理由があるのかな。
> はなこ：確かにそうですね。今回の結果からはわからないのですが，また調べてみたいと思います。

ア　マグマのねばりけに関係なく，チョウ石は20％以上の割合があり，セキエイは10％以上の割合がある

イ　マグマのねばりけに関係なく，有色の鉱物は必ず40％未満の割合である

ウ　カンラン石の割合が減り，セキエイの割合が増えると，マグマのねばりけが大きくなる

エ　マグマのねばりけが小さいとき，白色・無色の鉱物の割合が20％未満である

2　表は，ある地震の，地点A～Cにおける観測記録である。また，図3は，ある年の1年間に，□で囲んだ部分で発生した地震のうち，マグニチュードが1.5以上のものの震源の分布を表したもので，震源を●印で表している。なお，地震の波の伝わる速さは一定であるものとする。

表

地点	震源からの距離	初期微動が始まった時刻	主要動が始まった時刻
A	72 km	8時49分24秒	8時49分30秒
B	60 km	8時49分21秒	8時49分26秒
C	96 km	8時49分30秒	8時49分38秒

図3

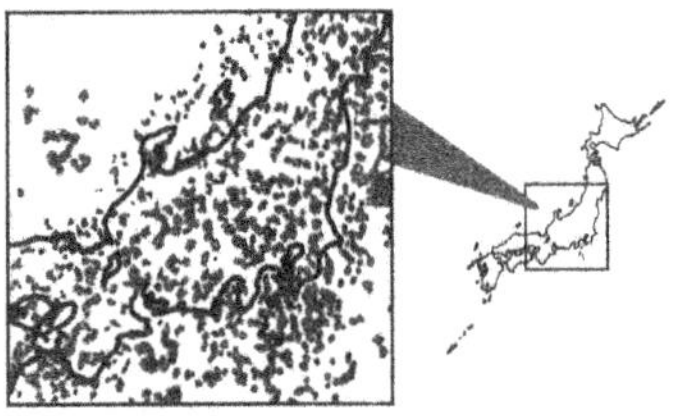

(1)　地震について説明した文の組み合わせとして適切なものを，あとの**ア**～**エ**から1つ選んで，その符号を書きなさい。

①　地震が起こると，震源では先にP波が発生し，遅れてS波が発生する。

②　初期微動は伝わる速さが速いP波によるゆれである。

③　震源からの距離が遠くなるほど初期微動継続時間が小さくなる。

④　震源の深さが同じ地震では，マグニチュードの値が大きいほど，ゆれが伝わる範囲が広い。

ア　①と③　　**イ**　①と④　　**ウ**　②と③　　**エ**　②と④

(2)　表の地震の発生時刻として最も適切なものを，次の**ア**～**エ**から1つ選んで，その符号を書きなさい。必要があれば右の方眼紙を利用してもよい。

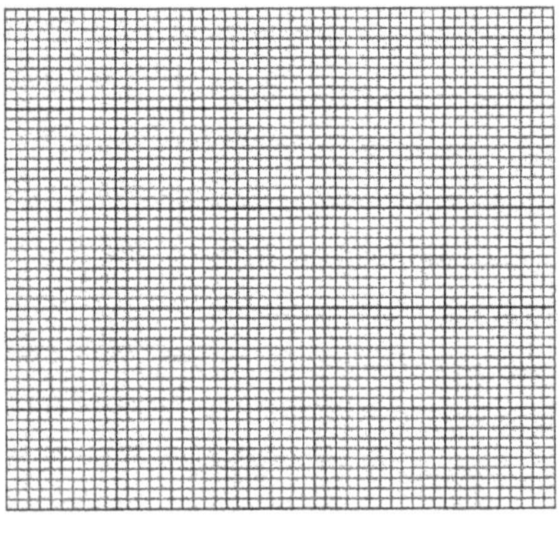

ア　8時49分4秒　　**イ**　8時49分6秒

ウ　8時49分8秒　　**エ**　8時49分10秒

(3)　表の地震において，地点Bで初期微動が始まってから4秒後に，各地に同時に緊急地震速報が届いたとすると，震源からの距離が105kmの地点では，緊急地震速報が届いてから何秒後に主要動が始まるか。最も適切なものを，次の**ア**～**エ**から1つ選んで，その符号を書きなさい。

ア　4秒後　　**イ**　8秒後　　**ウ**　16秒後　　**エ**　20秒後

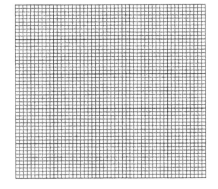

(4)　図4は，図3の□の部分を地下の深さ500kmまで立体的に示したものである。また，次のア～エは，図4の矢印W～Zのいずれかの向きに見たときの震源の分布を模式的に表した図で，震源を●印で表している。矢印Wの向きに見たものとして適切なものを，次のア～エから1つ選んで，その符号を書きなさい。

図4

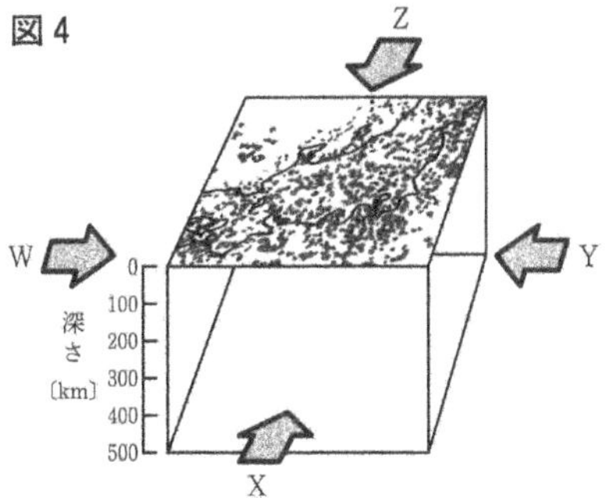

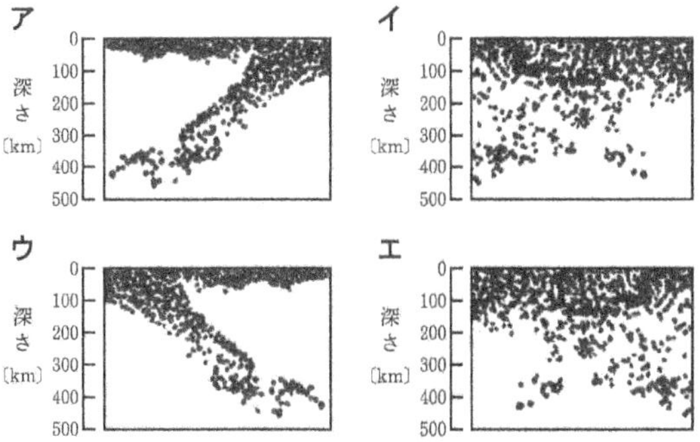

Ⅲ　化学変化とイオンに関する次の問いに答えなさい。

1　電池について，次の実験を行った。

＜実験1＞

図1のような電気分解装置にうすい水酸化ナトリウム水溶液を満たし，電源装置につなぎ，電気分解を行った。その後，図2のように，電子オルゴールの⊕を電極Xに，⊖を電極Yにつなぐと電子オルゴールが鳴ったことから，図2の電気分解装置は電池としてはたらいていることがわかった。

次に，容器内の水素と酸素の体積と電子オルゴールが鳴っている時間の関係を調べるため，電気分解装置を4個用意した。その後，電気分解を行い，水素の体積を4 cm^3，酸素の体積を1 cm^3，2 cm^3，3 cm^3，4 cm^3とし，電子オルゴールにつないだ結果を表1にまとめた。

図1

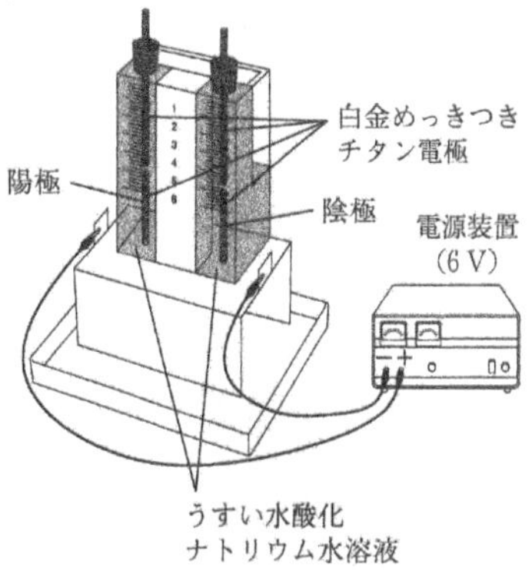

図2

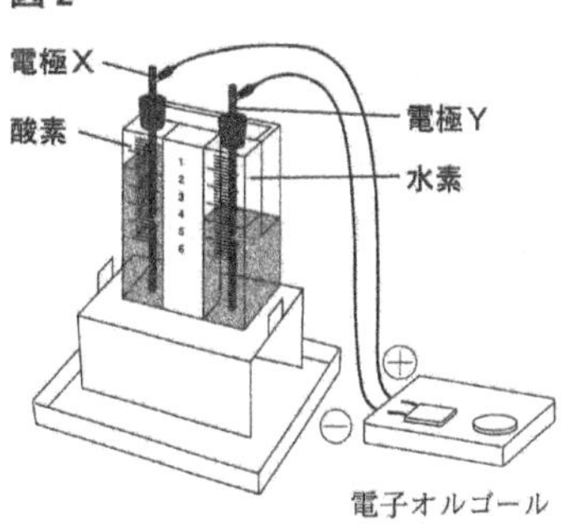

表1

	電気分解装置			
	A	B	C	D
水素の体積〔cm^3〕	4	4	4	4
酸素の体積〔cm^3〕	1	2	3	4
残った気体の体積〔cm^3〕	2	0	1	2
電子オルゴールが鳴っていた時間〔分〕	10	20	20	20

(1)　水酸化ナトリウム水溶液の性質として適切なものを，あとのア～エから1つ選んで，その符号を書きなさい。

ア　青色リトマス紙を赤色に変える。

イ　マグネシウムリボンを入れると，水素が発生する。

ウ　フェノールフタレイン溶液を赤色に変える。

エ　pHの値は7より小さい。

(2)　次の文の ① ～ ③ に入る語句の組み合わせとして適切なものを，あとの**ア**～**エ**から1つ選んで，その符号を書きなさい。

実験1において，電子オルゴールが鳴っているとき，電子は ① から ② へ移動する。また，図2の電池の－極で反応している気体は， ③ と考えられる。

ア　①電極X　②電極Y　③酸素　　**イ**　①電極Y　②電極X　③酸素

ウ　①電極X　②電極Y　③水素　　**エ**　①電極Y　②電極X　③水素

(3)　図2の電池では，水の電気分解と逆の化学変化によって，水素と酸素から水が生じるとともに，エネルギーが変換される。エネルギーの変換と電池の利用について説明した次の文の ① ， ② に入る語句の組み合わせとして適切なものを，あとの**ア**～**エ**から1つ選んで，その符号を書きなさい。また， ③ に入る電池として適切なものを，あとの**ア**～**エ**から1つ選んで，その符号を書きなさい。

図2の電池は，水素と酸素がもつ ① エネルギーを， ② エネルギーとして直接取り出す装置であり， ③ 電池と呼ばれる。 ③ 電池は，ビルや家庭用の電源，自動車の動力として使われている。

【①・②の語句の組み合わせ】	**ア**　①電気　②音　　**イ**　①化学　②電気 **ウ**　①電気　②化学　　**エ**　①化学　②音
【③の電池】	**ア**　燃料　**イ**　ニッケル水素　**ウ**　鉛蓄　**エ**　リチウムイオン

(4)　表1の結果から，電気分解装置A～Dで生じていた水の質量を比較したグラフとして適切なものを，次の**ア**～**エ**から1つ選んで，その符号を書きなさい。

ア

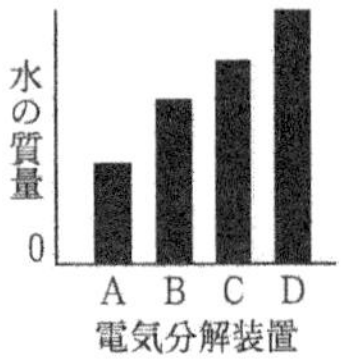

イ

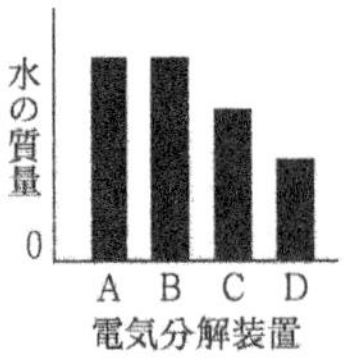

ウ

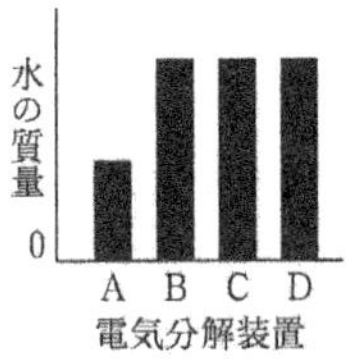

エ

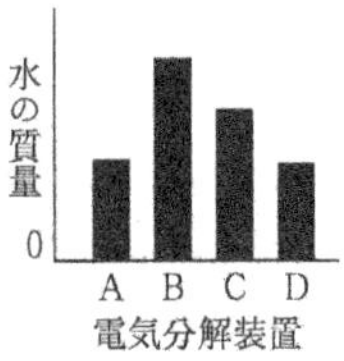

2　うすい硫酸とうすい水酸化バリウム水溶液を用いて，次の実験を行った。

＜実験2＞

うすい水酸化バリウム水溶液をそれぞれ20 cm^3 ずつビーカーA～Eにとり，BTB溶液を2，3滴ずつ加えた。その後，ビーカーA～Eに加えるうすい硫酸の体積を変化させて，(a)～(c)の手順で実験を行った。

(a)　うすい硫酸をメスシリンダーではかりとり，図3のように，ビーカーA～Eにそれぞれ加えて反応させた。しばらくすると，ビーカーA～Eの底に白い沈殿ができた。

図3

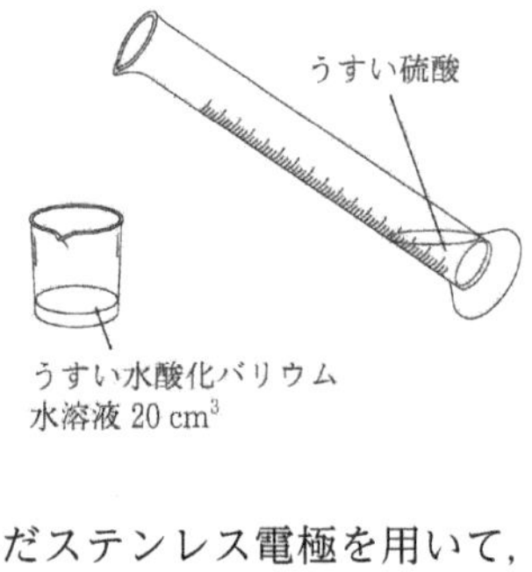

(b)　次のページの図4のように，電源装置と電流計をつないだステンレス電極を用いて，ビーカーA～Eの液に流れる電流をはかった。

(c) (a)でできた白い沈殿をろ過し，ろ紙に残ったものをじゅうぶんに乾燥させて質量をはかり，加えたうすい硫酸の体積とできた白い沈殿の質量を表2にまとめた。

図4

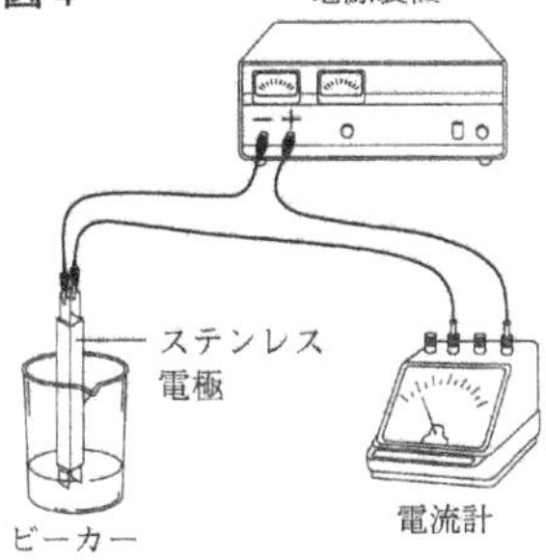

表2

	A	B	C	D	E
加えたうすい硫酸の体積〔cm^3〕	10	20	30	40	50
できた白い沈殿の質量〔g〕	0.24	0.48	0.72	0.82	0.82

(1) 水酸化バリウム水溶液に含まれるバリウムイオンについて説明した文として適切なものを，次の**ア**～**エ**から1つ選んで，その符号を書きなさい。

ア　バリウム原子が電子1個を失ってできた1価の陽イオンである。

イ　バリウム原子が電子2個を失ってできた2価の陽イオンである。

ウ　バリウム原子が電子1個を受け取ってできた1価の陰イオンである。

エ　バリウム原子が電子2個を受け取ってできた2価の陰イオンである。

(2) 次の文の ① ， ② に入る色として適切なものを，あとの**ア**～**エ**からそれぞれ1つ選んで，その符号を書きなさい。

うすい水酸化バリウム水溶液が入ったビーカーEにBTB溶液を加えたとき，ビーカーEの液は ① になり，うすい硫酸50cm^{3}を加えると液は ② になる。

ア　赤色　　**イ**　青色　　**ウ**　緑色　　**エ**　黄色

(3) 実験2の結果から，加えたうすい硫酸の体積とビーカーA～Eの液に流れる電流の関係を模式的に表したグラフとして適切なものを，次の**ア**～**エ**から1つ選んで，その符号を書きなさい。

ア

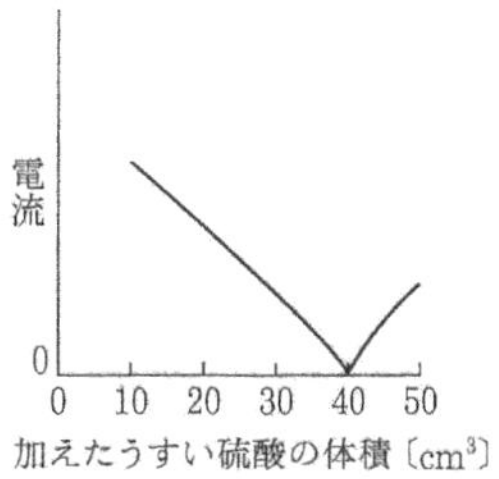

イ

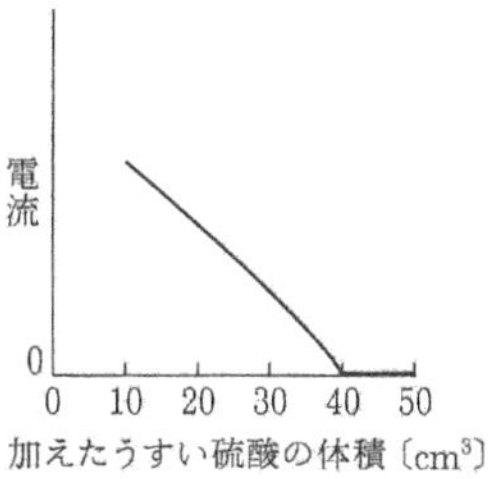

ウ

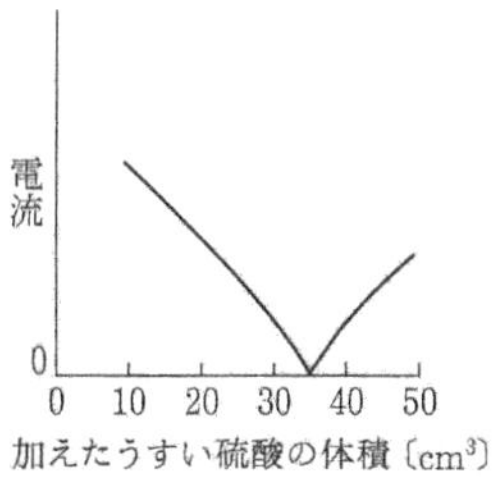

エ

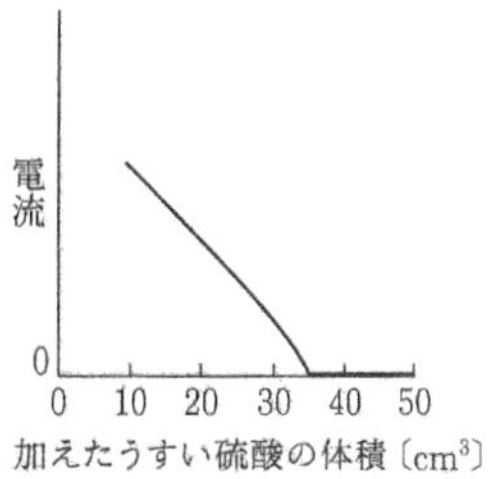

(4) 実験2の後，ビーカーA，Eのろ過した後の液を全て混ぜ合わせて反応させたとき，この液に残る全てのイオンのうち，陰イオンの割合は何％か，四捨五入して整数で求めなさい。ただし，反応前のうすい硫酸10cm^{3}には水素イオンが100個，50cm^{3}には水素イオンが500個，うすい水酸化バリウム水溶液20cm^{3}にはバリウムイオンが200個存在するものとする。

Ⅳ　電気とエネルギーに関する次の問いに答えなさい。

1　電気器具の利用について，答えなさい。

(1) 図1のように，電磁調理器で金属製の鍋の中の水を温めた。このことについて説明した次の文の ① ， ② に入る語句の組み合わせとして適切なものを，

図1

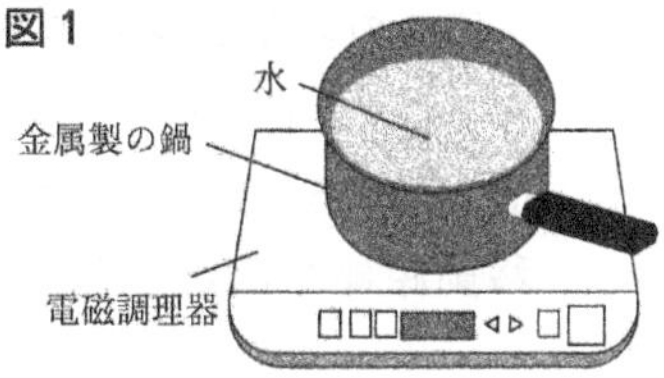

あとのア～エから1つ選んで，その符号を書きなさい。

電磁調理器の中にはコイルがあり，コイルに ① が流れると磁界が変化する。その変化した磁界に応じて，金属製の鍋の底に ② 電流が流れ，鍋の底の金属の抵抗によって鍋の底で熱が発生し，水が温められる。

ア ①直流 ②伝導 **イ** ①交流 ②伝導

ウ ①直流 ②誘導 **エ** ①交流 ②誘導

(2) 図2のように，差し込み口が2か所あるコンセントがあり，差し込み口の1か所にはテーブルタップがつないである。コンセントの電圧は100Vである。テーブルタップには差し込み口が4か所あり，最大15Aまで電流を流すことができる。表1は，電気器具，電気器具の消費電力の表示，1日の使用時間をまとめたものであり，電気器具はそれぞれ1つずつしかない。

図2

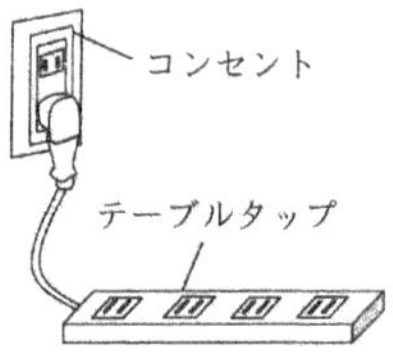

表1

電気器具	電気器具の消費電力の表示	1日の使用時間
電気カーペット	100V-400W	4時間
そうじ機	100V-600W	30分
ノートパソコン	100V-80W	2時間
ヘアドライヤー	100V-1200W	20分

① コンセントの差し込み口の1か所に電気カーペットをつなぎ，テーブルタップにノートパソコンとヘアドライヤーをつないで，全て同時に使用した。このことについて説明した文として適切なものを，次のア～エから1つ選んで，その符号を書きなさい。

ア 電気カーペット，ノートパソコン，ヘアドライヤーは，互いに並列につながっている。

イ 電気カーペット，ノートパソコン，ヘアドライヤーは，直列につながっている。

ウ ノートパソコンとヘアドライヤーは並列につながっており，それに，電気カーペットが直列につながっている。

エ ノートパソコンとヘアドライヤーは直列につながっており，それに，電気カーペットが並列につながっている。

② テーブルタップに，表1の電気器具のうちの2つ以上をつなぐとき，同時に使用できる電気器具の組み合わせは何通りか，求めなさい。ただし，テーブルタップの差し込み口に違いはないものとする。

③ 表1の4つの電気器具の1日の使用時間はそれぞれ同じままで，電気カーペットとそうじ機を新しいものに取り換えて，4つの電気器具の1日の電力量の合計を10%以上節電したい。電気カーペットを360Wのものに取り換えるとき，取り換えることができるそうじ機の最大の消費電力は何Wか，求めなさい。

2 小球をレール上で運動させる実験を行った。

<実験1>

図3のように，2本のまっすぐなレールを点Bでつなぎ合わせて，傾きが一定の斜面と水平面をつくる。レールには目盛りが入っており，移動距離を測定することができる。点Aは

図3

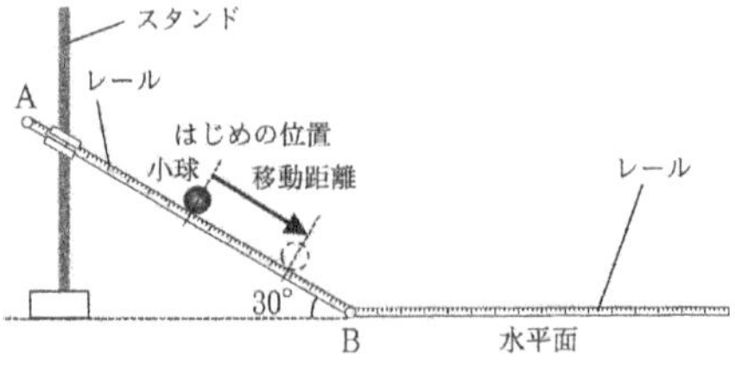

レールの一端である。(a)~(d)の手順で実験を行い，小球の移動距離を測定し，結果を表2にまとめた。小球はレールから摩擦力は受けず，点Bをなめらかに通過できるものとする。

(a)　前のページの図3のように，斜面ABのレール上に小球を置いた。

(b)　デジタルカメラの連写の時間間隔を0.1秒に設定し，カメラのリモートシャッターを押して連写をはじめた後に，小球からそっと手をはなして小球を運動させた。

表2

	撮影された写真の番号							
	1	2	3	4	5	6	7	8
小球の移動距離〔cm〕	0.2	3.6	11.9	25.1	43.2	66.0	90.3	114.6

(c)　小球が移動したことが確認できる最初の写真の番号を1とし，そのあとの番号を2，3，4…と順につけた。

(d)　レールの目盛りを読み，小球がはじめの位置からレール上を移動した距離を測定した。

＜実験2＞

実験1の後，図4のように，斜面ABのレール上で，水平面からの高さが20cmの位置に小球を置いた。このとき，小球の位置と点Bの距離は40cmであった。実験1と同じ方法で測定し，結果を表3にまとめた。

図4

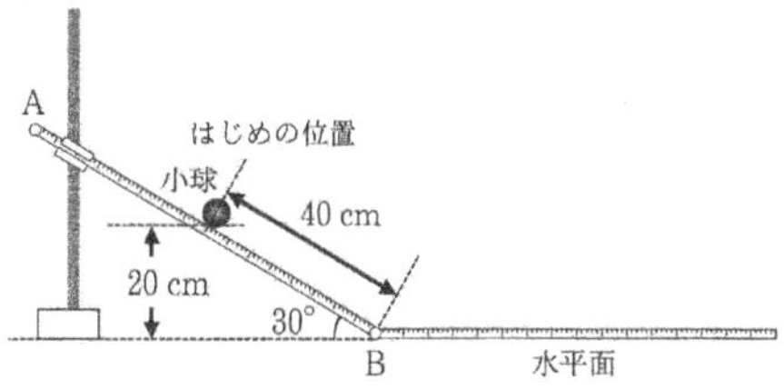

表3

	撮影された写真の番号							
	1	2	3	4	5	6	7	8
小球の移動距離〔cm〕	0.9	6.3	16.6	31.8	51.1	70.9	90.7	110.5

(1)　レール上を運動する小球にはたらく力について説明した文として適切なものを，次の**ア**~**エ**から1つ選んで，その符号を書きなさい。

ア　斜面ABでは，小球にはたらく重力と垂直抗力の大きさは等しい。

イ　斜面ABでは，小球には，運動の向きに力がはたらき，その力は徐々に大きくなる。

ウ　水平面では，小球にはたらく重力と垂直抗力の大きさは等しい。

エ　水平面では，小球には，運動の向きに一定の力がはたらき続ける。

(2)　実験1，2の結果について説明した次の文の ① に入る区間として適切なものを，あとの**ア**~**エ**から1つ選んで，その符号を書きなさい。また，② ，③ に入る語句の組み合わせとして適切なものを，あとの**ア**~**エ**から1つ選んで，その符号を書きなさい。

実験1において，手をはなした小球は，表2の ① の間に点Bを通過する。また，水平面での小球の速さは実験2のほうが ② ため，実験1において，小球のはじめの位置の水平面からの高さは20cmよりも ③ 。

【①の区間】	**ア**　3番と4番　**イ**　4番と5番　**ウ**　5番と6番　**エ**　6番と7番
【②・③の語句の組み合わせ】	**ア**　②大きい　③低い　**イ**　②小さい　③低い **ウ**　②大きい　③高い　**エ**　②小さい　③高い

＜実験３＞

実験２の後，図５のように，斜面のレールと水平面のレールとの間の角度を小さくした。斜面ＡＢのレール上で，水平面からの高さが20cmの位置に小球を置き，実験１と同じ方法で測定した。小球のはじめの位置と点Ｂの距離は60cmであった。また，点Ｃは水平面のレール上にあり，点Ｂと点Ｃの距離は60cmである。

図５

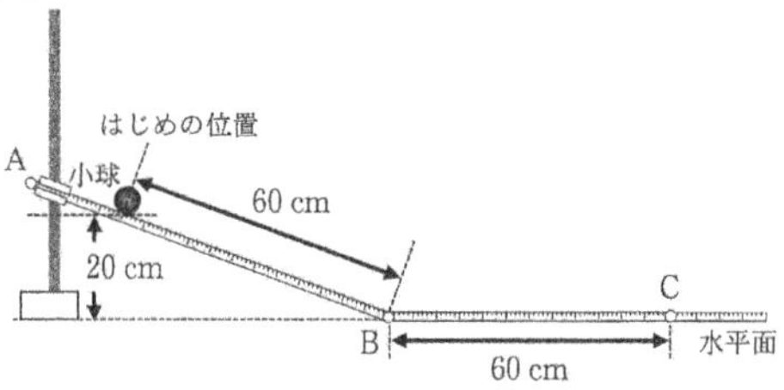

(3)　実験２と実験３について，小球の速さと時間の関係を表したグラフとして適切なものを，次の**ア**～**エ**から１つ選んで，その符号を書きなさい。

ア

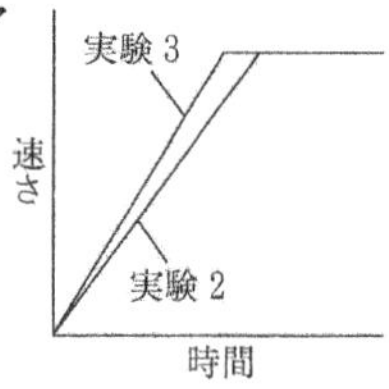

イ

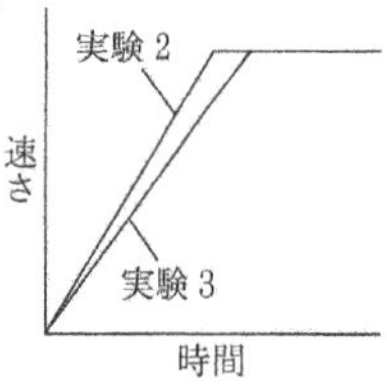

ウ

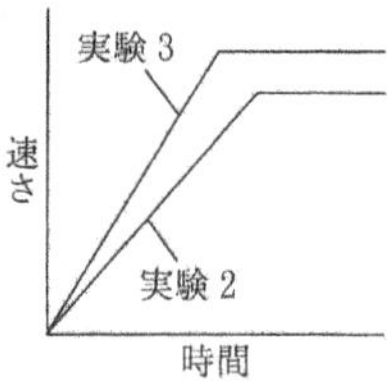

エ

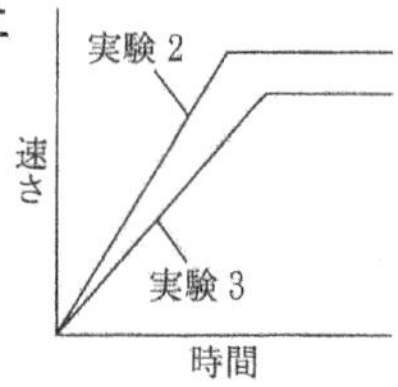

(4)　実験３において，小球が動きだしてから点Ｃを通過するまでにかかる時間は何秒か，四捨五入して小数第２位まで求めなさい。

＜社会＞

時間　50分　　満点　100点

I　世界や日本の地理に関するあとの問いに答えなさい。

1　世界の地理に関する次の問いに答えなさい。

(1)　図１のP～Rは，表１のＡ～Ｃのいずれかの都市である。そのうちP，Rと，都市の気温と降水量に関する表１のＡ～Ｃの組み合わせとして適切なものを，次の**ア**～**カ**から１つ選んで，その符号を書きなさい。

ア　P－A　R－B
イ　P－A　R－C
ウ　P－B　R－A
エ　P－B　R－C
オ　P－C　R－A
カ　P－C　R－B

図１

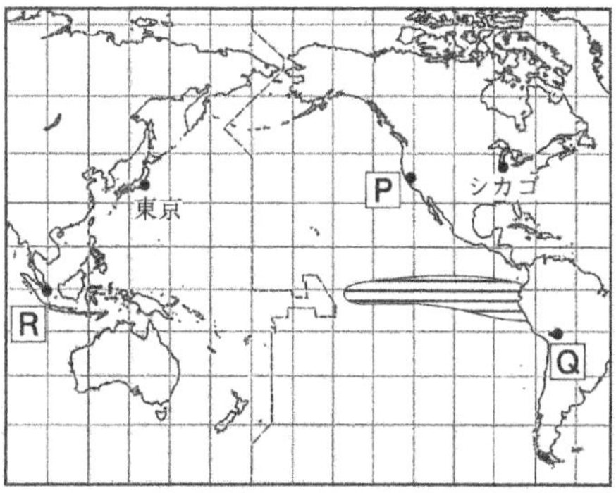

（経線・緯線は15度間隔で描かれている）

表１

	月平均気温が最も高い月		月平均気温が最も低い月		年平均気温(℃)	年間降水量(mm)
	月平均気温(℃)	月降水量(mm)	月平均気温(℃)	月降水量(mm)		
A	9.5	44.5	4.9	7.5	7.7	629.8
B	28.6	164.3	26.8	333.1	27.8	2122.7
C	18.2	1.0	10.7	105.9	14.7	499.8

（気象庁ホームページより作成）

(2)　図１の▤の海域に関して述べた次の文X，Yについて，その正誤の組み合わせとして適切なものを，あとの**ア**～**エ**から１つ選んで，その符号を書きなさい。

X　この海域では温帯低気圧が発生し，沿岸部に大きな被害をもたらすことがある。
Y　この海域では平年より海水温か高くなるエルニーニョ現象が起きることがある。

ア　X－正　Y－正　　**イ**　X－正　Y－誤
ウ　X－誤　Y－正　　**エ**　X－誤　Y－誤

(3)　次の写真は，ある再生可能エネルギーによる発電の様子を示したものである。また，図２は2018年における，そのエネルギーによる発電量の国別割合を示したグラフである。これらについて述べた次の文の下線部**ア**～**エ**のうち適切でないものを，１つ選んで，その符号を書きなさい。

写真

図２

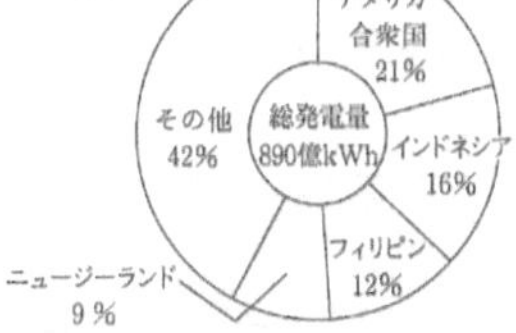

（『世界国勢図会』より作成）

写真から，**ア**発電所が山間部に立地していることが分かる。これは，**イ**この発電が水量の豊富な河川の上流で行う必要があるためである。また，図２から**ウ**環太平洋造山帯に位置する国の発電量が多いことが読み取れる。さらに，**エ**アメリカ合衆国が最大の発電国で，180億kWh以上発電されていることも分かる。

(4) 表2は，図1の東京－シカゴ間の航空便の運航スケジュールであり，経度は現地の標準時子午線，出発と到着は現地の時刻である。表2の[i]，[ii]と，これについて述べた次の文の[iii]に入る語句の組み合わせとして適切なものを，あとの**ア**～**カ**から1つ選んで，その符号を書きなさい。

表2

東京 東経135度	出発 1月29日 午前10:40	所要時間 11時間55分 →	到着 1月29日 [i]	シカゴ 西経90度
	到着 [ii] 午後2:55	所要時間 13時間25分 ←	出発 1月31日 午前10:30	

> この航空路は上空の[iii]風の影響で，シカゴから東京に向かう方が所要時間が長くなる。

ア　i　午前7時35分　ii　2月1日　iii　西
イ　i　午前7時35分　ii　1月30日　iii　西
ウ　i　午前7時35分　ii　2月1日　iii　東
エ　i　午後1時35分　ii　2月1日　iii　東
オ　i　午後1時35分　ii　1月30日　iii　西
カ　i　午後1時35分　ii　1月30日　iii　東

(5) 表3は，S，T両国政府の発表資料に基づく，1996年と2016年における両国それぞれに移民として入国した人々の出身国のうち上位3か国を示したものである。表3のS，Tの組み合わせとして適切なものを，次の**ア**～**カ**から1つ選んで，その符号を書きなさい。

表3

		1位	2位	3位
S	1996年	ニュージーランド	イギリス	中国
	2016年	インド	中国	イギリス
T	1996年	メキシコ	旧ソ連	フィリピン
	2016年	メキシコ	中国	キューバ

ア　S　アメリカ合衆国　T　カナダ
イ　S　アメリカ合衆国　T　オーストラリア
ウ　S　カナダ　T　アメリカ合衆国
エ　S　カナダ　T　オーストラリア
オ　S　オーストラリア　T　アメリカ合衆国
カ　S　オーストラリア　T　カナダ

(6) 図3のⓊ～Ⓦは，小麦，肉類，銅鉱のいずれかの2020年における日本の輸入相手上位3か国からの輸入額を示したものである。そのうち，小麦と銅鉱の組み合わせとして適切なものを，あとの**ア**～**カ**から1つ選んで，その符号を書きなさい。

図3　(単位　億円)

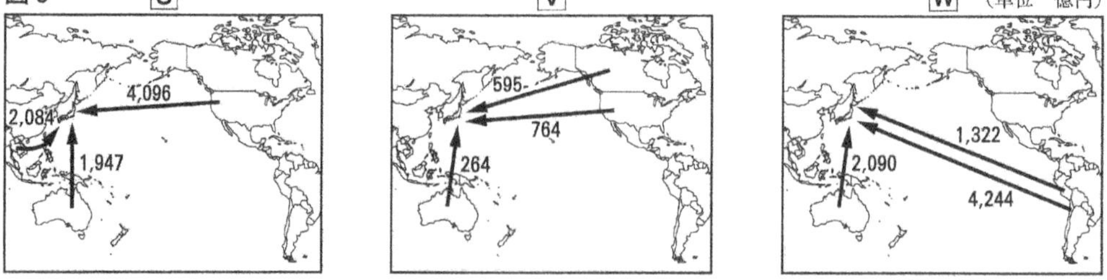

(『貿易統計』より作成)

ア　小麦－U　銅鉱－V　　イ　小麦－U　銅鉱－W　　ウ　小麦－V　銅鉱－U
エ　小麦－V　銅鉱－W　　オ　小麦－W　銅鉱－U　　カ　小麦－W　銅鉱－V

2　図4に関する次の問いに答えなさい。

(1)　図5は図4の河川あ，いそれぞれの月別平均流量を示しており，図5のA，Bは河川あ，いのいずれかである。河川の名称と図5のA，Bの組み合わせとして適切なものを，次のア～エから1つ選んで，その符号を書きなさい。

図4

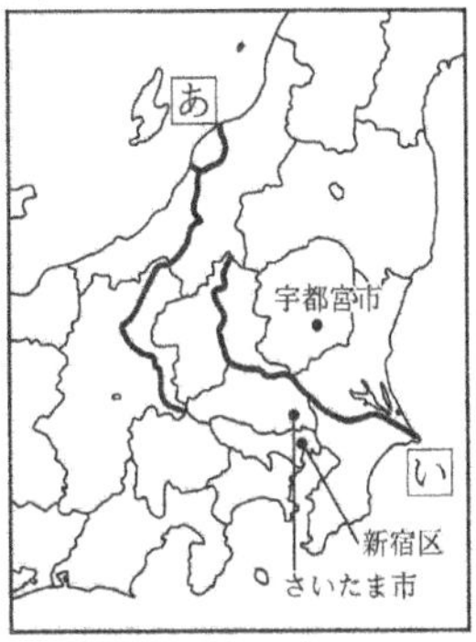

図5

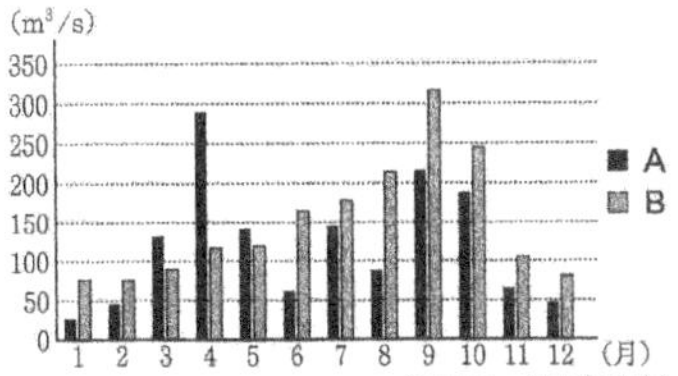

(2014年～2018年平均)
(『水文水質データベース』より作成)

ア　あ信濃川－A　　い利根川－B　　イ　あ信濃川－B　　い利根川－A
ウ　あ利根川－A　　い信濃川－B　　エ　あ利根川－B　　い信濃川－A

(2)　表4は，群馬県，千葉県，山梨県，長野県の2019年における農業産出額を示している。また，あといは，果実か畜産のいずれかの産物である。表4のあの産物と，表4に関して述べた文の組み合わせとして適切なものを，あとのア～エから1つ選んで，その符号を書きなさい。

表4　　(単位　億円)

県名＼産出額	あ 産出額	い 産出額	キャベツ 産出額	ホウレンソウ 産出額	農業 産出総額
P	1,248	114	70	70	3,859
Q	279	743	50	17	2,556
R	1,058	83	183	82	2,361
山梨県	78	595	2	3	914
全国	32,344	8,399	913	856	89,387

(『生産農業所得統計』より作成)

a　Pは，農業産出総額が4県の中で最も多く，キャベツ産出額やホウレンソウ産出額も多いことから，消費地への近さを生かした農業が盛んな長野県である。

b　Rは，ホウレンソウ産出額と，夏でも涼しい高原の気候を生かして栽培するキャベツ産出額が4県の中で最も多いことから，群馬県である。

ア　果実・a　　イ　果実・b　　ウ　畜産・a　　エ　畜産・b

(3)　表5は茨城県，栃木県，千葉県，神奈川県の1969年と2019年における化学工業，鉄鋼，電気機械器具，輸送用機械器具の各工業の製造品出荷額を示している。表5のⅱの県とXの工業の組み合わせとして適切なものを，次のア～カから1つ選んで，その符号を書きなさい。

表5　　(単位　億円)

県名＼工業	輸送用機械器具 1969年	輸送用機械器具 2019年	化学工業 1969年	化学工業 2019年	X 1969年	X 2019年	Y 1969年	Y 2019年
茨城県	409	9,555	316	15,905	3,031	7,580	1,170	8,110
ⅰ	457	1,015	2,712	22,927	1,411	1,582	5,157	14,971
ⅱ	639	12,925	135	6,998	2,342	8,317	250	2,312
ⅲ	15,859	37,628	6,520	19,071	12,187	6,940	4,012	6,332

(『工業統計調査』より作成)

ア　ⅱ　栃木県　　X　鉄鋼　　イ　ⅱ　栃木県　　X　電気機械器具
ウ　ⅱ　千葉県　　X　鉄鋼　　エ　ⅱ　千葉県　　X　電気機械器具
オ　ⅱ　神奈川県　X　鉄鋼　　カ　ⅱ　神奈川県　X　電気機械器具

(4)　図6の①～③は，図4の宇都宮市，さいたま市，新宿区における2015年の自宅外就業者のうち他市区町村への通勤者の割合と昼夜間人口比率を示している。宇都宮市と新宿区の組み合わせとして適切なものを，次の**ア**～**カ**から1つ選んで，その符号を書きなさい。

ア　宇都宮市－①　新宿区－②

イ　宇都宮市－①　新宿区－③

ウ　宇都宮市－②　新宿区－①

エ　宇都宮市－②　新宿区－③

オ　宇都宮市－③　新宿区－①

カ　宇都宮市－③　新宿区－②

図6

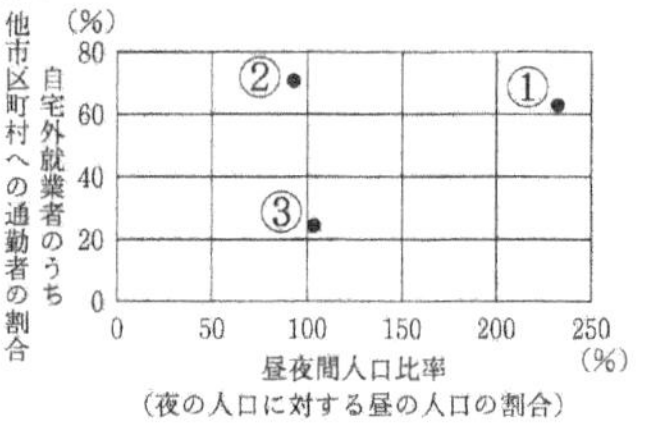

(『国勢調査資料』より作成)

(5)　図7を見て，あとの問いに答えなさい。

図7

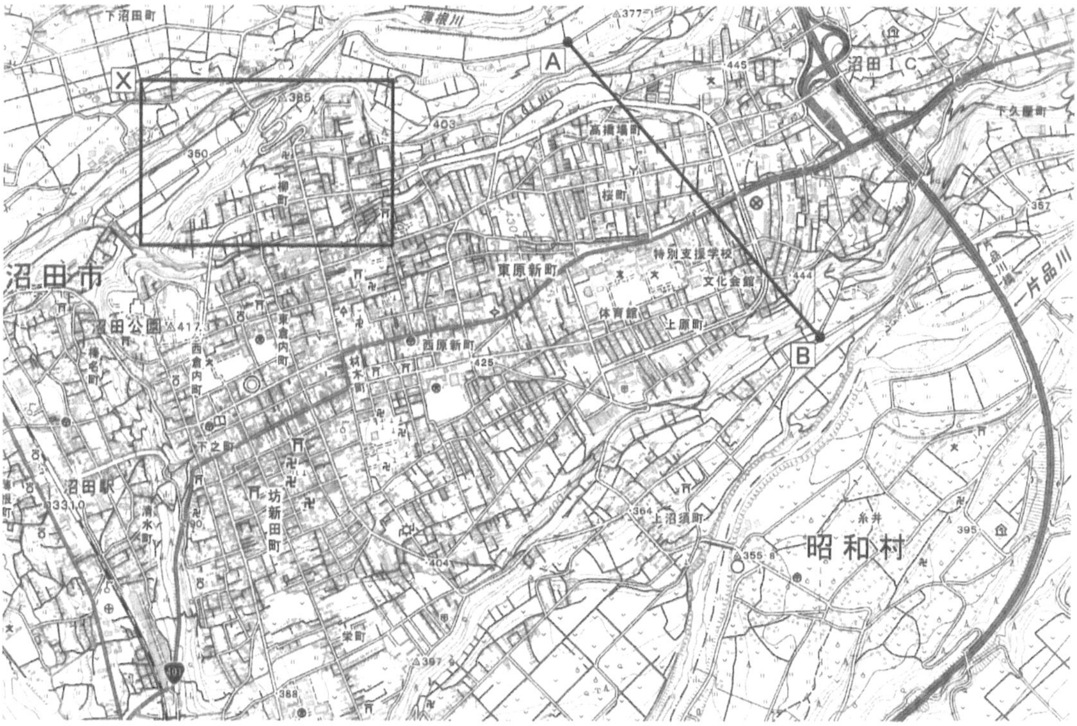

(2万5千分の1地形図「沼田」(2017年)を一部改変)

(※編集の都合により，85%に縮小してあります。)

①　図7から読み取れることを述べた文として適切でないものを，次の**ア**～**エ**から1つ選んで，その符号を書きなさい。

ア　沼田駅は，城跡のある沼田公園より80m以上低い土地にある。

イ　沼田ＩＣから東原新町へ進む国道沿いに警察署がある。

ウ　片品川は北東から南西に向かって流れており，川沿いに市役所がある。

エ　坊新田町付近には神社や寺院が立地している。

②　図7のＡ－Ｂの断面を示した模式図として適切なものを，次のページの**ア**～**エ**から1つ

選んで，その符号を書きなさい。

ア
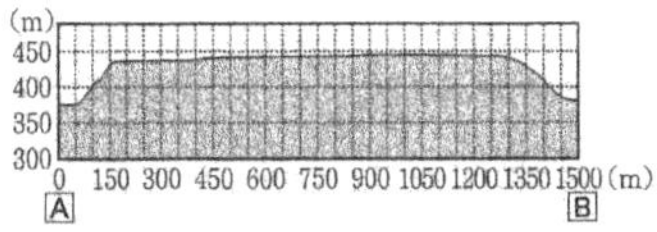

イ
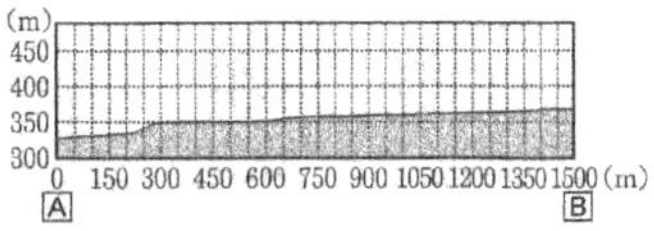

ウ
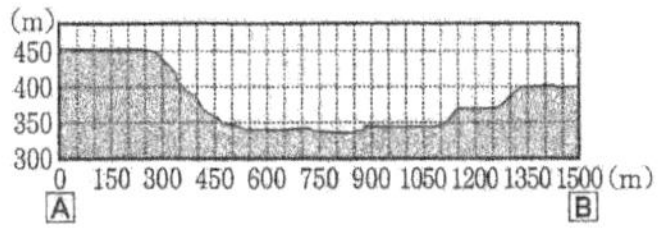

エ
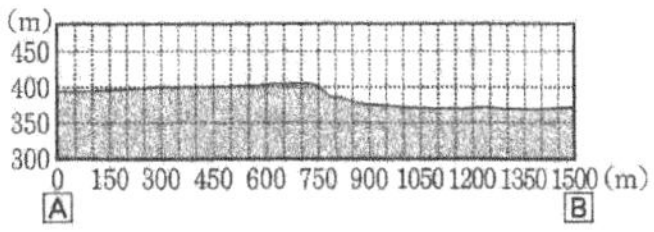

③　図8は図7の[X]で示した範囲であり，　　　は ある災害がおこる可能性が高いところを示している。これについて述べた次の文の[i]～[iii]に入る語句の組み合わせとして適切なものを，あとの**ア**～**カ**から1つ選んで，その符号を書きなさい。

図8

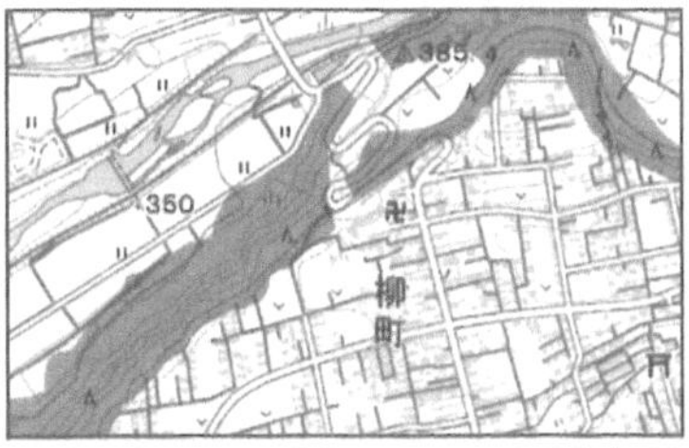

（ハザードマップポータルサイトより作成）

> 　　　で示した土地は[i]になっており，[ii]が見られる。ここは，豪雨の際に[iii]が発生する可能性が高い。

ア	i	平地	ii	水田	iii	がけくずれ
イ	i	平地	ii	水田	iii	洪水
ウ	i	平地	ii	針葉樹林	iii	洪水
エ	i	急斜面	ii	水田	iii	がけくずれ
オ	i	急斜面	ii	針葉樹林	iii	がけくずれ
カ	i	急斜面	ii	針葉樹林	iii	洪水

Ⅱ　歴史に関するあとの問いに答えなさい。

1　図と，次のページの絵の一部である資料1，資料2に関して，あとの問いに答えなさい。

(1)　図に関する次の問いに答えなさい。

①　図に関して述べた次の文X，Yについて，その正誤の組み合わせとして適切なものを，あとの**ア**～**エ**から1つ選んで，その符号を書きなさい。

図

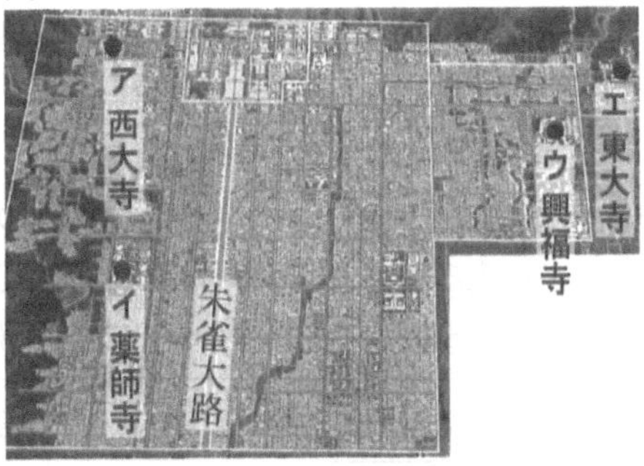

X　朱雀大路の西側を左京，東側を右京に分けて，張り出すように外京が置かれた。

Y　都の中央部北端には，天皇が住む内裏と政治を行う役所が置かれた。

ア　X－正　Y－正　　**イ**　X－正　Y－誤

ウ　X－誤　Y－正　　**エ**　X－誤　Y－誤

②　この場所が都であった時代に，度重なる遭難で失明したにも関わらず来日し，唐招提寺

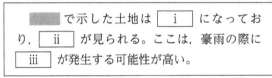

を開いた僧として適切なものを，次のア～エから１つ選んで，その符号を書きなさい。

ア 行基　**イ** 鑑真　**ウ** 最澄　**エ** 法然

③ 源平争乱からの復興時に，運慶らが制作した金剛力士像が納められた寺院として適切なものを，図のア～エから１つ選んで，その符号を書きなさい。

(2) 資料１に関する次の問いに答えなさい。

① 資料１に関して述べた次の文X，Yについて，その正誤の組み合わせとして適切なものを，あとのア～エから１つ選んで，その符号を書きなさい。

資料１

X 町衆が中心となって町ごとに豪華な鉾《ほこ》などを立てる，祇園祭の様子が描かれている。

Y 馬の背に荷を載せて運搬するなど，京都の人や物の往来の様子が描かれている。

ア X－正 Y－正　**イ** X－正 Y－誤

ウ X－誤 Y－正　**エ** X－誤 Y－誤

② 資料１は，室町幕府を滅ぼした人物が入手した絵である。この人物が行ったこととして適切なものを，次のア～エから１つ選んで，その符号を書きなさい。

ア 正長元年以前の借金を，神戸四か郷では帳消しにした。

イ すべての有力な家臣に，一乗谷に移るように命じた。

ウ 安土の町を楽市として，さまざまな税を免除した。

エ 諸国の百姓が刀・弓・鉄砲などを持つことを，固く禁止した。

資料２

現在の様子

（Google Mapsより作成）

(3) 資料２に関する次の問いに答えなさい。

① 資料２の□に描かれている，将軍の代替わりの際などに来日した使節を何というか，解答欄に合わせて漢字３字で書きなさい。

② 資料２について述べた次の文の［ i ］～［ iii ］に入る語句の組み合わせとして適切なものを，あとのア～カから１つ選んで，その符号を書きなさい。

資料２は，将軍が［ i ］の頃の江戸城の様子である。1657年に起きた［ ii ］により，［ iii ］がなくなり，現在もその土台だけが残された状態になっている。

ア i 家光 ii 火事 i 天守　**イ** i 家光 ii 地震 iii 蔵屋敷

ウ i 家光 ii 火事 iii 蔵屋敷　**エ** i 綱吉 ii 地震 iii 天守

オ i 綱吉 ii 火事 iii 天守　**カ** i 綱吉 ii 地震 iii 蔵屋敷

③　18世紀末になると，江戸の商工業が発達し，19世紀の初めには，江戸中心の町人文化が栄えた。その頃の文化を，元号にちなんで何というか，解答欄に合わせて漢字2字で書きなさい。

2　近代以降の日本の政治や経済の進展に関する文章を読み，あとの問いに答えなさい。

　a 開国後の国内経済の混乱は，江戸幕府の滅亡につながった。近代化をめざした日本は，b まず軽工業，次に重工業という2つの段階を経て産業を発展させた。20世紀に入り，ヨーロッパで c 第一次世界大戦が始まると，日本経済はさらに飛躍した。この頃の産業の発展に伴い，d 社会で活躍する女性も増え，e 都市が発達し，文化の大衆化により人々の生活が変化した。

(1)　下線部aに関して，次の文の［ i ］，［ ii ］に入る語句の組み合わせとして適切なものを，あとの**ア**～**エ**から1つ選んで，その符号を書きなさい。

　大老井伊直弼が［ i ］を結び，欧米諸国との貿易が始まると物価が上昇し，外国との金銀交換比率の違いから，一時的に［ ii ］が流出して経済が混乱した。

ア　i　日米和親条約　ii　金　　**イ**　i　日米和親条約　ii　銀
ウ　i　日米修好通商条約　ii　金　　**エ**　i　日米修好通商条約　ii　銀

(2)　下線部bに関して，日本の産業革命に関する次の問いに答えなさい。

①　軽工業における主要な産品について述べた次の文［a］，［b］とその産品の組み合わせとして適切なものを，あとの**ア**～**カ**から1つ選んで，その符号を書きなさい。

［a］　まゆから生産され，生産が盛んな地域では飼料の桑も栽培された。
［b］　植物から生産され，機械を用いた大規模工場で生産されることが多かった。

ア　［a］－綿糸　［b］－生糸　　**イ**　［a］－羊毛　［b］－生糸　　**ウ**　［a］－生糸　［b］－羊毛
エ　［a］－綿糸　［b］－羊毛　　**オ**　［a］－羊毛　［b］－綿糸　　**カ**　［a］－生糸　［b］－綿糸

②　図のあ～うは，近代化を支えた工場の場所を示している。このうち，近くの筑豊炭田の石炭を使った製鉄所の場所と，その建設資金の一部を得た外交上の事柄との組み合わせとして適切なものを，次の**ア**～**カ**から1つ選んで，その符号を書きなさい。

ア　あ－日清修好条規　　**イ**　い－日清修好条規
ウ　う－日清修好条規　　**エ**　あ－下関条約
オ　い－下関条約　　**カ**　う－下関条約

図

(3)　下線部cに関して，この頃の日本の様子を述べた次の文X，Yについて，その正誤の組み合わせとして適切なものを，あとの**ア**～**エ**から1つ選んで，その符号を書きなさい。

X　大戦中に，工業製品の輸出が拡大し，工業生産額が農業生産額を上回った。
Y　三井・三菱・住友は大戦後に鉱山や工場の払い下げを受けて，財閥となった。

ア　X－正　Y－正　　**イ**　X－正　Y－誤
ウ　X－誤　Y－正　　**エ**　X－誤　Y－誤

(4)　下線部dに関して，市川房枝や平塚らいてうが，女性の政治参加などを求めて1920年に設立した団体を，次の**ア**～**エ**から１つ選んで，その符号を書きなさい。

ア　国会期成同盟　　**イ**　立憲政友会　　**ウ**　青鞜社　　**エ**　新婦人協会

(5)　下線部eに関して，次の資料1，資料２は1923年に出された東京郊外の土地を販売した会社の広告の一部と，新聞に掲載された広告の一部である。資料１または資料２から読み取れることを述べた文として適切でないものを，あとの**ア**～**エ**から１つ選んで，その符号を書きなさい。 ただし，資料は一部書き改めたところがある。

資料１　大正12（1923）年１月の広告

都市の人口過剰とか労働者の生活悪化とかいうような恐《おそ》るべき弊害が生じて参りましたため，これが対応策として労働者の住宅改善という問題が永い間種々攻究されて参ったのであります。（中略）

この目的に添う住宅地の要件としては私共はおよそ次のことを要求したいと思います。

一　土地高燥にして大気清純なること。

二　地質良好にして樹木多きこと。

三　面積は少なくとも10万坪を有すること。

四　１時間以内に都会の中心地に到達する交通機関を有すること。

五　電信・電話・電灯・瓦斯《ガス》・水道等の設備完整せること。

（田園都市株式会社『田園都市案内』より作成）

資料２　大正12（1923）年11月の広告

田園都市土地売出

位置　省線目黒駅又は蒲田《かまた》駅の孰《いず》れよりも目黒蒲田電鉄にて十四分調布停留場にて下車

多摩川に臨み土地高燥風光明媚《び》

※「省線」は鉄道省（現在の国土交通省）が管理していた鉄道の路線

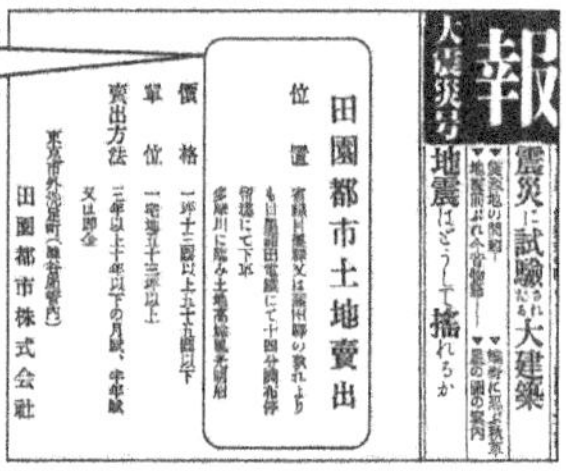

（『東京日日新聞』より作成）

ア　都市では人口が増加して生活環境が悪化し，住宅改善が問題となっている。

イ　郊外の住宅地が開発され，関東大震災の後にも土地が売り出されている。

ウ　電車を使って，郊外と都市を移動できるようになっている。

エ　郊外の住宅の室内照明として，ガス灯の設置が進められている。

Ⅲ　政治や経済のしくみと私たちの生活に関するあとの問いに答えなさい。

１　所得の再分配に関する文章を読み，あとの問いに答えなさい。

> 政府が行う財政の役割にはa所得の再分配がある。日本の社会保障制度は，b日本国憲法第25条に保障されている権利に基づいており，c４つの柱から成り立っている。多くの国でd少子高齢化が進むなかで，世代間の公正の観点に着目して社会保障のしくみを考えていく必要がある。

(1)　下線部aに関して，所得税において所得が多い人ほど高い税率が適用される制度を何というか，解答欄に合わせて漢字４字で書きなさい。

(2)　下線部bの権利を説明した次の文の［ i ］，［ ii ］に入る語句の組み合わせとして適切なものを，あとの**ア**～**エ**から１つ選んで，その符号を書きなさい。

> この権利は，［ i ］の中の最も基本的な権利である生存権で，［ ii ］を保障している。

ア　i　自由権　　ii　奴隷的拘束及び苦役からの自由

イ　i　社会権　　ii　健康で文化的な最低限度の生活を営む権利

ウ　i　自由権　　ii　健康で文化的な最低限度の生活を営む権利

エ　i　社会権　　ii　奴隷的拘束及び苦役からの自由

(3)　下線部ｃに関して，次の表に関するあとの問いに答えなさい。

表

4つの柱
A　社会保険
B　公衆衛生
C　社会福祉
D　公的扶助

①　表のＡ～Ｄと次に示す社会保障の内容の組み合わせとして適切なものを，あとのア～カから１つ選んで，その符号を書きなさい。

> あ　生活環境の改善や感染症の予防などで国民の健康と安全を保つ。
> い　高齢者や児童など社会的弱者に支援サービスを提供する。

ア　あ－A　い－B　　イ　あ－A　い－C
ウ　あ－B　い－C　　エ　あ－C　い－B
オ　あ－C　い－D　　カ　あ－D　い－C

②　社会保障について説明した次の文の［ i ］，［ ii ］に入る語句の組み合わせとして適切なものを，あとのア～エから１つ選んで，その符号を書きなさい。

> 社会保障には，介護保険制度のように加入が［ i ］，前もって保険料を納めることで社会全体でリスクを分担するしくみや，政府が税金等を財源として生活を保障する［ ii ］のしくみがある。

ア　i　義務づけられており　　ii　公助
イ　i　義務づけられており　　ii　共助
ウ　i　義務づけられてはいないが　　ii　公助
エ　i　義務づけられてはいないが　　ii　共助

(4)　下線部ｄに関して，次のような総人口が常に100万人の国で，65歳以上の高齢者の生活を15～64歳の人々が支えることとした場合，このモデルを説明した文あ～おのうち，正しいものの組み合わせとして適切なものを，あとのア～カから１つ選んで，その符号を書きなさい。

【50年前】
15～64歳人口　69万人　65歳以上人口　7万人

【現在】
15～64歳人口　59万人　65歳以上人口　29万人

あ　50年前と比べて，現在は65歳以上の人口割合が高く，15～64歳の人々が約５人で65歳以上の高齢者１人を支えていることになる。
い　50年前と比べて，現在は65歳以上の人口割合が高いが，15～64歳の人々が65歳以上の高齢者１人を支える割合に変化はない。
う　50年前は，現在と比べて15～64歳の人口割合が高く，15～64歳の人々が約２人で65歳以上の高齢者１人を支えていたことになる。
え　50年前は，現在と比べて15～64歳の人口割合が高く，15～64歳の人々が約10人で65歳以上の高齢者１人を支えていたことになる。
お　50年前と比べて，現在は15～64歳の人口割合が低く，15歳未満の人口割合も50年前と比べて約半分になっている。

ア　あ・え　　イ　あ・お　　ウ　い・う　　エ　い・お　　オ　う・え　　カ　え・お

(5) 次のA～Cの政策を小さな政府と大きな政府に分類した時の組み合わせとして適切なものを，あとのア～エから1つ選んで，その符号を書きなさい。

A 政府の税収を増やす。
B 国民の税の負担を軽くする。
C 政府が充実した社会保障や公共サービスを提供する。

ア 小さな政府－A・C 大きな政府－B
イ 小さな政府－A 大きな政府－B・C
ウ 小さな政府－B・C 大きな政府－A
エ 小さな政府－B 大きな政府－A・C

2 次の文章に関するあとの問いに答えなさい。

インターネットによる大量の情報の送受信が可能となり，a 情報化が進展する一方で，b 知的財産を保護する重要性も増している。また，多くの情報を蓄積し，瞬時に情報を処理するコンピュータには c 半導体が用いられており，先端技術の分野で企業間の競争も激しくなっている。

(1) 下線部aに関して，情報通信技術が発達する中で，情報を正しく判断して活用する力を何というか，次のア～エから1つ選んで，その符号を書きなさい。

ア 情報リテラシー イ マイクロクレジット
ウ バリアフリー エ クラウドファンディング

(2) 下線部bに関して，次の問いに答えなさい。

① 知的財産権の説明として適切なものを，次のア～エから1つ選んで，その符号を書きなさい。

ア 個人情報が本人の意思に反して利用，公開されない権利。
イ 臓器提供などの際に自己決定する権利。
ウ 国や地方公共団体がどのような活動をしているかを知る権利。
エ 著作物や意匠（デザイン）など新しいアイデアに関する権利。

② 次の文の [i] ～ [iii] に入る語句の組み合わせとして適切なものを，あとのア～カから1つ選んで，その符号を書きなさい。

企業は，新たな特徴を持った商品を開発する [i] により，高性能な商品を提供しようと競争するので消費者に利益を与えることになる。健全な競争を保つために [ii] が制定されており，公正取引委員会が監視している。一方で，ある企業の技術が特許として認められると，[iii] ため，対立がおきる場合もある。

	i	ii	iii
ア	技術革新	製造物責任法	国や地方公共団体が市場価格を決める
イ	規制緩和	製造物責任法	国や地方公共団体が市場価格を決める
ウ	技術革新	独占禁止法	国や地方公共団体が市場価格を決める
エ	規制緩和	製造物責任法	他の企業は自由にその技術を使えない
オ	技術革新	独占禁止法	他の企業は自由にその技術を使えない
カ	規制緩和	独占禁止法	他の企業は自由にその技術を使えない

(3) 下線部cに関して，次の問いに答えなさい。

① 世界の半導体をめぐる変化を示した資料1に関して述べた文X，Yについて，その正誤の組み合わせとして適切なものを，あとの**ア**～**エ**から1つ選んで，その符号を書きなさい。

資料1

【1980年代】

世界市場占有率(1988年)
日本 50.3%　　アメリカ合衆国 36.8%
アジア(日本以外) 3.3%

用　　途　電気製品の一部品

⇒

【近年】

世界市場占有率(2019年)
日本 10.0%　　アメリカ合衆国 50.7%
アジア(日本以外) 25.2%

用　　途　デジタル製品の制御

(経済産業省ホームページより作成)

X　1980年代の半導体の生産は，日本とアメリカ合衆国の寡占状態だったが，近年はアジア（日本以外）での生産も盛んになってきた。

Y　近年は，日本の半導体分野での世界市場占有率が高くなり，デジタル化の進展と国際環境の変化により，半導体の必要性も高まっている。

ア　X－正　Y－正　　**イ**　X－正　Y－誤
ウ　X－誤　Y－正　　**エ**　X－誤　Y－誤

② 資料2～4について説明した次のページの文の i ～ iii に入る語句の組み合わせとして適切なものを，あとの**ア**～**カ**から1つ選んで，その符号を書きなさい。

資料2　国内生産台数

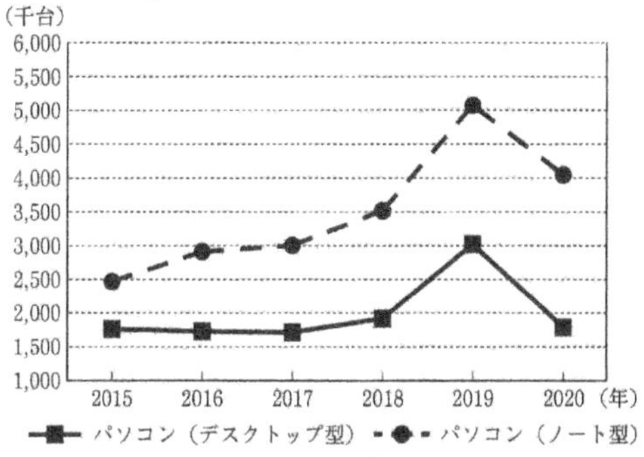

(『生産動態統計年報』より作成)

資料3　国内販売台数

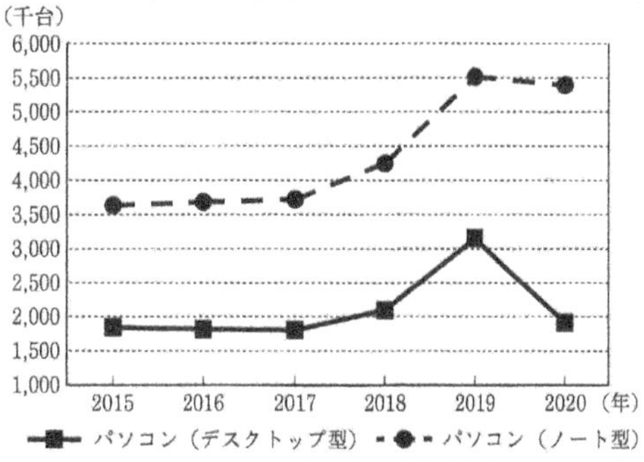

(『生産動態統計年報』より作成)

資料4　消費者物価指数　消費者物価指数は2015年を100とした時の数値

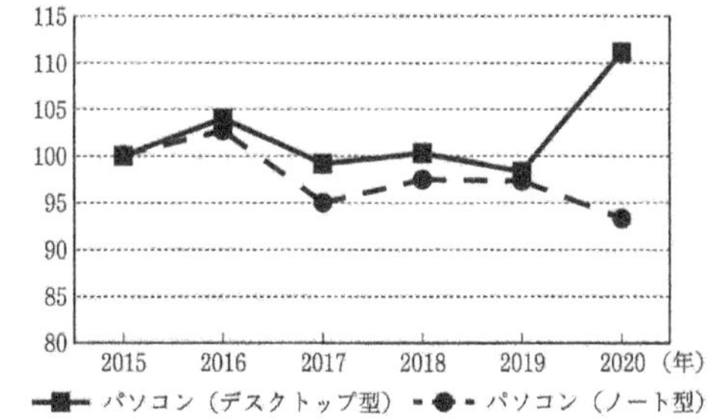

(総務省ホームページより作成)

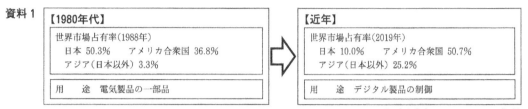

> 2019年から2020年にかけて，パソコン（ノート型）もパソコン（デスクトップ型）も［ i ］が20％以上大きく落ち込んでいる。この時の［ ii ］の消費者物価指数が下がっているのは，［ iii ］ことが要因の１つと推測される。

ア i 国内生産台数 ii パソコン（ノート型）
iii 需要量が供給量を上回っている

イ i 国内販売台数 ii パソコン（デスクトップ型）
iii 需要量が供給量を上回っている

ウ i 国内生産台数 ii パソコン（ノート型）
iii 供給量が需要量を上回っている

エ i 国内販売台数 ii パソコン（ノート型）
iii 供給量が需要量を上回っている

オ i 国内生産台数 ii パソコン（デスクトップ型）
iii 需要量が供給量を上回っている

カ i 国内販売台数 ii パソコン（デスクトップ型）
iii 供給量が需要量を上回っている

③ ある物に価格がつくのは，人間が求める物の量に対して，生産することができる商品の量が限られているからである。このことを説明した次の文の［ ］に共通して入る語句を，解答欄に合わせて漢字２字で書きなさい。

> 一般に，地球上に大量にある空気の［ ］は低いので，価格がつかないが，宇宙旅行をする人にとって，宇宙空間の空気は［ ］が高く，高価になる。

問八　本文に述べられている内容として適切なものを、次のア～エから一つ選んで、その符号を書きなさい。

ア　科学の進歩によって計算機の処理速度が向上し、人間は直接知覚できないことでも把握できるようになった。

イ　人工知能がどれほど発達したとしても、機械が計算をしているにすぎないので、自律性を持たせることはできない。

ウ　ありのままの認知現象を捉えようとするときには、認知主体から独立した視点を確立しなければならない。

エ　計算速度の向上を追求してきた過去を否定し、機械の恩恵を享受しながら認識の可能性を拡大させるべきである。

ア　内部で生み出した　　**イ**　外部から与えられた
ウ　他者に与える　　**エ**　自力で見つけ出す

問四　傍線部②のように筆者が考える理由の説明として最も適切なものを、次の**ア**～**エ**から一つ選んで、その符号を書きなさい。

ア　生物の行動は、外部から観察する限り他律的なものに見えるから。
イ　生命の自律性と同じシステムを作る方法は、まだ存在しないから。
ウ　生命の本質を、生物の行動の自律性に見いだすのは困難だから。
エ　生物の認知システムは、外界からの刺激に応じて作動するから。

問五　傍線部④の見方をしたときのカエルとハエに関する説明として最も適切なものを、次の**ア**～**エ**から一つ選んで、その符号を書きなさい。

ア　カエルから見れば、ハエはどこまでも自分の世界の外側の存在なのであり、決して自分の世界の内部に入ってくることはない。
イ　カエルは、外界のハエにただ機械的に反応しているだけであり、ハエの存在を自発的に認識して行動を起こしているのではない。
ウ　カエルは、そのカエルの外界に存在するハエを認識して自分の世界に取り込み、その世界の中でハエを捕らえる経験をする。
エ　カエルがハエの存在を認識することも、そのハエを捕らえることも、どちらもそのカエル自身の世界でのできごとである。

問六　傍線部⑤を説明した次の文中の空欄**a**・**b**に入る適切なことばを、**a**は本文中から八字で抜き出して書き、**b**はあとの**ア**～**エ**から一つ選んで、その符号を書きなさい。

> マトゥラーナは、生物の色知覚に関する研究の過程で、ハトの神経系に［ a ］からの刺激に対応する活動パターンがあることを確かめようとしたが、思うような結果が得られなかった。
> 　このことから、マトゥラーナは「生物は、［ b ］のではないか。」と考えた。

ア　外界からの刺激を内的に再現しながら、自分自身の活動のパターンを作り出している
イ　周囲の環境とは無関係に、個体に備わった活動のパターンに基づいて行動している
ウ　固定的な活動のパターンの規制を受けながら、外界からの刺激に繰り返し対応している
エ　個体ごとに独自の活動のパターンを生成するとともに、そのパターンに従って行動している

問七　傍線部⑥のように筆者が述べる理由の説明として最も適切なものを、次の**ア**～**エ**から一つ選んで、その符号を書きなさい。

ア　機械に自律性を持たせることで機械を人間に近づけるという、本来の原因と結果の関係を逆転させてとらえているから。
イ　機械の助けを借りて人間の能力を高めていくという目標を忘れ、機械に自律性を持たせることにとらわれているから。
ウ　人間と機械を近づけることにとらわれ、機械に自律性を持たせる方法を追求するという本来の目的を見失っているから。
エ　機械との能力差拡大への焦りから、機械を人間に近づけることと人間を機械に近づけることを混同してしまっているから。

ところが、研究はほどなく壁にぶち当たった。外界からの刺激と、ハトの神経系の活動パターンの間に、素直な対応が見つからなかったのだ。同じ波長の光の刺激に対して、異なる神経活動のパターンが観測されることがしばしばあった。ハトの神経活動を調べている限り、客観的な色彩世界の存在を示唆するものはどこにもなかったのである。

そこで彼は、⑤発想を大胆に変えてみることにした。ハトの網膜と神経系は、ハトと独立にある外界を再現しようとしているのではなく、むしろハトにとっての色世界を生成するシステムなのではないか。ここから彼は、研究へのアプローチをがらりと変える。

生物の神経系は、外界を内的に描写しているのではなく、外的な刺激をきっかけとしながら、あくまで自己自身に反復的に応答し続けている。生物そのものもまた、外界からの刺激に支配された他律系ではなく、みずからの活動のパターンに規制された、自律的なシステムとして理解されるべきなのではないか。こうした着想を起点に、彼はその後、新しい生物学の領域を切り開いていく。

では、生命そのもののような自律性を持つシステムを、人工的に作り出すことは可能なのだろうか。これは、人工生命を追求する科学者が、まさにいまも全力で取り組んでいる問いだが、まだ誰も答えは知らない。自律的な生命と、自動的な計算の間には、イ然Bとして大きな溝が広がっているのだ。

この間隙《かんげき》をセイC急に埋めようとするとき、生命を計算に近づけようとする結果にもなりかねない。極端な話、私たち自身が外から与えられた規則を遵守するだけの自動的な機械になってしまえば、計算と生命の溝は埋まる。スマホに流れてくる情報に反射しながら、ゆっくりと息つくまもなくせっせとデータをコンピュータに供給し続ける私たちは、計算を生命に近づけようとしているより、みずからを機械に近づけようとしているようにも見える。だが、⑥これでは明らかに本末転倒である。

肝心なことは、計算と生命を対立させ、その間隙を埋めようとすることではない。これまでも、そしてこれからもますます計算とまざり合いながら拡張していく人間の認識の可能性を、何に向け、どのように育んでいくかが問われているのだ。

（森《もり》田《た》真生《まさお》『計算する生命』一部省略がある）

（注）粘土の塊——古代メソポタミアで数をかぞえるのに使った。
黎明——物事の始まり。
表象——知覚に基づいて心に対象のイメージを思い浮かべること。また、そのイメージ。
画然と——はっきりと。
措定——存在するものと見なすこと。

問一　二重傍線部A～Cの漢字と同じ漢字を含むものを、次の各群のア～エからそれぞれ一つ選んで、その符号を書きなさい。

A　ア　一テキずつ抽出する。　イ　プロに匹テキする実力。
　　ウ　不正をテキ発する。　エ　環境にテキ応する。

B　ア　イ心伝心の仲だ。　イ　弁護士にイ頼する。
　　ウ　イ業を達成する。　エ　全権をイ任する。

C　ア　毒をもって毒をセイす。　イ　威セイのよいかけ声。
　　ウ　液体のセイ質。　エ　促セイ栽培の野菜。

問二　傍線部③はどの文節に係るか。一文節で抜き出して書きなさい。

問三　空欄①に入ることばとして適切なものを、次のページのア～エから一つ選んで、その符号を書きなさい。

五　次の文章を読んで、あとの問いに答えなさい。

いまや計算機は圧倒的な速度で膨大なデータを処理できるようになり、人工知能は将棋や囲碁などの高度なゲームでも、人間を打ち負かすまでになった。計算による予測の網は社会の隅々にまで張りめぐらされ、もはや私たちが生きる日常の一部だ。(注)粘土の塊を一つずつ動かしていくことが計算のすべてだった時代から、こんなにも遠くまで来たのだ。

それでも現代の科学はいまなお、生命と計算の間に横たわる巨大な距離を、埋められずにいる。人工知能の最先端の技術も、現状ではあくまで、行為する動機を[①]「自動的」な機械の域を出ていない。いまのところ人間は、行為する動機をみずから生み出せるような「自律的」なシステムを構築する方法を知らないのだ。

②生命の本質が「自律性」にあるとする見方はしかし、これじたい決して自明ではない。化学物質の配置に操られて動くバクテリアや、光に向かって反射的に飛び込んでいく夏の虫などを見ていたら、生命もまた、外界からの入力に支配された他律系だと感じられるかも知れない。実際、(注)黎明《れいめい》期の認知科学は、生物の認知システムもまた、計算機と同様、他律的に作動するものだと仮定していたのだ。

このとき暗黙のうちに想定されていたのが、「外界からの入力－(注)(表象による)内的な情報処理－外界への出力」というモデルである。一見すると当たり前に思えるかも知れないが、認知主体の内部と外部に世界を(注)画然と分かつ③こうした発想は、認知主体を、認知主体の外部から観察する特殊な視点に根ざしていた。

このことの限界を指テキAし、生命を自律的なシステムとして見る新しい思考を切り開いていったのが、チリの生物学者ウンベルト・マトゥラーナである。

たとえば、カエルがハエを認識し、それを捕食する場面を想像してみよう。このとき、カエルを外から観察する視点からすれば、カエルの外部に、カエルとは独立した「本当の世界」があるように見える。ハエは、カエルとは独立した世界に存在していて、カエルはその外部にいるハエを内的に表象している。だからこそ、それを捕まえることができるのだ、と。

ところが、今度はカエルの視点に立ってみると、本当の世界などどこにもないことに気づく。カエルが経験できるのは、どこまでもカエルの世界でしかない。カエルの立場からすれば、入力も出力もないのだ。

認知主体の外から、認知主体を見晴らす観察者の視点に立つとき、「入力－情報処理－出力」という他律的なモデルが妥当に思えるが、④認知主体の立場から見ると、事態はまったく異なってくるのである。

ありのままの認知現象を捉えようとするならば、まず、認知主体の外部に「本当の世界」を(注)措定してしまう、特権的な観察者の立場を捨てなければならない。マトゥラーナは、共同研究者フランシスコ・ヴァレラとの共著『オートポイエーシスと認知』の序文のなかで、このことに気づき、生物学に対するスタンスを変えることになった経緯を打ち明けている。

マトゥラーナはもともと、カエルやハトなどを対象として、生物の色知覚に関する研究をしていた。このとき彼は、物理的な刺激と、これに応答する神経系の活動の間に、素直な対応があると想定していた。つまり、客観的な色彩世界を、生物は神経細胞の活動によって「表象」していると考えていたのだ。とすれば、やるべき仕事は、外界の色に対応する神経細胞の活動パターンを見つけ出すことにあるはずだった。

る。

イ　はじめは理解できなかった師匠の説教の意図がわかった瞬間、隠していた本心を師匠に見すかされていたと気づき、動揺している。

ウ　仕事に対する取り組み方の甘さを見抜く、師匠の眼力の鋭さを感じ取るとともに、そのことばの厳しさの中に愛情を感じている。

エ　口うるさい師匠に内心不満を抱いていたが、失敗して落ち込む自分を励まそうとする優しさに接し、師匠のことを見直している。

問五　傍線部⑥の篤の心情の説明として最も適切なものを、次の**ア**～**エ**から一つ選んで、その符号を書きなさい。

ア　篤は、人目を気にするところはありながらも、支えてくれる人たちに報いるため、自分なりの方法で仕事に向き合おうとしている。

イ　篤は、これまで真剣に考えたことがなかった呼出の役割について改めて考えた結果、ひたむきに努力を重ねるべきだと考えている。

ウ　篤は、進さんや師匠への恩返しのためにも、自分をさげすんだ光太郎を見返すためにも、なりふり構わず練習をしようとしている。

エ　篤は、自分のことを心配して差し入れをしてくれた坂口のためにも、くじけそうになる気持ちに負けてはいられないと思っている。

問六　傍線部⑦の坂口の様子の説明として最も適切なものを、次の**ア**～**エ**から一つ選んで、その符号を書きなさい。

ア　改まって後輩に本心を打ち明ける照れくささをまぎらわせている。

イ　予想に反する後輩のとおりいっぺんの返答に拍子抜けしている。

ウ　立ち入ったことを後輩に聞くべきではなかったと後悔している。

エ　後輩相手に答えの明らかな質問をしたことを気まずく思っている。

問七　本文における篤と坂口の互いに対する思いの説明として最も適切なものを、次の**ア**～**エ**から一つ選んで、その符号を書きなさい。

ア　坂口は、失敗を引きずる篤を励ますために、努めて明るい調子で接しようとしている。篤は、坂口の真意を理解してはいないが、坂口の冗談まじりの口調に元気づけられ、気持ちを切り替えている。

イ　坂口は、失敗を乗り越えようと練習に取り組む篤の姿に自分を重ね、体面を捨てて努力する決心をした。篤は、不器用ながらも本気で強くなろうとしている坂口の姿に触れ、共感を覚えている。

ウ　坂口は、自力で現状を打破しようとする篤に、自分の考えを押しつけないようことばを選んで励ました。篤は、坂口の気遣いに感謝しながらも、その気持ちをうまく伝えられずもどかしく思っている。

エ　坂口は、失敗にめげずに努力する篤に感化され、基礎からやり直す決意を固めた。篤は、後輩に頭を下げる坂口のつらい気持ちがわかるので、坂口の再起を心から応援する気持ちになっている。

⑤絞られるように痛む。

それでも、進さんが助けてくれた。師匠も、わざわざ篤に話をしてくれた。

⑥明日こそは失敗してはいけない。そう自分に言い聞かせ、篤は物置に籠《こも》った。

「まあそうだよな」

坂口さんは⑦頭を掻《か》くと、もしも、と言葉を続けた。

「お前が昨日の一回きりで練習やめてたら、俺も今日普通にゲームしてたかもしれない」

え？　と聞き返すと坂口さんは遠くをちらりと見て、重々しく口を開いた。

「俺、一緒にトレーニングしたいって武藤に言おうと思う」

坂口さんの視線の先には、電気のついた一室があった。武藤さんが毎晩籠っているトレーニングルームだ。あの部屋で、武藤さんは今もダンベルを持ち上げているのだろう。

「そうなんすか」

坂口さんは真剣な目をしていたのに、⑧ありきたりな相づちしか打てなかった。兄弟子としてのプライドをいったん捨て、(注)弟弟子と一緒にトレーニングをしようと決意するまでに、当然葛藤があったはずだ。その葛藤は、イきっと坂口さんにしかわからない。

「あ、俺のこと見直しただろ？　差し入れも買ってきてやったし、ちゃんと俺を敬えよ」

わざとらしく口を尖《とが》らせ、坂口さんが篤の肩をつつく。坂口さんの葛藤はわからなくても、冗談を言って強がろうとしていることはわかった。

頑張ってくださいと坂口さんを送り出してから、篤はふたたび扉を閉めた。ウさすがに蒸し暑かったので、もらったミルクティーのボトルを開けた。口に含むと、エほのかな甘さが沁《し》みわたった。三分の一ほどを飲むと、またひがあああしいいいーー、と何度も繰り返した。

（鈴村《すずむら》ふみ『櫓太鼓《やぐらだいこ》がきこえる』）

（注）呼出――相撲で力士の名を呼び上げる役を務める人。力士とともに相撲部屋に所属し、生活をともにしている。

相撲部屋――元力士の親方を師匠として、力士が稽古や生活をするところ。

四股名――相撲の力士の呼び名。

大銀杏――相撲で上位の力士が結う、まげの先をイチョウの葉の形に大きく広げた髪型。

兄弟子・弟弟子――弟子の中で、先に入門した者を兄弟子、後から入門した者を弟弟子という。

問一　傍線部②・④・⑤の漢字の読み方を平仮名で書きなさい。

問二　二重傍線部**ア**～**エ**の中で、品詞の異なるものを一つ選んで、その符号を書きなさい。

問三　傍線部①・⑧の本文中の意味として最も適切なものを、次の各群の**ア**～**エ**から一つ選んで、その符号を書きなさい。

①　**ア**　結果として　**イ**　予想以上に　**ウ**　唐突に　**エ**　思ったとおり

⑧　**ア**　平凡な　**イ**　期待に反する　**ウ**　いい加減な　**エ**　受け売りの

問四　傍線部③の篤の心情の説明として最も適切なものを、次の**ア**～**エ**から一つ選んで、その符号を書きなさい。

ア　容赦なく痛いところを突いてくる師匠の厳しさに圧倒され、同じ返事を繰り返すことしかできなくなるほど萎縮してしまっていたことがある。宮川さんと柏木さんに連れられ渋谷《しぶや》へ遊びに行き、門限を破ってしまったのだ。前回は説教で呼び出されたので、今日も叱られるのだろう。ひやひやしながら行くと、①案の定、「お前、今日みたいに四股名間違えるんじゃねえぞ。気を抜くからああいうことになるんだ」と叱られた。
　はい。すみません。
　今朝審判部に注意されたときのように、師匠に向かって頭を下げる。
「顔上げろ」
　言われた通り顔を上げると、「心技体」と書かれた書が見えた。同じものが稽古場の上がり②座敷にも飾ってあるが、師匠の知り合いの書道家の作品らしい。
「心技体」の文字を篤が目にしたことがわかっているのか、師匠は「力士は、心技体揃《そろ》ってようやく一人前と言われるが、技でも体でもなく、心が一番大事なんだ。心を強く持っていなければ、技も身につかないし、丈夫な体も出来上がらない」と話を続けた。
　突然話題が変わったことに戸惑いつつ、はいと頷《うなず》く。
「呼出のお前には心技体の体はまあ、そんなに関係ないけれど、それでも心が大事ってのは力士と変わんねえぞ。自分の仕事をしっかりやろうと思わなければ、いつまでたっても半人前のままだ。お前だって、できないことを叱られ続けるのは嫌だろう」
　はいと弱々しく返事をすると、師匠は語気を強めて篤に言い聞かせた。
「だったら、自分がどうすべきかちゃんと考えろ」
　黒々とした(注)大銀杏《おおいちょう》が結わえられていた現役時代に比べ、今の師匠は髪の毛がずいぶん薄い。加齢で顔の皮膚もたるんでいる。しかし、アいつぞやインターネットで見た若かりし頃の写真と同様に、師匠の③目には人を黙らせるほどの強い光があった。
　何度目かのはい、という返事を口にすると、師匠の話が終わった。
　師匠の自室を出て、一階まで降りると、篤は廊下の一番奥にある物置へ向かった。念のため、まわりに誰もいないのを確認する。
　扉を閉めると、何も持っていない右手を胸の前でかざした。
　ひがあしいいーー　はあああたあああのおおーーー……
　にいいいしいいいーーー……
　息を継ぐ合間に、扉を叩《たた》く音が聞こえた。
「篤、そこにいるんだろ」
　声がするのとほぼ同時に、扉が開いた。扉の外にいたのは坂口さんだった。手には、ミルクティーのペットボトル。二十四時間ほど前にも見た、デジャヴのような光景だ。
「ほれ、差し入れ。お前、昨日もの欲しそうな顔してたから買ってきてやったんだぞ。感謝しろよ」
　坂口さんがぶっきらぼうに言ってペットボトルを差し出す。ありがとうございますと軽く頭を下げ、それを受け取った。結局今日はミルクティーを飲み損ねていたので、この差し入れはありがたい。顔を上げると坂口さんと目が合った。
「お前、今日も練習するんだな」
「ああ、はい」
「嫌になんねえの。せっかくやる気出した④途端、失敗してめちゃくちゃ怒られて」
　さきほどよりも声を落として、坂口さんが尋ねる。
「……なんか失敗したからこそ、やらなきゃいけない気がして」
　光太郎と呼ばれた(注)兄弟子の嫌味な口調を思い出すと、胃がきゅっと

三 次の文章を読んで、あとの問いに答えなさい。

鎌倉中書王《かまくらのちゅうしょわう》にて御鞠《まり》ありけるに（鎌倉中書王の御所で蹴鞠の会が）、雨降りて後、未《いま》だ庭の乾かざりければ、いかがせんと沙汰（相談することが）ありけるに、佐々木隠岐入道《ささきのおきのにふだう》、鋸《のこぎり》の屑《くづ》（おがくず）を車に積みて、おほく奉《たてまつ》りたりければ、一庭に敷かれて、泥土《でいと》の①わづらひなかりけり。「取り溜《た》めけん用意、ありがたし」と、②人感じ合へりけり。

この事をある者の語り出《い》でたりしに、吉田中納言《よしだのちゅうなごん》の、「乾き砂子の用意やはなかりける」とのたまひたりしかば（おっしゃったので）、恥づかしかりき。いみじと思ひける鋸の屑、いやしく、異様《ことやう》の事なり。庭の儀を奉行する人、乾き砂子を設くるは、故実なりとぞ（ということだ）。

（兼好法師《けんこうほうし》『徒然草《つれづれぐさ》』）

（注）鎌倉中書王――後嵯峨《ごさが》天皇の皇子、宗尊《むねたか》親王。鎌倉幕府の第六代将軍。
御鞠――蹴鞠。数人が鞠を蹴り、地面に落とさないように受け渡しする遊び。
庭の儀を奉行する人――庭の整備を担当する人。
故実――古くからのしきたり。

問一 二重傍線部を現代仮名遣いに改めて、全て平仮名で書きなさい。

問二 傍線部①の意味として最も適切なものを、次の**ア**～**エ**から一つ選んで、その符号を書きなさい。

ア 損失　**イ** 病気　**ウ** 支障　**エ** 不足

問三 傍線部②の説明として最も適切なものを、次の**ア**～**エ**から一つ選んで、その符号を書きなさい。

ア 庭の状態に合わせて砂ではなくおがくずで対応したらしい入道の判断力に感心している。

イ いざというときに備えておがくずを集めておいたのであろう入道の心がけに感心している。

ウ おがくずを運び去るために車を準備していたのであろう入道の心配りに感心している。

エ 気を利かせてすぐに乾いた砂を用意させたらしい入道の機転と行動力に感心している。

問四 本文における筆者の考えとして、最も適切なものを、次の**ア**～**エ**から一つ選んで、その符号を書きなさい。

ア 時代の移り変わりとともに、人々のものの見方も変わっていく。

イ ものを教わるにしても、相手を選ばないと恥をかくことになる。

ウ 人の言うことを真に受けていると、容易にだまされてしまう。

エ 知識が不足していると、ものごとの価値を見誤ることになる。

四 次の文章を読んで、あとの問いに答えなさい。

十七歳の篤《あつし》は、新米の呼出《よびだし》（注）として宮川《みやがわ》・柏木《かしわぎ》・坂口《さかぐち》・武藤《むとう》たち先輩力士（注）と相撲部屋で生活している。ある日、篤は力士の四股名《しこな》（注）を呼び間違え、他の部屋に所属する先輩呼出の光太郎《こうたろう》に責められていたところを、ベテラン呼出の進《すすむ》に助けられた。その夜、篤は所属する部屋の師匠の朝霧《あさぎり》親方に呼ばれた。

「篤、ちょっと上に来い」

上、とは三階にある師匠の自室のことだ。朝霧部屋では、三階で師匠とおかみさんが暮らしている。師匠の自室には過去に一度、呼ばれえて次のア～エから一つ選んで、その符号を書きなさい。

ア　⑤快適性と動かしやすさ　⑥収納性と動かしやすさ　⑦快適性
イ　⑤収納性と動かしやすさ　⑥快適性と動かしやすさ　⑦安全性
ウ　⑤安全性と収納性　⑥安全性と動かしやすさ　⑦安全性
エ　⑤快適性と耐久性　⑥収納性と耐久性　⑦快適性

問六　**【発表資料】**の空欄⑧・⑨に入る適切なことばを、それぞれ**【課題】**の文章から抜き出して書きなさい。ただし、⑧は十二字、⑨は八字のことばとする。

二　次の書き下し文と漢文を読んで、あとの問いに答えなさい。

〔書き下し文〕

魏《ぎ》の明帝《めいてい》、宣武場上《せんぶぢやうじやう》（のあたりで、）に於《お》いて、虎の爪牙《さうが》を断ち、百姓《ひやくせい》（多くの人民）の之《これ》を観《み》るを縦《ゆる》す。王戎《わうじゆう》七歳なるも、亦《また》往《ゆ》きて看《み》る。虎間《すき》を承《うかが》ひ欄《おり》に攀《よ》ぢて吼《ほ》え、其《そ》の声地を震はす。観る者辟易顛仆《へきえきてんぷ》せざるは無し。戎湛然《たんぜん》として動ぜず。了《つひ》に恐るる色無し。

〔漢文〕

魏ノ明帝、於イテ二宣武場上ニ一、断チ二虎ノ爪牙ヲ一、縦スa二百姓ノ観ルヲ①レ之ヲ一。王戎七歳ナルモ、亦往キテ看ルb。虎承ヒレ間ヲ攀チテレ欄ニ而吼エ、其ノ声震ハスレ地ヲ。②観ル者無シ不ざルハ辟易顛仆セ。戎湛然トシテ不ずレ動ぜ。了ニ無シ二恐ルル色一。

（劉義慶《りゆうぎけい》『世説新語《せせつしんご》』）

（注）魏明帝――古代中国の魏の国の皇帝。
宣武場――兵士を訓練するための広場。練兵場。
王戎――人物の名。　辟易顛仆――たじろいで倒れ伏す。
湛然――しずかなさま。

問一　傍線部①の「之」とは何か。書き下し文から一語で抜き出して書きなさい。

問二　書き下し文の読み方になるように、傍線部②に返り点をつけなさい。

問三　二重傍線部**a**・**b**の主語として適切なものを、次の**ア**～**エ**からそれぞれ一つ選んで、その符号を書きなさい。

ア　魏の明帝　**イ**　百姓　**ウ**　王戎　**エ**　虎

問四　本文では、王戎はどのように描かれているか。その説明として最も適切なものを、次の**ア**～**エ**から一つ選んで、その符号を書きなさい。

ア　大人しく、積極的に行動することができない子ども。
イ　度胸があり、落ち着いて状況をとらえられる子ども。
ウ　無鉄砲で、後先を考えることなく行動する子ども。
エ　強い意志を持ち、人の意見に流されない子ども。

背もたれに加えて肘掛けもついている。

生徒D　［【イラスト】を提示しながら］形状に特徴があるといえば、みんな、これを見てよ。これは、楽に正座をすることができる椅子なんだ。正座をしやすいように工夫された形になっているんだよ。

【イラスト】

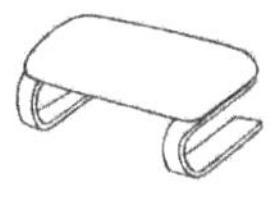

生徒B　そういえば、実験室の椅子に背もたれがないのは、実験台の下にすっかりおさまらないと、実験のときに邪魔になるからだと聞いたことがあるよ。実験をするんだからずっと座っているわけじゃない。必要がなくなればすぐに動かせるものでなくちゃね。

生徒D　ソファーは、座ってくつろぐために、座り心地の良さが大事なんだよ。だから、背もたれと肘掛けがついているんだね。

生徒B　教室の椅子は座る時間が長いから、ある程度の座り心地の良さがないとね。あと、班活動で移動させて使うことも多いよ。

生徒C　なるほど、全部座るためのものだと考えると、いろいろある椅子の特徴に気づくことができて、よりよい使い方ができそうね。

生徒A　よし、この話し合いの内容を【発表資料】に整理して発表しよう。身近なものを見直し、よりよく使うきっかけを提示できるね。

【発表資料】

椅子のいろいろな工夫

椅子の種類	 教室の椅子	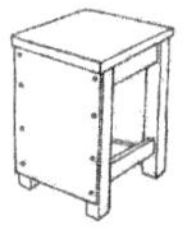 実験室の椅子	 ソファー	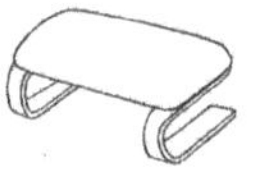 正座用の椅子
共通性	座るためのもの			
個別特性	適度な（　⑤　）を兼備	（　⑥　）を兼備	（　⑦　）を追求	正座に特化

わかったこと　いろいろなものについて考えるとき、（　⑧　）を意識すると、製品ごとの（　⑨　）に気づくことができるので、よりよい使い方ができる。

問一　【会話文】の空欄①に入る適切なことばを、次のア～エから一つ選んで、その符号を書きなさい。

ア　象形文字　イ　形声文字　ウ　指事文字　エ　会意文字

問二　【会話文】の空欄②に入る適切なことばを、次のア～エから一つ選んで、その符号を書きなさい。

ア　中心的な存在になる
イ　とどまって動かない
ウ　固まって分散しない
エ　たくさん集まっている

問三　【会話文】の空欄③に入る適切なことばを、漢字一字で書きなさい。

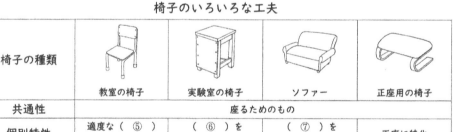

問四　【会話文】の空欄④に入る適切なことばを、次のア～エから一つ選んで、その符号を書きなさい。

ア　人に考えることを諦めさせる
イ　人に製品の使用をやめさせる
ウ　人の関心を製品の特徴に向けさせる
エ　人を思考停止に陥らせる

問五　【発表資料】の空欄⑤～⑦に入ることばの組み合わせとして適切なものを、【会話文】の内容を踏ま

＜国語＞

時間　五〇分　満点　一〇〇点

一　Aさんの学級では、グループで次の【課題】に取り組むことになった。【会話文】はグループ内で話し合いをしている場面、【発表資料】は発表のために作成した資料である。【課題】、【会話文】、【発表資料】を読んで、あとの問いに答えなさい。

【課題】

次の文章の内容について、身の回りのものを例に挙げて考え、わかったことを発表しよう。

　いろいろな用途に特化し、異なるうわべを持つ多様なものがすでに存在している世界に私たちは生まれてきます。生まれた時にはもう製品があるのです。また、新しく出現した製品でも、多くのものは、自分でつくったわけではありませんし、製作途中は見えないまま完成品のかたちで私たちの前に現れます。そんなわけで、私たちは「いろいろなものがある」という考え・態度になります。「いろいろある」というのは人をそこで立ち止まらせます。しかし、いろいろの中にも共通性が貫徹していることを知れば、それぞれの「いろいろ」が、何のためかと考えられるようになります。それぞれの違いが、用途に応じた工夫だと考えられるようになります。個別特性の意味が明確になります。

（西林克彦《にしばやしかつひこ》『知ってるつもり』　一部表記を改めたところがある）

【会話文】

生徒A　昨日、予習で課題の文章の出典を読んでみたんだ。「住」・「柱」・「注」・「駐」の共通性と個別特性について考える例が出ていたよ。これらの漢字は、へんが意味、つくりが音を表す（　①　）だというのが共通点だけど、「主」に「（　②　）」という意味があるのも共通点だということだよ。

生徒B　なるほど、その共通性に気づくと、「人」が「（　②　）」ということなので「住」は「すむ」という意味、「木」が「（　②　）」ということなので「柱」は「はしら」という意味だと考えることができる。「注」は「そそぐ」という行為の結果として「（　③　）」が「（　②　）」のだと考えられるし、「駐」は「馬」を乗り物だと考えれば、うまく説明ができるね。こう考えると漢字の意味がより深く理解できるよね。

生徒C　そういうことか。じゃあ、漢字の例を踏まえて考えてみようよ。課題の文章は製品について述べたもので、〈「人をそこで立ち止まらせ」る〉という表現は（　④　）ということを表しているんだよね。実際私たちは身の回りのものについて「いろいろある」で片付けていることが多いと思うよ。

生徒A　そのとおり。毎日使っている椅子もそうだね。椅子の共通性は「座るためのもの」ということだと思うけど、いろんな形状があるよね。教室の椅子は背もたれがあるけど、実験室の椅子には背もたれはないよ。でも、ソファーには

MEMO

大切なことはメモしておこうネ！

2022年度

解　答　と　解　説

《2022年度の配点は解答用紙集に掲載してあります。》

＜数学解答＞

1　(1)　-4　(2)　$3x+7y$　(3)　$5\sqrt{3}$　(4)　$(3x-2)^2$　(5)　$(x=)\dfrac{1\pm\sqrt{17}}{2}$
(6)　$(y=)-6$　(7)　50(度)　(8)　イ，エ

2　(1)　(分速)70(m)　(2)　$(y=)-70x+1400$　(3)　700(m)　(4)　9(分)40(秒)

3　(1)　i　ウ　ii　オ　(2)　$2\sqrt{7}$(cm)　(3)　$\dfrac{9\sqrt{7}}{5}$(cm^2)　(4)　$\dfrac{4\sqrt{14}}{5}$(cm)

4　(1)　$(y=)2$　(2)　$(a=)\dfrac{1}{4}$　(3)①　$(-2,\ -5)$　②　76π(cm^3)

5　(1)　3(通り)　(2)　①　6(通り)　②　8(通り)　③　$\dfrac{14}{45}$

6　(1)　42　(2)　①　4　②　$10n^2$　③　810　(3)　A(選手)　6(位)，17(位)

＜数学解説＞

1　(小問群―数・式の計算，文字式の計算，根号を含む計算，因数分解，2次方程式，反比例，多角形と角度の求値，箱ひげ図の読み取り)

(1)　$3+(-7)=3-7=-4$

(2)　$2(2x+y)-(x-5y)=4x+2y-x+5y=3x+7y$

(3)　$2\sqrt{3}+\sqrt{27}=2\sqrt{3}+\sqrt{3^2\times3}=2\sqrt{3}+3\sqrt{3}=5\sqrt{3}$

(4)　**$a^2x^2-2abx+b^2=(ax-b)^2$を利用する。**$9x^2-12x+4=(3x)^2-2\times3\times2x+2^2=(3x-2)^2$

(5)　2次方程式の解の公式を利用する。$x=\dfrac{-(-1)\pm\sqrt{(-1)^2-4\times1\times(-4)}}{2\times1}=\dfrac{1\pm\sqrt{17}}{2}$

(6)　**yはxに反比例するので，$y=\dfrac{a}{x}$(aは比例定数)と表せる。**これに$x=-9$，$y=2$を代入すると，$2=\dfrac{a}{-9}$　$a=-18$　よって，反比例の式は$y=-\dfrac{18}{x}$であり，これに$x=3$を代入すれば，$y=-6$

(7)　**多角形の外角の和は360°**なので，$x+110+40+90+70=360$　$x=50$

(8)　ア　中央値はともに60点であるが，平均点が60点かどうかは不明である。　イ　数学の四分位範囲は$80-50=30$(点)，英語の四分位範囲は$70-45=25$(点)なので，数学の方が四分位範囲は大きく，正しい。　ウ　英語の最高点が90点，数学の最高点が80点でその合計が170点であるが，それぞれの教科の最高点を取った生徒が一致しているかどうかは不明。　エ　生徒数は35人なので，数学の上位から9番目の生徒が第三四分位数である80点をとっていることがわかるので，正しい。

2　(1次関数とグラフ，速さに関する問題，ダイヤグラムの利用)

(1)　Aさんは14分で980m進んでいるので，その速さは$980\div14=70$(m)

(2)　2点$(6,\ 980)$，$(20,\ 0)$を結ぶ直線となるので，その傾きは**(yの増加量)÷(xの増加量)**より$(980-0)\div(6-20)=980\div(-14)=-70$　これより，$y=-70x+b$とおける。これに$x=20$，$y=0$を代入して，$0=-1400+b$　$b=1400$　よって，$y=-70x+1400$…①

(3)　Aさんについての9時から9時14分までを表す直線の式は$y=70x$…②　①，②より，yを消去して$70x=-70x+1400$　$x=10$　したがって，出会ったのは9時10分とわかる。このときのP地点からの距離は②より，$y=700$(m)

(4)　AさんとBさんの速さは同じであり，9時12分にCさんはAさんとBさんのちょうど真ん中にいることから，9時12分にCさんはAさんとBさんが出会った地点である「P地点から700mの地点」にいるとわかる。また，Cさんが「P地点から700mの地点」までにかかる時間は，700÷300＝2余り100より，$\left(2+\frac{1}{3}\right)$分，すなわち，2分20秒。したがって，Cさんが図書館にいた時間は12(分)－2(分)20(秒)＝9(分)40(秒)

3 **(平面図形―三角形の相似の証明，三平方の定理と線分の長さの求値，面積の求値，相似の性質と線分の長さの求値)**

(1)　i　∠AECの対頂角は，∠OED　ii　∠ACEと∠ODEは平行線における錯角である。

(2)　**ABは円の直径なので，∠ACB＝90°**　したがって，△ABCにおいて三平方の定理より，$AB^2=AC^2+BC^2$　すなわち，$8^2=6^2+BC^2$　$BC^2=64-36=28$　BC＞0より，$BC=\sqrt{28}=2\sqrt{7}$(cm)

(3)　△ACE∽△ODEより**対応する辺の比はすべて等しい**ので，EA：EO＝AC：OD＝6：4＝3：2　したがって，EA：EO：OB＝3：2：5となり，AE：EB＝3：7といえる。これより，$\triangle ACE=\triangle ACB\times\frac{AE}{AB}=\left(\frac{1}{2}\times2\sqrt{7}\times6\right)\times\frac{3}{10}=\frac{9\sqrt{7}}{5}$(cm^2)

(4)　図のように2点C，Dからそれぞれ線分ABに垂線CI，DHをひく。△ACI∽△ABCより，AC：CI＝AB：BC　すなわち，6：CI＝8：$2\sqrt{7}$　これより，$8CI=12\sqrt{7}$　$CI=\frac{12\sqrt{7}}{8}=\frac{3\sqrt{7}}{2}$(cm)　さらに，(1)より△ACE∽△ODEなので，EC：ED＝AC：OD＝3：2であり，△ECI∽△EDHより，EC：ED＝CI：DH　すなわち，$3:2=\frac{3\sqrt{7}}{2}:DH$　これより，$DH=\sqrt{7}$(cm)　ここで，△ODHにて三平方の定理より，$OD^2=DH^2+OH^2$なので，$4^2=(\sqrt{7})^2+OH^2$

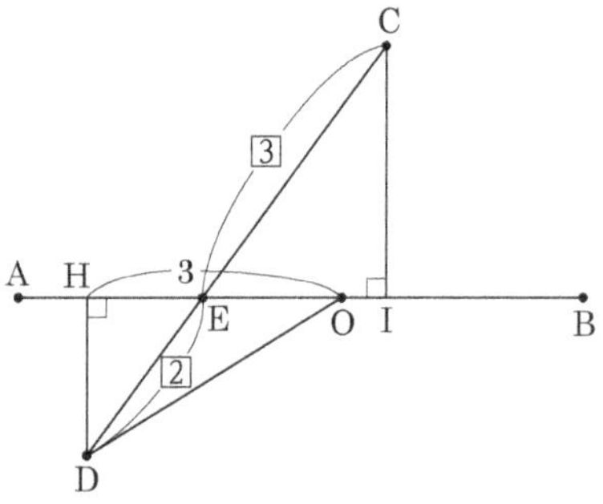

$OH^2=16-7=9$　OH＝3(cm)　また，$OE=OA\times\frac{2}{5}=4\times\frac{2}{5}=\frac{8}{5}$(cm)なので，EH＝OH－OE$=3-\frac{8}{5}=\frac{7}{5}$(cm)　ゆえに，△DEHにて三平方の定理より，$DE^2=DH^2+EH^2=(\sqrt{7})^2+\left(\frac{7}{5}\right)^2=7+\frac{49}{25}=\frac{224}{25}$　よって，$DE=\sqrt{\frac{224}{25}}=\frac{4\sqrt{14}}{5}$(cm)

4 **(関数とグラフ―放物線とそのグラフ，座標の求値，比例定数の求値，2点を通る直線の利用，回転体とその体積・相似な図形における体積比の利用)**

(1)　点Cのx座標は2であり，関数$y=\frac{1}{2}x^2$のグラフ上にあるので，$y=\frac{1}{2}x^2$に$x=2$を代入すると，$y=2$より，点Cのy座標は2

(2)　2点A，Bはともに関数$y=ax^2$のグラフ上にあるので，A(2，$4a$)，B(4，$16a$)とわかる。$y=ax^2$でxの値が2から4まで増加するときの変化の割合は$\frac{3}{2}$であることから，**2点A，Bを結ぶ直線の傾きが$\frac{3}{2}$となる**。したがって，$(16a-4a)\div(4-2)=\frac{3}{2}$　これを解いて，$a=\frac{1}{4}$

(3)　①　**2点CとDはy軸について対称**なので，C(2，2)よりD(－2，2)である。また，A(2，1)，B(4，4)であり，直線ABの傾きは$\frac{3}{2}$より，その式は$y=\frac{3}{2}x+b$と表せる。これにA(2，1)を代入すると，$1=\frac{3}{2}\times 2+b$　$b=-2$　ゆえに，直線ABの式は$y=\frac{3}{2}x-2$　点Eはこの直線上にあり，x座標が-2なので，そのy座標は$y=\frac{3}{2}\times(-2)-2=-5$とわかり，点Eの座標はE$(-2,\ -5)$

② 右図のように2直線AEとA'E'の交点をPとすると，求める体積は線分AA'を直径とする円と線分EE'を直径とする円からなる円すい台の体積となる。したがって，(点Pを頂点とし，線分EE'を直径とする円を底面とする円すい)から(点Pを頂点とし，線分AA'を直径とする円を底面とする円すい)を引けばよい。この2つの円すいは相似であり，その相似比はED：AC＝7：1であるので，CD：PC＝6：1とわかり，$CP=CD\times\frac{1}{6}=4\times\frac{1}{6}=\frac{2}{3}$　よって，$PD=4+\frac{2}{3}=\frac{14}{3}$　したがって，求める体積は，$(7^2\times\pi)\times\frac{14}{3}\times\frac{1}{3}-(1^2\times\pi)\times\frac{2}{3}\times\frac{1}{3}=\frac{686}{9}\pi-\frac{2}{9}\pi=\frac{684}{9}\pi=76\pi\ (\mathrm{cm}^3)$

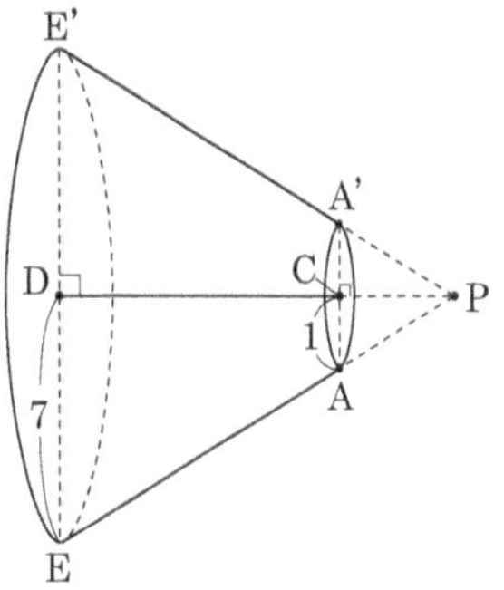

5 (場合の数・確率と図形―カードの取り出し方，ねじれの位置，三平方の定理の利用)

異なる3つの袋を㋐，㋑，㋒とし，袋㋐にはA，B，C，D，Eの5枚のカード，袋㋑と袋㋒にはそれぞれB，C，Dのカードが入っているとする。

(1) すべて同じ文字となる取り出し方は，3枚ともB，3枚ともC，3枚ともDの3通りある。

(2) ① 図形Xが線分BCとなるカードの取り出し方は，(㋐，㋑，㋒)＝(B，B，C)，(B，C，B)，(C，B，B)，(B，C，C)，(C，B，C)，(C，C，B)の6通りある。

② 直線ABとねじれの位置にある直線は，直線CD，直線DE，直線CEの3つある。それぞれの場合となるカードの取り出し方を考えると，直線CDは，(㋐，㋑，㋒)＝(C，C，D)，(C，D，C)，(D，C，C)，(C，D，D)，(D，C，D)，(D，D，C)の6通り　直線DEは，(㋐，㋑，㋒)＝(E，D，D)の1通り　直線CEは，(㋐，㋑，㋒)＝(E，C，C)の1通り　以上より，8通りの取り出し方がある。

③ △BCD≡△CDE≡△DEB≡△EBC≡△BAD≡△CAEであり，**すべて2cm，2cm，$2\sqrt{2}$cmの3辺を持つ直角三角形**であり，その面積は$\frac{1}{2}\times 2\times 2=2\ (\mathrm{cm}^2)$　この6個の三角形が条件にあてはまる。△BCDとなるカードの取り出し方は，(㋐，㋑，㋒)＝(B，C，D)，(B，D，C)，(C，B，D)，(C，D，B)，(D，B，C)，(D，C，B)の6通り　△CDEとなるカードの取り出し方は，(㋐，㋑，㋒)＝(E，C，D)，(E，D，C)の2通り　△DEB，△EBC，△BADとなるカードの取り出し方も同じ考え方で2通りずつある。△CAEとなるカードの取り出し方はない。以上より，問題の条件にあてはまるカードの取り出し方は全部で$6+2\times 4=14$(通り)となり，そもそもカードの取り出し方は全部で$5\times 3\times 3=45$(通り)あるので，求める確率は$\frac{14}{45}$

6 (数学的思考力の利用・整数の性質の利用)

(1) ポイントは3つの種目の順位の積により決まるので，5位のマウェム選手は$3\times 2\times 7=42$となる。

(2) ① 順位の平均値はそれぞれ次のようになる。

ヒネス ロペス選手が4，コールマン選手が4，シューベルト選手が$\frac{13}{3}$，ナラサキ選手が$\frac{11}{3}$，マウェム選手が4，オンドラ選手が4，ダフィー選手が4　したがって，この方法だと平均値の最も低いナラサキ選手が1位となる。

② 3種目とも10位だった場合のポイントは，$10\times 10\times 10=1000$　3種目の順位がそれぞれ$(10-n)$位，10位，$(10+n)$位だった場合のポイントは，$10(10-n)(10+n)=10(100-n^2)=1000-10n^2$　したがって，その差は，$1000-(1000-10n^2)=10n^2$となる。

③ 競技に出場した選手が20人とした場合，nの範囲は0以上9以下なので，$10n^2$は$n=9$のとき最大値810となる。

(3) A選手のポイントは4の倍数であり，401以上410以下の中に4の倍数は404と408の2つある。$404=2^2\times101=4\times101$，$408=2^3\times3\times17=4\times6\times17$であり，4位となった種目が1種目あるので，408ポイントしか考えられず，残りの順位は6位と17位。また，B選手のポイントは15の倍数であり，401以上410以下の中に15の倍数は405しかなく，$405=15\times27=15\times3\times9$なので，残りの種目の順位は3位と9位。以上より，$408>405$なので，A選手の方がポイントが高く下位である。

＜英語解答＞

Ⅰ 1 No. 1 b No. 2 a No. 3 c 2 No. 1 b No. 2 d No. 3 d
3 1 c 2 a
Ⅱ 1 (1) ウ (2) カ 2 ① イ ② エ ③ ア
3 あ places I should visit い many hours do you
Ⅲ 1 エ 2 ウ 3 A エ B ア C イ 4 イ
Ⅳ 1 ア 2 ア 3 ウ 4 エ 5 あ jam い events
う information
Ⅴ 1 ① to practice ② finished ③ listening 2 ① river
② sun[Sun] ③ clouds 3 ① part in ② are interested
③ on (the) stage

＜英語解説＞

Ⅰ (リスニング)

放送台本の和訳は，57ページに掲載。

Ⅱ (短文読解問題：語句補充，語句の並べ換え)

(全訳) タン：多くの外国人が観光でシンガポールを訪れます。私の好きな場所は屋根に大きなプールがあるホテルです。とても有名で，多くの映画でそれを見ることができます。シンガポールは美しい国です。公共の場でゴミを見つけるのは難しいです。道にゴミを捨てる人は罰金を払わなくてはなりません。私はこのルールを尊重します。あなたがここへ来て，きれいな街を楽しんでくれたらと思います。

あなた：ありがとうございます，タン。①私たちもまた町をきれいに保とうと努めていますが，そのようなルールについて聞いて驚きました。

クマール：シンガポールは多様性の国です。多くの人たちが一緒に生活をし，豊かな文化を作っています。例えば，ここでは多くの言語が話されています。私はいつも英語を話しますが，家族と話すときはタミル語を話します。また，私たちの料理は外国のレシピに影響を受けています。(私たちの国には)インドからきた有名なカレーがあります。カレーに大きな魚の頭が入っています！ 試してみてください！

あなた：ありがとうございます，クマール。②私たち(の国に)も多くの種類の料理がありますが，そのようなカレーは見たことがありません。

アイーシャ：シンガポールでは新学期は1月に始まります。6月に夏休みがあります。私の学校は朝7時半に始まります。授業では様々な国から来た生徒たちが一緒に勉強し，いくつかの言語を学びます。放課後はクラブ活動をします。私は宿題クラブに入っています。このクラブでは宿題をして，難しい問題を解くためによく友達と一緒に勉強します。

あなた　　：ありがとうございます，アイーシャ。③私たちも宿題をしなくてはなりませんが，クラブ活動としてはやりません。

1　(1)　ウ「アイーシャだけが学校生活について話している」　(2)　カ「クマールとアイーシャが言語について話している」

2　①　タンは道がきれいであることとそのルールについて述べているのでイがふさわしい。
②　クマールは多様性やカレーについて述べているのでエがふさわしい。　③　アイーシャは学校やクラブについて述べているのでアがふさわしい。

3　あ　(Can you introduce other)places I should visit(?)「私が訪れるべき他の場所を紹介しれくれますか？」**名詞に主語と動詞のある文章を続けて「～する(名詞)」**と名詞を説明する表現となる。should「～するべき」は助動詞で後ろに動詞の原形が続く。to が不要。
い　(How)many hours do you(study at home in a day?)「あなたは家で一日に何時間勉強をしますか？」How manyに続く名詞は複数形。often が不要。

Ⅲ　(長文読解問題・説明文：語句補充)

(全訳)　魚群探知機が何かを知っていますか？　それは海で魚の群れを探すために漁師が使う機械です。最初の魚群探知機は約70年前に発明されました。この機械で魚の群れがどこにいるのかを画面で見ることができたので以前よりも多くの魚を獲ることができました。

しかし，古い魚群探知機は問題を引き起こしました。それぞれの魚のサイズを見ることができなかったので，漁師たちは時に若い魚を獲り過ぎました。結果として魚の数が減ったエリアもあり，漁師は十分な魚を獲ることが出来ませんでした。

かつてイルカを研究していたある日本人男性がこの問題を改善するためのアイディアを思いつきました。彼はイルカがいかに早く泳ぎ，魚を捕まえることが得意かを知っていました。彼らは音波を使って狩りをする特別なスキルがあるのです。イルカはとても早く何度も音波を出します。この音波は魚に到達して返ってきます。それなのでイルカは簡単にその魚がいるところを見つけることができます。彼らは魚の形，サイズ，スピードもわかるのです。

彼はそのイルカのスキルを魚群探知機に応用しました。これ大きな成功でした。今，彼の新しい魚群探知機は古いものよりもっとはっきりと映像を映すことができます。それなので漁師はそれぞれの魚がどれくらい大きいのかを知ることさえできるのです。その魚が若すぎるとわかったときは，漁師は漁をやめて他の場所に行くことができます。これはそのエリアの若い魚を救う助けになります。漁師は何年もそこで魚を獲り続けることができます。

「海は長い間私たちにたくさんのいいものを与えてくれています。私はそこに何かを返したいのです。私たちの周りにある自然から学ばないといけないと信じています。イルカのスキルはその例の1つです。イルカから私はアイディアを得て新しい魚群探知機を発明しました。私は日々の生活に役立つ機械を発明し続けたいです。もし私の仕事のおかげでより多くの子どもたちが海を好きになったら私はとても嬉しいです」と彼は言いました。

1「新しい魚群探知機はイルカのように魚を捕まえるために音波を使っています」　第3段落第3文以降，第4段落第1文参照。

2　②「漁師は魚の群れの場所だけを見ることができた」 第1段落最終文参照。　③「漁師はそれぞれの魚のサイズも見ることができる！」 第4段落第4文参照。

3　A　エ「魚の数が減る。それなので彼らは少ない数の魚しか獲れない」 第2段落参照。
B　ア「それなので彼らは獲りたい魚を選ぶことができる」 第4段落参照。　C　イ「若い魚を獲るのをやめられる。それなので彼らは何年も魚を獲り続けられる」 第4段落5～7文参照。

4「日本人男性はイルカの狩りスキルに注目したあとに新しい機械のアイディアを得た」第3段落,第4段落第1文参照。　ア「日々の生活で役立つ何かを発明した」　ウ「新しい機械でたくさん魚を獲った」　エ「多くの種類の魚を取るための機械を改善した」は内容と合わない。

Ⅳ　(会話文問題：語句補充)

(全訳)　かおる：ここで休憩をしよう。

トム　：うん。この場所は何？

かおる：ここは道の駅。車のための駅だよ。お手洗いを使ったり休憩したりできるの。

トム　：見て！　ここには野菜や果物がたくさん売っているよ。とても新鮮だしそんなに高くない。

かおる：うん，農家の人たちがこの近くの彼らの畑から持って来るの。自分の生産品の値段を決めることができるの。

トム　：いいね！　①ところで，トマトの箱に何がプリントしてあるの？

かおる：これは農家の人の名前，タナカさん。あと彼が農薬を使わずにトマトを育てたことを伝えているよ。

トム　：なるほど。②誰が作ったか，どのように育てられたかを知っていたら僕は安心するよ。

かおる：私もそう思う。

トム　：ええと，農家の人たちは他に何か売っているの？

かおる：うん，手作りの製品も売っているよ。例えば私の祖母は四季を通じてジャムを売っているの。彼女は自分の畑で育てたブルーベリーから作っているの。人気ですぐ売れるんだ。

トム　：それはいいね。

かおる：道の駅は農家が③自分で値段を決めたり製品を売ったりできるから地元の農家にとっていいよね。

トム　：僕もそう思う。この道の駅だけで売られているオリジナルの製品を買うことができるね。

かおる：それに道の駅にいるたくさんの人たちを惹きつけるために計画されたオリジナルのイベントも楽しめるよ。

トム　：本当？　どんなイベントがあるの？

かおる：例えばこの道の駅では毎月刃物研ぎのイベントがあるよ。この町には江戸時代から素晴らしい刃物を造っている会社があるの。その製品についての博物館がこの建物の隣にあるよ。

トム　：ああ，その歴史も学べるんだね。

かおる：さらに，旅行に便利な情報をたくさん得ることができる。道の駅はその町の情報を広めているの。他の町から来る人たちが道の駅を訪れて，週末はいつも混んでいるよ。地元の人たちはもっと元気になる。

トム　：その通りだね。道の駅は多くの観光客を惹きつけているね。観光客が④この地元のコミュニティをもっと活動的なものにしていると思うよ。僕もたくさんの違う道の駅を訪れたいよ。

かおる：来週他の道の駅に行くのはどう？
トム　：素晴らしいね。

1　by the way「ところで」は話題が変わるときに使う表現。in total「合計で」, for example「例えば」, of course「もちろん」。

2　直前のかおるの発話から生産者の名前と栽培方法が明記されていることがわかる。

3　道の駅で農家ができることについて3，6つ目のかおるの発話を参照する。　ア「休憩したり町の歴史を学んだりできる」，イ「生産品を育てたり，観光客の名前を見たりできる」，エ「他の地元の博物館を訪れたり，もっと多くの生産品を見せたりできる」は発話内容と合わない。

4　空欄の直前のかおるの発話内容に合うのはエ。　ア「地元の生産品を売るチャンスがある」，イ「地元の農家が他の製品を売るのを手伝う」，ウ「地元の人たちに他の都市へ行くように言う」は会話の内容と合わない。

5　あ「彼らはまたジャムなどの手作りの製品を四季を通じて売っている」6つ目のかおるの発話参照。　い「多くの面白いイベントが多くの人を惹きつけるために計画されていることを聞いている」8つ目のかおるの発話参照。　う「また，観光客は観光に役に立つ情報を集めることができる」10番目のかおるの発話参照。

V　(語句補充，語い問題：語形変化，不定詞，動名詞，過去，前置詞)

1　①「コンテストの前にとても一生懸命練習する必要があった」**<need to ＋動詞の原形>「～する必要がある」**　②「コンテストの間ついにスピーチをし終えてリラックスした」finish ～ ing で「～し終える」。過去の話なので過去形にする。　③「クラスメイトのスピーチを聞くことで，私は次のためにより良いスピーチの仕方を学んだ」**by ～ ing「～することによって」**

2　絵をよく参照する。　①「山に雨が降ると水は川に行き，そして海へ行く」　②「太陽が水を温めると，それは上空へ行く」　③「その後水は雲になる」

3　①「高校生にファッションコンテストに参加してもらいたい」**take part in「参加する」**
②「ファッションに興味のある生徒を歓迎している」be interested in「～に興味がある」
③「もし5月の一次審査で勝ったら8月の最終審査でステージ上を歩くことができる」

2022年度英語　聞き取りテスト

〔放送台本〕

これから聞き取りテストを行います。問題は聞き取りテスト1，2，3の3つがあります。

(聞き取りテスト1)

聞き取りテスト1は，会話を聞いて，その会話に続く応答として適切なものを選ぶ問題です。それぞれの会話の場面が問題用紙に書かれています。会話のあとに放送される選択肢a～cの中から応答として適切なものを，それぞれ1つ選びなさい。会話と選択肢は1回だけ読みます。では，始めます。

No. 1

A: Wow, that's a nice T-shirt.
B: Yes, this is very popular among high school students.
A: Nice, I'll take it. How much is it?
(a) I think you'll like it.

(b)　It's 50 dollars.
(c)　You can buy it anywhere.

No. 2
A:　May I help you?
B:　Yes, I think I left my bag on the train.
A:　I see.　What does it look like?
(a)　It's black and has two pockets.
(b)　It's too heavy to carry.
(c)　It's the wrong train.

No. 3
A:　My dream is to be a police officer.
B:　What do you do for your dream?
A:　I go outside to run at night.
(a)　Good, it's exciting to run in the gym.
(b)　Good, sleeping at night is good for you.
(c)　Good, you try to make your body stronger.

〔英文の訳〕

No.1　A：わあ，すてきなＴシャツですね。
B：はい，これは高校生の間でとても人気です。
A：いいですね，これを買います。いくらですか？
(a)　あなたは気に入ると思います。(×)
(b)　50ドルです。(○)
(c)　それはどこでも買えます。(×)

No.2　A：おうかがいいたしましょうか？
B：はい，電車に鞄を置いてきたと思うんです。
A：なるほど。それはどんな見た目でしたか？
(a)　黒くて2つポケットがあります。(○)
(b)　重すぎて運べません。(×)
(c)　それは違う電車です。(×)

No.3　A：私の夢は警察官になることです。
B：夢のために何をしていますか？
A：夜走りに外に行きます。
(a)　いいですね，体育館で走るのはわくわくします。(×)
(b)　いいですね，夜寝ることはあなたにとっていいですね。(×)
(c)　いいですね，体をより強くしようとしていますね。(○)

〔放送台本〕

(聞き取りテスト2)

聞き取りテスト2は，会話を聞いて，その内容について質問に答える問題です。それぞれ会話のあとに質問が続きます。その質問に対する答えとして適切なものを，問題用紙のa～dの中からそれぞれ1つ選びなさい。会話と質問は2回読みます。では，始めます。

No. 1

A: Mr. Smith, I want to improve my English.

B: You really like English, Mayumi!

A: Yes, I do. How can I have more chances to use it?

B: Come to the cafeteria on Wednesday. I talk with students who want to speak English after lunch.

A: Can I join that, too?

B: Sure. Let's talk together.

(Question) What is his advice?

No. 2

A: Kevin, my sister and I are going to visit Australia for the first time.

B: That's great, Maria. I've never been there.

A: Do you know anyone who knows the country well?

B: Yes, Kaito lived there.

A: Wow. I'd like to listen to his experiences.

B: He's in Canada now, but you can talk with him on the Internet.

(Question) Who lived in Australia?

No. 3

A: Look at this graph. Students from different grades were asked a question.

B: OK, what are the results?

A: High school students are the kindest.

B: Well, older students are kinder than younger students, right?

A: Yes, I think students will be able to think of other people more as they grow up.

B: Oh, how interesting!

(Question) Which graph are they looking at? .

〔英文の訳〕

No. 1 A：スミス先生，私は英語を上達させたいんです。

B：あなたは本当に英語が好きですね，マユミ！

A：はい，そうです。どうやったらもっと使う機会を持てますか？

B：水曜日にカフェテリアに来てください。昼食後に英語を話したい生徒たちと話しています。

A：それに私も参加できますか？

B：もちろんです。一緒に話しましょう。

質問：彼のアドバイスは何ですか？

答え：b　昼食後に彼と話すこと。

No. 2 A：ケビン，私の姉[妹]と私は初めてオーストラリアを訪れるつもりなんです。

B：それはいいですね，マリア。私はそこへ行ったことがありません。

A：誰かその国をよく知っている人を知っていますか？

B：はい，カイトはそこに住んでいました。

A：わあ。彼の経験を聞きたいです。

B：彼は今カナダにいるけど，インターネットで彼と話すことができます。

質問：誰がオーストラリアに住んでいましたか？
答え：d　カイトでした。

No. 3　A：このグラフを見てください。様々な学年の生徒たちが質問を受けました。
B：オーケー，どんな結果でしたか？
A：高校生が一番親切でした。
B：そうですね，若い方の生徒よりも年上の生徒の方が親切なんですよね？
A：はい，成長するにつれてもっと他人のことを考えらえるようになるんだと思います。
B：ああ，なんて面白んだろう！
質問：彼らはどのグラフを見ていますか？
答え：d

〔放送台本〕
(聞き取りテスト3)

聞き取りテスト3は，英語による説明を聞いて，その内容についての2つの質問に答える問題です。問題用紙に書かれている，場面，Question 1と2を見てください。これから英文と選択肢が放送されます。英文のあとに放送される選択肢a～dの中から質問に対する答えとして適切なものを，それぞれ1つ選びなさい。英文と選択肢は2回読みます。では，始めます。

Do you know how to take notes well? Just copying the blackboard is not enough. You should write everything you notice during class. If you can explain the contents from your notebook, that means you can take notes well. However, this is not the only way to take notes well, so try to discover your own style.

(Question 1　Answer)
(a) The best styles of copying the blackboard.
(b) The only reason to explain the contents.
(c) The important points of taking notes well.
(d) The successful way to answer questions.

(Question 2　Answer)
(a) To let them think of their own way to take notes.
(b) To let them make their own rules in class.
(c) To let them remember everything in their notebooks.
(d) To let them enjoy writing with their classmates.

これで聞き取りテストを終わります。

〔英文の訳〕

ノートの上手な取り方を知っていますか？　黒板をただ写すだけでは十分ではありません。授業中気が付いたことを全て書いた方がいいです。もしノートから内容を説明することができたら，それはノートを上手に取っているということです。しかし，これだけがノートを上手に取る方法ではありませんので，自分のスタイルを見つけるよう挑戦してください。

質問1：先生は何について話していますか？
答え　：c　ノートを上手に取るための重要なポイント。
質問2：なぜ先生は生徒達に話をしていますか？
答え　：a　自分のノートの取り方について考えさせたるため。

＜理科解答＞

Ⅰ　1　(1)　エ　(2)　イ　(3)　ウ　(4)　オ　2　(1)　けん　(2)　①　ア
②　250〔N〕　(3)　縮む筋肉　D，F　ゆるむ筋肉　G，I

Ⅱ　1　(1)　ア　(2)　エ　(3)　⑤・⑥　ア　⑦　ア　(4)　ウ　2　(1)　エ
(2)　イ　(3)　ウ　(4)　エ

Ⅲ　1　(1)　ウ　(2)　エ　(3)　①・②　イ　③　ア　(4)　ウ　2　(1)　イ
(2)　①　イ　②　エ　(3)　ウ　(4)　67〔%〕

Ⅳ　1　(1)　エ　(2)　①　ア　②　5〔通り〕　③　428〔W〕　2　(1)　ウ
(2)　①　ウ　②・③　エ　(3)　イ　(4)　0.91〔秒〕

＜理科解説＞

Ⅰ　(動物の体のつくり)

1　(1)　脳やせきずいでは命令や判断を行う。これらをまとめて中枢神経という。

(2)　この反応は反射ではなく，脳で考えて次の反応を判断している。よって，皮膚でとらえた刺激が感覚神経を通ってせきずいから脳へ伝わる。脳では適切な命令を判断し，再びせきずいを通して運動神経から筋肉へ命令を伝えている。

(3)　3回の平均は，(2.59＋2.40＋2.33)÷3＝2.44〔s〕　これは，刺激の信号がBさんの右手からIさんの左手までの8人の間を伝わるのにかかっている時間と，AさんがIさんのようすを見てストップウォッチを止めるのにかかった時間0.20秒の合計である。よって，1人あたりを伝わるのにかかった時間は，(2.44－0.20)÷8＝0.28〔s〕

(4)　**反射**の反応を選ぶ。ア～ウは意識して行っている反応である。また，エは，梅干がすっぱいという知識があるために起こる反応であるため，反射ではない。

2　(1)　筋肉の両端の，骨についている部分をけんという。

(2)　①　てこを傾けるはたらきは，「**おもりの重さ×支点からの距離**」という式で表すことができる。図3で，支点はCである。荷物が下へ落ちようとするてこのはたらきとB点を上へ持ち上げようとしているてこのはたらきがつり合っていると考えることができる。　②　筋肉にはたらく力の大きさをxNとすると，問題の式から次のようになる。30〔N〕×(22＋3)〔cm〕＝x〔N〕×3〔cm〕　x＝250〔N〕

(3)　向かい合う筋肉は，一方が縮むともう一方がゆるむ。ひじを伸ばすためには筋肉Fが縮み，同時に筋肉Iがゆるむ必要がある。また，指を伸ばすために，筋肉Dが縮み，筋肉Gがゆるむ必要がある。

Ⅱ　(岩石と地震)

1　(1)　斑状組織の説明を完成させる。斑状組織では，粒のよく見えない石基の中に，比較的大きな斑晶が見られる。

(2)　火成岩Aは斑状組織であることから**火山岩**である。花こう岩，せん緑岩，斑れい岩はすべて深成岩である。

(3)　火成岩Bは，無色鉱物を非常に多くふくむため，岩石をつくるもとになったマグマのねばりけは大きいと考えられる。ねばりけの大きなマグマをもつ火山は激しく爆発的な噴火をし，このマグマがつくる火山は，おわんをふせたような形の火山となる。

(4)　ア…どんなマグマにもセキエイが10%以上ふくまれることは確認できない。イ…ねばりけが最も小さいマグマでは，有色鉱物が60%を超えている。エ…ねばりけが最も小さいマグマにセキエイはふくまれていないが，チョウ石は約21%ふくまれている。

2　(1)　震源では，初期微動を起こすP波と主要動を起こすS波が同時に発生している。震源からの距離が遠くなるほど，初期微動継続時間は長くなる。

(2)　地点AとBの記録から，初期微動を起こすP波は，72−60＝12〔km〕を3秒間で伝わったことがわかる。よって，P波が伝わる秒速は，12〔km〕÷3〔s〕＝4〔km/s〕　P波が60kmを伝わるのにかかる時間は60〔km〕÷4〔km/s〕＝15〔s〕　したがって，地震発生時刻は，B地点で初期微動が始まった8時49分21秒の15秒前の8時49分6秒である。

(3)　地点A，Bの記録から，主要動を起こすS波の秒速は，12〔km〕÷4〔s〕＝3〔km/s〕　よって，震源から105kmの地点にS波が届くのにかかる時間は，105〔km〕÷3〔km/s〕＝35〔s〕　したがって，震源から105kmの地点では，地震発生の8時49分06秒の35秒後の8時49分41秒に主要動が発生する。緊急地震速報が発表されたのは，8時49分21秒＋4秒＝8時49分25秒なので，震源から105kmの地点にS波が到達したのは，緊急地震速報が発表された(8時49分41秒−8時49分25秒＝)16秒後である。

(4)　矢印Xの方から日本列島を見ると，右側に海洋プレート，左側に大陸プレートがあるように見える。日本近海では，海洋プレートが大陸プレートの下に沈み込んでおり，この2つのプレートの境界面に沿って，大きな地震の震源が分布している。よって，アのように見える。これを反対側のZから見ると，アの逆のウのように見える。一方，Wの方から見た場合，全体的に大陸プレートの向こうに海洋プレートがあるように見えるので，震源分布は全体的に広がって見えるが，日本では特に震源が深い(300kmよりも深い)地震は紀伊半島沖に集まっている。そのため，Wから見ると，特に震源が深いエリアが向かって右側に集まっているように見える。

Ⅲ　(化学変化とイオン)

1　(1)　水酸化ナトリウム水溶液は**アルカリ性**なので，無色のフェノールフタレイン溶液を赤色に変える。

(2)　電子オルゴールの接続の状態から，電極Xが＋極，電極Yが−極になっている。電子は電池の−極から＋極へ向かって移動するため，電極Yから出て，電子オルゴールを通り，電極Yに向かっている。また，水の電気分解では，水素：酸素＝2：1の体積の割合で発生する。図2で電極Y(−極)側に発生していた気体は水素である。

(3)　電池は，物質がもつ化学エネルギーを電気エネルギーに変換する装置である。**水の電気分解の逆の化学変化**を利用した電池は，特に燃料電池という。

(4)　装置Aでは，水素と酸素の合計の体積が4＋1＝5〔cm^3〕であるが，このうちの2cm^3が余っているため，反応して水となった気体の体積は，5−2＝3〔cm^3〕である。同様に，反応に使われた気体の体積を求めると，装置Bが6cm^3，装置Cが6cm^3，装置Dが6cm^3となる。反応した気体の体積と生じた水の質量の割合は，等しくなる。

2　(1)　バリウムイオンはBa^{2+}のイオン式で表される。よって，バリウムイオンはバリウム原子が2個の電子を失ってできた2価の陽イオンである。

(2)　BTB溶液は，酸性で黄色，中性で緑色，アルカリ性で青色を示す。水酸化バリウム水溶液はアルカリ性なので，BTB溶液を入れると青色を示す。うすい硫酸40cm^3を加えたときに0.82gの塩が生じているが，硫酸を50cm^3加えても，生じている白い沈殿の質量はビーカーD

と同じなので，Eの水溶液では完全に中和した点をこえても硫酸を加え続けていると考えることができる。よって，溶液は酸性になっているといえる。

(3)　うすい硫酸$10cm^3$を加えると，白い沈殿が0.24g生じることから，白い沈殿0.82gができるときに加えたうすい硫酸の体積を$x$$cm^3$とすると，$10:0.24=x:0.82$　$x=34.1\cdots$〔cm^3〕
よって，約$34cm^3$のうすい硫酸を加えたときに，溶液は完全に中性となる。水酸化バリウムとうすい硫酸の反応では，生じた塩が水にとけにくいため，中性となった溶液の中にはイオンが生じていない。よって，うすい硫酸を約$34cm^3$加えたときに，電流が流れなくなる。その後，さらに硫酸を加えると，溶液中にイオンが生じるため，電流が再び流れ始める。

(4)　ビーカーAとEの液を混合するとき，水酸化バリウム水溶液は$40cm^3$，うすい硫酸は$60cm^3$を混合している。$Ba(OH)_2 \rightarrow Ba^{2+}+2OH^-$，$H_2SO_4 \rightarrow 2H^+ + SO_4{}^{2-}$より，次の表の数のイオンを加えたことになる。これらは，中和によって水になったり硫酸バリウムになったりすることで，一部のイオンが減少する。中和せずに溶液中に残ったイオンの数は表のようになる。よって，このうち陰イオン(OH^-)が占める割合は，$200\div(100+200)\times100=66.6\cdots\rightarrow67$%

イオン	Ba^{2+}	OH^-	H^+	$SO_4{}^{2-}$
イオンの数〔個〕	400	800	600	300
混合後，残ったイオンの数〔個〕	100	200	0	0

Ⅳ　(電流とそのはたらき)

1　(1)　電磁調理器は電磁誘導によって生じた誘導電流による発熱を利用している。

(2)　①　家庭のコンセントは，テーブルタップなどを利用しても，各器具が並列につながるようになっている。　②　**電力〔W〕＝電流〔A〕×電圧〔V〕**より，それぞれの器具に流れる電流の大きさを求めると，電気カーペットが4A，そうじ機が6A，ノートパソコンが0.8A，ヘアドライヤーが12A。2つ以上の器具における電流の値の和が15A以内になるのは，1. 電気カーペットとそうじ機(10A)，2. 電気カーペットとそうじ機とノートパソコン(10.8A)，3. 電気カーペットとノートパソコン(4.8A)，4. そうじ機とノートパソコン(6.8A)，5. ノートパソコンとヘアドライヤー(12.8A)　③　表1の状態での電力量は，電気カーペットが400〔W〕×4〔h〕＝1600〔Wh〕，そうじ機が600〔W〕×0.5〔h〕＝300〔Wh〕，ノートパソコンが80〔W〕×2〔h〕＝160〔Wh〕，ヘアドライヤーが1200〔W〕×$\frac{1}{3}$〔h〕＝400〔Wh〕　これらの合計は，1600＋300＋160＋400＝2460〔Wh〕　このうち10%を節約したときの電力量は，2460〔Wh〕×0.9＝2214〔Wh〕
表1の器具の電気カーペットを360Wのものに変え，そうじ機の電力量をxWhとした場合，次の式が成り立つ。360〔W〕×4〔h〕＋x〔Wh〕＋160〔Wh〕＋400〔Wh〕＝2214〔Wh〕より，$x=214$〔Wh〕　よって，そうじ機の電力は，214〔Wh〕÷0.5〔h〕＝428〔W〕

2　(1)　水平面では，小球にはたらく重力と，重力につり合う垂直抗力がはたらく。つり合う2力は大きさが等しい。

(2)　①　6～7，7～8で等速直線運動を行っているため，この直前の5～6で点Bを通過している。②・③　等速直線運動における0.1秒間のテープの長さを比べると，実験1のほうが長い。よって，実験1の方が速さは速い(実験2のほうが遅い)。よって，運動を始めたときの高さは，水平面での速さが速い実験1の方が高い。

(3)　運動を始める小球の高さが実験2と同じなので，水平面での速さが実験2と3では同じになる。また，実験3のほうが重力の斜面に平行な分力が小さくなるため，速さのふえ方が小さい。

(4)　等速直線運動を行っているときの速さを求める。この速さは表3の5～8の運動と等しいの

で，19.8〔cm〕÷0.1〔s〕＝198〔cm/s〕　よって，斜面上で運動するのにかかる時間は，60〔cm〕÷(198÷2)〔cm/s〕＝0.606…〔s〕　また，BC間を運動するのにかかる時間は，60〔cm〕÷198〔cm/s〕＝0.303…〔s〕　この2つの時間の合計は，0.606…＋0.303…＝0.909…→0.91〔s〕

＜社会解答＞

Ⅰ　1　(1)　カ　(2)　ウ　(3)　イ　(4)　ア　(5)　オ　(6)　エ
2　(1)　ア　(2)　エ　(3)　イ　(4)　オ　(5)　①　ウ　②　ア　③　オ

Ⅱ　1　(1)　①　ウ　②　イ　③　エ　(2)　①　ア　②　ウ
(3)　①　(朝鮮)通信使　②　ア　③　化政(文化)　2　(1)　ウ　(2)　①　カ
②　エ　(3)　イ　(4)　エ　(5)　エ

Ⅲ　1　(1)　累進課税(制度)　(2)　イ　(3)　①　ウ　②　ア　(4)　カ　(5)　エ
2　(1)　ア　(2)　①　エ　②　オ　(3)　①　イ　②　ウ　③　希少(性)

＜社会解説＞

Ⅰ　**(地理的分野―日本―地形図の見方，日本の国土・地形・気候，農林水産業，工業，世界―人々のくらし，地形・気候，交通・貿易，資源・エネルギー)**

1　(1)　年平均気温が最も低いAは，**アンデス山脈**の高地に位置するQ。年平均気温が最も高いBは，赤道直下に位置するR。月平均気温が最も高い月の降水量が少ないCは，**地中海性気候**のP。

(2)　赤道直下の熱帯に位置するこの海域では，温帯低気圧は発生しない。温帯低気圧は，中緯度地域で発生する。

(3)　写真は地熱発電所の様子。イは水力発電所。

(4)　シカゴが西経90度の標準時子午線を用いていることから，日本との時差は(135+90)÷15＝15(時間)。1月29日のフライトについて，日本からみたシカゴの時差が－15時間，飛行機の所要時間が11時間55分であることからシカゴの到着時刻を判断する。1月31日のフライトについて，シカゴからみた日本の時差が＋15時間，飛行機の所要時間が13時間25分であることから日本の到着時刻を判断する。ⅲの風は**偏西風**。

(5)　移民は近隣国に入国することが多い。Sはニュージーランド，Tはメキシコ，キューバなどから判断する。

(6)　小麦は，カナダや「**世界の食料庫**」とよばれるアメリカなどからの輸入が多い。銅鉱は，産出量が世界最大のチリなどからの輸入が多い。

2　(1)　あは**信濃川**，いは**利根川**。北西季節風の影響で冬の降水量が多い日本海側は，雪解け水が河川に流れ込む影響で春先に河川の流量が増える。太平洋側は，南東季節風の影響で夏に降水量が多くなり，河川の流量が増える。

(2)　山梨県の産出額が多いことから，果実の産出額がいだとわかる。a…長野県ではなく，千葉県。長野県は**ぶどうやりんご**などの果実栽培がさかんなことから，表4中のQ。

(3)　化学工業の出荷額が少ないことから，ⅱの県は内陸に位置する栃木県と判断する。ⅰ：2019年の化学工業の出荷額が多いことから，石油化学工業がさかんな**京葉工業地域**が位置する千葉県。ⅲ：輸送用機械器具の出荷額が多いことから，自動車工業がさかんな神奈川県。内陸に位置する栃木県の出荷額が多いことから，Xは沿岸部でなくてもさかんな電気機械器具工業と判断する。鉄鋼業であれば，原料となる鉱産資源や製品は海上輸送によって運搬されるため，工場は**沿岸部**に立地することが多い。

(4)　昼夜間人口比率が最も高い①は，通勤・通学で昼に人が集まる都心に位置すると判断する。残った②・③のうち，都心に近いさいたま市は他市区町村への通勤者の割合が高いと判断する。

(5)　①　片品川沿いには，市役所ではなく村役場がある。
②　A付近の三角点とそこから南東に位置する小中学校付近の標高がそれぞれ「377」「445」であること，Bの南西に位置する上沼須町付近の標高や片品川橋付近の標高，B付近に位置する文化会館の東側の標高がそれぞれ「364」「357」「444」であることなどから，台地型の地形と判断する。
③　　で示した土地からは，間隔が狭い複数の等高線と針葉樹林の地図記号が読み取れる。

Ⅱ　(歴史的分野―日本史―時代別―古墳時代から平安時代，鎌倉・室町時代，安土桃山・江戸時代，明治時代から現代，日本史―テーマ別―政治・法律，経済・社会・技術，文化・宗教・教育，外交)

1　(1)　①　朱雀大路の東側に左京，西側に右京が置かれた。　②　図の都は**平城京**で，この場所が都であった時代を奈良時代という。**鑑真**は唐から来日する際，何度も遭難した。　③　**金剛力士像**が安置されているのは，**東大寺南大門**。　(2)　①　**応仁の乱**で中断していた祇園祭を，京都の**町衆**が復興した。　②　室町幕府を滅ぼした**織田信長**は，安土城下で**楽市楽座**を行った。
(3)　①　**対馬藩**の宗氏の尽力で国交が回復したため，彼らには特別に朝鮮との交易が許された。　②　文中の「江戸城」「1657年」などから判断する。**徳川綱吉**が江戸幕府第5代将軍になったのは1680年。1657年には明暦の大火がおこり，江戸の大半が焼失した。**蔵屋敷**は，各藩が**大阪**に設けた。　③　問題文中の「18世紀末」「江戸中心」から判断する。17世紀末に**上方**でおこった町人文化を**元禄文化**という。

2　(1)　日米修好通商条約は，江戸幕府大老**井伊直弼**とアメリカ総領事**ハリス**が結んだ。開国当時の金銀交換比率について，日本が1：5であったのに対して外国は1：15であり，日本における金の価値が外国の3分の1であったことから，海外に金が流出した。　(2)　①　a・bの文中の「まゆ」「植物」などから判断する。　②　筑豊炭田が福岡県に位置することから，問題文中の「製鉄所」が**八幡製鉄所**をさすとわかる。**下関条約**の賠償金の一部を用いて建設された八幡製鉄所は，1901年に操業を開始した。　(3)　財閥は第一次世界大戦以前に政府から払い下げを受け，**大戦景気**に乗じて利益を上げた。　(4)　**新婦人協会**は，大正デモクラシーの風潮の中で女性参政権運動への道を開いた女性団体。ウは女性解放を目指す目的で，平塚らいてうを中心に結成された文芸団体。　(5)　資料1中の五に「電灯」とあることから判断する。1923年には**関東大震災**がおこり，東京や横浜などの大都市が壊滅的な被害を受けた。

Ⅲ　(公民的分野―憲法の原理・基本的人権，三権分立・国の政治の仕組み，国民生活と社会保障，財政・消費生活・経済一般)

1　(1)　**累進課税**で所得の多い企業や個人には税負担を重くし，高所得者から低所得者へ所得の分配が行われることで，所得格差を是正している。
(2)　日本国憲法第**25条**に保障されている**生存権**は，ドイツのワイマール憲法に初めて明記された。奴隷的拘束及び苦役からの自由は，日本国憲法第18条の内容で，自由権に含まれる。
(3)　①　あ・いの文中の「感染症の予防」「高齢者や児童」などから判断する。　②　ⅰ…**介護保険制度**は社会保険のひとつで，40歳以上の国民に加入が義務付けられている。　ⅱ…文中の「政府が」から判断する。共助は，周囲の人々が協力して助け合うこと。
(4)　15歳未満の人口について，50年前は100－(69＋7)＝24(万人)だったのに対して，現在は100－(59＋29)＝12(万人)となっている。
(5)　「大きな政府」は，充実した社会保障や公共サービスなどに政府が税金を投入するため，増税などを行い財源を確保する。「小さな政府」は，国民の税負担を軽減するが，社会保障や公共サービスの内容や規模は縮小される。

2 (1) **メディアリテラシー**ともよばれ，情報化社会を生きるには必要不可欠な力となる。

(2) ① 知的財産権は，アのプライバシーの権利，イの自己決定権，ウの知る権利などとともに新しい人権として国民に保障されている基本的人権のひとつ。

② i…技術革新はイノベーションともよばれる。　ii…文中の「**公正取引委員会**」などから判断する。　iii…企業や個人の知的財産権を保障するために，経済産業省によって特許制度が実施されている。

(3) ① 日本の半導体分野での世界市場占有率において，1980年代は50%を上回っていたが，近年は10%にまで落ち込んでいる。

② 資料3より，パソコン(ノート型)は微減しているだけで，大きく落ち込んではいない。文中の「消費者物価指数が下がっている」から，日本が不景気であることがわかる。不景気の際の消費者の購買意欲は低くなることから，需要量が減少していると判断する。

③ 需要量が供給量を大きく上回っている状態は希少性が高い。

＜国語解答＞

一　問一　イ　　問二　イ　　問三　水　　問四　エ　　問五　ア

問六　⑧　共通性が貫徹していること　　⑨　用途に応じた工夫

二　問一　虎　　問二　観ル者無シレ不ザルハ二皆易顔作サ一。　問三　a　ア　　b　ウ　　問四　イ

三　問一　おおく　　問二　ウ　　問三　イ　　問四　エ

四　問一　②　ざしき　　④　とたん　　⑤　しぼ(られる)　　問二　エ

問三　①　エ　　⑧　ア　　問四　ウ　　問五　ア　　問六　ア　　問七　イ

五　問一　A　ウ　　B　イ　　C　ウ　　問二　発想は　　問三　イ　　問四　ア

問五　エ　　問六　a　客観的な色彩世界　　b　エ　　問七　ウ　　問八　ア

＜国語解説＞

一 (会話・議論・発表―文脈把握，脱文・脱語補充)

問一 「へんが意味，つくりが音を表す」漢字は，イ「**形声文字**」である。

問二 「主人」と「客」の対比からもわかるように，「主」にはイ「**とどまって動かない**」という意味がある。アの「中心的な存在になる」という意味もあるが，文脈に合わないので不適切。

問三 「注」の「氵」(さんずい)は，**水**を表す。

問四 空欄④の後の「『いろいろある』で片付けている」は，「いろいろある」が結論になり，その製品と他の製品との共通点や相違点は何かなどについて，**それ以上考えなくなってしまう**ことを表すので，エが正解。他の人が考えることを諦めさせるのではないから，アは不適切。製品の使用をやめさせるとは書いていないので，イは誤り。ウの「関心を製品の特徴に向けさせる」は，逆の内容である。

問五 空欄⑤には，生徒Bの発言の「座り心地の良さ」と「移動」から「**快適性と動かしやすさ**」が入る。空欄⑥には，生徒Bの発言の「実験台の下」におさまることと「すぐに動かせる」から「**収納性と動かしやすさ**」が入る。空欄⑦には，生徒Dの発言の「座り心地の良さ」から「**快適性**」が入る。

問六 空欄の前後の表現を手がかりに，⑧は【課題】の後半の「しかし，いろいろの中にも**共通性が貫徹していること**を知れば……」から抜き出す。⑨は，【課題】の最後の一文の「それぞれの違いが，**用途に応じた工夫**だと考えられるようになります」から抜き出す。

二 (漢文―内容吟味，指示語の問題，その他)

〈口語訳〉 魏の明帝は，練兵場のあたりで，虎の爪と牙を切り，多くの人民がこれを見学するのを許した。王戎は7歳であったが，彼もまた行って見た。虎はすきをうかがって，おりにしがみついてほえ，その声は地を震わすほどであった。見る者はたじろいで倒れ伏さない者はなかった。(しかし)戎は静かに落ち着いていた。最後まで恐れる様子がなかった。

問一　百姓が見たのは，「**虎**」である。

問二　漢文は「観者無不辟易顛仆」。「不」は「ざるは」に対応するので，漢字を読む順序は「観者辟易顛仆不無」となる。「辟易顛仆」は「不」より先に読むので，「**仆**」の左下に**一点**，「**不**」の左下に**二点**をつける。「不」は1字上の「無」より先に読むので，「**無**」の左下に**レ点**をつける。

問三　a　**魏の明帝**が，多くの人民に，虎を見学するのを許した。　b　**王戎**が，虎を見に行った。

問四　王戎は，周囲の人々が虎におびえて倒れ伏す中，「**湛然として動ぜず**」という様子だったので，イが正解となる。「動ぜず」は**落ち着いている様子**を表しており，「大人しい」という意味ではないので，アは誤り。王戎は「無鉄砲」な「行動」をしていないので，ウは誤り。本文からは，王戎が「人の意見に流されない」かどうかはわからないので，エは不適切である。

三 (古文―内容吟味，仮名遣い，古文の口語訳)

〈口語訳〉 鎌倉中書王の御所で蹴鞠の会があったときに，雨が降った後，まだ庭が乾かなかったので，どうしようと相談することがあったが，佐々木隠岐入道が，おがくずを車に積んで，たくさん献上したので，庭にお敷きになって，泥土の支障がなくなった。「(入道がおがくずを)集めていた心遣いが優れている」と，人々は感心しあった。

この事をある者が語り出したところ，吉田中納言が，「乾いた砂の用意はなかったのですか」とおっしゃったので，恥ずかしかった。すばらしいと思ったおがくずは，下品で，奇異なことだ。庭の整備を担当する人が，乾いた砂を用意するのは，古くからのしきたりだということだ。

問一　語頭にない「ほ」を「お」に改めて「**おおく**」とする。

問二　「わづらひ」は現代仮名遣いに改めると「わずらい」となり，「①悩み。苦労。**支障**，②病気」の意味で使われるが，ここでは文脈から①の意味になるので，ウが正解である。

問三　人々は，入道が，雨上がりの庭に敷くために大量の**おがくずを用意していたこと**について感心していたので，正解はイである。この場面では「砂」は人々の念頭になかったので，アは不適切。入道はおがくずを運んできたので，ウは誤り。入道は砂を用意していなかったので，エは誤りである。

問四　おがくずは，「乾いた砂を用意する」というしきたりを知らない人から見ればすばらしいが，知識がある人から見れば「いやしく，異様の事」である。筆者は，博識な吉田中納言を登場させて**知識がない人が価値の低いものに感心したことを批判している**ので，エが正解。「時代」や「ものを教わる相手」には言及していないので，アとイは不適切。人々はだまされていないので，ウは誤りである。

四 (小説―情景・心情，漢字の読み書き，語句の意味，品詞・用法)

問一　②　「**座敷**」は，畳をしいた和室のこと。　④　「……した**途端**」は，ちょうどそのときということ。　⑤　「絞」には「コウ・**しぼ(る)**・し(める)・し(まる)」という読みがある。

問二　ア「いつぞや」は**副詞**，イ「きっと」は**副詞**，ウ「さすがに」は**副詞**，エ「ほのかな」は**形容動詞**「ほのかだ」の連体形である。

問三　①「案の定」は，予想が的中したことを表す語句なので，エ「思ったとおり」が正解。
⑧「ありきたりな」は，ありふれている様子を表す「ありきたりだ」の連体形なので，ア「平凡な」が正解。

問四　師匠の言葉は「自分の仕事をしっかりやれ」という厳しいものであり，その目には「人を黙らせるほどの強い光」があった。しかし，篤は，「わざわざ篤に話をしてくれた」師匠の愛情を感じ取り，呼出の練習を始めたのである。正解はウ。アとイは，その後の練習につながらない。篤が師匠に「不満を抱いていた」ことは読み取れないので，エは誤りである。

問五　「まわりに誰もいないのを確認」して物置の中で練習する様子からわかるように，篤は人目を気にする性格であるが，「進さん」や師匠のことを思いながら「明日こそは失敗してはならない」と自分に言い聞かせ，練習に励んでいる。このことを説明したアが正解。イとウは，篤が物置に籠もって練習する心情を説明できていない。篤は坂口が来る前から同じ気持ちで練習していたので，エは不適切である。

問六　「頭を掻く」は，恥ずかしく思ったり照れたりしたときの動作である。相撲部屋は上下関係が厳しいところであり，坂口は自分の本心を新米の篤に打ち明けることを照れくさく感じたのである。正解はア。坂口は篤の答えを聞いて「まあそうだよな」と言っているので，イの「予想に反する」は誤り。ウの「後悔」は読み取れない。質問をしたことについては気まずく思っていないので，エは不適切である。

問七　坂口は，失敗して怒られた篤が物置で呼出の練習をする声を聞いて，自分も「兄弟子としてのプライドをいったん捨て，弟弟子と一緒にトレーニングをしよう」と決意した。篤は，坂口の冗談の裏にある本心を見抜き，応援する一方，ミルクティーの「ほのかな甘さ」に坂口からの激励を感じている。よって，イが適切な説明である。アは，「篤は，坂口の真意を理解していない」が不適切。ウは，「自分の考えを押しつけないように」「もどかしく思っている」が本文と合わない。篤は坂口の葛藤は「坂口さんにしかわからない」と思っているので，エの「つらい気持ちがわかる」という説明は誤りである。

五　（論説文―内容吟味，文脈把握，脱文・脱語補充，漢字の読み書き，文と文節）

問一　二重傍線部を含む熟語を漢字で書くと，次のようになる。

A　指摘	ア　一滴	イ　匹敵	ウ　摘発	エ　適応
B　依然	ア　以心伝心	イ　依頼	ウ　偉業	エ　委任
C　性急	ア　制す	イ　威勢	ウ　性質	エ　促成栽培

問二　傍線部③「分かつ」と「こうした」は，いずれも「発想は」に係っている。

問三　「行為する動機を［①］『自動的』な機械」は，「行為する動機をみずから生み出せるような『自律的』なシステム」と対比されているので，「みずから生み出せる」の反対のイ「外部から与えられた」が入る。

問四　傍線部②は，「生命は他律的と見られやすい」ことを表す。続いて「バクテリア」や「夏の虫など」は，外から見れば「他律系だと感じられるかもしれない」ということを述べているので，「他律的なものに見える」と説明するアを選ぶ。前の段落とは話題が変わっているので，イの「システムを作る方法」は傍線部の内容から外れている。ウは，傍線部②の理由の説明になっていない。生命の認知システムが他律的に作動することは「仮定」であり，事実ではないので，エは不適切である。

問五　前の段落の「カエルの視点に立ってみると……カエルが経験できるのは，どこまでもカエルの世界でしかない」と合致するエが正解。他の選択肢は，カエルが「外界」に存在するハエを認識するという説明になっているので，不適切である。

問六　a　マトゥラーナは「外界の色に対応する神経細胞の活動パターン」を見つけ出そうとしたが，見つからなかった。このことは，傍線部⑤の直前の文で「**客観的な色彩世界**の存在を示唆するものはどこにもなかった」と言い換えられている。　b　傍線部⑤の次の段落に，生物について「**みずからの活動パターンに規制された，自律的なシステム**」という見方が示されているので，これと合致するエを選ぶ。「外界からの刺激に支配された他律系」ではないので，アとウは誤り。一方，外界の刺激は反応のきっかけとなるものであり，「周囲の環境とは無関係」とは言えないので，イは不適切である。

問七　「**本末転倒**」は，大事なこととつまらないことを取り違えるという意味の四字熟語である。ここでは，**本来の目的は機械に自律性を持たせること**であり，機械が人間に近づくのはその結果であるはずなのに，**機械と人間が近づくことが目的化してしまう**ことを指している。このことを説明したウが正解。ここでは原因と結果の逆転ではなく，人間がみずからを機械に近づけることを問題視しているので，アは不適切。イの「人間の能力を高める」は，文脈から外れている。エのような「焦り」は，本文に書かれていないので，誤りである。

問八　アは，冒頭の「いまや計算機は**圧倒的な速度で膨大なデータを処理できる**ようになり，人工知能は……**人間を打ち負かす**までになった」と合致するので，これが適切な選択肢である。筆者は，機械に自律性を持たせることについて，「いま」は不可能としつつも，将来の可能性は否定していないので，イは不適切。筆者は，「ありのままの認知現象」を捉えるためには認知主体の外部の視点を捨てなければならないとしているので，ウは誤り。筆者は「過去」を否定していないので，エは誤りである。

MEMO

大切なことはメモしておこうネ！

兵庫県公立高等学校

2021年度

★★★★★★★★★★★★★★★★★★★★★★

入　試　問　題

2021年度

●くわしい解説……51ページ

2021年 兵庫県公立高校入試　出題範囲縮小内容

令和2年5月13日付け2文科初第241号「中学校等の臨時休業の実施等を踏まえた令和3年度高等学校入学者選抜等における配慮事項について（通知）」を踏まえ，出題範囲について以下通りの配慮があった。

○出題範囲から除く内容

数学	「資料の活用（標本調査）」
英語	兵庫県版中学生のための英単語集「はば単」に示された単語のうち，頻度0及び1の単語（収録している単語約1,700語のうち365語）
理科	第1分野：「科学技術と人間」 第2分野：「自然と人間」
社会	公民的分野：「私たちと国際社会の諸問題」
国語	3年で学習する書写に関する事項

＜数学＞

時間　50分　　満点　100点

【注意】 全ての問いについて，答えに$\sqrt{\ }$が含まれる場合は，$\sqrt{\ }$を用いたままで答えなさい。

1　次の問いに答えなさい。

(1)　$-7-(-2)$　を計算しなさい。

(2)　$-6x^2y\div 2xy$　を計算しなさい。

(3)　$4\sqrt{5}-\sqrt{20}$　を計算しなさい。

(4)　x^2-4y^2　を因数分解しなさい。

(5)　2次方程式 $x^2-3x-5=0$　を解きなさい。

(6)　半径2cmの球の表面積は何cm²か，求めなさい。ただし，円周率はπとする。

(7)　図で，$\ell \parallel m$のとき，$\angle x$の大きさは何度か，求めなさい。

図

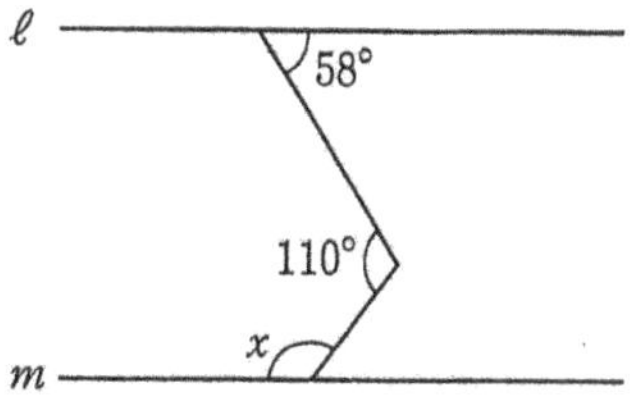

(8)　表は，ある中学校の生徒25人がそれぞれの家庭から出るごみの量について調べ，その結果を度数分布表にまとめたものである。中央値（メジアン）が含まれる階級の相対度数を求めなさい。ただし，小数第2位までの小数で表すこと。

表

1人1日あたりの家庭ごみ排出量(g)	度数(人)
以上 100 ～ 200 未満	1
200 ～ 300	2
300 ～ 400	7
400 ～ 500	3
500 ～ 600	1
600 ～ 700	5
700 ～ 800	4
800 ～ 900	2
計	25

2 Aさんと Bさんが同時に駅を出発し，同じ道を通って，2700m離れた博物館に向かった。Aさんは自転車に乗り，はじめは分速160mで走っていたが，途中のP地点で自転車が故障し，P地点から自転車を押して，分速60mで歩き，駅を出発してから35分後に博物館に到着した。Bさんは駅から走り，Aさんより5分早く博物館に到着した。図は，Aさんが駅を出発してからの時間と駅からの距離の関係を表したものである。ただし，Aさんが自転車で走る速さ，Aさんが歩く速さ，Bさんが走る速さは，それぞれ一定とする。

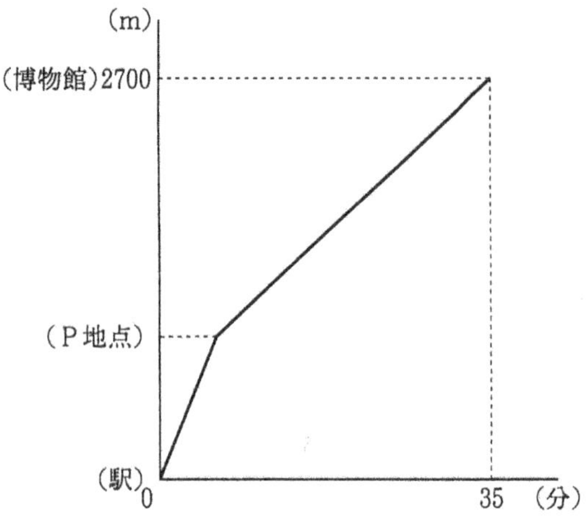

次の問いに答えなさい。

(1) Bさんが走る速さは分速何mか，求めなさい。

(2) Aさんが自転車で走った時間と歩いた時間を，連立方程式を使って，次のように求めた。
［ア］にあてはまる数式を書き，［イ］，［ウ］にあてはまる数をそれぞれ求めなさい。

> Aさんが自転車で走った時間を a 分，歩いた時間を b 分とすると，
>
> $\begin{cases} a+b=35 \\ \boxed{\quad ア \quad}=2700 \end{cases}$
>
> これを解くと，$a=$［イ］，$b=$［ウ］
>
> この解は問題にあっている。
>
> Aさんが自転車で走った時間は［イ］分，歩いた時間は［ウ］分である。

(3) BさんがAさんに追いつくのは，駅から何mの地点か，求めなさい。

3 図1のように，ある球をその中心Oを通る平面で切ると半球が2つでき，その一方を半球Xとする。このとき，切り口は中心がOの円となる。この円Oの周上に，次のページの図2のように，3点A，B，Cを∠BAC=120°となるようにとり，∠BACの二等分線と線分BC，円周との交点をそれぞれD，Eとすると，AE=8cm，BE=7cmとなった。

図1

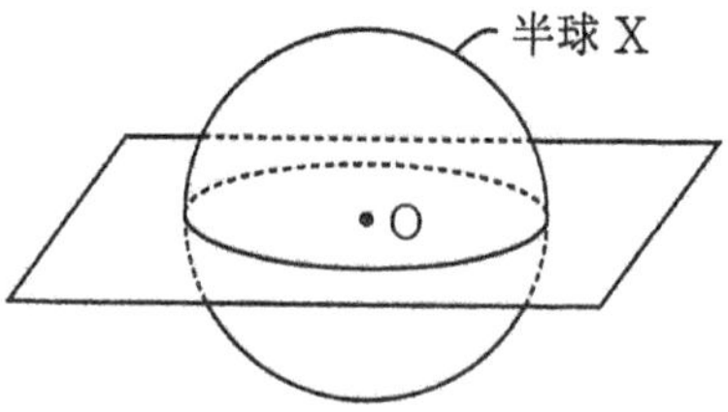

次の問いに答えなさい。

(1) △ABE∽△BDEを次のように証明した。
［i］と［ii］にあてはまるものを，あとの**ア**～**カ**からそれぞれ1つ選んでその符号を書き，

この証明を完成させなさい。

図 2

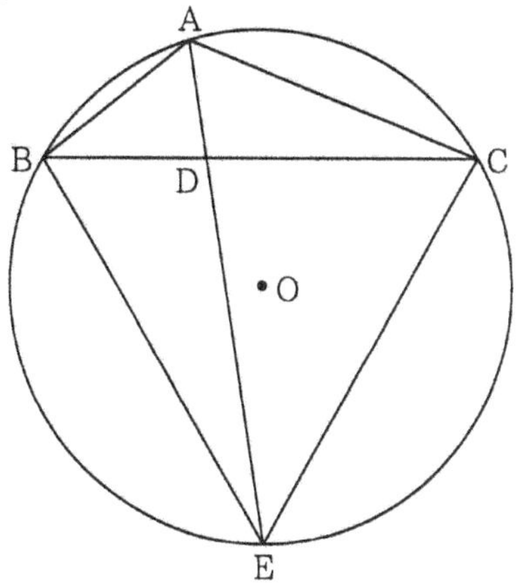

＜証明＞
△ABEと△BDEにおいて，
共通な角だから，
∠AEB＝∠BED　……①
直線AEは∠BACの二等分線だから，
∠BAE＝∠［　i　］　……②
弧CEに対する円周角は等しいから，
∠DBE＝∠［　i　］　……③
②，③より，∠BAE＝∠DBE　……④
①，④より，［　ii　］から，
△ABE∽△BDE

ア　ABC　　**イ**　CDE　　**ウ**　CAE
エ　３組の辺の比がすべて等しい　　**オ**　２組の辺の比とその間の角がそれぞれ等しい
カ　２組の角がそれぞれ等しい

⑵　線分DEの長さは何cmか，求めなさい。

⑶　△BCEの面積は何cm²か，求めなさい。

⑷　図3のように，半球Xの球面上に，点Pを直線POが平面ABECに垂直となるようにとる。このとき，頂点がP，底面が四角形ABECである四角すいの体積は何cm³か，求めなさい。

図 3

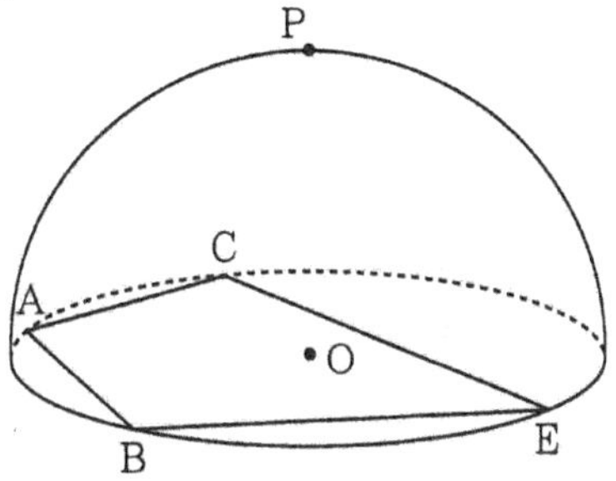

4　図のように，関数$y = \frac{8}{x}$のグラフ上に２点A，Bがあり，点Aのx座標は4，線分ABの中点は原点Oである。また，点Aを通る関数$y = ax^2$のグラフ上に点Cがあり，直線CAの傾きは負の数である。

次の問いに答えなさい。

⑴　点Bの座標を求めなさい。

⑵　aの値を求めなさい。

⑶　点Bを通り，直線CAに平行な直線と，y軸との交点をDとすると，△OACと

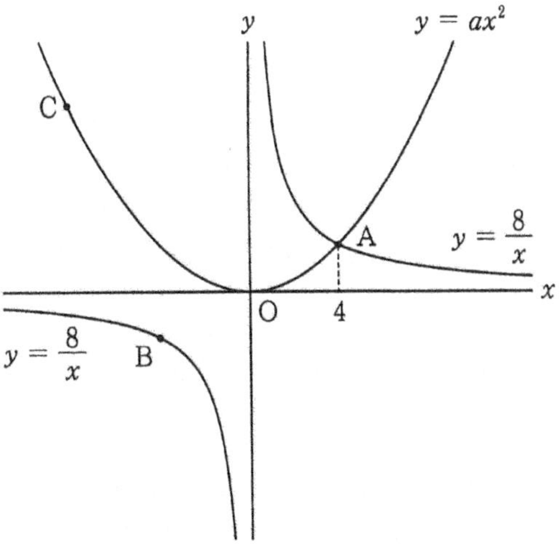

△OBDの面積比は 3 : 1 である。

① 次の ア ～ ウ にあてはまる数をそれぞれ求めなさい。

点Cの x 座標は， ア である。また，関数 $y = ax^2$ について，x の変域が ア $\leqq x \leqq 4$ のときの y の変域は イ $\leqq y \leqq$ ウ である。

② x 軸上に点Eをとり，△ACEをつくる。△ACEの3辺の長さの和が最小となるとき，点Eの x 座標を求めなさい。

5　6枚のメダルがあり，片方の面にだけ1，2，4，6，8，9の数がそれぞれ1つずつ書かれている。ただし，6と9を区別するため，6は6，9は9と書かれている。数が書かれた面を表，書かれていない面を裏とし，メダルを投げたときは必ずどちらかの面が上になり，どちらの面が上になることも同様に確からしいものとする。

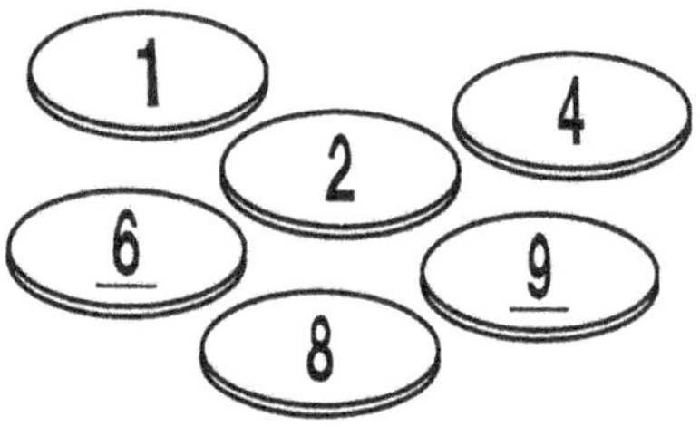

この6枚のメダルを同時に1回投げるとき，次の問いに答えなさい。

(1) 2枚が表で4枚が裏になる出方は何通りあるか，求めなさい。

(2) 6枚のメダルの表裏の出方は，全部で何通りあるか，求めなさい。

(3) 表が出たメダルに書かれた数をすべてかけ合わせ，その値を a とする。ただし，表が1枚も出なかったときは，$a = 0$ とし，表が1枚出たときは，そのメダルに書かれた数を a とする。

① 表が出たメダルが1枚または2枚で，$\sqrt{a}$ が整数になる表裏の出方は何通りあるか，求めなさい。

② $\sqrt{a}$ が整数になる確率を求めなさい。

6　つばささんとあおいさんは，写真のような折り紙を折ったときにできた星形の模様を見て，図1の図形に興味をもった。

次の □ は，2人が図1の図形について調べ，話し合いをしている場面である。

写真

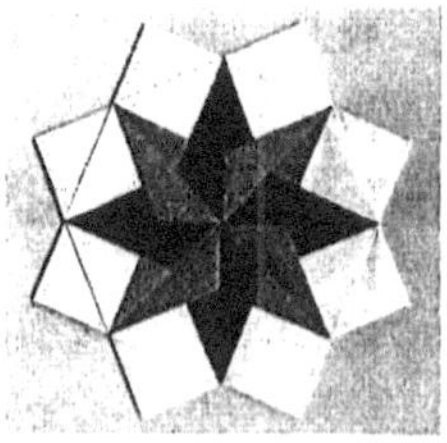

図1

つばさ：図1の図形は星形正八角形というみたいだね。調べていたら，星形正 n 角形のかき方を見つけたよ。

<星形正 n 角形（$n \geqq 5$）のかき方>

円周を，n 等分する点をとり，1つの点から出発して，すべての点を通ってもとの

点に戻るように，同じ長さの線分で点と点を順に結ぶ。このかき方でかいた図形が正 n 角形になる場合があるが，正 n 角形は星形正 n 角形ではない。

図 2

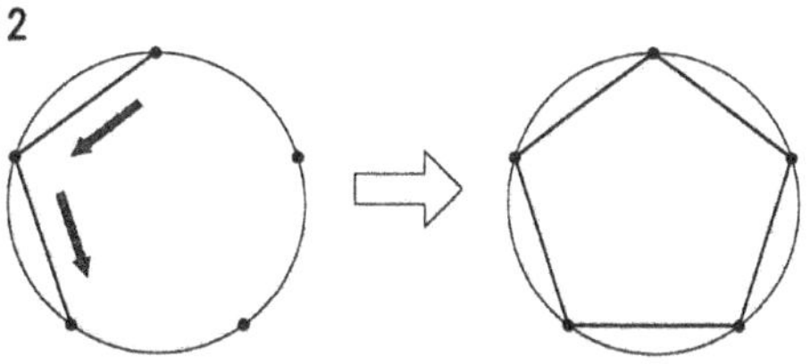

図 3

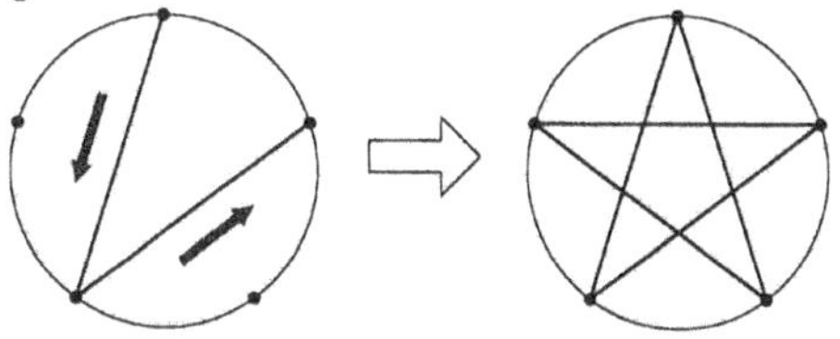

図 4

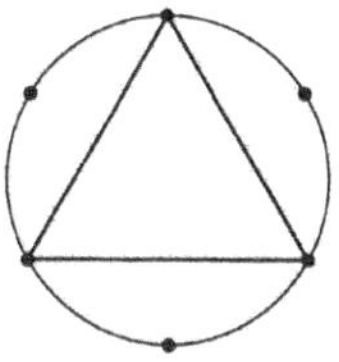

図 5

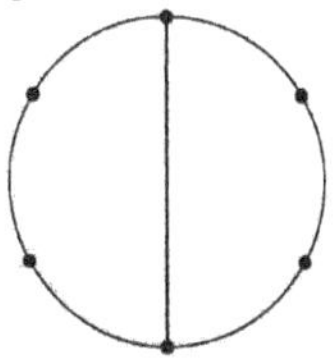

あおい：最初に，星形正五角形をかいてみよう。図2のように，円周を5等分する点をとり，1つの点から出発して隣り合う点を順に結ぶと，正五角形になるから，星形正五角形ではないね。また，図3のように，1つの点から点を2つ目ごとに結んでみよう。すべての点を通ってもとの点に戻るから，この図形は星形正五角形だね。

つばさ：1つの点から点を3つ目ごとに結んでも，星形正五角形がかけるね。4つ目ごとに結ぶと，正五角形になるから，星形正五角形ではないね。

あおい：次は，星形正六角形をかいてみよう。円周を6等分する点を，1つの点から2つ目ごとに結ぶと，もとの点に戻ったときに図4のようになって，すべての点を通っていないからかけないね。3つ目ごとに結ぶと図5のようになって，4つ目ごとに結ぶと図4のようになるから，星形正六角形はかけないね。

つばさ：星形正七角形は円周を7等分する点を，1つの点から2つ目ごとに結んでも，3つ目ごとに結んでもかけるね。この2つは形が異なる図形だね。

あおい：点を4つ目ごとに結ぶと，3つ目ごとに結んだときと同じ形の図形がかけるね。5つ目ごとに結ぶと　……

つばさ：点を2つ目ごとに結んだときと同じ形の図形がかけるはずだよ。

あおい：そうだね。同じ形の図形は1種類として数えると，円周を7等分する点をとった場合，星形正七角形は2種類かけるね。

2人はその他にも星形正 n 角形をかき，その一部を次のページの表にまとめた。
後の問いに答えなさい。

表　星形正 n 角形

点の結び方	円周を 5 等分	円周を 6 等分	円周を 7 等分	円周を 8 等分	円周を 9 等分
2 つ目ごと	*1 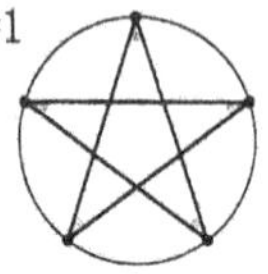	×	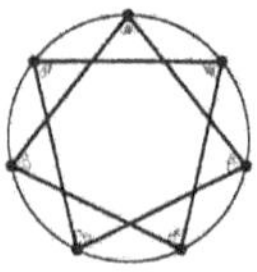	×	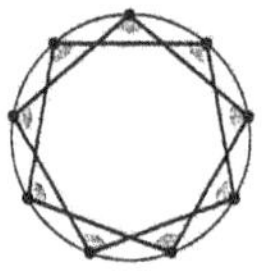
3 つ目ごと	*1 と同じ	×	*2 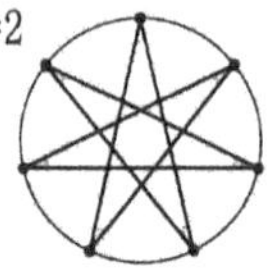	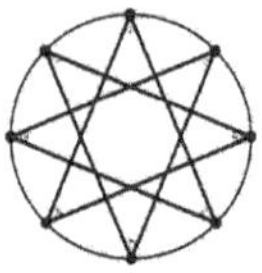	×
4 つ目ごと	×	×	*2 と同じ	×	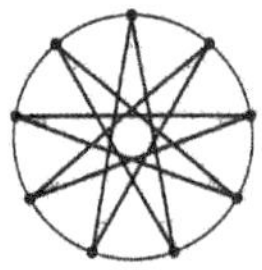

※　円周を n 等分する点を結んで星形正 n 角形がかけないとき，×としている。

(1)　次の**ア**～**ウ**のうち，円周を n 等分する点をとり，その点を 2 つ目ごとに結んで星形正 n 角形をかくことができる場合はどれか，1 つ選んでその符号を書きなさい。

ア　円周を 10 等分する点をとる	**イ**　円周を 11 等分する点をとる	**ウ**　円周を 12 等分する点をとる

(2)　円周を 7 等分する点を，2 つ目ごとに結んでできる星形正七角形の先端部分の 7 個の角の和の求め方を，つばさきさんは次のように説明した。［①］と［②］にあてはまる数をそれぞれ求めなさい。

図 6 のように，先端部分の 1 個の角の大きさを x 度として，先端部分の 7 個の角の和 $7x$ 度を求めます。円周角の大きさが x 度の弧に対する中心角の大きさは $2x$ 度で，おうぎ形の弧の長さは中心角の大きさに比例するので，図 7 から，

［①］：$7 = 2x : 360$

比例式の性質を用いて $7x$ を求めると，

$7 \times 2x =$ ［①］$\times 360$

$7x =$ ［②］

したがって，先端部分の 7 個の角の和は［②］度です。

図 6

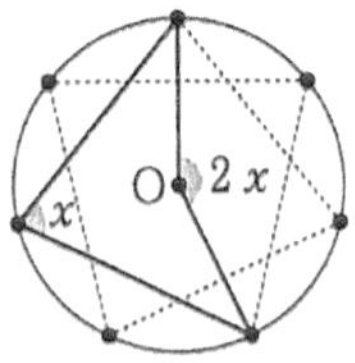

図 7

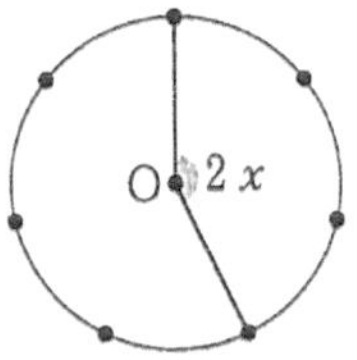

図 6，図 7 の点 O は円の中心

(3)　円周をn等分する点を，２つ目ごとに結んでできる星形正n角形の先端部分のn個の角の和は何度か，nを用いて表しなさい。ただし，nは５以上の整数で，星形正n角形がかけないnは除くものとする。

(4)　円周を24等分する点をとった場合，星形正二十四角形は何種類かくことができるか，求めなさい。また，それらの先端部分の１個の角について，その大きさが最も小さいものは何度か，求めなさい。ただし，同じ形の図形は１種類として数えることとする。

<英語> 時間 50分 満点 100点

I 放送を聞いて，**聞き取りテスト１，２，３**の問題に答えなさい。答えは，全て解答用紙の指定された解答欄の符号を○で囲みなさい。

聞き取りテスト１ 会話を聞いて，その会話に続く応答や質問として適切なものを選びなさい。会話のあとに放送される選択肢ａ～ｃから応答や質問として適切なものを，それぞれ１つ選びなさい。（会話と選択肢は１回だけ読みます。）

No. 1 （場面）バス停で会話している

No. 2 （場面）父親と子どもが会話している

No. 3 （場面）友人同士が会話している

聞き取りテスト２ 会話を聞いて，その内容について質問に答えなさい。それぞれ会話のあとに質問が続きます。その質問に対する答えとして適切なものを，ａ～ｄからそれぞれ１つ選びなさい。（会話と質問は２回読みます。）

No. 1

a

b

c

d

No. 2

a The convenience store.　　b The friend's house.

c The post office.　　d The station.

No. 3

a By meeting the volunteers.　　b By calling the center.

c By sending an email.　　d By having an interview.

聞き取りテスト３ 英語による説明を聞いて，その内容についての２つの質問 Question 1，Question 2 に答えなさい。英文と選択肢が放送されます。英文のあとに放送される選択肢ａ～ｄから質問に対する答えとして適切なものを，それぞれ１つ選びなさい。（英文と選択肢は２回読みます。）

（場面） 教室で先生が明日の校外学習の連絡をしている

Question 1 What can the students do at the factory?

Question 2 What does the teacher want to tell the students most?

Ⅱ　あなたは，留学しているアメリカの高校で，生徒会長に立候補する人たちのメッセージを読んでいます。あとの問いに答えなさい。

Ellie

I believe I am the best person to be student council president*. I want to make new events for students. I am thinking of having a cleaning day and a picnic day. Also, I want to make the cafeteria menu healthier. The school buildings are getting old, so I will listen to your ideas to make them better. I will try to do these things to improve our school life.

Greg

There are three problems I want to solve. The first is about the students' safety at the bus stop. I often feel it is dangerous because there are so many cars in the morning. The second is to repair the broken things in the school. So, I will walk around the school and check them. Third, I want to improve the Internet in the library. I will make a safer school.

Pola

I will do my best to make clubs more active. If you are worried about your club, I will help you. Also, I would like to make a sports day. Teachers and students will play many sports together. For Christmas, we will decorate* our school. The group that decorates it the best will win a prize. I will also try to communicate with everyone and share ideas with each other.

（注） student council president　生徒会長　　decorate　装飾する

1　メッセージの内容に合うように，次の □ に入る適切なものを，あとのア～カからそれぞれ１つ選んで，その符号を書きなさい。

(1) □ talking about improving the food menu.

(2) □ talking about school events.

ア　Only Ellie is　　イ　Only Greg is　　ウ　Only Pola is

エ　Ellie and Greg are　　オ　Ellie and Pola are　　カ　Greg and Pola are

2　メッセージの内容に合うように，次の □ に入る適切なものを，あとのア～ウからそれぞれ１つ選んで，その符号を書きなさい。

(1) You will choose □ because you are in the softball team and want more club members.

(2) You will choose □ because you are worried about a broken bench and the Internet.

ア　Ellie　　イ　Greg　　ウ　Pola

3　あなたは，それぞれの立候補者に質問したいことについて次のページのメモを作成しました。次の [あ]，[い] に，あとのそれぞれの □ 内の語から４語を選んで並べかえ，英文を完成させなさい。

- Ellie, I have a question about listening to students' ideas. How will you gather our opinions?
- Greg, I'm sure you'll be busy. Do you [あ] time to check everything in the school?
- Pola, I like your idea about the Christmas contest. Do you [い] it?

あ	you'll　have　think　enough　many
い	everyone　join　want　together　to

Ⅲ　あなたは，英語の授業で，防災についてのプレゼンテーションをするために，日本に住んでいる外国人に向けて書かれた次の記事を読んで，メモを作成しました。あとの問いに答えなさい。

Make Your Own Hazard Map*

[1] In Japan, there are many natural disasters including typhoons, earthquakes, and heavy rains. Imagine that a big typhoon is coming to your city. Do you know where you should go? Do you know people who can help you? If you have this information, you can act quickly and calmly* in an emergency. Your city government may have a hazard map which tells you about dangerous places. But it is important to make your own hazard map, too. It should have not only dangerous places but also some other important places near your house. For example, you should add a place to meet your family or ways to go to evacuation sites*. You must think about protecting yourself from disasters.

[2] How can you make your own hazard map that is useful in an emergency? First, visit the website of your city and check evacuation sites near your house with your family and neighbors. Some people should go to a school, and other people should go to a community center. Next, share information about dangerous places. For example, someone may say, "This road will be under water when we have heavy rain." After talking with each other, walk around your area to do fieldwork*. It is a good idea to put pictures of the dangerous places on your map, so take a camera with you. Children and elderly people need to go with you because they may notice other dangers you miss. You should also decide which places you will check before going. By doing so, you can finish quickly. After the fieldwork, make a map with all of the information you collected.

[3] In an emergency, you may have some problems you cannot solve by

yourself. In this case, you will need to work together with your neighbors. It is easy to help each other if you know them well. So, why don't you greet your neighbors first to connect with them? Making the map will also give you chances to talk more with your neighbors. Good communication will make our society stronger against disasters.

(注) hazard map ハザードマップ　calmly 落ち着いて　evacuation site(s) 避難所
fieldwork 現地調査

Note

About Hazard Maps

Points:

[1] [A]

[2] [B]

[3] Message from the writer → Important! [ ]

Things needed on the map

- [①] to meet your family
- [②] to get to evacuation sites
- Photos of dangerous places

What to do to make the map

BEFORE the fieldwork	• Visit the website of your city • [③] •
DURING the fieldwork	• [④] •

1　本文の段落ごとの見出しとして，メモの [A]，[B] に入る適切なものを，次のア～エからそれぞれ1つ選んで，その符号を書きなさい。

ア　Importance of making your own map for disasters
イ　Information about your area in an emergency
ウ　Many kinds of natural disasters you should know
エ　Some advice you should follow to make your map

2　メモの [①]，[②] に入る語の組み合わせとして適切なものを，次のア～エから1つ選んで，その符号を書きなさい。

ア　[①] Where　[②] What
イ　[①] When　[②] What
ウ　[①] Where　[②] How
エ　[①] When　[②] How

3　メモの [③]，[④] に入る適切なものを，次のア～カからそれぞれ2つ選んで，その符号を書きなさい。

ア　Take pictures of dangerous places
イ　Make a map with lots of information
ウ　Find dangerous places and repair them

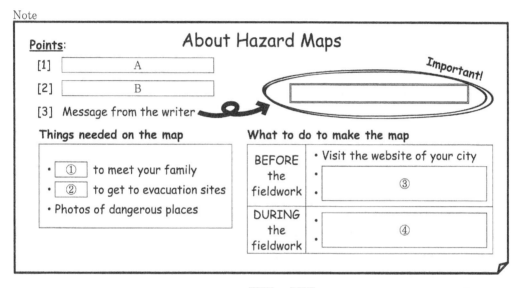

エ Learn where to go in an emergency
オ Talk and decide places to check
カ Go with children and elderly people

4 メモの □ に入る適切なものを，次のア～エから1つ選んで，その符号を書きなさい。
ア You should tell your neighbors to make a map.
イ You should follow your neighbors in an emergency.
ウ You should communicate with your neighbors a lot.
エ You should ask your neighbors to solve your problems.

Ⅳ 高校1年生のゆずきさんと留学生のケイトさんが，演劇を見たあとに話をしています。次の英文を読んで，あとの問いに答えなさい。

Kate : That was excellent! The actors were really wonderful, and the whole audience was happy. I think a lot of people in this town like dramas.

Yuzuki : Yes, dramas are very interesting. I took drama lessons in my junior high school. All the students in that school have a chance to study them. In the first lesson, students had to express their own feelings without using words. It was very difficult. Now, I realize how important our words are.

Kate : I agree.

Yuzuki : To study dramas in Japanese schools is very special because they don't usually have drama lessons.

Kate : Oh, really? In England, [①] dramas in schools. Professional teachers teach us how to perform better in dramas. I think dramas are good for us.

Yuzuki : I think so, too. Because of them, I felt I could change myself.

Kate : Is that so? Tell me about it.

Yuzuki : Well, I was shy and I wasn't good at acting. However, in dramas, I had to look at other characters' eyes and talk to them. I had to listen to them carefully and understand their words well. Also, I had to perform in front of many people. Through these experiences, I became more confident.

Kate : ② How nice! Your story reminded me of my teacher's words.

Yuzuki : What were they?

Kate : He said, ③ "Dramas are fiction. They're not real. So, you can be anyone!"

Yuzuki : What does that mean?

Kate : In dramas, you can say things you don't usually say. For example, romantic* words or words from a poem....

Yuzuki : Oh, you mean something like "I can't live without you" or "I know our dreams will never die"? Those phrases make me embarrassed. I never say things like that!

Kate : But you can say them in dramas! Phrases in dramas are fiction, but I'll always remember the experiences of using them. Thanks to* these experiences in dramas, I can express myself more freely. My teacher's words have influenced me a lot.

Yuzuki : That's great! We've learned important things from dramas. The skills from drama lessons are helpful. In high school, I have made friends with many people.

Kate : [④], I think those skills will help us a lot in the future. For example, we can use those skills when we choose our careers and work in companies. So in my country, some people want to study dramas even after they graduate from high school.

Yuzuki : That's amazing. I believe dramas are the key to make us better.

（注） romantic　ロマンチックな　　thanks to ～　～のおかげで

1　文中の [①] に入る内容として適切なものを，次のア～エから１つ選んで，その符号を書きなさい。

ア　it's strange for students to perform
イ　it's difficult for students to enjoy
ウ　it's common for students to study
エ　it's normal for students to teach

2　下線部②について，ケイトさんが，そのように感じた理由として適切なものを，次のア～エから１つ選んで，その符号を書きなさい。

ア　Because Yuzuki could learn how to act in dramas better.
イ　Because Yuzuki could take drama lessons in her school.
ウ　Because Yuzuki could realize words were important.
エ　Because Yuzuki could change herself through dramas.

3　下線部③について，ケイトさんが，先生の言葉をきっかけに演劇を通して学んだこととして適切なものを，次のア～エから１つ選んで，その符号を書きなさい。

ア　She can believe her dreams will come true in the future.
イ　She can express her feelings and opinions more freely.
ウ　She has to use good phrases from dramas in her daily life.
エ　She has to listen to others carefully and understand them.

4　文中の④に入る語句として適切なものを，次のア～エから１つ選んで，その符号を書きなさい。

ア　However　　イ　Instead　　ウ　At once　　エ　In addition

5　ケイトさんは，この日の出来事を日記に書きました。本文の内容に合うように，次のページの [①] ～ [⑤] に入る適切な英語を，本文中からそれぞれ１語を抜き出して書き，英文を完成させなさい。

Today, I saw a drama with Yuzuki. I heard she used to be a [①] girl. In her first drama lesson, she felt it was difficult to express herself [②] saying anything. And she needed the courage to look at people's [③]. But through the lessons, she grew up. I was also nervous when I first performed in front of many people. I think we can improve ourselves by [④] many times on a stage. I believe dramas have [⑤] Yuzuki and me a lot. Dramas are wonderful.

V　次の各問いに答えなさい。

1　次の英文は，高校1年生の生徒が，英語の授業で放課後の予定について話した内容です。[①] ～ [③] に入る英語を，あとの語群から選び，必要に応じて適切な形に変えたり，不足している語を補ったりして，英文を完成させなさい。ただし，2語以内で答えること。

Today, my parents are very busy. So I'm going [①] curry and rice for them tonight. I'll use fresh vegetables my grandmother [②] to us yesterday. I'll go shopping when school [③]. I hope they'll like my curry and rice.

cook　eat　finish　give　grow

2　次の表の右側には，左側の語のグループに属する語が並んでいます。(①) ～ (③) に入る語を，例を参考にしながら，それぞれ英語1語で書きなさい。

例

weather	cloudy,　rainy,　snowy,　sunny　など

（ ① ）	spring,　summer,　fall,　winter
meal	（ ② ），　lunch,　dinner　など
（ ③ ）	blue,　brown,　purple,　red,　yellow　など

3　次の会話について，次のページのイラストの内容に合うように，下線部①～③の（　）にそれぞれ適切な英語1語を入れて，会話文を完成させなさい。

A：　Excuse me. I'm looking for a good mask.

B：　Then I think this mask is nice.

A：　Well, I think it's a little small for me.

B：　The explanation* says this mask stretches* very well. ①(　　　)(　　　), you may feel it's small, but it'll fit you soon.

A：　Is it strong?

B： Yes. If you wash it carefully, you can use it ②(　　　) a (　　　) time. Because you can use it many times, you can ③(　　　)(　　　).

A： OK. I'll take this one.

B： Thank you very much.

(注) explanation 説明　stretch 伸びる

＜理科＞

時間 50分 満点 100点

Ⅰ 次の問いに答えなさい。

1 植物の葉のはたらきについて答えなさい。

(1) 図1は，植物が葉で光を受けて栄養分をつくり出すしくみを模式的に表したものである。図中の ① ～ ③ に入る語句として適切なものを，次の**ア**～**ウ**からそれぞれ1つ選んで，その符号を書きなさい。

ア 二酸化炭素 **イ** 酸素 **ウ** 水

図1

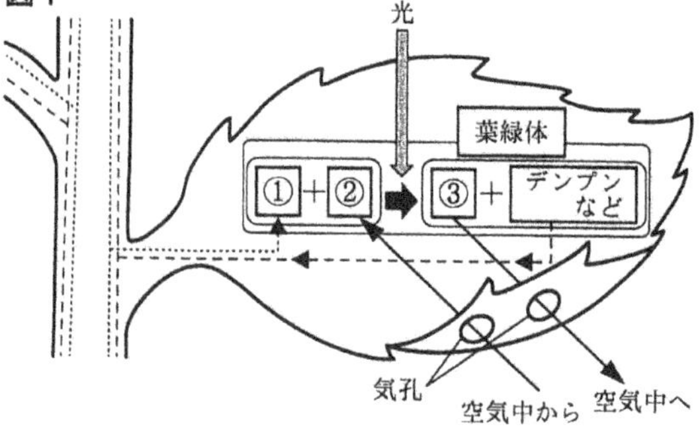

(2) (1)の下線部のはたらきを何というか，漢字で書きなさい。

2 前線と天気の変化について答えなさい。

(1) 寒冷前線について説明した次の文の ① ～ ③ に入る語句の組み合わせとして適切なものを，あとの**ア**～**エ**から1つ選んで，その符号を書きなさい。

寒冷前線付近では， ① は ② の下にもぐりこみ， ② が急激に上空高くにおし上げられるため，強い上昇気流が生じて， ③ が発達する。

ア ①寒気 ②暖気 ③積乱雲 **イ** ①寒気 ②暖気 ③乱層雲
ウ ①暖気 ②寒気 ③積乱雲 **エ** ①暖気 ②寒気 ③乱層雲

(2) 温暖前線の通過にともなう天気の変化として適切なものを，次の**ア**～**エ**から1つ選んで，その符号を書きなさい。

ア 雨がせまい範囲に短時間降り，前線の通過後は気温が上がる。
イ 雨がせまい範囲に短時間降り，前線の通過後は気温が下がる。
ウ 雨が広い範囲に長時間降り，前線の通過後は気温が上がる。
エ 雨が広い範囲に長時間降り，前線の通過後は気温が下がる。

3 電流と磁界の関係について答えなさい。

(1) 厚紙の中央にまっすぐな導線を差しこみ，そのまわりにN極が黒くぬられた磁針を図2のように置いた。電流をａ→ｂの向きに流したときの磁針がさす向きとして適切なものを，次のページの**ア**～**エ**から1つ選んで，その符号を書きなさい。

図2

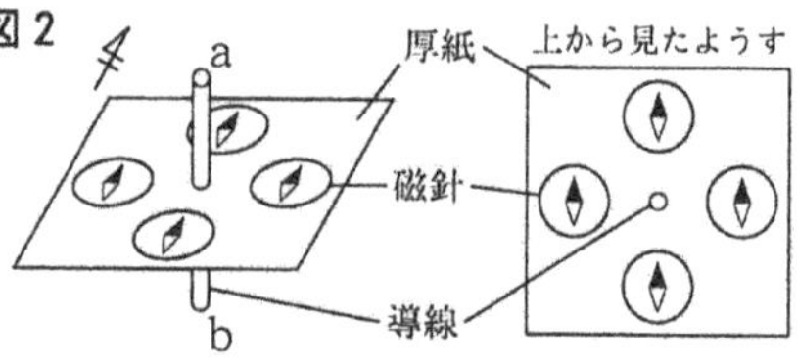

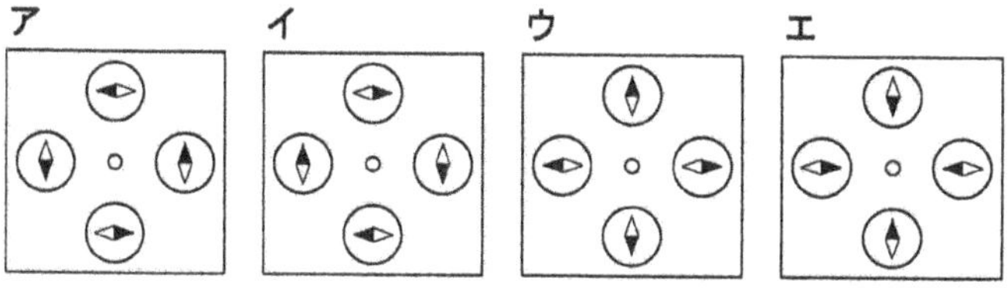

(2)　U字形磁石の間に通した導線に，電流をa→bの向きに流すと，図3の矢印の向きに導線が動いた。図4において，電流をb→aの向きに流したとき，導線はどの向きに動くか。適切なものを，図4のア～エから1つ選んで，その符号を書きなさい。

図3

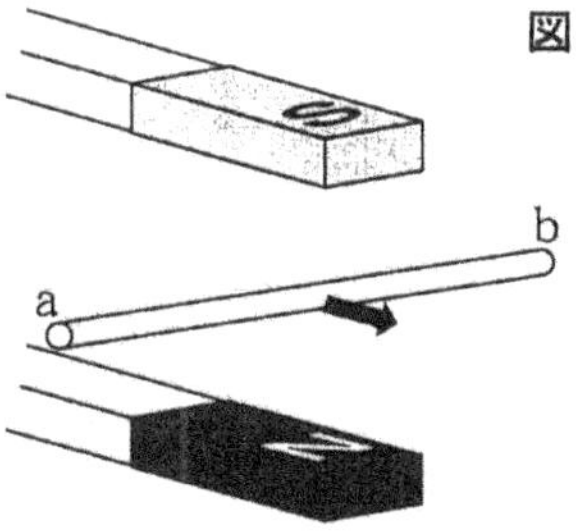

図4

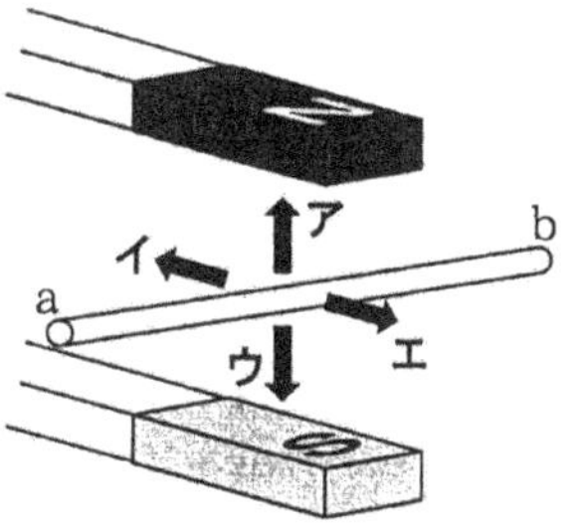

4　気体の発生とその性質について答えなさい。

(1)　酸化銀の熱分解を表す化学反応式を完成させるために，次の□に入れるものとして適切なものを，あとのア～エから1つ選んで，その符号を書きなさい。

$2Ag_2O$ → □

ア　$2Ag_2 + 2O$　　イ　$2Ag_2 + O_2$　　ウ　$4Ag + 2O$　　エ　$4Ag + O_2$

(2)　(1)で発生した気体の性質として適切なものを，次のア～エから1つ選んで，その符号を書きなさい。

ア　無色，無臭で，ものを燃やすはたらきがある。

イ　無色で，刺激臭があり，空気より軽い。

ウ　無色，無臭で，空気中で燃えると水になる。

エ　黄緑色で，刺激臭があり，有毒である。

II　植物のからだのつくりと遺伝に関する次の問いに答えなさい。

1　図1は，ゼニゴケ，タンポポ，スギナ，イチョウ，イネの5種類の植物を，「種子をつくる」，「葉，茎，根の区別がある」，「子葉が2枚ある」，「子房がある」の特徴に注目して，あてはまるものには○，あてはまらないものには×をつけ，分類したものである。これらの植物を分類したそれぞれの特徴は，図1の①～④のいずれかにあてはまる。

図1

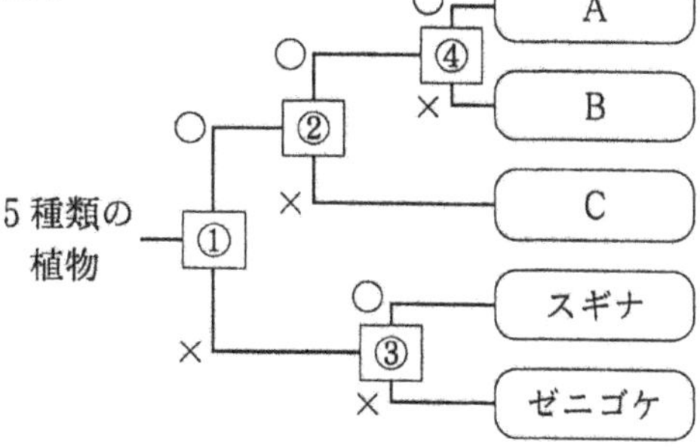

(1)　図1の②，④の特徴として適切なものを，次のア～エからそれぞれ1つ選んで，その符号を書きなさい。

ア　種子をつくる　　　イ　葉，茎，根の区別がある

ウ　子葉が２枚ある　　**エ**　子房がある

(2)　前のページの図１のＡ～Ｃの植物として適切なものを，次の**ア**～**ウ**からそれぞれ１つ選んで，その符号を書きなさい。

ア　タンポポ　　**イ**　イチョウ　　**ウ**　イネ

(3)　ゼニゴケの特徴として適切なものを，次の**ア**～**オ**から１つ選んで，その符号を書きなさい。

ア　花弁はつながっている　　**イ**　葉脈は平行に通る

ウ　雄花に花粉のうがある　　**エ**　維管束がある

オ　水を体の表面からとり入れる

2　マツバボタンの花の色には赤色と白色があり，赤色が優性形質で，白色が劣性形質である。遺伝の規則性を調べるため，Ｘ，Ｙ２つのグループに分けて，マツバボタンを使って，それぞれで図２のような実験を行った。Ｘグループは実験１，２，３を行い，Ｙグループは実験１，２，４を行った。ただし，マツバボタンの花の色の遺伝は，メンデルの遺伝に関する法則に従うものとする。

<実験１>

赤色の純系の花と白色の純系の花をかけ合わせた。その後，かけ合わせてできた種子をまいて育てたところ，子にあたる花が咲いた。

<実験２>

実験１でできた子にあたる花を自家受粉させた。その後，できた種子をすべてまいて育てたところ，孫にあたる花が咲いた。

図２

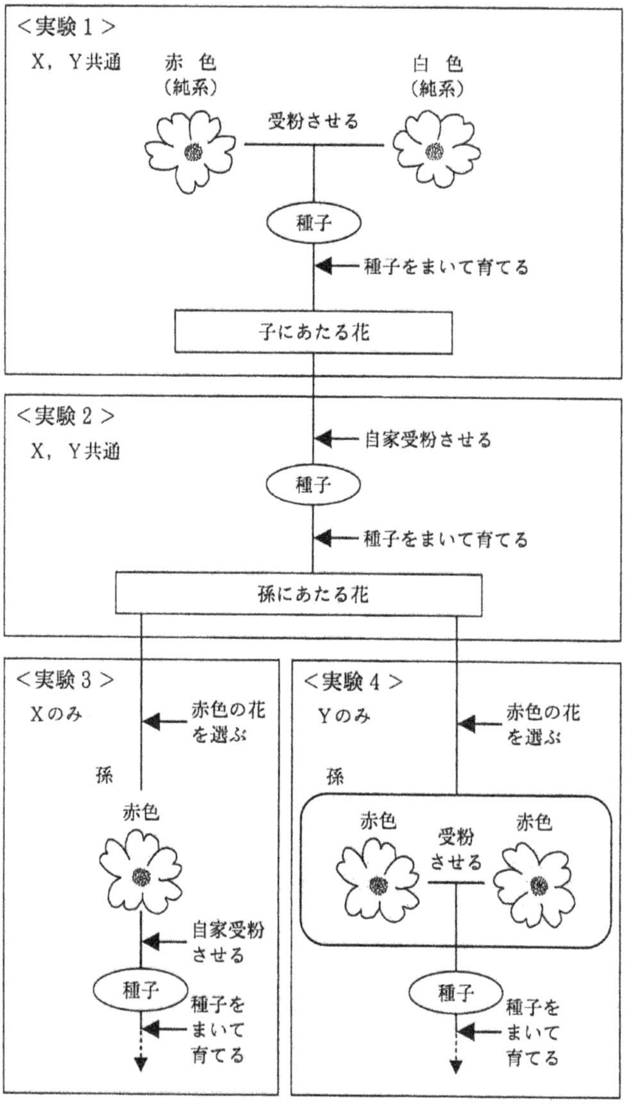

(1)　花の色を決める遺伝子について説明した次のページの文の［①］～［③］に入る語句として適切なものを，あとの**ア**～**オ**からそれぞれ１つ選んで，その符号を書きなさい。ただし，花の色を赤色にする遺伝子をＡ，白色にする遺伝子をａと表すことにする。

実験１の赤色の純系のマツバボタンからつくられる生殖細胞の遺伝子は［①］，白色の純系のマツバボタンからつくられる生殖細胞の遺伝子は［②］となる。子にあたる花の遺伝子は［③］となる。

ア　A　**イ**　a　**ウ**　AA　**エ**　aa　**オ**　Aa

⑵　実験２でできた孫にあたる花のうち，実験１でできた子にあたる花と同じ遺伝子の組み合わせをもつ花の割合は何％か。最も適切なものを，次の**ア**～**エ**から１つ選んで，その符号を書きなさい。

ア　25％　**イ**　50％　**ウ**　75％　**エ**　100％

＜実験３＞

Ｘグループは，実験２でできた孫にあたる花のうち，赤色の花をすべて選び，自家受粉させた。その後，できた種子をすべてまいて育てた。

＜実験４＞

Ｙグループは，実験２でできた孫にあたる花のうち，赤色の花をすべて選び，赤色の花どうしをかけ合わせた。その後，できた種子をすべてまいて育てた。

⑶　実験３，実験４によって咲く花の色について説明した文として適切なものを，次の**ア**～**エ**から１つ選んで，その符号を書きなさい。

ア　実験３では花の色はすべて赤色になり，実験４では花の色は赤色と白色になる。

イ　実験３では花の色は赤色と白色になり，実験４では花の色はすべて赤色になる。

ウ　実験３，４ともに花の色はすべて赤色になる。

エ　実験３，４ともに花の色は赤色と白色になる。

Ⅲ　物質と化学変化に関する次の問いに答えなさい。

１　白色粉末Ｗ～Ｚは，塩（塩化ナトリウム），砂糖，デンプン，重そう（炭酸水素ナトリウム）をすりつぶしたもののいずれかである。Ｗ～Ｚが何かを調べるために，(a)～(c)の実験を行い，表１に結果をまとめた。

＜実験＞

(a)　燃焼さじに入れ，ガスバーナーで強く加熱した。

(b)　(a)で火がついたら，図１のように石灰水の入った集気びんに入れ，火が消えた後，取り出して石灰水のようすを調べた。(a)で火がつかなければ集気びんには入れなかった。

(c)　水の量と白色粉末の質量をそろえて，水へのとけ方を調べた。

図１

表１

白色粉末	W	X	Y	Z
実験(a)	燃えてこげた	燃えずに白い粉が残った	燃えてこげた	燃えずに白い粉が残った
実験(b)	白くにごった	―	白くにごった	―
実験(c)	とけ残りがなかった	とけ残りがあった	とけ残りがあった	とけ残りがあった

⑴　実験(b)の結果について説明した次のページの文の［①］，［②］に入る語句の組み合わせとして適切なものを，あとの**ア**～**エ**から１つ選んで，その符号を書きなさい。

実験(b)の結果で，石灰水が白くにごったのは，ＷとＹに含まれていた［①］が燃焼したためである。このことから，WとYは ② であることがわかる。

ア ① 水素 ② 無機物 **イ** ① 水素 ② 有機物

ウ ① 炭素 ② 無機物 **エ** ① 炭素 ② 有機物

(2) 前のページの表１の結果より，白色粉末W，Yとして適切なものを，次の**ア**～**エ**からそれぞれ１つ選んで，その符号を書きなさい。

ア 塩 **イ** 砂糖 **ウ** デンプン **エ** 重そう

(3) 実験(a)～(c)では，白色粉末ＸとＺを区別できなかった。ＸとＺを区別するための実験と，その結果について説明した次の文の①に入る実験操作として適切なものを，あとの**ア**～**ウ**から１つ選んで，その符号を書きなさい。また，② ，③ に入る白色粉末として適切なものを，あとの**ア**～**エ**からそれぞれ１つ選んで，その符号を書きなさい。

実験(c)の水溶液に ① ，Ｘの水溶液は色が変化しなかったが，Ｚの水溶液はうすい赤色になったため，Ｘは ② ，Ｚは ③ である。

【①の実験操作】	**ア** フェノールフタレイン溶液を加えると **イ** ＢＴＢ溶液（緑色）を加えると **ウ** ベネジクト液を加えて加熱すると
【②，③の白色粉末】	**ア** 塩 **イ** 砂糖 **ウ** デンプン **エ** 重そう

2 炭酸カルシウムとうすい塩酸を用いて，次の実験を行った。ただし，反応によってできた物質のうち，二酸化炭素だけがすべて空気中へ出ていくものとする。

<実験１>

うすい塩酸20.0cm³を入れたビーカーＡ～Ｆを用意し，加える炭酸カルシウムの質量を変化させて，(a)～(c)の手順で実験を行い，結果を表２にまとめた。

(a) 図２のように，炭酸カルシウムを入れたビーカーとうすい塩酸20.0cm³を入れたビーカーを電子てんびんにのせ，反応前の質量をはかった。

(b) うすい塩酸を入れたビーカーに，炭酸カルシウムをすべて加え反応させると，二酸化炭素が発生した。

(c) じゅうぶんに反応させた後，図３のように質量をはかった。

図２

反応前

図３

反応後

表２

	A	B	C	D	E	F
炭酸カルシウムの質量〔g〕	1.00	2.00	3.00	4.00	5.00	6.00
反応前(a)の質量〔g〕	91.00	92.00	93.00	94.00	95.00	96.00
反応後(c)の質量〔g〕	90.56	91.12	91.90	92.90	93.90	94.90

<実験２>

実験１の後，ビーカーＦに残っていた炭酸カルシウムを反応させるために，実験１と同じ濃

度の塩酸を8.0cm³ずつ，合計40.0cm³加えた。じゅうぶんに反応させた後，発生した二酸化炭素の質量を求め，表３にまとめた。

表３

実験１の後，加えた塩酸の体積の合計〔cm³〕	8.0	16.0	24.0	32.0	40.0
実験１の後，発生した二酸化炭素の質量の合計〔g〕	0.44	0.88	1.32	1.54	1.54

⑴　次の文の ① に入る数値を書きなさい。また，② に入るグラフとして適切なものを，あとの**ア**～**エ**から１つ選んで，その符号を書きなさい。

実験１において，炭酸カルシウムの質量が1.00 gから2.00 gに増加すると，発生した二酸化炭素の質量は ① g増加している。うすい塩酸の体積を40.0cm³にして実験１と同じ操作を行ったとき，炭酸カルシウムの質量と発生した二酸化炭素の質量の関係を表したグラフは ② となる。

ア

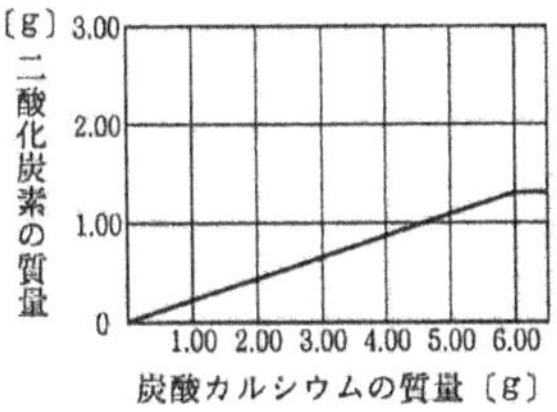

イ

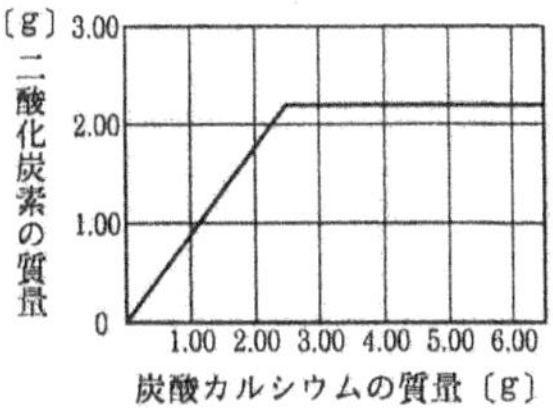

ウ

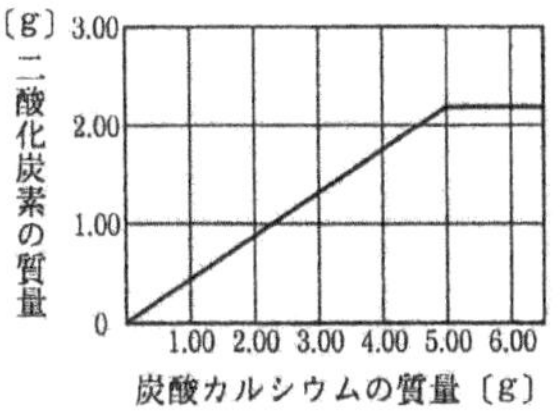

エ

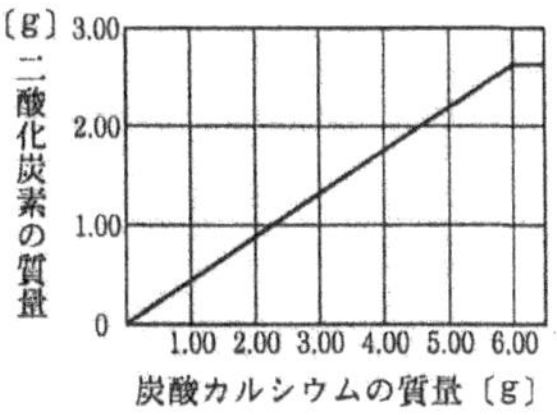

⑵　実験１，２の後，図４のように，ビーカーＡ～Ｆの中身をすべて１つの容器に集めたところ気体が発生した。じゅうぶんに反応した後，気体が発生しなくなり，容器には炭酸カルシウムが残っていた。この容器に実験１と同じ濃度の塩酸を加えて残っていた炭酸カルシウムと過不足なく反応させるためには，塩酸は何cm³必要か，求めなさい。

図４

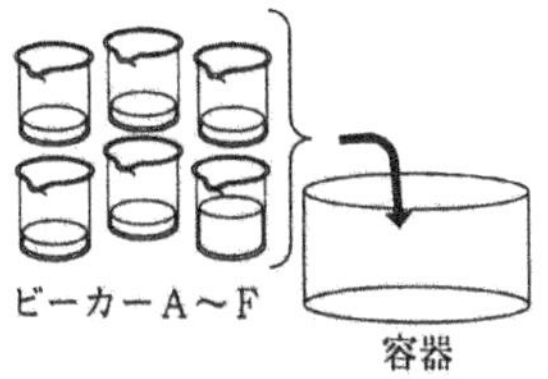

⑶　⑵において求めた体積の塩酸を図４の容器に加えて，残っていた炭酸カルシウムをすべて反応させた後，容器の中に残っている物質の質量として最も適切なものを，次の**ア**～**エ**から１つ選んで，その符号を書きなさい。ただし，用いた塩酸の密度はすべて1.05 g/cm³とする。

ア　180 g　　**イ**　188 g　　**ウ**　198 g　　**エ**　207 g

Ⅳ　地球と天体に関する次の問いに答えなさい。

１　神戸市，シンガポール，シドニーにおいて，３月の同じ日に，太陽の１日の動きを透明半球に記録して観測した。午前８時から午後３時まで１時間ごとに太陽の位置を●印で，点ａから点ｈ

まで記録し，この点をなめらかな曲線で結んで，それを透明半球のふちまで延長した。曲線が透明半球のふちと交わる点のうち，東側を点Pとした。図１はそれぞれの都市の位置を，図２は，神戸市，シンガポールで観測したときの透明半球と，神戸市での結果を示している。

図１

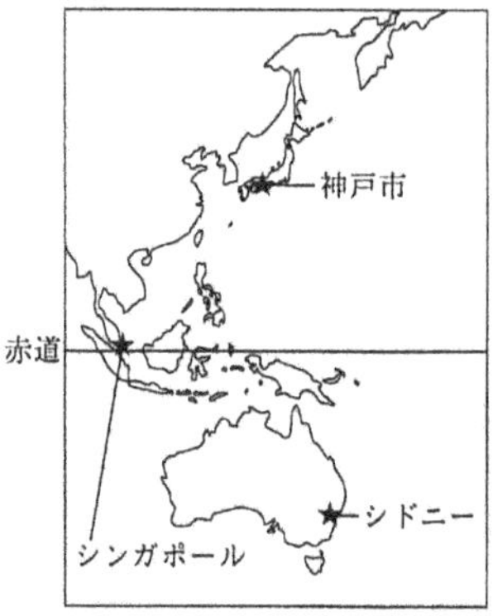

図２

＜透明半球＞

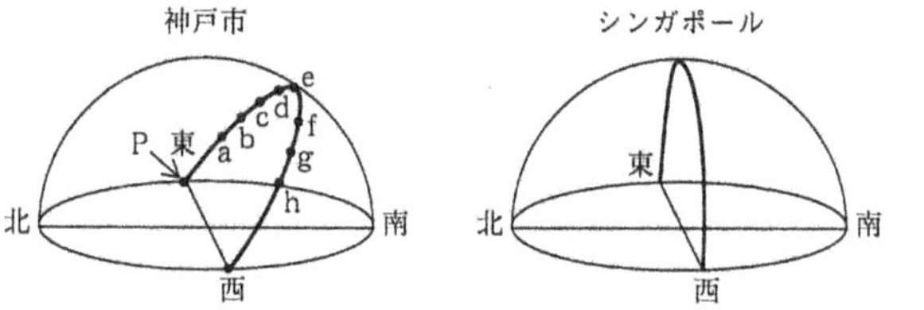

＜神戸市の結果＞
- 点Pは真東であった。
- 点ａと点ｅの間の曲線に沿って細い紙テープを当ててその長さをはかると 12.0 cm であり，点ａと点Pの間の長さは 5.8 cm であった。

(1)　シンガポールとシドニーでの観測結果について説明した次の文の ① に入る語句として適切なものを，あとの**ア**～**ウ**から１つ選んで，その符号を書きなさい。また， ② に入る透明半球として最も適切なものを，あとの**X**～**Z**から１つ選んで，その符号を書きなさい。

シンガポールで記録した透明半球の点ａと点ｅの間の長さを，神戸市と同じ方法ではかって神戸市の結果と比較すると，記録した日では， ① と考えられる。また，シドニーで記録した透明半球は， ② であると考えられる。

【①の語句】	**ア**　神戸市の長さのほうが短い **イ**　神戸市の長さと同じ **ウ**　神戸市の長さのほうが長い
【②の透明半球】	**X**　　**Y**　　**Z** 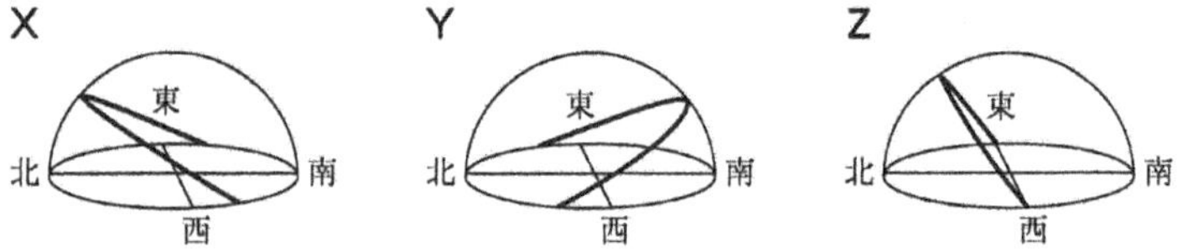

(2)　記録した日の，神戸市の日の出の時刻として最も適切なものを，次の**ア**～**エ**から１つ選んで，その符号を書きなさい。

ア　午前５時47分　　**イ**　午前５時56分　　**ウ**　午前６時４分　　**エ**　午前６時７分

(3)　記録した日から３か月後に，同じ観測方法で，神戸市において太陽の１日の動きを観測し，３月の結果と比較した。このことについて説明した文の組み合わせとして適切なものを，あとの**ア**～**カ**から１つ選んで，その符号を書きなさい。

①　透明半球上に引いた曲線の長さは長くなった。
②　日の出の位置は北寄りになり，日の入りの位置は南寄りになった。
③　南中高度は高くなった。
④　日の出の時刻，日の入りの時刻ともに早くなった。

ア　①と②　　**イ**　①と③　　**ウ**　①と④　　**エ**　②と③　　**オ**　②と④　　**カ**　③と④

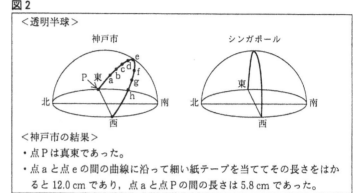

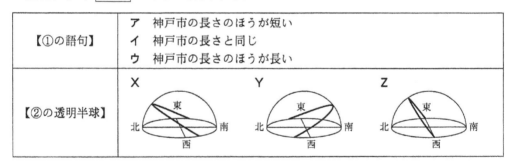

2　図3は，静止させた状態の地球の北極の上方から見た，太陽，金星，地球の位置関係を示した模式図である。金星が図3のA，B，C，Dの位置にあるとき，日本のある地点で，金星，月，太陽の観測を行った。金星の観測には天体望遠鏡も用いた。

図3

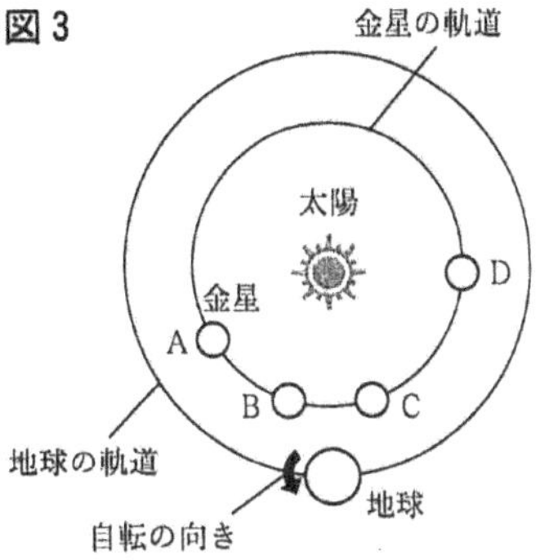

⑴　太陽のまわりを回る天体について説明した文として適切なものを，次の**ア**～**エ**から1つ選んで，その符号を書きなさい。

ア　金星の公転周期は，地球の公転周期より長い。

イ　地球の北極の上方から見ると，月は地球のまわりを時計回りに公転している。

ウ　太陽，月，地球の順に，一直線に並ぶとき，月食が起こる。

エ　月は真夜中でも観測できるが，金星は真夜中には観測できない。

⑵　図3のA，B，C，Dの位置での，金星の見え方について説明した文の組み合わせとして適切なものを，あとの**ア**～**カ**から1つ選んで，その符号を書きなさい。

①　A，B，C，Dで，金星の欠け方が最も大きいのはDである。

②　B，Dで，天体望遠鏡を同倍率にして金星を観測すると，Bの金星のほうが大きく見える。

③　A，Cでは，金星のかがやいて見える部分の形は同じである。

④　C，Dでは，明け方の東の空で金星が観測できる。

ア　①と②　　**イ**　①と③　　**ウ**　①と④　　**エ**　②と③　　**オ**　②と④　　**カ**　③と④

⑶　表は，図3のA，Bそれぞれの位置に金星がある日の，太陽と金星が沈んだ時刻を記録したものである。図4は，図3のAの位置に金星がある日の，日没直後の西の空のスケッチである。また，Bの位置に金星がある日は，日没直後に，金星と月が隣り合って観測できた。Bの位置に金星がある日の，日没直後の金星と月の位置，月の形を示すものとして最も適切なものを，あとの**ア**～**エ**から1つ選んで，その符号を書きなさい。

表

	太陽が沈んだ時刻	金星が沈んだ時刻
A	午後6時28分	午後8時16分
B	午後5時14分	午後5時49分

図4

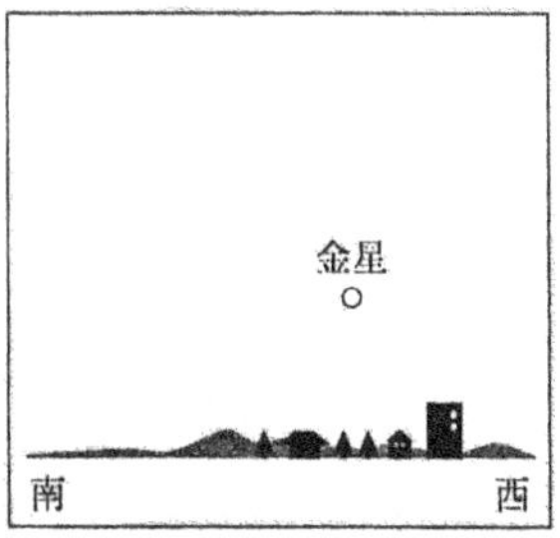

ア

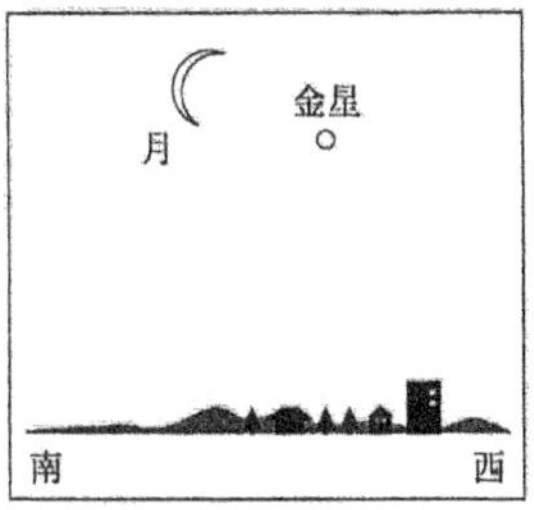

イ

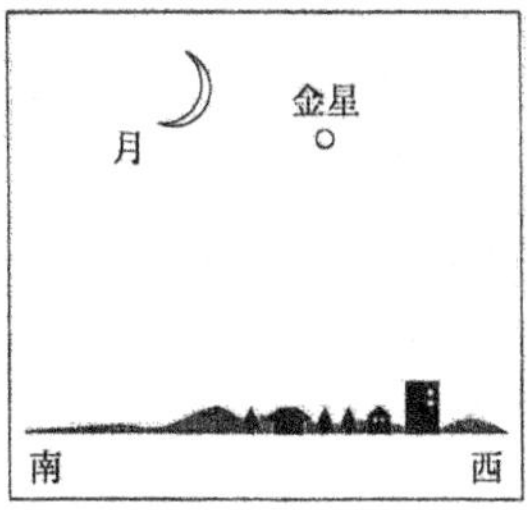

ウ

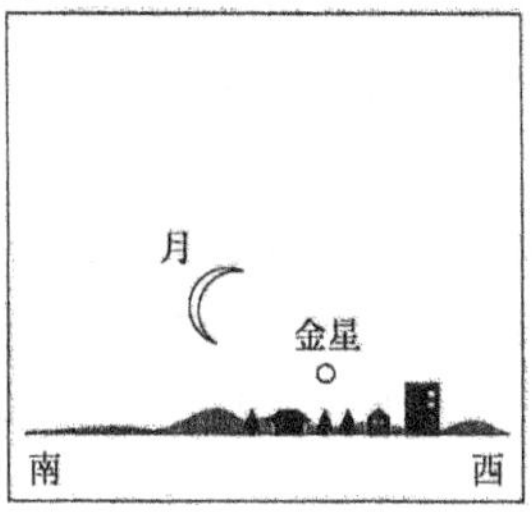

エ

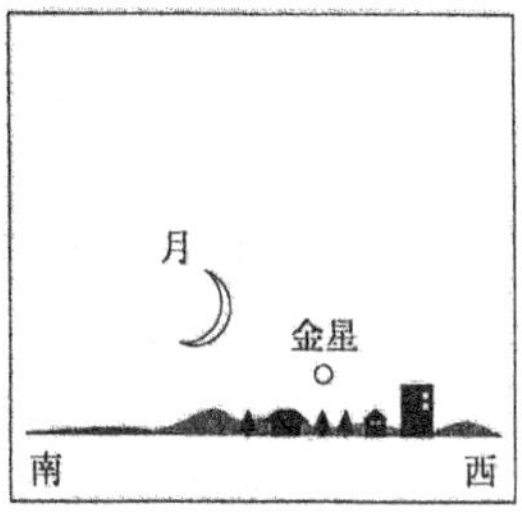

V　音の伝わり方と光の進み方に関する次の問いに答えなさい。

1　音の伝わり方について調べるために，次の実験を行った。

＜実験１＞

図１のように，おんさをたたいて振動させて水面に軽くふれさせたときの，おんさの振動と水面のようすを観察した。

図１

＜実験２＞

４つのおんさＡ～Ｄを用いて(a)～(c)の実験を行った。

(a)　おんさをたたいて音を鳴らすと，おんさＤの音は，おんさＢ，おんさＣの音より高く聞こえた。

(b)　図２のように，おんさＡの前におんさＢを置き，おんさＡだけをたたいて音を鳴らして，おんさＢにふれて振動しているかを確認した。おんさＢをおんさＣ，おんさＤと置き換え，おんさＢと同じ方法で，それぞれ振動しているかを確認した。おんさＢは振動していた。

図２

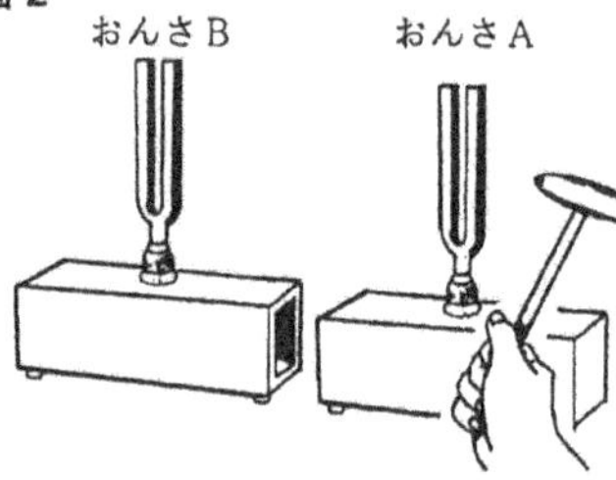

(c)　図３のように，おんさＡをたたいたときに発生した音の振動のようすを，コンピュータで表示した。横軸の方向は時間を表し，縦軸の方向は振動の振れ幅を表す。図４は，おんさＡと同じ方法で，おんさＢ～Ｄの音の振動をコンピュータで表示させたもので，**Ｘ**～**Ｚ**はおんさＢ～Ｄのいずれかである。コンピュータで表示される目盛りのとり方はすべて同じである。

図３

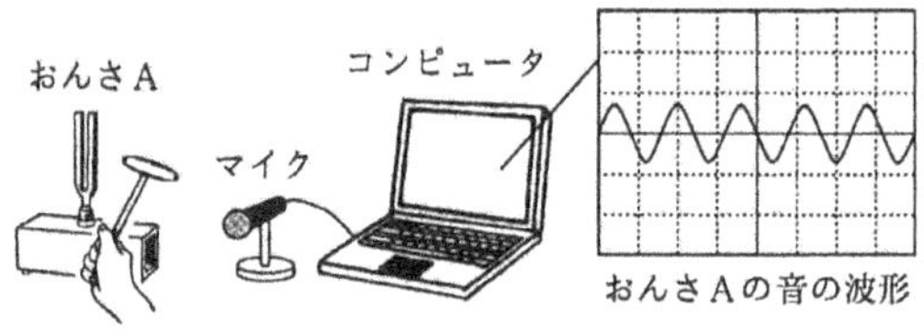

図４

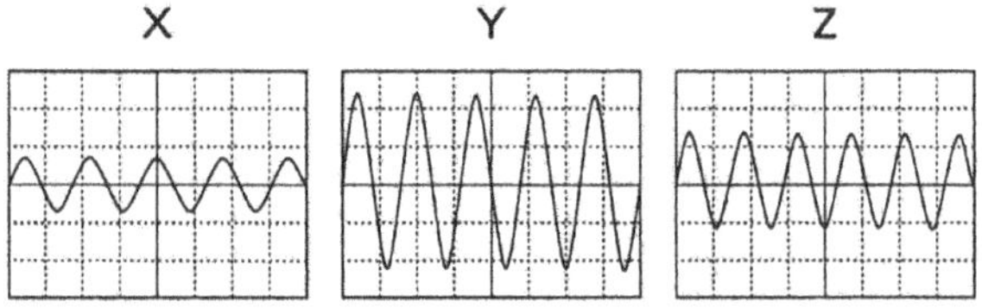

(1)　実験１での，おんさの振動と水面のようすについて説明した文の組み合わせとして適切なものを，あとの**ア**～**エ**から１つ選んで，その符号を書きなさい。

①　おんさの振動によって水面が振動し，波が広がっていく。

②　おんさの振動によっておんさの近くの水面は振動するが，波は広がらない。

③　おんさを強くたたいたときのほうが，水面の振動は激しい。

④　おんさの振動が止まった後でも，おんさの近くの水面は振動し続けている。

ア　①と③　　**イ**　①と④　　**ウ**　②と③　　**エ**　②と④

(2)　おんさＡの音は，５回振動するのに，0.0125秒かかっていた。おんさＡの音の振動数は何Hzか，求めなさい。

(3)　おんさＢ～Ｄは，図４の**Ｘ**～**Ｚ**のどれか。**Ｘ**～**Ｚ**からそれぞれ１つ選んで，その符号を書きなさい。

2　たろうさんは，自分の部屋の鏡に映る像について興味を持ち，次の観察を行った。

＜観察１＞

鏡の正面に立って鏡を見ると，タオルの像が見えた。振り返ってタオルを直接見ると，図５のように見えた。タオルには，「ＬＥＴ’Ｓ」の文字が印字されていた。

図５

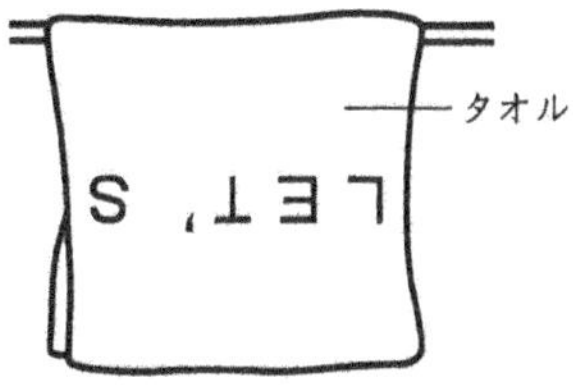

(1)　鏡に映るタオルの像の文字の見え方として適切なものを，次のア～エから１つ選んで，その符号を書きなさい。

＜観察２＞

鏡の正面に立って鏡を見ると，天井にいるクモが移動しているようすが見えた。その後，クモを直接見ると，天井から壁に移動していた。このとき，鏡では壁にいるクモを見ることができなかった。

たろうさんは，観察２について次のように考え，レポートにまとめた。

【課題】

光の直進と，反射の法則を使って，天井や壁にいるクモを鏡で見ることができる位置を求める。

【方法】

・方眼紙の方眼を直定規ではかると，一辺の長さは5.0mm，対角線の長さは7.1mm だった。この方眼紙の方眼の一辺の長さを25cmと考えて，部屋のようすを作図した。

・図６は，部屋を真上から見たようすを模式的に表している。点Ｐは，はじめの目の位置を表し，点Ａ，Ｂ，Ｃ，Ｄ，Ｅはクモが移動した位置を表す。また，鏡は正方形で縦横の幅は1.0mである。図７は，図６の矢印の向きに，部屋を真横から見たようすを模式的に表している。

図６

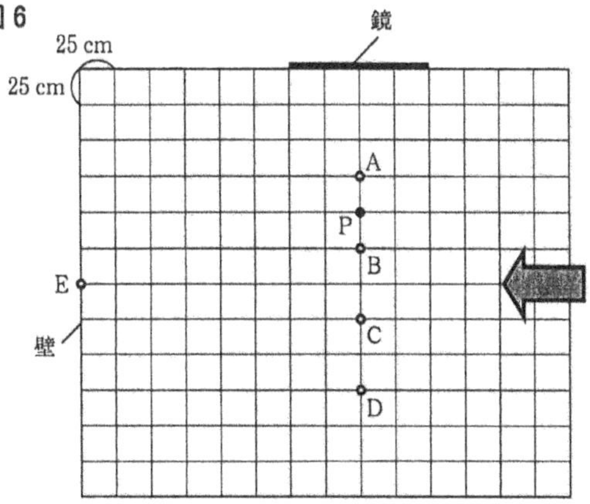

図７

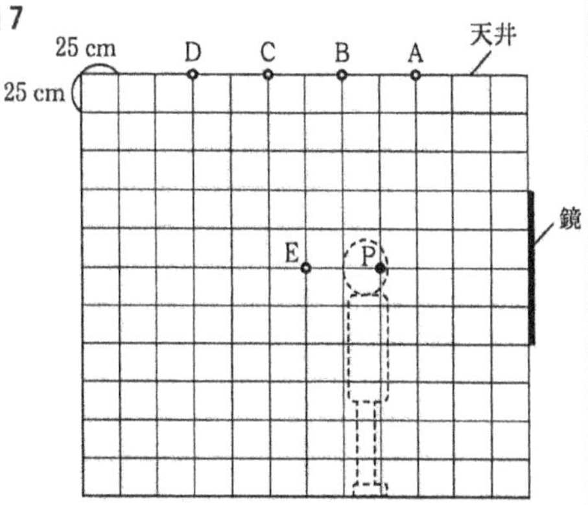

【考察】

・クモが天井を，点Aから，点B，点C，点Dの順に直線で移動したとき，点Pから，鏡に映るクモの像を見ることができるのは，クモが ① の位置にいるときであると考えられる。

・点Eは，目の高さとちょうど同じ高さにある。点Eにクモがいるとき，点Pでは，鏡に映るクモの像は見えない。点Pから，目の高さは変えずに，鏡を見る位置を変えると，鏡に映るクモの像が見えるようになる。その位置と点Pとの距離が最短になるとき，その距離は ② cmであると考えられる。

(2) 【考察】の中の ① に入る点として適切なものを，次のア～カから1つ選んで，その符号を書きなさい。

ア　A，B　　**イ**　A，B，C　　**ウ**　A，B，C，D

エ　B，C　　**オ**　B，C，D　　**カ**　C，D

(3) 【考察】の中の ② に入る数値として最も適切なものを，次のア～エから1つ選んで，その符号を書きなさい。

ア　35.5　　**イ**　37.5　　**ウ**　50　　**エ**　71

<社会>

時間　50分　　満点　100点

I　世界や日本の地理に関するあとの問いに答えなさい。

1　図1に関する次の問いに答えなさい。

(1)　図1に関して述べた次の文中の［ i ］，［ ii ］に入る語句の組み合わせとして適切なものを，あとのア～エから1つ選んで，その符号を書きなさい。

> 船でアフリカ東岸から南アジアへ向かう場合，［ i ］頃であれば追い風を受けて航海することができる。
>
> この地域の風は，夏と冬で向きを変える特徴があり，この風を［ ii ］という。

図1

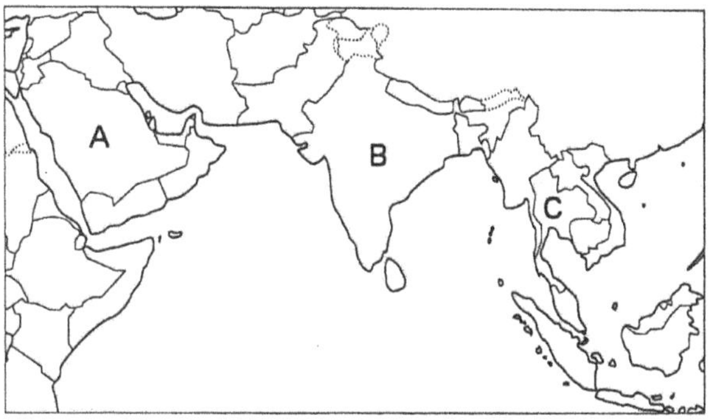

ア　i－1月　ii－モンスーン
イ　i－7月　ii－モンスーン
ウ　i－1月　ii－ハリケーン
エ　i－7月　ii－ハリケーン

(2)　図2のX～Zは，それぞれ図1のA～Cいずれかの国の宗教別人口構成を示している。そのうちA，BとX～Zの組み合わせとして適切なものを，次のア～カから1つ選んで，その符号を書きなさい。

図2

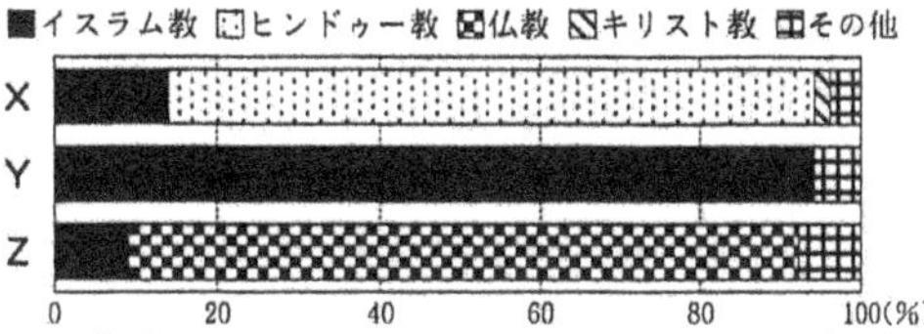

(『データブック　オブ・ザ・ワールド』より作成)

ア　A－X　B－Y　　イ　A－X　B－Z　　ウ　A－Y　B－X
エ　A－Y　B－Z　　オ　A－Z　B－X　　カ　A－Z　B－Y

(3)　写真1は，図1のAで見られる気候帯の伝統的な家屋である。この家屋の説明として適切なものを，次のア～エから1つ選んで，その符号を書きなさい。

写真1

ア　遊牧を行っているため，解体や組み立てがしやすいように建てられている。
イ　湿気がこもらないようにするため，大きな窓や入口を設け，石を組んで建てられている。
ウ　風通しを良くするため，床を地面から離して木材で建てられている。
エ　森林が少なく木材を得にくいため，日干しレンガを積み上げて建てられている。

(4) 図1のBの産業について述べた次の文X，Yについて，その正誤の組み合わせとして適切なものを，あとの**ア**～**エ**から1つ選んで，その符号を書きなさい。

X　理数教育の水準の高さなどを背景とし，バンガロールを中心にIT産業が発展している。

Y　自動車産業の分野では，日本をはじめとする外国の企業が進出している。

ア　X－正　Y－正　　**イ**　X－正　Y－誤

ウ　X－誤　Y－正　　**エ**　X－誤　Y－誤

(5) 表1は，図1のCとベトナムの輸出品目について，2001年と2018年における輸出額が上位の品目の輸出総額に占める割合を示したものであり，**X**，**Y**には品目名が入る。**X**，**Y**の組み合わせとして適切なものを，次の**ア**～**エ**から1つ選んで，その符号を書きなさい。

表1

	C			
	2001年	(%)	2018年	(%)
1位	X	42.0	X	31.2
2位	Y	6.2	自動車	12.1
3位	衣類	5.6	プラスチック	4.7
4位	繊維品	2.9	石油製品	3.7
5位	プラスチック	2.9	ゴム製品	2.9
6位	米	2.4	金属製品	2.6

	ベトナム			
	2001年	(%)	2018年	(%)
1位	原油	20.8	X	40.4
2位	衣類	12.0	衣類	11.9
3位	Y	12.0	はきもの	6.9
4位	はきもの	10.8	Y	3.5
5位	X	5.5	繊維品	3.4
6位	米	4.2	精密機械	3.1

(『世界国勢図会』より作成)

ア　**X**－機械類　**Y**－魚介類　　**イ**　**X**－機械類　**Y**－鉄鋼

ウ　**X**－果実類　**Y**－魚介類　　**エ**　**X**－果実類　**Y**－鉄鋼

(6) 表2はマレーシア，スリランカ，アラブ首長国連邦の人口を示している。図3は1人あたりの国民総所得（GNI）と人口密度を示しており，あ～うはマレーシア，スリランカ，アラブ首長国連邦のいずれかである。マレーシアとスリランカにあたるものの組み合わせとして適切なものを，次の**ア**～**カ**から1つ選んで，その符号を書きなさい。

表2　（2018年）

国名	人口（千人）
マレーシア	32,042
スリランカ	20,950
アラブ首長国連邦	9,542

(『世界国勢図会』より作成)

図3

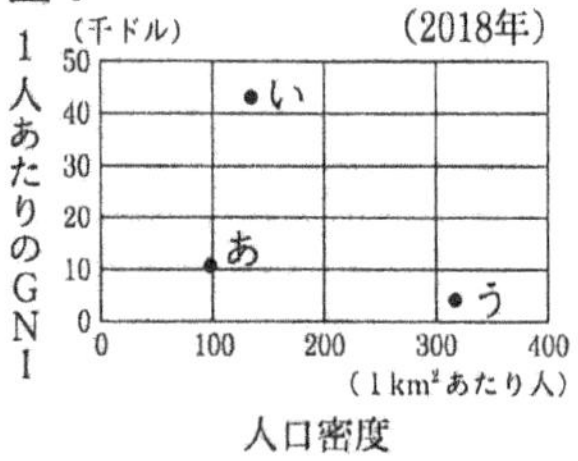

(『世界国勢図会』より作成)

ア　マレーシア－あ　スリランカ－い　　**イ**　マレーシア－あ　スリランカ－う

ウ　マレーシア－い　スリランカ－あ　　**エ**　マレーシア－い　スリランカ－う

オ　マレーシア－う　スリランカ－あ　　**カ**　マレーシア－う　スリランカ－い

2　次のページの図4に関する次の問いに答えなさい。

(1) 次のページの図5は，図4の**A**における日照時間の月別平均値を示している。**A**の夏季の特徴と関連が深い要因の組み合わせとして適切なものを，あとの**ア**～**エ**から1つ選んで，その符号を書きなさい。

a　白夜　　b　濃霧

c　千島海流(親潮)　　d　対馬海流

ア　a・c

イ　a・d

ウ　b・c

エ　b・d

図4

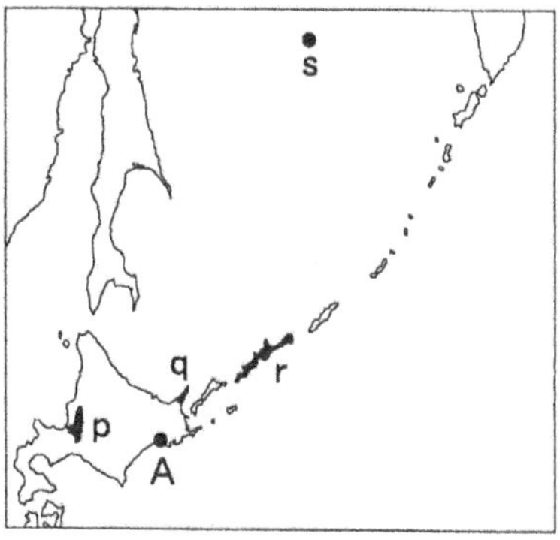

図5

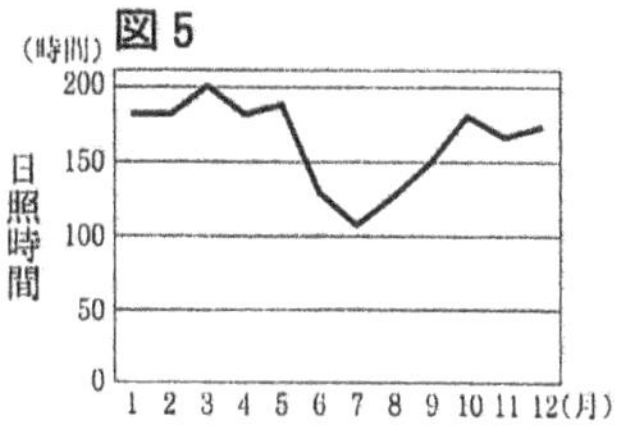

(『理科年表2020』より作成)

⑵　北海道地方の生活に関して述べた次の文中の ｉ ， ⅱ に入る語句の組み合わせとして適切なものを，あとのア～エから１つ選んで，その符号を書きなさい。

> 写真２の標識は， ｉ を示したものであり，冬に自動車が安全に通行できるための工夫がなされている。
> また，この地方特有の自然環境を観光に活用する例もみられ，オホーツク海沿岸では ⅱ を見学するツアーが行われている。

写真２

ア　ｉ　急な上り坂　ⅱ　流氷

イ　ｉ　急な上り坂　ⅱ　有珠山

ウ　ｉ　路肩の位置　ⅱ　流氷

エ　ｉ　路肩の位置　ⅱ　有珠山

⑶　図４のｐ～ｓに関して述べた文として適切でないものを，次のア～エから１つ選んで，その符号を書きなさい。

ア　ｐは，土地や品種の改良により自然環境を克服し，米の産地となっている。

イ　ｑは，多くの野生生物が生息する貴重な生態系が評価され，世界遺産に登録された。

ウ　ｒは，北方領土のうち，面積が最も大きい島である。

エ　ｓは，日本が水産資源や鉱産資源を管理できる排他的経済水域に含まれる。

⑷　表３，図６から読み取れる全国と北海道の農業の特徴について述べた次の文Ｘ，Ｙについて，その正誤の組み合わせとして適切なものを，あとのア～エから１つ選んで，その符号を書きなさい。

Ｘ　耕地面積に占める田の面積の割合，農業産出額に占める米の割合とも北海道が全国を下回っている。

Ｙ　人口に占める農業従事者の割合は北海道が全国を上回っているが，農業従事者１人あたりの農業産出額は，北海道が全国を下回っている。

ア　Ｘ－正　Ｙ－正　　イ　Ｘ－正　Ｙ－誤

ウ　Ｘ－誤　Ｙ－正　　エ　Ｘ－誤　Ｙ－誤

表３　(2015年)

	全国	北海道
耕地面積(千ha)	4,496	1,147
耕地面積(田)(千ha)	2,446	223
人口(千人)	127,095	5,382
農業従事者(千人)	3,399	104

(『データで見る県勢』より作成)

図６

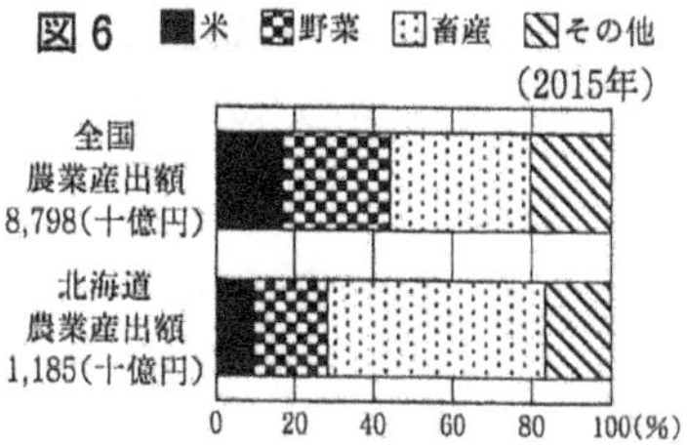

(『データで見る県勢』より作成)

(5) 図７を見て，あとの問いに答えなさい。

図７　　　　　　　　　　　　　　　　　※編集の都合で90％に縮小してあります。

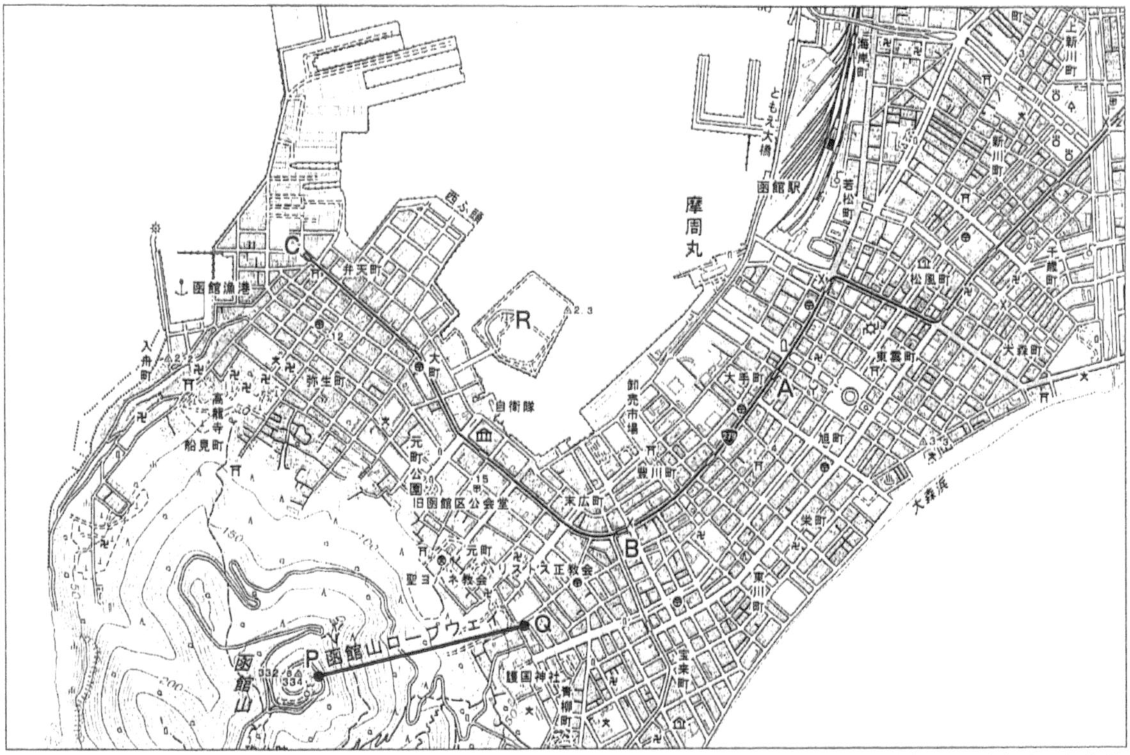

（２万５千分の１地形図「函館」(2017年)を一部改変）

① この地域について述べた次の文の下線部ア～エのうち，図７から読み取れることとして適切でないものを１つ選んで，その符号を書きなさい。

> 市役所から，かつて青函《せいかん》連絡船として運航し現在は記念館として活用されている摩周丸の方向へと進むと，ア国道279号線と交差する付近に記念碑が立っている。Aの駅から路面鉄道に乗車し，Bの駅を通過してイCの駅へ進む途中には博物館がある。ウCの駅と函館山の間には寺院や神社が見られ，エ函館山北側の斜面には果樹園が広がっている。

② 図７の函館山ロープウェイの山頂駅Ｐと山麓駅Ｑの地形図上の長さを測ると約3.2㎝である。実際の距離に最も近いものを，次のア～エから１つ選んで，その符号を書きなさい。

ア　320m　　イ　800m　　ウ　1.6km　　エ　8.0km

③ 次のページの景観は，図７のＲの上空から東，西，南，北いずれかの向きを見たものである。西向きのものをあとのア～エから１つ選んで，その符号を書きなさい。

ア

イ

ウ

エ

（Google Mapsより作成）

Ⅱ　歴史に関するあとの問いに答えなさい。

1　次の世界地図に関して，あとの問いに答えなさい。

世界地図

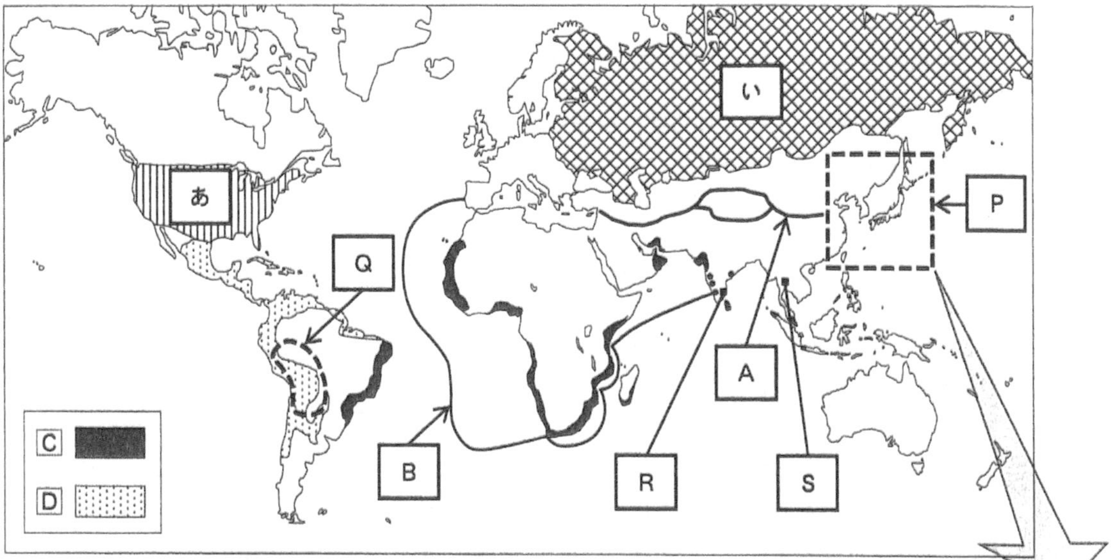

図1

(1)　世界地図中のAについて，ユーラシアの東西を結ぶこの交易路を何というか，解答欄に合わせて漢字1字で書きなさい。

(2)　世界地図中のPに関するあとの問いに答えなさい。

①　7世紀の状況を示した次の説明があてはまる場所として適切なものを，図1の**ア**～**エ**から1つ選んで，その符号を書きなさい。

日本は白村江の戦いの後，唐・新羅の攻撃から防衛の拠点を守るため，朝鮮式山城である大野城を築いた。

② 9世紀に遣唐使船で唐にわたって仏教を学び，帰国後，高野山に金剛峯寺を建てて真言宗を広めた人物名を，漢字2字で書きなさい。

③ 図1の ▤ で示した場所について述べた次の文中の i ， ii に入る語句の組み合わせとして適切なものを，あとのア～エから1つ選んで，その符号を書きなさい。

> 東アジアでは， ▤ の場所を海賊行為で荒らしていた i の取り締まりが課題となっていたので，正式な貿易船に勘合を持たせる日中間の貿易が， ii 時代に行われた。

ア i 倭寇　ii 鎌倉　**イ** i 元寇　ii 鎌倉
ウ i 倭寇　ii 室町　**エ** i 元寇　ii 室町

(3) 世界地図を見て，15世紀～16世紀頃のできごとに関するあとの問いに答えなさい。

① Bは航路，C，Dはある国の支配領域を示している。ヨーロッパで初めてBの航路を開拓した国と人物名，また，その国が支配した領域の組み合わせとして適切なものを，次の**ア**～**カ**から1つ選んで，その符号を書きなさい。

ア スペイン　－コロンブス　－C　**イ** スペイン　－コロンブス　－D
ウ ポルトガル－コロンブス　－C　**エ** スペイン　－バスコ＝ダ＝ガマ　－D
オ ポルトガル－バスコ＝ダ＝ガマ　－C　**カ** ポルトガル－バスコ＝ダ＝ガマ　－D

② この頃のヨーロッパの様子を説明した次の文中の i ， ii に入る語句の組み合わせとして適切なものを，あとの**ア**～**エ**から1つ選んで，その符号を書きなさい。

> 教皇が免罪符（しょくゆう状）を売り出すと，ドイツの i はこれを批判して宗教改革を始めた。カトリック教会はこれに対抗し，その中心となったイエズス会は ii などの宣教師を海外へ派遣した。

ア i ルター　ii ザビエル　**イ** i ルター　ii シーボルト
ウ i クロムウェル　ii ザビエル　**エ** i クロムウェル　ii シーボルト

③ この頃，世界経済に影響を与えたQの地域の産物として適切なものを，次の**ア**～**エ**から1つ選んで，その符号を書きなさい。

ア 茶　**イ** 銀　**ウ** 陶磁器　**エ** 綿織物

④ 次の資料に示すものが1543年に伝わった場所と，その後，生産の中心となり織田信長が自治権をうばった都市を図2のa～fから選び，その組み合わせとして適切なものを，あとの**ア**～**ク**から1つ選んで，その符号を書きなさい。

> 手に一物を携ふ。長さ二三尺，其の体為《ていた》るや中は通り外は直《なお》くして，重きを以《もっ》て質と為《な》す。其の中は常に通ずと雖《いえど》も，其の底は密《きび》しく塞がんことを要す。其の傍《かたわら》に一穴あり，火を通ずるの路《みち》なり。

ア a－e　**イ** a－f　**ウ** b－e

図2

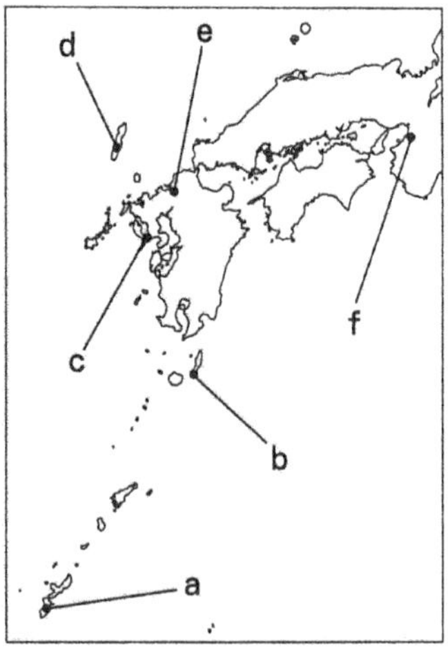

エ　b－f　　**オ**　c－e　　**カ**　c－f

キ　d－e　　**ク**　d－f

(4)　世界地図中のR，Sは町を示している。17世紀前半に行われた朱印船貿易における主な輸入品と日本人が居住した日本町の組み合わせとして適切なものを，次の**ア**～**エ**から１つ選んで，その符号を書きなさい。

ア　生糸－R　　**イ**　生糸－S　　**ウ**　俵物－R　　**エ**　俵物－S

(5)　世界地図中のあ，いは国を示している。次の資料はオランダから江戸幕府に伝えられた海外情報の一部である。この情報がもたらされた後におこったできごととして正しいものを，X，Yから選びなさい。また，選んだ文により説明されている国をあ，いから選び，その組み合わせとして適切なものを，あとの**ア**～**エ**から１つ選んで，その符号を書きなさい。

> …日本の一，二の港へ出入するを許されん事を願ひ，且《かつ》又相応なる港を以て石炭の置場と為《な》すの許を得て，…

X　ラクスマンが根室に来航し，日本の漂流民を送り届けるとともに，通商を求めた。

Y　ペリーが浦賀に来航し，貿易船や捕鯨船などへの燃料の提供を要求した。

ア　X－あ　　**イ**　X－い　　**ウ**　Y－あ　　**エ**　Y－い

2　近代の国際関係に関する文章を読み，あとの問いに答えなさい。

> 東アジアの伝統的な国際関係は，a明治時代以降に日本が近代化を果たしたことにより，大きく変化した。アジア諸国から日本への留学生か増加する一方で，中国では□を倒して近代国家をつくる運動が高まり，b孫文は東京などで革命運動を進めた。

(1)　下線部aに関して，明治時代の日本の様子について述べた文として適切でないものを，次の**ア**～**エ**から１つ選んで，その符号を書きなさい。

ア　近代産業の育成を図るため，群馬県に富岡製糸場を設立した。

イ　関門海峡を通過する外国船を砲撃したが，4か国の連合艦隊に砲台を占領された。

ウ　衆議院と貴族院で構成される議会の同意により，予算や法律が成立するようになった。

エ　条約改正を進める政府は，国際的なきまりに従い，国境を定めた。

(2)　文中の□に入る当時の中国の国名を漢字１字で書きなさい。

(3)　下線部bに関して，次の問いに答えなさい。

①　孫文が東京で活動していた1905年に，アメリカの仲介により日本とロシアの間で結ばれた条約名を，解答欄に合わせてカタカナで書きなさい。

②　孫文の動向に関して述べたP～Rの文について，古いものから順に並べたものを，あとの**ア**～**カ**から１つ選んで，その符号を書きなさい。

P　民衆の力を革命に生かそうとして，孫文は中国国民党を結成した。

Q　孫文は，加藤高明内閣が成立していた日本で演説し，新聞や雑誌で広く報道された。

R　孫文にかわって袁世凱が臨時大総統となった。

ア　P－Q－R　　**イ**　P－R－Q　　**ウ**　Q－P－R

エ　Q－R－P　　**オ**　R－P－Q　　**カ**　R－Q－P

Ⅲ　政治や経済のしくみと私たちの生活に関するあとの問いに答えなさい。

1　政治に関する文章を読み，あとの問いに答えなさい。

> 政治には様々な原則があるが，近代になると a 政治権力も民主的に定められた法に従わなければならないという考えが発達した。現在の日本では，憲法で b 国民が政治のあり方を最終的に決めることを定めており，c 権力を分割し互いに抑制と均衡をはかり，d 国民の権利や自由を守っている。私たちは，現在のしくみやきまりを理解したうえで積極的に社会に参画し，私たち自身のために，よりよい社会の実現をめざして行動することが必要となる。

⑴　下線部 a を説明した資料 1 の［ i ］～［ iii ］に入る語句の組み合わせとして適切なものを，次の**ア**～**エ**から 1 つ選んで，その符号を書きなさい。

資料 1

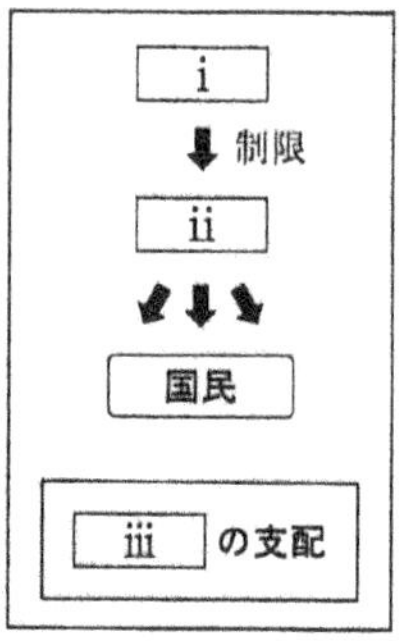

ア	i　国王・君主・政府	ii　法	iii　法
イ	i　国王・君主・政府	ii　法	iii　人
ウ	i　法	ii　国王・君主・政府	iii　法
エ	i　法	ii　国王・君主・政府	iii　人

⑵　下線部 b について，日本国憲法の前文と第 1 条に明記されている民主主義の基本原理を何というか，漢字 4 字で書きなさい。

⑶　下線部 c に関して，次の問いに答えなさい。

①　18世紀に権力分立を説いた資料 2 のフランスの人物名をカタカナで書きなさい。

資料 2

②　日本とアメリカの政治のしくみを示した資料 3，4 に関して述べた次の文中の［ i ］～［ iv ］に入る語句の組み合わせとして適切なものを，あとの**ア**～**カ**から 1 つ選んで，その符号を書きなさい。

> 国民が議会の議員と行政府の長を別々の選挙で選ぶ［ i ］では，行政府が［ ii ］。一方，［ iii ］では，行政府が立法府に連帯して責任を負う［ iv ］を採用している。

ア	i　日本	ii　法案を提出できる	iii　アメリカ	iv　直接民主制
イ	i　日本	ii　法案を提出できない	iii　アメリカ	iv　直接民主制
ウ	i　日本	ii　法案を提出できない	iii　アメリカ	iv　議院内閣制
エ	i　アメリカ	ii　法案を提出できる	iii　日本	iv　議院内閣制
オ	i　アメリカ	ii　法案を提出できない	iii　日本	iv　議院内閣制
カ	i　アメリカ	ii　法案を提出できない	iii　日本	iv　直接民主制

資料 3

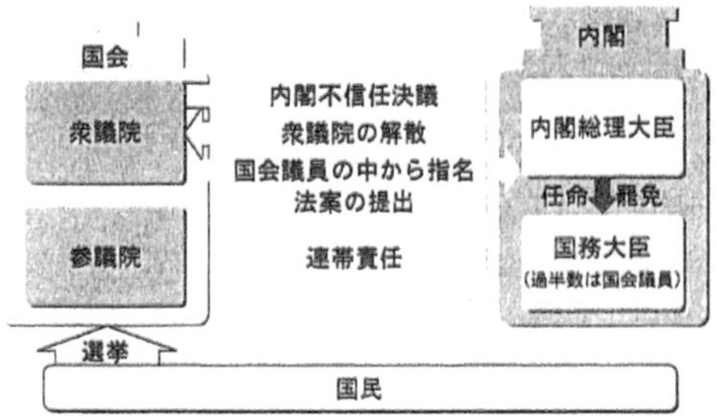

資料 4

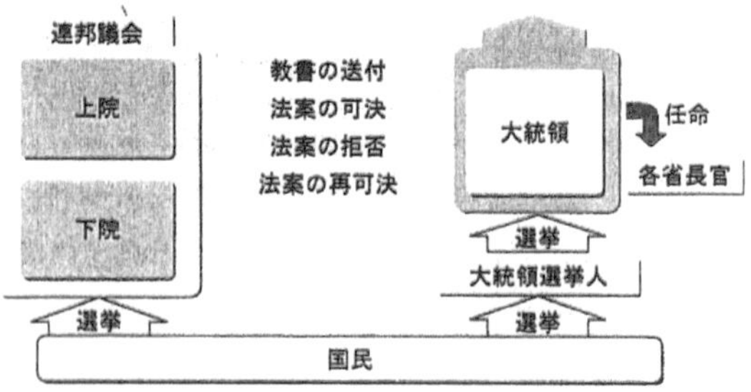

(4) 下線部dに関して，日本の裁判制度について述べた文として適切なものを，次の**ア**～**エ**から1つ選んで，その符号を書きなさい。

ア 最高裁判所の裁判官は，国民審査により適任かどうか判断される。

イ 裁判が公正に行われるように，原則として非公開の法廷で実施される。

ウ 民事裁判，刑事裁判ともに国民が裁判員として参加している。

エ 確定した判決は，新たな証拠によって再審されることはない。

(5) 資料5は，国政選挙における年代別投票率の状況を示したものである。この資料に関して述べたあとの文中の［ i ］，［ ii ］に入る語句の組み合わせとして適切なものを，あとの**ア**～**カ**から1つ選んで，その符号を書きなさい。

資料5　(%)

	10歳代	20歳代	30歳代	40歳代	50歳代	60歳代	70歳代以上	全体
2016年参議院議員通常選挙	45.45	35.60	44.24	52.64	63.25	70.07	60.98	54.70
2017年衆議院議員総選挙	41.51	33.85	44.75	53.52	63.32	72.04	60.94	53.68
2019年参議院議員通常選挙	32.28	30.96	38.78	45.99	55.43	63.58	56.31	48.80

全体の投票率は全数調査，その他はすべて抽出調査　(総務省ホームページより作成)

全体の投票率は50%前後で推移しており，各年代別の投票率を見ると，3回の選挙とも10歳代から［ i ］歳代までの投票率が，全体よりも低い。投票率の低さから考えられる政治に対する無関心の広がりは，［ ii ］という点で民主政治にとって問題となる。

ア i 30 ii 公正な世論の形成　**イ** i 30 ii 一票の格差

ウ i 40 ii 公正な世論の形成　**エ** i 40 ii 一票の格差

オ i 50 ii 公正な世論の形成　**カ** i 50 ii 一票の格差

2 経済に関する文章を読み，あとの問いに答えなさい。

a市場では，消費者が何を買うか決める権利があり，企業は法律を守って公正な経済活動を行い，bよりよい商品やサービスを提供して消費者の生活を豊かにする役割がある。また，c企業は利益に応じて税金を負担し，d株式会社では株主の利益を確保することも求められる。さらに，現代の企業は，利潤を追求するだけでなく，e社会の一員として地域文化に貢献することや環境保全の取組を推進することなども期待されている。また，f災害時に企業がボランティア活動を行うなどの取組が進められている。

(1) 下線部aに関して説明した次の文中の［ i ］～［ iii ］に入る語句の組み合わせとして適切なものを，あとの**ア**～**カ**から1つ選んで，その符号を書きなさい。

商品の性能などについては，［ i ］がすべてを理解することは困難で，［ ii ］の方が圧倒的に多くの専門知識や情報を持っている。そこで，［ i ］は自ら商品に対する知識や情報を広く収集するとともに，［ iii ］が［ i ］を守るために法律やしくみを整備することなどが重要になる。

ア i 消費者 ii 企業 iii 政府　**イ** i 消費者 ii 政府 iii 企業

ウ　i　企業　ii　消費者　iii　政府　　エ　i　企業　ii　政府　iii　消費者
オ　i　政府　ii　消費者　iii　企業　　カ　i　政府　ii　企業　iii　消費者

(2)　下線部bに関して，流通について述べた次の文X，Yについて，その正誤の組み合わせとして適切なものを，あとのア～エから1つ選んで，その符号を書きなさい。

X　販売データを分析し効率的に店を運営する目的で，POSシステムが導入されている。
Y　商業の発達に伴い，大規模小売業者が生産者から直接仕入れる流通経路はなくなった。

ア　X－正　Y－正　　イ　X－正　Y－誤
ウ　X－誤　Y－正　　エ　X－誤　Y－誤

(3)　下線部cに関して，右の資料6は平成30年度の日本の一般会計歳入の構成である。資料6中の[P]に入る語句を，解答欄に合わせて漢字2字で書きなさい。

資料6

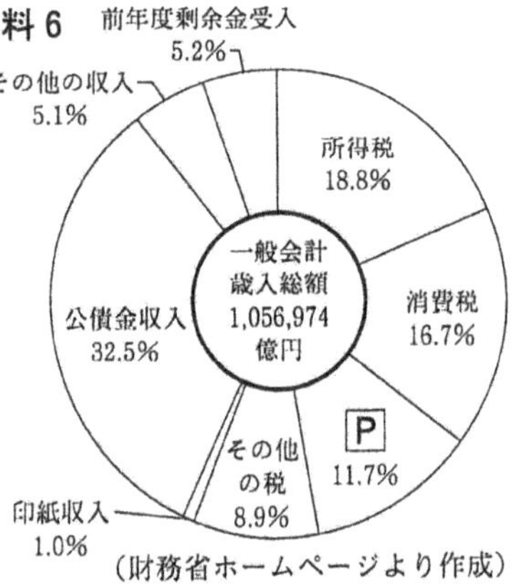

(財務省ホームページより作成)

(4)　下線部dに関して，下のX，Yの一般的な立場を説明した文の組み合わせとして適切なものを，次のア～エから1つ選んで，その符号を書きなさい。

ア　X－①－あ　Y－②－い
イ　X－①－い　Y－②－あ
ウ　X－②－あ　Y－①－い
エ　X－②－い　Y－①－あ

X　株主の立場　　　Y　経営者の立場

①　株式を発行して資金を集める
②　経営の基本方針について議決権を持つ

あ　利潤の一部を配当する
い　会社が倒産しても出資額以上の責任はない

(5)　下線部eに関して，このような企業の役割を何というか，解答欄に合わせて漢字5字で書きなさい。

(6)　下線部fに関して，次のページの資料7，8について述べた文として適切なものを，次のア～エから1つ選んで，その符号を書きなさい。

ア　1995年の阪神・淡路大震災の後は，社会のために役立ちたいと思っている人の割合が高くなり続けており，ボランティア活動をしたことがある2016年の会社員の割合は他の職業に比べて高いが，自らの成長につながると考えて参加した会社員の割合は全体平均に比べて低い。

イ　1995年の阪神・淡路大震災の後は，社会のために役立ちたいと思っている人の割合が6割以上で推移し，ボランティア活動をしたことがある2016年の会社員の割合は他の職業に比べて低いが，職場の取組の一環として参加した会社員の割合は全体平均に比べて高い。

ウ　2011年の東日本大震災の後は，社会のために役立ちたいと思っている人の割合が最も高くなり，社会の役に立ちたいと思って参加した2016年の会社員の割合は全体平均に比べて高いが，自らの成長につながると考えて参加した会社員の割合は他の職業に比べて低い。

エ　2011年の東日本大震災の後は，社会のために役立ちたいと思っている人の割合が1986年より低く，自分が抱えている社会問題の解決のために参加した2016年の会社員の割合は全体平均に比べて高いが，自らの成長につながると考えて参加した会社員の割合は他の職業に比べて低い。

資料 7　社会への貢献意識　(%)

	社会のために役立ちたいと思っている	あまり考えていない	わからない
1986年	47.0	46.4	6.6
1996年	62.1	33.6	4.2
2006年	61.1	35.8	3.1
2016年	65.0	32.4	2.6

（内閣府『社会意識に関する世論調査』より作成）

資料 8　ボランティア活動経験と参加理由　(2016年)

職業	ボランティア活動をしたことがある(%)	参加理由（複数回答）(%)						
		自己啓発や自らの成長につながると考えるため	社会の役に立ちたいと思ったから	職場の取組の一環として	知人や同僚等からの勧め	自分や家族が関係している活動への支援	社会的に評価されるため	自分が抱えている社会問題の解決に必要だから
会社員	12.9	21.2	46.2	33.3	8.3	28.8	1.9	4.5
自営業	24.1	34.2	45.2	12.3	17.8	19.2	2.7	9.6
医師・弁護士等の資格職	22.6	23.8	52.4	38.1	4.8	23.8	0.0	9.5
公務員・団体職員	27.1	25.7	35.1	48.6	5.4	24.3	1.4	2.7
派遣・契約社員，パートタイム従業者，アルバイト	14.3	24.3	38.3	15.9	5.6	42.1	1.9	8.4
主婦・主夫	20.2	42.9	56.0	0.0	13.2	38.5	1.1	7.7
学生	21.9	52.6	57.9	0.0	31.6	10.5	0.0	5.3
無職	18.7	38.5	69.2	1.5	7.7	32.3	1.5	4.6
全体平均	17.4	30.1	47.7	20.1	10.0	30.4	1.9	6.6

（内閣府『市民の社会貢献に関する実態調査』より作成）

と。

問八　本文に述べられている内容の説明として適切なものを、次のア～エから一つ選んで、その符号を書きなさい。

ア　知識は、幹に相当する情報と、枝や葉に相当する情報が組み合わさった構造から樹木にたとえることができ、新しい理論のような価値のある情報は、その有効性から実にたとえることができる。

イ　本を読めば、私たちは豊富な知識を得ることができるが、獲得した知識を発展させていく場合には、本に書いてある情報を自分で考えた論理でつなぎ合わせてしまわないよう注意が必要である。

ウ　単に知識を得るだけなら、本を読むよりもネット検索のほうが便利なので、大量のデータを取り扱う分野においては、ネット検索を活用することによって効率的に研究を進めることができる。

エ　理論面での整合性が保たれる限り、情報と情報との結びつけ方に制約はないので、私たちは身につけた知識を別の情報や知識と結びつけていくことによって、知識をさらに広げることができる。

ウ　小説にケイ倒する。　エ　審議をケイ続する。

B　ア　破テン荒の大事業。　イ　針路を西へテン回する。

ウ　和様建築のテン型。　エ　領収書をテン付する。

C　ア　装飾にイ匠を凝らす。　イ　イ大な芸術家。

ウ　どの意見も大同小イだ。　エ　イ厳に満ちた声。

問二　文中の波線部について、文脈を踏まえると「自力で」という文節はどの文節に係るか。一文節で抜き出して書きなさい。

問三　傍線部①の本文中の意味として最も適切なものを、次のア～エから一つ選んで、その符号を書きなさい。

ア　作者への評価が正当かどうか。

イ　作者を特定しやすいかどうか。

ウ　作者の責任が重いかどうか。

エ　作者が実在するかどうか。

問四　傍線部②の説明として最も適切なものを、次のア～エから一つ選んで、その符号を書きなさい。

ア　チェックする人数にかかわらず、内容への信頼は保たれる。

イ　チェックする人の能力に関係なく、内容への信頼は保たれる。

ウ　チェックする人の能力が高いほど、内容への信頼が高まる。

エ　チェックする人数が多いほど、内容への信頼が高まる。

問五　傍線部③について、筆者が考える「情報」と「知識」の関係を説明した次の文の空欄a・bに入る適切なことばを、aはあとのア～エから一つ選んで、その符号を書き、bは本文中から十字で抜き出して書きなさい。

a　ことによって、手に入れた情報と既存の知識や情報とがb　ように結びついたとき、情報は知識の一部となる。

ア　複数の情報を一つのまとまりとして理解しようとする

イ　情報技術を駆使して多くの情報を集めようとする

ウ　集めた情報について一つ一つの構造を読み解こうとする

エ　多くの情報から有益な情報だけを取得しようとする

問六　傍線部④とはどういうことか。その説明として最も適切なものを、次のア～エから一つ選んで、その符号を書きなさい。

ア　コンピュータが大量の情報を体系的に整理してしまうため、自分の力で情報を集めて整理する方法が習得できなくなること。

イ　知識に基づく探索なしに目的の情報が得られるため、探索の過程で認識するはずの他の情報との関係に気づかなくなること。

ウ　容易に情報が入手できる環境に過度に慣らされることによって、ネット検索やAIを用いた情報の探索さえしなくなること。

エ　目的の情報を探し当てようとする意識がなくても目的が達成されることで、知識を身につける意義が感じられなくなること。

問七　傍線部⑤の説明として最も適切なものを、次のア～エから一つ選んで、その符号を書きなさい。

ア　本に書かれた著者の意見をうのみにするのではなく、本の中の情報をもとにして自分なりの考えを形成しながら読み進めること。

イ　本の著者が取り上げた情報と取り上げなかった情報とを比較することにより、情報の選び方に現れた著者の個性を感じ取ること。

ウ　本から得た情報を自己流でつなぎ合わせようとするのではなく、本の記述に基づいて、まず著者の思考の過程を追体験すること。

エ　本の記述について、隠れた意味を読み取ろうとするのではなく、著者が作り上げた個性的な論理的展開に従って素直に読むこなくても、瞬時にちょうどいい具合のリンゴの実が手に入る魔法を手に入れているようなものです。それで、その魔法の使用に慣れてしまうと、いつもリンゴの実ばかりを集めていて、そのリンゴが実っている樹の幹を見定めたり、そこから出ているいくつもの枝の関係を見極めたりすることができなくなってしまうのです。

　さらにＡＩに至っては、ユーザーは自分がリンゴを探しているのか、オレンジを探しているのかがわからなくても、目的を達成するにはリンゴが適切であることをＡＩが教えてくれて、しかもまだ検索もしていない間に、適当なリンゴをいくつも探し出してきてくれるかもしれません。結局、私たちは検索システムやＡＩが発達すればするほど、自力で自分がどんな森を歩いているのかを知る能力を失っていく可能性があります。

　本を読んだり書いたりすることが可能にするのは、これらとは対照的な経験です。読書で最も重要なのは、そこに書かれている情報を手に入れることではありません。その本の中には様々な事実についての記述が含まれていると思いますが、重要なのはそれらの記述自体ではなく、著者がそれらの記述をどのように結びつけ、いかなる論理に基づいて全体の論述に展開しているのかを読みながら見つけ出していくことなのです。この要素を体系化していく方法に、それぞれの著者の理論的な個性が現れます。

　古典とされるあらゆる本は、そうした論理の創造的展開を含んでおり、⑤よい読書と悪い読書の差は、その論理的展開を読み込んでいけるか、それとも表面上の記述に囚《とら》われて、そのレベルで自分の議論の権Ｃイづけに引用したり、自分との意見の違いを強調したりしてしまうかにあります。最近では、おそらくはインターネットの影響で、出版された本の表面だけをつまみ食いし、それらの部分部分を自分勝手な論理でつないで読んだ気分になって書かれるコメントが蔓延《まんえん》しています。著者が本の中でしている論理の展開を読み取れなければ、いくら表面の情報を拾い集めてみても本を読んだことにはなりません。

　今のところ、必要な情報を即座に得るためならば、ネット検索よりも優れた仕組みはありません。ある単一の情報を得るには、ネット検索のほうが読書よりも優れているとも言えるのです。

　それでも、本の読者は一般的な検索システムよりもはるかに深くそこにある知識の構造を読み取ることができます。これが、ポイントです。調べものをしていて、なかなか最初に求めていた情報に行きつかなくても、自分が考えを進めるにはもっと興味深い事例があるのを読書を通じて発見するかもしれません。それに図書館まで行って本を探していたならば、その目当ての本の近くには、関連するいろいろな本が並んでいて、そのなかの一冊に手を伸ばすことから研究を大発展させるきっかけが見つかるかもしれません。このように様々な要素が構造的に結びつき、さらに外に対して体系が開かれているのが知識の特徴です。ネット検索では、このような知識の構造には至らない。なぜなら検索システムは、そもそも知識を断片化し、情報として扱うことによって大量の迅速処理を可能にしているからです。

（吉見《よしみ》　俊哉《しゅんや》『知的創造の条件』一部省略がある）

（注）オーファン著作物 —— 著作権者不明の著作物。
剽窃 —— 他人の文章・作品・学説などをぬすみ取ること。
地動説 —— 地球が自転しながら太陽の周りを回っているとする説。
メタファー —— 隠喩（暗喩）。

問一　二重傍線部Ａ～Ｃの漢字と同じ漢字を含むものを、次の各群のア～エからそれぞれ一つ選んで、その符号を書きなさい。

Ａ　ア　失敗をケイ機に改善する。　イ　ケイ勢が悪化する。

五　次の文章を読んで、あとの問いに答えなさい。

ネット情報と図書館に収蔵されている本の間には、そもそもどんな違いがあるのでしょう。私の考えでは、両者には①作者性と構造性という二つの面で質的な違いがあります。まず本の場合、誰が書いたのか作者がはっきりしていることが基本です。著作権の概念そのものが、ある著作物には特定の作者がいることを前提に発展してきたわけで、だからこそ(注)オーファン著作物の処理が問題になるわけです。つまり、本というのは、基本的にはその分野で定評のある書き手、あるいは定評を得ようとする書き手が、社会的評価をかけて出版するものです。ですから、書かれた内容に誤りがあったり、誰か他人の著作の(注)剽窃《ひょうせつ》があったりした場合、責任の所在は明確です。その本の作者が責任を負うのです。

これに対してネット上のコンテンツでは、特定の個人だけが書くというよりも、みんなで集合的に作り上げるという発想が強まるAケイ向にあります。作者性が匿名化され、誰にでも開かれていることが、ネットのコンテンツの強みでもあります。そこでは複数の人がチェックしているから②相対的に正しいという前提があって、この仮説は実際、相当程度正しいのです。つまり、本の場合は、その内容について著者が責任を取るのに対し、ネットの場合は、みんなが共有して責任を取る点に違いがあるわけです。

二つ目の、構造性における違いですが、これを説明するためには、③「情報」と「知識」の決定的な違いを確認しておく必要があります。一言でいうならば、「情報」とは要素であり、「知識」とはそれらの要素が集まって形作られる体系です。たとえば、私たちが何か知らない出来事についてのニュースを得たとき、それは少なくとも情報ですが、知識と言えるかどうかはまだわかりません。その情報が、既存の情報や知識と結びついてある状況を解釈するための体系的な仕組みとなったとき、そのニュースは初めて知識の一部となるのです。

よく知られた古典的な例として、コペルニクスの(注)地動説があります。十五世紀半ば以降の印刷革命によって、コペルニクスは身の回りに多数の印刷された天文学上のデータを集めておくことができるようになっていました。つまり、彼は活版印刷以前の時代とは比べものにならないほどの情報にアクセスできたのです。しかしそのこと自体は、まだ知識ではありません。コペルニクス自身が彼のいくつかの仮説に基づいてこれらの情報を選別し、比較し、数式と結びつけて仮説を検証していくことで、やがて地動説に至る考えにまとめ上げていったとき、単なる要素としての情報は体系としての知識にBテン化したのです。

このように、知識というのはバラバラな情報やデータの集まりではなく、中世からの「知恵の樹《き》」の(注)メタファーが示すように、様々な概念や事象の記述が相互に結びつき、全体として体系をなす状態を指します。いくら葉や実や枝を大量に集めても、それらは情報の山にすぎず、知識ではありません。情報だけでは、そこから新しい樹木が育ってくることはできないのです。

そして④インターネットの検索システムの、さらにはＡＩの最大のリスクは、この情報と知識の質的な違いを曖昧にしてしまうことにあると私は考えています。というのもインターネット検索の場合、社会的に蓄積されてきた知識の構造やその中での個々の要素の位置関係など知らなくても、つまり樹木の幹と枝の関係など何もわからなくても、知りたい情報を瞬時に得ることができるわけです。つまり、ネットのユーザーは、その森のどのあたりがリンゴの樹の群生地で、その中のどんな樹においしいリンゴの実がなっていることが多いかを知ら

イ　他人の言うことに耳を貸さず趣味について語り続けたくるみのひたむきさを表している。

ウ　相手に左右されることなく自分の判断で行動するくるみの内に秘めた強さを表している。

エ　かみ合わない会話で気まずくなった雰囲気を意に介さないくるみの大らかさを表している。

問五　傍線部⑥の清澄の様子の説明として最も適切なものを、次の**ア**～**エ**から一つ選んで、その符号を書きなさい。

ア　誤解を招いてしまったことに戸惑い、何とか取り繕おうとした清澄に宮多の素朴な返信が届いた。清澄は読めば読むほどきまりの悪さを感じるとともに、誠実でなかった自分の態度を後悔している。

イ　勇気を出して本心を伝え得たことに満足していた清澄のもとに届いた宮多の返信は、賞賛の言葉に満ちていた。その言葉を読むごとに、清澄は自分の決断は正しかったとの思いを強くしている。

ウ　孤立さえ受け入れようと考えていた清澄に届いた宮多の返信は、意外なものだった。その飾らない言葉を読むにつけ、清澄は思い込みにこり固まっていた自分の心がほぐれていくのを感じている。

エ　謝罪が受け入れられるかどうか不安に包まれていたが、宮多からの返信は清澄への思いやりにあふれていた。清澄は、読むほどに人の優しさが身にしみ、人との接し方を見直そうとしている。

問六　傍線部⑦からうかがえる清澄の刺繍に対する考え方の説明として最も適切なものを、次の**ア**～**エ**から一つ選んで、その符号を書きなさい。

ア　時とともに移ろい形をとどめるはずのない美しさを、布の上で表現することこそが、理想の刺繍である。

イ　布の上に美しく再現された生命の躍動によって、見る人に生きる希望を与えるものこそが、目指す刺繍である。

ウ　揺らめく水面の最も美しい瞬間を切り取って、形あるものとして固定することこそが、求める刺繍である。

エ　ただ美しいだけでなく、身につける人に不可能に挑む勇気を与えるものこそが、価値のある刺繍である。

問七　傍線部⑨の清澄の様子の説明として最も適切なものを、次の**ア**～**エ**から一つ選んで、その符号を書きなさい。

ア　周りの人たちに理解してもらえず、焦って空回りしていた自分を冷静に振り返ることができた今、周囲の目を気にせず、純粋にドレスづくりに打ち込むべきだと自分を奮い立たせている。

イ　率直に周囲の人たちと向き合えば、互いの価値観を認め合う関係を築くことができると気づいた今、自分を偽ることなく新たな気持ちでドレスづくりに取り組んでいこうと決意を固めている。

ウ　わからないものから目を背けてきた自分の行いを反省し、未知のものを知ろうとすることによって新しい着想が得られた今、次こそは姉を喜ばせることができるという期待に胸を躍らせている。

エ　友人に心を開き、受け入れられた経験を通して、刺繍という趣味への自信を取り戻した今、クラスメイトと積極的に交流し、楽しみを共有できる関係を築くことから始めようと決心している。

かすために、自分の好きなことを好きではないふりをするのは、好きではないことを好きなふりをするのは、もっともっとさびしい。

好きなものを追い求めることは、楽しいと同時にとても苦しい。その苦しさに耐える覚悟が、僕にはあるのか。

文字を入力する指がひどく震える。

「ちゃうねん。ほんまに本読みたかっただけ。刺繍《ししゅう》の本」

ポケットからハンカチを取り出した。祖母に⑤褒められた猫の刺繍を撮影して送った。すぐに既読の通知がつく。

「こうやって刺繍するのが趣味で、ゲームとかほんまはぜんぜん興味なくて、自分の席に戻りたかった。ごめん」

ポケットにスマートフォンをつっこんだ。数歩歩いたところで、またスマートフォンが鳴った。

「え、めっちゃうまいやん。松岡くんすごいな」

⑥そのメッセージを、何度も繰り返し読んだ。

わかってもらえるわけがない。どうして勝手にそう思いこんでいたのだろう。

今まで出会ってきた人間が、みんなそうだったから。だとしても、宮多は彼らではないのに。

いつのまにか、また靴紐《くつひも》がほどけていた。しゃがんだ瞬間、川で魚がぱしゃんと跳ねた。波紋が幾重にも広がる。太陽の光を受けた川の水面《みなも》が風で波打つ。まぶしさに目の奥が痛くなって、じんわりと涙が滲《にじ》む。

きらめくもの。揺らめくもの。目に見えていても、かたちのないものには触れられない。すくいとって保管することはできない。太陽が翳《かげ》ればたちまち消え失《う》せる。だからこそ美しいのだとわかっていても、願う。⑦布の上で、あれを再現できたらいい。そうすれば指で触れてたしかめられる。身にまとうことだって。そういうドレスをつくりたい。着てほしい。すべてのものを「無理」と遠ざける姉にこそ。

きらめくもの。揺らめくもの。どうせ触れられないのだから、なんてあきらめる必要などない。無理なんかじゃないから、ぜったい。

どんな布を、どんなかたちに裁断して、どんな装飾をほどこせばいいのか。それを考えはじめたら、⑧いてもたってもいられなくなる。

それから、明日。明日、学校に行ったら、宮多に例のにゃんこなんとかというゲームのことを、教えてもらおう。好きじゃないものを好きなふりをする必要はない。でも僕はまだ宮多たちのことをよく知らない。知ろうともしていなかった。

⑨靴紐をきつく締め直して、歩く速度をはやめる。

（寺地《てらち》はるな『水を縫う』）

問一　傍線部①・③・⑤の漢字の読み方を平仮名で書きなさい。

問二　傍線部②・⑧の本文中の意味として適切なものを、次の各群の**ア**～**エ**からそれぞれ一つ選んで、その符号を書きなさい。

②　**ア**　ふるえて　**イ**　あからんで
　　ウ　ひきつって　**エ**　ゆるんで

⑧　**ア**　身動きがとれなく　**イ**　考えをまとめられなく
　　ウ　不安に耐えられなく　**エ**　落ち着いていられなく

問三　波線部で使われている表現技法として適切なものを、次の**ア**～**エ**から一つ選んで、その符号を書きなさい。

ア　対句　**イ**　擬人法　**ウ**　省略　**エ**　倒置

問四　傍線部④の表現の説明として最も適切なものを、次の**ア**～**エ**から一つ選んで、その符号を書きなさい。

ア　無機物である石の気持ちさえ理解することができるくるみの感受性の豊かさを表している。

四 次の文章を読んで、あとの問いに答えなさい。

高校一年生の松岡清澄《まつおかきよすみ》は、結婚を控えた姉のためにウェディングドレスをつくろうとしている。ある日の昼休み、クラスメイトの宮多《みやた》たちとの会話中、見たい本があると言って自席に戻った。その日の放課後、小学校からの同級生である高杉《たかすぎ》くるみに声をかけられ、一緒に下校することになる。ふと気づくと、くるみは石を拾い上げ、その石を眺めていた。

「なにしてんの?」
「うん、石」
うん、石。ぜんぜん答えになってない。入学式の日に「石が好き」だと言っていたことはもちろんちゃんと覚えていたが、まさか①道端の石を拾っているとは思わなかった。
「いつも石拾ってんの? 帰る時に」
「いつもではないよ。だいたい土日にさがしにいく。河原とか、山に」
「土日に? わざわざ?」
「やすりで磨くの。つるつるのぴかぴかになるまで」
放課後の時間はすべて石の研磨にあてているという。ほんまにきれいになんねんで、と言う頬がかすかに②上気している。
ポケットから取り出して見せられた石は三角のおにぎりのような形状だった。たしかによく磨かれている。触ってもええよ、と言われて、手を伸ばした。指先で、しばらくすべすべとした感触を楽しむ。
「さっき拾った石も磨くの?」
くるみはすこし考えて、これはたぶん磨かへん、と答えた。
「磨かれたくない石もあるから。つるつるのぴかぴかになりたくないってこの石が言うてる」
石には石の意思がある。駄洒落《だじゃれ》のようなことを真顔で言うが、意味がわからない。
「石の意思、わかんの?」
「わかりたい、といつも思ってる。それに、ぴかぴかしてないときれいやないってわけでもないやんか。ごつごつのざらざらの石のきれいさってあるから。そこは③尊重してやらんとな」
じゃあね。その挨拶があまりに唐突でそっけなかったので、怒ったのかと一瞬焦《あせ》った。
「キヨくん、まっすぐやろ。私、こっちやから」
川沿いの道を一歩踏み出してから振り返った。④ずんずんと前進していくくるみの後ろ姿は、巨大なリュックが移動しているように見えた。
石を磨くのが楽しいという話も、石の意思という話も、よくわからなかった。わからなくて、おもしろい。わからないことに触れるということ。似たもの同士で「わかるわかる」と言い合うより、そのほうが楽しい。
ポケットの中でスマートフォンが鳴って、宮多からのメッセージが表示された。
「昼、なんか怒ってた? もしや俺あかんこと言うた?」
違う。声に出して言いそうになる。宮多はなにも悪いことをしていない。ただ僕があの時、気づいてしまっただけだ。自分が楽しいふりをしていることに。
いつも、ひとりだった。
教科書を忘れた時に気軽に借りる相手がいないのは、心もとない。
ひとりでぽつんと弁当を食べるのは、わびしい。でもさびしさをごま

ウ　自分のような者が魯の君主から領地を受け取るのは、あまりにおそれ多いと思ったので、曽子は受け取らなかった。

エ　安易に領地を与えようとする振る舞いにおごりの色が見え、魯の君主に不信感を抱いたので、曽子は受け取らなかった。

三　次の文章を読んで、あとの問いに答えなさい。

ある人、咸陽宮《かんやうきゆう》の釘《くぎ》かくしなりとて、短剣の鍔《つば》に物数寄《ものずき》て（風流につくり直して）、腰も放たずめで興じける。いかにも金銀銅鉄をもて花鳥をちりばめたる古物にて、千歳のいにしへもゆかしきものなりけらし。されど何を証として咸宮の釘かくしと言へるにや、①荒唐のさたなり。なかなかに（かえって）「咸陽宮の釘かくし」と言はずは②めでたきものなるを、無念の事におぼゆ。常盤潭北《ときはたんぼく》が所持したる③高麗《かうらい》の茶碗《ちやわん》は、義士大高源吾《おほたかげんご》が秘蔵したるものにて、すなはち源吾よりつたへて、また余（私）にゆづりたり。まことに伝来いちじるき（明白な）ものにて侍《はべ》れど、何を証となすべき。のちのちはかの咸陽の釘かくしの類《たぐ》ひなれば、④やがて人にうちくれたり。

（与謝蕪村《よさぶそん》『新花摘《しんはなつみ》』）

（注）咸陽宮――秦《しん》の始皇帝が秦の都である咸陽に造営した宮殿。「咸宮」も同じ。

釘かくし――木造建築で、打ち込んだ釘の頭を隠すためにかぶせる飾り。

常盤潭北――江戸時代の俳人。

高麗の茶碗――茶人の間で愛好された高麗焼の茶碗。

大高源吾――江戸時代の俳人で赤穂《あこう》義士の一人。

問一　二重傍線部を現代仮名遣いに改めて、全て平仮名で書きなさい。

問二　傍線部①の意味として適切なものを、次のア～エから一つ選んで、その符号を書きなさい。

ア　でたらめな　　イ　したたかな

ウ　おおざっぱな　　エ　ぜいたくな

問三　傍線部②の本文中の意味として最も適切なものを、次のア～エから一つ選んで、その符号を書きなさい。

ア　はなやかな　　イ　縁起がよい

ウ　すばらしい　　エ　珍しい

問四　傍線部③について、所持した順番として適切なものを、次のア～エから一つ選んで、その符号を書きなさい。

ア　潭北→源吾→筆者　　イ　筆者→源吾→潭北

ウ　源吾→潭北→筆者　　エ　源吾→筆者→潭北

問五　傍線部④の理由として最も適切なものを、次のア～エから一つ選んで、その符号を書きなさい。

ア　品質を裏付ける証拠もないのに後生大事に茶碗を持っているのは恥ずかしいことだから。

イ　高価な茶碗だからといって所持することにこだわるのは風流の道に反することだから。

ウ　人からもらった茶碗をいつまでも自分の手元にとどめておくのは欲深いことだから。

エ　いずれ不確かになるような来歴をありがたがって茶碗を所有するのはむなしいことだから。

俵をかぶって帰る羽目になった。頭にきた男は占い師に文句を言う。その時の占い師の返答とは!?

エ　男が天気を尋ねたところ、占い師が「今日は降る日和じゃない。」と言うので、男は安心して遠出をしたが大雨になった。次は用心して、あちこちで天気を尋ねて歩く。最後にたどりついた魚屋の返答に男は困惑。魚屋の返答とは!?

問四　【話し合い】の空欄bに入る適切なことばを、【ちらし案】の二重傍線部のことばを使って解答欄に合うように、二十五字以内で書きなさい。ただし、必要に応じて助詞を変えてもよい。

二　次の文章は、古代中国の魯《ろ》の国の君主が、粗末な身なりで耕作していた曽子《そうし》を見かねて、領地を与えようと使者を遣わしたときの話である。次の書き下し文と漢文を読んで、あとの問いに答えなさい。

〔書き下し文〕

曰《い》はく(使者が言うには)、「請《こ》ふ此《こ》れを以《もつ》て(領地からの収入で)衣を修めよ。」と。曽子受けず。反《かへ》りて復《ま》た往《ゆ》く。又受けず。使者曰はく、「先生人に求むるに非《あら》ず。人則《すなは》ち之《これ》を献ず。奚為《なんず》れぞ(どうして)受けざる。」と。曽子曰はく、「臣之を聞く。人に受くる者は人を畏れ、人に予《あた》ふる者は人に驕《おご》ると。縦《たと》ひ子賜《たま》ひて我に驕らざること有るとも、我能《よ》く畏るること勿《な》からんや。」と。終《つひ》に受けず。

〔漢文〕

曰ハク、「請フ以㆑テ此レヲ①修㆑メヨト衣ヲ。」曽子不㆑受ケ。反リテ復タ往ク。又不㆑受ケ。使者曰ハク、「先生非㆑ズ求㆓ムルニ於人㆒ニ。人則チ献㆑ズ之ヲ。奚為レゾ不㆑ルト受ケ。」曽子曰ハク、「aa臣聞㆑ク之ヲ。受㆑クル人ニ者ハ畏㆑レ人ヲ、②予フル人ニ者ハ驕ルト人ニ。縦ヒb子賜ヒテ不㆓ルコト我ニ驕㆒ラ也、我能ク勿㆑カラン畏ルルコト乎やト。」終ニ不㆑受ケ。

（劉向《りゅうきょう》『説苑《ぜいえん》』）

問一　傍線部①が表す意味と同じ意味の「修」を含む熟語として適切なものを、次のア～エから一つ選んで、その符号を書きなさい。

ア　修行　　イ　修得　　ウ　監修　　エ　改修

問二　書き下し文の読み方になるように、傍線部②に返り点をつけなさい。

問三　二重傍線部a・bが指す人物として適切なものを、次のア～エからそれぞれ一つ選んで、その符号を書きなさい。

ア　魯の君主　　イ　曽子　　ウ　使者　　エ　筆者

問四　本文の内容として最も適切なものを、次のア～エから一つ選んで、その符号を書きなさい。

ア　領地を受け取ってしまえば、魯の君主に対して卑屈にならずにはいられないと思ったので、曽子は受け取らなかった。

イ　求めてもいない領地を与えようとする魯の君主の行為には、何かしら裏があると感じたので、曽子は受け取らなかった。

【話し合い】

Aさん　演目「日和違い」の内容紹介文をちらし案の〔内容〕欄に書きました。このままでも良いのですが、落語会が楽しみになる文章にしたいと思います。

Bさん　まず、この話の面白さを伝えなければいけませんね。最初の場面の面白いところは、占い師が「今日は降る日和じゃない。」というせりふについて、［ a ］を変えることで自分に都合良く意味を変えているところですよね。

Cさん　その通りです。だから、「今日は降る日和じゃない。」というせりふはそのままにしましょう。ただ、ちらしで全てを説明する必要はありませんね。

Bさん　そうですね。ちらしを見た人が、話の続きを聞きたくなるような文章にしたいので、この場面の種明かしになる部分は書かない方が良いと思います。

Aさん　では、そうしましょう。数日後の場面はどうですか。色々な人が登場して、男が魚屋に天気を尋ねることで、話におちがつく展開です。

Cさん　ここは、登場人物も多く、特に演者の話芸を楽しむ場面だと思います。

Aさん　なるほど、文章では面白さを伝えにくいということですね。では、その場面は書かないことにしましょう。他に意見はありますか。

Dさん　私は、ちらし案右下の「兵五師匠は」で始まる説明的な文が、ちらしにはふさわしくないと思います。敬語を使わず、〈［ b ］「日和違い」!!〉と体言止めにして、印象に残りやすくするというのはどうでしょうか。

Aさん　文の意味も変わらないし、落語会に関心を持ってもらえる文になると思います。そうしましょう。

問一　【ちらし案】の傍線部①・②の「日和」と同じ意味のことばとして適切なものを、次のア～カからそれぞれ一つ選んで、その符号を書きなさい。

ア　晴天　イ　日柄　ウ　予定
エ　時期　オ　風向き　カ　空模様

問二　【話し合い】の空欄aに入ることばとして適切なものを、次のア～エから一つ選んで、その符号を書きなさい。

ア　発音の強弱　イ　文の区切り
ウ　漢字の読み　エ　助詞の使い方

問三　内容紹介文を【話し合い】の全体を受けて書き改めた。書き改めた文章として適切なものを、次のア～エから一つ選んで、その符号を書きなさい。

ア　「今日は降る日和じゃない。」と言う占い師の口車に乗せられて遠出をした男。米屋に着いたところで大雨が降り出し、米俵をかぶって帰ることになった。ひどい目にあった男は、占い師に仕返しを考える。その仕返しとは!?

イ　遠出をする男に天気を尋ねられた占い師は「今日は降る日和じゃない。」と答えたが、大雨が降り出して男の怒りを買うことになる。抗議をする男に占い師は「今日は降る。日和じゃない。」と平然と答えた。男の次なる行動は!?

ウ　遠出の前に、占い師に天気を尋ねた男。占い師の「今日は降る日和じゃない。」という言葉を信じて出かけたが、大雨に降られ米

＜国語＞

時間 五〇分 満点 一〇〇点

一 〇〇中学校文化委員会では、芸術鑑賞会のちらしを作成することになった。次の【ちらし案】は芸術鑑賞会のちらし案、【話し合い】はちらし案について文化委員が話し合いをしている場面である。【ちらし案】と【話し合い】を読んで、あとの問いに答えなさい。

【ちらし案】

〇〇中学校芸術鑑賞会

落 語 会

開催日時 令和３年11月〇日

5・6校時

会 場 〇〇中学校体育館

出 演 者 野路菊亭兵五《のじぎくていひょうご》

演 目 「日和違い」

落語ミニ知識

「落語」は日本の伝統芸能の一つ。

一人の演者が複数の人物を演じ分け、登場人物の会話のやりとりを中心に、話を進めます。

滑稽な話が多く、最後におちがつくのが特徴。演者の技巧と聞き手の想像力で話の世界が広がっていく、親しみやすい芸能です。

兵五師匠は本校生のために「日和違い」をわかりやすくアレンジしてくださいました!!

［内容］

ある男が遠出をするのに、長屋に住んでいる占い師に天気を尋ねた。「今日は降る①日和じゃない。」と言われ、安心して出かけたが、大雨に降られてしまう。男は、仕方なく米屋で米俵をもらい、それをかぶって帰ってきた。怒った男が占い師のところへ抗議をしに行くと、「今日は降る。②日和じゃない。」と言い返された。何日かしてまた出かけるときに、今度は色々な人に天気を尋ねることにした。そして魚屋に「大降りはあるかね。」と男が尋ねると、魚屋は「ブリはないけどサワラならあるから、サワラ切るか。」と答える。男は言った。「いや、俵を着るのはこりごりだ。」

2021年度

解　答　と　解　説

《2021年度の配点は解答用紙集に掲載してあります。》

＜数学解答＞

1　(1)　-5　(2)　$-3x$　(3)　$2\sqrt{5}$　(4)　$(x+2y)(x-2y)$　(5)　$(x=)\dfrac{3\pm\sqrt{29}}{2}$
(6)　16π(cm^2)　(7)　128(度)　(8)　0.12

2　(1)　(分速)90(m)　(2)　ア　(例)$160a+60b$　イ　6　ウ　29　(3)　1800(m)

3　(1)　i　ウ　ii　カ　(2)　$\dfrac{49}{8}$(cm)　(3)　$\dfrac{49\sqrt{3}}{4}$(cm^2)　(4)　$\dfrac{112}{3}$(cm^3)

4　(1)　$(-4,\ -2)$　(2)　$(a=)\dfrac{1}{8}$　(3)　①　ア　-8　イ　0　ウ　8　②　$(x=)\dfrac{8}{5}$

5　(1)　15(通り)　(2)　64(通り)　(3)　①　7(通り)　②　$\dfrac{1}{4}$

6　(1)　イ　(2)　①　3　②　540　(3)　(例)$180(n-4)$(度)　(4)　3(種類)，15(度)

＜数学解説＞

1　(小問群一数・式の計算，根号を含む計算，因数分解，2次方程式，球の表面積，平行線と角度の求値，度数分布表と相対度数)

(1)　$-7-(-2)=-7+2=-5$

(2)　$-6x^2y\div 2xy=-\dfrac{6x^2y}{2xy}=-3x$

(3)　$4\sqrt{5}-\sqrt{20}=4\sqrt{5}-\sqrt{2^2\times 5}=4\sqrt{5}-2\sqrt{5}=2\sqrt{5}$

(4)　**乗法公式：$a^2-b^2=(a+b)(a-b)$**を利用する。$x^2-4y^2=x^2-(2y)^2=(x+2y)(x-2y)$

(5)　$x^2-3x-5=0$に2次方程式の解の公式を利用すると，$x=\dfrac{-(-3)\pm\sqrt{(-3)^2-4\times 1\times(-5)}}{2\times 1}=\dfrac{3\pm\sqrt{29}}{2}$

(6)　**半径r(cm)である球の表面積は，$4\pi r^2$(cm^2)**となるので，求める表面積は，$4\pi\times 2^2=16\pi$(cm^2)

(7)　右図のように点をとり，ℓ，mに平行で点Pを通る直線をひく。平行線の錯角から，∠APC＝∠PAD＝58°なので，∠BPC＝(110－58)°＝52°　同じく，平行線の錯角から，∠PBE＝∠BPC＝52°なので，∠x＝(180－52)°＝128°

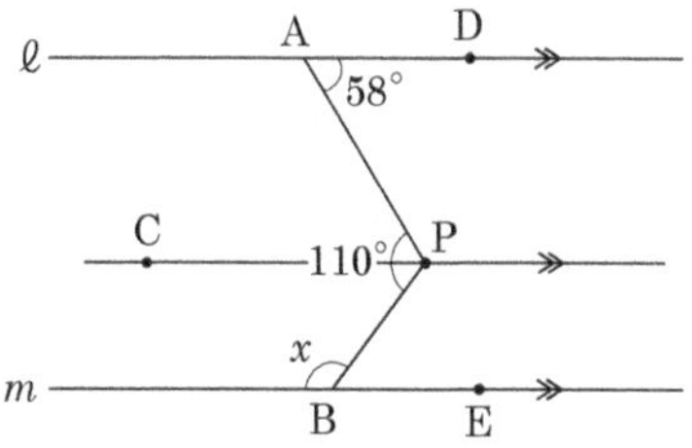

(8)　度数25において中央値は下から13番目の値を考えるので，これは400g以上500g未満の階級に含まれている。この階級の度数は3であることから，相対度数は$\dfrac{3}{25}=\dfrac{12}{100}=0.12$である。

2　(一次関数とグラフ，速さに関する問題，連立方程式の応用，ダイアグラムの利用)

(1)　Bさんは30分で2700m離れた博物館まで走ったことになるので，その速さは，$2700\div 30=90$より，毎分90m。

(2)　Aさんの速さは，自転車に乗っているときが分速160m，自転車を押して歩くときが分速60m

なので，[ア]には，$160a+60b$が入る。

ここで，$\begin{cases} a+b=35\cdots① \\ 160a+60b=2700\cdots② \end{cases}$ として，これを連立して解くと，$a=6$、$b=29$ したがって，自転車で走った時間は6分，歩いた時間は29分である。

(3) 駅を出発してからx分後までに進んだ距離をy(m)としてその関係式を一次関数で表すことにする。**問題で与えられたグラフにおいて進んだ時間をx軸，駅からの距離をy軸**として表すと考えればよい。

Aさんの自転車が故障したのは駅を出発してから6分後であるので，駅からの距離は$160\times6=960$(m)の地点である。したがって，この地点から博物館までの$6\leqq x\leqq35$についてグラフの式を考えると，その速さは毎分60mなので，$y=60x+b$と表せ，$(x,\ y)=(6,\ 960)$の点を通るので，$960=60\times6+b$ $b=600$ よって，$y=60x+600\cdots③$ また，Bさんは，駅から毎分90mの速さで博物館へ向けて動いているのでその直線のグラフの式は，$y=90x\cdots④$ よって，③，④よりyを消去すると，$60x+600=90x$ これを解いて，$x=20$ したがって，BさんがAさんに追いついたのは駅を出発してから20分後となり，駅から$90\times20=1800$(m)

3 (空間図形—三角形における相似の証明，線分の長さの求値，正三角形と面積の求値，四角すいの体積の求値)

(1) (i) 直線AEは∠BACの二等分線なので，∠BAE＝∠CAE (ii) $\overset{\frown}{\mathrm{CE}}$に対する円周角は等しいから，∠CBE＝∠CAE すなわち，∠DEB＝∠CAE

(2) △ABE∽△BDEより対応する辺の比はすべて等しいので，AE：BE＝BE：DE すなわち，8：7＝7：DE 8×DE＝49 DE＝$\frac{49}{8}$(cm)

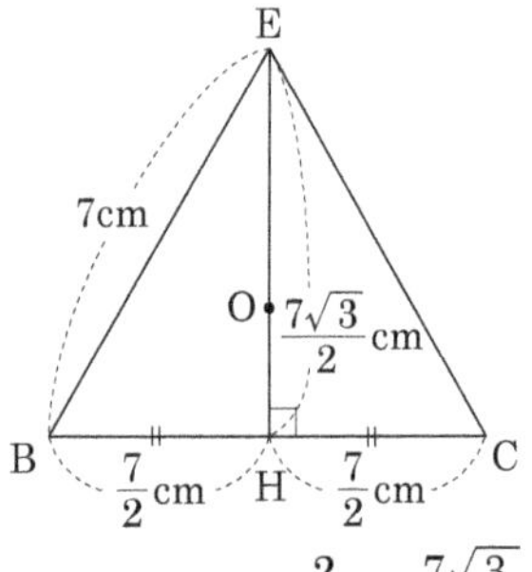

(3) △BCEは1辺7cmの正三角形となるので，右図のようになり，点Eから辺BCに垂線EHを下ろしたとすると，△EBH≡△ECHであり，ともに$1:2:\sqrt{3}$の辺の比を持つ直角三角形なので，BH＝CH＝$\frac{7}{2}$cm，EH＝$\frac{7\sqrt{3}}{2}$cm したがって，△BCE＝BC×EH×$\frac{1}{2}=7\times\frac{7\sqrt{3}}{2}\times\frac{1}{2}=\frac{49\sqrt{3}}{4}$(cm²)

(4) 点Oは球の中心であり，円Oの中心でもあり，△BECの重心でもある。**△BECの重心であることを用いると，EO：OH＝2：1**なので，EO＝EH×$\frac{2}{2+1}=\frac{7\sqrt{3}}{2}\times\frac{2}{3}=\frac{7\sqrt{3}}{3}$(cm) したがって，EO＝PO＝$\frac{7\sqrt{3}}{3}$cmとなる。ここで，(1)，(2)より円Oは右図のようになっているので，DE：AE＝$\frac{49}{8}$：8＝49：64なので，△BCE：(四角形ABEC)＝49：64 よって，(四角形ABEC)＝△BCE×$\frac{64}{49}=\frac{49\sqrt{3}}{4}\times\frac{64}{49}=16\sqrt{3}$(cm²)となり，(四角すいP－ABEC)＝(四角形ABEC)×PO×$\frac{1}{3}=16\sqrt{3}\times\frac{7\sqrt{3}}{3}\times\frac{1}{3}=\frac{112}{3}$(cm³)

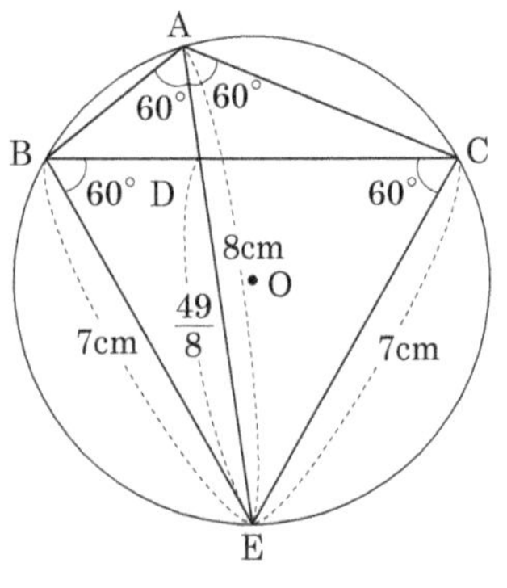

(注意) 線分EOの長さは，△BOHが∠HBO＝30°，∠HOB＝60°より，OH：BO：BH＝$1:2:\sqrt{3}$であることを用いて，OH：BH＝$1:\sqrt{3}$ したがって，OH＝BH×$\frac{1}{\sqrt{3}}=\frac{7}{2}\times\frac{\sqrt{3}}{3}=\frac{7\sqrt{3}}{6}$(cm) よって，EO＝EH－OH＝$\frac{7\sqrt{3}}{2}-\frac{7\sqrt{3}}{6}=\frac{7\sqrt{3}}{3}$(cm)と出してもよい。

4 **(関数とグラフ―反比例のグラフ，放物線のグラフ，座標の求値，比例定数の求値，平行線と面積比の利用，放物線における変域，対称な点の利用と最短距離)**

(1)　点Aは$y=\frac{8}{x}$のグラフ上にあり，そのx座標は4なので，$y=\frac{8}{4}=2$　よって，A(4, 2)　ここで，**線分ABの中点は原点Oなので，2点A，Bは原点に関して対称**である。したがって，B(−4, −2)

(2)　点A(4, 2)は$y=ax^2$のグラフ上にあるので，代入すると，$2=a\times4^2$　$a=\frac{1}{8}$

(3)　①　AC//BDであり，△OAC：△OBD＝3：1より，AC：BD＝3：1　よって，(2点A，Cのx座標の差)：(2点B，Dのx座標の差)＝3：1も成り立つ。(2点B，Dのx座標の差)＝0−(−4)＝4なので，(2点A，Cのx座標の差)＝12とわかり，点Aのx座標が4なので，点Cのx座標は4−12＝−8…［ア］　$y=\frac{1}{8}x^2$について，$-8\leqq x\leqq4$のとき，yの値は$x=-8$で最大となり，$y=\frac{1}{8}\times(-8)^2=8$である。また，$x=0$のとき$y$の値は最小の$y=0$であることから，求める$y$の変域は$0\leqq y\leqq8$

②　辺ACの長さは点Eの位置にかかわらず一定である。したがって，AE＋CEの長さが最小になるときを考えればよい。右図のように点A(4, 2)のx軸に関して対称な点A′をとれば，A′(4, −2)となる。すると，**x軸は線分AA′の垂直二等分線となり，AE＝A′Eが成り立ち，AE＋CE＝A′E＋CEといえる。**よって，**AE＋CEの長さを最小にするような点Eの位置は，A′E＋CEを最小にするような点Eの位置を考えればよい**ので，点A′と点Cを結ぶ直線A′Cとx軸との交点がEであるとわかる。直線A′Cの傾きは(yの増加量)÷(xの増加量)より，$(-2-8)\div\{4-(-8)\}=-\frac{10}{12}=-\frac{5}{6}$なので，その式は$y=-\frac{5}{6}x+\frac{4}{3}$となり，$y=0$を代入すると，$x=\frac{8}{5}$　したがって，点Eのx座標は$\frac{8}{5}$といえる。

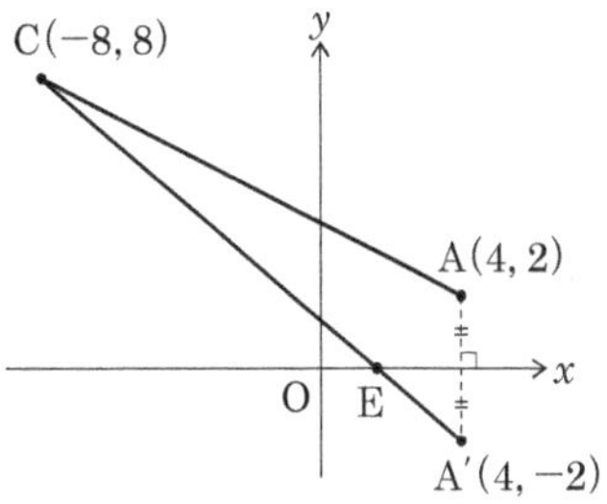

5 **(場合の数・確率)**

(1)　表になる2枚のメダルの選び方は，(1, 2)，(1, 4)，(1, 6)，(1, 8)，(1, 9)，(2, 4)，(2, 6)，(2, 8)，(2, 9)，(4, 6)，(4, 8)，(4, 9)，(6, 8)，(6, 9)，(8, 9)の15通りある。

(2)　6枚のメダルすべてに表裏があるので，$2\times2\times2\times2\times2\times2=2^6=64$(通り)

(3)　①　表が出たメダルが1枚のときと2枚のときに分けて考える。「表が出たメダルが1枚」のとき，$\sqrt{a}$が整数になるような表になるメダルの数は1，4，9の3通り　「表が出たメダルが2枚」のとき，$\sqrt{a}$が整数になるような表になるメダルの数の組み合わせは(1, 4)，(1, 9)，(2, 8)，(4, 9)の4通り　以上より，3＋4＝7(通り)

②　①と同様に考え，表が出たメダルの枚数が0枚のとき，3枚のとき，4枚のとき，5枚のとき，6枚のときに分けて考える。「表が出たメダルが0枚」のとき，$\sqrt{a}=\sqrt{0}=0$となり適する。「表が出たメダルが3枚」のとき，$\sqrt{a}$が整数になるような表になるメダルの数の組み合わせは，(1, 2, 8)，(1, 4, 9)，(2, 4, 8)，(2, 8, 9)の4通り　「表が出たメダルが4枚」のとき，$\sqrt{a}$が整数になるような表になるメダルの数の組み合わせは，(1, 2, 4, 8)，(1, 2, 8, 9)，(2, 4, 8, 9)の3通　「表が出たメダルが5枚」のとき，$\sqrt{a}$が整数になるような表になるメダルの数の組み合わせは，(1, 2, 4, 8, 9)の1通り　「表が出たメダルが6枚」のときは，適しない。以上より，1＋4＋3＋1＋0＝9(通り)　よって，①もあわせて合計で7＋9＝16(通り)あるので，求める確率は，$\frac{16}{64}=\frac{1}{4}$

6　(数学的思考力の利用・整数の性質の利用)

(1)　2つ目ごとに結んで星形正n角形をかくことができるのは，2と11は公約数を1以外に持たないことからイである。アやウは，10や12は2で割り切ることができるため，星形正n角形はかけない。

(2)　①　円周を7等分したうちの3個分に対する弧の中心角が$2x°$なので，$3:7=2x:360$が成立する。
②　①の比例式を計算していくと，$7\times 2x=3\times 360$　$14x=1080$　$7x=540$　となる。

(3)　(2)と同様に考えると，$(n-4):n=2x:360$が成り立つ。これを解いていくと，$2nx=360(n-4)$　$nx=180(n-4)$　したがって，求める角度は，$180(n-4)°$

(4)　24と公約数を1以外に持たず，かつ，11以下の整数を考えると，$n=5$，7，11の3種類考えることができるので，星形正二十四角形は3種類かける。この中で，先端部分の1個の角が最も小さいのは，$n=11$のときであり，(2)，(3)と同様に考えて計算すると，1つの角の大きさを$x°$とすれば，$(24-11\times 2):24=2x:360$　これを解いていくと，$48x=720$　$x=15°$

＜英語解答＞

Ⅰ　1　No. 1　c　No. 2　c　No. 3　b　2　No. 1　b　No. 2　a　No. 3　c
3　1　a　2　d

Ⅱ　1　(1)　ア　(2)　オ　2　(1)　ウ　(2)　イ　3　あ　think you'll have enough
い　want everyone to join

Ⅲ　1　A　ア　B　エ　2　ウ　3　③　エ，オ　④　ア，カ　4　ウ

Ⅳ　1　ウ　2　エ　3　イ　4　エ　5　①　shy　②　without　③　eyes
④　acting　⑤　influenced

Ⅴ　1　①　to cook　②　gave　③　finishes[is finished]
2　①　season[seasons]　②　breakfast　③　color[colors／colour(s)]
3　①　At first　②　(for)a(long)time　③　save money

＜英語解説＞

Ⅰ　(リスニング)

放送台本の和訳は，58ページに掲載。

Ⅱ　(短文読解問題：語句補充，語句の並べ換え)

(全訳)　エリー　：生徒会長には私が最適だと信じています。私は生徒たちのために新しいイベントを作りたいと思います。掃除の日やピクニックの日を考えています。また，カフェテリアのメニューをもっと健康的にしたいです。校舎は古くなってきているのでより良くするためのみなさんのアイディアを聞きたいです。私たちの学校生活を向上させるためにこれらのことをしようと思います。

グレッグ：私は解決したい問題が3つあります。一つ目はバス停での生徒たちの安全についてです。朝にとても多くの車があるので危険だとよく感じています。二つ目は学校の壊れたものを修理することです。それなので私は学校中を歩いて確認します。三つ目に私は図書館のインターネットを改善したいと思います。より安全な学校にします。

ポーラ　：私はクラブをもっと活動的にするために全力を尽くします。もしクラブについて心配に思っていたらお助けします。また，私はスポーツの日を作りたいです。先生と生徒たちが一緒に多くのスポーツをします。クリスマスには学校を装飾します。一番いい装飾をしたグループが賞を取ります。またみなさんとコミュニケーションを取って，お互いにアイディアを分かち合えるようにします。

1 (1) ア「エリーだけが食事のメニューを改善することについて話している」エリーの第4文参照。improve「改良する，改善する」 (2) オ「エリーとポーラが学校のイベントについて話している」エリーの第2，3文，ポーラの第3文以降参照。

2 (1) ウ「あなたはソフトボール部に入っていてもっと部員が欲しいのでポーラを選びます」ポーラの第1，2文参照。 (2) イ「あなたは壊れたベンチやインターネットが心配なのでグレッグを選びます」グレッグの第4文以降参照。

3 あ (Do you)think you'll have enough(time to check everything in the school?)「学校の全てを確認するのに十分な時間があると思いますか」have enough time で「十分な時間がある」の意味。Do you で始まる一般動詞現在形の疑問文は動詞の原形が続くので think か have が考えられるが，Do you have ～と続けると語群の語が余る。Do you の後には think を続け，you'll の 'll は will の短縮形で後ろには動詞の原形が続くので have を続ける。不要語は many。 い (Do you)want everyone to join(it?)「あなたはみんなにそれに参加してもらいたいですか」<want ＋人＋ to ＋動詞の原形>で「(人)に～して欲しい」の意味。不要語は together。

Ⅲ (長文読解問題・説明文：語句補充，内容真偽)

(全訳) 自分のハザードマップを作る

[1] 日本には台風，地震，そして豪雨を含む多くの自然災害があります。大きな台風があなたの町に来ることを想像してください。あなたはどこへ行くべきか知っていますか？ 誰があなたを助けてくれるか知っていますか？ もしこの情報があればあなたは緊急時に素早く落ち着いて行動できます。あなたの市役所には危険な箇所について知らせるハザードマップがあるかもしれません。しかし自分のハザードマップを作ることも大切です。危険な箇所だけでなく家の近くの他の重要な場所も含むべきです。例えば家族と会う場所や避難所への道を加えるべきです。災害から身を守ることについて考えないといけません。

[2] どのようにして緊急時に役に立つ自分のハザードマップを作れるのでしょうか。まず，あなたの町のウェブサイトを見て，家族や近所の人たちと家のそばの避難所を確認してください。学校へ行くべき人もいれば，コミュニティーセンターへ行くべき人もいます。次に，危険個所についての情報をシェアしてください。例えば「この道は激しい雨が降ると冠水する」と誰かが言うかもしれません。お互いに話したあとで現地調査をするためにあなたの地域を歩いてください。地図に危険な場所の写真を貼るのはいいアイディアなのでカメラを持って行ってください。子どもたちや年配の人たちは，あなたが見逃す他の危険に気づくかもしれないのであなたと一緒に行く必要があります。行く前にどの場所を確認するかも決めておいた方がいいです。そうすることで素早く終えることができます。現地調査のあとにあなたが集めた全ての情報で地図を作ります。

[3] 緊急時，自分では解決できない問題をかかえるかもしれません。この場合，近所の人たちと一緒に動く必要があります。もしよく知っていればお互いに助け合うことは簡単です。それなので彼らとつながるためにまず近所の人たちに挨拶をしてはどうでしょうか。地図を作ることはまた近所の人たちともっと話すチャンスも与えてくれます。いいコミュニケーションが社会を災害に対し

てより強いものにします。

1 A ア「災害用に自分の地図を作る重要性」第1段落第7文目以降参照。 B エ「地図を作るために従うべきアドバイス」第2段落ではどのようにして作るべきか例を挙げて述べられている。

2 **＜疑問詞＋ to ＋動詞の原形＞で「～すべき…」**の意味を表すことができる。第1段落最後から2文目参照。 ① a place to meet your family とあるので場所を表す where を使い「家族に会うべき場所」となる。 ② ways to go to evacuation sites は方法を表す how を使い「避難所へ行く方法(どのように避難所へ行くか)」となる。

3 ③ 現地調査の前にすることはエ「緊急時にどこへ行くべきかを知る」，オ「どこを確認するかを話して決める」こと。第2段落第2文目，最後から3文目参照。 ④ 現地調査中にすることは，ア「危険箇所の写真を撮る」カ「子どもたちやお年寄りと一緒に行く」こと。第7，8文目参照。

4 「筆者からのメッセージ」は，ウ「近所の人たちとたくさんコミュニケーションを取るべきだ」がふさわしい。第3段落では近所の人たちと協力し助け合う必要があることが述べられ，最終文にはコミュニケーションによって災害に強い社会になるとある。ア「近所の人たちに地図を作るように言うべき」，イ「緊急時には近所の人たちに従うべき」，オ「近所の人たちに問題を解決するように頼むべき」は内容と合わない。

Ⅳ (会話文問題：語句解釈，内容真偽，語句補充)

(全訳) ケイト：あれは素晴らしかった！ 俳優たちは本当に素晴らしくて観客全体が幸せだったね。この町の多くの人たちは演劇が好きだと思う。

ゆずき：うん，演劇はとても面白いね。私は中学のときに演劇の授業を受けたの。その学校の全ての生徒たちはそれを学ぶチャンスがあるの。最初の授業で生徒たちは言葉を使わずに自分の感情を表現しなくてはならなかったの。とても難しかった。今自分たちの言葉がどれだけ重要かよくわかるわ。

ケイト：同感だわ。

ゆずき：普通は演劇の授業はないから日本の学校で演劇を学ぶことはとても特別なのよ。

ケイト：あら，本当？ イギリスでは学校で①生徒が演劇を学ぶことは普通よ。プロの先生が演劇でより上手な演じ方を教えてくれるの。演劇は私たちにとっていいことだと思う。

ゆずき：私もそう思う。そのおかげで自分を変えられたと感じたの。

ケイト：そうなの？ そのことについて教えて。

ゆずき：ええとね，私はシャイで演じることが上手じゃなかったの。でも演劇で他の登場人物の目を見て話さなければならなかったの。彼らを注意深く聞いて言葉をよく理解しなくてはならなかった。それに多くの人たちの前で演じなくてはならなかった。こういう経験を通して私はもっと自信がついたの。

ケイト：②なんていいんでしょう！ あなたの話は私の先生の言葉を思い出させるわ。

ゆずき：それは何？

ケイト：彼は③「演劇は作り話です。本当ではありません。だから誰にでもなれる！」と言いました。

ゆずき：どういう意味？

ケイト：演劇ではあなたが普段言わないことを言えます。例えばロマンチックな言葉や詩の言葉…。

ゆずき：ああ，「あなたなしでは生きていけない」とか「私たちの夢は決して消えないとわかっている」みたいなことね？ そういう言い回しは恥ずかしくなる。私はそういうことは絶対に言わない！

ケイト：でも演劇では言える！　演劇の言い回しは作り事だけど，それを使った経験はいつも覚えているの。演劇でのこういう経験のおかげで，私はもっと自由に自分を表現できる。私の先生の言葉は私にとても影響を与えたのよ。

ゆずき：それはいいわね！　私たちは演劇から大切なことを学んだわね。演劇の授業からのスキルは役に立つわね。高校ではたくさんの人たちと友達になれたわ。

ケイト：④その上 これらのスキルは将来私たちをとても助けてくれると思う。例えば進路や会社の仕事を選ぶときにこのスキルを使える。それなので私の国では高校を卒業してからでさえも演劇を学びたい人もいるのよ。

ゆずき：すごいね。演劇は私たちをよりよくするためのカギだと信じているわ。

1　直前のゆずきの発話内容に対してケイトが驚いているので，イギリスではよくあることだと考える。

2　ゆずきの3，4つ目の発話内容からエ「ゆずきは演劇を通して自分自身を変えることができたから」がふさわしい。ア「ゆずきは演劇でよりよく演じることを学べたから」イ「ゆずきは学校で演劇の授業を受けられたから」ウ「ゆずきは言葉が大事だと気付けたから」は発話内容と合わない。

3　7〜8つ目のケイトの発話からイ「彼女は自分の感情や意見をより自由に表現できる」がふさわしい。ア「彼女は将来自分の夢が叶うと信じることができる」ウ「彼女は日々の生活で演劇からの良い言い回しを使わなくてはならない」エ「彼女は他の人のことをよく聞いて理解しなくてはならない」は発話内容と合わない。

4　空欄を含むケイトの発話も，直前のゆずきの発話も演劇で学んだことの良い点を話しているので　エ　in addition「その上，更に」がふさわしい。　ア　however「しかし」　イ　instead「その代わりに」　ウ　at once「ただちに，同時に」

5　①　shy「彼女はかつてシャイな女の子だったと聞きました」ゆずきの4つ目の発話第1文参照。　②　without「最初の演劇の授業のとき何も言わずに自分のことを表現するのは難しいと彼女は感じました」1つ目のゆずきの発話第4，5文参照。without「〜なしに」　③　eyes「そして彼女は人の目を見る勇気が必要でした」4つ目のゆずきの発話第2文を参照。　④　acting「私たちは何度も舞台で演じることで自分たちを向上させることできると思います」**by 〜 ing で「〜することによって」**ここではステージで何をするのかを考える。演劇の話をしているので演じることとなる。　⑤　influenced「演劇はゆずきと私にたくさん影響を与えていると信じています」<have ＋動詞の過去分詞形>で現在完了形の文となっている。influence「〜に影響を及ぼす」

V　(語句補充，語い問題：語形変化，不定詞，過去，接続詞，名詞)

1　①「それなので私は今晩彼らにカレーライスを作るつもりです」**<be going to ＋動詞の原形>で「〜するつもり」**の意味。　②「私は祖母が昨日私たちにくれた野菜を使います」過去の話なので過去形にする。　③「学校が終わったら買い物に行きます」未来の話ではあるが when の節には will は用いないので現在形にする。

2　①　右側には「春，夏，秋、冬」と四季が書かれていので「季節」だと考える。　②　左側には「食事」とあり，右側には「昼食，夕食」とあるので「朝食」と考える。　③　右側には「青，茶，紫，赤，黄」とあるので「色」と考える。

3　右下の日本語の説明内容を話している。　①「最初は小さいと感じるかもしれませんが，すぐにフィットするでしょう」**At first「最初は」**　②「もし丁寧に洗えば長い間使えます」**for**

a long time「長い間」 ③ 「何度も使えるのでお金を節約できます」save money「お金を節約する」

2021年度英語　聞き取りテスト

〔放送台本〕

これから聞き取りテストを行います。問題用紙の1ページを見てください。問題は聞き取りテスト1，2，3の3つがあります。聞きながらメモを取ってもかまいません。

(聞き取りテスト1)

聞き取りテスト1は，会話を聞いて，その会話に続く応答や質問として適切なものを選ぶ問題です。それぞれの会話の場面が問題用紙に書かれています。会話のあとに放送される選択肢a～cの中から応答や質問として適切なものを，それぞれ1つ選びなさい。会話と選択肢は1回だけ読みます。では，始めます。

No. 1 〔A：女性，B：男性〕

A: Excuse me. Which bus goes to the stadium?
B: Take Bus No. 20. The bus stop is over there.
A: How long does it take to go to the stadium?
(a) It's 10 kilometers.
(b) You can take Bus No. 20.
(c) It takes 30 minutes.

No. 2 〔A：男性，B：女性〕

A: We got a letter from your grandmother. She wants to see you.
B: Oh, I really miss her, too.
A: How about visiting her next week?
(a) Take care.
(b) Don't worry.
(c) That's a good idea.

No. 3 〔A：女性，B：男性〕

A: Let's do our homework together.
B: Yes, let's! But wait, I forgot to bring my pencil case with me!
A: No problem. I have some pencils.
(a) Shall I lend you one?
(b) Can I borrow one?
(c) May I help you?

〔英文の訳〕

No.1 A：すみません。どのバスがスタジアムへ行きますか。
B：20番のバスに乗ってください。バス停はあちらです。
A：スタジアムまでどれくらいかかりますか。
(a) 10キロです。(×)

(b) 20番のバスに乗れます。(×)

(c) 30分かかります。(○)

No.2 A：おばあちゃんから手紙が届いたよ。あなたに会いたがっているよ。

B：ああ，私も本当におばあちゃんに会いたいな。

A：来週彼女を訪れるのはどうだろう？

(a) 気をつけて。(×)

(b) 心配しないで。(×)

(c) それはいいアイディアね。(○)

No.3 A：一緒に宿題をしよう。

B：うん，しよう！　でも待って，筆箱を持って来るのを忘れた。

A：問題ないよ。何本か鉛筆を持っているよ。

(a) お貸ししましょうか。(×)

(b) 一本借りてもいいですか。(○)

(c) おうかがいしましょうか。(×)

〔放送台本〕

(聞き取りテスト2)

聞き取りテスト2は，会話を聞いて，その内容について質問に答える問題です。それぞれ会話のあとに質問が続きます。その質問に対する答えとして適切なものを，問題用紙のa～dの中からそれぞれ1つ選びなさい。会話と質問は2回読みます。では，始めます。

No. 1 〔A：男性，B：女性〕

A: Hey, look at this picture.

B: Oh, you're playing soccer!

A: It was snowing, but we enjoyed it a lot.

B: Your dog is trying to play with you, too.

A: Yes, he likes running with us.

B: That's wonderful

(Question) Which picture are they looking at?

No. 2 〔A：女性，B：男性〕

A: Hi, James. What are you doing here?

B: I'm looking for the post office. I want to send this gift to my friend's house.

A: It's far from here, but you can send your gift from the convenience store.

B: Oh, I didn't know that.

A: It's in front of the station.

B: Thank you. I'll go there right now.

(Question) Where will James go to send the gift?

No. 3 〔A：女性，B：男性〕

A: Yesterday, I collected garbage at the beach as a volunteer. I had a good time.

B: Oh, really? I want to help, too. How did you learn about it, Mary?

A: I saw some volunteers when I went to the beach last month.

B: Did you call the volunteer center or have an interview to join it?
A: No, but I had to send an email to the center.
B: I see. I'll go home and try it.
(Question) How did Mary join the volunteer work?

〔英文の訳〕

No.1 A：ねえ，この写真を見て。
B：ああ，あなたはサッカーをしているわね！
A：雪が降っていたけどとても楽しかったんだ。
B：あなたの犬もあなたと一緒にしようとしているわね。
A：うん，僕らと一緒に走るのが好きなんだ。
B：それは素敵ね。
質問：彼らはどの絵を見ていますか。
答え：b

No.2 A：こんにちは，ジェイムズ。ここで何をしているんですか？
B：郵便局を探しています。友達の家にこのプレゼントを送りたいんです。
A：それはここから遠いですね。でもコンビニエンスストアからプレゼントを送れますよ。
B：ああ，知りませんでした。
A：駅の前にあります。
B：ありがとうございます。今すぐそこへ行きます。
質問：ジェイムズはプレゼントを送るためにどこへ行きますか。
答え：a　コンビニエンスストア。

No.3 A：昨日，ボランティアでビーチでゴミを集めました。いい時間を過ごしました。
B：ああ，本当ですか？　私も手伝いたいです。そのことについてどうやって知りましたか，メアリー？
A：先月ビーチへ行ったときにボランティアの人たちを見たんです。
B：ボランティアセンターに電話をしたり，参加するために面接を受けたりしましたか？
A：いいえ，でもセンターにメールを送らないといけませんでした。
B：なるほど。家に帰ってやってみます。
問：メアリーはどのようにしてボランティアの仕事に参加しましたか。
答え：c　メールを送ることによって。

〔放送台本〕

(聞き取りテスト3)

聞き取りテスト3は，英語による説明を聞いて，その内容についての2つの質問に答える問題です。問題用紙に書かれている，場面, Question 1 と2を確認してください。これから英文と選択肢が放送されます。英文のあとに放送される選択肢a～dの中から質問に対する答えとして適切なものを，それぞれ1つ選びなさい。英文と選択肢は2回読みます。では，始めます。

Tomorrow, we'll visit the factory. We'll meet in Midori Park at nine o'clock. It's five minutes from the station. We can't stay in the park too long, so we'll leave the park at 9:10. Then, a guide will show you around the factory. Bring your notebook to take notes. You cannot touch the machines or the products, but taking pictures for homework is allowed. We'll have lunch at a restaurant near the factory. Remember, come at nine. Don't miss your train.

(Question 1　Answer)

(a) Take pictures.　(b) Touch machines.
(c) Make products.　(d) Have lunch.

(Question 2　Answer)

(a) They should meet at the station.　(b) They should bring a notebook.
(c) They should ask questions.　(d) They should be on time.

これで聞き取りテストを終わります。

〔英文の訳〕

明日私たちは工場を訪れます。9時にミドリ公園に集合します。それは駅から5分のところです。公園に長くは滞在できませんので，9時10分に公園を出発します。そしてガイドがみなさんに工場を案内します。ノートを持ってきてメモを取ってください。機械や製品に触れることはできませんが，宿題用に写真を撮ることは許可されています。工場のそばのレストランで昼食を食べます。9時に来ることを覚えておいてください。電車に乗り遅れないように。

質問1：工場で生徒たちは何ができますか。
答え　：a　写真を撮る。
質問2：先生が生徒たちに一番伝えたいことは何ですか。
答え　：d　時間通りでなくてはならない。

＜理科解答＞

Ⅰ　1　(1)　①　ウ　②　ア　③　イ　(2)　光合成　2　(1)　ア　(2)　ウ
3　(1)　イ　(2)　エ　4　(1)　エ　(2)　ア

Ⅱ　1　(1)　②　エ　④　ウ　(2)　A　ア　B　ウ　C　イ　(3)　オ
2　(1)　①　ア　②　イ　③　オ　(2)　イ　(3)　エ

Ⅲ　1　(1)　エ　(2)　W　イ　Y　ウ　(3)　①　ア　②　ア　③　エ
2　(1)　①　0.44〔g〕　②　ウ　(2)　8〔cm^3〕　(3)　イ

Ⅳ　1　(1)　①　イ　②　Z　(2)　ウ　(3)　イ　2　(1)　エ　(2)　オ
(3)　エ

Ⅴ　1　(1)　ア　(2)　400〔Hz〕　(3)　B　Y　C　X　D　Z　2　(1)　ウ
(2)　カ　(3)　ア

＜理科解説＞

Ⅰ　(各分野小問集合)

1　(1)・(2)　葉緑体に光が当たると，水と二酸化炭素を原料に，デンプンなどの養分と酸素をつくりだすはたらきである**光合成**を行う。

2　(1)　寒冷前線は，寒気が暖気の下にもぐりこみながら進むことでできる前線である。前線付近では暖気の急激な上昇気流が生じるため，垂直にのびる積乱雲が発達する。　(2)　温暖前線付近では，広範囲に**乱層雲**が発達するため，雨域が広くなる。よって，長時間の弱い雨が降る。また，前線通過によって暖気におおわれるため，気温は上昇する。

3 (1)　電流のまわりには，同心円状の磁界が生じる。この磁界の向きは，電流が進む向きに対して右回りとなる。　(2)　電流の向き，あるいは磁界の向きを逆にすると，電流が受ける力の向きも逆になる。図4では，図3に比べ，電流と磁界の向きが両方とも逆になっているので，電流が受ける力の向きは変わらない。

4 (1)　銀は分子をつくらないが，酸素は分子をつくる。　(2)　酸素には，ものが燃えるのを助ける性質がある(助燃性)。

Ⅱ　(植物，遺伝)

1 (1)・(2)　①にはア，②にはエ，③にはイ，④にはウがあてはまる。よって，Aは**双子葉類**のタンポポ，Bは**単子葉類**のイネ，Cは**裸子植物**のイチョウがあてはまる。　(3)　ゼニゴケは花がさかないため，花粉もつくらない。また，根，茎，葉の区別がないため葉脈も維管束ももたない。

2 (1)　赤色の純系の個体は，花の色を赤色にする遺伝子を対でもっているため，AAとなる。生殖細胞は，AAの遺伝子のうち一方をもつため，Aとなる。同様に，白色の純系の個体はaaの遺伝子をもち，その生殖細胞はaをもつ。子は，2個の生殖細胞からAとaを受け継ぐため，Aaの遺伝子の組み合わせをもつ。　(2)　実験1でできた子がもつ遺伝子の組み合わせはAa。これを自家受粉して得られた孫のもつ遺伝子の組み合わせは，**AA：Aa：aa＝1：2：1**となる。よって，$\frac{2}{4}$となるため，50％である。　(3)　孫にあたる花のうち，赤色の花には，AAやAaの遺伝子の組み合わせをもつものがある。実験3のようにAAやAaを自家受粉させると，AAを自家受粉させたものから得られた新たな個体は，すべてAAの遺伝子の組み合わせとなり赤花をさかせる。Aaを自家受粉させた場合は，AA：Aa：aa＝1：2：1の割合で新たな個体ができ，このうちaaは白い花をさせる。よって，実験3では，赤花と白花をさかせる個体が得られる。実験4ではAAとAA，AAとAa，AaとAaの3つのパターンにおける受粉が考えられる。このうち，AAとAAを用いた場合はすべてAAとなる。AAとAaを用いた場合はAA：Aa＝1：1となり，aaは生じない。AaとAaの場合は実験2と同様に，AA：Aa：aa＝1：2：1の割合で新たな個体ができ，このうちaaは白い花をさせる。よって，実験4でも，赤い花と白い花の両方が見られる。

Ⅲ　(物質の区別，化学変化と質量)

1 (1)　燃焼により二酸化炭素が発生していることから，WとYの物質は，炭素をふくんだ物質であることがわかる。　(2)　WとYは，ともに有機物であるため，砂糖かデンプンのいずれかである。砂糖は水にとけるが，デンプンは水にとけにくい。　(3)　XとZは塩と重そうのいずれかである。塩(塩化ナトリウム)の水溶液は中性であるが，重そう(炭酸水素ナトリウム)の水溶液は弱いアルカリ性を示す。フェノールフタレイン溶液は，酸性・中性で無色，アルカリ性で赤色を示す。

2 (1)　発生した気体の質量は，**「反応前(a)の質量－反応後(c)の質量」**で求められる。実験1から，うすい塩酸20.0cm^3が反応すると，気体が1.10g発生することがわかるので，うすい塩酸が2倍の40.0cm^3となると，気体は2.20gまで発生することができる。炭酸カルシウム6.00gがすべて反応すると生じる気体の質量は，$0.44〔g〕\times\frac{6.00〔g〕}{1.00〔g〕}=2.64〔g〕$　よって，塩酸40.0cm^3を入れても2.20gの気体が生じるのが限界で，そのとき反応した炭酸カルシウムxgは，1.00：0.44＝x：

2.20　x=5.00より，5.00gである。　(2)　実験1から，過不足なく反応して気体が1.10g発生するとき，反応した炭酸カルシウムの質量をxgとすると，1.00：0.44=x：1.10　x=2.50〔g〕となり，うすい塩酸20.0cm^{3}に対し，炭酸カルシウム2.50gが過不足なく反応することがわかる。次に，A～Fを混ぜ合わせる。炭酸カルシムの合計の質量は1.00+2.00+3.00+4.00+5.00+6.00=21.00〔g〕，塩酸の合計の質量は，20.0〔cm^3〕×6=120.0〔cm^3〕となる。よって，炭酸カルシウム21.00gと完全に反応するうすい塩酸の体積を$y$cm^{3}とすると，2.50：20.0=21.00：y　y=168.0〔cm^3〕　このうち，120.0cm^{3}はビーカー中の塩酸で，実験2で40.0cm^{3}加えているので，完全に反応させるためには，168.0−120.0−40.0=8.0〔cm^3〕を加えればよい。

(3)　炭酸カルシウム21.00gと過不足なく反応するうすい塩酸を加えたので，反応させた炭酸カルシウムとうすい塩酸の合計の質量は，21.00〔g〕+1.05〔g/cm^3〕×168.0〔cm^3〕=197.40〔g〕　ここから，発生した気体の質量を引けばよい。炭酸カルシウム1.00gが反応すると，0.44gの気体を発生させることから，21.00gの炭酸カルシウムが完全に反応したときに発生する気体の質量は，$0.44〔g〕\times\dfrac{21.00〔g〕}{1.00〔g〕}=9.24〔g〕$　よって，197.40−9.24=188.16〔g〕

Ⅳ　(天体)

1　(1)　図2より，日の出・日の入りの位置が真東，真西であることから，この観測を行ったのは**春分の日**であるとわかる。春分の日，北半球，赤道上，南半球のどの場所で観測しても，日の出・日の入りの位置は同じになり，昼と夜の長さが等しくなる。　(2)　点a～eを記録した4時間(240分)で12.0cm(120mm)天球上を移動したことから，a−P間を移動するのにかかった時間x分を求めると，240分：120mm=x分：58mm　x=116〔分〕=1時間56分　よって，点aを記録した午前8時の1時間56分前が，日の出の時刻である。　(3)　3か月後は夏至となっていることから，昼の長さ(太陽が地平線上で観測できる時間)は長くなる。また，日の出と日の入りの位置が，ともに真東や真西よりも北寄りとなる。

2　(1)　月は地球の衛星なので，1か月に一度，太陽とは反対側にくることがあり，このときに真夜中に観測できる。地球よりも内側を公転している金星は，真夜中に観測できない。　(2)　金星は，地球に近づくほど大きく欠けて見える。また，地球から離れるほど小さく見える。AとBの金星は夕方西の空に観測でき，CとDの金星は明け方東の空に観測できる。　(3)　図3から，太陽が沈んだときの地平線からの**金星の高度は，A>B**となることがわかる。よって，Bのときの金星は，図4よりも低い位置にある。また，夕方に見える金星付近に月が見えるとき，月の形は太陽の方向(西の地平線側)が光る三日月形になる。

Ⅴ　(音の性質，光の性質)

1　(1)　おんさが振動することで音が出る。おんさを水面にふれさせると，振動が水を伝わり波が同心円状に広がる。おんさを強くたたくと振幅が大きくなるので，水面の振動も激しくなる。
(2)　振動数は，**1秒間に振動する数**で表す。1秒間に振動する数(振動数)をxで表すと，5：0.0125=x：1　x=400〔Hz〕　(3)　おんさAとBの音の高さは同じなので，波の数がAと同じYがおんさBとなる。おんさCとDを比べると，おんさDのほうが音が高いので，XとYのうち，波の数が多いZがおんさDとなる。

2　(1)　タオルを直接見ると，「L」が右，「S」が左となっている。鏡で見える像は，左右が逆になるので，「L」が左，「S」が右となる。　(2)　図7に，点Pから鏡の上端を直線で結び，**入射角=反射角**となるような光の道筋を作図する。このとき鏡には，光の道筋よりも左側のDとCが映って見える。　(3)　図6に，点Eと鏡の左端を直線で結び，**入射角=反射角**となるような光の道筋を作図する。点Pから作図した光の道筋上に移動するとき最短となるのは，点Pを方眼の対角線を1マス分右上に移動すればよい。よって，1辺が25cmの方眼の対角線の長さxを求める。$5.0:7.1=25:x$　$x=35.5$〔cm〕

＜社会解答＞

Ⅰ　1 (1) イ　(2) ウ　(3) エ　(4) ア　(5) ア　(6) イ　2 (1) ウ
(2) ウ　(3) エ　(4) イ　(5) ① エ　② イ　③ ア

Ⅱ　1 (1) 絹(の道)　(2) ① エ　② 空海　③ ウ　(3) ① オ　② ア
③ イ　④ エ　(4) イ　(5) ウ　2 (1) イ　(2) 清
(3) ① ポーツマス(条約)　② オ

Ⅲ　1 (1) ウ　(2) 国民主権　(3) ① モンテスキュー　② オ　(4) ア
(5) ウ　2 (1) ア　(2) イ　(3) 法人(税)　(4) エ
(5) (企業の)社会的責任　(6) イ

＜社会解説＞

Ⅰ **(地理的分野―日本―地形図の見方，日本の国土・地形・気候，農林水産業，世界―人々のくらし，地形・気候，人口・都市，産業)**

1 (1) 図1で示された地域では，冬は北東，夏は南西から**季節風**(モンスーン)が吹く。ハリケーンは，北アメリカ大陸付近で発生する熱帯低気圧のこと。 (2) A イスラム教徒が多いサウジアラビア。 B ヒンドゥー教徒が多いインド。 C 仏教徒が多いタイ。 (3) Aのサウジアラビアは，国土の大半が**乾燥帯**に含まれ，砂漠が広がっていることから判断する。
(4) Bのインドは英語を話せる人が多いことや，世界最大のIT大国であるアメリカとの時差が12時間前後であることを利用して，**IT産業**に力を入れてきた。また，南部のチェンナイには日本やアメリカ，韓国など各国の自動車工場が並ぶ。 (5) Cのタイやベトナムなど東南アジア諸国は，かつては一次産品や軽工業製品の輸出が多かったが，近年は工業化が進んでいることから機械類などの輸出が増加していると判断する。 (6) スリランカは国土面積の割に人口が多いことから，3か国のうち人口密度が最も高くなると考えられる。アラブ首長国連邦は石油の輸出による貿易黒字が大きいと考えられるが，3か国のうち人口が最も少ないため，1人あたりのGNIが最も高くなると考えられる。

2 (1) 図4中のAは釧路。南東季節風が寒流の**千島海流(親潮)**によって冷却されて**濃霧**が発生するため，夏の日照時間が短くなる。 (2) 写真2は，道路が雪におおわれても路肩の位置がわかるようにするための標識。流氷は，オホーツク海北西部のシベリア沿岸から，季節風や海流で北海道北東部沿岸に到達する。有珠山は北海道南東部の太平洋側に位置する。 (3) 日本の北端がrの**択捉島**であるため，sの海域はロシアの排他的経済水域となる。アは石狩平野，イは知床に関する記述。 (4) X 耕地面積に占める田の面積の割合は，全国が2446(千ha)÷4496(千ha)×100＝約54.4…％であるのに対して，北海道は223(千ha)÷1147(千ha)×100＝約19.4…％と，全国を下回っている。 Y 人口に占める農業従事者の割合は，全国が3399(千人)÷127095(千人)×100＝約2.67…％であるのに対して，北海道は104(千人)÷5382(千人)×100＝約1.93…％と，全国を下回っている。また，農業従事者1人あたりの農業産出額は，全国が8798

(十億円)÷3399(千人)＝約259万円であるのに対して，北海道は1185(十億円)÷104(千人)＝約1139万円と，北海道が全国を上回っている。　(5)　①　函館山北部の斜面には，針葉樹林や広葉樹林が広がっている。　②　図7の地形図の縮尺が2万5千分の1であることから，実際の距離は3.2(cm)×25000＝80000(cm)＝800(m)。　③　手前に橋が見えることから判断する。

Ⅱ　(歴史的分野―時代別―古墳時代から平安時代，鎌倉・室町時代，安土桃山・江戸時代，明治時代から現代，日本史―テーマ別―政治・法律，経済・社会・技術，文化・宗教・教育，外交，世界史―政治・社会・経済史)

1　(1)　Aは**シルクロード**ともよばれ，紀元前後に漢とローマ帝国を結ぶ形で発達した。
(2)　①　文中の「防衛の拠点」が**大宰府**を指すことから，九州北部であると判断する。　②　同時期に遣唐使船で唐に渡り，帰国後，比叡山に延暦寺を建てて**天台宗**を広めた**最澄**がいる。天台宗，**真言宗**ともに，朝廷の庇護を受けて発展した。　③　**勘合**とは，室町幕府3代将軍**足利義満**が派遣する正式な貿易船と**倭寇**とを区別するために明から与えられた合い札。　(3)　①　Bがアフリカ大陸の南端経由でインドに向かう航路であることから，ポルトガルの援助を受けた**バスコ＝ダ＝ガマ**と判断する。公用語に**ポルトガル語**が用いられているブラジルの一部が含まれていることから，Cがポルトガルの支配領域を表すと判断する。**コロンブス**は，スペインの援助を受けて大西洋を横断し，北アメリカ州の西インド諸島に到達した人物。Dはスペインの支配領域。
②　ドイツ人**ルター**は，聖書だけが信仰の拠り所であると主張して宗教改革を行った。クロムウェルはイギリスでおこったピューリタン革命の中心人物。シーボルトは江戸時代に出島で鳴滝塾を開き，医学などを教えた人物。　③　Qの地域には，銀の産出がさかんな**ペルー**が位置する。当時は**インカ帝国**が栄えたが，スペインに征服された。　④　文中の「1543年」から，資料が示すものは種子島に伝来した**鉄砲**であるとわかる。織田信長は，鉄砲の主要生産地であった堺(大阪)の自治権を奪って支配した。　(4)　**朱印船貿易**はおもに東南アジアと行い，中国産の生糸や絹織物などを輸入した。俵物は，江戸時代の日本の主要輸出品の一つで，海産物の乾物を俵に詰めたもの。　(5)　資料中の「石炭」から，燃料の補給を要求していることが読み取れる。1854年に締結した**日米和親条約**で，食料や燃料の補給を認めたことから判断する。対して，18世紀末に来航したロシアの**ラクスマン**は通商のみを要求した。

2　(1)　イは1863年の下関事件と，翌年の四国艦隊下関砲撃事件に関する内容で，いずれも江戸時代の様子。　(2)　1911年には，**孫文**を中心に**辛亥革命**がおこり，清が滅亡した。　(3)　①　**ポーツマス条約**は，1904年におこった日露戦争の講和条約としてアメリカで締結された。　②　Pは五・四運動(1919年)後，Qは加藤高明内閣時に普通選挙法が制定されたことから大正時代末期(1925年頃)，Rは中華民国建国(1912年)後のできごと。

Ⅲ　(公民的分野―憲法の原理・基本的人権，三権分立・国の政治の仕組み，財政・消費生活・経済一般)

1　(1)　国民の権利を守るために，国王・君主・政府などの政治権力を持つ者も法に従わなければならないという考え方を，**法の支配**という。　(2)　日本国憲法前文に「…ここに主権が国民に存することを宣言し，…」，第1条に「…この地位は，主権の存する日本国民の総意に基づく。」とあり，**国民主権**の原則が明記されている。　(3)　①　モンテスキューは著書『**法の精神**』で，三権分立を主張した。　②　資料3が日本の**議院内閣制**，資料4がアメリカの大統領制を表している。文中の「行政府の長を」「選挙で選ぶ」から，資料4のアメリカのしくみであることがわかる。日本では，行政府の長である内閣総理大臣は**国会**の指名により選出される。アメリカの大統領に法案提出権はないが，法案拒否権が認められている。 (4) **国民審査**は，選出された直後の衆議院議員総選挙で初回の審査が行われる。　イ　裁判は原則として公開の法廷で実施される。　ウ　国民が裁判員として参加するのは刑事裁判のみ。　エ　新たな証拠があれば，判決が確定した後でも再審請求できる。 (5) 投票率が低い若年層の意見が政治に反映されにくく，投票率が高い高齢者層の意見が政策に反映されやすくなっている。一票の格差とは，議員一人当たりの有権者数が異なることでおこる格差のこと。

2 (1) 消費者は，消費に関する的確な知識や情報をもち，商品を適切に取捨選択できる**自立した消費者**になることが望ましい。政府は，消費者基本法の制定や消費者庁の設置などで消費者主権を守るしくみ作りを進めている。 (2) Yについて，大規模小売業者が生産者から直接仕入れを行うことで**流通の合理化**を図ることが進められている。 (3) **法人税**は企業の所得にかかる税のことで，直接国税に分類される。 (4) 株式会社の経営者は，株式を発行することで経営資金を集め，株主に利潤の一部を配当として分配する。株式を購入した者は**株主**とよばれ，経営の基本方針を決定する株主総会における議決権を持つ。 (5) 企業の社会的責任のことを，CSR(Corporate Social Responsibility)という。 (6) ア　ボランティア活動をしたことがある2016年の会社員の割合は12.9%と，他の職業に比べて低い。　ウ　社会の役に立ちたいと思って参加した2016年の全体平均が47.7%であるのに対して，会社員の割合は46.2%と，全体平均に比べて低い。　エ　社会のために役立ちたいと思っている人の割合は，2016年が65.0%，1986年が47.0%なので，2011年の東日本大震災の後の方が高くなっている。また，自分が抱えている社会問題の解決のために参加した2016年の全体平均が6.6%であるのに対して，会社員は4.5%と，全体平均に比べて低い。

<国語解答>

一　問一　①　カ　　②　ア　　問二　イ　　問三　ウ　　問四　(例)兵五師匠が本校生のためにわかりやすくアレンジした(「日和違い」!!)

二　問一　エ　　問二　予《フル》ㇾ人《ニ》者《ハ》驕《ル》ㇾ人《ニ》。　　問三　a　イ　　b　ア　　問四　ア

三　問一　いにしえ　　問二　ア　　問三　ウ　　問四　ウ　　問五　エ

四　問一　①　みちばた　　③　そんちょう　　⑤　ほ(められた)　　問二　②　イ　⑧　エ　　問三　エ　　問四　ウ　　問五　ウ　　問六　ア　　問七　イ

五　問一　A　ウ　　B　イ　　C　エ　　問二　知る　　問三　イ　　問四　エ　問五　a　ア　　b　全体として体系をなす　　問六　イ　　問七　ウ　　問八　エ

<国語解説>

一　(会話・議論・発表―内容吟味，脱文・脱語補充,，語句の意味，短文作成)

問一　「日和」には，「空模様。天気」「晴天」「物事の成り行き」などの意味がある。①の「降る日和じゃない」は「(雨が)降るような**空模様**じゃない」という意味になり，②は，「(雨が)降る。(だから)**晴天**じゃない」という意味になる。

問二　①と②の違いは直前の**句点**の有無であるから，イ「**文の区切り**」が正解。

問三　Bさんの「種明かしになる部分は書かない」，Aさんの「数日後の場面」は「書かない」という発言をふまえたウの文章が適切である。アは「仕返し」が落語の内容と合わないので誤り。イ

は「種明かしになる部分」，エは「数日後の場面」を書いているので，いずれも不適切である。

問四　二重傍線部の内容を「『日和違い』!!」につながる形に書き換える。「**兵五師匠**」「**本校生**」「**わかりやすくアレンジ**」という要素を入れ，**敬語を使わず**に書くこと。

二 (漢文—内容吟味，語句の意味，その他)

〈口語訳〉　使者が言うには，「領地からの収入で衣服を整えてください」と。曽子は(領地を)受け取らなかった。(使者は)いったん戻ってまた行く。また受け取らない。使者が言うことには，「先生が人に求めたのではありません。人が之を献上するのです。どうして受けないのですか」と。曽子が言うことには，「私はこういうことを聞いている。人から何かを受け取る者はその人に対して卑屈になり，人に与える者は相手に対しておごり高ぶると。たとえ魯の君主が領地を下さって私に対しておごり高ぶらないということが有るとしても，私が卑屈にならずにはいられない」と。(曽子は魯の君主から領地を)とうとう受け取らなかった。

問一　傍線部①の「修」は，**整える，直す**という意味なので，エ「**改修**」が正解。ア「修行」・イ「修得」の「修」は学んで身につける，ウ「監修」の「修」はきちんと行うという意味である。

問二　漢文は「予人者驕人」だが，漢字を読む順序は「人予者人驕」である。「人」を「予」よりも先に読むので，「**予**」の左下に**レ点**をつける。同様に，文末の「人」の前の「**驕**」の左下にも**レ点**をつける。

問三　a　この場合の「臣」は自分を指す言葉。発言者はイ「**曽子**」である。　b 「子」は「徳のある立派な人」「あなた」という意味だが，ここでは使者を遣わしたア「**魯の君主**」を指す。

問四　曽子は，「**我能く畏るること勿からんや**」ということを根拠に領地を受け取らなかった。この場合の「畏」は「驕」と対比されているので，「卑屈になる」と解釈するアが正解。ウの「おそれ多い」という解釈は不適切である。

三 (古文—内容吟味，仮名遣い，古文の口語訳)

〈口語訳〉　ある人が，咸陽宮の釘かくしだと言って，短剣のつばを風流につくり直して，腰から離すこともせず気に入って楽しんでいた。確かに金銀銅鉄で作った花や鳥をちりばめた古い物で，千年の昔も知りたくなるようなものだなあ。しかし，何を証拠として咸宮の釘かくしと言ったのだろうか，でたらめな判定である。かえって「咸陽宮の釘かくし」と言わなかったらすばらしいものであるのを，残念なことだと思われる。

常盤潭北が持っていた高麗焼きの茶碗は，赤穂義士の大高源吾が大事にしていたもので，そのころ源吾から(潭北が)譲り受けて，また私に譲った。本当に伝来が明白なものですが，何を証拠としたらいいだろう。後々はあの咸陽の釘かくしのようなものになってしまうので，そのまま他の人に与えた。

問一　最後の「**へ**」を「**え**」に改めて「**いにしえ**」とする

問二　「荒唐」は，根拠がなくとりとめがない様子，**でたらめ**な様子。同じ意味の「荒唐無稽」も合わせて覚えておくこと。

問三　古語の「めでたし」には，祝うべきだという意味のほか，**すばらしい**という意味がある。

問四　「**常盤潭北が所持**したる高麗の茶碗は～**源吾よりつたへて**，また**余にゆづりたり**」を読み解く。記述の順序は潭北→源吾→筆者であるが，所持の順序は**源吾→潭北→筆者**なので，ウが正解。

問五　傍線部④の前に「まことに伝来いちじるしきものにて侍れど，何を証となすべき。**のちのちはかの咸陽の釘かくしの類ひなれば**」とある。筆者が譲り受けた茶碗は，今のところは来歴がはっきりしているが，後世に残る証拠はない。将来は咸陽の釘かくしと同様，怪しげなものになるだろうから，今ありがたがって所有するのはむなしいと，筆者は考えたのである。この内容と合致するエが正解。アとイは「のちのち」のことを想定していないので不適切。ウの「欲深い」は本文にない内容である。

四 (小説－情景・心情，内容吟味，漢字の読み書き，語句の意味，表現技法・形式)

問一　①「**道端**」の「端」には，「タン・はし・は・はた」という読みがある。　③「**尊重**する」は，大切に扱うという意味。　⑤「**褒**」の音読みは「ホウ」で，「褒賞」「褒美」などの熟語を作る。

問二　②「上気する」は，暑さや興奮で**顔が赤くなる**という意味。　⑧「いてもたってもいられない」は，すわっても立っても**落ち着かない**という意味。

問三　波線部はふつうの語順では「ただ僕があの時，自分が楽しいふりをしていることに，気づいてしまっただけだ。」となる。言葉の順序を変える表現技法であるエ「**倒置**」が正解。

問四　「**ずんずんと前進していく**」「**巨大なリュック**」などの表現からは，**周囲に惑わされることなく**自分のやりたいことをするために**力強く進む**くるみの様子が読み取れる。このことを説明したウが正解。アの「感受性の豊かさ」は「ずんずんと」などの表現からは読み取れない。イは「他人の言うことに耳を貸さず」，エは「気まずくなった雰囲気」が，本文の内容と合わない。

問五　それまで自分の本心を隠して宮多たちに話を合わせていた清澄は，**好きなものを追い求める**ために「**ひとり**」になる覚悟をして，宮多に「刺繍するのが趣味」と告白した。すると，思いがけず褒められた。「繰り返し読んだ」という行動からは，清澄が宮多の返信に感動し，「わかってもらえるわけがない」という**思い込みが薄れていく**様子が読み取れる。正解はウ。返信を読んだ後に「きまりの悪さ」はなかったので，アは誤り。イの「満足」は，返信を読む前にはなかったものである。宮多の返信は素直な賞賛であり，エの「思いやり」という表現は不適切である。

問六　清澄は，「きらめくもの。揺らめくもの。目には見えていても，かたちのないもの」を**刺繍で再現したい**と願ったが，それは「触れられない」「**保管することはできない**」「消え失せる」「**美しい**」ものであった。正解はア。イの「見る人に生きる希望を与える」，エの「身につける人に～勇気を与える」は，本文にない内容。ウの「固定」は，清澄が考える再現とは異なるので，不適切である。

問七　清澄は，くるみや宮多との関わりを通して，**自分の好きなことを追求しよう**という気持ちとともに，**他の人の好きなものに触れたい**という気持ちがわいてきている。傍線部⑨の行動は，清澄の前進しようという決意の表れである。「**互いの価値観を認め合う**関係」に言及したイが正解。アは，「周りの人たちに理解してもらえず」が誤り。ウとエは，自分の好きなことを追求するという点に触れていないので，不適切である。

五 (論説文―内容吟味，文脈把握，漢字の読み書き，文と文節)

問一　二重傍線部を含む熟語を漢字で書くと，次のようになる。

A	**傾向**	ア	契機	イ	形勢	ウ	**傾倒**	エ	継続
B	**転化**	ア	破天荒	イ	**転回**	ウ	典型	エ	添付
C	**権威**	ア	意匠	イ	偉大	ウ	大同小異	エ	**威厳**

問二　波線部を文節でくぎると「**自力で**／自分が／どんな／森を／歩いて／いるのかを／**知る**／能力を／失って／いく／可能性が／あります」となる。「自力で～知る」は「能力を」に係る修飾部で，「自力で」が係る文節は「知る」である。

問三　傍線部①「作者性」は，次の文で「誰が書いたのか**作者がはっきりしていること**」と説明されている。この内容と合致するイが正解。

問四　傍線部②「相対的に正しい」は，完全に正しいというわけではないが，他と比較すると誤りが少ないということを表す。直前の「**複数の人がチェックしているから**」は，チェックする人が一人の場合より何人かいたほうがより正しくなるということを示しているので，人数が多いほうが信頼が高まるとしたエが正解。アは人数は無関係ということなので誤り。イ・ウの能力は，信頼性とは無関係である。

問五「情報」と「知識」の関係については，傍線部③の直後に「『**情報**』とは**要素**であり，『**知識**』とはそれらの**要素が集まって形作られる体系**」とある。aは，情報を総合して知識にする道筋を示すアが入る。イは情報収集，ウは情報分析，エは情報選択の説明なので不適当である。bは，知識の「体系」について10字で書いている部分を探すと，「このように」で始まる段落に「知識というのは～様々な概念や事象の記述が相互に結び付き，**全体として体系をなす**状態」とあるので，ここから抜き出す。

問六　傍線部④のリスクは，体系的な「知識」を身につけることなく，欲しい「情報」を手に入れてしまうため，**知識全体の構造や情報相互の関係に気づかない**まま理解したつもりになってしまうことである。「他の情報との関係に気づかなくなる」と説明するイが正解。アは，コンピュータが「情報を体系的に整理してしまう」が誤り。ウは，「AIを用いた情報の検索さえしなくなる」が本文にない内容。エは，「目的の情報を探し当てようとする意識がなくても」が誤りである。

問七　「よい読書」は表面上の記述を「自分勝手な論理」でつなぐのではなく，**筆者の「論理的展開」を読み込む**読書である。この内容と合致するウが正解。アは，「自分勝手な論理」でつなぐ読書なので誤り。イの「情報の選び方」については，本文に書かれていない。論理的展開を読み込むためには本を深く読む必要があるので，エの読み方では不十分である。

問八　アは，前半の内容は正しいが，後半の「新しい理論～実にたとえる」は，本文にない内容。知識は，本を読むだけで簡単に習得できるものではないので，イは不適切。ネット検索では「情報」は得られるが「知識」は得られないので，ウは誤り。**知識は他の情報や知識と結びつけて広げることができる**ので，このことを説明したエが適切な選択肢である。

MEMO

大切なことはメモしておこうネ！

T.G

兵庫県公立高等学校

2020年度

★★★★★★★★★★★★★★★★★★★★★★★★

入　試　問　題

2020年度

●くわしい解説……53ページ

＜数学＞　時間　50分　　満点　100点

【注意】　全ての問いについて，答えに$\sqrt{\ }$が含まれる場合は，$\sqrt{\ }$を用いたままで答えなさい。

1　次の問いに答えなさい。

⑴　$6 \div (-3)$ を計算しなさい。

⑵　$(3x - 2y) - (x - 5y)$ を計算しなさい。

⑶　$\sqrt{8} + \sqrt{18}$ を計算しなさい。

⑷　連立方程式 $\begin{cases} 3x + y = 4 \\ x - 2y = 13 \end{cases}$ を解きなさい。

⑸　2次方程式 $x^2 + 3x - 2 = 0$ を解きなさい。

⑹　次の表が，y が x に反比例する関係を表しているとき，表の ア にあてはまる数を求めなさい。ただし，表の×印は，$x = 0$ を除いて考えることを示している。

表

x	…	-2	-1	0	1	2	…	4	…
y	…	8	16	×	-16	-8	…	ア	…

⑺　袋の中に，赤玉2個と白玉1個が入っている。この袋の中から玉を1個取り出し，色を調べて袋の中に戻してから，もう一度，玉を1個取り出すとき，2回とも赤玉が出る確率を求めなさい。

⑻　図のように，円Oの周上に4点A，B，C，Dがあり，BDは円Oの直径である。$\angle x$ の大きさは何度か，求めなさい。

図

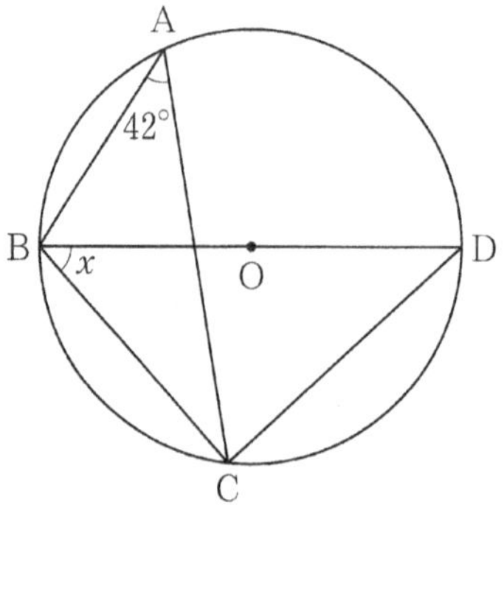

2　図1のように，底面が1辺100cmの正方形である直方体の水そうXが水平に置いてあり，1分間に12Lの割合で水を入れると，水を入れ始めてから75分で満水になった。

次の問いに答えなさい。ただし，水そうの厚さは考えないものとする。

図1

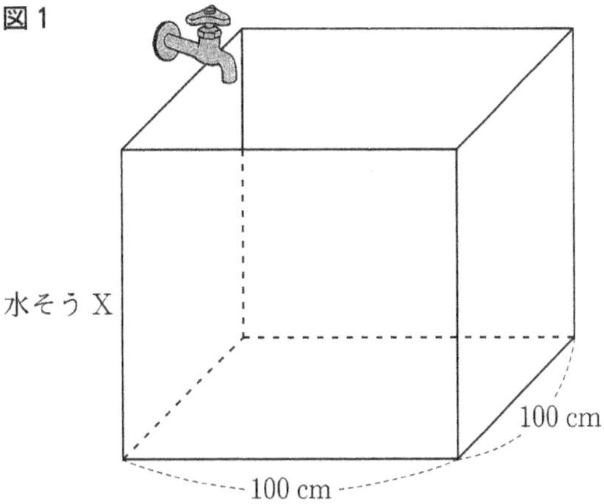

⑴　水そうXの高さは何cmか，求めなさい。

⑵　図2のような直方体のおもりYがある。図3のように，水そうXの底におもりYを置き，水そうXが空の状態から水を入れると，55分で満水になった。図4は，水を入れ始めてからの時間と水面の高さの関係を表したグラフである。ただし，おもりYは水に浮くことはない。

図2

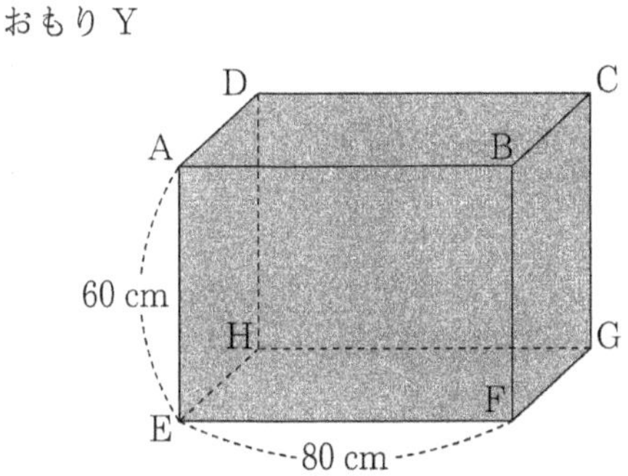

図3

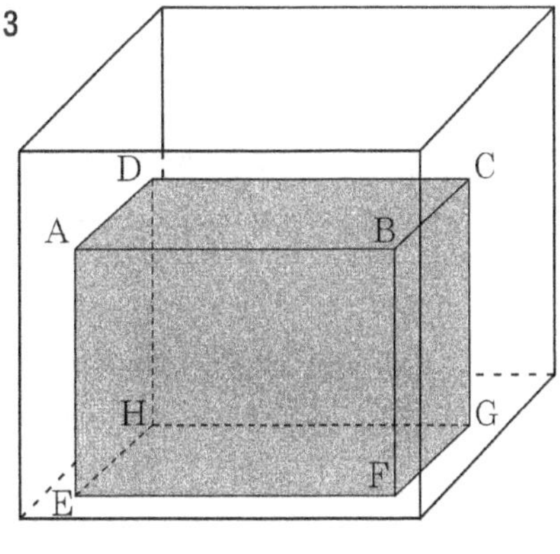

図4

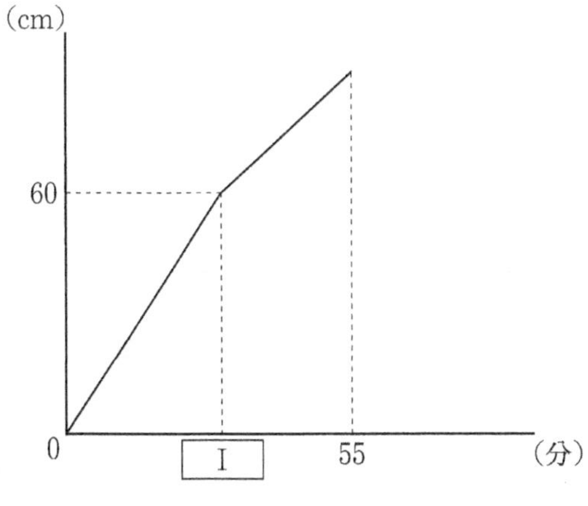

①　おもりYの辺FGの長さは何cmか，求めなさい。

② 図4の [I] にあてはまる数を求めなさい。

③ おもりYの3つの面EFGH，AEFB，AEHDのうち，いずれかの面を底面にして，水そうXの底におもりYを置き，水そうXが空の状態から水を入れる。おもりYのどの面を底面にすれば，一番早く水面の高さが20㎝になるか，次の**ア**～**エ**から1つ選んで，その符号を書きなさい。また，そのときにかかる時間は何分何秒か，求めなさい。

ア　面EFGH　　**イ**　面AEFB　　**ウ**　面AEHD　　**エ**　すべて同じ

3　図1のような平行四辺形ABCDの紙がある。この紙を図2のように，頂点Bが頂点Dに重なるように折ったとき，頂点Aが移った点をGとし，その折り目をEFとする。このとき，$CD = CF = 2$ ㎝，$\angle GDC = 90^\circ$ となった。

あとの問いに答えなさい。

図1

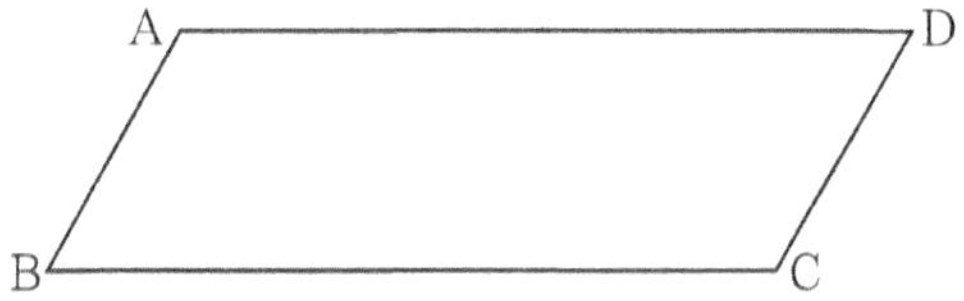

図2

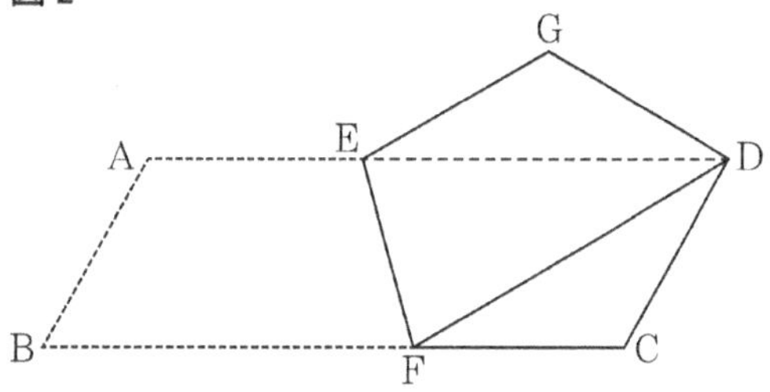

(1) $\triangle GDE \equiv \triangle CDF$ を次のように証明した。[(i)] と [(ii)] にあてはまるものを，あとの**ア**～**カ**からそれぞれ1つ選んでその符号を書き，この証明を完成させなさい。

<証明>

$\triangle GDE$ と $\triangle CDF$ において，

仮定から，平行四辺形の対辺は等しく，折り返しているので，

[(i)] ……①

平行四辺形の対角は等しく，折り返しているので，

$\angle EGD = \angle FCD$ ……②，$\angle GDF = \angle CDE$ ……③

ここで，$\angle GDE = \angle GDF - \angle EDF$ ……④

$\angle CDF = \angle CDE - \angle EDF$ ……⑤

③，④，⑤より，$\angle GDE = \angle CDF$ ……⑥

①，②，⑥より，[(ii)] がそれぞれ等しいので，

$\triangle GDE \equiv \triangle CDF$

ア　$DE = DF$　　**イ**　$GD = CD$　　**ウ**　$GE = CF$

エ　3組の辺　　**オ**　2組の辺とその間の角　　**カ**　1組の辺とその両端の角

(2) $\angle EDF$ の大きさは何度か，求めなさい。

(3) 線分DFの長さは何㎝か，求めなさい。

(4)　五角形GEFCDの面積は何cm^2か，求めなさい。

4　２つの畑Ａ，Ｂがあり，同じ品種のたまねぎを，同じ時期に栽培し収穫した。畑Ａから500個，畑Ｂから300個をそれぞれ収穫することができ，標本としてそれぞれ10%を無作為に抽出した。図１のように，横方向の一番長い部分の長さを測り，たまねぎの大きさを決める。図２は，畑Ａから抽出した50個のたまねぎの大きさを調べ，ヒストグラムに表したものである。例えば，4.5cm以上5.5cm未満のたまねぎが６個あったことを表している。

次の問いに答えなさい。

図１

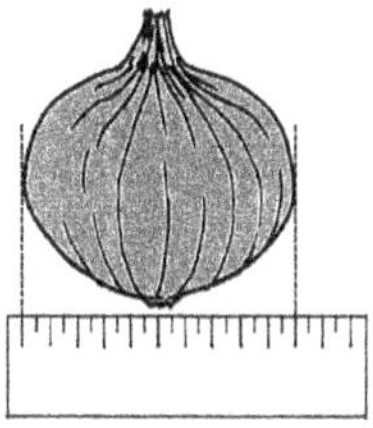

図２

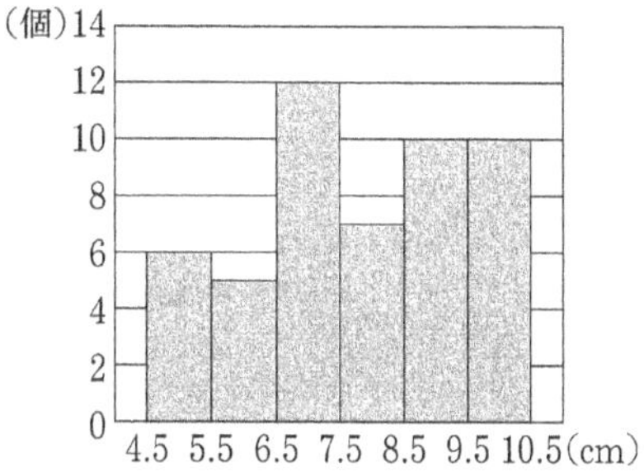

(1)　畑Ａから抽出した50個のたまねぎの大きさについて，最頻値（モード）と平均値をそれぞれ求めなさい。

(2)　畑Ｂについても，抽出した30個のたまねぎの大きさを調べ，ヒストグラムに表したところ，次の①～③が分かった。

①　畑Ｂのたまねぎの大きさの最頻値は，畑Ａのたまねぎの大きさの最頻値と等しい。 ②　畑Ｂのたまねぎの大きさの中央値（メジアン）がふくまれる階級は，畑Ａのたまねぎの大きさの中央値がふくまれる階級と同じである。 ③　畑Ａと畑Ｂのたまねぎの大きさでは，階級値が６cmである階級の相対度数が同じである。

畑Ｂから抽出した30個のたまねぎの大きさについてまとめたヒストグラムは，次の**ア**～**カ**のいずれかである。畑Ｂから抽出した30個のたまねぎの大きさについてまとめたヒストグラムとして適切なものを，**ア**～**カ**から１つ選んで，その符号を書きなさい。

ア

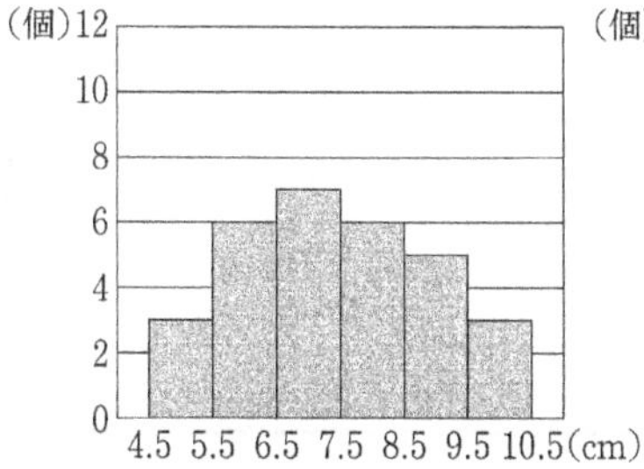

イ

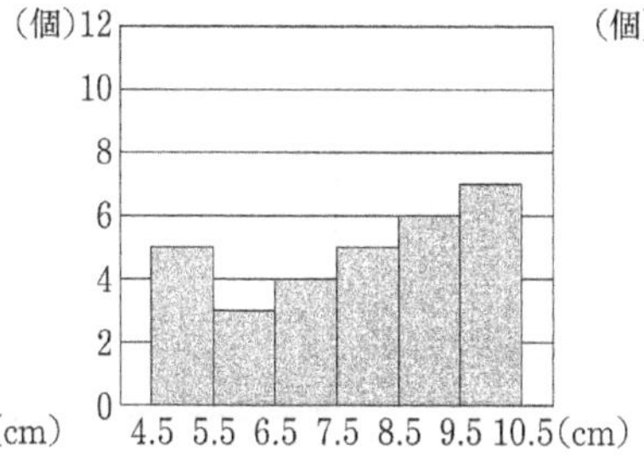

ウ

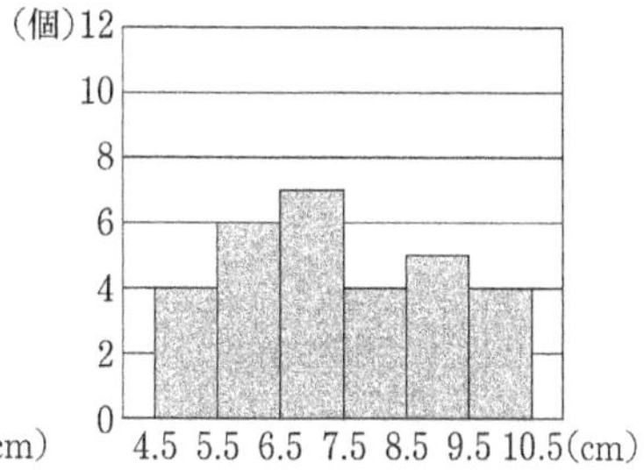

エ

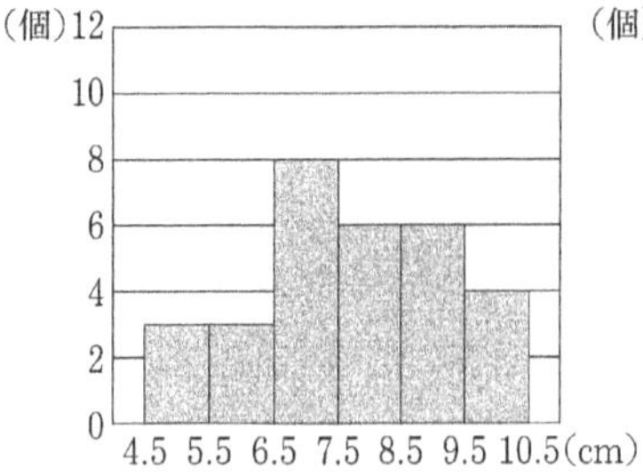

オ

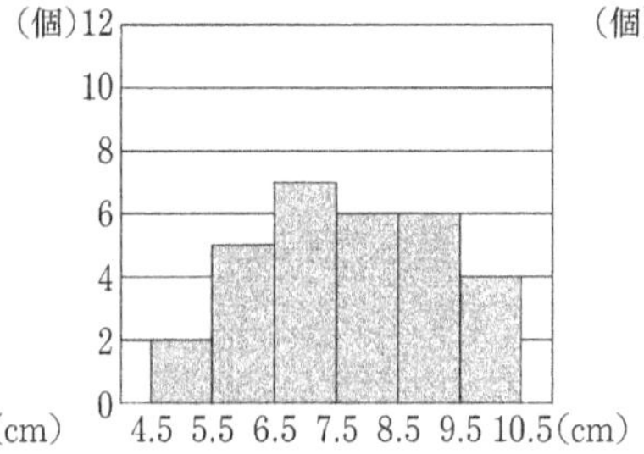

カ

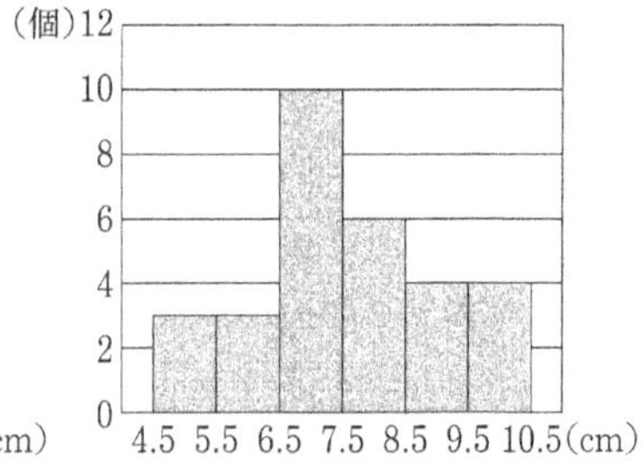

⑶　次の［Ⅰ］に入る記号を，A，Bから１つ選び，その記号を書きなさい。また，［Ⅱ］にあてはまる数を求めなさい。ただし，畑Bについては，⑵の適切なヒストグラムを利用する。

> 標本として抽出したたまねぎについて，大きさが6.5cm以上であるたまねぎの個数の割合が大きい畑は，畑［Ⅰ］である。また，そのとき，畑［Ⅰ］から収穫することができたたまねぎのうち，大きさが6.5cm以上であるたまねぎの個数は，およそ［Ⅱ］個と推定される。

5　コンピュータ画面上に，３つの関数 $y=\frac{1}{8}x^2$，$y=\frac{1}{4}x^2$，$y=\frac{1}{2}x^2$ のグラフを表示する。画面１～３のア～ウのグラフは，$y=\frac{1}{8}x^2$，$y=\frac{1}{4}x^2$，$y=\frac{1}{2}x^2$ のいずれかである。

次の問いに答えなさい。

⑴　関数 $y=\frac{1}{8}x^2$ のグラフをア～ウから１つ選んで，その符号を書きなさい。

⑵　画面１は，次の操作１を行ったときの画面である。

> 操作１：アのグラフ上に点を表示し，グラフ上を動かす。

画面２は，操作１のあと，次の操作２を行ったときの画面である。

> 操作２：x 座標と y 座標の値が等しくなったときの点をAとする。

点Aの x 座標を a とするとき，a の値を求めなさい。ただし，$a>0$ とする。

画面１

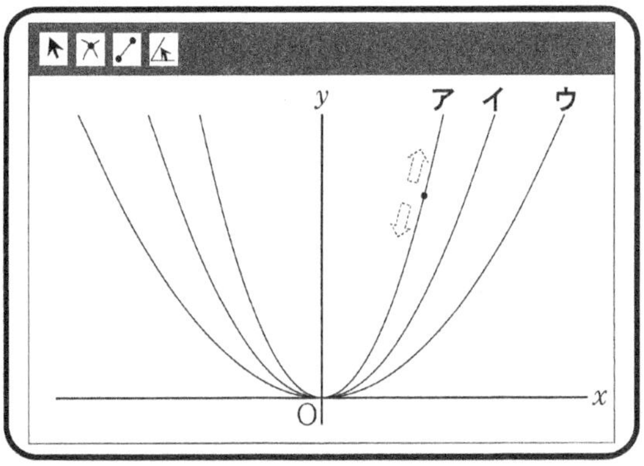

画面２

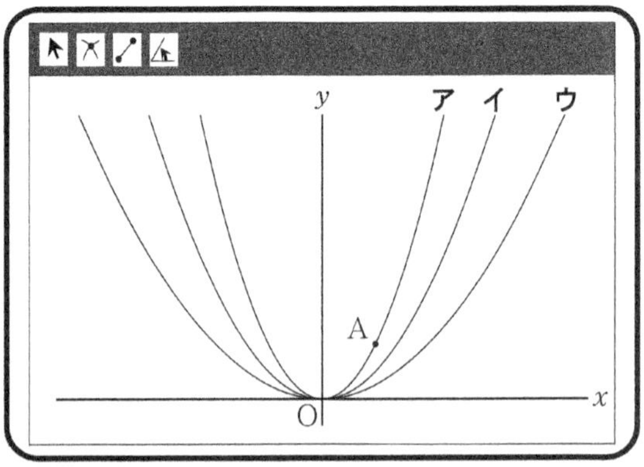

⑶　画面３は，⑵の操作１，２のあと，次の操作３～９を順に行ったときの画面である。

操作３：点Aを通り，x 軸に平行な直線 ℓ を表示する。
操作４：直線 ℓ と**ア**のグラフとの交点のうち，点Aと異なる点をBとする。
操作５：直線 ℓ と**ウ**のグラフとの交点のうち，x 座標が正である点をCとする。
操作６：点Cを通り，y 軸に平行な直線を表示し，**イ**のグラフとの交点をDとする。
操作７：原点Oと点A，点Bをそれぞれ結び，△AOBを作る。
操作８：点Dを回転の中心として時計まわりに△AOBを回転移動させ，△AOBが移動した部分を塗りつぶしていく。
操作９：点Oが y 軸上に移るように，△AOBを時計まわりに回転移動させたとき，点Oが移動した点をEとする。

①　点Eの座標を求めなさい。

②　△AOBが移動し，塗りつぶされた部分の面積は何cm²か，求めなさい。ただし，座標軸の単位の長さは１cmとし，円周率は π とする。

画面３

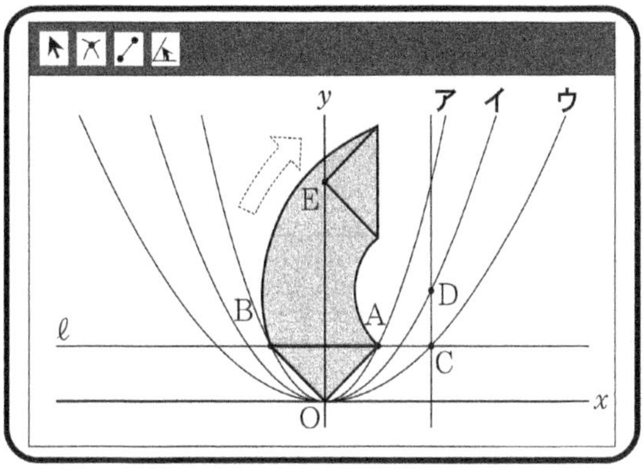

6　図１のように，１辺が１cmの立方体の３つの面に５，a，b を書き，それぞれの向かい合う面には同じ数を書いたものを立方体Xとする。ただし，a，b は $a+b=10$，$a<b$ となる自然数とする。

１目盛り１cmの方眼紙を，図２のように，縦$(2x+1)$cm，横$(2x+2)$cmの長方形に切ったものを長方形Yとし，長方形Yの左上端のます目をP，Pの右隣のます目をQとする。ただし，x は自然数とする。

長方形Yを用いて，次のルールにしたがって，立方体Xを転がす。

(図１～図４は次のページにあります。)

＜ルール＞
・最初に，立方体XをPに，図３の向きで置く。
　次に，立方体XをPから，矢印（↓→↑←）の向きに，図４のように，すべらないように転がして隣のます目に移す操作を繰り返す。
・Pには５を記録し，立方体Xを転がすたびに，上面に書かれた数を長方形Yのます目に記録していく。

図 1

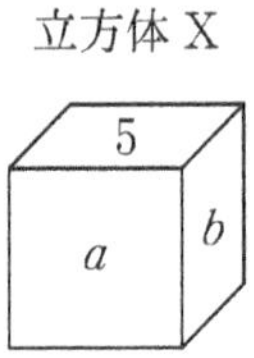

図 2

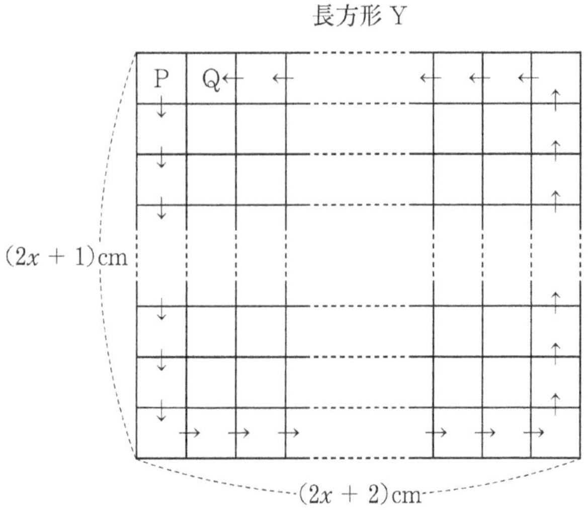

図 3

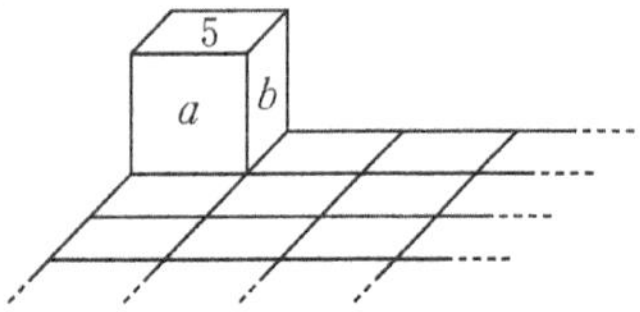

図 4

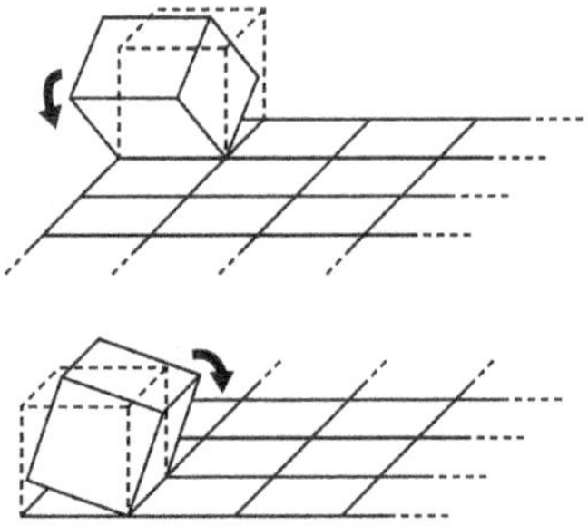

例えば，$x=1$ のとき，長方形Yは図5のようになり，$a=2$，$b=8$ のときの立方体Xを，図5の長方形の上に置いて，PからQまで転がすと，図6のように，数が記録される。

図 5

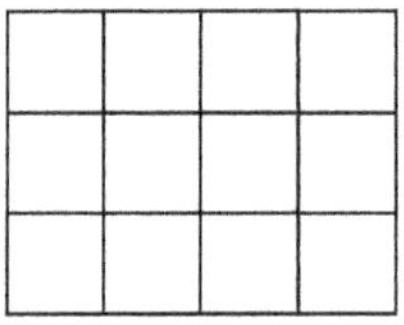

図 6

5	8	5	8
2			2
5	8	5	8

次の問いに答えなさい。

(1)　立方体XをPからQまで転がし，数を記録する。

①　$a=3$，$b=7$ のときの立方体Xを，図5の長方形の上に置いて転がしたとき，長方形のます目に記録された数を，解答欄の長方形のます目に全て記入しなさい。

②　立方体Xを，図5の長方形の上に置いて転がしたとき，長方形のます目に記録された数の和が最も小さくなるような a，b の値を求めなさい。

③　②で定まる立方体Xを立方体Zとする。立方体Zを，図2の長方形Yの上に置いて転がし

たとき，長方形のます目に記録された数の和が2020となるような x の値を求めなさい。

⑵　⑴③の立方体Ｚを，長方形Ｙの上に置いて，図７のように，ＰからＱまで転がし，Ｑからさらに矢印の向きに転がして移動させていく。長方形Ｙのすべてのます目に数が記録されたとき，立方体Ｚを転がすことをやめる。x は⑴③の値とするとき，最後に記録された数を求めなさい。また，その数の書かれたます目の位置は何行目で何列目か，求めなさい。

図７

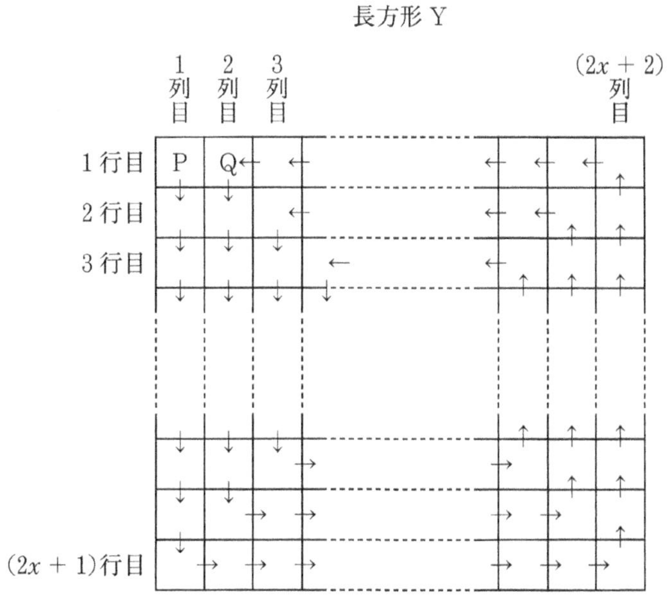

令和２年度兵庫県公立高等学校学力検査

数 学 解 答 用 紙

受検番号	番

得点	

1 点

(1)	
(2)	
(3)	
(4)	$x=$
	$y=$
(5)	$x=$
(6)	
(7)	
(8)	度

2 点

(1)		cm
(2)	①	cm
	②	
	③	符号
		分　秒

3 点

(1)	(i)	
	(ii)	
(2)		度
(3)		cm
(4)		cm^2

4 点

(1)	最頻値	(cm)
	平均値	(cm)
(2)		
(3)	Ⅰ	
	Ⅱ	(個)

5 点

(1)		
(2)	$a=$	
(3)	①	(　,　)
	②	cm^2

6 点

(1)	①	
	②	$a=$
		$b=$
	③	$x=$
(2)	記録された数	
		行目　列目

※この解答用紙は185％に拡大していただきますと，実物大になります。

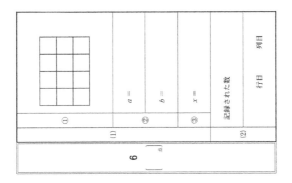

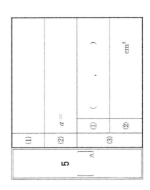

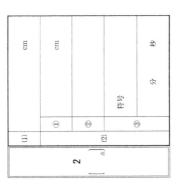

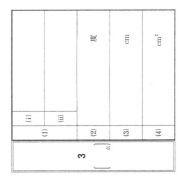

＜英語＞

時間　50分　　満点　100点

Ⅰ　放送を聞いて，**聞き取りテスト１，２，３**の問題に答えなさい。

聞き取りテスト１　会話を聞いて，その会話に続く応答や質問として適切なものを選びなさい。会話のあとに放送される選択肢 a ～ c から応答や質問として適切なものを，それぞれ１つ選びなさい。（会話と選択肢は1回だけ読みます。）

No. 1　（場面）　ファーストフード店で店員と客が会話している

No. 2　（場面）　家庭で親子が会話している

No. 3　（場面）　学校で友人同士が会話している

聞き取りテスト２　会話を聞いて，その内容について質問に答えなさい。それぞれ会話のあとに質問が続きます。その質問に対する答えとして適切なものを，a ～ d からそれぞれ１つ選びなさい。（会話と質問は２回読みます。）

No. 1

a　She will travel with her sister.

b　She will return home next year.

c　She will study math in the U.S.

d　She will see her sister next month.

No. 2

a　Tuesday.

b　Wednesday.

c　Thursday.

d　Friday.

	月	火	水	木	金
1校時	祝日	国語	数学	体育	英語
2校時		音楽	家庭	数学	国語
3校時		数学	英語	理科	数学
4校時		社会	社会	美術	理科
		昼休み			
5校時		英語	国語	英語	総合
6校時		理科	音楽	国語	体育

No. 3

a

b

c

d

聞き取りテスト３　英語による説明を聞いて，その内容についての２つの質問 Question 1，Question 2に答えなさい。英文と選択肢が放送されます。英文のあとに放送される選択肢 a ～ d から質問に対する答えとして適切なものを，それぞれ１つ選びなさい。

（英文と選択肢は２回読みます。）

（場面）　学校見学で中学生に対して説明している

Question 1　Why are the English lessons special?

Question 2　What will the Japanese high school students do next week?

Ⅱ　みさきさんは，ホームステイ先のサラさんの家族と，明日の外出について話し合っています。以下は，サラさんがみさきさんのために書いたメモと，家族の発言です。あとの問いに答えなさい。

GREEN MUSEUM
- see many famous pictures!
- learn about the history of the town
- buy nice souvenirs

CITY SIDE ZOO
- touch and feed animals
- watch animals from a car
- eat delicious ice cream!

NATURAL PARK
- very large field and big trees
- the best place to have lunch
- ride a bike around the park
- no shops to buy food

MORNING MARKET
- many kinds of food
- a lot of flowers and plants
- open from 7:00 to 10:00
- too many people around 9 o'clock!

Sarah

Let's decide where to go tomorrow!　I think it's good to go to the [①] first because we can enjoy riding bikes around the large space.

Misaki

Nice!　And I want to eat sandwiches there under the big trees!　Later, I'd like to visit the [A] because I'm interested in [B] very much.　I want to go to many places.

Laura

Sure, Misaki.　But remember, we have a party tomorrow evening.　Can we leave home and go to the [②] early in the morning?　I want to get some kinds of food there.　Will you drive, Mike?

Mike

OK.　After getting some food, we'll go to the park around 10 o'clock and stay there for about 3 hours.　We can go to another place, too.　But we have [あ] at our house by 5 o'clock to prepare for the party.

1　サラさんとローラさんの発言の [①] , [②] に入る適切なものを，次のア～エからそれぞれ１つ選んで，その符号を書きなさい。

ア　museum　イ　zoo　ウ　park　エ　market

2　みさきさんの発言の [A] , [B] に入る語句の組み合わせとしてメモの内容に合うものを，次のア～エから全て選んで，その符号を書きなさい。

ア　[A] museum　[B] the town's history
イ　[A] zoo　[B] feeding animals
ウ　[A] park　[B] the ice cream
エ　[A] market　[B] seeing pictures

3　マイクさんの発言の [あ] に，適切な英語２語を入れて，英文を完成させなさい。

4　次のサラさんとみさきさんの発言の [い] , [う] に，あとのそれぞれの [　] 内の語から４語を選んで並べかえ，英文を完成させなさい。

Sarah

Sarah: Misaki, do you have any ideas for the party?

Misaki

Misaki: Yes. How [　い　] our guests? I think they'll be glad.

Sarah: Wonderful! Then, I'll give my handmade dolls to them. Look at these!

Misaki: What cute dolls! You [　う　] job! I'm looking forward to tomorrow!

[い] | cakes　cook　making　about　for　in |

[う] | be　did　will　good　a　very |

Ⅲ　次の英文を読んで，あとの問いに答えなさい。

[1]　Universal design* is the idea of creating products and environments for everyone. In many countries, people have tried to create a better society with the idea of universal design. In such a society, people respect and support each other. People in Japan are also trying to create such a society. Let's see how well the idea is understood in Japan.

[2]　This graph shows how many people understand the idea of universal design in Japan. It says that [　①　] in total. When we look at groups of different ages, we can say that people in [　②　] understand it better than people in other groups. The idea of universal design was born about forty years ago. The idea is new, so older people may not know this word. More people will understand the idea in the future because people learn it in schools these days.

Graph

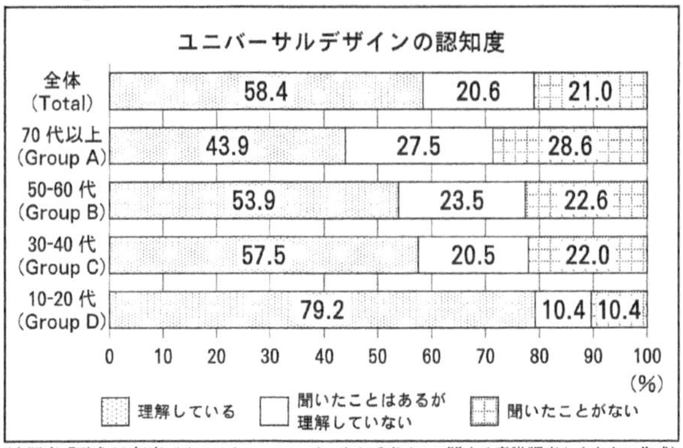

(内閣府「平成30年度バリアフリー・ユニバーサルデザインに関する意識調査」をもとに作成)

[3] A lot of foreign people will visit Japan for the Tokyo Olympics and Paralympics in 2020, so people are preparing a lot of universal design products and environments. One of them is pictograms.* They are picture signs. Some pictograms will be changed to be more friendly for everyone. For example, some foreign people thought that the pictogram for *onsen* meant warm meals such as *ramen*. They were confused, so the Japanese government decided to add another pictogram for them. Now, everyone can find *onsen* more easily with these pictograms.

Pictograms meaning *onsen*

[4] Did you know that young Japanese people made pictograms common around the world? They spread from the Tokyo Olympics and Paralympics in 1964. At that time, it was difficult for foreign people to stay in Japan. There were too many signs written only in Japanese around them. So, Mr. Katsumi, a designer, said to young designers, "Let's make signs that everyone from all over the world can understand." In this way, many pictograms were invented in Japan. Then, many people noticed that they were very useful. After these events, people all over the world got the idea of using pictograms.

[5] For the Tokyo Olympics and Paralympics in 2020, let's welcome people from foreign countries with the idea of universal design. These events are a good chance to spread the idea not only in Japan but also all over the world. Like the young people in 1964, are you ready to do something for other people? Now, it is your turn. You, young people, can make a better society for the future.

(注) universal design ユニバーサルデザイン　pictogram(s) ピクトグラム

1 文中の ① ， ② に入る内容として適切なものを，次の**ア**～**エ**からそれぞれ１つ選んで，その符号を書きなさい。

① **ア** more than half of the people understand it
イ most people do not understand it
ウ about half of the people have heard about it

エ　most people have never heard about it

② ア Group A　イ Group B　ウ Group C　エ Group D

2　次の表は，本文の段落ごとの見出しです。A，B，C に入る適切なものを，あとのア～カからそれぞれ１つ選んで，その符号を書きなさい。

段落	見出し
[1]	A
[2]	The situation seen from the graph
[3]	The more friendly sign for *onsen*
[4]	B
[5]	C

ア　The places that foreign people can find easily
イ　The situations of people from foreign countries
ウ　The message to young people for the future
エ　The new word people learn in schools now
オ　The idea to create a better society for everyone
カ　The young Japanese people who spread the picture signs

3　本文の内容に合うものを，次のア～エから１つ選んで，その符号を書きなさい。

ア　The old picture sign meaning *onsen* is not used now.
イ　The idea of using picture signs spread around the world from 1964.
ウ　Foreign people asked Mr. Katsumi to design the picture sign for *onsen*.
エ　Japanese people will use picture signs for the first time in 2020.

Ⅳ　高校１年生のたけるさんと留学生のオリビアさんが，大学教授の木村先生と，ショッピングセンター「みらい」と「あすか」を比較する探究活動の進め方について話をしています。次の英文を読んで，あとの問いに答えなさい。

Takeru: Our question is, ① “Why do more people go shopping at ASUKA than MIRAI?” When I worked at MIRAI as job experience, the workers were very kind and polite. The fish and vegetables there are fresh, and they are sold at low prices. So, I think MIRAI is a good shopping center, too.

Mr. Kimura: I see. Then, what should you do to answer your question?

Olivia: We think the products in a shopping center have an effect on the number of customers. If there are many kinds of products, more people will go there. So, I think it's good to research what they sell and what their customers buy. We'll visit each shopping center, and have interviews with customers. We'll find which products MIRAI doesn't have.

Mr. Kimura : You're going to do fieldwork,* right? That's a good idea. But you're going to ask only one question to the customers. ② Will that be enough for your research?

Takeru : The distance from a train station may also influence the number of customers, right?

Olivia : Uh..., I don't think so. In Australia, we often go shopping by car. I saw many cars at MIRAI and ASUKA, so I think [③].

Takeru : I see. Well..., I often go to shopping centers when I want to see a movie. And I like to eat at restaurants there, too.

Mr. Kimura : All right. Then, what other questions should you ask in the interviews?

Takeru : Their purpose for visiting the shopping center?

Mr. Kimura : Excellent. Anything else?

Olivia : I think the age of the customers is important because people of different ages buy different things.

Mr. Kimura : That's right. When you research something, it's very important to check it from different points of view. If you have many kinds of data,* you'll be able to understand better.

Olivia : I also think the day of the week is important. I'm sure more people will come on weekends. In Australia, my family usually buys food for about one week every Sunday. I think it is similar in Japan, too. If we have interviews on weekends, we'll be able to collect a lot of data. We may find some different results on different days.

Mr. Kimura : Wonderful. When you analyze* each customer by their purpose, their age, and the day, you can understand the character of each shopping center. If you want to add more questions, you can do so. In the next lesson, please tell me your results after analyzing the data.

Takeru : Yes, we will. We have six months before the presentation* of our research. We're thinking of inviting the workers of MIRAI to the presentation. We'll do our best.

（注） fieldwork 現地調査　data データ　analyze 分析する　presentation プレゼンテーション

1　下線部①について，生徒たちが，最初に考えていた理由として適切なものを，次のア～エから１つ選んで，その符号を書きなさい。

ア　ASUKA has a lot of kind and polite workers.
イ　ASUKA has more space for cars than MIRAI.
ウ　ASUKA has a movie theater and many restaurants.
エ　ASUKA has some products MIRAI does not have.

2　下線部②について，木村先生が，この質問で言いたいこととして適切なものを，次のア～エから１つ選んで，その符号を書きなさい。
ア　You should decide which customers you are going to ask.
イ　You should have interviews with many customers.
ウ　You should ask questions from different points of view.
エ　You should make a list of products before the interviews.

3　文中の ③ に入る内容として適切なものを，次のア～エから１つ選んで，その符号を書きなさい。
ア　each shopping center should have more space for cars
イ　their customers don't use their own cars to go shopping
ウ　train stations are very important for these shopping centers
エ　these shopping centers don't have to be close to a train station

4　本文の内容に合うように，次の質問に対する答えを，（　）に本文中から１語で抜き出して書き，完成させなさい。
Question : Why does Olivia think that they should have interviews on weekends?
Answer : Because the (　　　) of customers will increase and they can have more interviews.

5　オリビアさんは，木村先生との話のあと，インタビューの質問と質問項目について次のようにまとめました。 ① ， ② に入る質問として適切なものを，あとのア～エからそれぞれ１つ選んで，その符号を書きなさい。また，(③) ～ (⑤) に入る質問項目として適切な英語を，本文中から１語で抜き出して書きなさい。

Questions to customers

- ［　①　］ —— [product]
- Why did you come here? —— [(③)]
- ［　②　］ —— [train / car / others]
- How old are you? —— [(④)]
- When do you go shopping? —— [(⑤) / time]
- Where do you live? —— [town]

ア　How did you come here?
イ　What did you buy?
ウ　Who do you often come with?
エ　Which shopping center do you like?

V　次の各問いに答えなさい。

1　次の英文の ① ～ ③ に入る英語を，あとの語群から選び，必要に応じて適切な形に変えたり，不足している語を補ったりして，英文を完成させなさい。ただし，2語以内で答えること。

Today, I had the first class with our new ALT. He introduced himself to us. He comes from Canada. He can speak English and French. French ① in Canada. I did not know that. He ② to a tennis club when he was in university. I enjoyed ③ to his story very much.

belong	listen	play	speak	visit

2　次の英文が説明している単語を，それぞれ英語1語で書きなさい。

(1) It is the hottest season of the four. It is between spring and fall.

(2) It is a thing which has many passengers in it. You can go abroad by using it. It flies in the sky.

(3) It is a thing you can see in houses. You need it to get light from the sun. You open it to get fresh air. You don't usually use it to go into or out of a house.

3　次の会話について，下のイラストの内容に合うように，下線部①～③の（　）にそれぞれ適切な英語1語を入れて，会話文を完成させなさい。

A：Excuse me. Could you help me?

B：Of course. What do you need?

A：I want to visit *Nojigiku* Castle. What does this sign mean?

B：Well.... First, you should pay the fee ①(　　　)(　　　) of the gate.

A：It's 600 yen, right?

B：Yes. When you enter the castle, you have to ②(　　　)(　　　) your shoes. You can try on a *kimono* and take pictures there.

A：I want to try that!

B：Look, there is another sign. If you can find the heart-shaped* rock, your dreams may ③(　　　)(　　　) someday.

A：Oh, nice. I'll try to find it. Thank you!

（注） heart-shaped　ハート形の

受検番号　　番

令和２年度兵庫県公立高等学校学力検査

英　語　解　答　用　紙

得点	

聞き取りテスト

I ［　点］	1 ［　点］	No. 1	a	b	c		
		No. 2	a	b	c		
		No. 3	a	b	c		
	2 ［　点］	No. 1	a	b	c	d	
		No. 2	a	b	c	d	
		No. 3	a	b	c	d	
	3 ［　点］	1	a	b	c	d	
		2	a	b	c	d	

II ［　点］	1 ［　点］	①	
		②	
	2 ［　点］		
	3 ［　点］	(　　)(　　)	
	4 ［　点］	い	(　　)(　　)(　　)(　　)
		う	(　　)(　　)(　　)(　　)

III ［　点］	1 ［　点］	①	
		②	
	2 ［　点］	A	
		B	
		C	
	3 ［　点］		

IV ［　点］	1 ［　点］		
	2 ［　点］		
	3 ［　点］		
	4 ［　点］		
	5 ［　点］	①	
		②	
		③	
		④	
		⑤	

V ［　点］	1 ［　点］	①	
		②	
		③	
	2 ［　点］	(1)	
		(2)	
		(3)	
	3 ［　点］	①	(　　)(　　)
		②	(　　)(　　)
		③	(　　)(　　)

※この解答用紙は196％に拡大していただきますと，実物大になります。

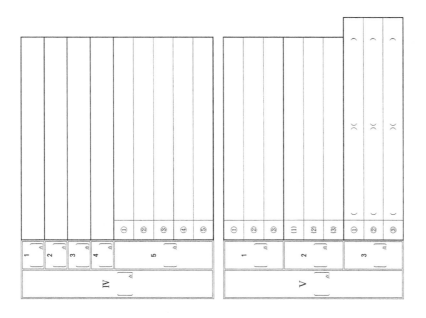

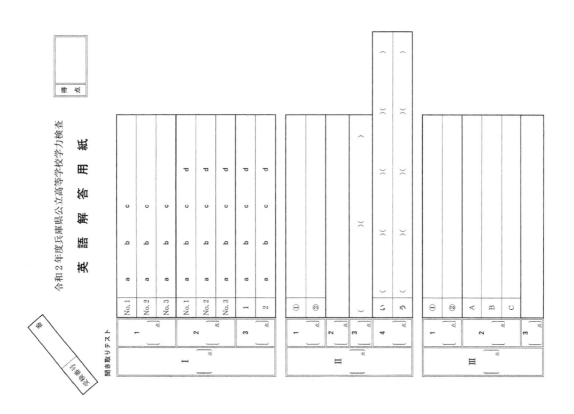

＜理科＞

時間 50分 満点 100点

Ⅰ 次の問いに答えなさい。

1 光の性質について，答えなさい。

(1) 図1は，光がガラスから空気へ進む向きを表している。この進んだ光の向きとして適切なものを，図1のア～エから1つ選んで，その符号を書きなさい。

(2) (1)のように光が異なる物質どうしの境界へ進むとき，境界の面で光が曲がる現象を何というか，漢字で書きなさい。

図1

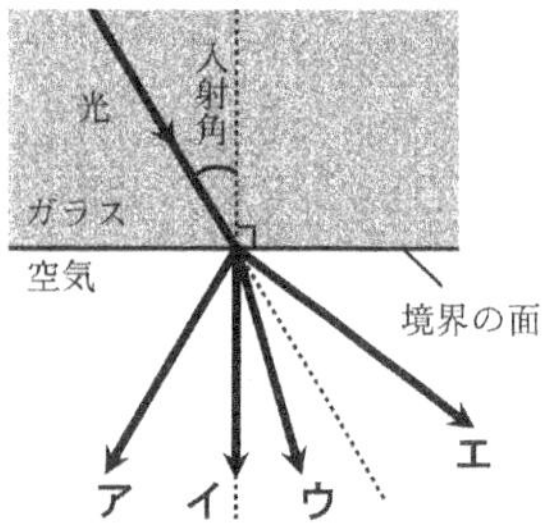

2 ヒトの器官について，答えなさい。

(1) 図2は，ヒトの目の断面の模式図である。レンズと網膜の部分として適切なものを，図2のア～エからそれぞれ1つ選んで，その符号を書きなさい。

図2

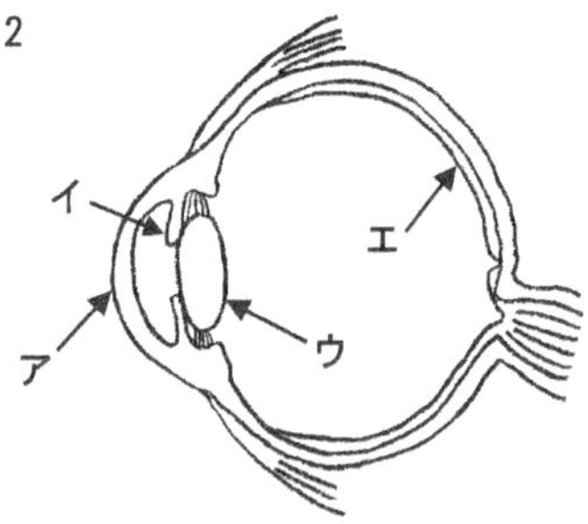

(2) 図3は，ヒトの体を正面から見たときのうでの模式図である。図3の状態からうでを曲げるときに縮む筋肉と，のばすときに縮む筋肉の組み合わせとして適切なものを，次のア～エから1つ選んで，その符号を書きなさい。

	曲げるとき	のばすとき
ア	筋肉A	筋肉A
イ	筋肉A	筋肉B
ウ	筋肉B	筋肉A
エ	筋肉B	筋肉B

図3

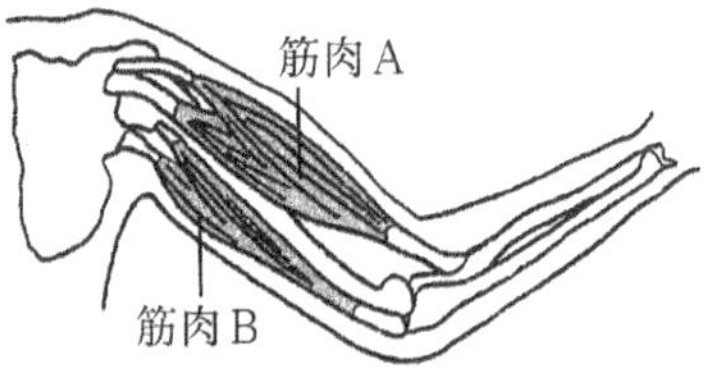

3 気体を発生させる実験について，答えなさい。

(1) 石灰石にうすい塩酸を加えたとき，発生する気体の化学式として適切なものを，次のア～エから1つ選んで，その符号を書きなさい。

ア CO_2 イ O_2 ウ Cl_2 エ H_2

(2) (1)で発生した気体を水にとかした水溶液の性質として適切なものを，次のア～エから1つ選んで，その符号を書きなさい。

ア ヨウ素溶液を加えると水溶液は青紫色にかわる。

イ ＢＴＢ溶液を加えると水溶液は緑色にかわる。

ウ 青色リトマス紙に水溶液をつけると赤色にかわる。

エ フェノールフタレイン溶液を加えると水溶液は赤色にかわる。

4 太陽と地球の関係について，答えなさい。

(1) 次のページの図4は，太陽と公転軌道上の地球の位置関係を模式的に表したもので，ア～エは春分，夏至，秋分，冬至のいずれかの地球の位置を表している。日本が夏至のときの地球の位置として適切なものを，図４の**ア**～**エ**から１つ選んで，その符号を書きなさい。

図４

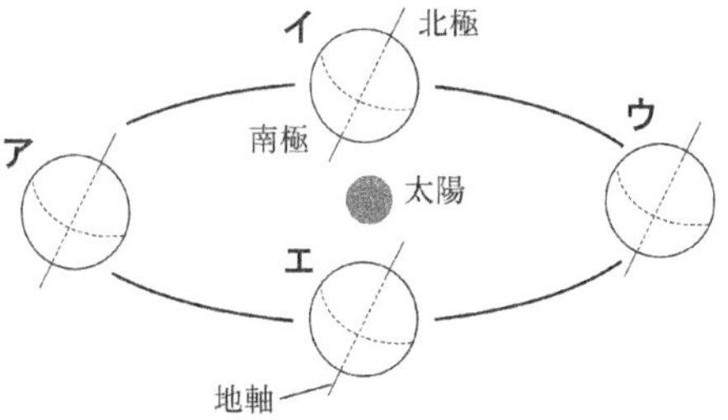

⑵　地球の自転と公転について説明した次の文の ① ， ② に入る語句の組み合わせとして適切なものを，あとの**ア**～**エ**から１つ選んで，その符号を書きなさい。

地球を北極側から見たとき，地球の自転の向きは ① であり，地球の公転の向きは ② である。

ア　①時計回り　②時計回り　　**イ**　①時計回り　②反時計回り
ウ　①反時計回り　②時計回り　　**エ**　①反時計回り　②反時計回り

Ⅱ　植物と動物の細胞分裂となかま分けに関する次の問いに答えなさい。

1　根が成長するしくみを調べるために，図１のように根がのびたタマネギを用いて，次の観察１，２を行った。

＜観察１＞

根が成長する場所を調べるために，図２のように根の先端に点Aをつけ，点Aから1.5㎜間隔で点B～Dをつけた。表１は，点をつけてから，12時間後，24時間後に根の先端からB，C，Dまでの長さをはかった結果をまとめたものである。なお，点Aは24時間後，根の先端の同じ場所についていた。

図１

図２

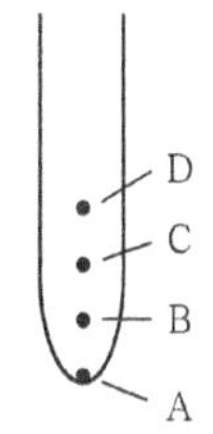

表１

	点をつけた直後	12 時間後	24 時間後
先端からB〔mm〕	1.5	5.7	11.0
先端からC〔mm〕	3.0	7.2	12.5
先端からD〔mm〕	4.5	8.7	14.0

＜観察２＞

根が成長する場所の細胞のようすを調べるために，観察１で用いた根とは別の根を１本切りとり，根の先端に点A'をつけ観察１と同じように，点A'から1.5㎜間隔で点B'～D'をつけた。その後，うすい塩酸にしばらくつけ，塩酸をとりのぞいてから図３のようにX～Zの３か所を切りとり，それぞれ異なるスライドガラスにのせた。染色液で染色し，カバーガラスをかけ，ろ紙をのせてからゆっくりとおしつぶしてプレパラートを作成した。顕微鏡を同じ倍率にしてそれぞれのプレパ

図３

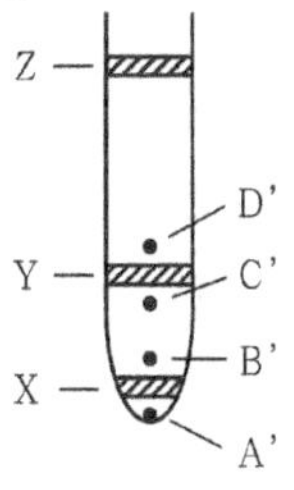

ラートについて，視野全体の細胞が重ならず，すき間なく観察できる状態で細胞の数を確認した。表２は，視野の中の細胞の数をまとめたものである。

図４

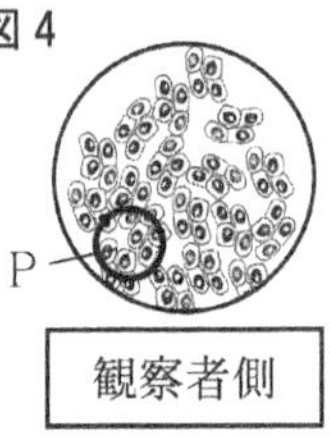

表２

切りとった部分	X	Y	Z
細胞の数〔個〕	120	30	30

(1) 顕微鏡で細胞を観察するとき，図４のＰの部分をさらにくわしく観察するための操作について説明した次の文の［①］に入る順として適切なものを，あとの**ア**～**ウ**から１つ選んで，その符号を書きなさい。また，［②］に入る方向として適切なものを，図５の**ア**～**エ**から１つ選んで，その符号を書きなさい。

図５

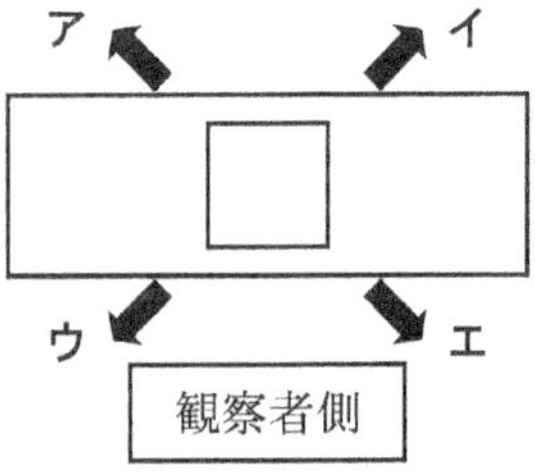

［①］の順で操作し，操作(c)でプレパラートを動かす方向は［②］である。

＜操作＞
(a) レボルバーを回して高倍率の対物レンズにする。
(b) しぼりを調節して見やすい明るさにする。
(c) プレパラートを動かし，視野の中央にＰの部分を移動させる。

【①の順】	**ア** (a)→(c)→(b)　**イ** (b)→(a)→(c)　**ウ** (c)→(a)→(b)

(2) 点をつけてから24時間で根の先端から点Ｄまでの長さは何㎜のびたか，表１から求めなさい。

(3) 観察２で作成した３枚のプレパラートのうち１枚でのみ図６のような細胞が観察できた。このことと表１，２から，次の文が，根が成長するしくみについての適切な推測となるように，［①］，［②］に入る語句の組み合わせを，あとの**ア**～**エ**から１つ選んで，その符号を書きなさい。

図６

細胞分裂が［①］の部分で起こり，分裂後のそれぞれの細胞の大きさはその後［②］と考えられる。

ア ①X　②変化しない　　**イ** ①X　②大きくなる
ウ ①Y　②変化しない　　**エ** ①Y　②大きくなる

(4) タマネギのようにひげ根をもつ植物のなかまについて説明した次の文の［①］，［②］に入る語句の組み合わせとして適切なものを，あとの**ア**～**エ**から１つ選んで，その符号を書きなさい。

ひげ根をもつ植物のなかまは［①］とよばれ，このなかまの葉脈は［②］に通っている。

ア ①単子葉類　②平行
イ ①単子葉類　②網目状
ウ ①双子葉類　②平行
エ ①双子葉類　②網目状

2　図7は，ヒキガエルの受精卵が発生するようすの模式図である。

図7

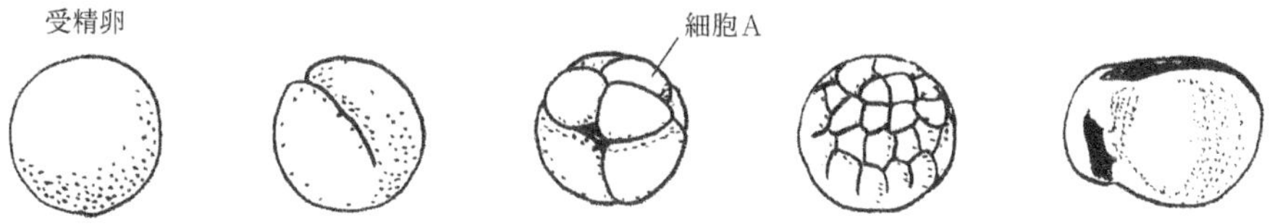

⑴　ヒキガエルの受精卵，図7の細胞A，ヒキガエルの皮ふの細胞の染色体の数を比較したグラフとして適切なものを，次の**ア**～**エ**から1つ選んで，その符号を書きなさい。

ア

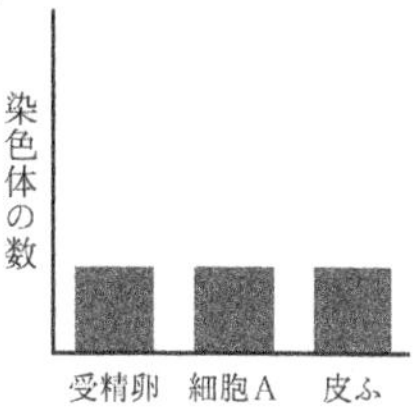

イ

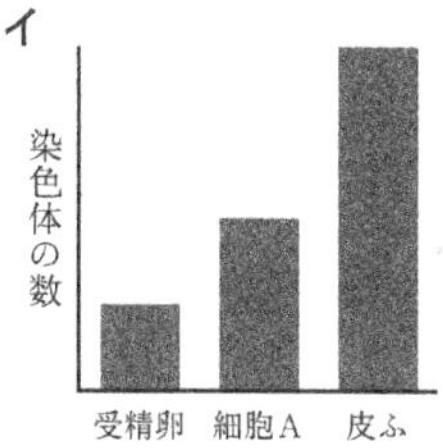

ウ

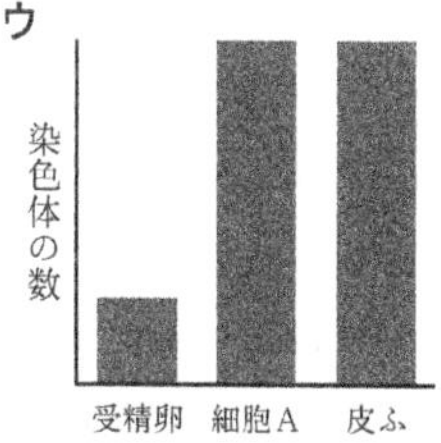

エ

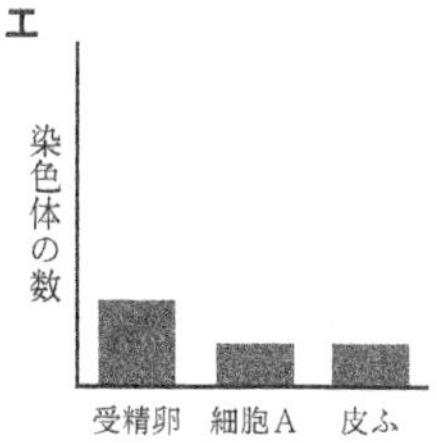

⑵　表3は，ヒキガエルのように背骨を持つ動物のなかまの特徴をまとめたものである。5つのなかまについて，多くの動物がその特徴にあてはまる場合には○，あてはまらない場合には×を記入するとき，①，②に入る○と×の組み合わせとして適切なものを，あとの**ア**～**エ**から1つ選んで，その符号を書きなさい。

表3

特徴＼なかま	魚類	両生類	は虫類	鳥類	哺乳類
背骨をもつ	○	○	○	○	○
成体は陸上で生活する	×	○	○	○	○
体表がうろこでおおわれている	○	×	①	×	×
変温動物である	○	○	○	②	×
卵生である	○	○	○	○	×
一生を肺で呼吸する	×	×	○	○	○

ア　①○　②○　　**イ**　①○　②×　　**ウ**　①×　②○　　**エ**　①×　②×

⑶　表3の6つの特徴のうち，「背骨をもつ」，「成体は陸上で生活する」の2つの特徴に注目すると，記入された○と × の並び方が，魚類とほかの4つのなかまとでは異なるため区別できるが，両生類，は虫類，鳥類，哺乳類は同じであるため区別できない。このように○と×の並び方について考えると，3つの特徴に注目することで，5つのなかまを区別できることがわかった。このとき注目した3つの特徴のうちの1つが「卵生である」であったとき，「卵生である」以外に注目した特徴として適切なものを，次の**ア**～**オ**から2つ選んで，その符号を書きなさい。

ア　背骨をもつ
イ　成体は陸上で生活する
ウ　体表がうろこでおおわれている
エ　変温動物である
オ　一生を肺で呼吸する

Ⅲ　電気分解と溶解度に関する次の問いに答えなさい。

1　10％塩化銅水溶液200ｇと炭素棒などを用いて，図１のような装置をつくった。電源装置を使って電圧を加えたところ，光電池用プロペラつきモーターが回った。

図１

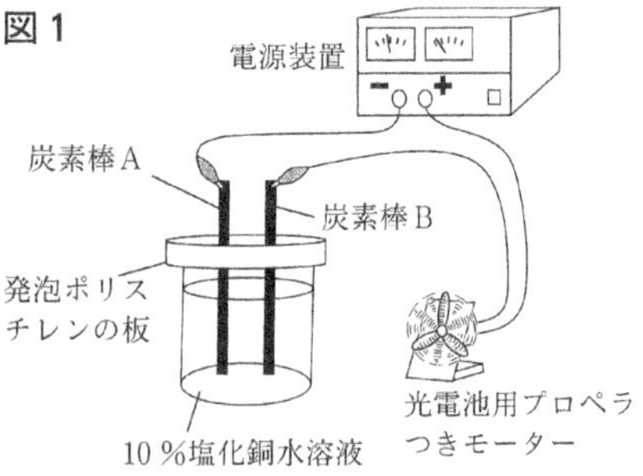

(1)　炭素棒A，B付近のようすについて説明した次の文の ① ～ ④ に入る語句の組み合わせとして適切なものを，あとのア～エから１つ選んで，その符号を書きなさい。

光電池用プロペラつきモーターが回ったことから，電流が流れたことがわかる。このとき，炭素棒Aは ① 極となり，炭素棒Bは ② 極となる。また，炭素棒Aでは ③ し，炭素棒Bでは ④ する。

ア　①陰　②陽　③銅が付着　④塩素が発生

イ　①陰　②陽　③塩素が発生　④銅が付着

ウ　①陽　②陰　③銅が付着　④塩素が発生

エ　①陽　②陰　③塩素が発生　④銅が付着

(2)　塩化銅が水溶液中で電離しているとき，次の電離を表す式の □ に入るものとして適切なものを，あとのア～エから１つ選んで，その符号を書きなさい。

$CuCl_2$ → □

ア　$Cu^{+} + Cl^{2-}$　イ　$Cu^{+} + 2Cl^{-}$　ウ　$Cu^{2+} + Cl^{-}$　エ　$Cu^{2+} + 2Cl^{-}$

(3)　水にとかすと水溶液に電流が流れる物質について説明した次の文の ① ～ ③ に入る語句の組み合わせとして適切なものを，あとのア～エから１つ選んで，その符号を書きなさい。

塩化銅は，水溶液中で原子が電子を ① ，全体としてプラスの電気を帯びた陽イオンと，原子が電子を ② ，全体としてマイナスの電気を帯びた陰イオンに分かれているため，水溶液に電流が流れる。塩化銅のように水にとかすと水溶液に電流が流れる物質を電解質といい，身近なものに ③ などがある。

ア　①受けとり　②失い　③食塩　　イ　①受けとり　②失い　③砂糖

ウ　①失い　②受けとり　③食塩　　エ　①失い　②受けとり　③砂糖

2　次のページの図２は，３種類の物質A～Cについて100ｇの水にとける物質の質量と温度の関係を表している。

(1)　60℃の水150ｇが入ったビーカーを３つ用意し，物質A～Cをそれぞれ120ｇ加えたとき，すべてとけることができる物質として適切なものを，A～Cから１つ選んで，その符号を書きなさい。

(2)　40℃の水150ｇが入ったビーカーを３つ用意し，物質A～Cをとけ残りがないようにそれぞれ加えて３種類の飽和水溶液をつくり，この飽和水溶液を20℃に冷やすと，すべてのビーカーで結晶が出てきた。出てきた結晶の質量が最も多いものと最も少ないものを，A～Cからそれぞれ１つ選んで，その符号を書きなさい。

(3)　水150ｇを入れたビーカーを用意し，物質Cを180ｇ加えて，よくかき混ぜた。

①　物質Cをすべてとかすためにビーカーを加熱したあと，40℃まで冷やしたとき，結晶が出

てきた。また，加熱により水10gが蒸発していた。このとき出てきた結晶の質量は何gと考えられるか。結晶の質量として最も適切なものを，次の**ア**～**エ**から1つ選んで，その符号を書きなさい。

ア　60.4g

イ　84.0g

ウ　90.4g

エ　140.0g

②　①のときの水溶液の質量パーセント濃度として最も適切なものを，次の**ア**～**エ**から1つ選んで，その符号を書きなさい。

ア　33%

イ　39%

ウ　60%

エ　64%

図2

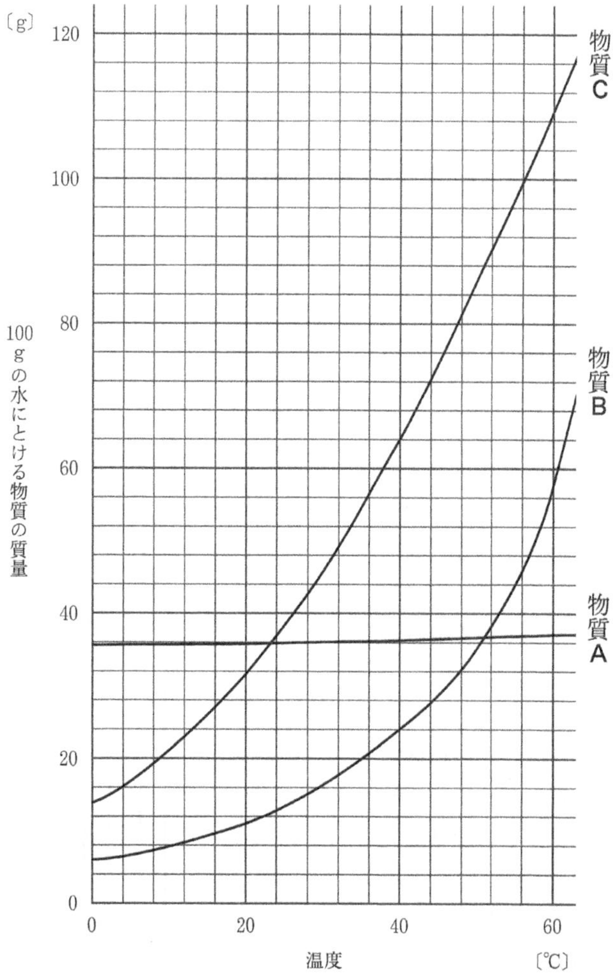

Ⅳ　地層と地震に関する次の問いに答えなさい。

1　はなこさんは，理科の授業で自然災害について学び，自分の住む地域の地形の特徴や災害について調べ，レポートにまとめた。

【目的】

家の近くの地域の地層を観察し，図書館や防災センターで地形の特徴を調べる。

【方法】

図1の地点A，Bで，地面に対し垂直に切り立った崖を観察し，地層をスケッチしたものが図2である。

図書館や防災センターで資料の収集とインタビューを行い，表1に図1の地点A，B，C，Dの標高を，図3に地点Dの柱状図を示した。

注）図2のスケッチの●はA，Bそれぞれの地点で崖を観察した位置を示しており，表1に示した標高と同じ高さである。

図1　調査を行った場所

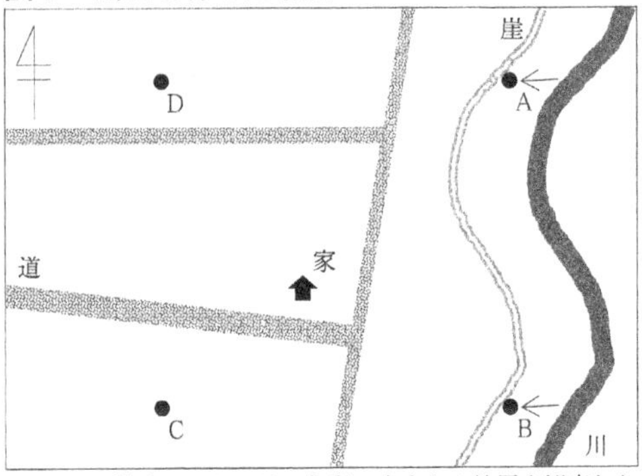

地点A，Bでは，矢印の方向から地層を観察した

表1　各地点の標高

地点	A	B	C	D
標高〔m〕	18	17	19	20

図2　地点A，Bの地層のスケッチ

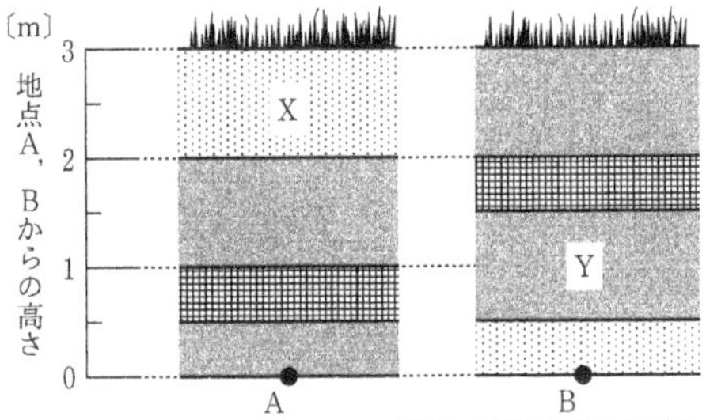

地層の模様は図3と同じ

図3　地点C，Dの柱状図

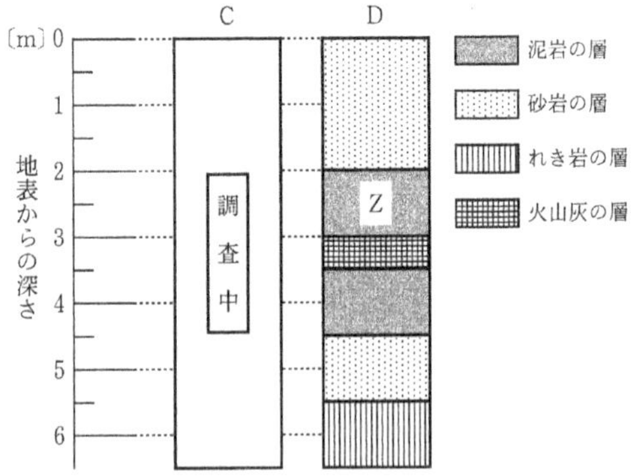

【わかったこと】

○この地域の地層は断層やしゅう曲，上下の逆転がなく，地層の厚さも一定で広がっている。

○図2，3の地点A，B，Dの火山灰の層ができたのは同じ年代である。

○火山灰の層は，大雨などで水を含むと土砂くずれなどの災害の原因になることがある。また，地震によるゆれでも土砂くずれなどの災害になることがある。

○地点Cでは現在ボーリング調査が行われている。

【考察】

○地点Dの柱状図から，この地域でれき岩の層が堆積し，火山灰の層が堆積するまでに，この地域は大地の変動により ［①］ し，海岸から ［②］ と考えられる。

○地層の上下の逆転がないことか

ら，砂岩の層Xと泥岩の層Y，Zは ③ の順に堆積したと考えられる。

○図1，2，3から，地層は一定の傾きで ④ の向きに傾いて低くなっていると考えられる。

【感想】

○自分が住んでいる地域の地形の特徴を調べることで，地層が災害に関わっていることがわかった。緊急地震速報などの情報に注意したり，日ごろからハザードマップを見て災害の時の行動を考えたりすることが大切だと思った。

(1) レポートの考察の中の ① ， ② に入る語句の組み合わせとして適切なものを，次の**ア**～**エ**から1つ選んで，その符号を書きなさい。

ア ①沈降　②遠くなった　　**イ** ①沈降　②近くなった

ウ ①隆起　②遠くなった　　**エ** ①隆起　②近くなった

(2) レポートの考察の中の ③ に入る順として適切なものを，次の**ア**～**エ**から1つ選んで，その符号を書きなさい。

ア X→Y→Z　**イ** Z→Y→X　**ウ** X→Z→Y　**エ** Y→Z→X

(3) レポートの考察の中の ④ に入る語句として適切なものを，次の**ア**～**エ**から1つ選んで，その符号を書きなさい。

ア 東　**イ** 西　**ウ** 南　**エ** 北

(4) 図3のCの柱状図として適切なものを，図4の**ア**～**エ**から1つ選んで，その符号を書きなさい。

図4

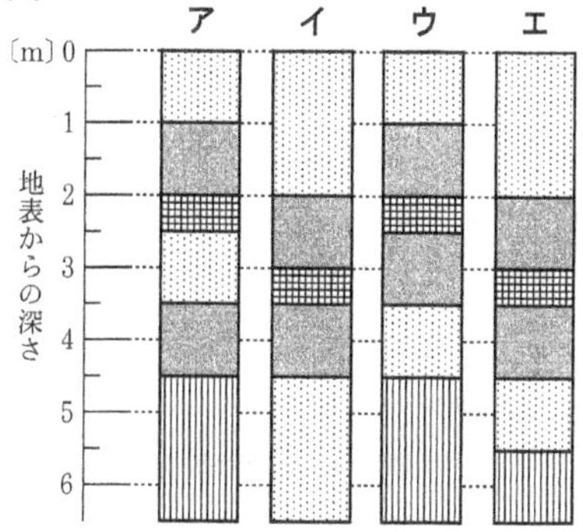

(5) 緊急地震速報について説明した次の文の ① ～ ③ に入る語句の組み合わせとして適切なものを，次の**ア**～**エ**から1つ選んで，その符号を書きなさい。

緊急地震速報は，震源に近い地震計で ① 波を感知して ② 波の到着時刻や，ゆれの大きさを予測して知らせる気象庁のシステムである。震源からの距離が ③ 地域では， ① 波が到着してから ② 波が到着するまでの時間は長くなるため， ② 波が到着する前のほんの数秒間でも地震に対する心構えができ，ゆれに備えることで地震の被害を減らすことが期待されている。

ア ①S　②P　③近い

イ ①S　②P　③遠い

ウ ①P　②S　③近い

エ ①P　②S　③遠い

2 はなこさんは，旅行で淡路島の北淡震災記念公園を訪れ，地震が起こるしくみについて興味を持ち，調べることにした。

(1) 次のページの図5は地震が起こるときに生じる断層の1つを模式図で表している。図のような断層ができるとき，岩石にはたらく力の加わる向きを➡で示した図として適切なものを，次のページの**ア**～**エ**から1つ選んで，その符号を書きなさい。

図5

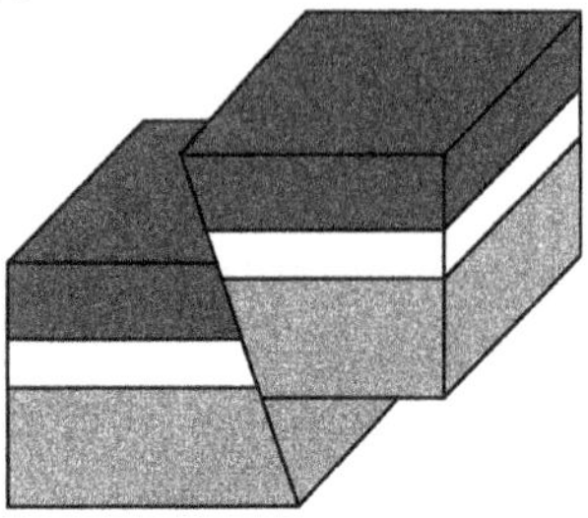

ア

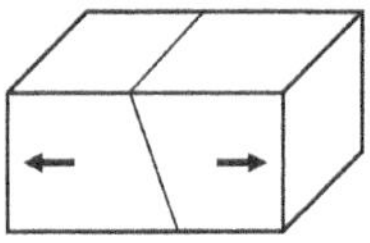

イ

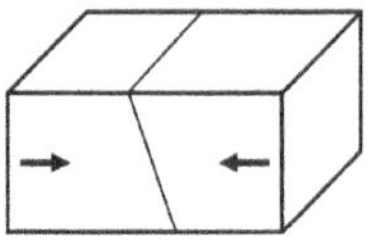

ウ

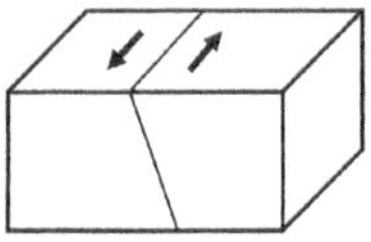

エ

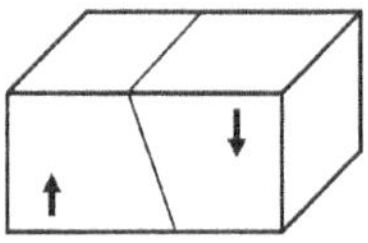

(2) プレートの境界付近で起こる地震について説明した次の文の ① ～ ③ に入る語句の組み合わせとして適切なものを，あとのア～エから１つ選んで，その符号を書きなさい。

西日本の太平洋沖には，大陸プレートである ① プレートと海洋プレートであるフィリピン海プレートとの境界がある。このようなプレートの境界付近では， ② プレートの下に沈みこむ ③ プレートに引きずられた ② プレートのひずみが限界になり，もとに戻ろうと反発して地震が起こると考えられている。

ア ①ユーラシア　②大陸　③海洋　　イ ①ユーラシア　②海洋　③大陸
ウ ①北アメリカ　②大陸　③海洋　　エ ①北アメリカ　②海洋　③大陸

V 電気に関する次の問いに答えなさい。

1 エネルギーの変換について調べるために，電源装置，手回し発電機，豆電球，発光ダイオードを用いて，次の(a)，(b)の手順で実験を行った。ただし，実験で使用した発光ダイオードは，破損を防ぐために抵抗がつけられている。

<実験>

(a) 豆電球または発光ダイオードを電源装置につなぎ，2.0Vの電圧を加えたとき，それぞれ点灯することを確かめ，そのとき流れる電流の大きさをはかり，表1にまとめた。

(b) 図1のように，豆電球または発光ダイオードを同じ手回し発電機につなぎ，手回し発電機のハンドルを一定の速さで回転させ，2.0Vの電圧を回路に加え，点灯させた。このとき，2.0Vの電圧を加えるために必要な10秒あたりのハンドルの回転数とハンドルを回転させるときの手ごたえのちがいを比較し次のページの表2にまとめた。ただし，図では電圧計を省略している。

表1

つないだもの	電流の大きさ〔mA〕
豆電球	180
抵抗がつけられた発光ダイオード	2

図1

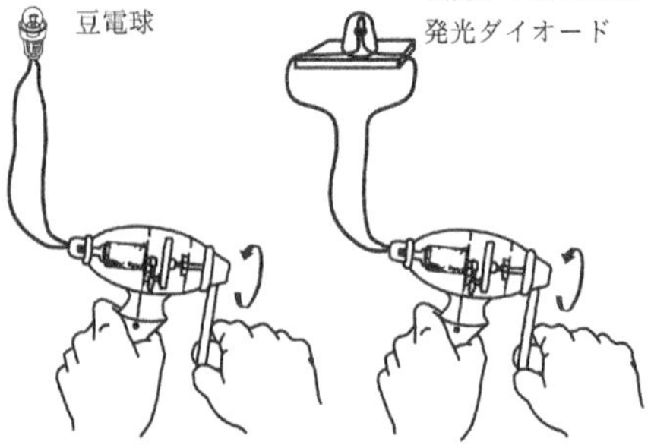

表2

つないだもの	10秒あたりの回転数〔回〕	手ごたえのちがい
豆電球	29	重い
抵抗がつけられた発光ダイオード	23	軽い

(1) 手回し発電機のハンドルを回して豆電球を点灯させるときのエネルギーの変換について説明した次の文の ① ～ ③ に入る語句として適切なものを，それぞれあとの**ア**～**オ**から１つ選んで，その符号を書きなさい。

手回し発電機のハンドルを回す ① エネルギーが， ② エネルギーとなり，その一部が豆電球で光エネルギーに変換されるが， ② エネルギーのほとんどが ③ エネルギーとして失われている。

ア 音　**イ** 電気　**ウ** 熱　**エ** 化学　**オ** 運動

(2) 表1，2から考察した文として適切なものを，次の**ア**～**エ**から１つ選んで，その符号を書きなさい。

ア 手回し発電機に電力の値が大きいものをつないだときと小さいものをつないだときを比べると，小さいものをつないだときのほうが，2.0Ｖの電圧を加えるために必要な10秒あたりのハンドルの回転数は多い。

イ 手回し発電機に電力の値が大きいものをつないだときと小さいものをつないだときを比べると，大きいものをつないだときのほうが，ハンドルを回転させるときの手ごたえは軽い。

ウ 手回し発電機に抵抗の大きさが大きいものをつないだときと小さいものをつないだときを比べると，小さいものをつないだときのほうが，2.0Ｖの電圧を加えるために必要な10秒あたりのハンドルの回転数は少ない。

エ 手回し発電機に抵抗の大きさが大きいものをつないだときと小さいものをつないだときを比べると，大きいものをつないだときのほうが，ハンドルを回転させるときの手ごたえは軽い。

(3) 手順(a)において，2.0Ｖの電圧を１分間加えたとき，発光ダイオードの電力量は豆電球の電力量より何Ｊ小さいか，四捨五入して小数第１位まで求めなさい。

2 表３は，３種類の抵抗器Ｘ～Ｚのそれぞれについて，両端に加わる電圧と流れた電流をまとめたものである。ただし，抵抗器Ｘ～Ｚはオームの法則が成り立つものとする。

表3

抵抗器	電圧〔V〕	電流〔mA〕
X	3.0	750
Y	3.0	375
Z	3.0	150

(1) 抵抗器Ｘの抵抗の大きさは何Ωか，求めなさい。

(2) 図２のように，抵抗器ＸとＺを用いて回路を作り，電源装置で6.0Ｖの電圧を加えたとき，電流計が示す値は何Ａか，求めなさい。

図2

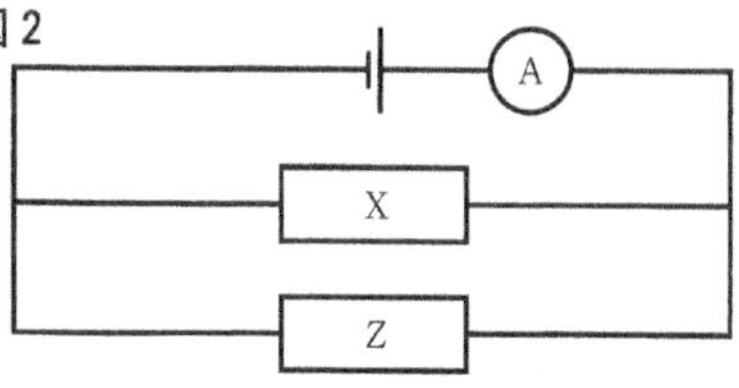

(3) 図３のように，抵抗器X～Zと２つのスイッチを用いて回路を作った。ただし，図の ① ～ ③ には抵抗器X～Zのいずれかがつながれている。表４はスイッチ１，２のいずれか１つを入れ，電源装置で6.0Vの電圧を加えたときの電流計が示す値をまとめたものである。図３の ① ～ ③ につながれている抵抗器の組み合わせとして適切なものを，あとの**ア**～**カ**から１つ選んで，その符号を書きなさい。

図３

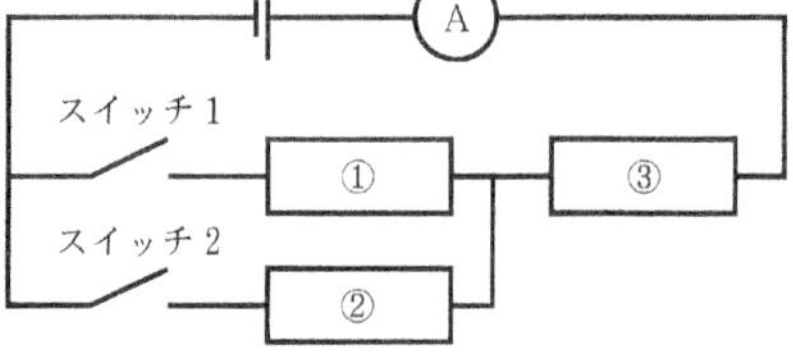

表４

	電流計の値〔mA〕
スイッチ１だけを入れる	250
スイッチ２だけを入れる	500

ア ①抵抗器X ②抵抗器Y ③抵抗器Z　　**イ** ①抵抗器X ②抵抗器Z ③抵抗器Y
ウ ①抵抗器Y ②抵抗器X ③抵抗器Z　　**エ** ①抵抗器Y ②抵抗器Z ③抵抗器X
オ ①抵抗器Z ②抵抗器X ③抵抗器Y　　**カ** ①抵抗器Z ②抵抗器Y ③抵抗器X

(4) 抵抗器X～Zと４つの端子A～Dを何本かの導線でつなぎ，箱の中に入れ，図４のような装置をつくった。この装置の端子A，Bと電源装置をつなぎ6.0Vの電圧を加え電流の大きさを測定したのち，端子C，Dにつなぎかえ再び6.0Vの電圧を加え電流の大きさを測定すると，電流の大きさが３倍になることがわかった。このとき箱の中の抵抗器X～Zはそれぞれ端子A～Dとどのようにつながれているか，箱の中のつなぎ方を表した図として適切なものを，次の**ア**～**エ**から１つ選んで，その符号を書きなさい。

図４

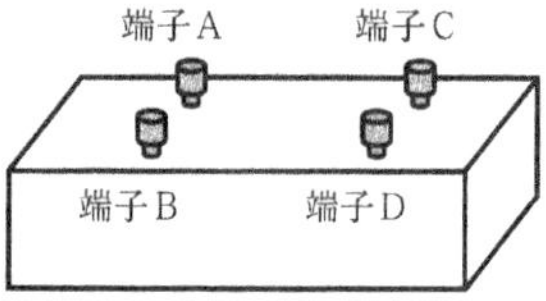

【箱の中のつなぎ方の図】 □ は抵抗器X～Zを，●は端子A～Dを表している。

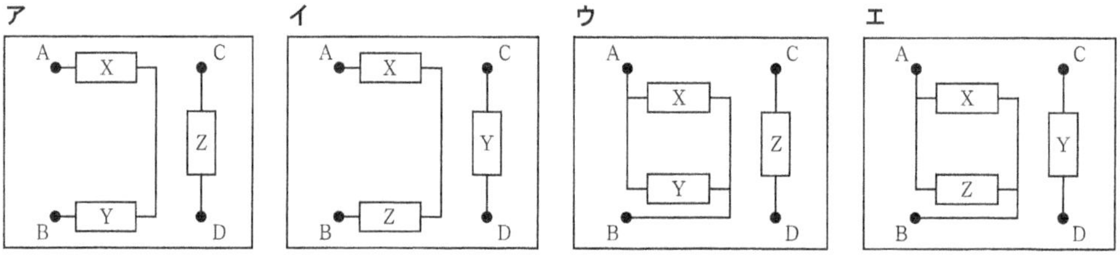

受検番号　　番

令和2年度兵庫県公立高等学校学力検査

理　科　解　答　用　紙

得点	

I ［　点］	1 ［　点］	(1)		
		(2)		
	2 ［　点］	(1)	レンズ	網膜
		(2)		
	3 ［　点］	(1)		
		(2)		
	4 ［　点］	(1)		
		(2)		

II ［　点］	1 ［　点］	(1)	①	②
		(2)	mm	
		(3)		
		(4)		
	2 ［　点］	(1)		
		(2)		
		(3)		

III ［　点］	1 ［　点］	(1)		
		(2)		
		(3)		
	2 ［　点］	(1)		
		(2)	最も多い	最も少ない
		(3)	①	
			②	

IV ［　点］	1 ［　点］	(1)	
		(2)	
		(3)	
		(4)	
		(5)	
	2 ［　点］	(1)	
		(2)	

V ［　点］	1 ［　点］	(1)	①	②	③
		(2)			
		(3)	J		
	2 ［　点］	(1)	Ω		
		(2)	A		
		(3)			
		(4)			

※この解答用紙は167%に拡大していただきますと，実物大になります。

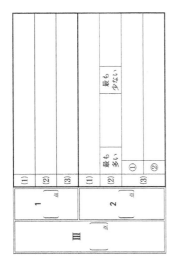

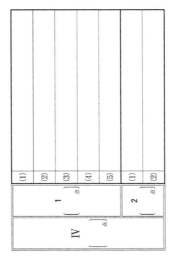

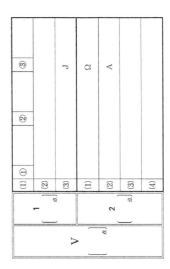

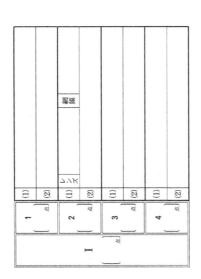

＜社会＞　時間　50分　　満点　100点

Ⅰ　世界や日本の地理に関するあとの問いに答えなさい。

1　世界の地理に関するあとの問いに答えなさい。

図１

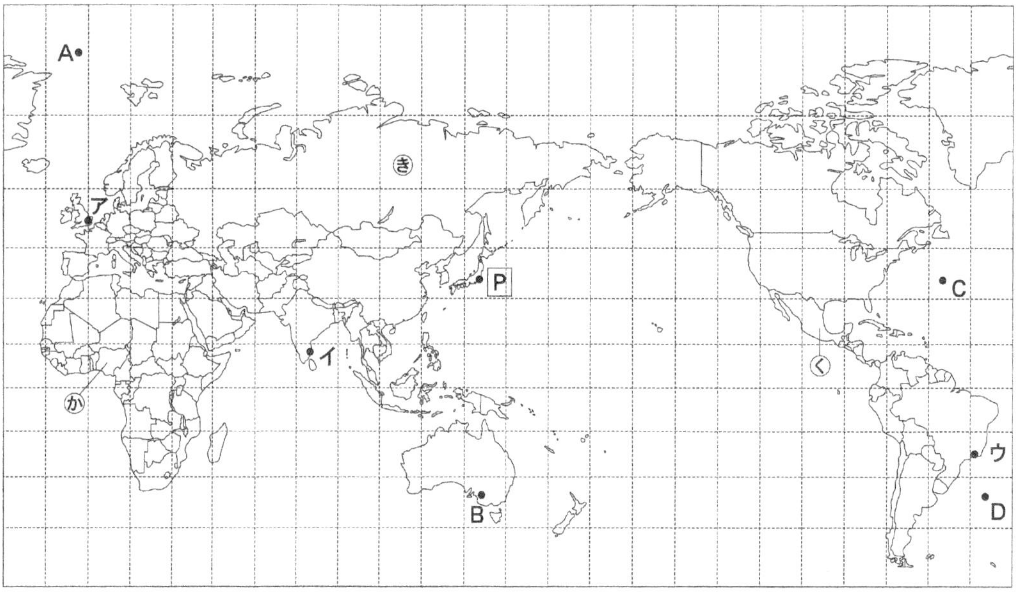

（経線，緯線は15度間隔で描かれている。）

⑴　図１のPの対せき点（地球上の正反対の地点）として適切なものを，Ａ～Ｄから１つ選んで，その符号を書きなさい。

⑵　図２のａ～ｃは，図１のア～ウのいずれかの都市の１月，７月の平均気温と降水量を示している。ａ～ｃが示している都市として適切なものを，ア～ウから１つずつ選んで，その符号を書きなさい。

図２

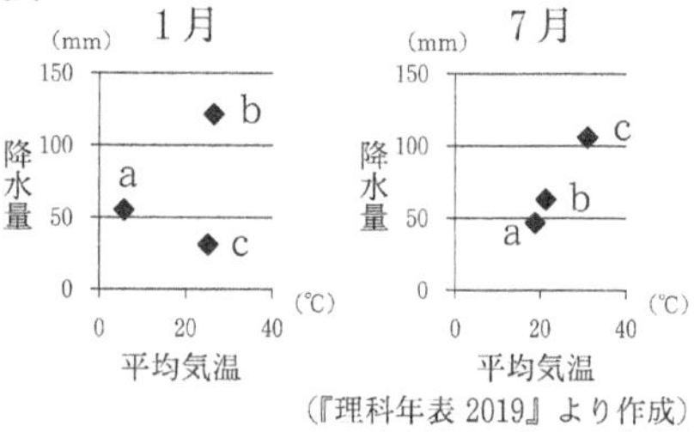

（『理科年表 2019』より作成）

⑶　次のページの表１は，2016年の米と小麦の生産量，輸出量のそれぞれ上位７か国を示している。表１の読み取りとそれに関連する事柄について述べた次の文の下線部ア～エのうち適切でないものを，１つ選んで，その符号を書きなさい。

> 世界の米と小麦の生産量はほぼ同じであるが，ア輸出量は小麦の方が多い。米の生産は，アジア州の国が上位を占め，米はイ主食として多くの人口を支えている。一方，小麦の生産は，世界のなかでウ面積の広い国が上位を占め，企業的な農業が行われている。米に比べ，小麦の生産と輸出の上位の国には重なりが多く，これらの国がエ世界の小麦の価格に与える影響は小さい。

表1

米の生産（千t）

中国	211,094
インド	163,700
インドネシア	79,355
バングラデシュ	50,453
ベトナム	43,112
タイ	26,653
ミャンマー	25,673
世界計	756,158

米の輸出（千t）

タイ	9,870
インド	9,869
ベトナム	5,211
パキスタン	3,947
アメリカ合衆国	3,316
ウルグアイ	900
イタリア	651
世界計	40,266

小麦の生産（千t）

中国	133,271
インド	92,290
ロシア	73,295
アメリカ合衆国	62,833
カナダ	32,140
フランス	29,504
ウクライナ	26,099
世界計	749,015

小麦の輸出（千t）

ロシア	25,327
アメリカ合衆国	24,042
カナダ	19,702
フランス	18,344
オーストラリア	16,148
ウクライナ	11,697
アルゼンチン	10,266
世界計	183,648

（『世界国勢図会』より作成）

表2

①	②	③
サウジアラビア	オーストラリア	オーストラリア
アラブ首長国連邦	インドネシア	マレーシア
カタール	Q	カタール
クウェート	カナダ	Q
Q	アメリカ合衆国	インドネシア

（『日本国勢図会』より作成）

⑷　表2は，2017年の日本における資源の輸入相手上位5か国を示している。①～③は石炭，石油，液化天然ガスのいずれかであり，Qは図1の㋕～㋗のいずれかの国である。③とQの組み合わせとして適切なものを，次の**ア**～**カ**から1つ選んで，その符号を書きなさい。

	ア	イ	ウ	エ	オ	カ
③	石炭	石炭	石油	石油	液化天然ガス	液化天然ガス
Q	㋕	㋖	㋗	㋕	㋖	㋗

⑸　表3，図3から，あとの文X，Yが説明している国を選んで，それぞれ国名を書きなさい。

表3　主な国の総発電量と再生可能エネルギーによる発電量の総発電量に占める割合

	総発電量（億kWh）		2016年の再生可能エネルギーによる発電量の総発電量に占める割合(%)
	1990年	2016年	
中国	6213	62179	24.8
アメリカ合衆国	32186	43220	14.7
インド	2927	14776	16.2
ドイツ	5500	6491	29.0
日本	8573	9979	14.7
イギリス	3197	3394	24.5

図3　主な国の二酸化炭素排出量（百万t）

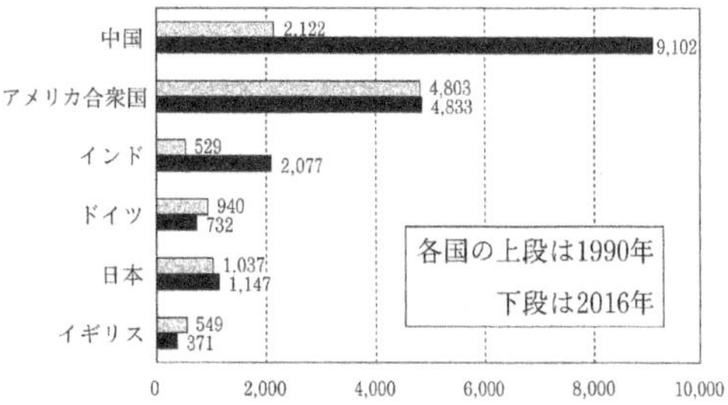

（表3，図3は『世界国勢図会』より作成）

X　1990年と2016年を比較して，総発電量は増加しているが二酸化炭素排出量は減少している。2016年の再生可能エネルギーによる発電量は，同じ州の国より多い。

Y　1990年と2016年を比較して，総発電量，二酸化炭素排出量ともに増加している国の中で，2016年の再生可能エネルギーによる発電量の総発電量に占める割合は，2番目に多い。

⑹　次のページの図4は，2016年の日本，ＥＵ，アメリカ合衆国，S間の貿易額を示している。Sには中国，オーストラリア，ブラジルのいずれかが入り，T，Uには日本とアメリカ合衆国の貿易額が入る。S，T，Uの組み合わせとして適切なものを，次のページの**ア**～**カ**から1つ選んで，その符号を書きなさい。

	ア	イ	ウ	エ	オ	カ
S	中国	オーストラリア	ブラジル	中国	オーストラリア	ブラジル
T	606,871	58,383	136,973	132,202	190,245	35,134
U	644,933	44,490	184,558	69,303	191,277	24,162

図4

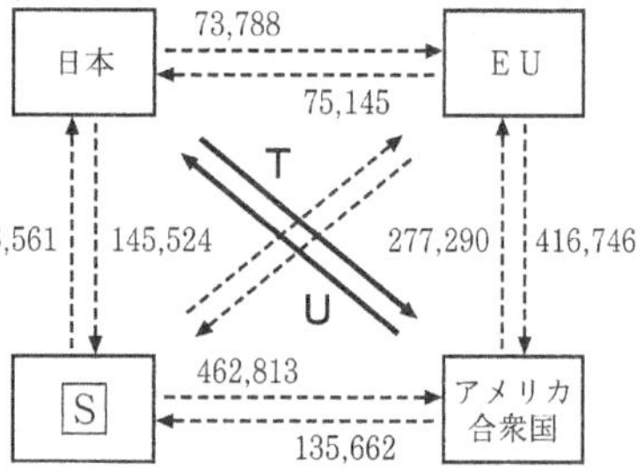

※SとEUの貿易額は省略

(『世界国勢図会』より作成)

2 近畿・中部地方に関する次の問いに答えなさい。

(1) 図5のA－Bの断面を示した模式図として適切なものを，次のア～エから1つ選んで，その符号を書きなさい。

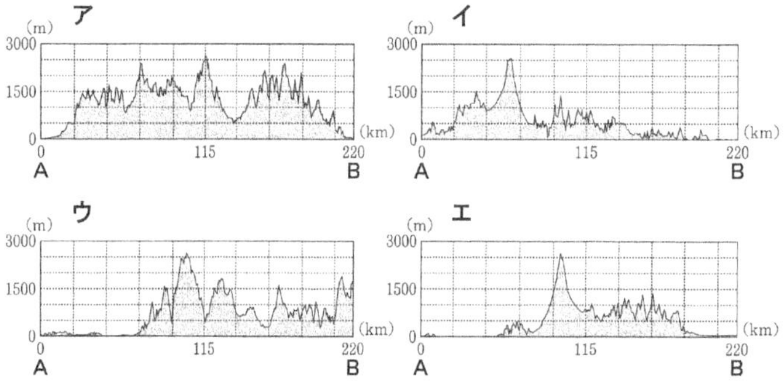

図5

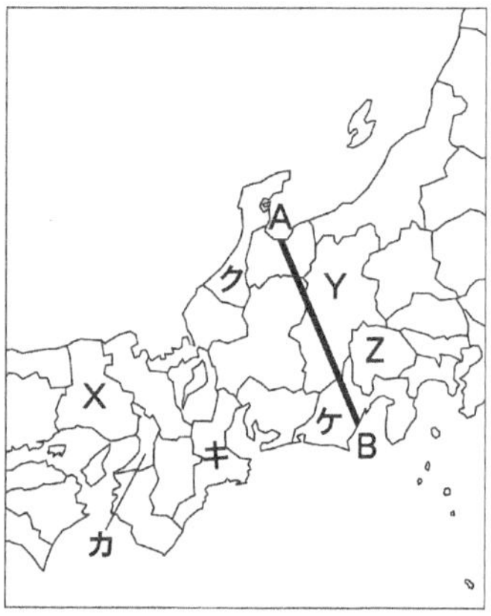

(2) 次の文中の ① ～ ③ に入る語句として適切なものを，それぞれあとのア，イから1つ選んで，その符号を書きなさい。

> 日本では，2011年に発生した ① の後，防災対策がより進められた。図6は，地震に伴う ② 対策の標識の1つである。近い将来に発生が予測されている四国，紀伊半島から東海地方の沖合にある ③ の巨大地震では，大規模な ② の被害が考えられており，身近な地域の自然環境の特徴などを知ることが重要である。

図6

① ア 関東地震（関東大震災） イ 東北地方太平洋沖地震（東日本大震災）

② ア 火災 イ 津波

③ ア 南海トラフ イ 日本海溝

(3) 図7は，県別の農業産出額に占める米，野菜，果実，畜産等の割合を示している。図7の①～③は，図5のX～Zのいずれかの県である。①～③にあたる県として適切なもの

図7

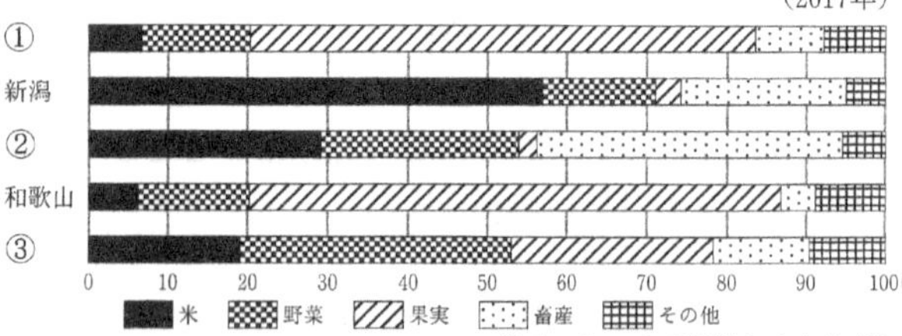

(『データでみる県勢』より作成)

を，**X**～**Z**からそれぞれ１つ選んで，その符号を書きなさい。

(4)　表４のＡ～Ｄは，図５の**カ**～**ケ**のいずれかの府県を示している。Ａ，Ｄにあたる府県を，**カ**～**ケ**からそれぞれ１つ選んで，その符号を書きなさい。

表４　　（2017年）

府県名	製造品出荷額（億円）			
	繊維工業	化学工業	金属製品	輸送用機械器具
愛知	3995	12289	15598	264951
A	1176	18307	5549	43249
B	560	11890	3960	23766
C	2051	1697	1550	1898
D	3021	19498	15967	14398
滋賀	2232	10624	4111	9489

（『データでみる県勢』より作成）

(5)　図８を見て，あとの問いに答えなさい。

図８

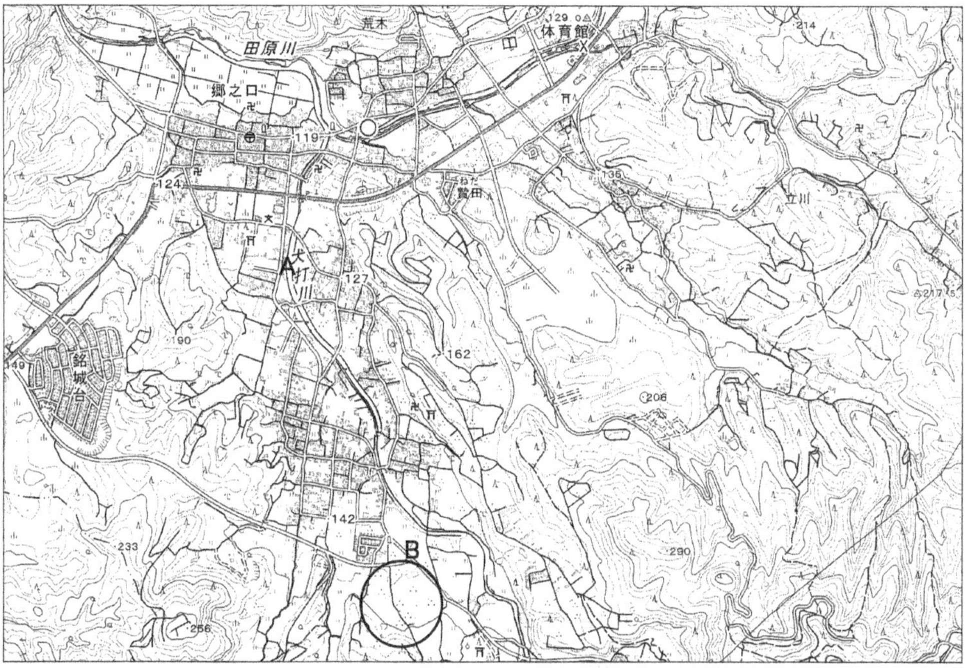

（２万５千分の１地形図「宇治」（2018年）を一部改変）

①　図８から読み取れることを述べた文として適切なものを，次の**ア**～**エ**から１つ選んで，その符号を書きなさい。

ア　「郷之口」では，田原川の周辺に畑が広がっている。

イ　体育館の近くに，図書館と交番がある。

ウ　町役場から西方にある郵便局へ行く道路沿いに，城跡が２つある。

エ　「銘城台」には，工場が集中した工業団地が形成されている。

②　図８のＡで，犬打川がどの方向に流れるか，東，西，南，北から１つ選んで，漢字で書きなさい。

③　図８のＢの地域の土地利用に関して述べた次の文中の［①］，［②］に入る語句の組み合わせとして適切なものを，次のページの**ア**～**エ**から１つ選んで，その符号を書きなさい。

> この地域には［①］が広がっている。［①］は，この地域のように［②］地形や丘陵などの日当たりと水はけのよい場所に多く見られる。

ア　①　果樹園　②　傾斜している　　　イ　①　果樹園　②　くぼんでいる
ウ　①　茶畑　　②　傾斜している　　　エ　①　茶畑　　②　くぼんでいる

Ⅱ　歴史に関するあとの問いに答えなさい。

1　日本の文化に関する資料A～Gについて，あとの問いに答えなさい。

(1)　A～Cに関するあとの問いに答えなさい。

A　可良己呂武	(から衣	B　この世をば	C　我こそは
須宗尓等里都伎	すそに取りつき	わが世とぞ思ふ(う)	新島守よ
奈苦古良乎	泣く子らを	望月の	隠岐の海の
意伎弖曽伎怒也	置きてぞ来ぬや	欠けたることも	荒き波風
意母奈之尓志弖	母《おも》なしにして)	無しと思へ(え)ば	心して吹け

①　Aの歌をよんだ九州地方の警備にあたった兵士を何というか，漢字２字で書きなさい。

②　Bの歌をよんだ人物について述べた文として適切なものを，次のア～エから１つ選んで，その符号を書きなさい。

ア　全国の大名を従わせて全国統一をなしとげ，検地と刀狩により兵農分離を進めた。
イ　南北朝の動乱をしずめて統一を実現し，明との間に勘合貿易を行った。
ウ　武士として初めて太政大臣になり，宋との交易のために兵庫の港を整備した。
エ　娘を天皇のきさきにし，その子を次の天皇にたてることで勢力をのばした。

③　Cの歌は後鳥羽上皇が隠岐でよんだものである。この人物が隠岐へ流されるきっかけとなった戦乱として適切なものを，次のア～エから１つ選んで，その符号を書きなさい。

ア　応仁の乱　　イ　承久の乱　　ウ　壬申の乱　　エ　保元の乱

④　万葉集に収められている歌として適切なものを，A～Cから１つ選んで，その符号を書きなさい。

(2)　D～Fに関するあとの問いに答えなさい。

①　Dが初めて建てられた時代に広まった，和歌の上の句と下の句を別の人が次々によみつないでいく文芸を何というか，漢字２字で書きなさい。

②　Dが初めて建てられた時代に発展した日本の文化に関して述べた次の文X，Yについて，その正誤の組み合わせとして適切なものを，あとのア～エから１つ選んで，その符号を書きなさい。

D

X　幕府の保護を受けた観阿弥・世阿弥父子により，能が発展した。

Y　出雲の阿国によってかぶきおどりが始められ，広く人気を集めた。

ア　X－正　Y－正　　イ　X－正　Y－誤
ウ　X－誤　Y－正　　エ　X－誤　Y－誤

③　Eは，F（次のページ）の左側の人物がよんだ俳句であり，□ には地名が入る。□ について述べた文として適切なものを，次のア～エから１つ選んで，その符号を

E　荒海や
□ によこたふ(う)
天の河

書きなさい。

ア　一向宗の門徒が守護を倒し，約100年にわたり自治を行った。

イ　五層からなる壮大な城が築かれ，楽市・楽座令により商工業が栄えた。

ウ　貨幣の原材料として使われる，金の代表的な産出地であった。

エ　北方との交易によって栄え，中尊寺金色堂などが建てられた。

F

⑶　Gは，1818年に日本の学者がナポレオンの業績を知りつくった漢詩の書き下し文である。あとの問いに答えなさい。

G

＜書き下し文＞	＜大意＞
仏郎王《フランスおう》	英雄ナポレオンは，
王　何《いずれ》の処《ところ》にか起こる　大西洋	大西洋の彼方　フランスで起こった。
太白《たいはく》　精を鍾《あつ》めて　眼碧光《がんへきこう》	ナポレオンは，金星が精気を集めて，その眼色をみどりにしたというほど
天　韜略《とうりゃく》を付して　その腸を鋳《い》る	天から授かった資質は偉大で，武略の優れているのも，また天性である。
欧邏《おうら》を蚕食《さんしょく》して　東　疆《さかい》を拓《ひら》き	彼はヨーロッパを征服し，さらに東に向かって領土を広げ，
誓って　崑崙《こんろん》をもって中央と為《な》さんとす	ウラルの彼方，崑崙までも，自己の領国の中央に組み入れたいと思った。
（以下省略）	

（書き下し文は『頼山陽詩集《らいさんようししゅう》』より作成）

①「仏郎王」の征服が，19紀前半のヨーロッパ諸国に与えた影響について述べた文として適切なものを，次のア～エから１つ選んで，その符号を書きなさい。

ア　航海術が進歩し，アメリカ大陸やインドに到達するなど大航海時代が始まった。

イ　古代ギリシャやローマ文化への関心が高まり，ルネサンスと呼ばれる風潮が生まれた。

ウ　帝国主義の考えが広まり，アジアやアフリカへの侵略を進めた。

エ　自由・平等の理念が各国に広まり，人々の民族意識が高まった。

②　この学者はこの年，幕府とオランダとの通商施設があった地域を訪れた際に，「仏郎王」の情報に接している。その地域の位置として適切なものを，図１のア～エから１つ選んで，その符号を書きなさい。

図１

③　次の文は，Gがつくられた頃以降の日本のある対外政策を示したものである。この政策が実施されるきっかけとなったできごととして適切なものを，あとのア～エから１つ選んで，その符号を書きなさい。

> 幕府は異国船打払令を改め，日本を訪れた外国船に必要な燃料や食料を与えるよう命じた。

ア　アヘン戦争　　イ　アメリカ南北戦争　　ウ　インド大反乱　　エ　太平天国の乱

2　日本の農業や経済に関する文章を読み，あとの問いに答えなさい。

> 明治政府が実施した a 地租改正により，国家財政が安定した一方で，不況などで土地を手放し小作人となる者が増加した。小作人の生活は b 米価の高騰や下落の影響により度々困窮し，社会問題となることもあった。第二次世界大戦後に， X により，農村の様子は大きく変化した。

図２

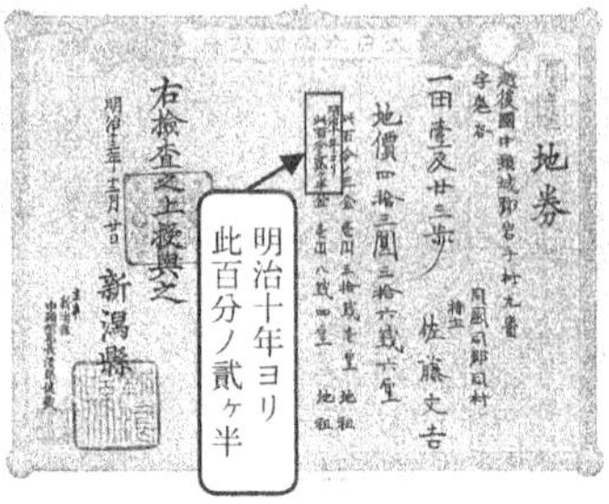

図３

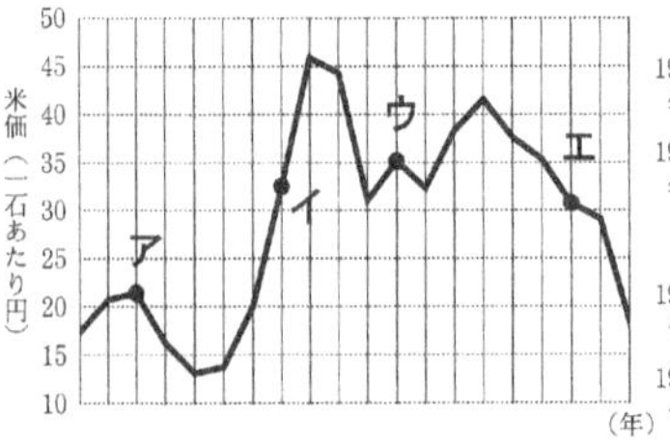

（『本邦主要経済統計』より作成）

図４

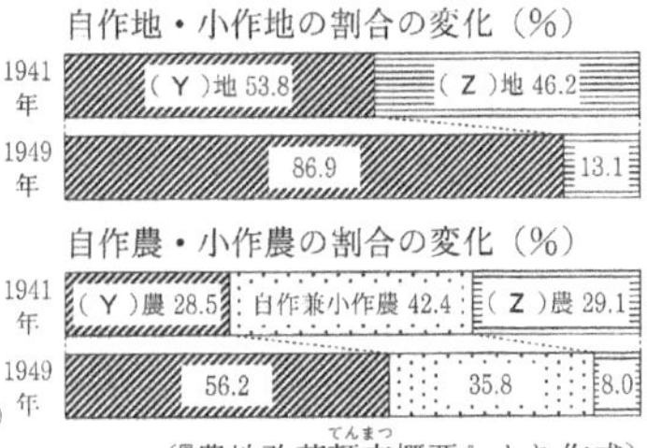

（『農地改革顛末《てんまつ》概要』より作成）

⑴　下線部ａに関して，図２は明治時代に発行された地券である。拡大した部分（「明治十（1877）年より　この100分の２ヶ半」）が示す内容として適切なものを，次の**ア**～**エ**から１つ選んで，その符号を書きなさい。

ア　土地の面積の変更　　**イ**　土地の価格の変更　　**ウ**　税率の変更　　**エ**　納税方法の変更

⑵　日清戦争・日露戦争の頃にみられた，農村や農業にたずさわる人々の様子について述べた文として適切なものを，次の**ア**～**エ**から１つ選んで，その符号を書きなさい。

ア　地主の中には，小作料を元手に株式や事業に投資し資本家となる者もあらわれた。

イ　世界恐慌の影響や冷害の発生により，特に東北地方の農村の人々の生活は苦しくなった。

ウ　全国各地で「世直し」を唱える一揆が発生し，地主に土地の返還を求めるなどした。

エ　満州国が建国され，国の政策として農村から多くの人々が移民として満州にわたった。

⑶　下線部ｂに関して，図３は20世紀前半のある20年間における米価の推移を表したグラフで，縦軸は米価，横軸は年（ただし１目盛りは１年）を示している。1918年にあたる点として適切なものを，図３の**ア**～**エ**から１つ選んで，その符号を書きなさい。

⑷　文章中の X に入る説明と，図４の（Y）に入る語句の組み合わせとして適切なものを，次の**ア**～**エ**から１つ選んで，その符号を書きなさい。ただし，図４の（Y），（Z）には自作，小作のいずれかが入る。

ア　X　小作争議が急増し，全国的組織として日本農民組合が結成されたこと　　Y　小作
イ　X　小作争議が急増し，全国的組織として日本農民組合が結成されたこと　　Y　自作
ウ　X　政府が地主の持つ小作地を買い上げ，小作人に安く売りわたしたこと　　Y　小作
エ　X　政府が地主の持つ小作地を買い上げ，小作人に安く売りわたしたこと　　Y　自作

Ⅲ　日本の政治や経済のしくみと私たちの生活に関するあとの問いに答えなさい。

１　経済のグローバル化に関する文章を読み，あとの問いに答えなさい。

> 輸送手段や通信手段の発達により，大量の商品や人，情報が国境を越えて移動し，世界の一体化が進んでいる。ａ日本でつくられた商品が海外に輸出される一方で，海外でつくられた商品が日本に輸入されている。このような国際取引を行うためのｂ外国為替市場では，一度に億単位の円が取引される。国内では，ｃ日本国憲法にもとづいて経済活動が自由に行われているが，グローバル化が進む世界では，ｄ様々な課題の解決に向けて，各国が協力して取り組むことが求められている。

⑴　下線部ａに関して，次のページの問いに答えなさい。

① 次の文中の ① ～ ③ に入る語句の組み合わせとして適切なものを，あとのア～エから１つ選んで，その符号を書きなさい。

> 世界各国では，自国のみで商品を生産せずに， ① な商品を輸出して， ② な商品を輸入する傾向にある。これを ③ という。

ア ① 不得意 ② 得意 ③ 産業の空洞化
イ ① 不得意 ② 得意 ③ 国際分業
ウ ① 得意 ② 不得意 ③ 産業の空洞化
エ ① 得意 ② 不得意 ③ 国際分業

② あとの**ア**～**エ**のいずれかは，神戸港の貿易額の推移を表したグラフである。次の神戸港の貿易額の変化について述べた文を読んで，神戸港の貿易額の推移を表したグラフとして適切なものを，あとの**ア**～**エ**から１つ選んで，その符号を書きなさい。

> 神戸港は，平成の間，常に輸出額が輸入額を上回っている。平成７（1995）年の阪神・淡路大震災では，輸出額，輸入額はともに大きく落ち込んだ。その後，輸出額，輸入額ともに回復をとげたものの，平成20（2008）年の世界的な金融危機の影響を受け，翌年の輸出額，輸入額はともに再び大きく落ち込んだ。しかし，平成29（2017）年には，輸出額，輸入額ともに阪神・淡路大震災前の水準を上回るまでに回復しており，日本を代表する貿易港の一つとして重要な役割を果たしている。

ア
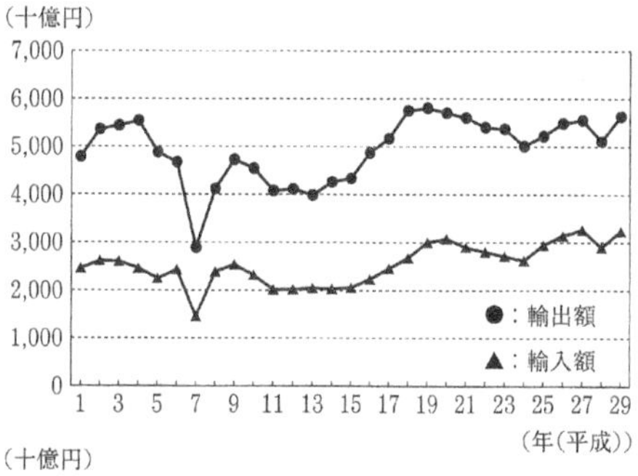

イ
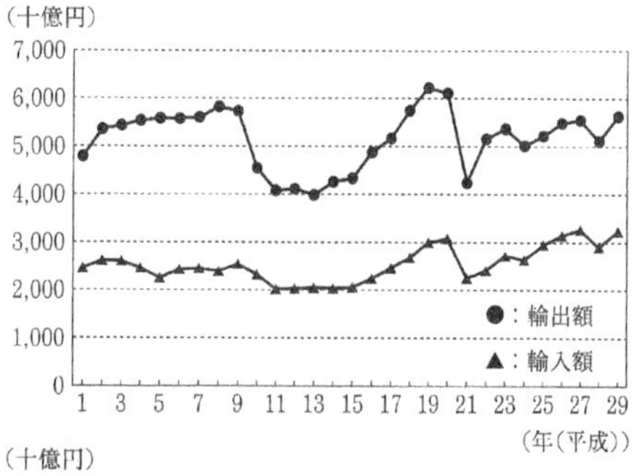

ウ
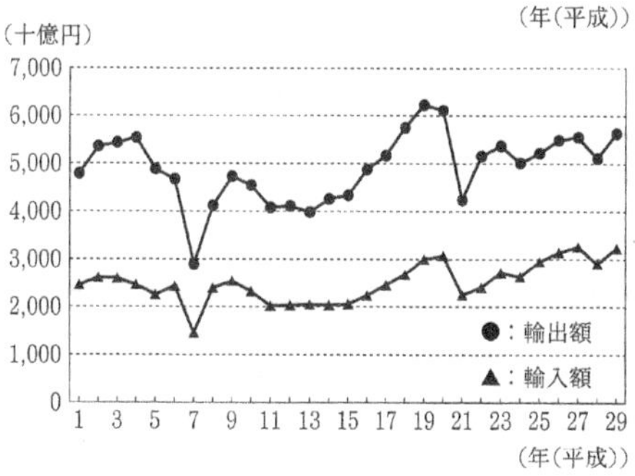

エ
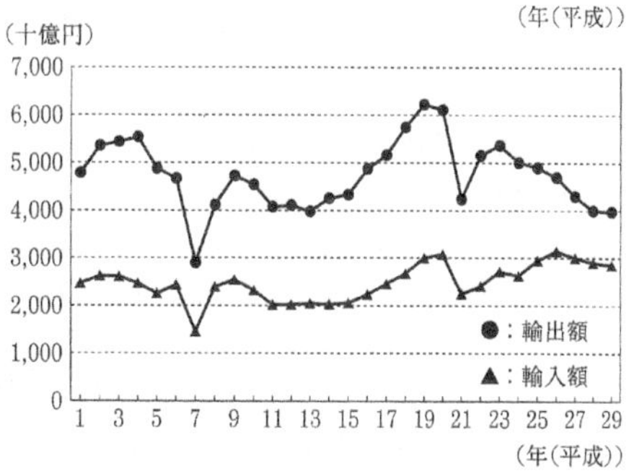

⑵ 下線部ｂに関して，ＡさんとＢさんはそれぞれアメリカ合衆国を旅行するにあたって，Ａさんは１ドル＝100円，Ｂさんは１ドル＝80円の時に20,000円をドルに交換した。このことについて述べた次のページの文中の ① ， ② に入る語句の組み合わせとして適切なものを，次のページの**ア**～**エ**から１つ選んで，その符号を書きなさい。

Aさんは Bさんより ① の相場で円をドルに交換したので，Aさんが手に入れた金額は，Bさんより50ドル ② ことになる。

ア　①円高　②多い　　イ　①円高　②少ない
ウ　①円安　②多い　　エ　①円安　②少ない

(3) 下線部cに関して，次の文中の ① ， ② に入る語句の組み合わせとして適切なものを，あとのア～エから1つ選んで，その符号を書きなさい。

日本国憲法第22条で定められている ① の自由や職業選択の自由，同じく第29条に定められている ② によって経済活動の自由が保障されている。

ア　①　居住・移転　②　労働基本権　　イ　①　居住・移転　②　財産権
ウ　①　集会・結社・表現　②　労働基本権　　エ　①　集会・結社・表現　②　財産権

(4) 下線部dに関して，次の問いに答えなさい。

① 次のX，Yの2つの立場がそれぞれ支持する貿易の自由化についての考え方として適切なものを，あとのア～エからそれぞれ1つ選んで，その符号を書きなさい。

X　海外の商品を外国からできるだけ安く入手し，自国内で多く販売したい。

Y　海外の安価な商品の影響を受けずに，自国の商品を国内で多く販売したい。

ア　海外から輸入する商品に高い関税をかけて，貿易の自由化を推進する。
イ　海外から輸入する商品に高い関税をかけて，貿易の自由化を抑制する。
ウ　海外から輸入する商品への関税を撤廃して，貿易の自由化を推進する。
エ　海外から輸入する商品への関税を撤廃して，貿易の自由化を抑制する。

② 世界の貿易に関する各国の利害を調整するために，1995年に設立された国際機関をアルファベットの大文字3字で書きなさい。

2　まちづくりとその課題に関する文章を読み，あとの問いに答えなさい。

a 地方自治の充実には，住民が地域の問題に関心を持ち，地域づくりに積極的に参加することが必要である。b 高度経済成長期の都市部への人口流入の受皿として開発された郊外のニュータウンでは，急激な人口減少，少子・高齢化，空き家の増加等が懸念されている。こうした状況の中，c 地域住民が主体となり，行政や民間事業者と連携し，d ニュータウンの再生に取り組んでいくことが求められている。

(1) 下線部aに関して，次の文中の □ に共通して入る語句を，漢字4字で書きなさい。

1999年に成立し，翌年に施行された □ 一括法により，仕事や財源を国から地方公共団体に移す □ が進められている。

(2) 下線部bに関して，高度経済成長期の都市部への人口流入に伴って，都市部で発生した現象を述べた文として適切なものを，次のア～エから1つ選んで，その符号を書きなさい。

ア　独自の技術や高度な専門性を活用した，ＩＣＴのベンチャー企業が増えた。
イ　大気汚染や騒音などによる環境の悪化が進み，公害問題が深刻となった。

ウ　電子マネーが普及し，買い物で現金のやりとりが少なくなった。

エ　国民の所得が上昇し，税率が一定である消費税が導入された。

⑶　下線部ｃに関して，次の問いに答えなさい。

①　住民参加に関して述べた次の文X，Yについて，その正誤の組み合わせとして適切なものを，あとの**ア**～**エ**から１つ選んで，その符号を書きなさい。

X　市町村合併など，地域で意見が分かれる課題をめぐって，住民投票が行われている。

Y　教育や防災などの分野で，社会貢献活動を行うＮＰＯが重要な役割を果たしている。

ア　X－正　Y－正　　**イ**　X－正　Y－誤

ウ　X－誤　Y－正　　**エ**　X－誤　Y－誤

②　対立を解消し，合意をめざす過程について述べた次の文中の X ～ Z に入る語句として適切なものを，それぞれあとの**ア**～**ウ**から１つ選んで，その符号を書きなさい。

> 人間は地域社会をはじめ様々な社会集団と関係を持ちながら生きており， X と言われる。意見が対立する場合，手続き，機会，結果の Y の考え方や，労力や時間，お金やものがむだなく使われているかという Z の考え方から合意を形成することが求められる。

X　**ア**　全体の奉仕者　**イ**　オンブズパーソン　**ウ**　社会的存在

Y　**ア**　公正　**イ**　責任　**ウ**　平等

Z　**ア**　契約　**イ**　共生　**ウ**　効率

⑷　下線部ｄに関して，あとの問いに答えなさい。（資料１～資料４は次のページにあります。）

①　資料１～資料３から読み取れることを述べた文として適切なものを，次の**ア**～**エ**から１つ選んで，その符号を書きなさい。

ア　1968年からの50年間で，住宅総数の増加率は空き家数の増加率よりも高い。

イ　単独世帯と核家族世帯を合わせた割合は，2018年には全世帯の９割に迫っている。

ウ　住宅総数に占める空き家数の割合は，1998年には２割を超えている。

エ　兵庫県は，1978年には人口が500万人を超え，世帯数も200万世帯を超えている。

②　資料１～資料４をもとに考察したことを述べた次の文中の X ， Y に入る語句として適切でないものを，あとの**ア**～**エ**からそれぞれ１つ選んで，その符号を書きなさい。

> 兵庫県では近年，世帯数は増加しているが人口は減少しているという新たな局面に突入している。このような状況の中で，人口減少が急激に進むニュータウンでは， X などの問題が深刻化すると考えられる。未来へつなぐまちづくりや，だれもが安心して暮らせる社会の実現に向け，衰退するニュータウンでは他のニュータウンの再生の取組を参考にしながら， Y などの視点から対策が進められていくと考えられる。

X　**ア**　小・中学校の児童・生徒数の減少　**イ**　高齢者の単独世帯の増加

　　ウ　１世帯あたりの人口の減少　**エ**　生産年齢人口の増加

Y　**ア**　移動手段の確保　**イ**　家事支援サービスの充実

　　ウ　若者の転入の抑制　**エ**　民間企業との連携

資料 1 全国の居住世帯の有無別住宅数(千戸)

年	住宅総数	空き家数
1968年	25,591	1,034
1978年	35,451	2,679
1988年	42,007	3,940
1998年	50,246	5,764
2008年	57,586	7,568
2018年	62,420	8,460

(総務省統計局ホームページより作成)

資料 2 全国の世帯構造別にみた世帯数の構成割合の年次推移

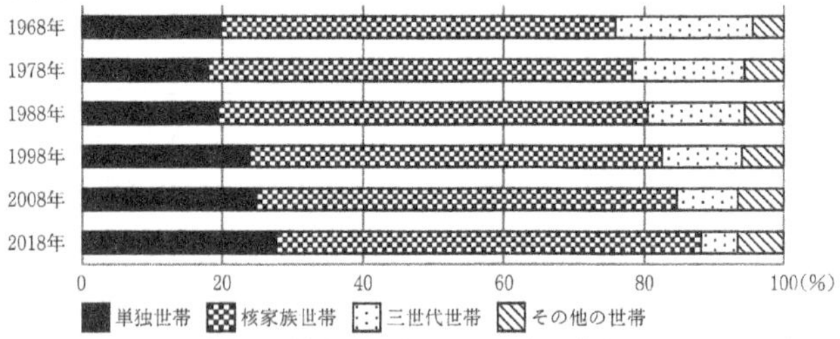

(厚生労働省『平成30年国民生活基礎調査』より作成)

資料 3 兵庫県の人口と世帯数の推移

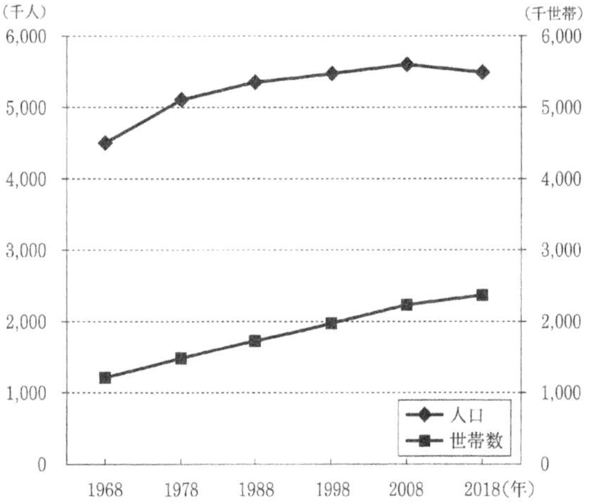

(兵庫県ホームページより作成)

資料 4 ニュータウン再生の取組

明舞団地 (神戸市) (明石市)	○「明舞団地再生計画」のもと多様な取組を展開 ・民間事業者による商業施設,特別養護老人ホーム等の整備 ・地域団体による配食サービス,交流の場づくり ・学生シェアハウスの導入
緑が丘 (三木市)	○住宅メーカーや市が中心となって団地再生の取組を推進。2017年には空き店舗を活用した交流施設が開設
多田 グリーン ハイツ (川西市)	○自治会を中心に委員会を立ち上げ,「お出かけ支援」としてワンボックスカーを運行

(『兵庫2030年の展望』より作成)

令和２年度兵庫県公立高等学校学力検査

社会解答用紙

受検番号　　番

得点

I			
1	(1)		
	(2)	a	b　c
	(3)		
	(4)		
	(5)	X	Y
	(6)		
2	(1)		
	(2)	①	②　③
	(3)	①	②　③
	(4)	A	D
	(5)	①	
		②	
		③	

II			
1	(1)	①	
		②	
		③	
		④	
	(2)	①	
		②	
		③	
	(3)	①	
		②	
		③	
2	(1)		
	(2)		
	(3)		
	(4)		

III			
1	(1)	①	
		②	
	(2)		
	(3)		
	(4)	①	X　Y
		②	
2	(1)		
	(2)		
	(3)	①	
		②	X　Y　Z
	(4)	①	
		②	X　Y

※この解答用紙は196％に拡大していただきますと，実物大になります。

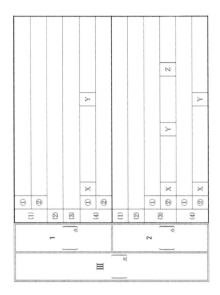

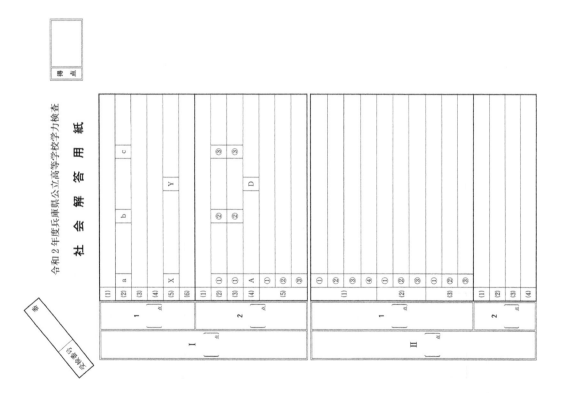

受検番号 番

令和二年度兵庫県公立高等学校学力検査

国語解答用紙

得点

一 点
問一 点
問二 点
問三 点
問四 点
問五 点

二 点
問一 点 非ズンバ黒ニ非ズ白ニ
問二 点
問三 点
問四 点 a b

三 点
問一 点
問二 点 ② ③
問三 点
問四 点 a b 〜
問五 点

四 点
問一 点 ① ④（き） ⑤（に）
問二 点
問三 点
問四 点
問五 点
問六 点
問七 点

五 点
問一 点 A B C
問二 点 乾燥
問三 点
問四 点
問五 点
問六 点
問七 点 a 〜 b
問八 点
問九 点

※この解答用紙は189%に拡大していただきますと，実物大になります。

ア　それぞれの言葉の意味内容について、共通部分だけでなくそれ以外の部分をも十分に吟味した上で、言葉を接続させていくこと。

イ　考えるための材料として、意味を複数持たない言葉を厳選した上で、言葉と言葉を知識や経験を生かして結びつけること。

ウ　現実世界の事象が持つ意味内容と、自分の知識や経験が持つ意味内容のジョイント部分に注目して、使う言葉を選んでいくこと。

エ　論理や推論を展開していくために用いる数式が、現実世界の正しい反映となっているのかどうかを、一つずつ丁寧に確認すること。

問九　本文の展開の説明として最も適切なものを、次の**ア**～**エ**から一つ選んで、その符号を書きなさい。

ア　まず論理的思考のあるべき姿を定義し、ついで言葉探しと論理の展開の違いについて考察して、最後に現実的な事象を対象とした論理的思考の望ましいあり方について述べている。

イ　まず論理的思考についての二つの対立した見解を提示し、ついで両者を比較することでそれぞれの特徴を明らかにして、最後に両者の長所を組み合わせた理想的な思考について述べている。

ウ　まず言葉の正確性に関する一般的な見方を批判し、ついで論理的思考の観点から言葉の多義性の問題点を示して、最後に日常生活を営む上での論理的思考の可能性について述べている。

エ　まず論理的思考成立のための条件を挙げ、ついで言葉の多義性がもたらす思考の混乱と純粋な論理的思考の問題点を指摘して、最後に思考を正しく展開させる方法について述べている。

B **ア** チョウ越した能力。 **イ** 貴チョウな意見。
ウ 協定のチョウ印式。 **エ** 噴火の予チョウ。

C **ア** 医師を招シュウする。 **イ** シュウ学旅行に行く。
ウ シュウ得物を届ける。 **エ** シュウ名披露公演。

問二 空欄⑥には四字熟語が入る。解答欄に合うように漢字二字を書き、その語を完成させなさい。

問三 空欄②・⑦に入ることばの組み合わせとして適切なものを、次の**ア**～**エ**から一つ選んで、その符号を書きなさい。
ア ②しかし ⑦したがって **イ** ②さらに ⑦すなわち
ウ ②つまり ⑦それでいて **エ** ②また ⑦しかも

問四 傍線部①の具体的な説明として最も適切なものを、次の**ア**～**エ**から一つ選んで、その符号を書きなさい。
ア 目の前で咲いている菜の花を見て、「花」、「黄色い花」といった言葉を思い浮かべること。
イ 目の前で咲いている菜の花を見て、「菜の花」という言葉でそれを認識すること。
ウ 目の前で咲いている菜の花を見て、「この菜の花は食用だ。」と思うこと。
エ 目の前で咲いている菜の花を見て、「この菜の花をおひたしにしたらおいしいだろう。」と考えること。

問五 傍線部③の説明として最も適切なものを、次の**ア**～**エ**から一つ選んで、その符号を書きなさい。
ア 正確な言葉を探して選び取ったとしても、論理的思考の展開に支障をきたすことがある点。
イ 正確な言語化を行っても、命題表現として成立させた時点で言葉に多義性が生じてしまう点。
ウ 多くの人が好ましく思っているものごとであっても、それに悪いイメージを抱く人もいる点。
エ 正確性に劣る言葉を選び取ってしまったとしても、必ずしも間違いとはいえないという点。

問六 傍線部④の理由として最も適切なものを、次の**ア**～**エ**から一つ選んで、その符号を書きなさい。
ア さまざまな知識や情報を互いに照らし合わせることで、数学的思考が可能となり、論理的思考を容易に進めることができるから。
イ 思考の対象と知識双方の意味内容の間に多様な結びつきの可能性が生まれ、豊かな意味合いを紡ぎ出していくことができるから。
ウ 言葉を対象として思考を進める際に、多くの人が共感・共有できる意味内容をイメージすることができ、正しい思考ができるから。
エ 論理的思考を展開する際の混乱や誤謬が事前に想定しやすくなるため、初歩的な誤りを避けた上で自由に考えることができるから。

問七 傍線部⑤について説明した次の文中の空欄**a**・**b**に入る適切なことばを書きなさい。ただし、**a**は十四字のことばを本文中から抜き出して最初と最後の三字を書き、**b**は四字のことばを本文中から抜き出して書きなさい。

[a] して論理を展開することにより、思考の過程から [b] を厳密に排除しようとすること。

問八 傍線部⑧とはどういうことか。その説明として最も適切なものを、次の**ア**～**エ**から一つ選んで、その符号を書きなさい。

しかしその一方で、「ネコは人に懐かない動物である。」という表現も、多くの人が共感をもって納得できると思われる。街でネコを見かけてもサッサと逃げて行くし、飼い猫ですら名前を呼んでも近寄って来なくて当然という面もある。つまり、「ネコは人懐っこい動物であり、人に懐かない動物である」という命題(注)表現が成立することになり、これを数学的に表すと「A＝BかつA≠(注)Bである」ということになってしまう。「ネコは人懐っこい動物であり、人に懐かない動物である」という表現は詩的には理解できるものの、論理的思考を行いながら論理を展開していく上で混乱や誤謬《ごびゅう》(注)をきたす原因となる。

このような混乱や誤謬は、「言葉の多義性」によるものである。ネコという誰でもよく知っている対象ですら、「懐く／懐かない」、「（ライオンと比べると）小さい／（文鳥と比べると）大きい」等々、多様な意味内容やイメージを持っている。したがって、ネコを対象にした論理展開を進めていく際に、様々な意味内容の断片が全然別の方向に繋がって行って、C収シュウのつかない論理展開になってしまう可能性があるのである。

とはいえ、④自然言語の言葉の多義性は思考を行う上で極めて重要な性質である。思考とは、対象の持つ意味内容の要素と、知識として保有している事象の持つ意味内容の共通部分とで意味的なジョイントがなされて、論理および推論を展開していく作業である。つまり、ある一つの思考対象が持つ意味内容を一つだけに限定しないからこそ様々な知識と繋がり得るのであり、言葉の多義性があるからこそ、豊かで広がりを持った論理展開が可能になるのだ。

もし先に挙げたような言葉の多義性から生じる論理矛盾を避けようとすると、A＝BとかC≠Dというように命題の意味内容を一義的に限定する数学的思考しか成立しなくなる。このような思考世界では、論理展開によって真か偽かの命題展開、数式展開は可能であっても、ネコやご飯や思い出といった現実世界の重要な事象や概念を論理的思考の材料とすることができなくなってしまう。⑤論理的に精緻な思考を追求すると、それは正確かもしれないが、厚みも豊かさも実感もリアリティも伴わない［⑥］なものになってしまうのである。

ではどうすれば、豊かな広がりを持ちリアリティのある、［⑦］論理的妥当性の高い思考を行うことができるのかというと、ある思考対象の言葉と照らし合わせて繋げる知識要素のジョイントの部分とそれ以外の部分の意味内容を注意深く把握しながら論理を展開していくことに尽きる。ネコが文鳥と比べて大きな動物だとは言っても、〝大きい〟という意味内容で戦艦大和と繋げて、「ネコは戦艦大和に似ている。」などという論理展開に陥らないようにすることである。

同様に、秋の爽やかなお天気を表す時、「空一面に広がった〝雲〟」という表現ではなく、「空一面に広がった〝うろこ雲〟」という表現を選び取れるようにすることである。結局、豊かでかつ論理的に妥当性の高い思考を実現するためには、意味的に過不足の無い言葉の選択が全ての基本になる。そして、言葉とその言葉が持つ意味合いに関する知識・経験とセンスによって、⑧注意深く意味を繋いでいくことが求められるのである。

（波頭亮《はとうりょう》『論理的思考のコアスキル』）

（注）命題――判断の内容を言語で表したもの。
A≠B――「AとBは等しくない」ということを表す。
誤謬――あやまり。まちがい。

問一　二重傍線部A～Cの漢字と同じ漢字を含むものを、次の各群のア～エからそれぞれ一つ選んで、その符号を書きなさい。

A　ア　交通をキ制する。　イ　キ存の権利。
ウ　キ承転結のある話。　エ　部屋を換キする。

つ選んで、その符号を書きなさい。

ア　伊勢大輔は、孫の取り柄は歌のうまさだけだと思っていたが、歌を詠む早さをも持ち合わせていると知り、末恐ろしく感じた。

イ　伊勢大輔の孫は、著名な歌人の孫らしくそれなりの歌を詠んだのだが、歌を詠む早さについては特にすぐれた能力を示した。

ウ　後冷泉天皇が女房たちの求めに応じて歌を詠んだところ、そのあまりの出来映えと詠み出す早さに、女房たちはみな舌を巻いた。

エ　筆者は、後冷泉天皇と女房たちの歌を通した風雅なやりとりに感銘を受けるとともに、当時の人たちの歌を詠む早さに驚いている。

四　※問題に使用された作品の著作権者が二次使用の許可を出していないため、問題を掲載しておりません。

五　次の文章を読んで、あとの問いに答えなさい。なお、本文には一部省略したところと表記を改めたところがある。

人間が思考するというのは、情報と知識を照らし合わせたり繋《つな》ぎ合わせたりして何らかの意味合い《メッセージ》を紡《つむ》ぎ出す行為であるが、そうした情報および知識という思考の材料は「言葉」になっていてこそ思考の材料たり得るのである。

したがって、論理的思考を良く行うためには、考える対象の意味内容を適切に言語化することが必要不可欠となるのである。

①適切な言語化の第一歩は、思考の対象としようとする事象（モノやコトや様子）を正確に表す言葉を探し、選択することである。

たとえば眼前一面に咲いている黄色い花に対して、（〝菜の花〟という言葉ではなく）〝花〟という言葉を選択して認識してしまったとしても、それは目の前の黄色い花を表す言葉として間違いではない（〝木の実〟とか〝ドーナツ〟とかを選ぶと間違いである）が、〝菜の花〟という言葉と比べると正確性に劣る。〝花〟というだけでは、その植物が食べられるかどうかや、油を搾れるかどうかは分からないし、チョウチョが飛んでくるだろうことは想キAできたとしても、それがアゲハチョウなのかモンシロチョウなのかは分からない。

[②]、空に浮かぶうろこ雲を見て、〝うろこ雲〟という言葉で認識するのと単なる〝雲〟と認識するのとでは、その言葉の持つ意味内容を他の情報や知識と繋げて得られる意味合いは大きく違ってくる。単なる〝雲〟という認識であれば、雨の可能性や曇り空、あるいはどんよりとしたイメージが広がっていくが、〝うろこ雲〟ならむしろ爽やかな秋晴れの空を思い出す。つまり、単なる〝雲〟という言葉から得られる意味合いは「雨が降る前チョウB」かもしれないが、〝うろこ雲〟からは「雨が降らない秋晴れの空」と、真逆の意味合いに繋がるのである。

このように、思考の対象となる事象の実相／実体を過不足なく言い表す言葉を探し出し、選び取ることこそ、正しい思考のための適切な言語化の第一歩なのである。

こう説明すると、正確な言葉探しはそれほど難しいスキルではないように感じるかもしれないが、③意外に厄介な側面もある。自然言語は、多義性を持つからである。

たとえば、「ネコは人懐《なつ》っこい動物である。」という表現は、人間の膝の上に乗ってきて甘えるネコや、ゴロゴロと喉を鳴らしてすり寄ってくるネコのイメージを想キさせて、多くの人が共感・共有できる意味内容であろう。

にして笑った。

イ　先生に対する、己の立場をわきまえない非礼な質問にあきれて笑うのをやめた。

ウ　自らの無知をさらけだすような的外れな質問に、笑いをこらえられなかった。

エ　ばかにされないように虚勢を張って平静をよそおう様子に、笑いをかみ殺した。

問四　傍線部④で陽明先生が伝えようとしたことを説明した次の文の空欄**a**・**b**に入る適切なことばを書きなさい。ただし、**a**は三字のことばを書き、**b**は書き下し文から抜き出したことばを書きなさい。

自分の行いを自ら率直に［ a ］ことができるのは、［ b ］の表れなのである。

三　次の文章を読んで、あとの問いに答えなさい。

いにしへの家の風こそうれしけれ①かかることのはちりくと思へば

（後冷泉天皇ご在位のとき）後冷泉院《ごれいぜいゐん》の御時に、十月ばかりに、月のおもしろかりけるに、（天皇が女房たちを）女房達《にようばう》あまた具して（連れて）、南殿に出《い》でさせおはしまして（お出ましになって）、遊ばせ給《たま》ひけるに（月見の宴をなさったときに）、かへでのもみぢを折らせ給ひて、女房の中に、伊勢大輔《いせのたいふ》が孫のありけるに、②投げつかはして、「この中には、おのれぞせむ」とておほせられ（おっしゃったところ）ければ、程もなく、③申しける歌なり。これを聞こし召して（お聞きになって）、「歌がら（歌の品格）はさるものにて、疾《と》さこそ、おそろしけれ」とぞ、おほせられける。

④されば、なほなほ（いよいよ）、少々の節はおくれたりとも、疾く詠《よ》むべしとも覚《おぼ》ゆ。

（源《みなもとの》　俊頼《としより》『俊頼髄脳《としよりずいのう》』）

（注）女房――宮中に仕える女官。
南殿――宮中で公式の儀式を行う所。
伊勢大輔――平安時代の女流歌人。

問一　二重傍線部を現代仮名遣いに改めて、全て平仮名で書きなさい。

問二　傍線部②・③の主語として適切なものを、次の**ア**～**オ**からそれぞれ一つ選んで、その符号を書きなさい。

ア　後冷泉天皇　**イ**　伊勢大輔　**ウ**　伊勢大輔の孫
エ　他の女房　**オ**　筆者

問三　傍線部④の意味として最も適切なものを、次の**ア**～**エ**から一つ選んで、その符号を書きなさい。

ア　その場を離れると　**イ**　そうはいっても
ウ　それを抜きにしても　**エ**　そういうわけで

問四　傍線部①の表現について説明した次の文の空欄**a**・**b**に入る適切なことばを書きなさい。ただし、**a**は六字以上十字以内のことばを本文中から抜き出して書き、**b**は十字以上十五字以内のことばを本文中から抜き出して最初と最後の三字を書きなさい。

「かかることのは」という表現に、歌の作者は「は」と「ことのは」の二通りの意味を込めている。「は」は〈［ a ］〉にあたり、「ことのは」は〈［ b ］〉にあたる。

問五　本文の内容の説明として最も適切なものを、次の**ア**～**エ**から一

Aさんに話を聞いて、次回の特集記事で、あとの各項目に関する□ことが、生徒のボランティア活動への参加を妨げている多くの要因の解消につながると考えた。この考察を踏まえ、「ボランティア活動について考える　第二回」の記事を作成する。

○高校生にとって参加しやすいボランティア活動
○ボランティア活動への具体的な参加手続き
○ボランティア活動に参加した生徒の活動内容
○ボランティア活動への参加にかかる費用

二　次の書き下し文と漢文を読んで、あとの問いに答えなさい。

〔書き下し文〕

昔、陽明《やうめい》先生の居に群弟子侍《はべ》る。一初来の学士（来たばかりの学生）、蓋《けだ》し（たぶん）愚騃《ぐがい》（愚かな）の人なり。乍《たちま》ち（しばらく）先生の良知を論ずるを聞くも、解せず。卒然として問を起こして曰《い》はく、「良知は何物なりや。黒か、白か。」と。群弟子唖然《あぜん》として失笑す。士は慙《は》ぢて赧《あか》らめり。先生徐《おもむ》ろに語《つ》げて曰はく、「良知は黒に非《あら》ずして白に非ず、其《そ》の色赤なり。」と。

〔漢文〕

昔、陽明先生ノ居ニ群弟子侍ル。一初来ノ学士、蓋シ愚騃ノ人也。乍チ①聞㆔クモ先生ノ論㆓ズルヲ良知㆒ヲ、不㆑解セ。卒然トシテ起㆑コシテ問ヲ曰ハク、「良知ハ何物ナリヤ。黒耶《か》、白耶ト。」群弟子唖然トシテ②失笑ス。士ハ慙ヂテ而赧ラメリ。先生徐ロニ語ゲテ曰ハク、「良知ハ③非ズシテ黒ニ非ズ白ニ、④其ノ色赤也ト。」

（耿定向《こうていこう》『権子《けんし》』）

問一　書き下し文の読み方になるように、傍線部③に返り点をつけなさい。

問二　傍線部①の説明として最も適切なものを、次の**ア**～**エ**から一つ選んで、その符号を書きなさい。

ア　来たばかりの学生は、人の持つ知性について先生が説明しているのを聞いても、それがどういうものか全くわからなかった。

イ　先生の知性の素晴らしさについて、弟子たちがあれこれ言い合っているのを聞いても、来たばかりの学生は納得できなかった。

ウ　物事の是非を判断する先生の知性について、弟子たちが議論するのを聞いても、来たばかりの学生の疑問は解消しなかった。

エ　来たばかりの学生は、先生が人物について論じるのを聞いても、その人物の知性のほどが理解できなかった。

問三　傍線部②の説明として最も適切なものを、次の**ア**～**エ**から一つ選んで、その符号を書きなさい。

ア　小さな問題にとらわれて、本質を見ようとしない愚かさをばか

○高新聞　第○○号　　　　【新聞】

特集　ボランティア活動について考える　第一回

一九九五年一月十七日、阪神・淡路大震災が発生した。各地から駆けつけたボランティアが活躍し、この年は「ボランティア元年」と呼ばれている。あの震災から二十五年を経た本年。この節目の年に改めてボランティア活動について考えたい。今回は、全校生徒対象のアンケート調査の結果（**《資料》**参照）をもとに、本校の卒業生で精力的に災害ボランティア活動に取り組むAさんに話を聞いた。

――本校生の高校入学後のボランティア活動経験者の割合について、どのように考えますか。

数年前よりも活動経験者の割合が高まっているようで、うれしく思っています。最近、私も高校生と活動する機会が多くなっています。高校生にボランティアの輪が広がることは心強いことです。

――ボランティア活動の意義とは何でしょうか。

私は高校生のときに初めて災害ボランティア活動に参加しました。たとえ少しでも、人の役に立つことができたことにやりがいを感じました。**ア**被災地の人から「若い世代が来てくれると、元気になる」という言葉をかけていただいたこともあります。人や社会に貢献すると同時に、自分の成長にもつながることが、ボランティア活動を経験する意義だと思います。

――そのように意義ある活動なら、活動経験のない生徒にも参加してほしいと思いますが、そのために必要なことは何だと考えますか。

まず、活動についてよく知ってもらうことです。ボランティアを受け入れる団体にとっても、広報がうまくできていないことが課題となっているようです。高校生では、参加手続きのことなど、よくわからないことも多いでしょう。興味はあるのに、参加方法がわからず、[①]の足を踏んでいる人もいるかも知れません。ですので、学校新聞等で多くの情報を提供することは、とても大切だと思います。

――活動に関する情報はどのようにして集めたらよいのですか。

イ私は、インターネットを使って調べたり、ボランティア団体の方から直接聞いたりして情報を集めています。ボランティア活動の情報は、向こうから転がり込んでくるわけではないので、自分から知ろうとする姿勢が必要です。

――アンケート調査の結果によると、本校生のボランティア活動への参加を妨げている大きな要因は[②]。このことについてどのように考えますか。

高校時代は忙しいですね。私の場合、最初は、休日の過ごし方を見直したり、近隣で、短時間でできる活動の情報を収集したりして参加しました。

――ボランティア活動に参加する際の費用は負担にはなりませんでしたか。

確かに負担でした。そこで私はお金のかからない方法を自分で調べました。**ウ**日帰りの活動に参加したり、自治体やNPO団体などが準備しているバスを利用して交通費を節約したりしました。

――ボランティア活動に関心がない後輩、参加を難しいと思っている後輩にメッセージをお願いします。

エボランティア活動を「特別な活動」だととらえている人が多いのではないでしょうか。たとえ小さな力であっても、それを必要としている人に届けることができれば、それは立派なボランティア活動です。みなさんも、まずはボランティア活動について知り、自分にできることから一歩を踏み出してみてください。

《資料》

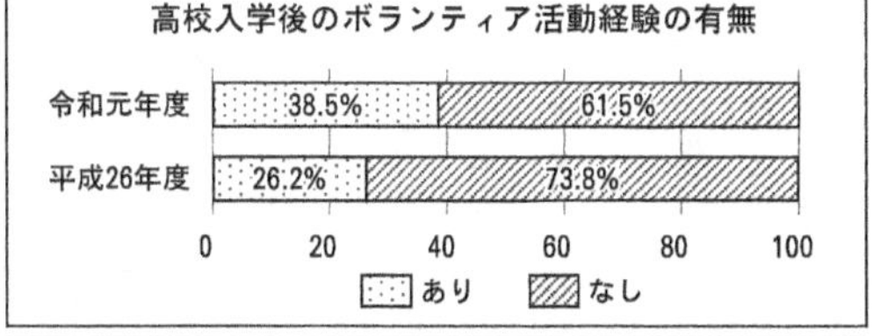

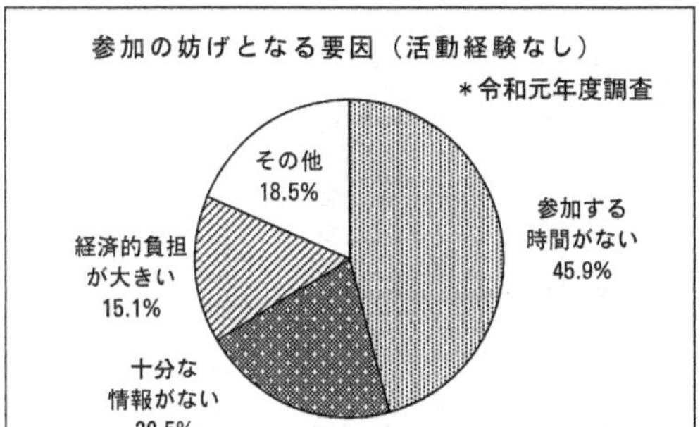

＜国語＞

時間 五〇分 満点 一〇〇点

一 ○○高等学校新聞部では、ボランティア活動に関する全校生徒を対象としたアンケート調査の結果（下記の【アンケート結果】）をもとに、卒業生にインタビューを行い、その内容を特集記事として学校新聞（あとの【新聞】）に掲載した。【アンケート結果】を参考にしながら【新聞】を読んで、次の問いに答えなさい。

【アンケート結果】

高校入学後のボランティア活動経験の有無

	活動経験あり	活動経験なし
平成26年度	26.2%	73.8%
平成27年度	24.3%	75.7%
平成28年度	26.1%	73.9%
平成29年度	29.7%	70.3%
平成30年度	35.4%	64.6%
令和元年度	38.5%	61.5%

参加の妨げとなる要因（令和元年度調査）

	参加する時間がない	経済的負担が大きい	十分な情報がない	手続きの方法がわからない	一緒に参加する人がいない	特に妨げとなることはない
全体	42.5%	14.8%	13.7%	11.9%	9.6%	7.5%
活動経験あり	37.2%	14.2%	20.1%	13.7%	7.9%	6.9%
活動経験なし	45.9%	15.1%	9.7%	10.8%	10.6%	7.9%

問一 【新聞】の空欄①に入る適切な漢字一字を書きなさい。

問二 【新聞】の波線部ア～エを「事実」と「意見」とに分けたとき、「意見」に相当するものを一つ選んで、その符号を書きなさい。

問三 【新聞】の空欄②に入る適切なことばを十五字以内で書き、文を完成させなさい。

問四 インタビュー後、【アンケート結果】をもとに【新聞】に掲載する《資料》を作成した。この《資料》を作成したときの考え方の説明として適切なものを、次のア～エから全て選んで、その符号を書きなさい。

ア Aさんの発言の裏付けとして、ボランティア活動経験者の割合の年度ごとの推移を示すため、《資料》では、令和元年度と平成二十六年度の二つのグラフを用いることとした。

イ Aさんの話から、ボランティア活動への参加手続きの方法も情報の一つと見なし、《資料》のグラフでは「手続きの方法がわからない」という項目の数値を「十分な情報がない」という項目に含めることとした。

ウ インタビューでは、「一緒に参加する人がいない」と「特に妨げとなることはない」という二項目には触れなかったので、《資料》のグラフでは「その他」の項目にまとめることとした。

エ Aさんが触れた経済的負担の問題について、活動経験のある生徒に比べ、経験のない生徒の方が参加を妨げる要因とした割合が高いことを示すため、《資料》では「活動経験なし」のデータを用いることとした。

問五 新聞部では次回の特集に向けて編集会議を行った。その会議の要旨をまとめた次の文章の空欄に入る適切なことばを、【新聞】から十字以内で抜き出して書きなさい。

2020年度

解 答 と 解 説

《2020年度の配点は解答用紙集に掲載してあります。》

＜数学解答＞

1　(1)　-2　(2)　$2x+3y$　(3)　$5\sqrt{2}$　(4)　($x=$)3，($y=$)-5
(5)　($x=$)$\dfrac{-3\pm\sqrt{17}}{2}$　(6)　-4　(7)　$\dfrac{4}{9}$　(8)　48(度)

2　(1)　90(cm)　(2)　①　50(cm)　②　30　③　(符号)イ，8(分)40(秒)

3　(1)　(i)　イ　(ii)　カ　(2)　30(度)　(3)　$2\sqrt{3}$(cm)　(4)　$3+2\sqrt{3}$(cm^2)

4　(1)　(最頻値)　7(cm)　(平均値)　7.8(cm)　(2)　エ　(3)　I　B　II　240(個)

5　(1)　ウ　(2)　($a=$)2　(3)　①　(0，8)　②　$8\pi+4$(cm^2)

6　(1)　①　解説参照　②　($a=$)4　($b=$)6　③　($x=$)49
(2)　(記録された数)5，50(行目)51(列目)

＜数学解説＞

1　(小問群－数・式の計算，根号を含む計算，連立方程式，2次方程式，反比例，確率，円の性質と角度の求値)

(1)　$6\div(-3)=-6\div3=-2$

(2)　$(3x-2y)-(x-5y)=3x-2y-x+5y=2x+3y$

(3)　$\sqrt{8}+\sqrt{18}=2\sqrt{2}+3\sqrt{2}=5\sqrt{2}$

(4)　$3x+y=4$…①，$x-2y=13$…②とする。①より，$y=4-3x$なので，これを②に代入して，$x-2(4-3x)=13$　$x-8+6x=13$　$7x=21$　$x=3$　よって，$y=4-3\times3=4-9=-5$

(5)　$x^2+3x-2=0$に解の公式をあてはめて，$x=\dfrac{-3\pm\sqrt{3^2-4\times1\times(-2)}}{2\times1}=\dfrac{-3\pm\sqrt{17}}{2}$

(6)　比例定数をaとすると，$\boldsymbol{a=xy}$より，$a=-16$　したがって，$y=-\dfrac{16}{x}$　と表せる。
よって，$x=4$のとき，$y=-\dfrac{16}{4}=-4$　なので，［ア］には-4が入る。

(7)　袋に入っている球を赤①，赤②，白の3個とすると，袋から取り出した玉の色は以下の9通りある。(1回目，2回目)＝(赤①，赤①)，(赤①，赤②)，(赤①，白)，(赤②，赤①)，(赤②，赤②)，(赤②，白)，(白，赤①)，(白，赤②)，(白，白)　この中で2回とも赤玉なのは4通りあるので，求める確率は，$\dfrac{4}{9}$

(8)　BDは円Oの直径なので，∠BCD＝90°　また，円周角の定理より，∠BAC＝∠BDC＝42°
したがって，△BCDにて，$\angle x=180^\circ-(90+42)^\circ=48^\circ$

2　(関数とグラフ，方程式の応用，空間図形)

(1)　水そうXの底面積は$100\times100=10000cm^2$　であり，1分間に12Lの割合で水を入れると75分で満水になることから，その容積は$12\times75=900L=900000cm^3$　したがって，水そうXの高さをh(cm)とすると，$10000\times h=900000$　$h=90cm$

(2)　①　おもりYを入れることにより，水そうXが満水になるまでの時間は55分となることから，おもりを入れる前に比べて$75-55=20$分短くなる。したがって，水そうXに入れた水の量は，$12\text{L}\times20=240\text{L}=240000\text{cm}^3$だけ少なくなったと考えることができる。よって，おもりYの体積は240000cm^3とわかるので，$80\times\text{FG}\times60=240000$　これを解いて，$\text{FG}=50\text{cm}$

②　おもりYの底面積は$80\times50=4000\text{cm}^2$なので，水そうXは高さが60cmになるまでは底面積が$10000-4000=6000\text{cm}^2$と考えることができる。したがって，高さが60cmになるまでに必要な水の量は$6000\times60=360000\text{cm}^3$　1分間に$12\text{L}=12000\text{cm}^3$ずつ水を入れるので，かかる時間は，$360000\div12000=30$分　よって，［Ｉ］には30が入る。

③　一番早く水面の高さを20cmにするためには，おもりYの中で最も面積の大きい面を底面にしておけばよい。したがって，面AEFBとわかる。面AEFBの面積は$60\times80=4800\text{cm}^2$なので，おもりYの部分を除いた水そうXの底面積は，$10000-4800=5200\text{cm}^2$となる。よって，水面の高さが20cmになるまでに必要な水の量は，$5200\times20=104000\text{cm}^3$となり，1分間に$12\text{L}=12000\text{cm}^3$ずつ水を入れるので，かかる時間は$104000\div12000=\frac{26}{3}$分　すなわち，8分40秒である。

3 （平面図形―三角形が合同であることの証明，角度の求値，線分の長さの求値，五角形の面積の求値，三平方の定理の利用）

(1)　(i)　折り返した図形の長さは，もとの長さと同じなので，$\text{GD}=\text{AB}=\text{CD}=2\text{cm}$である。したがって，イが入る。　(ii)　①，②，⑥より，$\text{GD}=\text{CD}$，$\angle\text{EGD}=\angle\text{FCD}$，$\angle\text{GDE}=\angle\text{CDF}$となっていることから，1辺とその両端の角がそれぞれ等しいとわかり，カが入る。

(2)　(1)より，$\triangle\text{GDE}\equiv\triangle\text{CDF}$なので，$\angle\text{GDE}=\angle\text{CDF}=a^\circ$とし，また，$\angle\text{EDF}=b^\circ$とおく。$\angle\text{GDC}=90^\circ$より，$2a+b=90$…①　また，$\triangle\text{GDE}\equiv\triangle\text{CDF}$なので，△GDEは$\text{GD}=\text{GE}$の二等辺三角形であることから，$\angle\text{GED}=\angle\text{GDE}=a^\circ$となり，内角の和から$\angle\text{DGE}=(180-2a)^\circ$…②　平行四辺形の隣り合う角の和は180°であることから、$\angle\text{FCD}+\angle\text{CDE}=180^\circ$なので，$\angle\text{DCF}=180^\circ-(a+b)^\circ$…③　②，③かつ$\angle\text{DGE}=\angle\text{DCF}$なので，$180-2a=180-(a+b)$　整理して、$a=b$…④　以上，①，④より，$a=b=30^\circ$となり，$\angle\text{EDF}=30^\circ$

(3)　右図のように，点Cから線分DFに垂線CHを下ろしたとすると，△CDFは$\text{CD}=\text{CF}=2\text{cm}$の二等辺三角形であることから，$\text{DH}=\text{FH}$　また(2)より，$\angle\text{CDF}=\angle\text{CFD}=30^\circ$なので，△CDHと△CFHはともに$\text{CH}:\text{CD}:\text{DH}=\text{CH}:\text{CF}:\text{FH}=1:2:\sqrt{3}$の3辺の比を持つ直角三角形とわかり，$\text{DH}=\text{HF}=\sqrt{3}\text{ cm}$　以上より，$\text{DF}=\sqrt{3}+\sqrt{3}=2\sqrt{3}\text{ cm}$

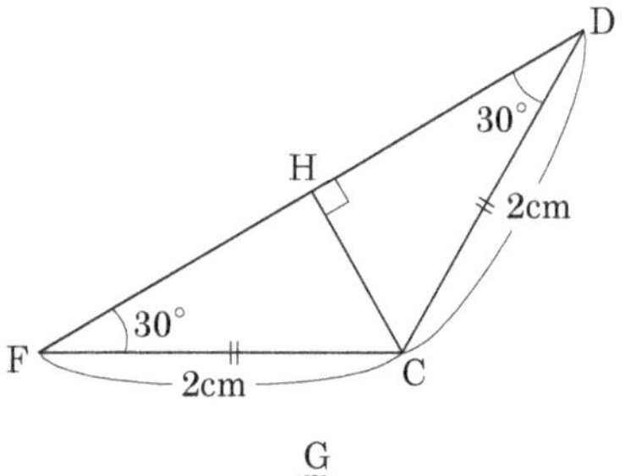

(4)　右図のように，点C，Gからそれぞれ線分DEに垂線CI，GJを下ろす。△CDIにおいて，$\angle\text{CDI}=60^\circ$より，$\text{DI}:\text{CD}:\text{CI}=1:2:\sqrt{3}$の3辺の比を持つ直角三角形なので，$\text{CD}=2\text{cm}$より，$\text{CI}=\sqrt{3}\text{ cm}$　同様に，△EGJにおいて，$\angle\text{GEJ}=30^\circ$より，$\text{GJ}:\text{GE}:\text{EJ}=1:2:\sqrt{3}$の3辺の比を持つ直角三角形なので，$\text{GE}=2\text{cm}$より，$\text{GJ}=1\text{cm}$，$\text{EJ}=\sqrt{3}\text{ cm}$　よって，$\text{ED}=\text{EJ}+\text{DJ}=2\sqrt{3}\text{ cm}$　したがって，五角形GEFCDの面積は(台形CDEF)＋△GEDと考えることができるので，$(2+2\sqrt{3})\times\sqrt{3}\times\frac{1}{2}+2\sqrt{3}\times1\times\frac{1}{2}=\sqrt{3}(1+\sqrt{3})+\sqrt{3}=3+2\sqrt{3}\text{ cm}^2$

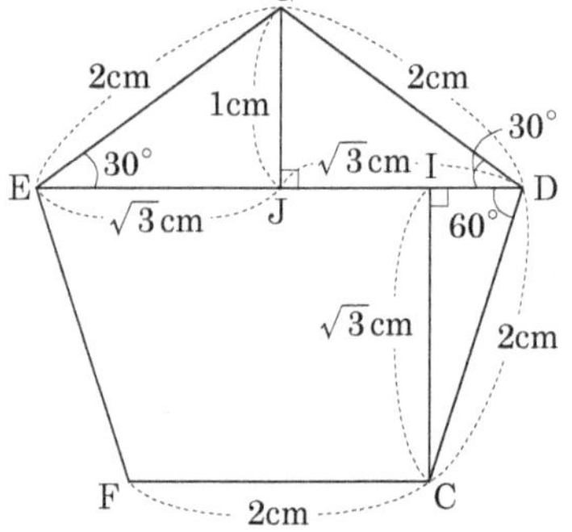

4 (資料の散らばり・代表値―最頻値，平均値，ヒストグラムの読み取り，相対度数)

(1)　問題の図2のヒストグラムを用いて考える。最頻値は，6.5cm以上7.5cm未満の階級の度数が12と最も大きいのでこれが最頻値となり，その最頻値(モード)は7cm。また，平均値はそれぞれの度数を数えて計算すると，$\frac{5.0\times6+6.0\times5+7.0\times12+8.0\times7+9.0\times10+10.0\times10}{50}=\frac{390}{50}=7.8$(cm)

(2)　①～③の条件を整理すると以下のことがわかる。

①　畑Bの最頻値は，畑Aの最頻値と等しく7cmである。

②　畑Aと畑Bの中央値が含まれる階級は同じなので，問題の図2から7.5cm以上8.5cm未満の階級に中央値は存在する。

③　問題の図2より，畑Aの階級値が6cmの階級の相対度数は，$\frac{5}{50}=\frac{1}{10}$である。これは畑Bの階級値が6cmである階級の相対度数と同じである。

以上，①～③の条件から，選択肢ア～カを検証する。

ア：中央値が6.5cm以上7.5cm未満の階級に存在し，②に適さない。

イ：最頻値が10.0cmとなっており，①に適さない。

ウ：中央値が6.5cm以上7.5cm未満の階級に存在し，②に適さない。

エ：条件を満たす。

オ：階級値が6cmである階級の相対度数が$\frac{5}{30}=\frac{1}{6}$となっており，③に適さない。

カ：中央値が6.5cm以上7.5cm未満の階級に存在し，②に適さない。

(3)　大きさが6.5cm以上である玉ねぎの個数の相対度数を考えると，畑Aは，$\frac{39}{50}=\frac{78}{100}$　畑Bは，$\frac{24}{30}=\frac{4}{5}=\frac{80}{100}$　となるので，畑Bの方がその割合は高い。そのとき，畑Bから収穫することができたたまねぎのうち，大きさが6.5cm以上である玉ねぎの個数はおよそ$300\times\frac{80}{100}=240$個

5 (関数と図形―$y=ax^2$のグラフ，放物線上の座標，点の回転移動，図形の回転移動と面積)

(1)　$y=ax^2$**のグラフはaの絶対値の値が大きくなればなるほどグラフの開き方は小さくなる(aの値が小さくなればなるほどグラフの開き方は大きくなる)**ので，$\frac{1}{8}<\frac{1}{4}<\frac{1}{2}$より，$y=\frac{1}{8}x^2$のグラフはウとなる。ちなみに，$y=\frac{1}{4}x^2$のグラフはイ，$y=\frac{1}{2}x^2$のグラフはアとなる。

(2)　アのグラフは$y=\frac{1}{2}x^2$のグラフとなっているので，点A$(a,\ a)$となるとき，$a=\frac{1}{2}a^2$　これを解いて，$a^2-2a=0$　$a(a-2)=0$　$a>0$より，$a=2$

(3)　①　(2)より，点A(2, 2)である。点Bは点Aとy軸に関して対称なので，B(−2, 2)　点Cは$y=\frac{1}{8}x^2$のグラフ上にあり，そのy座標が2なのでこれを代入すると，$2=\frac{1}{8}x^2$　$x^2=16$　$x>0$より，$x=4$　よって，C(4, 2)　また，点Dは$y=\frac{1}{4}x^2$のグラフ上にあり，そのx座標が4なのでこれを代入すると，$y=\frac{1}{4}\times4^2=4$　よって，D(4, 4)　よって，右図のように点Oは点Eまで回転し，直線ODの式は$y=x$より，∠DOE＝45°であり，OD＝DE＝$4\sqrt{2}$ より，**△ODEは直角二等辺三角形であることからOD：DE：OE＝1：1：$\sqrt{2}$** となり，OE＝OD×$\sqrt{2}$＝$4\sqrt{2}\times\sqrt{2}=8$　ゆえに，E(0, 8)

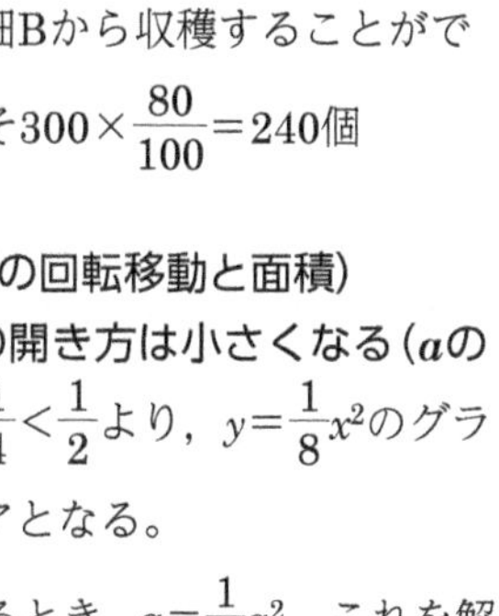

②　点Aの移動後の点をA'，点Bの移動後の点をB'とし，点Dを中心として半径DA，半径DBの円を考えると，求める面積は次ページ図の斜線部分となる。△DAA'，△DBB'はともに直角二等辺三角形であり，点A'(2, 6)はす

ぐにわかる。しかし，そのままだと面積を求めにくいので，図形を少し変形させて考えることにする。点Dを中心とした半径DBの円と直線ODの交点をF，直線DEの交点をF'とすると，(おうぎ形DBF)≡(おうぎ形DB'F')なので，「線分OFとOBと弧BFで囲まれた部分」と「線分EF'とEB'と弧B'F'で囲まれた部分」は同じになるので，求める面積は，(おうぎ形DFF')−(おうぎ形DAA')＋△A'B'Eで求めることができる。したがって，三平方の定理より，

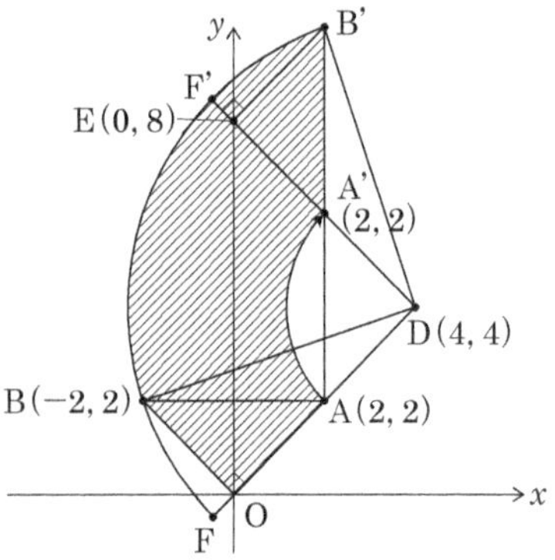

$\mathrm{DB}=\sqrt{(4-(-2))^2+(4-2)^2}=\sqrt{36+4}=2\sqrt{10}\,\mathrm{cm}$

$\mathrm{DA}=\sqrt{(4-2)^2+(4-2)^2}=\sqrt{8}=2\sqrt{2}\,\mathrm{cm}$，$\mathrm{A'E}=\mathrm{B'E}=\sqrt{(2-0)^2+(8-6)^2}=\sqrt{4+4}=\sqrt{8}=2\sqrt{2}\,\mathrm{cm}$かつ$\angle\mathrm{A'EB'}=90°$なので，求める面積は，

$(2\sqrt{10})^2\pi\times\frac{90}{360}-(2\sqrt{2})^2\pi\times\frac{90}{360}+2\sqrt{2}\times2\sqrt{2}\times\frac{1}{2}=10\pi-2\pi+4=8\pi+4(\mathrm{cm}^2)$

6 (数学的思考力の利用)

(1)　①　右図のように長方形のます目に記録される。　②　右図のようにます目に数が記録される。その和を考えると，$2a+4b+20$となり，$a+b=10$かつ$a<b$なので，$2a+4b+20$が最も小さくなるのは，$a=4$，$b=6$のときである。　③　縦$(2x+1)$cm，横$(2x+2)$cmより，数字を書き入れていくと右図のようになる。したがって，長方形のます目に記録された数の和は，$(5+4)x+(5+6)\times(x+1)+(4+6)x+(5+6)x=41x+11$

これが2020となるとき，$41x+11=2020$　これを解いて，$x=49$

5	7	5	7
3			3
5	7	5	7

5	b	5	b
a			a
5	b	5	b

(2)　(1)③より，$x=49$のとき下図1のようになる。ここで，左上から対角線上にあるます目をP_1，P_2，P_3，…としていくと，P_{50}となったときに，右のます目に動いて最後に記録する数を書いて終わりとなる。ここで，P_1，P_2，P_3，…に書かれていく数を考えていくと，長方形Yは縦が奇数個，横が偶数個のます目があることより，P_1，P_2，P_3，…は「5，4，6，5，4，6，…」と5，4，6が繰り返される。よって，50÷3＝16余り2なので，P_{50}は4。よって，最後に書かれる数は下図2の斜線部のところであり，5と決まる。そのます目は，50行目の51列目である。

図1

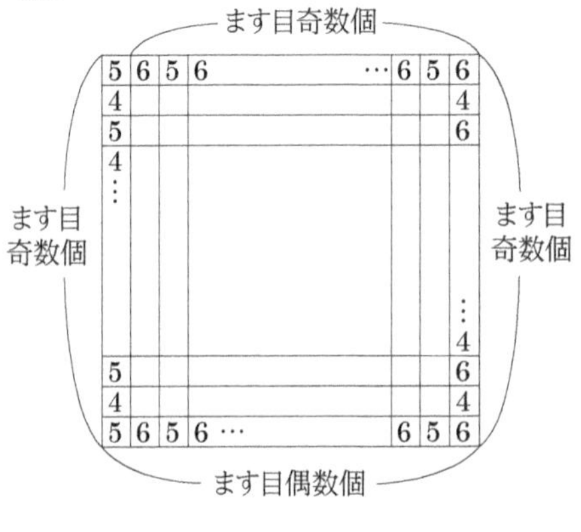

図2

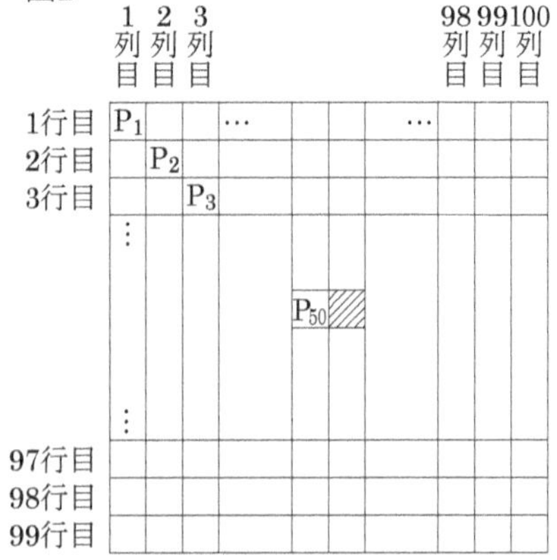

<英語解答>

Ⅰ　1　No. 1　b　No. 2　c　No. 3　a　2　No. 1　d　No. 2　c　No. 3　a
3　1　b　2　b

Ⅱ　1　①　ウ　②　エ　2　ア，イ　3　to arrive[to be]　4　い　about making cakes for　う　did a very good

Ⅲ　1　①　ア　②　エ　2　A　オ　B　カ　C　ウ　3　イ

Ⅳ　1　エ　2　ウ　3　エ　4　number　5　①　イ　②　ア
③　purpose　④　age[ages]　⑤　day[days]

Ⅴ　1　①　is spoken　②　belonged　③　listening　2　(1)　summer
(2)　plane[airplane]　(3)　window　3　①　in front　②　take off
③　come true[become true]

<英語解説>

Ⅰ　(リスニング)

放送台本の和訳は，60ページに掲載。

Ⅱ　(短文読解問題：語句補充，語句の並べ換え)

1　①「広いスペースで自転車に乗って楽しめるから最初に公園に行くのがいいと思う」park のメモにだけ自転車について書かれている。　②「朝早くに家を出てマーケットに行ってもいいかしら」直後に「そこでいくつか食べ物を買いたい」と言っている。

2　サラの発話から最初に公園に行くことがわかるので，それ以外で考える。ア「この町の歴史にとても興味があるから博物館に行きたい」，イ「動物にエサをあげるのに興味があるから動物園に行きたい」は意味が通るのでふさわしいが，エ「絵を見ることに興味があるからマーケットに行きたい」は合わない。

3　マイクの発話は食べ物を買って3時間くらい公園に行って，他の場所にも行けるという内容。そのあとに But「しかし」と言っているので準備のためにどうするのかを考える。「でもパーティの準備をするために5時までに家に着いていないといけない」**<have to +動詞の原形>**で**「～しなくてはならない」**の意味。arrive「着く」

4　い　(How) about making cakes for (our guests?)「お客さんにケーキを作るのはどうかしら？」　**How about ～ ing** で**「～するのはどうですか」**という提案の表現。　う　(You) did a very good (job!)「とても上手にできたわね！」do a good job「うまくやる」

Ⅲ　(長文読解問題・説明文：語句補充，内容真偽)

(全訳)

[1]　ユニバーサルデザインはみんなのための製品や環境を作り出す考えです。多くの国ではユニバーサルデザインの考えでよりよい社会を作ろうとしています。そのような社会では人々はお互いに尊重し，支え合うのです。日本の人たちもまたそのような社会を作ろうとしています。どのくらいその考えが日本で理解されているかを見てみましょう。

[2]　このグラフは日本でユニバーサルデザインの考えを理解している人たちがどれくらいいるかを表しています。全体では①半分より多くの人たちがそれを理解していると書いてあります。

色々な年齢層を見ると，②グループDの人たちは他のグループの人たちよりもより理解しています。ユニバーサルデザインの考えは約40年前に生まれました。その考えは新しいので，年がより上の人たちはこの言葉を知らないかもしれません。最近は学校でもこのことを学ぶので，将来より多くの人たちがこの考えを理解するでしょう。

[3]　2020年には東京オリンピック・パラリンピックのために多くの外国人が日本を訪れるので，たくさんのユニバーサルデザインの製品や環境を準備しています。その内の1つがピクトグラムです。それは絵の標識です。ピクトグラムのいくつかはよりみんなにやさしいものに変更されます。例えば，温泉のピクトグラムがラーメンのような温かい食事を意味していると思う外国人もいたのです。彼らは混乱したので、日本政府が彼らのために他のピクトグラムを付け足すことに決めました。今このピクトグラムでみんながもっと簡単に温泉を見つけることができます。

[4]　若い日本人がピクトグラムを世界中で共通のものにしたということを知っていますか？　それは1964年の東京オリンピック・パラリンピックから広まりました。当時，外国人が日本に滞在することは困難でした。彼らの周りには日本語でしか書かれていない標識が多すぎました。それなのでデザイナーの勝見さんが若いデザイナーに「世界中から来たみんながわかる標識を作ろう」と言いました。こうして多くのピクトグラムが日本で発明されました。そして多くの人たちがそれがとても役に立つことに気が付きました。これらのイベントのあとに世界中の人たちがピクトグラムを使うという考えを持ったのです。

[5]　2020年の東京オリンピック・パラリンピックに向けて，ユニバーサルデザインの考えとともに外国から来る人たちを歓迎しましょう。これらのイベントは日本だけでなく世界中にこの考えを広げるいい機会です。1964年の若い人たちのように他の人たちのために何かをする準備はできていますか？　さあ，次はあなたの番です。若いみなさんが未来のためによりよい社会を作ることができるのです。

1　①　**in total「全体で」**とあるのでグラフの全体のところを見る。more than は「～より多くの」。　②　**<形容詞・副詞の比較級＋ than～>で「～よりも…だ」**の意味。better「よいよい」は well，good の比較級。グラフを説明する文には比較の表現がよく使われる。

2　A　オ「みんなのためにより良い社会を作り出す考え」第1段落はユニバーサルデザインという考えについて述べている。　B　カ「絵の標識を広めた若い日本人」第4段落でどのようにしてピクトグラムが生まれたかが述べられている。**spread「～を広げる」**　C　ウ「未来のための若い人たちへのメッセージ」第5段落最後の3文参照。

3　ア「温泉を意味する古い絵の標識は今は使われていない」(×)　第3段落第4文以降参照。今使われていないとは書かれていない。　イ「絵の標識を使うという考えは1964年に世界中に広まった」(○)　第4段落参照。　ウ「外国の人たちは勝見さんに温泉の絵の標識をデザインするよう頼んだ」(×)　第3段落第5文以降参照。　エ「日本人は2020年に初めて絵の標識を使う」(×)　第4段落によるとピクトグラムは1964年以降広く使われている。第3段落では2020年に向けて今まであった紛らわしいものがいくつか新しくなると述べられている。

Ⅳ　(会話文問題：語句解釈，英問英答，語句補充)

(全訳)

たける　：僕たちの質問は①「なぜ『みらい』よりも『あすか』に多くの人が買い物に行くのか？」ということです。僕が職業体験として「みらい」で働いたとき，職員はとても親切で丁寧でした。そこの魚や野菜は新鮮で，低価格で売られています。だから「みらい」もいいショッピングセンターだと思います。

木村先生：なるほど。じゃあ君たちの質問に答えるためには何をすべきですか？

オリビア：ショッピングセンターの商品がお客さんの数に影響を与えていると私たちは思っています。もし多くの商品があれば，より多くの人がそこに行くでしょう。だから何を売っていて，お客さんが何を買うかを調べるのがいいと思います。それぞれのショッピングセンターに行ってお客さんにインタビューをします。「みらい」にないのがどの商品かがわかります。

木村先生：現地調査をするつもりなんですね？　それはいいアイディアですね。でもお客さんに質問を1つだけするつもりなんですね。②それはあなたたちの探究活動に十分でしょうか？

たける　：電車の駅からの距離もお客さんの数に影響を与えているかもしれませんよね？

オリビア：うーん…，私はそうは思いません。オーストラリアでは車でよく買い物に行きます。「みらい」でも「あすか」でもたくさんの車をみるから，③これらのショッピングセンターは駅から近い必要はないと思います。

たける　：なるほど。じゃあ…僕は映画を観たいときによくショッピングセンターに行きます。そしてそこのレストランで食べるのも好きなんです。

木村先生：いいですね。では他にはどんな質問をインタビューで聞くべきでしょうか？

たける　：そのショッピングセンターに来る目的？

木村先生：すばらしいですね。他には？

オリビア：違う年齢の人たちは違うものを買うので，お客さんの年齢は大事だと私は思います。

木村先生：その通りですね。何かを探求するとき，違う観点からそれを調べることがとても大事です。もしたくさんの種類のデータがあれば，よりよく理解することができますよ。

オリビア：週の曜日も大事だと思います。週末にはより多くの人が来るに違いありません。オーストラリアで私の家族はたいてい毎週日曜日に約1週間分の食料を買います。日本も同じようだと思います。もし週末にインタビューをしたらたくさんのデータを集められます。別の曜日ならまた違う結果が見られるかもしれません。

木村先生：すばらしいですね。目的，年齢そして曜日でそれぞれのお客さんを分析すると，それぞれのショッピングセンターの特徴がわかりますね。もしもっと質問を加えたければ，そうするといいですね。次のレッスンではデータ分析後の結果を教えてください。

たける　：はい，お伝えします。僕たちの探究活動のプレゼンテーションまであと6ヶ月です。僕たちはプレゼンテーションに「みらい」の職員たちを招待することを考えています。全力を尽くします。

1　エ　「『あすか』には『みらい』にはない商品がある」1つ目のオリビアの発話参照。

2　ウ　「異なる観点から質問をした方がいい」1つの質問では十分でないことから，下線部以降いくつか他の質問の案があがっている。5つ目の木村先生の発話では探究活動の重要なことが述べられている。

3　2つ目のたくやの発話に対してオリビアが反対意見を述べている。**so は「だから，それで」**という結果を表す接続詞。

4　質問「なぜオリビアは週末にインタビューするべきと思いましたか」　答え「お客さんの数が増え，より多くインタビューできるから」オリビアの4つ目の発話参照。

5　①　イ「何を買いましたか」右に product「商品」とある。オリビアの1つ目の発話内容参照。②　ア「どうやってここに来ましたか」右に「電車，車，その他」とあるので手段を聞いている。2つ目のたける，オリビアの発話参照。　③「なぜここに来ましたか」は purpose「目的」を聞いている。3つ目のたけるの発話から4つ目の木村先生の発話まで，6つ目の木村先生の発話第2文を参照。　④「おいくつですか」は年齢を聞いている。3つ目のオリビアの発話，6つ目の木村先生の発話第2文参照。　⑤「いつ買い物に行きますか」は時を聞いている。右に時間は書かれているので曜日となる。4つ目のオリビアの発話，6つ目の木村先生の発話第2文参照。

V　(語い問題：語句補充，語形変化，受け身，過去形，動名詞，名詞，前置詞，助動詞)

1 ①「フランス語はカナダで話されています」**<be ＋動詞の過去分詞形>で「〜される，られる」**という受け身の意味。speak の過去分詞形は spoken。　②「彼は大学生の時テニスクラブに所属していた」過去の話なので過去形にする。belong to「〜に所属する」　③「私は彼の話を聞いてとても楽しかった」**enjoy 〜 ing で「〜することを楽しむ」**の意味なので listening とする。listen to 〜は「〜を聞く」の意味。

2 (1)「4つの中で一番暑い季節です。春と秋の間です」季節のスペルを確実に覚えること。(2)「中にたくさんの乗客がいるものです。それを使って外国に行けます。それは空を飛びます」　(3)「家で見ることができるものです。太陽から光を得るために必要とします。新鮮な空気を得るためにそれを開けます。普段家に入ったり出たりするためにはそれは使いません」

3 ①「ええと，まず門の前で料金を払わないといけない」直前の A の発話2文目に「この看板の意味は何ですか」とあるので絵をみる。**in front of「〜の前で，に」** fee「料金」　②「城に入るとき靴を脱がなくてはならない」**take off「〜を脱ぐ」**　③「もしハート型の石を見つけたら，いつかあなたの夢がかなうかもしれません」may「〜かもしれない」の後ろは動詞の原形。 **come true「実現する」**

2020年度英語　聞き取りテスト

〔放送台本〕

これから聞き取りテストを行います。問題用紙の1ページを見てください。問題は聞き取りテスト1，2，3の3つがあります。聞きながらメモを取ってもかまいません。

(聞き取りテスト1)

聞き取りテスト1は，会話を聞いて，その会話に続く応答や質問として適切なものを選ぶ問題です。それぞれの会話の場面が問題用紙に書かれています。会話のあとに放送される選択肢a〜cの中から応答や質問として適切なものを，それぞれ1つ選びなさい。会話と選択肢は1回だけ読みます。では，始めます。

No. 1 〔A：女性，B：男性〕

A: Hello. May I help you?
B: Yes. I'll have two hamburgers, please.
A: Would you like something to drink?
(a) OK, I'll do it for you.
(b) Orange juice, please.
(c) Yes. Here you are.

No. 2 〔A：男性，B：女性〕

A: Here's a letter from my school, Mom.

B: Sorry, I'm busy now. Can I read it later?
A: OK. Where can I put this?
(a) Yes, you can do it.
(b) That's all, thank you.
(c) On the table, please.

No. 3 〔A：女性，B：男性〕
A: I climbed a mountain with my father yesterday.
B: Oh, that's nice.
A: Yes, but I'm tired this morning.
(a) How long did you walk?
(b) How did you know him?
(c) How far was it to the hospital?

〔英文の訳〕

No. 1 A：こんにちは。おうかがいします。
B：はい。ハンバーガーを2つお願いします。
A：何かお飲み物はいかがですか？
(a) オーケー。あなたのためにします。(×)
(b) オレンジジュースお願いします。(○)
(c) はい。どうぞ。(×)

No. 2 A：学校からの手紙だよ，お母さん。
B：ごめんね，今忙しいの。後で読んでもいい？
A：うん。どこに置いておく？
(a) はい，できるわよ。(×)
(b) これで終わりです。ありがとう。(×)
(c) テーブルの上にお願い。(○)

No. 3 A：昨日父と山に登ったのよ。
B：ああ，それはいいね。
A：ええ，でも今朝は疲れてるわ。
(a) どれくらい長く歩いたの？(○)
(b) どうやって彼を知ったの？(×)
(c) 病院まではどれくらい遠かったの？(×)

〔放送台本〕

(聞き取りテスト2)

聞き取りテスト2は，会話を聞いて，その内容について質問に答える問題です。それぞれ会話のあとに質問が続きます。その質問に対する答えとして適切なものを，問題用紙のa～dの中からそれぞれ1つ選びなさい。会話と質問は2回読みます。では，始めます。

No. 1 〔A：男性，B：女性〕
A: Hi, Kaori. You look very happy.
B: Yes. I got an e-mail from my sister. She'll return home next month.
A: Really? Where does she live now?

B: In the U.S. She goes to a university there.
A: What does she study?
B: She studies math.
(Question) Why is Kaori happy?

No. 2 〔A：女性，B：男性〕
A: Tom, have you finished the social studies homework for tomorrow?
B: Tomorrow? We don't have social studies tomorrow. Look at the schedule for this week.
A: Oh, you're right.
B: By the way, lunch time will finish soon. Are you ready for your speech in English class this afternoon?
A: Of course. Today, I'll speak about my family.
B: Good luck!
(Question) What day is it today?

No. 3 〔A：男性，B：女性〕
A: I'm making a birthday card for Nancy.
B: Wow, you drew a nice cake, Kenta.
A: Thank you. Now, I'm going to write "HAPPY BIRTHDAY!". Where should I write it?
B: I think the message should be on the top.
A: I see. Just below the name?
B: Yes. And it's nice to add another short message, too.
A: That's great. Thank you. I'll send it tomorrow.
(Question) Which card will Kenta send to Nancy?

〔英文の訳〕
No.1 A：こんにちは，カオリ。とても嬉しそうだね。
B：うん。姉からメールをもらったの。来月家に帰ってくるのよ。
A：本当？ 今どこに住んでいるの？
B：アメリカ。そこの大学に通っているの。
A：何を勉強しているの？
B：数学よ。
質問：カオリが嬉しいのはなぜですか？
答え：d 来月姉に会う。

No.2 A：トム，明日の社会の宿題は終わった？
B：明日？ 明日は社会はないよ。今週の予定を見て。
A：あら，その通りね。
B：ところで，お昼の時間はもうすぐ終わるよ。午後の英語の授業でのスピーチの準備はできてる？
A：もちろん。今日家族について話すわ。
B：グッドラック！
質問：今日は何曜日ですか？

答え：c　木曜日。

No.3 A：ナンシーへの誕生日カードを作ってるんだ。

B：わあ，上手なケーキを描いたわね，ケンタ。

A：ありがとう。今「お誕生日おめでとう！」って書くつもりなんだ。どこに書いたらいいかな？

B：メッセージは上がいいと思う。

A：なるほど。ちょうど名前の下？

B：うん。そして他の短いメッセージも付け加えるといいわ。

A：すてきだね。ありがとう。明日送るよ。

質問：ケンタはどのカードをナンシーに送りますか？

答え：a

〔放送台本〕

(聞き取りテスト3)

聞き取りテスト3は，英語による説明を聞いて，その内容についての2つの質問に答える問題です。

問題用紙に書かれている，場面，Question 1 と2を確認してください。これから英文と選択肢が放送されます。英文のあとに放送される選択肢a～dの中から質問に対する答えとして適切なものを，それぞれ1つ選びなさい。英文と選択肢は2回読みます。では，始めます。

OK, everyone, I'll show you the special English lessons in our high school. In these lessons, our students can communicate with high school students in Australia on the computers. Look, they're talking with each other now. Last week, Australian students taught our students about recycling systems in their country. Now, our students are talking about Japanese recycling systems. Next week, they'll write a report about the differences between the systems in both countries. I hope you'll enjoy this lesson.

(Question 1 Answer)

a Students can study with university students.

b Students can talk with foreign students.

c Students can visit junior high schools.

d Students can go abroad.

(Question 2 Answer)

a They'll make a speech.

b They'll write a report.

c They'll send e-mails.

d They'll answer questions.

これで聞き取りテストを終わります。

〔英文の訳〕

さあ，みなさん，我が高校での特別英語レッスンをお見せします。このレッスンでは生徒はコンピュータでオーストラリアの高校生たちとコミュニケーションを取ることができます。見てください，今お互いに話しているところです。先週，オーストラリアの生徒たちが私たちの生徒に彼らの国のリサイクルシステムについて教えてくれました。今私たちの生徒が日本のリサイクルシステムについて話しています。来週は両国のシステムの違いについてレポートを書きます。みなさんがこのレッスンを楽しんでくれることを願っています。

質問1：この英語のレッスンが特別なのはなぜですか？

答え　：b　生徒たちが外国の生徒たちと話すことができる。

質問2：来週日本の高校生がすることは何ですか？

答え　：b　レポートを書く。

<理科解答>

Ⅰ　1　(1)　エ　(2)　屈折　2　(1)　(レンズ)　ウ　(網膜)　エ　(2)　イ
3　(1)　ア　(2)　ウ　4　(1)　ア　(2)　エ

Ⅱ　1　(1)　①　ウ　②　ウ　(2)　9.5〔mm〕　(3)　イ　(4)　ア　2　(1)　ア
(2)　イ　(3)　ウ，オ

Ⅲ　1　(1)　ア　(2)　エ　(3)　ウ　2　(1)　C
(2)　(最も多い)　C　(最も少ない)　A　(3)　①　ウ　②　イ

Ⅳ　1　(1)　ア　(2)　エ　(3)　イ　(4)　ウ　(5)　エ　2　(1)　イ　(2)　ア

Ⅴ　1　(1)　①　オ　②　イ　③　ウ　(2)　エ　(3)　21.4〔J〕　2　(1)　4〔Ω〕
(2)　1.8〔A〕　(3)　カ　(4)　イ

<理科解説>

Ⅰ　(各分野小問集合)

1　(1)　ガラス中から空気中へ光が進むとき，その境界面で，**入射角<屈折角**となるように光が進む。　(2)　光が異なる物質へ入射するとき，その境界面で光の道筋が折れ曲がることを，屈折という。

2　(1)　ウをレンズ，または水晶体という。エが網膜で，光の刺激を受けとる細胞がある。
(2)　うでを曲げるとき，内側の筋肉Aが縮み，外側の筋肉Bがゆるむ。また，うでをのばすとき，内側の筋肉Aがゆるみ，外側の筋肉Bが縮む。

3　(1)　石灰石にうすい塩酸を加えたときに発生する気体は，二酸化炭素である。二酸化炭素は，炭素原子1個と酸素原子2個が結合して分子を構成している。　(2)　二酸化炭素を水にとかすと炭酸水となり酸性を示す。

4　(1)　日本が夏至のとき，**北半球の地軸が太陽のほうに向かって傾いている。**　(2)　地球を北極側から見たとき，自転と公転の向きは同じになっている。

Ⅱ　(生物総合)

1　(1)　①　観察したいものを視野の中央に動かしてから，対物レンズを変える。対物レンズの倍率を高くすると視野が暗くなるので，しぼりを使って見やすい明るさに調節する。　②　一般的な顕微鏡は，左右上下が逆に見えるので，視野の中でPを右上に動かして中央に移動させたい場合，プレパラートを左下に動かして調節する。
(2)　点をつけた直後，先端から点Dまでの長さは4.5mmである。これが24時間後には14.0mmになっているので，のびた長さは14.0－4.5＝9.5〔mm〕

(3) 根の先端(X)で見える細胞の数が最も多いことから，根の先端の細胞は小さいことがわかる。これは，細胞分裂が根の先端付近でさかんに起こるためである。YとZは視野の中に見える細胞の数が等しく，Xよりも少ないことから，YやZの細胞はXよりも大きいことがわかる。つまり，YやZでは成長した細胞が観察できている。

(4) ひげ根をもつ被子植物は**単子葉類**のなかまで，葉脈は平行脈が見られる。

2 (1) 受精卵，細胞A，皮ふの細胞は，すべて生殖細胞ではないので，ふくまれる染色体の数は等しい。 (2) は虫類の体表はうろこでおおわれている。また，鳥類は恒温動物である。

(3) 「卵生である」で，哺乳類のみが区別できる。「一生を肺で呼吸する」で，魚類・両生類のなかまと，は虫類・鳥類のなかまに分けることができる。これらの各なかまに対して，「体表がうろこでおおわれている」をあてはめると，魚類と両生類が区別でき，は虫類と鳥類も区別できる。

Ⅲ (化学総合)

1 (1) 炭素棒Aは電源の－極につながっているので陰極，炭素棒Bは電源の＋極につながっているので陽極である。塩化銅の電気分解を行うと，陽極から塩素が発生し，陰極には銅が付着する。

(2) **塩化銅→銅イオン＋塩化物イオン**のように電離する。銅イオン(Cu^{2+})は1個，塩化物イオン(Cl^-)は2個発生する。

(3) 陽イオンは，原子が電子を放出したために，全体として＋の電気を帯びている。陰イオンは原子が電子を受け取ったために，全体として－の電気を帯びている。食塩は電解質，砂糖は非電解質である。

2 (1) 物質A～Cについて，60℃の水150gにとける質量を求める。物質A…(約)$37\times\frac{150}{100}=55.5$〔g〕，物質B…(約)$57\times\frac{150}{100}=85.5$〔g〕，物質C…(約)$109\times\frac{150}{100}=163.5$〔g〕 よって，120g以上とかすことができるのは物質Cである。

(2) 40℃と20℃の溶解度を比べて，その差が最も大きい物質Cで結晶が最も多く得られる。差が最も小さい物質Aが，得られる結晶が最も少ない。

(3) ① 40℃の水100gにとける物質Aの質量は64g。10gの水が蒸発したことから，水の質量は140gになっているので，140gの水にとかすことができる物質Aの質量は，$64\times\frac{140}{100}=89.6$〔g〕 よって，出てくる結晶の質量は，$180-89.6=90.4$〔g〕

② **質量パーセント濃度〔%〕＝$\frac{\text{溶質の質量〔g〕}}{\text{溶液の質量〔g〕}}\times100$**$=\frac{89.6}{140+89.6}\times100=39.0\cdots$より，約39%となる。

Ⅳ (地層，地震)

1 (1) れき岩→砂岩→泥岩→火山灰の順に堆積していることから，火山灰が堆積する前までは，しだいに岩石の粒の大きさが小さくなっている。よって，この地域は，しだいに深く，海岸から遠くなったと考えられる。

(2) 火山灰の層を基準にすると，火山灰の層のすぐ上にある層がZ，Zの上にある層がXである。また，火山灰の層のすぐ下にあるのがYである。**下にある層のほうが古い**ことから，Y→Z→Xの順になる。

(3) 火山灰の層の上面の標高を求めると，地点Aが19m，地点Bが19m，地点Dが17mとなる。地点A，Bで火山灰の層の標高が等しくなっていることから，およそ南北方向での地層の傾きはないと考えられる。また，およそ東西の位置関係にある地点AとDを比べると，地点Dの火山灰の層の標高のほうが低い。よって，東西方向では，西にいくほど低くなっていることがわかる。

(4) (3)より，およそ南北方向には地層の傾きはないので，地点Dの柱状図のうち，地表からの深さが1mの地点が，地点Cの地表にあたる。よって，地点Dの深さ1m～6.5mが，地点Cの地表～深さ5.5mにあたる。

(5) 緊急地震速報は，S波よりも早く到着するP波を検知することによって，各地で主要動が発生する前に地震の発生を知らせるシステムである。震源からの距離が遠くなるほど，S波の到着は遅くなるので，地震のゆれに備えることができる。ただし，震源に近い地点では，緊急地震速報の発表がS波の到着に間に合わないこともある。

2 (1) 右側の地層が左側の地層の上方に押し上げられていることから，この地層を左右から押す大きな力がはたらいたと考えられる。

(2) 日本付近には，4つのプレートが集まっている。このうち，西日本の地層に大きな影響を与える海洋プレートはフィリピン海プレートで，これが大陸側のユーラシアプレートの下に沈みこんでいる。

V (電気のはたらき)

1 (1) 発電機は，運動エネルギーを電気エネルギーに変換する装置である。エネルギーの変換によってエネルギーの総量は変化しないが，目的以外のエネルギー(熱エネルギーなど)に変換してしまうこともある。

(2) 豆電球と抵抗がつけられた発光ダイオードについて，右の表のようにまとめることができる。

	電圧	電流	抵抗	電力
豆電球	2.0V	0.18A	約11Ω	0.36W
抵抗がつけられた発光ダイオード		0.002A	1000Ω	0.004W

電力が大きくなると，10秒あたりの回転数は多くなり，手ごたえは重い。抵抗が大きいほうが，10秒あたりの回転数は少なく，手ごたえは軽い。

(3) 発光ダイオードの電力量＝0.004〔W〕×60〔s〕＝0.24〔J〕 豆電球の電力量＝0.36〔W〕×60〔s〕＝21.6〔J〕 よって，21.6－0.24＝21.36→21.4J小さい。

2 (1) **抵抗〔Ω〕＝電圧〔V〕÷電流〔A〕**より，3.0〔V〕÷0.75〔A〕＝4〔Ω〕

(2) 並列回路なので，電源電圧6.0Vのとき，抵抗器XとZにはともに6.0Vの電圧が加わる。オームの法則より，電圧と電流は比例するので，抵抗器Xに6.0Vの電圧を加えたときに流れる電流は，$0.75[\mathrm{A}]\times\frac{6.0[\mathrm{V}]}{3.0[\mathrm{V}]}=1.5[\mathrm{A}]$ 抵抗器Zに6.0Vの電圧を加えたときに流れる電流は，$0.15[\mathrm{A}]\times\frac{6.0[\mathrm{V}]}{3.0[\mathrm{V}]}=0.3[\mathrm{A}]$ 電流計にはこれらの合計の大きさの電流が流れるので，1.5＋0.3＝1.8〔A〕の電流が流れる。

(3) それぞれの抵抗の値を求めると，抵抗器Xは3.0〔V〕÷0.75〔A〕＝4〔Ω〕，抵抗器Yは3.0〔V〕÷0.375〔A〕＝8〔Ω〕，抵抗器Zは3.0〔V〕÷0.15〔A〕＝20〔Ω〕 スイッチ1だけを入れたときの合成抵抗は，6.0〔V〕÷0.25〔A〕＝24〔Ω〕 このことから，①と③は抵抗器Xと抵抗器Zのいずれかである。スイッチ2だけを入れたときの合成抵抗は，6.0〔V〕÷0.5〔A〕＝12〔Ω〕 このことから，②と③は抵抗器Xと抵抗器Yのいずれかである。よって，①が抵抗器Z，②が抵抗器Y，③が抵抗器Xである。

	端子AB間	端子CD間
ア	12Ω	20Ω
イ	24Ω	8Ω
ウ	2.6…Ω	20Ω
エ	3.3…Ω	8Ω

(4) 電圧が一定という条件下で，端子C，Dにつないだときのほうが，端子A，Bにつないだときに比べ，電流の大きさが3倍になることから，端子A，Bを使ったときの合成抵抗は，端子C，Dを使ったときの合成抵抗の3倍である。直列

につないだときの合成抵抗は**各抵抗の和**で表され，並列につないだときの合成抵抗Rは，$\frac{1}{R}=\frac{1}{R_1}+\frac{1}{R_2}$で求められる。ア～エでの端子AB間，端子CD間の合成抵抗を求めると，前ページの表のようになる。このことから，正解の条件を満たしているのは，イである。

＜社会解答＞

Ⅰ　1　(1)　D　(2)　a　ア　b　ウ　c　イ　(3)　エ　(4)　オ
(5)　X　ドイツ　Y　インド　(6)　エ　2　(1)　ア　(2)　①　イ　②　イ
③　ア　(3)　①　Z　②　X　③　Y　(4)　A　ケ　D　カ　(5)　①　イ
②　北　③ウ

Ⅱ　1　(1)　①　防人　②　エ　③　イ　④　A　(2)　①　連歌　②　イ　③　ウ
(3)　①　エ　②　ウ　③　ア　2　(1)　ウ　(2)　ア　(3)　イ　(4)　エ

Ⅲ　1　(1)　①　エ　②　ウ　(2)　エ　(3)　イ　(4)　①　X　ウ　Y　イ
②　WTO　2　(1)　地方分権　(2)　イ　(3)　①　ア　②　X　ウ　Y　ア
Z　ウ　(4)　①　イ　②　X　エ　Y　ウ

＜社会解説＞

Ⅰ　**(地理的分野—世界—地形・気候，産業，交通・貿易，資源・エネルギー，地理的分野—日本—地形図の見方，日本の国土・地形・気候，農林水産業，工業，貿易)**

1　(1)　Pは北緯30度線と北緯45度線，東経135度線と東経150度線に囲まれた地域に位置する。対せき点は，緯度が北緯・南緯を入れ替えて角度の数字はそのまま，経度が東経・西経を入れ替えて180から引いた数字で求められる。よって，Pの対せき点は，南緯30度線と南緯45度線，西経30度線と西経45度線に囲まれた地域であると判断する。　(2)　a…1月と7月の降水量の差がほとんどないことから，年中降水量がほぼ一定の**西岸海洋性気候**であるア。b…1月の降水量が多く7月が少ないことから，夏の降水量が多い**温暖湿潤気候**のウ。南半球に位置するため，1月が夏，7月が冬となる。c…1月と7月の降水量の差が最も大きいことから，雨季と乾季がある**サバナ気候**のイ。　(3)　小麦の輸出大国において生産量が増減することがあれば，世界の小麦の価格に与える影響は大きい。生産量が減少すれば価格は上がり，生産量が増加すれば価格は下がる。　(4)　表2中の①は西アジア諸国が上位を占めることから石油，②はインドネシアが2位であることから石炭，残った③は液化天然ガスとわかる。図1中の㋕がナイジェリア，㋖がロシア，㋗がメキシコ。ナイジェリアは石油や天然ガスの輸出にたよる**モノカルチャー経済**が主流で，石炭はあまり産出しない。メキシコからも石炭はあまり産出されない。　(5)　X　表3と図3から，1990年と2016年を比較して，総発電量は増加しているが二酸化炭素排出量が減少している国はドイツとイギリス。表3より，2016年の再生可能エネルギーの発電量は，ドイツが6491(億kWh)×29.0％＝約1882.4(億kWh)，イギリスが3394×24.5％＝約831.5(億kWh)となり，ドイツの方が多い。　Y　1990年と2016年を比較して，総発電量，二酸化炭素排出量ともに増加している国が中国，アメリカ合衆国，インド，日本。これらの国の2016年の再生可能エネルギーによる発電量の総発電量に占める割合が大きい順に中国(24.8％)，インド(16.2％)，アメリカ合衆国と日本(いずれも14.7％)であることが読み取れる。　(6)　日本の対米貿易の特徴として輸出超過である点が挙げられるため，TがUの額より大きくなるイ・エ・カに絞られる。日本の最大貿易相手国は輸出入ともに中国がトップであることから，イ・エ・カのT・Uの額と図4中の日本とSとの輸出入額を比べたとき，日本とSとの輸出入額の数字が最も大きいことから，Sが中国だと判断する。

2 (1) AからBに向かって，富山平野，**飛驒山脈**，**木曽山脈**，**赤石山脈**，静岡平野が位置する。
(2) ① 文中の「2011年」から判断する。**関東大震災**は1923年。 ② 地震で引き起こされるのが津波。東日本大震災の際も津波による甚大な災害が発生した。 ③ **日本海溝**は東日本の太平洋側に海岸線に並行してはしる海溝。 (3) 図5のXが兵庫県，Yが長野県，Zが山梨県。図7中の①は果実の割合が高いことからZの山梨県，③は野菜と果実の割合が高いことからYの長野県，残った②がXの兵庫県。 (4) 図5のカが大阪府，キが三重県，クが石川県，ケが静岡県。表4中のAは輸送用機械器具の出荷額が多いことから，浜松市ではオートバイの生産がさかんな**東海工業地域**を擁するケの静岡県。Dは**金属製品**の出荷額が多いことから，**阪神工業地帯**を擁するカの大阪府。 (5) ① ア…畑ではなく水田が広がっている。ウ…城跡ではなく記念碑が2つある。エ…工場ではなく住宅地が集中している。 ② 田原川と犬打川の合流点付近に「119」の標高が示されているのに対して，それより南の犬打川流域の標高の方が大きいことから判断する。 ③ Bの地域は南から北に向かって下る緩やかな傾斜地になっている。

Ⅱ (歴史的分野—日本史—時代別—古墳時代から平安時代，鎌倉・室町時代，安土桃山・江戸時代，明治時代から現代，歴史的分野—日本史—テーマ別—政治・法律，経済・社会・技術，文化・宗教・教育，歴史的分野—世界史—政治・社会・経済史)

1 (1) ① 九州北部には，外交や軍事の拠点として機能した**大宰府**が置かれた。 ② Bの歌をよんだのは**摂関政治**を行った**藤原道長**。アが豊臣秀吉，イが足利義満，ウが平清盛。 ③ **後鳥羽上皇**は**承久の乱**をおこし，北条氏率いる鎌倉幕府に敗れた。 ④ **万葉集**は奈良時代に編纂された日本最古の和歌集で，資料Aの東歌(防人の歌)など庶民のよんだ和歌も収録されている。
(2) ① Dは室町幕府3代将軍**足利義満**が建てた**金閣**。連歌は宗祇が大成した。 ② Yは安土桃山時代に発展した。 ③ Fの左側の人物は，江戸時代の**元禄文化**の頃に活躍した**松尾芭蕉**。Eの空欄には，江戸時代に幕府直轄の金山があった**佐渡**(新潟県)の地名があてはまる。アが加賀(石川県)，イが安土(滋賀県)，エが平泉(岩手県)。 (3) ① ナポレオンが皇帝の位についたのは1804年。アが15世紀，イが14世紀，ウが19世紀後半の様子。 ② 江戸幕府とオランダとの通商施設が長崎の**出島**を指すことから判断する。 ③ 1825年に出された**異国船打払令**を改め，天保の薪水給与令が出されたのが1842年であることから，直前の1840年におこった**アヘン戦争**がきっかけと考える。イが1861年，ウが1857年，エが1851年のできごと。

2 (1) **地券**に印字された地価の**3%**を現金で納める**地租改正**が，**1873年**に行われた。図2中に「明治十(1877)年」「100分の2ヶ半」とあることから，地租改正後に地租の税率が地価の3%から**2.5%に引き下げられた**内容を示すと判断する。 (2) 日清戦争(1894年)・日露戦争(1904年)がおこったのは明治時代後期。イの世界恐慌(1929年)が昭和時代，ウの「世直し」が江戸時代後期，エの満州国建国(1932年)が昭和時代の様子。 (3) 1918年は**米騒動**がおこった年。米騒動とは，前年におこったシベリア出兵をみこした商人が米を買い占め，米価が高騰したことが原因でおこったことから，図3中の期間で最も米価が急上昇した時期と判断する。 (4) 文章中の X に入るのは，**農地改革**に関する内容。小作争議は戦前の不景気の頃に頻発した。図4中の(Y)について，**自作農を増やす**目的で実施された農地改革によって，戦中と比べて割合が大幅に増加していることから判断する。

Ⅲ　(公民的分野―憲法の原理・基本的人権，地方自治，財政・消費生活・経済一般，国際社会との関わり)

1　(1)　①　**産業の空洞化**とは，工場が人件費のやすい海外に移転することで国内産業が衰退する現象のこと。　②　文中から，平成7(1995)年に輸出額，輸入額がともに大きく落ち込んだとあることから，イを消去。また，平成20(2007)年の金融危機の影響で，翌年の輸出額，輸入額がともに大きく落ち込んだとあることから，アを消去。さらに，平成29(2017)年の輸出額，輸入額がともに阪神・淡路大震災(平成7年)より前の水準を上回ったとあることから，平成29年の輸出額が平成6年を下回っているエを消去する形で考える。　(2)　1ドル＝100円と1ドル＝80円では，100円の方が円の価値が低い。1ドル＝100円の時に20000円をドルに交換すると，20000÷100＝200ドルになるのに対して，1ドル＝80円の時に交換すると，20000÷80＝250ドルになる。　(3)　文中の「経済活動の自由」から判断する。集会・結社・表現の自由は**精神の自由**，労働基本権は**社会権**に含まれる。　(4)　①　関税は自国の産業を守るために輸入品に対してかける税のことで，関税を上げることで保護貿易の傾向が強くなる。関税を撤廃することで，海外からの輸入品を安価で入手できるようになり，自由貿易の傾向が強くなる。　②　世界貿易機関の略称。

2　(1)　地方公共団体の自主財源の割合が低く，地方交付税交付金や国庫支出金など財政面で国に頼っている部分が大きいことから，**地方分権**を進めることが課題となっている。　(2)　**高度経済成長**期とは1950年代後半～1970年代前半の時期を指す。ア・ウは21世紀以降の様子，エの消費税導入は1989年のできごと。　(3)　①　**住民投票**は，住民による議会解散や首長・議員解職の直接請求の際に行われることもある。NPOはおもに国内で活動を行う非営利組織の略称。　②　X…日本国憲法第15条には「すべて公務員は，全体の奉仕者であって，一部の奉仕者ではない。」とある。オンブズパーソンは，地方自治を監視したり住民の苦情を処理したりする。Y・Z…意見が対立する場合は，公平で偏りのない**公正**，配分について無駄のない**効率**の考えから合意を形成する。　(4)　①　ア…資料1から，住宅総数が1968年は25591戸，2018年が62420戸なので，50年間での増加率は約144％であるのに対し，空き家数が1968年は1034戸，2018年が8460戸なので，50年間での増加率は約718％と，空き家数の増加率の方が高い。イ…資料2から判断する。ウ…資料1から，1998年の住宅総数に占める空き家数の割合は5764÷50246＝約11.5％で，2割を超えていない。エ…資料3から，兵庫県の1978年の世帯数は200万世帯を下回っている。資料3の上に(千人)とあることから，表中の数字に1000をかけた数で考える。　②　X…出産や育児を行う世代も含まれていることから，生産年齢人口の増加は，直前の「人口減少が急激に進む」に反すると判断する。Y…資料4から判断する。アが多田グリーンハイツ，イが明舞団地，エが明舞団地や緑が丘の取組。

＜国語解答＞

一　問一　二　　問二　エ　　問三　(例)参加する時間がないことでした　　問四　イ・ウ
問五　情報を提供する[多くの情報を提供する]

二　問一　非《ズシテ》レ眠《ニ》非《ズ》レ由《ニ》　　問二　ア　　問三　ウ　　問四　a　恥じる　　b　良知

三　問一　おおせ　　問二　②　ア　　③　ウ　　問三　エ　　問四　a　かへでのもみぢ
b　この中～ぞせむ[この～せむ]　　問五　イ

四　問一　①　くちょう　　④　つぶ(さ)　　⑤　けいけい(に)　　問二　3　　問三　エ

問四 イ　問五 ア　問六 ウ　問七 イ

五 問一 A ウ　B エ　C ウ　問二 無味(乾燥)　問三 エ　問四 イ

問五 ア　問六 イ　問七 a 命題の～に限定　b 論理矛盾　問八 ア

問九 エ

＜国語解説＞

一 (会話・議論・発表―内容吟味，文脈把握，脱文・脱語補充,，ことわざ・慣用句)

問一　「**二の足を踏む**」は，行動をためらう様子を表す慣用句である。

問二　文末表現に注目する。アの「～こともあります。」は経験したという事実，イの「～ています。」は自分がしているという事実，ウの「～しました。」は自分がしたという事実を示しているが，エの「**～でしょうか。**」は自分が推量したことを意見として示す表現である。

問三　【アンケート結果】やそれを反映した【新聞】の《資料》によれば，参加の妨げとなる要因として最も割合が高いのは「**参加する時間がない**」である。このことをインタビュアーのことばにふさわしい形にして書く。「参加する時間がないことです」(13字)など，同じ内容の表現であれば正解とする。

問四　アは，「年度ごとの推移」を示すためには2つのグラフだけでは不十分なので不適切。イは，Aさんの話の中で**「広報」の例として「参加手続き」が挙げられて**おり，【アンケート結果】の**「手続きの方法がわからない」と「十分な情報がない」の数値の和が《資料》の「十分な情報がない」の数値になっている**ので適切。ウは，インタビューではここに示された2項目について**触れていないし，この2項目の数値の和が「その他」の数値になっている**ので適切。エの比較の結果は，「活動経験なし」のデータだけで示すことはできないので，不適切である。

問五　Aさんのことばに「学校新聞等で多くの**情報を提供する**ことはとても大切だと思います。」とあるので，ここから抜き出す。「多くの情報を提供する」(10字)を抜き出しても正解である。

二 (漢文―内容吟味，文脈把握，その他)

〈口語訳〉　昔，陽明先生の家に大勢の弟子がいた。来たばかりの学生は，たぶん愚かな人であった。しばらく先生が人の持つ知性について説明しているのを聞いたが，わからなかった。だしぬけに質問して言うことには，「人の持つ知性とは何ですか。黒ですか，白ですか。」と。多くの弟子たちは(的外れな質問に)あきれて言葉も出なくなり笑いをこらえられなかった。学生は恥ずかしく思って顔を赤らめた。先生が(しばらくしてから)ゆっくりと言うことには，「人の持つ知性は黒でなくて白でない，その色は赤である。」と。

問一　漢文は「非黒非白」だが，書き下し文で漢字を読む順序は「黒非白非」である。「黒」を「非」よりも先に読むので，「**非**」の左下に**レ点**をつける。同様に，「白」の前の「**非**」にも**レ点**をつける。

問二　傍線部①の主語は省略されているが，文脈から「一初来学士」(来たばかりの学生)であることがわかる。「先生の～論ずる」は先生が説明するということ。**学生は，先生が人の持つ知性について説明するのを聞いたが，わからなかった**のである。正解はア。イとウは「良知」を先生の知性とし，弟子たちが「論ずる」としているので誤り。エは，先生が「人物」について論じるとしているので不適切である。

問三　「**失笑**」は現代でも**思わず笑ってしまう**という意味で使う。直前の「唖然として」は，あまりのことにあきれかえってことばが出なくなる様子。以前からいた弟子たちは，学生が知性の色を問うという自らの無知をさらけだすような的外れな質問をしたので，笑いをこらえられなかったのである。正解はウ。ア「ばかにして笑う」ならば「嘲笑」となる。弟子たちは笑っているので，イ「笑うのをやめた」，エ「笑いをかみ殺した」は誤りである。

問四　傍線部④の「赤」は，「士慙而赧」の「赧」を指している。「良知は黒か白か」という質問は的外れだが，先生は，的外れな質問をしたことに気づいて赤くなること，すなわち率直に**恥じる**ことができるのは，**良知**の表れだと言っているのである。

三 (古文―内容吟味，文脈把握，仮名遣い，古文の口語訳，表現技法。形式)

〈口語訳〉 昔の家風はうれしいなあ　このようなことのはが散ってくると思うと

後冷泉天皇ご在位のとき，10月ぐらいに，月が趣深かったので，天皇が女房たちをたくさん連れて，南殿にお出ましになって，月見の宴をなさったときに，かえでのもみじを折らせなさって，女房の中に伊勢大輔の孫がいたのに，投げてお与えになって「この中では，お前が歌を詠め」とおっしゃったところ，すぐに申し上げた歌である。(天皇は)これをお聞きになって，「歌の品格はともかくとして，早さこそおそろしいほどだ」とおっしゃった。だから，いよいよ，少々の点は劣っていても，早く詠むべきだと思う。

問一　語中にある「**ほ**」を「**お**」に改めて「**おおせ**」とする。

問二　②「つかはす」は尊敬語で「お与えになる」という意味。**後冷泉院**が伊勢大輔の孫に「かへでのもみぢ」の枝を投げてお与えになったのである。　③「申す」は謙譲語。**伊勢大輔の孫**が天皇の求めに応じて歌を詠んだのである。

問三　「されば」は「さ‐あれ‐ば」が変化した形。「さ」は指示語で，「ば」は「～ので」という意味を表す。「そうであるので」「**そういうわけで**」という意味になる。

問四「ことのは」は**掛詞**である。a「は」は「葉」で，「**かへでのもみぢ**」にあたる。b「ことのは」は「ことば」で，天皇の「**この中には，おのれぞせむ**」ということばにあたる。bは，前後の「　」(かぎかっこ)を含めて答えても含めないで答えても正解とする。

問五　本文に「歌がらはさるものにて，**疾さこそ，おそろしけれ**」(歌の品格はともかくとして，早さこそおそろしいほどだ)とあるように，**天皇は伊勢大輔の孫が歌を詠む早さに驚いた**のである。正解はイ。他の選択肢は，歌を詠んだ人物や驚いた人物を誤って捉えている。なお，伊勢大輔は平安時代中期の歌人。百人一首にもある「いにしへの奈良の都の八重桜けふ九重ににほひぬるかな」という歌を即興で詠んだことで有名である。

四 (小説－情景・心情，内容吟味，漢字の読み書き，語句の意味，品詞・用法)

問一　①「**口調**」の「口」は「く」と読む。　④「**潰**」の読みは「カイ」「つぶ(す)」「つぶ(れる)」。　⑤「**軽々に**」は「軽々しく」と意味は同じだが，読みは「けいけい(に)」「かるがる(しく)」である。

問二　二重傍線部を単語で区切ると「有望な(形容動詞)／人材(名詞)／**に**(助詞)／活躍し(動詞)／**て**(助詞)／もらう(動詞)／**しか**(助詞)／ない(形容詞)」となる。このうち，付属語は助詞の「に」「て」「しか」の3つである。

問三　「面食らう」は，**予想外のことが突然起こってどうしていいかわからなくなる**という意味である。

問四　延の前でピアノを演奏した廉太郎は，「体を動かすのが上手い」とほめられたが，当時の一般的だったのはこの後に示された「楽器は音楽への理解力で弾きこなすもの」という考え方である。廉太郎は，**自分がこれまでつちかってきたものとは異なる延の音楽や演奏に対するとらえ方**

にとまどったのである。正解はイ。アの「楽曲の世界に入り込んで」は前の場面の「緊張」と合わない。ウの「当たり前」は誤り。エの「指の動きに気を配って演奏した」は，本文から読み取れない。

問五　延は廉太郎のことを日本の西洋音楽界を牽引する有望な人材だと思っている。しかし，当時の日本は西洋音楽に対する理解が浅く，多くのバイオリニストが同時に活躍することは難しかった。楽器の選択を誤れば，**廉太郎の音楽の才能を生かすことができなくなる**。「暗い顔」は，延のそのような**不安**を反映したものなので，アが正解となる。イの「反省」，ウの「後悔」，エの「失望」は，本文からは読み取れない。

問六　延は，廉太郎の才能を高く評価し，廉太郎が「音楽が好きだ。人生のすべてを懸けることができる」と覚悟を決めることを**期待**しているが，廉太郎はすぐに**返事をすることができない**。延は，**それをもどかしく思って**「見咎めるように」「皮肉げに口角を上げた」のである。このことを説明したウが正解。延は廉太郎がバイオリニストになることを期待しているのではないから，アは誤り。イの「なぐさめようとしている」，エの「自分の性急さを抑制しようとしている」は，本文と合わず不適切である。

問七　「圧倒的なまでの実力差を見せつけられたというのに体中に**心地いい疲労**がのしかかっている」から，廉太郎が**精一杯の演奏をし，その余韻に浸っている**様子を読み取る。正解はイ。アは「ピアノ専攻にも見切りをつけ」が誤り。ウの「自信を深め」は「圧倒的なまでの実力差を見せつけられた」と合わない。エは，「楽器は音楽への理解力で弾きこなすものだ」は延の考えではないので，誤りである。

五　**(論説文―内容吟味，文脈把握，段落・文章構成，接続語の問題，漢字の読み書き，熟語)**

問一　二重傍線部を含む熟語を漢字で書くと，次のようになる。

A　**想起**　ア　規制　イ　既存　ウ　**起承転結**　エ　換気
B　**前兆**　ア　超越　イ　貴重　ウ　調印式　エ　**予兆**
C　**収拾**　ア　招集　イ　修学旅行　ウ　**拾得物**　エ　襲名

問二　「**無味乾燥**」は，味わいやうるおいなど人をひきつけるようなものがない様子を表す四字熟語。

問三　②　前に述べた「菜の花」の例と並べて「うろこ雲」の例を示しているので，「**また**」が入る。　⑦　前の「豊かな広がりを持ちリアリティのある」に後の「論理的妥当性の高い」を付け加えているので，「**しかも**」が入る。したがって，両方を満たすエが正解となる。

問四　本文の例に即して「**正確に表す言葉**」が何かを読み取る。「眼前一面に咲いている黄色い花」の実相／実体を過不足なく表す「正確」な言葉は「**菜の花**」なので，「菜の花」という言葉を取り上げているイを選ぶ。アの「花」「黄色い花」は「間違いではない」が「正確性に劣る」言葉なので不適当。ウ・エは「言語化の第一歩」ではなく，思考の説明になっている。

問五　**正確な言葉探し**の「厄介な側面」は，「言葉の多義性」が「**論理的思考**を行いながら論理を展開していく上で**混乱や誤謬**をきたす原因」になることである。このことを説明したアが正解。多義性は自然言語が持つものなので，「生じてしまう」と説明するイは誤り。ウとエは「正確な言葉探し」から離れた説明なので不適当である。

問六　傍線部④の段落の後半の「意味内容を一つだけに限定しない」は，「多義性」の言い換えである。「言葉の多義性」があることで，「**様々な知識と繋がり得る**」し「**豊かで広がりを持った論理展開**が可能になる」のである。「多様な結びつき」「豊かな意味合い」を指摘したイが正解となる。アの「数学的思考」，ウの「共感・共有」は的外れ。エの混乱や誤謬の「想定」については，本文に書かれていない。

問七　傍線部⑤は「言葉の多義性から生じる**論理矛盾**を避けようとする」ことを表す。それを実現するためには，「A＝BとかC≠Dというように**命題の意味内容を一義的に限定**する数学的思考」によって論理を展開することが必要となる。空欄を含む文はこのことを説明したものなので，空欄aは「命題の～に限定」，空欄bは「論理矛盾」を抜き出して書く。

問八　傍線部⑧に関わる部分を探すと，「では」で始まる前の段落に「ある思考対象の**言葉**と照らし合わせて繋げる知識要素の**ジョイントの部分**と**それ以外の部分**の意味内容を注意深く把握しながら論理を展開していく」とある。正解はア。イは言葉の多義性を否定しているので誤り。ウは「現実世界」と「自分」との説明になっており，不適切。エの「数式」は，ここでは必要とされていない。

問九　本文は，まず**論理的思考成立のための条件**として「考える対象の意味内容を適切に言語化すること」を挙げ，ついで「懐く／懐かない」などの**言葉の多義性がもたらす思考**の**混乱**と，**純粋な論理的思考**の「厚みも豊かさも実感もリアリティも伴わない」という**問題点**を指摘して，最後に**思考を正しく展開させる方法**は「ある思考対象の言葉と照らし合わせて繋げる知識要素のジョイントの部分とそれ以外の部分の意味内容を注意深く把握しながら論理を展開していくこと」だと述べている。この展開を正しく説明しているのはエである。

MEMO

大切なことはメモしておこうネ！

T.G

解答用紙集

○月×日　△曜日　天気（合格日和）

◆ご利用のみなさまへ
＊解答用紙の公表を行っていない学校につきましては、弊社の責任において、解答用紙を制作いたしました。
＊編集上の理由により一部縮小掲載した解答用紙がございます。
＊編集上の理由により一部実物と異なる形式の解答用紙がございます。

人間の最も偉大な力とは、その一番の弱点を克服したところから生まれてくるものである。　――カール・ヒルティ――

東京学参株式会社

兵庫県公立高校　2024年度

※ 179%に拡大していただくと，解答欄は実物大になります。

受検番号　番

令和６年度兵庫県公立高等学校学力検査

数　学　解　答　用　紙

得点	

1 点		
	(1)	
	(2)	
	(3)	
	(4)	$x=$
	(5)	$y=$
	(6)	
	(7)	cm^3
	(8)	度

2 点		
	(1)	円
	(2)	
	(3)	
	(4)	分

3 点			
	(1)	i	
		ii	
		iii・iv・v	
	(2)	①	
		②	
		③	

4 点					
	(1)	$a=$			
	(2)	ア		イ	
	(3)				
	(4)	①	(　，　)		
		②	(　，　)		

5 点			
	(1)	i	
		ii	
		iii	
		iv	
	(2)		cm
	(3)		cm

6 点					
	(1)		日		
	(2)	①	a		b
		②			
	(3)	①	$y=$		
		②	$x=$	符号	

※ 200%に拡大していただくと，解答欄は実物大になります。

受検番号	番

令和 6 年度兵庫県公立高等学校学力検査

英 語 解 答 用 紙

得点	

聞き取りテスト

I 点	1 点	No. 1	a	b	c	
		No. 2	a	b	c	
		No. 3	a	b	c	
	2 点	No. 1	a	b	c	d
		No. 2	a	b	c	d
		No. 3	a	b	c	d
	3 点	1	a	b	c	d
		2	a	b	c	d

II 点	1 点		
	2 点	A	
		B	
	3 点		
	4 点		
	5 点	あ	(　　)(　　)(　　)(　　)
		い	(　　)(　　)(　　)(　　)

III 点	1 点	①	
		②	
		③	
	2 点	A	
		B	
	3 点		

IV 点	1 点		
	2 点		
	3 点		
	4 点		
	5 点	さとしさん	
		すずさん	
	6 点		

V 点	1 点	①	
		②	
		③	
	2 点	①	
		②	
		③	
		④	
		⑤	

※ 172％に拡大していただくと，解答欄は実物大になります。

受検番号　　番

令和６年度兵庫県公立高等学校学力検査

理　科　解　答　用　紙

得点	

Ⅰ　点	1　点	(1)		
		(2)		
		(3)		
		(4)		
	2　点	(1)		
		(2)	①	
			②	
			③	

Ⅱ　点	1　点	(1)				
		(2)				
		(3)				
		(4)	あ		い	
	2　点	(1)	①		②	
		(2)	①			
			②			
			③			

Ⅲ　点	1　点	(1)		
		(2)		
		(3)		
		(4)		
	2　点	(1)		
		(2)	①	
			②	
			③	g

Ⅳ　点	1　点	(1)						
		(2)	①		②		③	
		(3)						
		(4)						
	2　点	(1)						
		(2)	N					
		(3)						
		(4)	cm					

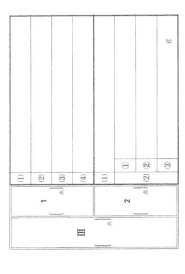

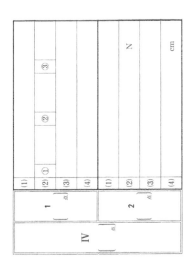

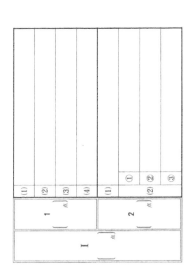

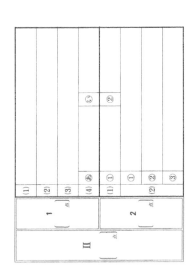

※196％に拡大していただくと，解答欄は実物大になります。

受検番号　　番

令和６年度兵庫県公立高等学校学力検査

社　会　解　答　用　紙

得点	

Ⅰ〔　点〕	1〔　点〕	(1)		
		(2)		
		(3)		
		(4)		
		(5)		
		(6)		
	2〔　点〕	(1)		
		(2)		
		(3)		
		(4)	①	
			②	
			③	
			④	

Ⅱ〔　点〕	1〔　点〕	(1)	①	i	
				ii	
			②		
		(2)	①		
			②		
			③		
			④		
	2〔　点〕	(1)			
		(2)	①		
			②		
			③		
			④		
		(3)	①		
			②		

Ⅲ〔　点〕	1〔　点〕	(1)	①	
			②	
		(2)		
		(3)		
		(4)	①	
			②	
	2〔　点〕	(1)		
		(2)	①	
			②	
		(3)		権
		(4)	①	
			②	

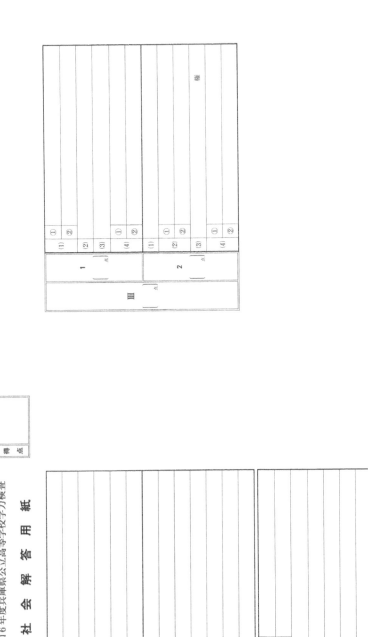

兵庫県公立高校　２０２４年度

※１８２％に拡大していただくと，解答欄は実物大になります。

受検番号　　番

令和六年度兵庫県公立高等学校学力検査

国語解答用紙

得点

一　点
問一　点
問二　点
問三　点
問四　点
問五　点　(1)　(2)
問六　点

二　点
問一　点
問二　点　命《ジテ》門人《ニ》鑽《セシム》火《ヲ》。
問三　点　a　b
問四　点

三　点
問一　点
問二　点
問三　点
問四　点

四　点
問一　点　③（け）　⑤（い）　⑧（し）
問二　点
問三　点　④　⑥
問四　点
問五　点
問六　点
問七　点
問八　点

五　点
問一　点　A　B　C
問二　点
問三　点
問四　点
問五　点
問六　点
問七　点
問八　点
問九　点

2024年度入試配点表 (兵庫県)

数学	1	2	3	4	5	6	計
	各3点×8	(1),(2) 各3点×2 他　各4点×2	(1)　各2点×3 (2)　各3点×3	各3点×5 ((2)完答)	(1)ⅳ,(2)　各3点 ×2　(3)　4点 他　各2点×3	(3)②　4点(完答) 他　各3点×4 ((2)①完答)	100点

英語	Ⅰ	Ⅱ	Ⅲ	Ⅳ	Ⅴ	計
	各3点×8	5　各3点×2 他　各2点×5	各3点×6	各3点×7	1　各2点×3 2　各3点×5	100点

理科	Ⅰ	Ⅱ	Ⅲ	Ⅳ	計
	2(2)③　4点(完答) 他　各3点×7	1(4)　4点 他　各3点×7 (1(4),2(1)各完答)	2(2)③　4点 他　各3点×7 (1(4)完答)	2(4)　4点 他　各3点×7 (1(2)完答)	100点

社会	Ⅰ	Ⅱ	Ⅲ	計
	1(1)～(4)　各2点×4 他　各3点×9	1　各2点×7 2　各3点×7	1　各2点×6 2　各3点×6	100点

国語	一	二	三	四	五	計
	問五,問六　各4点×2 他　各3点×4 (問四完答)	問三　各2点×2 他　各3点×3 (問二完答)	各3点×4	問一～問三 各2点×6 他　各3点×5	問一～問三 各2点×5 他　各3点×6	100点

兵庫県公立高校　2023年度

※ 179%に拡大していただくと，解答欄は実物大になります。

受検番号　　番

令和５年度兵庫県公立高等学校学力検査

数学解答用紙

得点	

1（　点）

(1)	
(2)	
(3)	
(4)	
(5)	$x =$
(6)	cm^2
(7)	度
(8)	

2（　点）

(1)		cm
(2)		
(3)	①	
	②	秒速　　cm
	③	$t =$

3（　点）

(1)	i	
	ii	
(2)		cm
(3)		cm
(4)		倍

4（　点）

(1)		$x =$
(2)		$a =$
(3)		
(4)	①	cm
	②	$x =$

5（　点）

(1)		個
(2)		
(3)	①	$n =$
	②	回
	③	

6（　点）

(1)		
(2)	i	
	ii	
	iii	
(3)	①	$n =$
	②	符号　　枚

兵庫県公立高校　2023年度

※ 200%に拡大していただくと，解答欄は実物大になります。

受検番号　　番

令和５年度兵庫県公立高等学校学力検査

英 語 解 答 用 紙

得点	

聞き取りテスト

I 点	1 点	No. 1	a	b	c	
		No. 2	a	b	c	
		No. 3	a	b	c	
	2 点	No. 1	a	b	c	d
		No. 2	a	b	c	d
		No. 3	a	b	c	d
	3 点	1	a	b	c	d
		2	a	b	c	d

II 点	1 点	(1)	
		(2)	
	2 点	①	
		②	
		③	
	3 点	あ	(　　)(　　)(　　)(　　)
		い	(　　)(　　)(　　)(　　)

III 点	1 点		
	2 点	③	
		④	
		⑤	
		⑥	
	3 点		

IV 点	1 点		
	2 点		
	3 点		
	4 点		
	5 点	あ	
		い	
		う	

V 点	1 点	①	
		②	
		③	
	2 点	①	
		②	
		③	
		④	
		⑤	

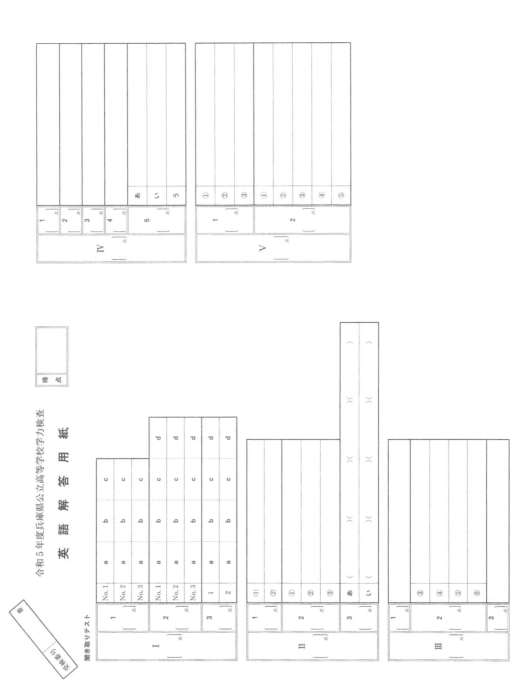

兵庫県公立高校　　2023年度

※ 175%に拡大していただくと，解答欄は実物大になります。

受検番号	番

令和５年度兵庫県公立高等学校学力検査

理　科　解　答　用　紙

得点	

Ⅰ（　点）	1（　点）	(1)		
		(2)		
		(3)		
		(4)	① ｜ ② ｜ ③	
	2（　点）	(1)		
		(2)	①	
			②	
			③	㋓ ｜ ㋔ ｜ ㋕・㋖

Ⅱ（　点）	1（　点）	(1)	
		(2)	
		(3)	
		(4)	→ → →
	2（　点）	(1)	
		(2)	
		(3)	
		(4)	g

Ⅲ（　点）	1（　点）	(1)	
		(2)	
		(3)	
		(4)	
	2（　点）	(1)	
		(2)	
		(3)	
		(4)	%

Ⅳ（　点）	1（　点）	(1)	
		(2)	
		(3)	
		(4)	
	2（　点）	(1)	
		(2)	
		(3)	%
		(4)	X ｜ Y ｜ Z

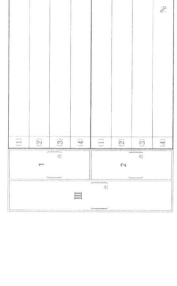

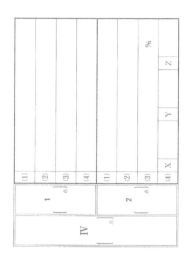

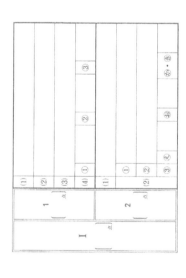

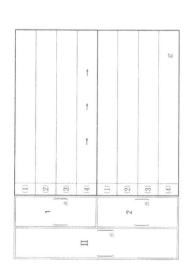

※ 200%に拡大していただくと，解答欄は実物大になります。

受検番号　　番

令和５年度兵庫県公立高等学校学力検査

社　会　解　答　用　紙

得点	

Ⅰ　点	1　点	(1)		
		(2)		
		(3)		
		(4)		
		(5)		
		(6)		
	2　点	(1)		
		(2)		
		(3)		
		(4)		
		(5)	①	
			②	
			③	

Ⅱ　点	1　点	(1)		
		(2)	①	
			②	
			③	
		(3)	①	
			②	
		(4)	①	
			②	
	2　点	(1)		
		(2)		
		(3)		
		(4)		
		(5)		
		(6)		

Ⅲ　点	1　点	(1)		
		(2)	i	
			ii	
		(3)		
		(4)		
		(5)		
	2　点	(1)		
		(2)	①	
			②	
		(3)	①	
			②	
			③	

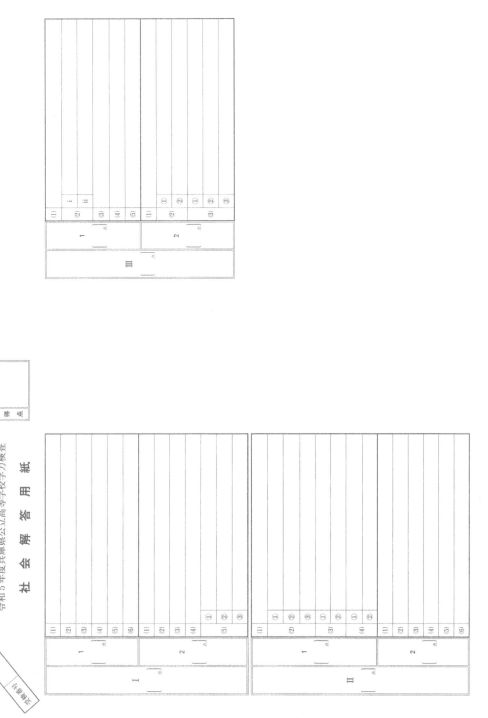

兵庫県公立高校　２０２３年度

※１７９％に拡大していただくと、解答欄は実物大になります。

受検番号　番

令和五年度兵庫県公立高等学校学力検査

国語解答用紙

得点

一　点

問一　点

問二　点　詩Ⅰ　詩Ⅱ

問三　点　①　②

問四　点

問五　点

問六　点

二　点

問一　点

問二　点　謂ヒテ持ツ燭ヲ者ニ曰ハク、

問三　点　a　b

問四　点

三　点

問一　点

問二　点

問三　点　②　③

問四　点

四　点

問一　点　ⓐ　（ち）　⑦　⑪

問二　点

問三　点

問四　点

問五　点

問六　点

問七　点

問八　点

五　点

問一　点　A　B　C

問二　点

問三　点

問四　点　a　b

問五　点

問六　点

問七　点

問八　点

2023年度入試配点表（兵庫県）

数学	1	2	3	4	5	6	計
	各3点×8	各3点×5	(1)　各2点×2 (2)　3点 他　各4点×2	各3点×5	各3点×5	(1),(2)i　各2点×2 他　各3点×4 ((3)②完答)	100点

英語	Ⅰ	Ⅱ	Ⅲ	Ⅳ	Ⅴ	計
	各3点×8	3　各3点×2 (各完答) 他　各2点×5	各3点×6	各3点×7	1　各2点×3 2　各3点×5	100点

理科	Ⅰ	Ⅱ	Ⅲ	Ⅳ	計
	2(2)③　4点(完答) 他　各3点×7(1(4)完答)	2(4)　4点 他　各3点×7 (1(4)完答)	2(4)　4点 他　各3点×7	2(4)　4点(完答) 他　各3点×7	100点

社会	Ⅰ	Ⅱ	Ⅲ	計
	1(1)～(4)　各2点×4 他　各3点×9	1(1)～(3),(4)① 各2点×7 他　各3点×7	1　各2点×6 2　各3点×6	100点

国語	一	二	三	四	五	計
	問四,問五　各3点×2 問六　4点 他　各2点×5	問三　各2点×2 他　各3点×3 (問二完答)	問二,問四 各3点×2 他　各2点×3	問一　各2点×3 他　各3点×7	問一,問四 各2点×5 他　各3点×6	100点

兵庫県公立高校　2022年度

※ 179%に拡大していただくと，解答欄は実物大になります。

受検番号	番

令和４年度兵庫県公立高等学校学力検査

数　学　解　答　用　紙

得点	

1（　点）

(1)	
(2)	
(3)	
(4)	
(5)	$x =$
(6)	$y =$
(7)	度
(8)	

2（　点）

(1)	分速　　m
(2)	$y =$
(3)	m
(4)	分　　秒

3（　点）

(1)	i	
	ii	
(2)		cm
(3)		cm^2
(4)		cm

4（　点）

(1)		$y =$
(2)		$a =$
(3)	①	（　　，　　）
	②	cm^3

5（　点）

(1)		通り
(2)	①	通り
	②	通り
	③	

6（　点）

(1)		
(2)	①	
	②	
	③	
(3)		選手
		位，　　位

※ 200%に拡大していただくと，解答欄は実物大になります。

受検番号　　番

令和４年度兵庫県公立高等学校学力検査

英　語　解　答　用　紙

得点	

聞き取りテスト

Ⅰ（　点）	1（　点）	No. 1	a	b	c	
		No. 2	a	b	c	
		No. 3	a	b	c	
	2（　点）	No. 1	a	b	c	d
		No. 2	a	b	c	d
		No. 3	a	b	c	d
	3（　点）	1	a	b	c	d
		2	a	b	c	d

Ⅱ（　点）	1（　点）	(1)	
		(2)	
	2（　点）	①	
		②	
		③	
	3（　点）	あ	(　　)(　　)(　　)(　　)
		い	(　　)(　　)(　　)(　　)

Ⅲ（　点）	1（　点）		
	2（　点）		
	3（　点）	A	
		B	
		C	
	4（　点）		

Ⅳ（　点）	1（　点）		
	2（　点）		
	3（　点）		
	4（　点）		
	5（　点）	あ	
		い	
		う	

Ⅴ（　点）	1（　点）	①	
		②	
		③	
	2（　点）	①	
		②	
		③	
	3（　点）	①	(　　)(　　)
		②	(　　)(　　)
		③	(　　) the (　　)

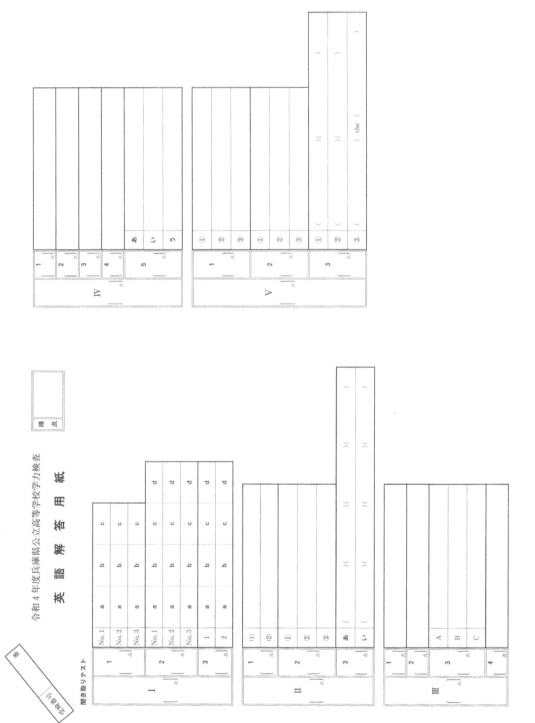

兵庫県公立高校　2022年度

※ 175％に拡大していただくと，解答欄は実物大になります。

受検番号	番

令和４年度兵庫県公立高等学校学力検査

理科解答用紙

得点	

Ⅰ〔　点〕	1〔　点〕	(1)				
		(2)				
		(3)				
		(4)				
	2〔　点〕	(1)				
		(2)	①			
			②	N		
		(3)	縮む筋肉		ゆるむ筋肉	

Ⅱ〔　点〕	1〔　点〕	(1)				
		(2)				
		(3)	⑤・⑥		⑦	
		(4)				
	2〔　点〕	(1)				
		(2)				
		(3)				
		(4)				

Ⅲ〔　点〕	1〔　点〕	(1)				
		(2)				
		(3)	①・②		③	
		(4)				
	2〔　点〕	(1)				
		(2)	①		②	
		(3)				
		(4)	%			

Ⅳ〔　点〕	1〔　点〕	(1)				
		(2)	①			
			②	通り		
			③	W		
	2〔　点〕	(1)				
		(2)	①		②・③	
		(3)				
		(4)	秒			

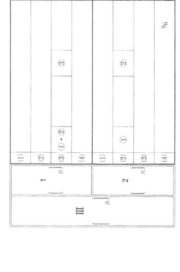

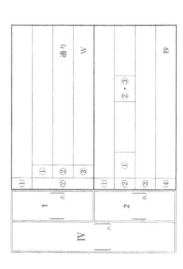

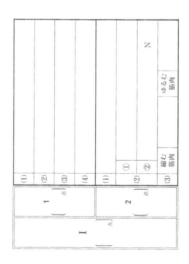

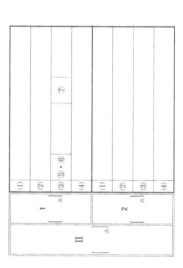

※ 200%に拡大していただくと，解答欄は実物大になります。

受検番号　　番

令和４年度兵庫県公立高等学校学力検査

社 会 解 答 用 紙

得点	

Ⅰ［　点］	1［　点］	(1)		
		(2)		
		(3)		
		(4)		
		(5)		
		(6)		
	2［　点］	(1)		
		(2)		
		(3)		
		(4)		
		(5)	①	
			②	
			③	

Ⅱ［　点］	1［　点］	(1)	①	
			②	
			③	
		(2)	①	
			②	
		(3)	①	朝鮮
			②	
			③	文化
	2［　点］	(1)		
		(2)	①	
			②	
		(3)		
		(4)		
		(5)		

Ⅲ［　点］	1［　点］	(1)		制度
		(2)		
		(3)	①	
			②	
		(4)		
		(5)		
	2［　点］	(1)		
		(2)	①	
			②	
		(3)	①	
			②	
			③	性

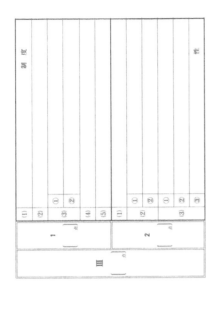

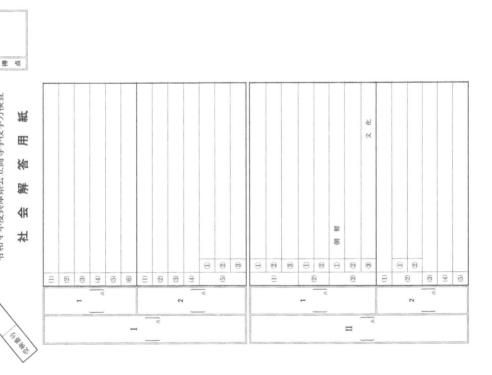

※１７９％に拡大していただくと、解答欄は実物大になります。

受検番号　　番

令和四年度兵庫県公立高等学校学力検査

国語解答用紙

得点

一

問一　点

問二　点

問三　点

問四　点

問五　点

問六　点　⑧　⑨

二

問一　点

問二　点　観ル者無シ不ざルハ辟易顛仆セ。

問三　点　a　b

問四　点

三

問一　点

問二　点

問三　点

問四　点

四

問一　点　②　④　⑤（られる）

問二　点

問三　点　①　⑧

問四　点

問五　点

問六　点

問七　点

五

問一　点　A　B　C

問二　点

問三　点

問四　点

問五　点

問六　点　a　b

問七　点

問八　点

2022年度入試配点表（兵庫県）

数学	1	2	3	4	5	6	計
	各3点×8 ((8)完答)	(1)　3点 他　各4点×3	(1)　各2点×2 (2)　3点 他　各4点×2	(1)　3点 他　各4点×3	(1)　3点 他　各4点×3	(3)　4点(完答) 他　各3点×4	100点

英語	Ⅰ	Ⅱ	Ⅲ	Ⅳ	Ⅴ	計
	各3点×8	1, 2　各2点×5 他　各3点×2	各3点×6	各3点×7	3　各3点×3 他　各2点×6	100点

理科	Ⅰ	Ⅱ	Ⅲ	Ⅳ	計
	2(3)　4点(完答) 他　各3点×7	2(4)　4点 他　各3点×7 (1(3)完答)	2(4)　4点 他　各3点×7 (1(3), 2(2)各完答)	2(4)　4点 他　各3点×7 (2(2)完答)	100点

社会	Ⅰ	Ⅱ	Ⅲ	計
	1(1)～(4)　各2点×4 他　各3点×9	1(1)・(2)・(3)①・② 各2点×7 他　各3点×7	1　各2点×6 2　各3点×6	100点

国語	一	二	三	四	五	計
	問一　2点 他　各3点×6	問三　各2点×2 他　各3点×3 (問二完答)	各3点×4	問一～問三　各2点 ×6　問七　4点 他　各3点×3	問一, 問二　各2点 ×4　問八　4点 他　各3点×6	100点

兵庫県公立高校　　2021年度

※ 185%に拡大していただくと，解答欄は実物大になります。

受検番号　　　番

令和３年度兵庫県公立高等学校学力検査

数　学　解　答　用　紙

得点	

1（　点）

(1)	
(2)	
(3)	
(4)	
(5)	$x=$
(6)	cm^2
(7)	度
(8)	

2（　点）

(1)	分速　m	
(2)	ア	
	イ	
	ウ	
(3)	m	

3（　点）

(1)	i	
	ii	
(2)	cm	
(3)	cm^2	
(4)	cm^3	

4（　点）

(1)	(　　,　　)			
(2)	$a=$			
(3)	①	ア		
		イ		ウ
	②	$x=$		

5（　点）

(1)	通り	
(2)	通り	
(3)	①	通り
	②	

6（　点）

(1)		
(2)	①	
	②	
(3)	度	
(4)	種類	
	度	

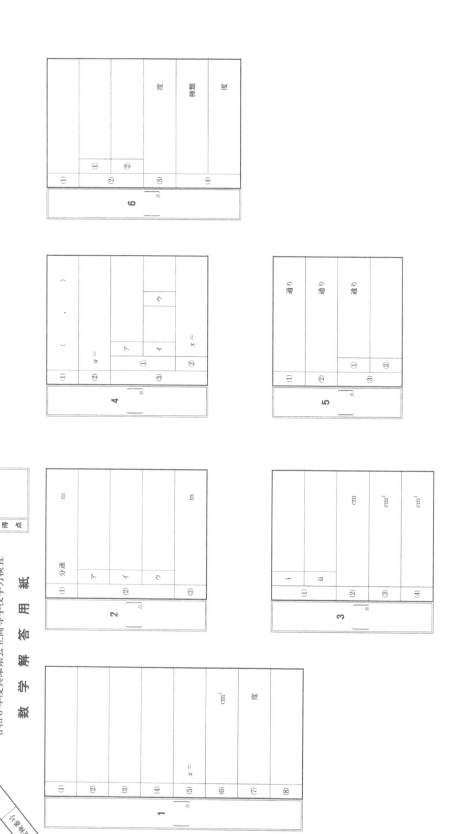

※ 200%に拡大していただくと，解答欄は実物大になります。

受検番号　　番

令和３年度兵庫県公立高等学校学力検査

英　語　解　答　用　紙

得点	

聞き取りテスト

I（　点）	1（　点）	No. 1	a	b	c	
		No. 2	a	b	c	
		No. 3	a	b	c	
	2（　点）	No. 1	a	b	c	d
		No. 2	a	b	c	d
		No. 3	a	b	c	d
	3（　点）	1	a	b	c	d
		2	a	b	c	d

II（　点）	1（　点）	(1)	
		(2)	
	2（　点）	(1)	
		(2)	
	3（　点）	あ	(　　)(　　)(　　)(　　)
		い	(　　)(　　)(　　)(　　)

III（　点）	1（　点）	A		
		B		
	2（　点）			
	3（　点）	③		
		④		
	4（　点）			

IV（　点）	1（　点）		
	2（　点）		
	3（　点）		
	4（　点）		
	5（　点）	①	
		②	
		③	
		④	
		⑤	

V（　点）	1（　点）	①	
		②	
		③	
	2（　点）	①	
		②	
		③	
	3（　点）	①	(　　)(　　)
		②	(　　) a (　　) time
		③	(　　)(　　)

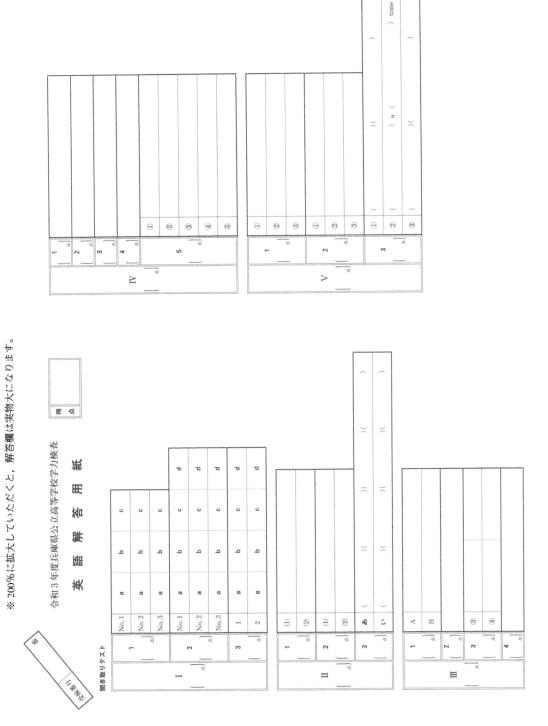

兵庫県公立高校　2021年度

※ 175%に拡大していただくと，解答欄は実物大になります。

受検番号	番

令和３年度兵庫県公立高等学校学力検査

理　科　解　答　用　紙

得点	

Ⅰ（　点）	1（　点）	(1)	①		②		③	
		(2)						
	2（　点）	(1)						
		(2)						
	3（　点）	(1)						
		(2)						
	4（　点）	(1)						
		(2)						

Ⅱ（　点）	1（　点）	(1)	②		④			
		(2)	A		B		C	
		(3)						
	2（　点）	(1)	①		②		③	
		(2)						
		(3)						

Ⅲ（　点）	1（　点）	(1)						
		(2)	W		Y			
		(3)	①		②		③	
	2（　点）	(1)	①	g	②			
		(2)		cm^3				
		(3)						

Ⅳ（　点）	1（　点）	(1)	①		②	
		(2)				
		(3)				
	2（　点）	(1)				
		(2)				
		(3)				

Ⅴ（　点）	1（　点）	(1)						
		(2)		Hz				
		(3)	B		C		D	
	2（　点）	(1)						
		(2)						
		(3)						

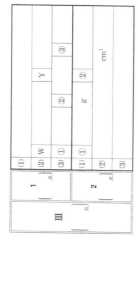

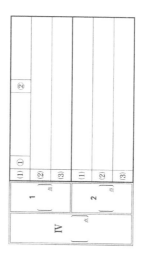

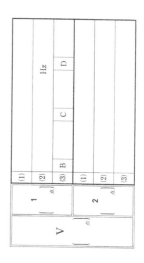

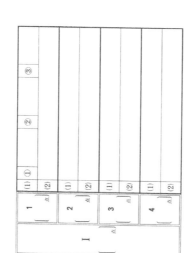

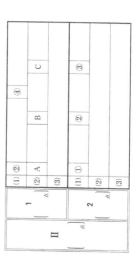

※ 200%に拡大していただくと，解答欄は実物大になります。

受検番号　　番

令和３年度兵庫県公立高等学校学力検査

社 会 解 答 用 紙

得点	

Ⅰ （　点）	1 （　点）	(1)		
		(2)		
		(3)		
		(4)		
		(5)		
		(6)		
	2 （　点）	(1)		
		(2)		
		(3)		
		(4)		
		(5)	①	
			②	
			③	

Ⅱ （　点）	1 （　点）	(1)		の 道
		(2)	①	
			②	
			③	
		(3)	①	
			②	
			③	
			④	
		(4)		
		(5)		
	2 （　点）	(1)		
		(2)		
		(3)	①	条 約
			②	

Ⅲ （　点）	1 （　点）	(1)		
		(2)		
		(3)	①	
			②	
		(4)		
		(5)		
	2 （　点）	(1)		
		(2)		
		(3)		税
		(4)		
		(5)		企 業 の
		(6)		

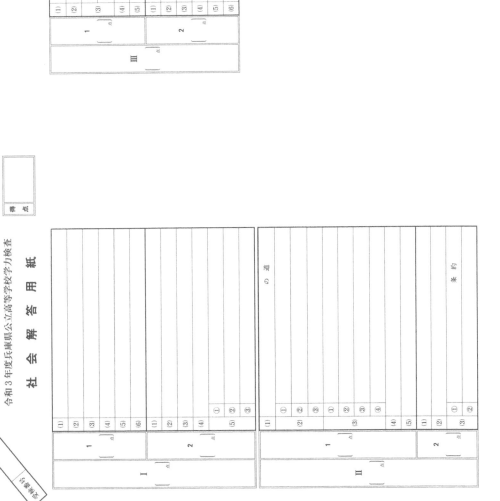

兵庫県公立高校　２０２１年度
※１８５％に拡大していただくと，解答欄は実物大になります。

受検番号　　番

令和三年度兵庫県公立高等学校学力検査

国語解答用紙

得点

一　点
問一　点　①　②
問二　点
問三　点
問四　点　「日和違い」!!　20字

二　点
問一　点
問二　点　予フル人ニ者ハ驕ルト人ニ。
問三　点　a　b
問四　点

三　点
問一　点
問二　点
問三　点
問四　点
問五　点

四　点
問一　点　①　③　⑤（められた）
問二　点　②　⑧
問三　点
問四　点
問五　点
問六　点
問七　点

五　点
問一　点　A　B　C
問二　点
問三　点
問四　点
問五　点　a　b
問六　点
問七　点
問八　点

2021年度入試配点表（兵庫県）

数学	1	2	3	4	5	6	計
	各3点×8	各3点×5	(1)　各2点×2 (2)　3点 他　各4点×2	各3点×5 ((3)①イウ完答)	(1)　3点 他　各4点×3	(4)　各2点×2 他　各3点×4	100点

英語	Ⅰ	Ⅱ	Ⅲ	Ⅳ	Ⅴ	計
	各3点×8	1　各2点×2 他　各3点×4	各3点×6	1～3　各3点×3 他　各2点×6	3　各3点×3 他　各2点×6	100点

理科	Ⅰ	Ⅱ	Ⅲ	Ⅳ	Ⅴ	計
	各2点×8 (1(1)完答)	1　各3点×3 2　各4点×3 (1(1)・(2),2(1)各完答)	1　各3点×3 2　各4点×3 (1(2)・(3),2(1)各完答)	1　各3点×3 2　各4点×3 (1(1)完答)	1　各3点×3 2　各4点×3 (1(3)完答)	100点

社会	Ⅰ	Ⅱ	Ⅲ	計
	1(1)～(4)　各2点×4 他　各3点×9	1(1)・(2),(3)①・②・③ 各2点×7 他　各3点×7	1　各2点×6 2　各3点×6	100点

国語	一	二	三	四	五	計
	問一　各2点×2 問二　3点 他　各4点×2	各3点×5 (問二完答)	各3点×5	問一,問二 各2点×5 他　各3点×5	問一　各2点×3 他　各3点×8	100点

令和２年度兵庫県公立高等学校学力検査

数　学　解　答　用　紙

受検番号	番

得点	

1		
点	(1)	
	(2)	
	(3)	
	(4)	$x=$
		$y=$
	(5)	$x=$
	(6)	
	(7)	
	(8)	度

2			
点	(1)		cm
	(2)	①	cm
		②	
		③	符号
			分　秒

3			
点	(1)	(i)	
		(ii)	
	(2)		度
	(3)		cm
	(4)		cm^2

4			
点	(1)		最頻値　(cm)
			平均値　(cm)
	(2)		
	(3)	Ⅰ	
		Ⅱ	・(個)

5			
点	(1)		
	(2)		$a=$
	(3)	①	(　,　)
		②	cm^2

6			
点	(1)	①	
		②	$a=$
			$b=$
		③	$x=$
	(2)		記録された数
			行目　列目

※この解答用紙は185%に拡大していただきますと，実物大になります。

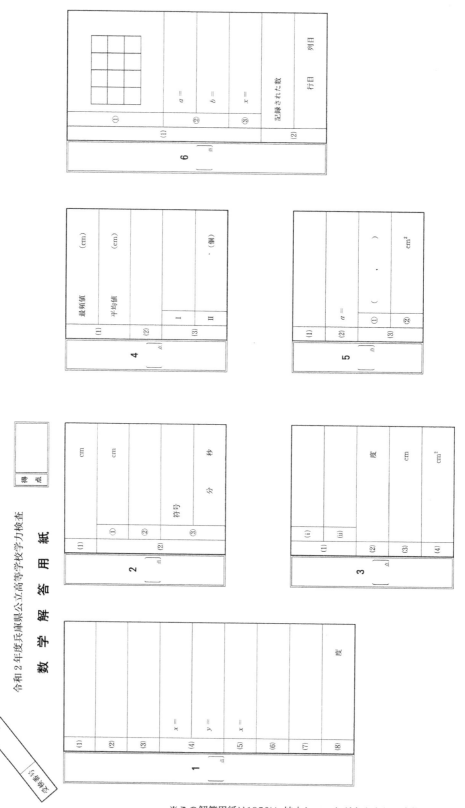

受検番号　　　　番

令和２年度兵庫県公立高等学校学力検査

英　語　解　答　用　紙

得点	

聞き取りテスト

Ⅰ〔　点〕	1〔　点〕	No. 1	a	b	c		
		No. 2	a	b	c		
		No. 3	a	b	c		
	2〔　点〕	No. 1	a	b	c	d	
		No. 2	a	b	c	d	
		No. 3	a	b	c	d	
	3〔　点〕	1	a	b	c	d	
		2	a	b	c	d	

Ⅱ〔　点〕	1〔　点〕	①	
		②	
	2〔　点〕		
	3〔　点〕	(　　)(　　)	
	4〔　点〕	い	(　　)(　　)(　　)(　　)
		う	(　　)(　　)(　　)(　　)

Ⅲ〔　点〕	1〔　点〕	①	
		②	
	2〔　点〕	A	
		B	
		C	
	3〔　点〕		

Ⅳ〔　点〕	1〔　点〕		
	2〔　点〕		
	3〔　点〕		
	4〔　点〕		
	5〔　点〕	①	
		②	
		③	
		④	
		⑤	

Ⅴ〔　点〕	1〔　点〕	①	
		②	
		③	
	2〔　点〕	(1)	
		(2)	
		(3)	
	3〔　点〕	①	(　　)(　　)
		②	(　　)(　　)
		③	(　　)(　　)

※この解答用紙は196％に拡大していただきますと，実物大になります。

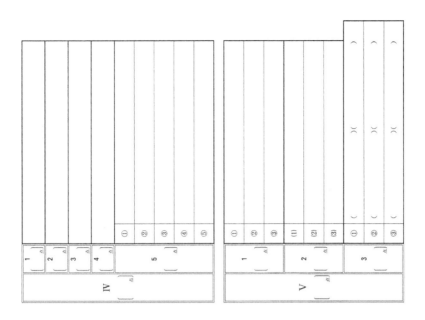

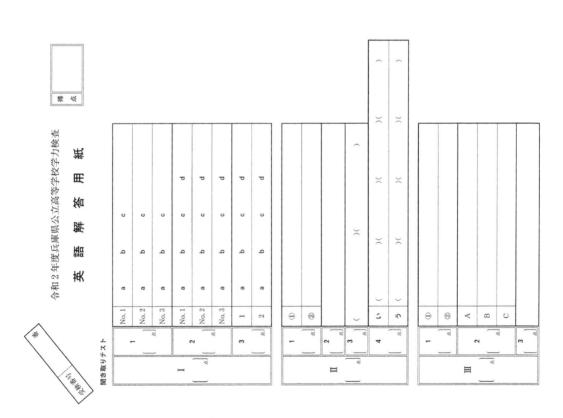

受検番号　　番

令和２年度兵庫県公立高等学校学力検査

理　科　解　答　用　紙

得点	

Ⅰ（　点）	1（　点）	(1)	
		(2)	
	2（　点）	(1)	レンズ　　　網膜
		(2)	
	3（　点）	(1)	
		(2)	
	4（　点）	(1)	
		(2)	

Ⅱ（　点）	1（　点）	(1)	①　　　②
		(2)	mm
		(3)	
		(4)	
	2（　点）	(1)	
		(2)	
		(3)	

Ⅲ（　点）	1（　点）	(1)	
		(2)	
		(3)	
	2（　点）	(1)	
		(2)	最も多い　　　最も少ない
		(3)	①
			②

Ⅳ（　点）	1（　点）	(1)	
		(2)	
		(3)	
		(4)	
		(5)	
	2（　点）	(1)	
		(2)	

Ⅴ（　点）	1（　点）	(1)	①　　　②　　　③
		(2)	
		(3)	J
	2（　点）	(1)	Ω
		(2)	A
		(3)	
		(4)	

※この解答用紙は167%に拡大していただきますと，実物大になります。

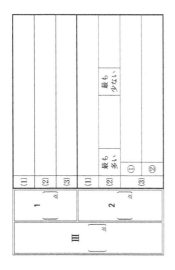

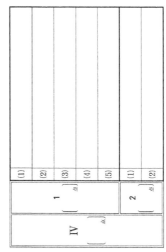

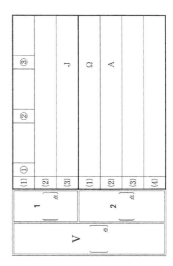

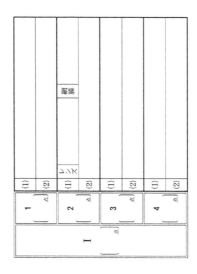

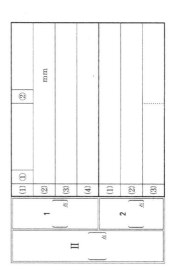

令和２年度兵庫県公立高等学校学力検査

社　会　解　答　用　紙

受検番号	番

得点	

I（　点）	1（　点）	(1)	
		(2)	a　　b　　c
		(3)	
		(4)	
		(5)	X　　Y
		(6)	
	2（　点）	(1)	
		(2)	①　　②　　③
		(3)	①　　②　　③
		(4)	A　　D
		(5)	①
			②
			③

II（　点）	1（　点）	(1)	①
			②
			③
			④
		(2)	①
			②
			③
		(3)	①
			②
			③
	2（　点）	(1)	
		(2)	
		(3)	
		(4)	

III（　点）	1（　点）	(1)	①
			②
		(2)	
		(3)	
		(4)	①　X　　Y
			②
	2（　点）	(1)	
		(2)	
		(3)	①
			②　X　　Y　　Z
		(4)	①
			②　X　　Y

※この解答用紙は196%に拡大していただきますと，実物大になります。

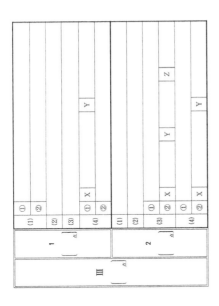

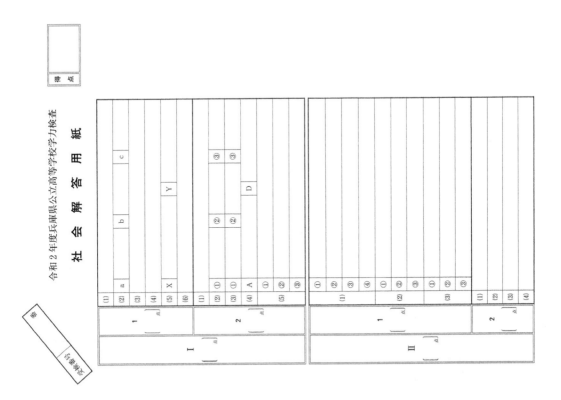

令和二年度兵庫県公立高等学校学力検査

国語解答用紙

受検番号　　番

得点

一　点

問一 点	問二 点	問三 点	問四 点	問五 点

二　点

問一 点	問二 点	問三 点	問四 点 a	問四 点 b
非ズシテ黒ニ非ズ白ニ				

三　点

問一 点	問二 点 ②	問二 点 ③	問三 点	問四 点 a	問四 点 b	問五 点
					〜	

四　点

問一 点 ①	問一 点 ④	問一 点 ⑤	問二 点	問三 点	問四 点	問五 点	問六 点	問七 点
	（さ）	（に）						

五　点

問一 点 A	問一 点 B	問一 点 C	問二 点	問三 点	問四 点	問五 点	問六 点	問七 点 a	問七 点 b	問八 点	問九 点
			乾燥					〜			

※この解答用紙は189%に拡大していただきますと，実物大になります。

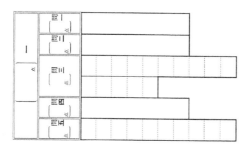

2020年度入試配点表 (兵庫県)

数学	1	2	3	4	5	6	計
	各3点×8 ((4)完答)	各3点×5	(1)　各2点×2 (2)　3点 他　各4点×2	(1)　各3点×2 他　各4点×2 ((3)完答)	各4点×4	各4点×4 ((1)①,②各完答)	100点

英語	I	II	III	IV	V	計
	各3点×8	1　各2点×2 他　各3点×4	各3点×6	1~3　各3点×3 他　各2点×6	3　各3点×3 他　各2点×6	100点

理科	I	II	III	IV	V	計
	各2点×8 (2(1)完答)	各3点×7 (1(1),2(3)各完答)	各3点×7 (2(2)完答)	各3点×7	各3点×7 (1(1)完答)	100点

社会	I	II	III	計
	1(1)~(4)　各2点×4((2)完答) 他　各3点×9 (1(5),2(2)~(4)各完答)	1(1)・(2)　各2点×7 他　各3点×7	1(1)~(4)　各2点×6((4)①完答) 他　各3点×6 (2(3)②,(4)②各完答)	100点

国語	一	二	三	四	五	計
	各3点×5 (問四完答)	各3点×5 (問一完答)	問五　3点 他　各2点×6	問一~問三　各2点×5 問七　4点 他　各3点×3	問一,問二　各2点×4 他　各3点×8	100点

MEMO

大切なことはメモしておこうネ！

MEMO

大切なことはメモしておこうネ！

～公立高校志望の皆様に愛されるロングセラーシリーズ～

公立高校入試シリーズ

・全国の都道府県公立高校入試問題から良問を厳選
※実力錬成編には独自問題も！
・見やすい紙面、わかりやすい解説

数学

合格のために必要な点数をゲット

目標得点別・公立入試の数学 基礎編

- 効率的に対策できる！　30・50・70点の目標得点別の章立て
- web解説には豊富な例題167問！
- 実力確認用の総まとめテストつき

定価：1,210 円（本体 1,100 円 + 税 10%）／ ISBN：978-4-8141-2558-6

応用問題の頻出パターンをつかんで80点の壁を破る！

実戦問題演習・公立入試の数学 実力錬成編

- 応用問題の頻出パターンを網羅
- 難問にはweb解説で追加解説を掲載
- 実力確認用の総まとめテストつき

定価：1,540 円（本体 1,400 円 + 税 10%）／ ISBN：978-4-8141-2560-9

英語

「なんとなく」ではなく確実に長文読解・英作文が解ける

実戦問題演習・公立入試の英語 基礎編

- 解き方がわかる！　問題内にヒント入り
- ステップアップ式で確かな実力がつく

定価：1,100 円（本体 1,000 円 + 税 10%）／ ISBN：978-4-8141-2123-6

公立難関・上位校合格のためのゆるがぬ実戦力を身につける

実戦問題演習・公立入試の英語 実力錬成編

- 総合読解・英作文問題へのアプローチ手法がつかめる
- 文法、構文、表現を一つひとつ詳しく解説

定価：1,320 円（本体 1,200 円 + 税 10%）／ ISBN：978-4-8141-2169-4

理科

短期間で弱点補強・総仕上げ

実戦問題演習・公立入試の理科

- 解き方のコツがつかめる!　豊富なヒント入り
- 基礎～思考・表現を問う問題まで
重要項目を網羅

定価：1,045 円（本体 950 円 + 税 10%）
ISBN：978-4-8141-0454-3

社会

弱点補強・総合力で社会が武器になる

実戦問題演習・公立入試の社会

- 基礎から学び弱点を克服!　豊富なヒント入り
- 分野別総合・分野複合の融合など
あらゆる問題形式を網羅
※時事用語集を弊社HPで無料配信

定価：1,045 円（本体 950 円 + 税 10%）
ISBN：978-4-8141-0455-0

国語

最後まで解ききれる力をつける

形式別演習・公立入試の国語

- 解き方がわかる!　問題内にヒント入り
- 基礎～標準レベルの問題で
確かな基礎力を築く
- 実力確認用の総合テストつき

定価：1,045 円（本体 950 円 + 税 10%）
ISBN：978-4-8141-0453-6

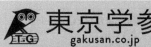

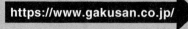

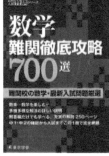

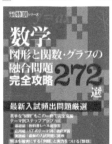

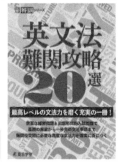

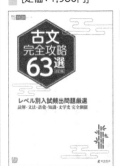

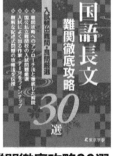

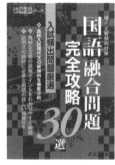

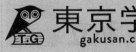

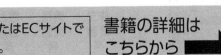

〈ダウンロードコンテンツについて〉

本問題集のダウンロードコンテンツ、弊社ホームページで配信しております。現在ご利用いただけるのは「2025年度受験用」に対応したもので、**2025年3月末日**までダウンロード可能です。弊社ホームページにアクセスの上、ご利用ください。
※配信期間が終了いたしますと、ご利用いただけませんのでご了承ください。

兵庫県公立高校　2025年度

ISBN978-4-8141-3278-2

[発行所] 東京学参株式会社
〒153-0043　東京都目黒区東山2-6-4

書籍の内容についてのお問い合わせは右のQRコードから　⇒

※書籍の内容についてのお電話でのお問い合わせ、本書の内容を超えたご質問には対応できませんのでご了承ください。

2024年6月27日　初版